COLLECTION
FOLIO HISTOIRE

Anne Applebaum

Goulag

Une histoire

Traduit de l'anglais (États-Unis) par
Pierre-Emmanuel Dauzat

Ouvrage traduit avec le concours
du Centre national du livre

Gallimard

L'édition originale de cet ouvrage a été publiée par Doubleday, a division of Random House Inc., en 2003, sous le titre :

GULAG : A HISTORY

Anne Applebaum (née en 1964) a longtemps été correspondante de *The Economist* à Varsovie. Ses travaux lui ont valu de nombreux prix dont le prix Pulitzer de l'essai 2004 pour *Goulag*. Cette historienne est aujourd'hui éditorialiste au *Washington Post*.

Ce livre est dédié
à ceux qui ont raconté ce qui est arrivé

Dans les années terribles de la « Iéjovchtchina », j'ai passé dix-sept mois à faire la queue devant les prisons de Leningrad. Un jour, quelqu'un a cru m'y reconnaître. Alors une femme aux lèvres bleuâtres, qui était derrière moi et à qui mon nom ne disait rien, sortit de cette torpeur qui nous était coutumière et me demanda à l'oreille (là-bas, on ne parlait qu'en chuchotant) :

— Et cela, pourriez-vous le décrire ?

Et je répondis :

— Oui, je le peux.

Alors, une espèce de sourire glissa sur ce qui avait été jadis son visage.

ANNA AKHMATOVA,
« En guise de préface »,
Requiem, 1935-1940
(trad. Paul Valet).

INTRODUCTION

Et le destin rendit tout le monde égal
hors des limites de la loi
Fils de koulak ou chef rouge
Fils de pope ou commissaire...

Ici toutes les classes étaient égales,
Tous les hommes étaient frères, tous codétenus,
tous flétris comme traîtres...

ALEXANDRE TVARDOVSKI,
Par droit de mémoire[1].

Voici une histoire du Goulag : l'histoire de l'immense réseau de camps de travail jadis épars à travers toute l'Union soviétique, des îles de la mer Blanche aux côtes de la mer Noire, du cercle arctique aux plaines d'Asie centrale, de Mourmansk à Vorkouta et au Kazakhstan, du centre de Moscou aux faubourgs de Leningrad. Littéralement, le mot GOULAG est un acronyme, qui signifie *Glavnoe Oupravlenie Laguereï*, soit Direction générale des camps. Avec le temps, il en est venu à désigner non seulement l'administration des camps, mais aussi le système soviétique de travail forcé dans toute la diversité de ses formes : camps de travail, camps de châtiment, camps criminels et politiques, camps pour enfants, camps de transit. Et même, plus largement, « Goulag » a fini par désigner le système répressif soviétique lui-même, l'ensemble des procédures que les détenus appelaient jadis le « hachoir à viande » : les arrestations, les interrogatoires, le transport dans des fourgons à bestiaux non chauffés, le travail forcé, la destruction des familles, les années d'exil, les morts prématurées et inutiles.

Le Goulag a eu des précédents dans la Russie tsariste, dans les brigades de travail forcé qui s'activèrent en Sibérie du XVIIe au début du XXe siècle. C'est immédiatement après la Révolution russe ou presque qu'il a pris sa forme moderne et plus familière pour devenir partie intégrante du système soviétique. La terreur massive contre des adversaires, réels ou prétendus, a été dès le tout début un aspect de la Révolution. Dès l'été de 1918, Lénine, le chef de la Révolution, avait déjà exigé que tous les « éléments peu sûrs » fussent enfermés dans des camps de concentration à l'extérieur des grandes villes[2]. Tout un chapelet d'aristocrates, de marchands et autres « ennemis » en puissance furent dûment emprisonnés. En 1921, on dénombrait déjà quatre-vingt-quatre camps dans quarante-trois provinces, le plus souvent destinés à « réhabiliter » ces premiers ennemis du peuple.

À compter de 1929, les camps prirent un autre sens. Cette année-là, Staline décida de recourir au travail forcé afin d'accélérer l'industrialisation de l'Union soviétique et d'extraire les ressources naturelles du Grand Nord, à peine habitable. Cette même année, la police secrète commença aussi à prendre le contrôle du système pénal soviétique, pour enlever peu à peu à l'appareil judiciaire les camps et les prisons du pays. Grâce aux arrestations massives des années 1937 et 1938, les camps entrèrent dans une période d'expansion rapide. À la fin des années 1930, on en trouvait dans les douze fuseaux horaires du pays.

Contrairement à une idée répandue, le Goulag n'a pas cessé de croître dans les années 1930. Bien au contraire, il a continué de se développer tout au long de la Seconde Guerre mondiale et dans les années 1940, pour atteindre son apogée au début des années 1950. À cette époque, les camps avaient fini par jouer un rôle central dans l'économie soviétique. Ils produisaient un tiers de l'or du pays, une bonne partie de son charbon et de son bois d'œuvre, et une grosse quantité de tout le reste ou presque. Au cours de l'existence de l'Union soviétique, au moins 476 complexes virent le jour, consistant en plusieurs milliers de camps, qui contenaient chacun de quelques centaines à plusieurs milliers de détenus[3]. Travaillant dans presque tous les secteurs possibles et imaginables — exploitation du bois, mines, construction, industrie, fermes, aéronautique et artillerie —, les détenus vivaient en fait dans un pays à l'intérieur du pays, presque une civilisation séparée. Le Goulag avait ses lois, ses coutumes, sa morale et même son argot. Il engendra sa littérature, ses vilains et ses héros, et imprima sa marque à tous ceux qui y sont passés, détenus ou gardes. Des années après leur libération, les habitants du Goulag étaient souvent capables de reconnaître « à leur regard » les anciens internés qu'ils croisaient dans la rue.

Ces rencontres étaient fréquentes, tant le renouvellement de la population était important. Si les arrestations étaient incessantes, il y avait aussi des libérations. Des prisonniers étaient libérés parce qu'ils avaient purgé leur peine, parce qu'ils étaient autorisés à s'enrôler dans l'armée rouge, parce qu'ils étaient invalides, à moins que ce ne fussent des femmes avec des enfants en bas âge ou des captifs promus gardes. De ce fait, l'effectif total des prisonniers tourna généralement autour de deux millions, mais le nombre total de citoyens soviétiques qui firent l'expérience des camps, en tant que prisonniers politiques ou droit commun, est bien plus élevé. De 1929, année où le Goulag amorça sa grande expansion, à 1953, date de la mort de Staline, dix-huit millions de personnes, suivant les meilleures estimations, étaient passées par ce système de grande ampleur. Six autres millions environ avaient été exilées, déportées dans les déserts kazakhs ou les forêts sibériennes. Tenus par la loi de rester dans leurs villages d'exil, ces déportés étaient eux aussi astreints au travail forcé quand bien même ils ne vivaient pas derrière des barbelés[4].

En tant que système de travail forcé de masse impliquant des millions de gens, les camps ont disparu avec la mort de Staline. Alors que ce dernier avait cru toute sa vie que le Goulag était déterminant pour la croissance de l'économie soviétique, ses héritiers politiques savaient bien que les camps étaient en réalité une source d'arriération et d'investissement dénaturé. Quelques jours seulement après sa mort, les successeurs de Staline entreprirent de les démanteler. Trois grandes rébellions, ainsi qu'une foule d'incidents plus modestes mais non moins dangereux, contribuèrent à accélérer le processus.

Pour autant, les camps ne devaient pas disparaître totalement. Ils allaient plutôt évoluer. Tout au long des années 1970 et au début des années 1980, quelques-uns furent réorganisés et transformés en prisons pour une nouvelle génération de militants de la démocratie, de nationalistes antisoviétiques — et de criminels. Grâce au réseau des dissidents soviétiques et au mouvement international des droits de l'homme, l'Occident eut régulièrement des nouvelles de ces camps post-staliniens. Peu à peu, ils en vinrent à jouer un rôle dans la diplomatie de la guerre froide, Dans les années 1980, le président américain Ronald Reagan et son homologue soviétique Mikhaïl Gorbatchev discutaient encore des camps soviétiques. Ce n'est qu'en 1987 que Gorbatchev, lui-même petit-fils de détenus du Goulag, entreprit de dissoudre entièrement les camps politiques de l'Union soviétique.

Pourtant, alors même qu'ils durèrent aussi longtemps que l'Union soviétique et que des millions de gens y passèrent, la véritable histoire des camps de concentration en URSS était, récemment encore, très mal connue. À certains égards, on continue de l'ignorer. S'ils sont désormais bien connus de la plupart des spécialistes occidentaux de l'histoire soviétique, même les faits élémentaires rappelés plus haut n'ont pas encore trouvé leur place dans la conscience populaire du monde occidental. « Les connaissances acquises par les hommes, écrit Pierre Rigoulot, historien français du communisme, ne s'accumulent pas comme les briques d'un mur qui s'élève régulièrement à mesure du travail d'un maçon. Leur développement, mais aussi leur stagnation ou leur recul dépendent du cadre social, culturel et politique, dans lequel elles sont appelées à se développer[5]. » On pourrait dire que, jusqu'à maintenant, le cadre social, culturel et politique de la connaissance du Goulag a fait défaut.

J'ai commencé à prendre conscience du problème voici plusieurs années, alors que je traversais le pont Charles, grande attraction touristique dans une ville de Prague depuis peu convertie à la démocratie. Musiciens ambulants et racoleurs se pressaient sur le pont. Tous les cinq mètres, quelqu'un vendait précisément ce qu'on s'attendait à trouver sur ce cliché idéal de carte postale : toiles de rues pittoresques, bijoux d'occasion et porte-clés « Prague ». Au milieu de ce bric-à-brac, on pouvait acheter tout un attirail militaire soviétique : casquettes, insignes, boucles de ceinture et pin's — ces petites images en fer-blanc de Lénine et de Brejnev que les écoliers soviétiques épinglaient naguère à leurs uniformes.

Le spectacle me parut étrange. La plupart des acheteurs de ce bazar soviétique étaient des Américains ou des Européens de l'Ouest. La seule pensée d'arborer une croix gammée leur donnerait à tous la nausée. Aucun ne voyait cependant d'objection à l'idée d'épingler la faucille et le marteau à un tee-shirt ou à un chapeau. C'était là un détail, mais c'est parfois au travers de petites observations de ce genre qu'on saisit le mieux une atmosphère culturelle. Car ici, la leçon n'aurait pu être plus claire : alors que le symbole d'un meurtre de masse nous emplit d'horreur, le symbole d'un autre meurtre de masse nous fait rire.

Si le stalinisme ne touche guère la sensibilité des touristes à Prague, cela tient pour une part à la pénurie d'images dans la culture populaire occidentale. La guerre froide a produit James Bond et des thrillers, le genre de Russes caricaturaux qu'on trouve dans *Rambo*, mais rien d'aussi ambitieux que *La Liste de Schindler* ou *Le Choix de Sophie*. Steven Spielberg, qui est probablement le cinéaste le plus en vue (que cela nous plaise ou non) de Hollywood, a choisi de réaliser des films sur les camps de concentration japonais (*L'Empire du soleil*) et nazis, mais pas sur les camps staliniens. Ces derniers n'ont jamais retenu l'attention de Hollywood de la même façon.

Du côté des intellectuels, on ne s'est guère montré plus concerné par la question. La réputation de Martin Heidegger a profondément pâti de son éphémère soutien déclaré au nazisme, alors que son enthousiasme était antérieur aux grandes atrocités de Hitler. En revanche, la réputation de Jean-Paul Sartre n'a pas le moins du monde souffert de son soutien agressif du stalinisme dans l'après-guerre, alors que ce n'étaient pas les preuves des atrocités de Staline qui manquaient pour quiconque voulait bien s'y intéresser. « N'étant pas membres du Parti, écrivit Sartre, il ne nous appartenait pas d'écrire sur les camps de travail soviétiques ; nous étions libres de nous tenir à l'écart des querelles sur la nature du système, dès lors que ne se produisait aucun événement de portée sociologique[6]. » Une autre fois, il objecta à Camus : « Je trouve comme vous inadmissibles ces camps, mais inadmissible tout autant l'usage que la presse bourgeoise en fait chaque jour[7]. »

Certaines choses ont changé depuis l'effondrement de l'Union soviétique. En 2002, le romancier britannique Martin Amis a été assez ému par la question de Staline et du stalinisme pour lui consacrer tout un livre. Ses efforts ont amené d'autres écrivains à se demander pourquoi si rares sont les membres de la gauche politique et littéraire à avoir traité du sujet[8]. Mais il est d'autres choses qui n'ont pas changé. Il est — encore — possible à un universitaire américain de publier un livre suggérant que les purges des années 1930 ont été utiles parce qu'elles ont favorisé la mobilité sociale et ont ainsi jeté les bases de la perestroïka[9]. Il est — encore — possible au rédacteur en chef d'une publication littéraire britannique de rejeter un article sous prétexte qu'il est « trop antisoviétique[10] ». Bien plus courante est, cependant, une réaction d'ennui, voire d'indifférence à la terreur stalinienne. Dans un compte rendu par ailleurs honnête d'un livre que j'ai consacré aux républiques occidentales de l'ancienne Union soviétique au cours des années 1990, on trouvait la phrase suivante : « C'est ici que s'est produite l'effroyable famine des années 1930, période de terreur au cours de laquelle Staline tua plus d'Ukrainiens que Hitler n'a massacré de Juifs. Mais combien, en Occident, s'en souviennent ? Après tout, la tuerie a été si... si ennuyeuse, si peu spectaculaire[11]. »

Ce ne sont que des bagatelles : l'achat d'une breloque, la réputation d'un philosophe, la présence ou l'absence de films hollywoodiens. Mais réunissez-les, et elles forment une histoire. Intellectuellement, les Américains et les Européens de l'Ouest savent ce qui est arrivé en Union soviétique. *Une journée d'Ivan Denissovitch*, le fameux roman d'Alexandre Soljenitsyne sur la vie dans les camps, a été publié dans plusieurs langues occidentales en 1962-1963. *L'Archipel du Goulag*, son histoire orale des camps, a suscité maints commentaires en 1973, lorsqu'il est sorti, là encore en diverses langues. En fait, l'ouvrage a provoqué une petite révolution intellectuelle dans certains pays, avant tout en France, où il a rallié des pans entiers de la gauche à une position antisoviétique. Les années 1980, celles de la glasnost, ont vu se multiplier les révélations sur le Goulag, et elles aussi ont reçu la publicité qu'elles méritaient à l'étranger.

Bien souvent, néanmoins, les crimes de Staline n'inspirent pas la même réaction viscérale que les crimes de Hitler. Ken Livingstone, ancien parlementaire devenu maire de Londres, s'est naguère efforcé de m'expliquer la différence: oui, les nazis étaient «le mal»; mais l'Union soviétique a été «dénaturée». Ce point de vue fait écho à un sentiment largement partagé, même hors des rangs de la vieille gauche: l'Union soviétique a simplement mal tourné, mais elle n'était pas foncièrement mauvaise au sens où l'était l'Allemagne hitlérienne.

Récemment encore, on pouvait expliquer cette absence de sensibilité populaire à la tragédie du communisme européen comme le résultat logique d'un concours de circonstances. Le passage du temps en est un élément: avec les années, les régimes communistes sont devenus moins répréhensibles. Le général Jaruzelski ou même Brejnev n'ont pas effrayé grand monde, alors même que tous deux ont beaucoup détruit. Le manque de renseignements solides, fondés sur des recherches en archives, y était aussi manifestement pour quelque chose. La rareté des études universitaires sur le sujet a été longtemps le fruit d'une pénurie de sources. Les archives étaient fermées. L'accès aux sites des camps était interdit. Aucune caméra de télévision n'a jamais filmé les camps soviétiques ou leurs victimes, comme cela avait pu se faire en Allemagne à la fin de la Seconde Guerre mondiale. Le défaut d'images ne pouvait que nuire à la compréhension.

Mais l'idéologie a aussi infléchi notre intelligence de l'histoire soviétique et est-européenne[12]. Dès les années 1930, une fraction de la gauche occidentale s'est efforcée d'expliquer et, parfois, d'excuser les camps et la terreur qui les a créés. En 1936, alors que des millions de paysans soviétiques travaillaient déjà dans des camps ou étaient exilés, les socialistes britanniques Sidney et Beatrice Webb publièrent un vaste panorama de l'Union soviétique où ils expliquaient, entre autres choses, comment le «paysan russe opprimé acquiert peu à peu un sentiment de liberté politique[13] ». À l'époque des grands procès de Moscou, alors que Staline condamnait arbitrairement au camp des milliers de membres du Parti innocents, le dramaturge Bertolt Brecht expliqua au philosophe Sidney Hook que « plus ils sont innocents, plus ils méritent la mort[14] ».

Jusque dans les années 1980, il se trouvait encore des universitaires pour continuer de décrire les avantages du système de soins est-allemand ou des initiatives de paix polonaises, encore des militants embarrassés par le bruit et les inquiétudes suscités par le sort des dissidents dans les camps de prisonniers en Europe de l'Est. Peut-être était-ce parce que les philosophes fondateurs de la gauche occidentale — Marx et Engels — étaient les mêmes que ceux de l'Union soviétique. Le langage était aussi, en partie, commun : les masses, la lutte, le prolétariat, les exploiteurs et les exploités, la propriété des moyens de production. Condamner sans appel l'Union soviétique, c'eût été condamner une partie de ce qui était également cher à une certaine gauche occidentale.

Mais l'extrême gauche et les communistes occidentaux n'ont pas été les seuls tentés de trouver aux crimes de Staline des excuses qu'ils n'auraient jamais imaginées pour ceux de Hitler. Pour beaucoup, à l'Ouest, le fait est simplement que les idéaux communistes — justice sociale, égalité pour tous — sont bien plus attrayants que le racisme des nazis et leur plaidoyer pour le triomphe des forts sur les faibles. Quand bien même, dans les faits, l'idéologie communiste désignait quelque chose de très différent, il était plus dur aux héritiers intellectuels des Révolutions américaine et française de condamner un système qui *paraissait*, au moins, semblable au leur. Peut-être cela explique-t-il pourquoi les témoignages sur le Goulag ont souvent été, dès le tout début, rejetés et dénigrés par ceux-là mêmes qui n'auraient jamais songé à contester la validité des témoignages sur l'Holocauste de Primo Levi ou d'Elie Wiesel. Dès la Révolution russe, l'information officielle sur les camps soviétiques a été aisément accessible à quiconque le souhaitait ; le plus célèbre tableau soviétique de l'un des premiers camps, le canal de la mer Blanche, a même été publié en anglais. L'ignorance seule ne saurait expliquer pourquoi les intellectuels occidentaux ont choisi d'éviter le sujet.

La droite occidentale, par ailleurs, s'est efforcée de condamner les crimes soviétiques, mais en utilisant parfois des méthodes qui nuisaient à sa cause. L'homme qui a fait le plus de tort à la cause anticommuniste est le sénateur américain Joe McCarthy. Des documents récents indiquant que certaines de ses accusations étaient fondées ne changent rien à l'impact de ses excès de zèle dans la traque des communistes à travers la vie publique aux États-Unis : en définitive, par leur chauvinisme et leur intolérance, ses « procès » publics de sympathisants communistes allaient ternir la cause de l'anticommunisme[15]. Au bout du compte, ses actions n'ont pas mieux servi la cause de la neutralité dans la recherche historique que celles de ses adversaires.

Mais toutes nos attitudes envers le passé soviétique ne sont pas liées à une idéologie politique. En fait, beaucoup sont plutôt un sous-produit pâlissant de nos souvenirs de la Seconde Guerre mondiale. Nous avons, à présent, la ferme conviction que celle-ci fut une guerre entièrement juste, et peu souhaitent voir cette conviction ébranlée. Nous nous souvenons du Jour J, de la libération des camps de concentration nazis, des enfants acclamant les GI dans les rues. Nul n'a envie qu'on lui rappelle que la victoire des Alliés a eu un autre visage, plus sombre, ou que les camps de Staline, notre allié, se développèrent au moment même où ceux de Hitler, notre ennemi, étaient libérés. Admettre qu'en envoyant des milliers de Russes à la mort en les rapatriant de force après la guerre, ou en livrant des millions de gens à la domination soviétique à Yalta, les Alliés occidentaux aient pu en aider d'autres à commettre des crimes contre l'humanité compromettrait l'évidence morale de nos souvenirs de l'époque. Personne n'a envie de songer que nous avons vaincu un meurtrier de masse avec l'aide d'un autre. Nul n'a envie de se rappeler combien ce meurtrier de masse s'entendait bien avec les hommes d'État occidentaux. « J'ai une vraie sympathie pour Staline, confia à un ami le secrétaire britannique aux Affaires étrangères, Anthony Eden ; il n'a jamais manqué à sa parole[16]. » Il existe quantité de photographies de Staline en compagnie de Churchill et de Roosevelt, tous ensemble, tous souriants.

Enfin, la propagande soviétique n'a pas été sans effet. Les efforts soviétiques afin de jeter le doute sur les écrits de Soljenitsyne, par exemple en le peignant sous les traits d'un ivrogne, d'un antisémite ou d'un fou, ont eu un certain impact[17]. Les pressions soviétiques sur les universitaires et journalistes occidentaux ont aussi contribué à infléchir leur travail. Quand j'étudiais l'histoire russe aux États-Unis, dans les années 1980, des connaissances me conseillèrent de ne pas continuer après la licence tant les difficultés à affronter étaient nombreuses : en ce temps-là, ceux qui, dans leurs écrits, se montraient « bienveillants » envers l'Union soviétique avaient plus facilement accès aux archives et à l'information officielle et bénéficiaient de permis de séjour plus longs. Les autres couraient le risque de se faire expulser ou se heurtaient à toutes sortes de difficultés professionnelles. Il va sans dire, bien entendu, que jamais un étranger ne put accéder à des matériaux sur les camps de Staline ou le système carcéral post-stalinien. Le sujet n'existait pas. Tout simplement. Les indiscrets perdaient leur visa.

Au total, toutes ces explications faisaient sens autrefois. Quand je me suis mise à réfléchir sérieusement à ce sujet, en 1989, alors que le communisme s'effondrait, j'en ai moi-même perçu la logique : il paraissait naturel, évident, que j'en sache fort peu sur l'Union soviétique de Staline, que son histoire secrète rendait d'autant plus intrigante. Plus de dix ans après, je ressens les choses très différemment. La Seconde Guerre mondiale appartient désormais à une génération passée. La guerre froide est elle aussi terminée, et les alliances et lignes de faille qu'elle a produites ont bel et bien changé. En Occident, gauche et droite s'affrontent dorénavant sur de tout autres questions. Dans le même temps, l'apparition de nouvelles menaces terroristes pesant sur la civilisation occidentale rend d'autant plus nécessaire d'étudier les anciennes menaces communistes.

Autrement dit, le « cadre social, culturel et politique » a désormais changé, tout comme notre accès à l'information sur les camps. À la fin des années 1980, un flot de documents sur le Goulag a commencé de voir le jour dans l'Union soviétique de Gorbatchev. Pour la première fois, la presse publia des reportages sur la vie dans les camps de concentration soviétiques. Les révélations firent augmenter les tirages. Les anciennes discussions sur les chiffres — combien de morts, combien de personnes incarcérées — se rallumèrent. Les historiens et sociétés historiques russes, conduits par la Société du Mémorial de Moscou, qui fit œuvre de pionnier, se mirent à publier des monographies, des histoires de camps et d'individus, des estimations du nombre de victimes et des listes de morts. Leurs efforts furent prolongés et amplifiés par les historiens des anciennes républiques soviétiques et des pays de l'ex-Pacte de Varsovie, puis par ceux du monde occidental.

Malgré maints contretemps, cette exploration russe du passé soviétique se poursuit aujourd'hui. Certes, la première décennie du XXIe siècle est très différente des dernières décennies du XXe, et la recherche historique a cessé d'occuper une place de choix dans le discours public russe et n'est plus aussi sensationnelle qu'elle l'a semblé. Le plus souvent, le travail des historiens russes et autres est long et fastidieux : il s'agit de passer au crible des milliers de documents, de rester des heures durant enfermé dans des archives froides et exposées aux courants d'air et de consacrer des jours et des jours à la recherche des faits et des chiffres. Mais l'effort commence à porter des fruits. Lentement, patiemment, le Mémorial a non seulement établi le premier guide des noms et des sites de tous les camps connus, mais il a aussi publié une série novatrice de livres d'histoire et compilé une masse considérable de récits écrits ou oraux de survivants. Avec d'autres — l'Institut Sakharov et la maison d'édition Vozvrachtchenie (« Retour ») —, il a rendu une partie de ces mémoires accessible au grand public. Les revues universitaires russes et les maisons d'édition institutionnelles ont aussi commencé à publier des monographies fondées sur de nouveaux documents ainsi que des recueils de documents. Un travail analogue se poursuit ailleurs, notamment en Pologne avec la Société Karta ou en Lituanie, en Lettonie, en Estonie, en

Roumanie et en Hongrie dans le cadre de musées historiques ; à cela, il faut ajouter les travaux d'une poignée de chercheurs américains et ouest-européens, qui ont le temps et l'énergie de travailler dans les archives soviétiques.

Alors que je préparais ce livre, j'ai eu accès à leur travail, aussi bien qu'à deux types de sources qui n'étaient pas disponibles il y a dix ans. La première est l'avalanche des mémoires publiés à partir des années 1980 en Russie, en Amérique, en Israël, en Europe de l'Est et ailleurs. J'y ai abondamment puisé pour écrire ces pages. Par le passé, certains spécialistes de l'Union soviétique ont répugné à se servir de ces matériaux sur le Goulag, sous prétexte que les auteurs de ces mémoires avaient des raisons politiques d'infléchir leurs récits, que la plupart les avaient rédigés de longues années après leur libération et que beaucoup s'empruntaient mutuellement leurs épisodes quand la mémoire leur faisait défaut. Après avoir lu par centaines les mémoires sur les camps et avoir interviewé quelque deux douzaines de survivants, il m'a paru possible de faire la part des choses, d'éliminer ce qui me semblait invraisemblable, plagié ou politisé. J'ai aussi acquis le sentiment que, si l'on ne pouvait s'y fier pour les noms, les dates et les chiffres, ils n'en étaient pas moins une source précieuse pour d'autres types d'informations, en particulier divers aspects cruciaux de la vie dans les camps : relation des détenus entre eux, conflits entre groupes, comportement des gardes et des administrateurs, rôle de la corruption, voire amour et passion. J'ai à dessein puisé systématiquement dans l'œuvre d'un auteur — Varlam Chalamov — qui a écrit des fictions sur sa vie dans les camps, et ce parce que ses histoires reposent sur des événements réels.

Dans la mesure du possible, j'ai aussi étayé les mémoires par un recours systématique aux archives : une source que, paradoxalement, tout le monde n'aime pas utiliser non plus. Ainsi qu'il apparaîtra clairement au fil de ces pages, la force de la propagande en Union soviétique était telle qu'elle altérait fréquemment la perception de la réalité. Pour cette raison, les historiens du passé ont eu raison de ne pas s'en remettre aux publications officielles soviétiques, souvent délibérément faites pour masquer la vérité. Mais les documents secrets — ceux qui sont aujourd'hui conservés dans les archives — avaient une autre fonction. Afin de diriger les camps, l'administration du Goulag avait besoin de garder certaines archives. Moscou avait besoin de savoir ce qui se passait en province, et les provinces avaient besoin des instructions de l'administration centrale ; il fallait en outre établir des statistiques. Ce qui ne veut pas dire que ces archives soient entièrement fiables : les bureaucrates avaient leurs raisons propres de déformer même les faits les plus prosaïques ; mais, pour peu qu'on les emploie judicieusement, elles peuvent expliquer des choses sur la vie des camps que les mémoires ne sauraient éclairer. Par-dessus tout, elles aident à comprendre pourquoi on a construit des camps ou, tout au moins, à quoi ils étaient censés servir dans l'optique du régime stalinien.

Il est également vrai que les archives sont bien plus diverses que beaucoup ne l'imaginaient et qu'elles racontent l'histoire des camps selon de multiples perspectives. J'ai eu accès, par exemple, aux archives de l'administration du Goulag : rapports des inspecteurs, comptes financiers, lettres des directeurs de camp aux autorités de tutelle à Moscou, comptes rendus des tentatives d'évasion, listes de productions musicales montées par les théâtres des camps — le tout conservé aux Archives nationales de Moscou. J'ai également consulté les minutes des réunions du Parti ainsi que les documents recueillis dans le cadre de la série des *osobaïa papka* de Staline, ses « archives spéciales ». Avec l'aide d'autres historiens russes, j'ai pu utiliser certains documents des archives militaires soviétiques, mais aussi les archives des gardes des convois, où l'on trouve des choses telles que des listes de ce que les détenus étaient autorisés à emporter ou non avec eux. Hors de Moscou, j'ai également eu accès à des archives locales — à Petrozavodsk, Arkhangelsk, Syktyvkar, Vorkouta et aux îles Solovetski — où est consignée la vie des camps au jour le jour, ainsi qu'aux archives du Dmitlag, le camp qui aménagea le canal Moscou-Volga, qui sont conservées à Moscou. Toutes contiennent des documents sur la vie quotidienne, des bons de commande et les dossiers des détenus. Un jour, on m'a tendu une grosse liasse d'archives de Kedrovy Chor, petite division d'Inta, camp minier au nord du cercle arctique, en me demandant poliment si je voulais l'acheter.

Au total, ces sources permettent une nouvelle approche des camps. Dans ce livre, il ne m'était plus nécessaire de comparer les « allégations » d'une poignée de dissidents à celles du gouvernement soviétique. Je n'ai pas eu à chercher une voie médiane quelque part entre les récits des réfugiés soviétiques et la version des autorités. Pour décrire ce qui s'est passé, j'ai pu utiliser plutôt le langage d'une multitude de gens, de gardes, de policiers, de toutes sortes de détenus purgeant toutes sortes de peines à des époques différentes. Les émotions et les considérations politiques qui ont longtemps entouré l'historiographie des camps soviétiques n'ont pas leur place au cœur de ce livre. Cet espace est plutôt réservé à l'expérience des victimes.

Voici donc une histoire du Goulag. J'entends par là une histoire des camps de concentration soviétiques : leurs origines dans la Révolution bolchevique, leur essor et leur transformation en élément majeur de l'économie soviétique, leur démantèlement après la mort de Staline. C'est aussi un livre sur l'héritage du Goulag : sans conteste, les régimes et rituels que l'on trouvait dans les camps de prisonniers politiques et de criminels des années 1970 et 1980 étaient nés directement de ceux créés auparavant. Pour cette raison, j'ai eu le sentiment qu'ils avaient leur place dans le même volume.

En même temps, il s'agit d'un livre sur la vie au Goulag. Pour cette raison, il raconte l'histoire des camps de deux façons. Les première et troisième sections du livre sont chronologiques. Elles décrivent l'évolution des camps et de leur administration sous une forme narrative. La section centrale traite de la vie des camps et le fait thématiquement. Tandis que la plupart des exemples et citations de cette section se rapportent aux années 1940, la décennie où les camps connurent leur apogée, j'ai aussi fait des références à l'avant et à l'après, de manière anhistorique. Certains aspects de la vie dans les camps ont évolué, et il m'a paru important d'expliquer comment cela s'est fait.

Après avoir dit ce qu'est ce livre, je voudrais dire ce qu'il n'est pas : il n'est ni une histoire de l'URSS, ni une histoire des purges ou de la répression en général. Il n'est pas non plus une histoire du règne de Staline, de son Politburo ou de sa police secrète, dont j'ai à dessein essayé de simplifier le plus possible la complexe évolution administrative. Si je puise largement dans les écrits des dissidents soviétiques, souvent produits sous de fortes tensions au prix d'un grand courage, je ne propose pas une histoire complète du mouvement des droits de l'homme. Pas plus, au demeurant, que je ne rends pleinement justice aux histoires des diverses nations et catégories de détenus — entre autres, les Polonais, les Baltes, les Tchétchènes, les prisonniers de guerre polonais et japonais — qui ont souffert sous le régime soviétique, dans les camps soviétiques aussi bien qu'à l'extérieur. Je ne traite pas non plus complètement des meurtres de masse des années 1937-1938, qui se sont produits pour la plupart hors des camps, ni du massacre de milliers d'officiers polonais à Katyn et ailleurs. Parce que cet ouvrage est destiné au grand public et ne suppose aucune connaissance spécialisée de l'histoire soviétique, tous ces épisodes et phénomènes seront mentionnés. Il aurait été néanmoins impossible de leur rendre pleinement justice dans le cadre d'un seul volume.

Ce livre, et c'est peut-être plus important, ne rend pas justice à l'histoire des « exilés spéciaux », aux millions de gens qui ont souvent été raflés à la même époque et pour les mêmes raisons que les détenus du Goulag, pour être envoyés non pas dans les camps, mais dans de lointains villages d'exil, où ils moururent par milliers de faim, de froid et d'épuisement au travail. Certains furent exilés pour des raisons politiques : ainsi des koulaks, ou paysans riches, dans les années 1930. D'autres, pour leur origine ethnique : ainsi, notamment, des Polonais, des Baltes, des Ukrainiens, des Allemands de la Volga et des Tchétchènes dans les années 1940. Ils connurent des destins divers, au Kazakhstan, en Asie centrale et en Sibérie : une diversité trop grande pour en traiter dans un tableau du système concentrationnaire. J'ai choisi d'en faire état, de manière peut-être idiosyncrasique, quand leurs expériences m'ont paru particulièrement proches de celles des détenus du Goulag ou en rapport avec elles. Reste que, si leur histoire est étroitement liée à celle du Goulag, la raconter nécessiterait un autre livre de même ampleur. J'espère que quelqu'un l'écrira bientôt.

Bien que ce livre porte sur les camps soviétiques, il est néanmoins impossible d'en traiter comme d'un phénomène isolé. Le Goulag s'est développé à une époque et dans un pays donnés, parallèlement à d'autres événements — et dans trois contextes en particulier. À rigoureusement parler, le Goulag appartient à l'histoire de l'Union soviétique ; à l'histoire internationale aussi bien que russe des prisons et de l'exil ; et au climat intellectuel propre à l'Europe continentale au milieu du XXe siècle, qui a aussi produit les camps de concentration nazis en Allemagne.

Par « appartient à l'histoire de l'Union soviétique », j'entends quelque chose de bien précis : le Goulag n'a pas surgi, pleinement formé, de l'océan, mais a reflété les normes générales de la société qui l'entourait. Si les camps étaient crasseux, les gardes brutaux, les équipes de travail négligées, c'est en partie que la crasse, la brutalité et la négligence ne manquaient pas en d'autres sphères de la vie soviétique. Si la vie dans les camps était horrible, insupportable, inhumaine, si les taux de mortalité étaient élevés, ce n'était pas très surprenant non plus. À certaines époques la vie fut aussi horrible, insupportable et inhumaine en Union soviétique, et les taux de mortalité aussi élevés hors des camps qu'à l'intérieur.

Ce n'est certainement pas un hasard non plus si les premiers camps soviétiques ont été mis en place juste après les effusions de sang, les violences et le chaos de la Révolution russe. Au cours de la Révolution, de la terreur imposée par la suite et de la guerre civile qui s'ensuivit, beaucoup, en Russie, eurent l'impression d'une fracture définitive de la civilisation. « La peine de mort était infligée arbitrairement », écrit l'historien Richard Pipes. On « fusillait sans raison apparente et relâchait tout aussi capricieusement »[18]. À compter de 1917, c'est tout l'ensemble des valeurs de la société qui se trouva bouleversé : la richesse et l'expérience d'une vie étaient un passif tandis que le vol était glorifié sous couvert de « nationalisation » ; le meurtre devint un élément accepté de la lutte pour la dictature du prolétariat. Dans cette atmosphère, l'internement initial par Lénine de milliers de gens, sous prétexte qu'ils étaient autrefois fortunés ou portaient des titres aristocratiques, ne semblait guère étrange ni déplacé.

De même, les taux de mortalité élevés enregistrés dans les camps certaines années sont aussi, en partie, le reflet des événements qui se déroulaient à travers le pays. La mortalité monta en flèche dans les camps au début des années 1930, alors que le pays tout entier souffrait de la famine. Elle grimpa de nouveau au cours de la Seconde Guerre mondiale : l'invasion allemande de l'Union soviétique se solda non seulement par des millions de morts au combat, mais aussi par des épidémies de dysenterie et de typhus et, une fois encore, par la famine, qui toucha toute la population, dans les camps comme à l'extérieur. Dans le courant de l'hiver 1941-1942, alors qu'un quart de la population du Goulag mourait de faim, un million d'habitants de Leningrad, piégés par le blocus allemand, sont sans doute également morts de faim[19]. Lidiya Ginzburg, qui tint la chronique du blocus, a parlé de la faim à cette époque comme d'un « état permanent [...]. Elle était constamment présente et se faisait toujours sentir [...]. Le plus désespérant et déchirant, quand on mangeait, c'était de voir les vivres s'épuiser à une effroyable vitesse sans procurer la satiété[20] ». Ses mots, le lecteur s'en rendra compte, rappellent étrangement ceux qu'emploient d'anciens détenus.

Il est vrai, bien entendu, que les habitants de Leningrad moururent chez eux, tandis que le Goulag brisa des vies, détruisit des familles, arracha des enfants à leurs parents et condamna des millions de gens à vivre dans des trous perdus, à des milliers de kilomètres des leurs. Il n'en demeure pas moins légitime de comparer l'expérience horrifique des détenus aux terribles souvenirs des citoyens soviétiques « libres » comme Elena Kojina, qui fut évacuée de Leningrad en février 1942. Au cours du voyage, elle vit son frère, sa sœur et sa grand-mère mourir de faim. Alors que les Allemands approchaient, elle et sa mère traversèrent la steppe, rencontrant des « scènes de débâcle et de chaos. [...] Le monde volait en éclats. Tout était imprégné de fumée et d'une horrible odeur de brûlé ; la steppe était dense et suffocante, comme serrée dans un poing chaud et noir de suie ». Alors qu'elle ne fit jamais l'expérience des camps, Kojina connut le froid terrible, la faim et la peur avant son dixième anniversaire. Le souvenir devait la hanter le restant de sa vie. Rien, écrit-elle, ne « saurait effacer le souvenir du corps de Vadik emporté sous une couverture ; de Tania suffoquant à l'agonie ; de maman et de moi, les dernières, marchant péniblement à travers la steppe brûlante au milieu de la fumée et des orages »[21].

Outre les souffrances, la population du Goulag et celle du reste de l'URSS partagèrent bien d'autres choses. Tant dans les camps qu'à l'extérieur, on pouvait trouver la même négligence au travail, la même stupidité criminelle de la bureaucratie, le même mépris obstiné de la vie humaine. Alors que j'écrivais ce livre, j'exposai à un ami polonais le système de la *toufta* — la tricherie sur les normes de travail imposées — que les détenus avaient mis au point et que je décris plus loin. Il hurla de rire. « Tu crois que ce sont les prisonniers qui l'ont inventée ? Tout le bloc soviétique pratiquait la *toufta*. » Dans l'Union soviétique stalinienne, la différence entre la vie derrière les barbelés ou à l'extérieur n'avait rien de fondamental — c'était plutôt une affaire de degré. Pour cette raison, peut-être, on a souvent décrit le Goulag comme l'expression quintessenciée du système soviétique. Même dans l'argot des camps, le monde extérieur aux barbelés n'était pas désigné comme la liberté, mais comme la *bolchaïa zona*, la « grande zone carcérale », plus grande et moins mortelle que la « petite zone » du camp, mais pas plus humaine et certainement pas plus clémente.

Certes on ne saurait dissocier totalement le Goulag de l'expérience de la vie dans le reste de l'Union soviétique, mais on ne peut non plus séparer totalement l'histoire des camps soviétiques de la longue histoire multinationale et transculturelle des prisons, de l'exil, de l'incarcération et des camps de concentration. L'exil des prisonniers dans des lieux lointains, où ils peuvent « payer leur dette à la société », se rendre utiles et ne pas en contaminer d'autres par leurs idées ou leurs actes criminels, est une pratique aussi ancienne que la civilisation elle-même. Les maîtres de la Rome et de la Grèce antiques envoyaient les dissidents dans des colonies lointaines. Le poète Ovide fut exilé dans un port fétide de la mer Noire. Au temps des rois George, la Grande-Bretagne envoyait ses pickpockets et ses voleurs en Australie. La France du XIXe siècle déportait ses criminels en Guyane. Le Portugal expédiait ses indésirables au Mozambique[22].

En 1917, les nouveaux dirigeants de l'Union soviétique n'eurent pas à chercher un précédent aussi loin qu'au Groenland. Depuis le XVIIe siècle, la Russie avait son propre système d'exil : c'est en 1649 que l'on trouve la première mention de l'exil dans le droit russe. À l'époque, l'exil passait pour une nouvelle forme de châtiment plus humaine des criminels — de loin préférable à la peine de mort, à la flétrissure et à la mutilation — et on l'appliquait à une très large gamme de crimes plus ou moins graves, aux priseurs de tabac et aux diseuses de bonne aventure aussi bien qu'aux meurtriers[23]. Toutes sortes d'intellectuels et d'écrivains russes, dont Pouchkine, souffrirent de l'exil, tandis que la menace même en tourmenta d'autres : au faîte de sa gloire littéraire, en 1890, Anton Tchekhov surprit ses connaissances en s'en allant visiter puis décrire les colonies pénitentiaires de l'île de Sakhaline, au large de la côte du Pacifique. Avant de partir, il écrivit à son éditeur perplexe, pour lui exposer ses motifs :

> [...] Il s'avère que nous avons laissé pourrir dans les prisons des *millions* d'hommes, que nous les y avons laissés pourrir en vain, sans raison, de façon barbare ; nous avons fait parcourir des dizaines de milliers de verstes dans le froid à des hommes enchaînés, nous les avons rendus syphilitiques, nous les avons corrompus, nous avons augmenté le nombre des criminels, [...] et cela ne nous concerne pas, cela ne nous intéresse pas[24].

Avec le recul, il est facile de trouver dans l'histoire du système carcéral tsariste de nombreux échos des pratiques par la suite appliquées dans le Goulag soviétique. Comme le Goulag, par exemple, l'exil en

Sibérie ne fut jamais destiné exclusivement aux criminels. Suivant une loi de 1736, si un village décidait qu'un de ses membres avait une mauvaise influence sur les autres, les aînés pouvaient partager les biens du malheureux et lui ordonner d'aller ailleurs. S'il ne trouvait une autre demeure, l'État pouvait alors décider de l'exiler[25]. De fait, en 1948, Khrouchtchev devait invoquer cette loi lorsqu'il prôna (avec succès) l'exil des fermiers collectifs jugés insuffisamment enthousiastes et assidus au travail[26].

La pratique consistant à exiler ceux qui n'entraient pas dans le moule se poursuivit tout au long du XIXe siècle. Dans son livre, *Siberia and the Exile System*, George Kennan (l'oncle de l'homme d'État américain) a décrit le système du « processus administratif » tel qu'il a pu l'observer en Russie en 1891 :

> La personne indésirable n'est pas forcément coupable de quelque crime que ce soit [...], mais si, de l'avis des autorités locales, sa présence dans un endroit particulier est « préjudiciable à l'ordre public » ou est « incompatible avec l'ordre public », elle peut être arrêtée sans mandat, être maintenue en prison pour une période de quinze jours à deux ans, puis être déportée vers un autre lieu, dans les limites de l'Empire, pour y être placée sous surveillance policière pour un temps allant de un à dix ans[27].

L'exil administratif — qui ne nécessitait ni procès ni condamnation — était le châtiment idéal non seulement des fauteurs de troubles en tant que tels, mais aussi des adversaires politiques du régime. Dans les premiers temps, il s'agissait bien souvent de nobles polonais hostiles à l'occupation russe de leur territoire et de leurs propriétés. Plus tard, on devait trouver parmi les exilés des réfractaires religieux aussi bien que des membres de groupes « révolutionnaires» et de sociétés secrètes, y compris les bolcheviks. Bien qu'ils ne fussent pas des exilés administratifs — ils avaient été dûment jugés et condamnés —, les «colons forcés» les plus connus de la Sibérie au XIXe siècle furent aussi des prisonniers politiques: les décembristes, groupe d'aristocrates de haut rang qui avaient monté une timide rébellion contre le tsar Nicolas Ier en 1825. Animé d'un esprit de vengeance qui choqua l'Europe entière à l'époque, le tsar en condamna cinq à mort. Il priva les autres de leurs titres et les expédia, dans les chaînes, en Sibérie, où quelques-uns furent rejoints par leurs épouses exceptionnellement courageuses. Une poignée d'entre eux seulement vécurent assez longtemps pour être graciés, trente ans plus tard, par Alexandre II et revenir à Saint-Pétersbourg. Ils n'étaient plus alors que des vieillards usés[28]. Condamné en 1849 à quatre ans de servitude pénale, Fiodor Dostoïevski fut lui aussi un prisonnier politique célèbre. Au retour de son exil sibérien, il écrivit ses *Récits de la maison des morts*, qui reste le tableau le plus lu de la vie dans le système carcéral tsariste.

De même que le Goulag, le système tsariste de l'exil ne fut pas exclusivement créé comme une forme de châtiment. Les maîtres de la Russie entendaient aussi que les exilés, tant criminels que politiques, servissent à résoudre un problème économique lancinant depuis des siècles: la sous-population de l'Extrême-Orient et du Grand Nord du bloc continental russe et l'incapacité dans laquelle l'Empire se trouvait en conséquence d'exploiter les ressources naturelles du pays. C'est dans cette perspective que l'État russe commença, dès le XVIIIe siècle, à condamner quelques-uns de ses prisonniers aux travaux forcés: une forme de châtiment connue sous le nom de *katorga*, du grec *kateirgein*, « forcer ». Les *katorga* avaient une longue préhistoire en Russie. Au début du XVIIIe siècle, Pierre le Grand avait utilisé des condamnés et des serfs pour construire des routes, des forteresses, des usines et des navires, sans oublier Saint-Pétersbourg elle-même. En 1722, il prit une mesure plus spécifique, ordonnant l'exil des criminels, avec femmes et enfants, dans les mines d'argent de Dauria, en Sibérie orientale[29].

En son temps, l'utilisation par Pierre du travail forcé fut considérée comme une grande réussite économique et politique. En vérité, l'histoire des centaines de milliers de serfs qui passèrent leur vie à édifier Saint-Pétersbourg eut un impact considérable sur les générations futures. Beaucoup étaient morts au cours de la construction... et pourtant, la ville devint symbole de progrès et d'européanisation. Les méthodes étaient cruelles... mais la nation en avait profité. L'exemple de Pierre aide probablement à expliquer que ses successeurs tsaristes aient si facilement adopté les *katorga*. Sans nul doute Staline fut-il, lui aussi, un grand admirateur des méthodes de Pierre.

Toujours est-il qu'au XIXe siècle les *katorga* demeuraient une forme de châtiment relativement rare. En 1906, environ 6 000 condamnés aux *katorga* seulement purgeaient leurs peines ; en 1916, à la veille de la Révolution, ils n'étaient que 28 600[30]. Une autre catégorie de prisonniers était d'une importance économique autrement plus grande : les colons forcés, condamnés à l'exil, mais pas à la prison, dans des régions sous-développées du pays, choisies pour leur potentiel économique. Entre 1824 et 1889, quelque 720 000 furent ainsi envoyés en Sibérie. Beaucoup étaient accompagnés de leur famille. Ce sont eux, non pas les forçats trimant dans les chaînes, qui peuplèrent progressivement les friches désertes mais riches en minerais de la Russie[31].

Leurs peines n'étaient pas nécessairement légères et certains colons jugeaient leur destin pire que celui des détenus condamnés aux *katorga*. Assignés à de lointains districts, avec des terres pauvres et de rares voisins, beaucoup mouraient de faim au cours de longs hivers et/ou, par ennui, buvaient jusqu'à ce que mort s'ensuivît. Il y avait fort peu de femmes — leurs effectifs ne dépassèrent jamais les 15 % — encore moins de livres et aucun divertissement[32].

Lors de sa traversée de la Sibérie en direction de Sakhaline, Anton Tchekhov rencontra, et décrivit, quelques-uns de ces colons en exil : « [...] Ils sont timorés et comme abattus. Pour la plupart, ils ont reçu une instruction pauvre, faible, médiocre et ne possèdent guère plus qu'une belle écriture qui le plus souvent ne leur sert à rien. Certains d'entre eux commencent par vendre, l'une après l'autre, leurs chemises en toile de Hollande, leurs draps, leurs mouchoirs et finissent au bout de deux ou trois ans par mourir dans une effroyable misère[33] [...]. »

Tous les exilés n'étaient cependant pas misérables et dégénérés. La Sibérie était très loin de la Russie européenne, et, en Orient, la bureaucratie était plus indulgente et l'aristocratie bien plus clairsemée sur le terrain. Les exilés et les anciens prisonniers les plus riches se taillaient parfois de grands domaines. Les plus cultivés devenaient médecins ou avocats ou encore dirigeaient des écoles[34]. La princesse Maria Volkonskaïa, femme du décembriste Sergueï Volkonski, parraina la construction d'un théâtre et d'une salle de concerts à Irkoutsk : bien qu'elle eût été, comme son mari, techniquement privée de son rang, les invitations à ses soirées et à ses dîners privés étaient avidement recherchées, et on en discutait jusqu'à Moscou et à Saint-Pétersbourg[35].

Au début du XXe siècle, le système avait perdu une partie de sa rigueur antérieure. La vogue de réforme des prisons qui s'était propagée en Europe au XIXe siècle avait fini par rattraper également la Russie. Les régimes se firent plus légers, la police plus souple[36]. De fait, en comparaison de ce qui allait suivre, la route de la Sibérie paraît désormais, sinon exactement agréable, du moins comme un châtiment pas très lourd pour le petit groupe d'hommes qui devaient conduire la Révolution russe. En prison, les bolcheviks bénéficièrent de quelques traitements de faveur en tant que détenus « politiques », plutôt que criminels, et étaient autorisés à posséder des livres, du papier et de quoi écrire. L'un d'entre eux, Ordjonikidze, rapporta plus tard avoir lu notamment Adam Smith, Ricardo, Plekhanov, William James, Frederick W. Taylor, Dostoïevski et Ibsen alors qu'il était interné dans la forteresse de Schlüsselburg, à Saint-Pétersbourg[37]. En comparaison des normes ultérieures, les bolcheviks étaient aussi bien nourris, bien habillés et même coiffés avec soin. Une photographie de Trotski alors qu'il était emprisonné à la forteresse Pierre-et-Paul en 1906 le montre avec des lunettes, un costume-cravate et une chemise pourvue d'un col impressionnant de blancheur. Le judas de la porte, derrière lui, est le seul indice de l'endroit où il se trouve[38]. Sur un autre cliché pris alors qu'il était exilé en Sibérie orientale, on le voit avec un chapeau de fourrure et un gros manteau, entouré d'hommes et de femmes, également en bottes et manteaux de fourrure[39]. Un demi-siècle plus tard, au Goulag, tous ces articles devaient être des luxes rares.

Si la vie d'exil, en Russie tsariste, devenait insupportable, il y avait toujours moyen de s'échapper. Staline lui-même fut arrêté et exilé à quatre reprises. Il s'échappa par trois fois, une de la province d'Irkoutsk, et deux de la province de Vologda, une région qui devait être par la suite grêlée de camps[40]. Dès lors, son mépris de la « mollesse » du régime tsariste ne devait connaître aucune limite. Son biographe russe, Dimitri Volkogonov, a résumé son opinion en ces termes : « On n'était pas obligé de travailler, on pouvait lire ce qu'on voulait et on pouvait même s'évader. Il suffisait d'avoir la volonté de le faire[41]. »

Ainsi leur expérience sibérienne donna-t-elle aux bolcheviks un modèle sur lequel construire, en même temps qu'une leçon sur la nécessité de régimes punitifs exceptionnellement rigoureux.

Si le Goulag fait partie intégrante de l'histoire tant russe que soviétique, il est aussi inséparable de l'histoire européenne : l'Union soviétique n'est pas le seul pays européen du XXe siècle à instaurer un ordre social totalitaire ou à construire un système concentrationnaire. Si je n'ai pas l'intention, dans ce livre, de comparer et d'opposer les camps soviétiques et nazis, c'est un sujet qu'on ne saurait ignorer à la légère. Les deux systèmes furent construits à peu près à la même époque, sur le même continent. Hitler connut les camps soviétiques, et Staline l'Holocauste. Certains détenus firent l'expérience des camps des deux systèmes et les décrivirent. À un niveau très profond, les deux systèmes sont liés.

Ils sont liés, avant toute chose, parce que le nazisme et le communisme soviétique sont tous deux nés des expériences barbares de la Première Guerre mondiale et de la guerre civile russe, survenue dans son sillage. Dans ces deux conflits, l'industrialisation des méthodes de guerre à grande échelle suscita une forte réponse intellectuelle et artistique à l'époque. Moins remarqué — hormis, bien entendu, par les millions de victimes — a été l'usage généralisé de méthodes d'incarcération industrialisées. Les camps d'internement et les camps de prisonniers de guerre se multiplièrent à travers l'Europe dès 1914. En 1918, on comptait 2,2 millions de prisonniers de guerre sur le territoire russe. De nouvelles techniques — production en série de fusils, de chars et même de barbelés — rendirent possibles ces camps, et les camps ultérieurs. De fait, quelques-uns des premiers camps soviétiques prirent la suite des camps de prisonniers de guerre créés au cours de la Grande Guerre[42].

Les camps soviétiques et nazis sont également apparentés en ce qu'ils relèvent de l'histoire plus générale des camps de concentration, commencée à la fin du XIXe siècle. Par camps de concentration, j'entends des camps construits pour incarcérer des gens non pas pour ce qu'ils avaient fait, mais pour ce qu'ils étaient. À la différence des camps de droit commun, ou de prisonniers de guerre, les camps de concentration furent construits pour un type particulier de détenu civil non criminel, le membre d'un groupe « ennemi », ou en tout cas d'une catégorie de gens qui, pour des raisons de race ou d'engagement politique présumé, étaient jugés dangereux ou étrangers à la société[43].

Selon cette définition, les premiers camps de concentration modernes furent créés non pas en Allemagne ou en Russie mais dans la colonie de Cuba en 1895. Cette année-là, afin d'essayer de mettre fin à une série d'insurrections locales, l'Espagne impériale mit en chantier une politique de *reconcentración* destinée à écarter les paysans cubains de leur terre et à les « reconcentrer » dans des camps, histoire de priver ainsi les rebelles de vivres, de toit et de soutien. En 1900, le mot espagnol de *reconcentración* avait déjà été traduit en anglais et servait à désigner un projet britannique similaire, initié pour de semblables raisons, au cours de la guerre des Boers en Afrique du Sud : les civils boers furent « concentrés » dans des camps, afin de priver les combattants boers de foyer et de soutien.

De là, l'idée continua de se propager. Ainsi semble-t-il que le mot *kontslaguer* fit son apparition en russe pour traduire l'expression anglaise *concentration camp*, probablement par le truchement de Trotski, bien au fait de la guerre des Boers[44]. En 1904, des colons allemands du Sud-Ouest africain adoptèrent à leur tour le modèle britannique, avec juste une variante. Au lieu d'enfermer simplement les autochtones de la région, la tribu des Herero, ils leur firent accomplir des travaux forcés pour le compte de la colonie allemande.

Il existe un certain nombre de liens étranges et mystérieux entre ces premiers camps de travail germano-africains et ceux qui surgirent dans l'Allemagne nazie trois décennies plus tard. C'est grâce à ces colonies de travail d'Afrique australe, par exemple, que le mot *Konzentrationslager* fit son apparition, en 1905, dans la langue allemande. Le premier commissaire impérial de la Deutsche Sud-West Afrika fut un certain Dr Heinrich Göring, le père d'Hermann, qui ouvrit les premiers camps nazis en 1933. C'est aussi dans ces camps africains que furent menées les premières expériences médicales allemandes sur des êtres humains : deux des professeurs de Joseph Mengele, Theodor Mollison et Eugen Fischer, poursuivirent des recherches sur les Herero, le second afin de prouver ses théories sur la supériorité de la race blanche. Mais leurs croyances n'avaient rien d'exceptionnel. En 1912, un best-seller, *La Pensée allemande dans le monde*, affirmait que rien

> ne peut convaincre des gens raisonnables que la préservation d'une tribu de Caftes d'Afrique du Sud [...] est plus importante pour l'avenir de l'humanité que l'expansion des grandes nations européennes et de la race blanche en général. [...] C'est seulement quand l'indigène a appris à produire quelque chose de valeur au service de la race supérieure [...] qu'il obtient un droit moral à exister[45].

Alors que cette théorie a rarement été exposée de manière aussi claire, de semblables sentiments affleurent souvent à la surface de la pratique coloniale. Certaines formes de colonialisme ont sans conteste renforcé le mythe de la supériorité raciale des Blancs et légitimé l'usage de la violence par une race contre une autre. On peut donc soutenir que les expériences corruptrices de certains colons européens ont contribué à ouvrir la voie au totalitarisme européen du XXe siècle[46]. Et pas simplement européen : l'Indonésie est un exemple d'État post-colonial dont les dirigeants emprisonnèrent dès le début leurs opposants dans des camps de concentration, de même que l'avaient fait leurs maîtres coloniaux.

L'Empire russe, qui avait triomphé de ses populations indigènes dans sa marche vers l'est, ne fut pas une exception[47]. Au cours de l'un des dîners qui rythme le roman de Tolstoï *Anna Karénine*, le mari d'Anna, qui a exercé des responsabilités officielles concernant les « tribus indigènes », plaide la nécessité pour les cultures supérieures d'absorber les inférieures[48]. À un certain niveau, les bolcheviks, comme tous les Russes cultivés, avaient conscience de la destruction par l'Empire russe des Kirghiz, des Bouriates, des Toungouses, des Tchouktches et d'autres. Le fait qu'elle ne les ait pas particulièrement préoccupés — eux qui, par ailleurs, se souciaient tellement du sort des opprimés — est en soi révélateur de leurs postulats implicites.

Toujours est-il que la connaissance pleine et entière de l'histoire de l'Afrique australe et de l'Est sibérien ne fut guère nécessaire à l'essor des camps de concentration en Europe : l'idée que certains types de population sont supérieurs à d'autres était assez courante en Europe au début du XXe siècle. Et c'est au fond ce qui rattache les camps d'Union soviétique à ceux de l'Allemagne nazie au sens le plus profond : les deux régimes se légitimèrent, en partie, en instaurant des catégories d'« ennemis » ou de « sous-hommes » qu'ils persécutèrent ou détruisirent massivement.

Dans l'Allemagne nazie, les premières cibles furent les infirmes et handicapés mentaux. Plus tard, les nazis se focalisèrent sur les Tziganes, les homosexuels et, surtout, sur les Juifs. En URSS, les victimes furent d'abord l'« ancien peuple » — les prétendus partisans de l'ancien régime — puis les « ennemis du peuple », expression mal définie qui devait finalement inclure non seulement ceux que le régime définissait comme adversaires politiques, mais aussi des groupes nationaux et ethniques particuliers du moment qu'ils semblaient, pour des raisons également mal définies, menacer l'État soviétique ou le pouvoir de Staline. À diverses périodes, celui-ci fit arrêter en masse des Polonais, des Baltes, des Tchétchènes, des Tatars et, à la veille de sa mort, des Juifs[49].

Bien que ces catégories n'aient jamais été entièrement arbitraires, elles ne furent jamais totalement stables non plus. Voici un demi-siècle, Hannah

Arendt écrivait que les régimes tant nazi que bolchevique créaient des « ennemis » ou « opposants objectifs », « dont l'identité varie au gré des circonstances — si bien que, sitôt une catégorie liquidée, la guerre peut être déclarée à une autre ». De même, ajoutait-elle, la tâche de « la police totalitaire n'est pas de découvrir les crimes mais de passer à l'action quand le gouvernement décide de faire arrêter une certaine catégorie de la population »[50]. Encore une fois : on arrêtait les gens non pas pour ce qu'ils avaient fait, mais pour ce qu'ils étaient.

Dans les deux sociétés, la création de camps de concentration fut en fait la première étape d'un long processus de déshumanisation de ces ennemis objectifs — un processus qui commença, d'abord, par la rhétorique. Dans son autobiographie, *Mein Kampf*, Hitler raconte comment il découvrit soudain que les Juifs étaient responsables des problèmes de l'Allemagne, qu'il n'était « une saleté quelconque, une infamie sous quelque forme que ce fût, surtout dans la vie sociale, à laquelle un Juif au moins n'avait pas participé. Sitôt qu'on portait la scalpel dans un abcès de cette sorte, on découvrait comme un ver dans un corps en putréfaction, un petit youtre tout ébloui par cette lumière subite[51] ».

Lénine et Staline commencèrent eux aussi par imputer à des « ennemis » les multiples échecs économiques de l'Union soviétique : à des « pilleurs » et à des « saboteurs », aux agents de puissances étrangères. À compter de la fin des années 1930, alors que la vague des arrestations commençait de s'étendre, Staline poussa cette rhétorique à des extrêmes, traitant les « ennemis du peuple » de « vermine », de pollution et d'« herbes toxiques ». Il parla aussi de ses adversaires comme d'une « saleté » qu'il fallait « soumettre à une purification permanente » — tout comme la propagande nazie devait associer les Juifs à des images de vermine, de parasites et de maladie infectieuse[52].

L'ennemi diabolisé, son isolement légal pouvait commencer pour de bon. Avant d'être raflés et déportés vers les camps, les Juifs furent privés de leur statut de citoyens allemands. Ils furent exclus de la fonction publique et du barreau — ils ne pouvaient plus être ni avocats ni juges ; interdiction leur était faite d'épouser des Aryens, de fréquenter des écoles aryennes et d'arborer le drapeau allemand tandis qu'ils étaient astreints à porter l'étoile de David, mais aussi maltraités et humiliés dans la rue[53]. Avant d'être effectivement arrêtés dans l'Union soviétique de Staline, les « ennemis » étaient humiliés comme par routine dans le cadre de réunions publiques, privés de leurs emplois, chassés du parti communiste tandis que leurs épouses dégoûtées demandaient le divorce et que leurs enfants révoltés les dénonçaient.

Dans les camps, le processus de déshumanisation allait croissant et se faisait plus extrême, contribuant tout à la fois à intimider les victimes et à renforcer la croyance des bourreaux à la légitimité de leurs agissements. Dans son long entretien avec Franz Stangl, le commandant de Treblinka, l'écrivain Gitta Sereny demande à celui-ci pourquoi, avant d'être tués, les détenus étaient aussi frappés, humiliés et privés de leurs vêtements. Et Stangl de répondre : « Pour conditionner ceux qui devaient exécuter ces ordres. Pour qu'il leur devienne possible de faire ce qu'ils ont fait »[54]. Dans *L'Organisation de la terreur. Les camps de concentration*, le sociologue allemand Wolfgang Sofsky a aussi montré que la déshumanisation des détenus était méthodiquement poursuivie dans chaque aspect de la vie du camp — des habits déchirés et identiques à la privation de toute intimité, en passant par des règlements écrasants et la menace constante de la mort.

Dans le système soviétique, la déshumanisation commençait aussi au moment de l'arrestation, quand, on le verra, les détenus étaient dépouillés de leurs vêtements et de leur identité, se voyaient coupés de tout contact avec l'extérieur, étaient interrogés et torturés avant de subir des parodies de procès, si tant est qu'ils fussent jugés. Le processus en question avait un tour proprement soviétique en ce que les prisonniers étaient « excommuniés » de la vie soviétique et interdits de se donner les uns aux autres du « camarade » tandis qu'à compter de 1937 ils ne purent plus gagner le titre tant convoité de « travailleur de choc », quel que fût leur comportement ou leur acharnement au travail. Omniprésents dans les foyers et les bureaux à travers l'URSS, les portraits de Staline, si l'on en croit maints récits de détenus, n'apparaissaient quasiment jamais dans les prisons et les camps.

Tout cela ne revient en aucune façon à dire que les camps soviétiques et les camps nazis étaient identiques. Comme tout lecteur connaissant un tant soit peu l'Holocauste le découvrira au fil de ce livre, la vie au sein du système soviétique différait de bien des façons, tant subtiles que patentes, du système concentrationnaire nazi. Les différences touchaient l'organisation de la vie quotidienne et du travail, les gardes et les châtiments, les formes de propagande. Le Goulag dura beaucoup plus longtemps et traversa des cycles de cruauté relative et de relative humanité. L'histoire des camps nazis est plus courte et contient moins de variations ; ils devinrent simplement de plus en plus cruels, jusqu'à leur liquidation par les Allemands qui battaient en retraite ou à leur libération par les Alliés. Le Goulag se caractérisait lui aussi par une grande diversité de camps, des mines d'or meurtrières de la région de la Kolyma aux « luxueux » instituts secrets de la périphérie de Moscou, où des hommes de science prisonniers concevaient des armes pour l'armée rouge. Le système nazi connaissait bien divers types de camps, mais la gamme était bien plus restreinte.

Par-dessus tout, cependant, il est deux différences qui me paraissent fondamentales. En premier lieu, la définition de l'« ennemi » en Union soviétique a toujours été bien plus glissante que celle du « Juif » dans l'Allemagne nazie. Exception faite d'un tout petit nombre de cas, aucun Juif allemand ne pouvait changer de statut, aucun Juif interné dans un camp ne pouvait raisonnablement espérer échapper à la mort, et tous les Juifs en avaient conscience en permanence. Tandis que des millions de détenus soviétiques craignaient de trouver la mort — et ils furent des millions à mourir —, il n'était pas de catégorie de prisonniers dont la mort fût absolument assurée. Parfois, certains détenus pouvaient améliorer leur sort en occupant des postes relativement confortables : ingénieur ou géologue, par exemple. Au sein de chaque camp prévalait une hiérarchie des détenus : certains pouvaient grimper les échelons aux dépens, ou avec l'aide, des autres. À des époques différentes, alors que le Goulag était surchargé de femmes, d'enfants et de personnes âgées ou qu'il y avait besoin de soldats pour le front, des détenus furent libérés dans le cadre d'amnisties massives. Il arriva parfois que des catégories entières d'« ennemis » bénéficient d'un changement de statut. En 1939, par exemple, au début de la Seconde Guerre mondiale, Staline arrêta des centaines de milliers de Polonais, puis en 1941 il les libéra brusquement du Goulag quand la Pologne et l'URSS devinrent temporairement alliées. On trouve aussi le cas de figure contraire : en Union soviétique, les bourreaux pouvaient devenir à leur tour victimes. Gardiens du Goulag, administrateurs, voire officiers supérieurs de la police secrète pouvaient être eux aussi arrêtés et expédiés dans des camps. Autrement dit, toutes les « mauvaises herbes » ne restaient pas toxiques, et aucun groupe de détenus soviétiques ne devait vivre dans l'attente constante de la mort[55].

En second lieu — de nouveau, cela apparaîtra clairement au cours de ce livre —, la finalité première du Goulag, si l'on s'en tient aux conversations privées comme à la propagande publique de ceux qui le fondèrent, était économique. Ce qui ne présume en rien de son humanité. Au sein du système, les détenus étaient traités comme du bétail ou, plutôt, comme des blocs de minerai de fer. Les gardes les déplaçaient à leur guise, les chargeant et les déchargeant dans des fourgons à bestiaux, les pesant et les toisant, les nourrissant s'ils semblaient pouvoir être utiles, les affamant dans le cas contraire. Pour employer une terminologie marxiste, ils étaient exploités, réifiés, transformés en marchandise.

Leur expérience n'en était pas moins très différente de celle des détenus juifs et autres que les nazis envoyèrent dans un groupe particulier de camps : non pas les *Konzentrationslager*, mais les *Vernichtungslager*, c'est-à-dire non plus des camps de travail, mais des usines de mort. Ces camps furent au nombre de quatre : Belzec, Chelmno, Sobibor et Treblinka. Majdanek et Auschwitz étaient à la fois des camps de travail et des camps de la mort. À peine arrivés dans ces camps, les détenus étaient « sélectionnés ». Une infime poignée d'entre eux étaient astreints, quelques semaines durant, aux travaux forcés. Les autres étaient directement expédiés dans les chambres à gaz, où ils étaient exterminés et aussitôt incinérés.

Pour autant que j'aie pu m'en assurer, cette forme de meurtre particulière, pratiquée au faîte de l'Holocauste, n'a pas eu d'équivalent soviétique. Certes, l'Union soviétique a trouvé d'autres voies pour massacrer par centaines de milliers ses citoyens. Habituellement, on les conduisait de nuit dans une forêt, on les alignait pour leur tirer une balle dans la tête puis on les inhumait dans une fosse commune avant qu'ils se fussent jamais approchés d'un camp de concentration : une forme de meurtre non moins « industrialisée » et anonyme que celle des nazis. En fait, suivant certains témoignages, il arriva à la police secrète soviétique d'utiliser des gaz d'échappement — forme primitive — afin de tuer des détenus, tout comme les nazis le firent dans les premières années[56]. Au Goulag, les détenus soviétiques mouraient aussi : en général, c'était le fait non pas de l'efficacité de leurs geôliers, mais de leur inefficacité crasse et de leur incurie[57]. Dans certains camps soviétiques, à certaines époques, la mort était quasiment garantie pour ceux qui étaient choisis pour abattre des arbres en forêt en plein hiver ou travailler dans la pire des mines d'or de la Kolyma. On enfermait aussi des détenus dans des cellules jusqu'à ce qu'ils meurent de froid et de faim, on les abandonnait sans soins dans des hôpitaux non chauffés quand ils n'étaient pas purement et simplement abattus pour « tentative d'évasion ». Le système des camps soviétiques, dans l'ensemble, n'était pas délibérément organisé pour produire en masse des cadavres — même si, parfois, c'est ce qu'il fit.

Ce sont des subtilités, mais elles ont leur importance. Alors que le Goulag et Auschwitz relèvent de la même tradition intellectuelle et historique, ils n'en demeurent pas moins séparés et distincts, aussi bien l'un de l'autre que des autres systèmes de camps instaurés par d'autres régimes. L'idée de camp de concentration est sans doute assez générale pour être employée dans maintes cultures et situations différentes, mais une étude, même superficielle, de l'histoire transculturelle du camp de concentration fait apparaître que les détails spécifiques — comment la vie était organisée dans les camps, comment ceux-ci évoluèrent au fil des ans, comment ils devinrent plus rigides ou plus désorganisés, ou restèrent cruels ou libéraux — dépendaient du pays, de la culture et du régime particuliers[58]. Pour ceux qui étaient enfermés derrière les barbelés, c'étaient autant de détails décisifs pour leur vie, leur santé ou leur survie.

En fait, à lire les récits de ceux qui ont survécu aux deux, on est davantage frappé par les différences entre les expériences des victimes que par les différences entre les deux systèmes de camp. Chaque récit a ses qualités propres, chaque camp réservait des horreurs différentes à différentes catégories de gens. En Allemagne, on pouvait mourir de cruauté, en Russie de désespoir. À Auschwitz, dans une chambre à gaz ; dans la Kolyma, de froid dans la neige. On pouvait mourir dans une forêt allemande ou dans les friches sibériennes, dans un accident minier ou dans un wagon à bestiaux. Au bout du compte, chacun avait son propre itinéraire.

PREMIÈRE PARTIE

LES ORIGINES DU GOULAG

1917-1939

CHAPITRE 1

Débuts bolcheviques

Mais tes reins ont été brisés
Ma belle ère pitoyable
Et, avec un sourire vide de pensée,
Tu regardes, cruelle et faible,
Pareille à une bête qui fut souple jadis,
La trace de tes propres pattes.

OSSIP MANDELSTAM,
Vek[1].

L'un de mes objectifs est de détruire le mythe suivant lequel l'ère de répression la plus cruelle commença en 1936-1937. À l'avenir, je crois, les statistiques montreront que la vague d'arrestations, de condamnations et d'exil avait commencé dès le début de 1918, avant même la proclamation officielle, cet automne-là, de la « Terreur Rouge ». Dès lors, la vague ne fit que s'amplifier, jusqu'à la mort de Staline...

DIMITRI LIKHATCHEV,
Vospominaniya[2].

En 1917, deux vagues révolutionnaires déferlèrent sur la Russie, balayant la société russe impériale comme un château de cartes. Après l'abdication du tsar Nicolas II, en février, les événements se révélèrent extrêmement difficiles à arrêter ou à contrôler. Alexandre Kerenski, le chef du premier gouvernement provisoire post-révolutionnaire, écrivit par la suite que, dans le vide consécutif à l'effondrement de l'ancien régime, « tous les programmes politiques et tactiques existants, si audacieux et si bien conçus fussent-ils, parurent flotter dans l'espace, désormais inutiles et sans objet »[3].

Malgré la faiblesse du gouvernement provisoire, cependant, le mécontentement populaire généralisé et la force de la colère face au carnage de la Première Guerre mondiale, peu imaginaient que le pouvoir allait tomber entre les mains des bolcheviks, un des divers partis socialistes révolutionnaires qui militaient pour un changement plus rapide. Hors des frontières russes, les bolcheviks étaient à peine connus. Une histoire apocryphe illustre fort bien les attitudes à l'étranger : en 1917, un bureaucrate se précipita dans le bureau du ministre autrichien des Affaires étrangères en criant : « Votre Excellence, il y a eu une révolution en Russie ! » Le ministre parut agacé. « Qui ferait la révolution en Russie ? Certainement pas l'inoffensif Herr Trotski, attablé au Café central ? »

Si la nature des bolcheviks était mystérieuse, leur chef, Vladimir Ilitch Oulianov — l'homme que le monde devait connaître sous son pseudonyme révolutionnaire de « Lénine » —, l'était davantage encore. Au cours de ses longues années de révolutionnaire émigré, il s'était distingué par son brio, mais s'était aussi aliéné les sympathies par son intempérance et son esprit de faction. Il passait son temps à se disputer avec les autres dirigeants socialistes et était enclin à transformer en grandes controverses des désaccords mineurs autour de points de dogme apparemment insignifiants[4].

Dans les premiers mois qui suivirent la Révolution de février, Lénine fut très loin de jouir d'une autorité incontestée, même au sein de son propre parti. À la mi-octobre 1917, une poignée de bolcheviks de premier plan continuaient encore de s'opposer à son projet de coup d'État contre le gouvernement provisoire, arguant que le Parti n'était pas préparé à la prise du pouvoir et qu'il ne jouissait pas encore du soutien populaire. Il eut cependant le dessus et le coup d'État eut lieu le 25 octobre. Sous l'influence de Lénine, la foule s'empara du Palais d'Hiver. Les bolcheviks arrêtèrent les ministres du gouvernement provisoire. En l'espace de quelques heures, Lénine était devenu le dirigeant du pays, qu'il rebaptisa Russie soviétique.

Si Lénine parvint à s'emparer du pouvoir, ses détracteurs bolcheviques n'avaient pas entièrement tort. Les bolcheviks étaient en réalité affreusement mal préparés. De ce fait, au début, la plupart de leurs décisions, y compris la création d'un État de parti unique, furent prises pour répondre aux nécessités de l'heure. Leur soutien populaire était faible et, presque aussitôt, ils se lancèrent dans une sanglante guerre civile à seule fin de rester au pouvoir. À partir de 1918, lorsque l'armée blanche de l'ancien régime se regroupa pour combattre la nouvelle armée rouge — dirigée par le camarade de Lénine, « Herr Trotski » du « Café central » —, le territoire russe fut le théâtre de quelques-uns des affrontements les plus brutaux que l'Europe ait jamais connus. Les violences ne restèrent pas cantonnées aux champs de bataille. Les bolcheviks se donnèrent la peine d'écraser l'opposition intellectuelle et politique sous toutes ses formes en s'en prenant non seulement aux représentants de l'ancien régime mais aussi à d'autres socialistes : mencheviks, anarchistes et socialistes révolutionnaires. Le nouvel État soviétique ne devait connaître une paix relative qu'en 1921[5].

C'est dans ce contexte d'improvisation et de violence que virent le jour les premiers camps de travail soviétiques. Comme tant d'autres institutions bolcheviques, ce furent des créations *ad hoc*, à la hâte : une mesure d'urgence dans la mêlée de la guerre civile. Non que l'idée n'ait été déjà dans les esprits. Trois semaines avant la Révolution d'octobre, Lénine lui-même esquissait déjà un plan, il est vrai vague, pour organiser un « devoir de travail obligatoire » pour les riches capitalistes. En janvier 1918, exaspéré par l'ampleur de la résistance antibolchevique, il se montra encore plus véhément, écrivant qu'il se félicitait de « l'arrestation des saboteurs-millionnaires, qui voyageaient en train dans des compartiments de 1re ou de 2e classe. Je suggère de les condamner à six mois de travaux forcés dans une mine »[6].

La vision qu'avait Lénine des camps de travail comme d'une forme de châtiment spéciale pour une sorte d'« ennemi » bourgeois bien particulière cadrait avec ses autres idées sur le crime et les criminels. D'un côté, le premier dirigeant soviétique était ambivalent concernant l'emprisonnement et le châtiment des criminels traditionnels — voleurs, pickpockets, assassins — en qui il voyait des alliés potentiels. Dans son esprit, la cause fondamentale de l'« excès social » (autrement dit, du crime) était « l'exploitation des masses ». Éliminons la cause, et cela se traduira par le « dépérissement de l'excès ». Il n'était donc nullement besoin de châtiments spéciaux pour dissuader les criminels : avec le temps, la Révolution elle-même les ferait disparaître. Par certains aspects, le langage du premier code criminel bolchevique allait réchauffer le cœur des réformateurs du code criminel les plus progressistes et radicaux en Occident. Entre autres choses, le code décrétait qu'il n'existait pas de « culpabilité individuelle » et que la peine « ne devait pas être considérée comme une sanction »[7].

Par ailleurs, Lénine, comme les théoriciens bolcheviques du droit qui marchèrent sur ses brisées, considérait également que la création de l'État soviétique allait donner naissance à une nouvelle espèce de criminel : l'« ennemi de classe ». Un ennemi de classe s'opposait à la Révolution et travaillait au grand jour, ou plus souvent en secret, à la détruire. Il était plus difficile à identifier qu'un criminel ordinaire et beaucoup plus dur à réformer. À la différence d'un criminel ordinaire, on ne pouvait jamais espérer qu'il finisse par coopérer avec le régime soviétique : aussi fallait-il le châtier plus durement qu'un meurtrier ou un voleur ordinaire. En mai 1918, le premier « décret sur la corruption » précisait donc : « Si la personne coupable de recevoir ou d'offrir des pots-de-vin appartient aux classes possédantes et y recourt pour conserver ou acquérir des privilèges, liés aux droits de propriété, il convient de la condamner aux travaux forcés les plus durs et désagréables et de confisquer tous ses biens »[8].

Autrement dit, dès les tout premiers jours du nouvel État soviétique, on devait condamner des gens non pour ce qu'ils avaient fait, mais pour ce qu'ils étaient.

Malheureusement, personne n'a jamais donné une description claire de ce à quoi était censé ressembler un « ennemi de classe ». De ce fait, les arrestations en tous genres montèrent en flèche à la suite du coup de force bolchevique. À compter de novembre 1917, des tribunaux révolutionnaires, composés de « partisans» de la Révolution pris au hasard, se mirent à condamner les «ennemis» de la Révolution, eux aussi pris au hasard. Peines de prison, travaux forcés et même peines de mort furent arbitrairement infligés aux banquiers, aux veuves de marchands, aux «spéculateurs» — par quoi il faut entendre quiconque exerçait une activité économique indépendante —, à d'anciens gardiens de prison de l'époque tsariste et aux suspects[9].

La définition de qui était ou non un «ennemi» variait aussi d'un endroit à l'autre, au point de recouper parfois la définition du «prisonnier de guerre». Lorsqu'elle occupait une nouvelle ville, l'armée rouge de Trotski prenait souvent en otage des bourgeois, qu'elle pouvait fusiller en cas de retour des blancs, comme cela se produisait souvent le long des lignes fluctuantes du front. En attendant, on les astreignait aux travaux forcés, souvent à creuser des tranchées ou à dresser des barricades[10]. La distinction entre prisonniers politiques et criminels de droit commun était également arbitraire. Les membres sans instruction des commissions provisoires et des tribunaux révolutionnaires pouvaient, par exemple, décider subitement qu'un homme arrêté sans billet dans le tram avait commis un délit contre la société et le condamner pour crimes politiques[11]. En fin de compte, maintes décisions de ce genre étaient abandonnées aux policiers ou aux soldats qui procédaient aux arrestations. Félix Dzerjinski, le fondateur de la Tchéka — la police secrète de Lénine, l'ancêtre du KGB —, avait personnellement un petit carnet noir dans lequel il griffonnait les noms et adresses des «ennemis» sur lesquels il tombait au hasard en faisant son travail[12].

Ces distinctions resteraient floues jusqu'à l'effondrement de l'Union soviétique elle-même, quatre-vingts ans plus tard. L'existence de deux catégories de prisonniers — « politiques » et « criminels » — n'en eut pas moins un effet profond sur la formation du système pénal soviétique. Dans la première décennie de pouvoir bolchevique, les pénitenciers soviétiques se scindèrent même en deux catégories : une pour chaque type de détenu. Le partage se fit spontanément, en réaction au désordre du système carcéral existant. Dans les tout premiers jours de la Révolution, tous les détenus étaient incarcérés sous la juridiction des ministères judiciaires « traditionnels » : d'abord le commissariat à la Justice, puis le commissariat à l'Intérieur, et placés dans le système carcéral « ordinaire ». Autrement dit, ils étaient jetés dans les vestiges du système tsariste, habituellement des prisons de pierre crasseuses et lugubres, qui occupaient une position centrale dans toutes les grandes villes. Au cours des années révolutionnaires 1917-1920, la plus grande confusion régna dans ces institutions. La populace avait pris d'assaut les prisons, des commissaires autodésignés avaient limogé les gardes, les détenus avaient bénéficié de très larges amnisties ou s'étaient tout simplement éclipsés[13].

Lorsque les bolcheviks prirent les choses en main, les rares prisons qui restaient en activité étaient surpeuplées et insuffisantes. Quelques semaines seulement après la Révolution, Lénine lui-même exigea des « mesures extrêmes pour l'amélioration immédiate du ravitaillement des prisons de Petrograd »[14]. Quelques mois plus tard, un tchékiste de Moscou visita la prison de Taganskaïa et fit état d'un « froid terrible et de la crasse », sans compter le typhus et la faim. La plupart des détenus ne pouvaient purger leur peine de travaux forcés faute d'habits. Selon un article de presse, la prison de la Boutyrka, à Moscou, destinée à accueillir un millier de détenus, en enfermait déjà 2 500. Un autre journal déplora que les gardes rouges « arrêtent au hasard des centaines de personnes tous les jours, et ne savent ensuite qu'en faire »[15].

Le surpeuplement inspira des solutions « créatives ». Faute de mieux, les nouvelles autorités incarcéraient les prisonniers dans des sous-sols ou des greniers, des palais vides ou d'anciennes églises. Un survivant raconta par la suite avoir été placé dans la cave d'une maison déserte, dans une pièce avec cinquante personnes, sans mobilier et peu de nourriture : ceux qui ne recevaient pas de colis de leur famille mouraient purement et simplement de faim[16]. En décembre 1917, une commission de la Tchéka discuta du sort de cinquante-six prisonniers mélangés — « voleurs, ivrognes et "politiques" divers » — internés au sous-sol de l'Institut Smolny, le QG de Lénine à Petrograd[17].

Tout le monde ne souffrit pas du chaos. Robert Bruce Lockhart, diplomate britannique accusé d'espionnage (à juste raison, en fait), fut incarcéré en 1918 dans une pièce du Kremlin. Il passa son temps à faire des patiences ou à lire Thucydide et Carlyle. De temps à autre, un ancien serviteur impérial lui apportait du thé et la presse[18].

Mais même dans les prisons traditionnelles qui subsistaient, les régimes carcéraux étaient fantasques et les gardiens de prison inexpérimentés. À Vyborg, dans le nord de la Russie, un détenu découvrit que, dans le monde sens dessus dessous d'après la Révolution, son ancien chauffeur était devenu gardien de prison. L'homme se fit un plaisir d'aider son ancien maître à trouver une meilleure cellule, moins humide, et finalement à s'évader[19]. En décembre 1917, à la prison de Petrograd, devait aussi se souvenir un colonel de l'armée blanche, les détenus allaient et venaient à leur guise, tandis que des gens sans foyer passaient la nuit dans des cellules. Se retournant sur cette époque, un officiel soviétique devait constater que « les seuls qui ne s'évadaient pas étaient ceux qui étaient trop paresseux »[20].

Le désordre contraignit la Tchéka à imaginer de nouvelles solutions : les bolcheviks ne pouvaient guère laisser leurs « vrais » ennemis entrer dans le système carcéral ordinaire. Le chaos des geôles et la paresse des gardes faisaient sans doute l'affaire des pickpockets et des jeunes délinquants, mais, pour les saboteurs, les parasites, les spéculateurs, les officiers de l'armée blanche, les prêtres, les capitalistes bourgeois et les autres qui occupaient une telle place dans l'imaginaire bolchevique, des solutions plus créatives s'imposaient.

Une solution fut trouvée dès le 4 juin 1918, lorsque Trotski demanda qu'un groupe de prisonniers de guerre tchèques insoumis fût pacifié, désarmé et placé dans un *kontslaguer* : un camp de concentration. Douze jours plus tard, dans un mémorandum adressé au gouvernement soviétique, Trotski parla de nouveau de camps de concentration, de prisons extérieures où la « bourgeoisie des villages et des villes [...] sera mobilisée et organisée en bataillons arrière pour accomplir des tâches subalternes (nettoyage des casernes, des camps, des rues, creuser des tranchées, etc.). Ceux qui refusent seront mis à l'amende et placés en état d'arrestation jusqu'à ce qu'ils versent l'amende[21] ».

En août, Lénine employa à son tour le mot. Dans un télégramme aux commissaires de Penza, où s'était produit un soulèvement antibolchevique, il prôna la « terreur de masse contre les koulaks [paysans riches], les prêtres et les gardes blancs » ainsi que « l'internement dans un camp de concentration hors de la ville » des éléments « peu fiables »[22]. Les installations existaient déjà. Dans le courant de l'été 1918 — à la suite du traité de Brest-Litovsk qui mit fin à la participation de la Russie dans la Première Guerre mondiale —, le régime libéra deux millions de prisonniers de guerre. Les camps vides furent aussitôt remis à la Tchéka[23].

À l'époque, la Tchéka dut apparaître comme l'organe idéal pour se charger d'incarcérer les « ennemis » dans des camps « spéciaux ». Organisation entièrement nouvelle, elle devait être « l'épée et le bouclier » du parti communiste et n'avait aucune allégeance envers le gouvernement soviétique ni envers aucune de ses administrations. Elle n'avait aucune tradition de légalité, ni aucune obligation d'obéir à la règle de droit, aucun besoin de consulter la police, les tribunaux ou le commissaire à la Justice. Son nom même indiquait son statut particulier : Commission extraordinaire pan-russe pour lutter contre la contre-révolution et le sabotage, soit, en utilisant l'abréviation russe pour « Commission extraordinaire », la Tchk ou Tchéka. Elle était précisément « extraordinaire » au sens où elle existait hors de la légalité « ordinaire ».

Sitôt créée ou presque, elle se vit confier une tâche extraordinaire. Le 5 septembre 1918, Dzerjinski fut chargé de mettre en œuvre la politique de Terreur rouge décrétée par Lénine. Lancée à la suite d'une tentative d'assassinat contre ce dernier, cette vague de terreur — arrestations, emprisonnements, meurtres —, plus organisée que la terreur aléatoire des mois précédents, fut en fait une composante importante de la guerre civile, dirigée contre ceux qui étaient suspects de travailler à détruire la Révolution sur le « front intérieur ». Elle fut sanglante, implacable et cruelle, comme le voulaient ses maîtres d'œuvre. La *Krasnaïa Gazeta*, l'organe de l'armée rouge, la décrivit ainsi : « Sans merci, sans faire de détails, nous allons tuer nos ennemis par centaines. Par milliers, qu'ils se noient dans leur propre sang. Pour le sang de Lénine, [...] que coule à flots le sang de la bourgeoisie — plus de sang, le plus possible [...] »[24].

La Terreur rouge joua un rôle crucial dans la lutte de Lénine pour le pouvoir. Les camps de concentration, ou « camps spéciaux », jouèrent à leur tour un rôle crucial dans la Terreur rouge. On en trouve mention dans le tout premier décret sur la Terreur rouge, qui prévoyait non seulement l'arrestation et l'incarcération des « représentants importants de la bourgeoisie, des propriétaires terriens, des industriels, des marchands, des prêtres contre-révolutionnaires et des officiers antisoviétiques », mais aussi leur « isolement dans des camps de concentration »[25]. Bien qu'on ne possède pas de chiffres fiables sur le nombre des prisonniers, à la fin de 1919 la Russie comptait vingt et un camps déclarés. À la fin de 1920, il y en avait 107, cinq fois plus[26].

À ce stade, cependant, le but des camps demeurait ambigu. Les prisonniers devaient exécuter des travaux, mais à quelle fin ? S'agissait-il de les rééduquer par le travail ? De les humilier ? Ou d'aider à construire le nouvel État soviétique ? Les réponses variaient suivant les dirigeants et les institutions soviétiques. En février 1919, Dzerjinski lui-même prononça un discours éloquent, insistant sur le rôle des camps dans la rééducation idéologique de la bourgeoisie. Les nouveaux camps, expliqua-t-il, allaient

> utiliser le travail des personnes placées en état d'arrestation ; pour ces messieurs qui vivent sans activité ; et pour ceux qui sont incapables de travailler s'ils n'y sont pas forcés. Ce châtiment devrait s'appliquer à ceux qui, au sein des institutions soviétiques, se montrent négligents au travail, traînent, etc. Ainsi allons-nous créer des écoles de travail.[27]

Au printemps 1919, cependant, quand furent publiés les premiers décrets officiels sur les camps spéciaux, semblèrent l'emporter des priorités légèrement différentes[28]. Les décrets — en fait, une liste étonnamment longue de règles et de recommandations — suggéraient que chaque capitale régionale se dotât d'un camp capable d'accueillir pas moins de 300 personnes, « à la lisière de la ville ou dans des bâtiments proches du type monastères, domaines, fermes, etc. » Ils imposaient une journée de travail de huit heures, les heures supplémentaires et le travail de nuit n'étant autorisés qu'« en accord avec le code du travail ». Les colis alimentaires étaient interdits, La visite de membres de la famille immédiate était permise, mais uniquement le dimanche et les jours de fêtes. Les détenus qui tentaient de s'évader pouvaient voir décupler leur peine. Une seconde tentative était passible de la peine de mort : une peine extrêmement rude en comparaison du laxisme de la loi tsariste sur l'évasion, que les bolcheviks ne connaissaient que trop bien. Qui plus est, les décrets indiquaient aussi clairement que le travail des détenus n'était pas destiné à faire leur éducation, mais à couvrir les frais d'entretien du camp. Les détenus invalides devaient être envoyés ailleurs. Les camps devaient s'autofinancer. Non sans optimisme, les premiers fondateurs des camps imaginaient qu'ils seraient rentables[29].

Du fait de l'irrégularité des financements publics,

les dirigeants des camps devaient rapidement s'intéresser à l'idée d'autofinancement, ou tout au moins à celle d'utiliser leurs prisonniers à des tâches pratiques. En septembre 1939, un rapport secret soumis à Dzerjinski déplorait les conditions sanitaires d'un camp de transit, les jugeant « au-dessous de toute critique » possible, parce qu'elles rendaient quantité de gens trop malades pour travailler : « Dans l'humidité de l'automne, ce ne seront pas des endroits où réunir les gens et les mettre au travail, mais des pépinières d'épidémies et autres maladies. » L'auteur du rapport proposait, entre autres choses, que les détenus inaptes au travail fussent envoyés ailleurs, ce qui rendrait ainsi le camp plus efficace ; c'est là une tactique à laquelle la direction du Goulag devait souvent recourir par la suite. Déjà, les responsables des camps s'inquiétaient surtout de la maladie et de la faim dans la mesure où des détenus malades et faméliques ne font pas des travailleurs utiles. Leur dignité et leur humanité, sans parler de leur survie, ne les intéressaient guère[30].

Dans les faits, tous les commandants de camp ne se souciaient pas de rééducation ni d'autofinancement. Ils préféraient plutôt châtier les anciens nantis en les humiliant, en leur donnant un goût du sort des travailleurs. Un rapport de la ville ukrainienne de Poltava, établi par une commission d'enquête de l'armée blanche après la reprise temporaire de la ville, note que les prisonniers bourgeois arrêtés sous l'occupation bolchevique avaient reçu des tâches qui étaient un prétexte « à se moquer d'eux, à essayer de les abaisser. L'un d'eux, par exemple, [...] fut forcé de nettoyer à la main un plancher recouvert d'une épaisse couche de crasse. Un autre reçut l'ordre de nettoyer les toilettes [...] avec une nappe »[31].

Certes, ces subtiles différences d'intention ne changeaient pas grand-chose au sort des dizaines de milliers de détenus, pour qui le fait même d'être arrêtés sans raison était déjà bien assez humiliant. Probablement n'avaient-elles aucune incidence non plus sur les conditions de vie des détenus, qui étaient universellement consternantes. Un prêtre interné dans un camp en Sibérie devait évoquer plus tard la soupe d'abats, les baraques sans électricité et l'absence de tout chauffage ou presque en hiver[32]. Alexandre Izgoev, homme politique en vue de l'époque tsariste, fut expédié dans un camp au nord de Petrograd. En chemin, son détachement de prisonniers s'arrêta dans la ville de Vologda. Au lieu d'un repas chaud et des appartements chauffés qu'on leur avait promis, les détenus allèrent d'un endroit à l'autre en quête d'un refuge. Aucun camp de transit n'avait été préparé pour eux. On finit par les loger dans une ancienne école « aux murs nus » et avec des bancs pour seul mobilier. Ceux qui avaient de l'argent devaient finalement acheter de quoi manger en ville[33].

Mais ces mauvais traitements générés par le chaos n'étaient pas réservés aux seuls détenus. À des moments cruciaux de la guerre civile, les besoins pressants de l'armée rouge et de l'État soviétique primèrent sur tout le reste, de la rééducation à la vengeance en passant par les considérations de justice. En octobre 1918, le commandant du front nord adressa à la commission militaire de Petrograd une demande de 800 travailleurs, dont il avait un besoin urgent pour aménager des routes et creuser des tranchées. En conséquence, un « certain nombre de citoyens des anciennes classes marchandes furent invités à se présenter au QG soviétique, soi-disant pour s'y faire enregistrer en vue d'un possible service du travail à l'avenir. Lorsqu'ils se présentèrent, ils furent placés en état d'arrestation et furent expédiés aux casernes de Semenovski en attendant d'être acheminés au front». Comme il manquait encore de main-d'œuvre, le soviet local cerna purement et simplement une partie de la perspective Nevski, la principale artère commerçante de Petrograd, arrêta tous ceux qui n'avaient pas la carte du Parti ou un certificat prouvant qu'ils travaillaient pour une institution gouvernementale et les conduisit jusqu'à une caserne voisine. Si les femmes furent ensuite libérées, les hommes furent expédiés dans le Nord: «Pas un seul des hommes ainsi étrangement mobilisés ne fut autorisé à régler ses affaires familiales, à dire au revoir à ses parents ni à se procurer des vêtements ou des souliers convenables[34].»

Si l'épisode fut certainement un choc pour les passants ainsi arrêtés, il dut paraître moins bizarre aux ouvriers de Petrograd. Car, à ce tout premier stade de l'histoire soviétique, la ligne de partage entre le «travail forcé» et le travail ordinaire était déjà brouillée. Trotski parla ouvertement de transformer le pays tout entier en une «armée de travailleurs» sur le modèle de l'armée rouge. Les ouvriers furent vite forcés de se faire enregistrer aux bureaux centraux du travail, d'où ils pouvaient être expédiés partout dans le pays. Des décrets spéciaux furent adoptés pour interdire à certaines catégories — aux mineurs, par exemple — de quitter leur poste. En ces temps de chaos révolutionnaire, les conditions de vie des travailleurs libres ne valaient pas beaucoup mieux que celles des détenus. De l'extérieur, il n'était pas toujours facile de distinguer un lieu de travail d'un camp de concentration[35].

Mais c'était là aussi un signe avant-coureur de la suite: pendant la majeure partie de la décennie suivante, la confusion devait persister autour des définitions du «camp», de la «prison» et du «travail forcé». Le contrôle des institutions pénales n'allait cesser d'évoluer. Les institutions responsables seraient inlassablement rebaptisées et réorganisées tandis que différents bureaucrates et commissaires essayaient d'asseoir leur domination sur le système[36].

Il n'en est pas moins clair qu'un modèle était établi à la fin de la guerre civile. L'Union soviétique avait déjà clairement mis au point deux systèmes carcéraux distincts, avec des règles, des traditions et des idéologies séparées. Le commissariat à la Justice, puis le commissariat à l'Intérieur, dirigeait le système «régulier», qui s'occupait essentiellement de ceux que le régime soviétique appelait les «criminels». Bien qu'en pratique ce système fût aussi chaotique, ses détenus étaient enfermés dans des prisons traditionnelles, et les objectifs déclarés de ses administrateurs, tels que présentés dans un mémorandum interne, seraient parfaitement compréhensibles dans des pays «bourgeois»: réformer le criminel par un travail correctif — «les détenus doivent travailler afin d'acquérir des compétences dont ils puissent se servir pour mener une vie honnête» — et l'empêcher de récidiver[37].

À la même époque, la Tchéka — plus tard rebaptisée GPOU, OGPOU et enfin KGB — contrôlait un autre système carcéral, initialement connu sous le nom de système des «camps spéciaux» ou des «camps extraordinaires». Alors même que la Tchéka devait employer dans ce cadre la même rhétorique de la «rééducation» ou de la «refonte», ces camps n'étaient pas vraiment destinés à ressembler à des institutions pénitentiaires ordinaires. Invisibles au grand public, ils échappaient à la juridiction des autres institutions soviétiques. Ils avaient des règles propres, l'évasion y était plus lourdement châtiée et les régimes plus draconiens. Les prisonniers qui y étaient internés n'avaient pas été nécessairement condamnés par des tribunaux ordinaires, si tant est qu'ils eussent jamais été jugés par une cour. Créés dans l'urgence, ils devaient devenir toujours plus grands et plus puissants, avec l'élargissement de la notion d'« ennemi » et le pouvoir croissant de la Tchéka. Et quand les deux systèmes pénaux, l'ordinaire et l'extraordinaire, finirent par fusionner, ils le firent sous les règles du second. La Tchéka allait dévorer ses rivales.

Dès le début, le système de la prison « spéciale » était destiné à s'occuper de prisonniers spéciaux : prêtres, anciens officiels tsaristes, spéculateurs bourgeois, ennemis de l'ordre nouveau. Mais une catégorie particulière de « politiques » intéressait les autorités plus que d'autres. Il s'agissait des membres de partis socialistes révolutionnaires non bolcheviques, essentiellement les anarchistes, les socialistes révolutionnaires de droite et de gauche, les mencheviks et quiconque s'était battu pour la Révolution, mais n'avait pas eu la clairvoyance de rejoindre la faction bolchevique de Lénine et n'avait pas pris part au coup d'État d'octobre 1917. En tant qu'anciens alliés du combat révolutionnaire contre le régime tsariste, ils méritaient un traitement à part. Le Comité central du parti communiste devait à maintes reprises débattre de leur sort jusqu'à la fin des années 1930, date à laquelle la plupart de ceux qui restaient en vie furent arrêtés ou fusillés[38].

Pour une part, cette catégorie de détenus inquiétait Lénine parce que, comme tous les chefs de sectes exclusives, c'est à ses apostats qu'il vouait la haine la plus farouche. Au cours d'un échange typique, il traita un de ses critiques socialistes d'« escroc », « aveugle freluquet », « sycophante de la bourgeoisie» et «béni-oui-oui des scélérats et des suceurs de sang», tout juste bon pour la «fosse à purin des renégats»[39]. En vérité, longtemps avant la Révolution, Lénine sut ce qu'il ferait de ses camarades socialistes qui s'opposaient à lui. Un de ses compagnons révolutionnaires a rappelé une conversation à ce propos:

> Je lui ai dit: «Vladimir Ilitch, si tu accèdes au pouvoir, tu te mettras à pendre les mencheviks dès le lendemain.» Il m'a jeté un coup d'œil et a répondu: «On pendra le premier menchevik après que nous aurons pendu le dernier socialiste révolutionnaire.» Sur ce, il a froncé les sourcils et éclaté de rire[40].

Mais les détenus qui appartenaient à cette catégorie spéciale des «politiques» étaient aussi bien plus difficiles à contrôler. Beaucoup avaient passé des années dans les prisons tsaristes et savaient organiser des grèves de la faim, exercer des pressions sur leurs geôliers, communiquer d'une cellule à l'autre afin d'échanger des informations ou organiser des protestations communes. Qui plus est, ils savaient aussi comment entrer en contact avec le monde extérieur et qui contacter. La plupart des partis socialistes non bolcheviques de Russie avaient encore des branches émigrées, généralement à Berlin ou Paris, dont les membres pouvaient faire beaucoup de tort à l'image internationale des bolcheviks. Lors du IIIe Congrès de l'Internationale communiste, en 1921, des représentants de la branche émigrée des socialistes révolutionnaires — le parti idéologiquement le plus proche des bolcheviks (quelques-uns de ses militants participèrent brièvement à une coalition avec eux) — lurent à voix haute une lettre de leurs camarades emprisonnés en Russie. La lettre fit sensation au congrès, largement parce que ses auteurs affirmaient que, dans la Russie révolutionnaire, les conditions carcérales étaient pires qu'à l'époque tsariste: «Nos camarades sont à moitié morts de faim, nombre d'entre eux sont internés depuis des mois sans qu'ils aient pu voir leurs parents, sans lettres, sans exercice[41].»

Les socialistes émigrés pouvaient faire de l'agitation au nom des détenus, comme ils l'avaient fait avant la Révolution, et c'est ce qu'ils firent. Juste après le coup de force bolchevique, plusieurs révolutionnaires célèbres, dont Vera Figner, auteur d'un mémoire sur la vie dans les prisons tsaristes, et Ekaterina Pechkova, la femme de l'écrivain Maxime Gorki, contribuèrent à relancer la Croix rouge politique, organisation de secours aux détenus qui avait travaillé dans la clandestinité avant la Révolution. Pechkova connaissait bien Dzerjinski et entretenait avec lui une correspondance chaleureuse. Grâce à ses contacts et à son prestige, la Croix rouge politique reçut le droit de visiter les lieux d'emprisonnement, de parler aux prisonniers politiques, de leur envoyer des colis, et même de solliciter la libération de ceux qui étaient malades — autant de privilèges qu'elle conserva pendant une bonne partie des années 1920[42]. Ces activités parurent plus tard tellement improbables à l'écrivain Lev Razgon, incarcéré en 1937, qu'il crut entendre un «incroyable conte de fées» en écoutant sa seconde femme raconter les histoires de la Croix rouge politique[43].

La mauvaise publicité que leur faisaient les socialistes occidentaux et la Croix rouge politique inquiétait énormément les bolcheviks. Beaucoup avaient passé des années en exil et étaient donc sensibles aux opinions de leurs anciens camarades internationaux. Beaucoup croyaient encore que la Révolution pouvait à tout moment se propager à l'Ouest et ne voulaient pas voir leur mauvaise réputation ralentir la progression du communisme. En 1922, les articles de la presse occidentale devaient les inquiéter suffisamment pour les pousser à lancer la première de leurs nombreuses tentatives pour masquer la terreur communiste en attaquant la « terreur capitaliste ». À cette fin, ils créèrent une société « alternative » de secours aux prisonniers : la Société internationale d'aide aux victimes de la Révolution — MOPR, suivant l'acronyme russe — qui se proposait de venir en aide aux « 100 000 prisonniers du capitalisme »[44].

Bien que la section berlinoise de la Croix rouge politique ait aussitôt reproché à la MOPR d'essayer d'« étouffer les râles de ceux qui meurent en Russie dans les prisons, les camps de concentration et lieux d'exil russes », d'autres se laissèrent attraper. En 1924, la MOPR, qui revendiquait quatre millions de membres, organisa même sa première conférence internationale, avec des représentants du monde entier[45]. La propagande marqua des points. Alors qu'on lui demandait de commenter toute une série de lettres publiées de socialistes internés en Russie, Romain Rolland répondit qu'il se passait « pour ainsi dire la même chose en Pologne, dans les prisons de Californie, où l'on martyrise les travailleurs de l'IWW, et dans les cachots anglais des îles Andaman »[46].

La Tchéka s'efforça aussi de redorer son blason en éloignant le plus possible de leurs contacts les gêneurs socialistes. Certains furent exilés au loin, sur ordre administratif, comme cela s'était fait sous le régime tsariste. D'autres, expédiés dans des camps éloignés, près de la ville d'Arkhangelsk, dans le Nord, et en particulier dans le camp aménagé dans l'ancien monastère de Kholmogori, à des centaines de kilomètres au nord de Petrograd, près de la mer

Blanche. Néanmoins, même les exilés les plus isolés trouvaient le moyen de communiquer. De Narym, au fin fond de la Sibérie, un petit groupe de « politiques » d'un minuscule camp de concentration réussit à faire parvenir à un journal socialiste émigré une lettre pour se plaindre qu'ils étaient « si bien coupés du reste du monde que seules les lettres traitant de la santé de parents ou de la nôtre peuvent espérer parvenir à destination. Aucun autre message [...] n'arrive ». Parmi eux, signalaient-ils, se trouvait Olga Romanova, anarchiste de dix-huit ans, envoyée dans un coin particulièrement reculé « où elle fut nourrie trois mois durant de pain et d'eau chaude »[47].

L'exil lointain n'était pas non plus une garantie de paix pour les geôliers. Presque partout où ils allaient, les prisonniers socialistes, accoutumés au traitement privilégié jadis réservé aux détenus politiques dans les prisons tsaristes, exigeaient la presse, des livres, des promenades, un droit de correspondre sans limites et, par-dessus tout, le droit de choisir leurs porte-parole dans leurs tractations face aux autorités. Quand les agents locaux de la Tchéka ne voulaient pas comprendre et refusaient — sans doute étaient-ils incapables de faire la différence entre un anarchiste et un incendiaire —, les socialistes protestaient, parfois violemment. D'après une description du camp de Kholmogori, un groupe de détenus s'aperçut qu'il était

> nécessaire de mener une lutte pour les choses les plus élémentaires, par exemple que soient reconnus aux socialistes et aux anarchistes les droits ordinaires des détenus politiques. Dans ce combat, ils se virent soumis à tous les châtiments connus, tels que la réclusion solitaire, et les brutalités, quand ils n'étaient pas pendus ou exécutés par le détachement militaire du bâtiment, etc. Il suffit de dire qu'à la fin de l'année la majorité des détenus de Kholmo-

gori pouvaient se vanter, en plus de leur actif passé, de trente à trente-cinq jours de grèves de la faim...[48]

En définitive, ce même groupe de détenus devait être transféré de Kholmogori vers un autre camp, à Petrominsk, encore un monastère. Selon une requête adressée plus tard aux autorités, ils y furent accueillis par des « cris grossiers et des menaces », enfermés à six dans de minuscules cellules de moine, avec des lits « grouillant de parasites », et furent interdits d'exercice, de livres et de papier pour écrire[49]. Le commandant de Petrominsk, le camarade Bachoulis, essaya de briser les prisonniers en les privant de lumière et de chaleur — et de temps à autre en tirant sur leurs fenêtres[50]. En réponse, ils se lancèrent dans une nouvelle interminable série de grèves de la faim et de lettres de protestation. Pour finir, ils exigèrent d'être évacués de ce camp, qu'ils affirmaient infesté par la malaria[51].

D'autres patrons de camp devaient aussi se plaindre de ce type de détenus. Dans une lettre à Dzerjinski, l'un d'eux écrivit que dans son camp « les gardes blancs qui se considèrent comme des prisonniers politiques » s'étaient organisés en « équipe fougueuse », empêchant les gardes de faire leur travail : « Ils diffament l'administration, la dénigrent... Ils méprisent le nom honnête et bon du travailleur soviétique »[52]. Certains gardes prenaient les choses en main. En avril 1921, un groupe de détenus de Petrominsk refusa de travailler et exigea des rations alimentaires plus copieuses. Exaspérées par cette insubordination, les autorités régionales d'Arkhangelsk ordonnèrent la condamnation à mort des 540 prisonniers. Tous furent dûment exécutés[53].

Ailleurs, les autorités s'efforcèrent de maintenir la paix en adoptant la tactique opposée, c'est-à-dire en accédant à toutes les revendications des socialistes. Berta Babina-Nevskaïa, membre des socialistes révolutionnaires, garda de son arrivée dans l'« aile socialiste » de la Boutyrka, à Moscou, le souvenir d'une joyeuse réunion entre amis, de « vieux camarades de la clandestinité pétersbourgeoise, des années d'études, de travail, à l'époque où nous nous déplacions de ville en ville ». Les détenus pouvaient circuler librement en prison. Ils organisèrent des séances de gymnastique matinales, fondèrent un orchestre et un chœur, créèrent un « club » approvisionné en journaux étrangers et une bonne bibliothèque. Suivant une tradition, qui remontait aux temps prérévolutionnaires, chaque détenu libéré laissait ses livres derrière lui. Un conseil des détenus assignait à chacun sa cellule — certaines étant joliment parées de tapis, au sol comme aux murs. Selon un autre détenu, « on se promenait dans les couloirs comme sur des boulevards[54] ». Aux yeux de Babina-Nevskaïa, la vie en prison paraissait irréelle : « [...] Ce n'est pas possible qu'ils nous gardent ici sérieusement[55]. »

La direction de la Tchéka se posait la même question. Dans un rapport à Dzerjinski daté de janvier 1921, un inspecteur des prisons déplorait vivement qu'à la Boutyrka « hommes et femmes se promènent ensemble, et que des slogans anarchistes et contre-révolutionnaires soient accrochés aux murs des cellules[56] ». Dzerjinski recommanda un régime plus strict, mais, quand celui-ci fut mis en place, les détenus recommencèrent à protester.

L'idylle de la Boutyrka prit fin peu après. En avril 1921, d'après une lettre aux autorités d'un groupe de socialistes révolutionnaires, « entre 3 et 4 heures du matin, un groupe d'hommes en armes est entré dans les cellules et s'est mis à attaquer. [...] On a traîné des femmes hors de leurs cellules par les bras, les jambes et les cheveux, d'autres ont été battues». Dans ses rapports ultérieurs, la Tchéka présenta cet «incident» comme une rébellion qui avait mal tourné — et résolut de ne plus laisser s'accumuler une telle masse de détenus politiques à Moscou[57] En février 1922, l'«aile socialiste» de la Boutyrka avait été dissoute.

La répression n'avait pas marché. Les concessions n'avaient pas marché. Même dans ses camps spéciaux, la Tchéka était incapable de contrôler ses prisonniers spéciaux. Elle ne pouvait non plus empêcher les nouvelles les concernant d'atteindre le monde extérieur. À l'évidence, il fallait trouver une autre solution, tant pour eux que pour les autres contre-révolutionnaires insoumis rassemblés dans le système des prisons spéciales. Au printemps 1923, une solution avait été trouvée: Solovetski.

CHAPITRE 2

« *Le premier camp du Goulag* »

Il y a des moines et des prêtres
des putains et des larrons
Il y a des princes ici, et des barons —
Mais privés de leurs couronnes...

Sur cette île, les riches n'ont ni maison
Ni châteaux, ni palais...

Poème d'un détenu anonyme sur les îles Solovki, 1926 [1].

Du haut du clocher dans l'angle le plus reculé du vieux monastère de Solovetski, les grandes lignes du camp de concentration demeurent clairement visibles aujourd'hui. Un épais mur de pierre entoure encore le kremlin [citadelle] de Solovetski, ensemble central formé des bâtiments du monastère et des églises, initialement bâti au XVe siècle, et qui devait plus tard abriter l'administration centrale du camp et ses principales baraques. À l'ouest se trouvent les quais, où sont amarrés désormais quelques bateaux de pêche, mais jadis encombrés des détenus qui arrivaient toutes les semaines, voire quotidiennement dans la courte saison de navigation de l'Extrême Nord. Au-delà s'étend la surface plane de la mer Blanche. D'ici, le bateau met plusieurs heures à rejoindre Kem, le camp de transit du continent d'où embarquaient les détenus. Pour rejoindre Arkhangelsk, principal port de la mer Blanche et capitale régionale, il faut une nuit entière.

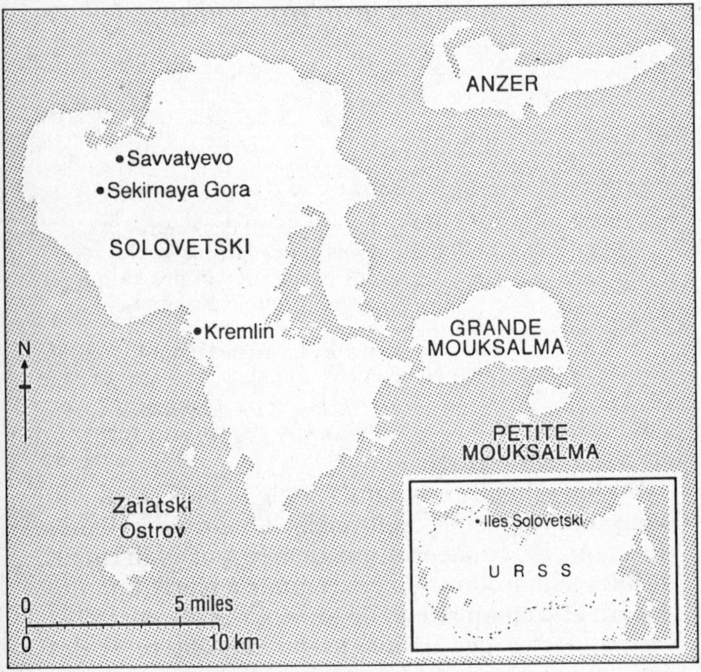

L'archipel de Solovetski, dans la mer Blanche

Au nord, on devine à peine la silhouette de la Sekirka, l'église juchée au sommet d'une colline et dont les caves abritaient jadis les sinistres cachots punitifs de Solovetski. À l'est, la centrale électrique construite par les prisonniers, encore très utilisée aujourd'hui. Et juste derrière, le terrain de l'ancien jardin botanique. Là, aux premiers jours du camp, quelques détenus faisaient pousser des plants expérimentaux, essayant de voir s'ils pouvaient être cultivés utilement au Grand Nord.

Enfin, au-delà du jardin botanique, on aperçoit les autres îles de la chaîne des Solovki. Éparses à travers la mer Blanche se trouvent la Grande Mouksalma, où les détenus élevaient autrefois des renards noir argenté pour leur fourrure ; Anzer, où se trouvaient des camps spéciaux pour invalides, femmes avec bébés et anciens moines ; et Zaïatski Ostrov, où se situait le camp disciplinaire des femmes[2]. Ce n'est pas par hasard que Soljenitsyne choisit la métaphore d'un « archipel » pour décrire le système soviétique des camps. Solovetski, le premier camp soviétique conçu et construit pour durer, se développa sur un véritable archipel, se propageant d'île en île, s'emparant au gré de sa progression des bâtiments et des vieilles églises d'une ancienne communauté monastique.

Le complexe du monastère avait déjà servi de prison. Les moines de Solovetski, fidèles serviteurs du tsar, avaient aidé à incarcérer ses adversaires politiques — notamment des prêtres schismatiques et d'étranges aristocrates rebelles — à compter du XVIe siècle[3]. La solitude, les murs hauts, les vents froids et les goélands qui avaient jadis attiré une espèce particulière de moine solitaire séduisirent aussi l'imagination des bolcheviks. Dès mai 1920, un article de l'édition d'Arkhangelsk des *Izvestia*, le journal du gouvernement, décrivit l'île comme un site idéal pour un camp de travail : « La rudesse du milieu, le régime de travail, le combat contre les forces de la nature seront une bonne école pour tous les éléments criminels. » Une première poignée de détenus y arriva cet été-là[4].

D'autres, plus haut placés dans la hiérarchie, s'intéressaient également aux îles. Le 13 octobre 1923, Dzerjinski lui-même semble avoir persuadé le gouvernement soviétique de livrer à la Tchéka — alors renommée GPOU, puis OGPOU pour Direction politique d'État unifiée — les biens confisqués du monastère de même que les monastères de Petrominsk et de Kholmogori : tous trois furent alors baptisés « camps à destination spéciale[5] ». Plus tard encore, on devait les connaître sous le nom de « camps du Nord à destination spéciale » : *Severnye lagueria ossobogo naznatchenia*, ou SLON. En russe, *slon* désigne un éléphant. Le nom allait devenir source d'humour, d'ironie et de menace.

Dans le folklore des survivants, Solovetski devait à jamais rester comme le « premier camp du Goulag »[6]. Bien que les spécialistes aient récemment fait valoir qu'existait aussi à cette époque un large éventail d'autres camps et prisons, Solovetski joua clairement un rôle particulier non seulement dans la mémoire des survivants, mais aussi dans celle de la police secrète soviétique[7]. Solovetski n'a sans doute pas été la seule prison d'Union soviétique dans les années 1920, mais ce fut *sa* prison, la prison de l'OGPOU, où celle-ci apprit pour la première fois à utiliser avec profit une main-d'œuvre servile. Dans une conférence de 1945 sur l'histoire du système des camps, le camarade Nasedkine, alors administrateur en chef du système, affirma non seulement que le système des camps était né à Solovetski en 1920, mais aussi que tout le système soviétique de « travail forcé comme méthode de rééducation » y commença en 1926[8].

De prime abord, le propos est étrange, quand on songe que les travaux forcés furent une forme de châtiment reconnue en Union soviétique dès 1918.

Mais il paraît moins curieux si l'on examine l'évolution de la notion de travaux forcés sur l'île même de Solovetski. Car, si tout le monde y travaillait, à l'origine les détenus n'étaient pas organisés, fût-ce vaguement, en un «système». Rien n'indique que leur travail ait été en aucune façon profitable.

Pour commencer, dans un premier temps, une des deux grandes catégories de détenus de Solovetski ne devait pas travailler. Il s'agit des quelque 300 socialistes, des «politiques», qui avaient commencé à arriver sur l'île en juin 1923. Envoyés du camp de Petrominsk aussi bien que de la Boutyrka et des autres prisons de Moscou ou de Petrograd, ils furent conduits dès leur arrivée au petit monastère de Savvatyevo, à quelques kilomètres au nord du complexe principal. Là, les gardes pouvaient s'assurer qu'ils fussent isolés des autres prisonniers et qu'ils ne pussent les contaminer avec leur goût des grèves de la faim et des protestations.

Au départ, les socialistes se virent accorder les «privilèges» des détenus politiques qu'ils avaient si longtemps revendiqués : presse, livres et, à l'intérieur des barbelés, libre circulation et exemption du travail. Chacun des grands partis politiques — socialistes révolutionnaires de gauche, socialistes révolutionnaires de droite, anarchistes, sociaux-démocrates, puis sionistes socialistes — se choisit son dirigeant et occupa ses locaux dans son aile de l'ancien monastère[9].

Pour Elinor Olitskaïa, jeune socialiste révolutionnaire de gauche arrêtée en 1924, Savvatyevo, à première vue, ne ressemblait «pas à une prison» : ce fut pour elle un choc après les mois qu'elle avait passés à la Loubianka de Moscou. Sa chambre, une ancienne cellule de moine dans ce qui était devenu la section féminine de l'aile socialiste révolutionnaire, était

> claire, propre, fraîchement lavée, avec deux grandes et larges fenêtres ouvertes. La cellule était lumineuse et aérée. Bien entendu, il n'y avait pas de barreaux aux fenêtres. Au milieu se dressait une petite table, couverte d'une nappe blanche. Le long du mur, quatre lits, avec les draps bien mis. Au chevet de chacun, une petite table de nuit. Et sur les tables, des livres, des carnets et des crayons.

Comme elle s'émerveillait du cadre, du thé servi dans une théière, du sucre présenté dans une coupe, ses camarades de cellule expliquèrent que les détenus avaient créé cette atmosphère agréable à dessein : « Nous voulons vivre comme des êtres humains »[10]. Olitskaïa apprit bientôt qu'ils avaient beau souffrir de la tuberculose et d'autres maladies, et avoir rarement assez à manger, les politiques de Solovetski étaient remarquablement bien organisés, l'« ancien » de chaque cellule du parti étant chargé de stocker, cuisiner et distribuer la nourriture. Parce qu'ils avaient encore un statut « politique » particulier, ils étaient aussi autorisés à recevoir des colis, tant de leurs parents que de la Croix rouge politique. Bien que celle-ci eût commencé à avoir des ennuis — en 1922, une descente avait été effectuée dans ses locaux et ses biens lui avaient été confisqués —, Ekaterina Pechkova, sa dirigeante au bras long, était encore personnellement autorisée à envoyer de l'aide aux prisonniers politiques. En 1923, elle leur fit parvenir, à Savvatyevo, un plein wagon de vivres. En octobre de la même année, une cargaison de vêtements partit pour le nord[11].

Telle fut donc la solution apportée au problème de relations publiques que posaient les politiques :

donnez-leur ce qu'ils veulent, plus ou moins, mais reléguez-les aussi loin de tout qu'il est humainement possible. C'est une solution qui ne devait pas durer : le système soviétique ne tolérerait pas longtemps des exceptions. En attendant, l'illusion était facile à démasquer, car Solovetski comptait un autre groupe, bien plus important, de détenus. « Sitôt débarqués sur le sol de Solovets, écrivit un politique, nous sommes entrés dans une nouvelle et étrange phase de la vie. Par des conversations avec les criminels, nous avons découvert le régime choquant que l'administration leur applique... »[12]

Avec bien moins de pompe et de cérémonie, les principaux quartiers du kremlin de Solovetski s'emplissaient rapidement de détenus dont le statut n'était pas aussi assuré. De quelques centaines en 1923, ils étaient passés à 6 000 en 1925[13]. Parmi eux se trouvaient des officiers et sympathisants de l'armée blanche, des « spéculateurs », d'anciens aristocrates, des marins qui avaient pris part à la rébellion de Cronstadt et de véritables criminels de droit commun. Pour eux, il était bien plus difficile d'avoir des théières et des coupes de sucre. Ou plutôt, c'était dur pour les uns, plus facile pour d'autres, car dans ces toutes premières années, la vie dans les cantonnements « criminels » du camp spécial de Solovetski se caractérisait avant tout par son irrationalité. Et cette imprévisibilité commençait dès l'arrivée. Dès la première nuit au camp, écrit le mémorialiste et ancien détenu Boris Chiriaev, lui-même et les autres nouveaux venus furent accueillis par le camarade A.P. Nogtev, le premier commandant du camp de Solovetski. « Je vous souhaite la bienvenue », leur dit-il avec une pointe d'« ironie » : « Comme vous le savez, ici, il n'y a pas d'autorité soviétique, juste l'autorité de Solovetski. Vous pouvez oublier tous les droits que vous aviez auparavant. Ici, nous avons nos lois. » Comme l'attestent maints mémorialistes, la formule « ici, il n'y a pas d'autorité soviétique, juste l'autorité de Solovetski » devait être répétée tant et plus [14].

Au fil des jours et des semaines suivants, la plupart des détenus allaient faire l'expérience de cette « autorité de Solovetski », mélange de négligence criminelle et de cruauté aléatoire. Les conditions de vie dans les églises et les cellules monacales reconverties étaient rudimentaires, et on ne se souciait guère de les améliorer. Pour sa première nuit dans les bâtiments de Solovetski, l'écrivain Oleg Volkov se vit attribuer une place sur des *splochnye nary*, qui étaient en fait de grandes planches (nous aurons l'occasion d'en reparler) sur lesquelles un certain nombre d'hommes dormaient alignés. Comme il était couché, les punaises se mirent à tomber sur lui « l'une après l'autre, comme des fourmis. Impossible de dormir ». Il sortit dehors, où il fut aussitôt enveloppé de « nuées de moustiques... Je regardai avec envie ceux qui dormaient paisiblement, couverts de parasites » [15].

Hors de l'enceinte principale du kremlin, la situation n'était guère meilleure. Officiellement, le SLON se composait de neuf camps séparés sur l'archipel, chacun étant à son tour divisé en bataillons, Mais certains détenus avaient droit à des conditions plus primitives encore, dans les bois, près des sites d'exploitation forestière [16]. Dimitri Likhatchev, qui devait devenir par la suite un des critiques littéraires les plus célèbres de Russie, s'estimait privilégié parce qu'il n'avait pas été affecté à l'un des nombreux camps sans nom de la forêt. Il en visita un, écrivit-il, « et l'horreur du spectacle [le] rendit malade : les gars dormaient dans les tranchées qu'ils avaient creusées, parfois à mains nues, dans la journée »[17].

Dans les îles périphériques, l'administration centrale du camp exerçait moins de contrôle encore sur la conduite des gardes et des chefs de camp. Dans ses mémoires, un détenu, Kiselev, décrit un camp de l'île d'Anzer, une des plus petites. Commandé par un autre tchékiste, Vanka Potapov, le camp se composait de trois baraques et du QG des gardes, logés dans une vieille église. Le travail des prisonniers consistait à couper des arbres, sans pause ni répit, avec à peine de quoi manger. Désespérant d'obtenir quelques jours de repos, ils se tranchaient les mains et les pieds. Selon Kiselev, Potapov conservait ces « perles », dont il faisait un grand tas qu'il montrait aux visiteurs, se vantant à qui voulait bien l'entendre d'avoir tué de ses mains plus de 400 personnes. « Personne n'en revenait », observe Kiselev à propos d'Anzer. Même s'il force le trait, son récit donne une idée de la véritable terreur qui attendait les détenus dans les camps extérieurs[18].

Partout sur les îles, les conditions d'hygiène désastreuses, l'épuisement et la mauvaise nourriture propageaient naturellement la maladie, à commencer par le typhus. Sur les 6 000 détenus du SLON en 1925, un quart environ moururent dans le courant de l'hiver 1925-1926, des suites d'une épidémie particulièrement virulente. Suivant certains calculs, les chiffres restèrent à ce niveau : entre un quart et la moitié des prisonniers mouraient sans doute chaque année du typhus, de la faim ou d'autres épidémies. Un document rapporte 25 552 cas de typhus dans les camps du SLON (alors bien plus importants) au cours de l'hiver 1929-1930[19].

Pour certains, cependant, Solovetski signifiait bien pire que l'inconfort et la maladie. Sur les îles, les détenus subissaient un genre de sadisme et de torture gratuits qu'on devait trouver plus rarement au Goulag dans les années suivantes où, comme dit Soljenitsyne, l'esclavagisme était devenu « un *système* médité »[20]. Alors que beaucoup décrivent ces actes dans leurs mémoires, le catalogue le plus complet se trouve dans le rapport d'une commission d'enquête venue de Moscou quelques années plus tard. Au cours de leur inspection, les fonctionnaires découvrirent avec horreur que les gardes de Solovetski avaient régulièrement enfermé des prisonniers nus dans les vieux clochers glaciaux de la cathédrale en plein hiver, pieds et mains liés dans le dos par une même corde. Ils avaient aussi mis des détenus « au banc » : autrement dit, ils les obligeaient à s'asseoir jusqu'à dix-huit heures sur des poteaux, sans bouger, parfois avec des poids attachés aux jambes sans que leurs pieds ne touchent le sol — position qui ne pouvait que les laisser estropiés. Parfois, on les conduisait nus jusqu'aux bains, deux kilomètres plus loin, par un froid de canard. Ou on leur servait délibérément de la viande avariée. Ou on leur refusait des soins médicaux. D'autres fois, les détenus devaient effectuer des actions absurdes, parfaitement inutiles : déplacer d'énormes quantités de neige d'un endroit à l'autre ou sauter d'un pont dans la rivière quand un garde criait « dauphin ! »[21].

Une autre forme de torture, propre aux îles, mentionnée tant dans les archives que dans les mémoires, était l'envoi « aux moustiques ». Klinger, officier de l'armée blanche, par la suite héros de l'une des rares tentatives d'évasion de Solovetski qui aient réussi, écrivit avoir été un jour témoin de cette torture infligée à un détenu qui se plaignait qu'on lui eût confisqué un colis reçu de chez lui. Les gardiens de prison en colère lui firent retirer tous ses vêtements, sous-vêtements compris, et le ligotèrent à un poteau dans la forêt qui, en été, grouillait de moustiques. « Moins d'une demi-heure plus tard, le corps de ce malheureux enflait sous l'effet des piqûres. » L'homme finit par s'évanouir du fait de la douleur et du sang perdu[22].

Les exécutions massives semblaient se dérouler presque au hasard, et maint détenu se souvient de la terreur à la perspective d'une mort arbitraire. Likhatchev raconte avoir échappé de justesse à la mort lors d'une exécution massive, à la fin d'octobre 1929. Des documents d'archives indiquent effectivement qu'une cinquantaine d'individus (non pas 300, comme il l'écrit) furent exécutés à cette date, après avoir été accusés d'essayer de monter une rébellion[23].

La condamnation à la Sekirka, l'église dont les caves avaient été transformées en cachots punitifs, était presque aussi terrible qu'une exécution directe. En vérité, alors qu'il existe de nombreux récits sur ce qui s'y passait, si peu d'hommes en sont revenus qu'il est difficile de savoir avec certitude les conditions qui y régnaient. Un témoin vit une brigade qui se rendait au travail : « Une rangée d'hommes terrifiés, avec un air inhumain, pour les uns vêtus de sacs, tous pieds nus, entourés d'une garde massive[24]... »

Si l'on en croit la légende de Solovetski, la longue volée des 365 marches de bois qui menait de la Sekirka jusqu'au bas de la colline escarpée joua aussi un rôle dans les tueries collectives. Lorsque, le moment venu, les autorités du camp interdirent aux gardes de fusiller les détenus de la Sekirka, ils se mirent à arranger des « accidents » et à les balancer dans les escaliers[25]. Dans les dernières années, les descendants des prisonniers de Solovetski ont érigé une croix de bois en bas des marches pour marquer l'endroit où les malheureux seraient morts. C'est désormais un coin paisible et assez beau — si beau qu'à la fin des années 1990 le musée d'Histoire locale de Solovetski a sorti une carte de Noël montrant la Sekirka, l'escalier et la croix.

Alors que l'esprit dominant d'irrationalité et d'imprévisibilité se soldait par des milliers de morts dans les camps du SLON au début des années 1920, le même esprit en aidait d'autres non pas simplement à vivre mais aussi, littéralement, à chanter et à danser. En 1923, une poignée de détenus avait déjà commencé à organiser le premier théâtre du camp. Au départ, les « acteurs », qui pour beaucoup passaient dix heures par jour à couper du bois en forêt avant de se rendre aux répétitions, n'avaient pas de texte et jouaient donc les classiques de mémoire. Le théâtre s'améliora considérablement en 1924, quand arriva tout un groupe d'anciens acteurs professionnels (tous condamnés en tant que membres du même mouvement « contre-révolutionnaire »). Cette année-là, ils montèrent *Oncle Vania* de Tchekhov et *Les Enfants du soleil* de Gorki[26].

Plus tard, le théâtre de Solovetski devait aussi donner des opéras et des opérettes, ainsi que des numéros d'acrobates et des films. Une soirée musicale comporta une pièce pour orchestre, un quintette, un chœur et des arias d'un opéra russe[27]. Au répertoire de mars 1924 figuraient une pièce de Leonid Andreïev (dont le fils Danil, lui aussi écrivain, allait être plus tard prisonnier du Goulag), une pièce de Gogol et une soirée consacrée à la mémoire de Sarah Bernhardt[28].

Mais le théâtre n'était pas la seule forme de culture disponible. Solovetski possédait aussi une bibliothèque, qui devait finalement compter 30 000 livres, ainsi qu'un jardin botanique, où les détenus expérimentaient des cultures arctiques. Les détenus, dont maints anciens hommes de science de Saint-Pétersbourg, montèrent aussi un musée de la Faune et de la Flore locales, mais aussi d'Art et d'Histoire[29]. Une partie de l'«élite» créa également un «club» qui, tout au moins d'après les photographies, paraît nettement bourgeois. Les clichés montrent un piano, du parquet et des portraits de Marx, Lénine et Lounatcharski, le premier ministre soviétique de la Culture — le tout paraissant très confortable[30].

Utilisant un vieux matériel lithographique, les détenus de Solovetski produisirent également des mensuels et des journaux publiant des dessins satiriques, une poésie terriblement nostalgique et des fictions surprenantes de franchise. Dans l'édition de décembre 1925 de *Solovetskie Ostrova* («Les Îles Solovki»), une nouvelle raconte l'histoire d'une ancienne actrice arrivée à Solovetski et obligée de travailler comme blanchisseuse, mais incapable de s'habituer à sa nouvelle vie. L'histoire se termine sur ces mots: «Solovetski est maudite.»

Dans une autre nouvelle, un ancien aristocrate qui avait jadis connu les «soirées intimes du palais d'Hiver» ne trouve de réconfort, dans sa nouvelle situation, qu'en rendant visite à un autre aristocrate pour parler du bon vieux temps[31]. De toute évidence, les clichés du réalisme social n'étaient pas encore obligatoires et, dans les fictions, tous les détenus ne s'adaptaient pas allégrement à la réalité soviétique.

Les revues de Solovetski contenaient aussi des articles plus savants, allant de l'analyse par Likhatchev du cérémonial des jeux criminels à des essais sur l'art et l'architecture des églises en ruine de Solovetski. Entre 1926 et 1929, la maison d'édition du SLON réussit même à sortir vingt-neuf éditions du travail de la Société de Solovetski pour les traditions locales. La société mena des études de la faune et de la flore insulaires, se focalisant sur certaines espèces — le cerf nordique, les plantes locales —, et publia des articles sur la production de briques, les vents, les minéraux utiles et l'élevage d'animaux à fourrure. Certains détenus devaient tellement s'intéresser à ce dernier sujet qu'en 1927, alors que l'activité économique de l'île était à son faîte, un groupe d'entre eux importa de Finlande des renards noir argenté « d'élevage » afin d'améliorer la qualité de l'espèce locale. Entre autres choses, la Société pour les traditions locales effectua un relevé géologique, dont la directrice du musée d'Histoire locale de l'île se sert encore aujourd'hui[32].

Ces privilégiés participaient aussi aux nouveaux rites et célébrations soviétiques — autant d'occasions dont les détenus de la génération suivante allaient être délibérément exclus. Un article de l'édition de septembre 1925 des *Solovetskie Ostrova* décrit les festivités du 1er mai sur l'île. Hélas, le temps était maussade :

> Le 1er mai, toute l'Union soviétique est en fleurs, mais à Solovetski la mer est encore encombrée de glaces, et la neige abonde. Nous ne nous préparons pas moins à célébrer la fête prolétarienne. Dès l'aube, on s'agite dans les baraques. Les uns se lavent, d'autres se rasent. L'un reprise ses vêtements, l'autre astique ses bottes[33]...

Plus surprenante encore — dans la perspective des années suivantes — est la longue persistance des cérémonies religieuses sur les îles. Un ancien détenu, V.A. Kazachkov, s'est souvenu des « grandioses » Pâques de 1926 :

> Peu de temps avant la fête, le nouveau patron de la division demanda que tous ceux qui souhaitaient se rendre à l'église le lui fassent savoir. Au début, presque personne ne le fit: on craignait les conséquences. Mais, juste avant Pâques, ils furent très nombreux à remplir leur déclaration. [...] Sur la route de l'église d'Onoufrievskaïa, la chapelle du cimetière, s'avança un grand cortège de fidèles qui marchaient en plusieurs rangs. Bien entendu, tout le monde ne trouva pas de place dans la chapelle. Certains durent rester dehors, et ceux qui tardèrent ne purent même entendre le service[34].

En mai 1924, le *Solovetskoi Lagueram*, autre journal de la prison, s'exprima même avec prudence, mais d'un ton positif, sur Pâques, «fête ancienne célébrant l'arrivée du printemps», qui «peut encore être observée sous une bannière rouge»[35].

De même que les fêtes religieuses, une petite poignée de moines continua de survivre, au grand étonnement de maint détenu, jusque dans la seconde moitié de la décennie. Ils faisaient office de «moines-instructeurs», censés apprendre aux prisonniers à gérer leurs exploitations agricoles et leurs pêcheries autrefois prospères — le hareng de Solovetski avait jadis sa place sur la table du tsar — aussi bien que les secrets du système complexe de canaux qu'ils utilisaient depuis des siècles pour relier les églises insulaires. Ces moines d'origine furent rejoints, au fil des ans, par des dizaines de prêtres soviétiques et des dignitaires, tant catholiques qu'orthodoxes, qui s'étaient opposés à la confiscation des biens ecclésiastiques ou avaient violé le «décret sur la séparation de l'Église et de l'État». Le clergé, un peu comme les «politiques» socialistes, était autorisé à vivre à part, dans une baraque particulière du kremlin, et put continuer de célébrer les services dans la petite chapelle de l'ancien cimetière jusqu'en 1930-1931 — luxe interdit aux autres détenus, sauf dans les occasions spéciales.

Ces « privilèges » paraissent avoir causé quelque ressentiment, et il y eut parfois des tensions entre le clergé et les prisonniers ordinaires. Une détenue, transférée vers une colonie maternelle spéciale sur l'île d'Anzer après accouchement, se souvient que les religieuses de l'île « se tenaient à l'écart de nous autres, infidèles [...]. Elles étaient revêches, n'aimaient pas les enfants et nous haïssaient ». D'autres, répètent quantité de mémoires, prenaient l'attitude opposée, se consacrant à l'évangélisation et au travail social, parmi les criminels aussi bien que parmi d'autres politiques[36].

Pour ceux qui en avaient, l'argent permettait aussi d'échapper au travail en forêt en même temps qu'il était une assurance contre la torture et la mort. Solovetski avait un restaurant qui pouvait, illégalement, servir les détenus. Ceux qui avaient de quoi verser des pots-de-vin pouvaient aussi importer leur nourriture[37]. À un moment, l'administration du camp ouvrit même sur l'île des « boutiques », où les détenus pouvaient acheter des vêtements deux fois plus chers que dans les boutiques soviétiques ordinaires[38]. L'un de ceux qui put ainsi se soustraire aux souffrances est un certain « comte Violaro », truculent personnage dont le nom apparaît, sous des graphies différentes, dans divers mémoires. Généralement décrit comme « l'ambassadeur du Mexique en Égypte », il avait commis l'erreur d'aller rendre visite à la famille de son épouse, en Géorgie, juste après la Révolution. Sa femme et lui avaient tous deux été arrêtés et déportés dans l'Extrême Nord. Bien qu'ils eussent été d'abord emprisonnés — la comtesse étant affectée à la blanchisserie —, la légende du camp rapporte que, pour la somme de 5 000 roubles, le comte acheta le droit, pour eux deux, de vivre dans une maison séparée, avec un cheval et un domestique[39]. D'autres évoquent la présence d'un riche marchand indien de Bombay, qui s'en alla par la suite avec l'aide du consulat britannique de Moscou. La presse émigrée devait plus tard publier ses souvenirs[40].

Ces exemples de prisonniers fortunés qui vivaient bien — et partirent vite — étaient si frappants qu'en 1926 un groupe de détenus moins privilégiés écrivit une lettre au présidium du Comité central du parti communiste pour dénoncer le « chaos et la violence qui règnent sur le camp de concentration de Solovetski ». Employant des formules faites pour plaire à la direction communiste, ils déploraient ainsi : « Ceux qui ont de l'argent peuvent s'arranger, rejetant tous le poids des épreuves sur les épaules des ouvriers et des paysans qui n'en ont pas ». Tandis que les riches s'achetaient des tâches faciles, écrivaient-ils, « les pauvres travaillent de 14 à 16 heures par jour »[41]. En vérité, ils n'étaient pas les seuls insatisfaits des caprices des commandants du camp de Solovetski.

Si les violences gratuites et les traitements iniques troublaient les prisonniers, des problèmes légèrement différents tracassaient la hiérarchie soviétique. Au milieu de la décennie, il était devenu patent que les camps du SLON, comme le restant du système carcéral « ordinaire », n'avaient pas atteint le plus important de leurs objectifs déclarés : devenir autosuffisants[42]. En fait, non seulement les camps de concentration soviétiques, tant « spéciaux » qu'« ordinaires », ne faisaient aucun profit, mais leurs commandants ne cessaient d'exiger davantage d'argent.

De ce point de vue, Solovetski ressemblait aux

autres prisons soviétiques de l'époque. Sur l'île, les extrêmes de la cruauté et du confort étaient probablement plus tranchés qu'ailleurs, en raison de la nature particulière des détenus et des gardes, mais à cette époque les mêmes irrégularités caractérisaient également les autres camps et prisons de l'Union soviétique. En théorie, le système carcéral ordinaire consistait aussi en « colonies » de travail associées à des fermes, des ateliers et des usines, dont l'activité économique était également mal organisée et peu rentable[43]. En 1928, un rapport d'inspection sur un camp de ce genre, en Carélie rurale — cinquante-neuf détenus, plus sept chevaux, deux cochons et vingt et une vaches —, déplorait que la moitié seulement des prisonniers eussent des couvertures ; que les chevaux fussent en piteux état (et que l'un d'eux eût été vendu à un Tzigane, sans autorisation) ; que d'autres montures servissent régulièrement aux gardes du camp qui allaient faire des courses ; que, lorsque le forgeron du camp avait été libéré, il fût parti avec tous ses outils ; qu'aucun des bâtiments du camp n'eût de chauffage ni même d'isolation, à l'exception de la demeure de l'administrateur en chef. Pire encore, celui-ci passait trois ou quatre jours par semaine hors du camp ; il faisait souvent bénéficier les détenus, sans permission, d'une libération anticipée ; il « refusait obstinément » d'enseigner l'agronomie aux prisonniers ; et déclarait franchement ne pas croire à « l'utilité » de la rééducation. Les épouses de certains prisonniers vivaient au camp ; d'autres venaient pour de longues visites et disparaissaient dans les bois avec leurs maris. Les gardes se laissaient aller à « de mesquines querelles et à des beuveries »[44]. On ne s'étonnera pas qu'en 1920 les autorités supérieures aient reproché au gouvernement de Carélie de « n'avoir pas compris l'importance du travail forcé en tant que mesure de défense sociale ni son caractère avantageux pour l'État et la société»[45].

De toute évidence ces camps n'étaient pas rentables. Et, comme le prouvent les archives, tel était le cas dès le début. Dès juillet 1919, les dirigeants de la Tchéka de Gomel, en Biélorussie, adressèrent une lettre à Dzerjinski pour lui réclamer d'urgence une subvention de 500 000 roubles: la construction du camp local était au point mort faute de financement[46]. Au fil de la décennie suivante, les divers ministères et organes se disputant le contrôle des camps continuèrent de se quereller sur les fonds et le pouvoir. Des amnisties périodiques furent proclamées afin de soulager le système carcéral, l'apogée étant la grande amnistie de l'automne 1927, pour le dixième anniversaire de la Révolution d'octobre. Plus de 50 000 personnes furent libérées du système carcéral ordinaire, essentiellement en vue de remédier à la surpopulation et faire des économies[47].

Le 10 novembre 1925 fut reconnue au plus haut niveau la nécessité de «faire un meilleur usage des détenus». À cette époque, G.L. Piatakov, bolchevik qui devait occuper une série de postes économiques influents, écrivit à Dzerjinski: «J'en suis arrivé à la conclusion qu'afin de créer les conditions les plus élémentaires d'une culture du travail, il faudra établir dans certaines régions des colonies de travail obligatoire. Le GPOU devrait être chargé d'étudier ces problèmes.» Et de citer ensuite quatre régions qui avaient un besoin urgent d'être développées et qui toutes devinrent par la suite des camps: l'île de Sakhaline en Extrême-Orient, l'embouchure de l'Ienisséï dans le Grand Nord, la steppe kazakhe et les environs de la ville sibérienne de Nertchinsk. Dzerjinski approuva la note et la transmit à deux autres collègues pour lui donner suite[48].

Au départ, il ne se passa rien — peut-être parce que Dzerjinski lui-même mourut peu après. La note n'en fut pas moins un avant-courrier du changement. Jusqu'au milieu des années 1920, la direction soviétique n'avait pas trop su si ses camps et ses prisons étaient avant tout destinés à rééduquer les détenus, à les punir ou à dégager des profits pour le régime. Désormais, les nombreuses institutions intéressées par le destin des camps se rangeaient lentement à un consensus : les prisons devaient se suffire à elles-mêmes. À la fin de la décennie, le monde confus des prisons soviétiques post-révolutionnaires allait être transformé, tandis qu'un nouveau système émergerait du chaos. Solovetski devait devenir non pas une simple affaire économique organisée, mais aussi un camp modèle, un exemple appelé à être cloné des milliers de fois à travers l'URSS.

Quand bien même personne n'en avait conscience à l'époque, l'importance de Solovetski allait devenir assez claire après coup. Plus tard, en 1930, faisant son rapport à une réunion du Parti de Solovetski, le commandant local, le camarade Ouspenski, allait déclarer que « l'expérience du travail au camp de Solovetski a persuadé le Parti et le gouvernement que le système des prisons à travers l'Union soviétique devait être remplacé par un système de camps de redressement par le travail »[49].

Comme le montre la note à Dzerjinski, quelques-uns de ces changements avaient été envisagés dès le début au plus haut niveau. Mais c'est sur l'île elle-même qu'allaient être créées les techniques du nouveau système : les nouvelles méthodes de direction des camps, d'organisation des détenus et de leur régime de travail. Sans doute le chaos a-t-il régné à

Solovetski jusqu'au milieu des années 1920, mais c'est du chaos qu'a émergé le futur système du Goulag.

Pourquoi et comment le SLON a-t-il changé? L'explication tourne, au moins en partie, autour de la personnalité de Nephtali Aronovitch Frenkel, détenu qui gravit tous les échelons jusqu'à devenir l'un des commandants les plus influents de Solovetski. D'un côté, Soljenitsyne, dans *L'Archipel du Goulag*, soutient que c'est Frenkel, personnellement, qui eut l'idée de nourrir les détenus au prorata de leur quantité de travail. Ce système meurtrier, qui détruisait les détenus les plus faibles en quelques semaines, devait plus tard causer d'innombrables morts. D'un autre côté, un large éventail d'historiens russes et occidentaux contestent l'importance de cet homme et rejettent comme simple légende les évocations de sa toute-puissance[50].

En vérité, Soljenitsyne a probablement accordé trop de crédit à Frenkel: les prisonniers de camps bolcheviques antérieurs, d'avant Solovetski, font également état du principe «à travail supplémentaire, ration supplémentaire», et, en tout état de cause, l'idée est en un sens évidente. Elle n'est pas nécessairement l'invention d'un seul homme[51]. Néanmoins, des archives accessibles depuis peu, notamment les archives régionales de Carélie — la République soviétique à laquelle appartenait alors Solovetski —, révèlent clairement son importance. Même s'il n'a pas inventé tous les aspects du système, Frenkel a trouvé le moyen de transformer un camp de prisonniers en une institution économique apparemment rentable, et il l'a fait à un moment, à un endroit et d'une manière qui ont bien pu attirer l'attention de Staline sur cette idée.

Mais la confusion n'est pas surprenante non plus. Le nom de Frenkel apparaît dans nombre de mémoires écrits sur les premiers jours du système du camp et il en ressort que, même de son vivant, le mythe auréolait son identité. Les photographies officielles montrent un homme qui a l'air à dessein menaçant avec sa casquette de cuir et sa moustache soigneusement peignée ; un mémorialiste se souvient de lui « habillé en dandy »[52]. Un de ses collègues de l'OGPOU, qui l'admirait beaucoup, s'émerveillait de sa mémoire et de ses capacités de calcul mental : « Il ne mettait jamais rien par écrit »[53]. Par la suite, la propagande soviétique vanta son « incroyable mémoire » et fit état de son « excellente connaissance du bois d'œuvre et du travail forestier en général », de ses connaissances techniques et agricoles et de sa vaste culture générale :

> Un jour, par exemple, il engagea la conversation avec deux ouvriers du trust qui fabrique du savon, des parfums et des cosmétiques. Très vite, il les réduisit au silence, tant sa connaissance de la parfumerie était vaste, et il se révéla même spécialiste du marché mondial et des particularités des goûts et dégoûts olfactifs des habitants des îles malaises ![54]

D'autres le haïssaient et le redoutaient. Dans une série de réunions spéciales de la cellule du Parti de Solovetski, en 1928, des collègues de Frenkel l'accusèrent d'organiser son propre réseau d'espions, « au point qu'il sait tout de tout le monde avant tous les autres »[55]. Dès 1927, les anecdotes à son sujet étaient parvenues jusqu'à Paris. Dans un des premiers livres sur Solovetski, un anticommuniste français dit de lui que « par sa faute, à cause de ses initiatives insensées, [...] des milliers de malheureux et de malheureuses ont eu un surcroît de labeur terrible, de souffrances atroces»[56].

Ses contemporains étaient aussi mal assurés de ses origines. Soljenitsyne le présente comme un «Juif de Turquie, qui est né à Constantinople»[57]; un autre en fait un «industriel hongrois»[58]. Chiriaev le disait originaire d'Odessa, tandis que d'autres affirmaient qu'il venait d'Autriche ou de Palestine, ou encore qu'il avait travaillé dans les usines Ford en Amérique[59]. Sa carte d'immatriculation de prisonnier éclaire quelque peu l'histoire puisqu'elle indique clairement qu'il est né en 1883 à Haïfa, à une époque où la Palestine faisait partie de l'Empire ottoman. De là, il fit son chemin (peut-être *via* Odessa, ou *via* l'Autriche-Hongrie) jusqu'en Union soviétique, où il se décrivit comme un «marchand[60]». En 1923, il fut arrêté pour «franchissement illégal des frontières», ce qui pourrait vouloir dire qu'il s'était livré à la contrebande ou simplement qu'il avait trop bien réussi en affaires pour que l'Union soviétique pût le tolérer. Les autorités le condamnèrent à dix ans de travaux forcés à Solovetski[61].

Comment, au juste, Nephtali Frenkel réussit sa métamorphose de détenu en commandant du camp reste aussi mystérieux. La légende veut que, à son arrivée au camp, il ait été tellement choqué par sa mauvaise organisation, par le gaspillage pur et simple d'argent et de main-d'œuvre, qu'il s'attabla pour écrire une lettre très précise, décrivant exactement ce qui n'allait pas dans chacune des activités du camp, notamment dans l'exploitation forestière, l'agriculture et la briqueterie. Il déposa sa lettre dans la «boîte aux doléances» des détenus, où elle attira l'attention d'un administrateur qui la fit suivre, à titre de curiosité, à Genrikh Iagoda, le tchékiste qui gravissait rapidement les échelons de la bureaucratie de la police secrète jusqu'à en devenir finalement le chef. Iagoda aurait aussitôt demandé à rencontrer l'auteur de la lettre. Selon un contemporain (mais aussi Soljenitsyne, qui ne donne aucune source), Frenkel lui-même affirmait qu'un avion était venu le chercher pour le transporter à Moscou, où il avait discuté de ses idées avec Staline et Kaganovitch, un des séides de Staline[62]. Et c'est alors que la légende se perd dans la brume : bien que les archives prouvent que Frenkel a bel et bien rencontré Staline dans les années 1930, et que ce dernier l'ait protégé au cours des années de purge du Parti, aucune trace n'a encore été découverte d'une quelconque visite dans les années 1920. Ce qui ne veut pas dire qu'elle ne s'est pas faite : peut-être est-ce simplement que les archives ont disparu[63].

Quelques éléments indirects corroborent ces histoires. La promotion de Nephtali Frenkel de détenu à garde se fit dans un laps de temps étonnamment court, même au regard des normes chaotiques du SLON. En novembre 1924, Frenkel séjournait dans le camp depuis moins d'un an que l'administration du SLON avait déjà demandé sa libération anticipée. La demande fut finalement acceptée en 1927. Entre-temps, l'administration du camp devait régulièrement transmettre à l'OGPOU des portraits flatteurs de l'intéressé : « Dans le camp, il s'est conduit comme un travailleur au talent si exceptionnel qu'il a gagné la confiance de l'administration du SLON et qu'il est traité avec autorité. [...]. Il est un des rares travailleurs responsables »[64].

Nous savons aussi que Frenkel organisa, puis dirigea, l'*Ekonomitcheskaïa kommertcheskaïa tchast*, le département économico-commercial du SLON, et qu'à ce titre il essaya de rendre les camps de Solovetski non seulement autosuffisants, comme l'exigeaient les décrets sur les camps de concentration, mais effectivement rentables — au point qu'ils se mirent à enlever du travail à d'autres entreprises. Bien que ce fussent des entreprises d'État, non pas des entreprises privées, des éléments de concurrence subsistèrent dans l'économie soviétique jusque dans les années 1920 et Frenkel en tira parti. En septembre 1925, avec Frenkel à la tête de son département économique, le SLON avait déjà gagné le droit de débiter 130 000 m^3 de bois en Carélie, surpassant ainsi une exploitation civile. Le SLON était aussi devenu actionnaire de la Banque communale de Carélie et demandait le droit de construire une route de Kem jusqu'à Oukhta, tout au nord[65].

Dès le début, les autorités caréliennes furent déconcertées par toute cette activité, d'autant qu'elles s'étaient initialement opposées à la construction du camp[66]. Par la suite, les griefs se firent plus bruyants. Lors d'une réunion convoquée pour discuter de l'expansion du SLON, les autorités locales se plaignirent que le camp disposait d'un accès inique à une main-d'œuvre bon marché et privait donc de leur travail les forestiers ordinaires. Plus tard encore, l'atmosphère des réunions changea et les participants soulevèrent des objections plus sérieuses. En février 1926, lors d'une réunion du Conseil des commissaires du Peuple de Carélie — le gouvernement de la République —, plusieurs dirigeants locaux reprochèrent au SLON de les faire payer trop cher et d'exiger beaucoup trop d'argent pour la construction de la route Kem-Oukhta. « Il est devenu clair, résuma le camarade Ioujnev avec colère, que le SLON est un *kommersant*, un marchand aux grosses mains avides et que son but essentiel est de faire du profit »[67].

L'entreprise commerciale de Carélie, société d'État,

s'insurgea elle aussi contre la décision du SLON d'ouvrir une boutique à Kem. L'entreprise d'État ne pouvait se permettre d'en faire autant, mais le SLON, qui pouvait imposer des horaires plus lourds à ses employés prisonniers et les payer beaucoup moins — en fait, rien —, parvint à le faire[68]. Pire encore, déploraient les autorités, les liens spéciaux du SLON avec l'OGPOU lui permettaient de faire fi des lois locales et de ne rien verser au budget régional[69].

La discussion autour de la rentabilité, de l'efficacité et de l'équité du travail en prison devait se poursuivre pendant un quart de siècle (nous aurons l'occasion d'y revenir plus à fond). Mais, au milieu des années 1920, les autorités locales de Carélie n'eurent pas le dessus. Dans ses rapports de 1925 sur la situation économique du camp de Solovetski, le camarade Fiodor Eichmanns — alors adjoint de Nogtev, bien qu'il fût par la suite appelé à diriger le camp — se vanta des prouesses économiques du SLON, affirmant que sa briqueterie, autrefois dans un « état pathétique », était désormais prospère, que ses activités d'abattage du bois dépassaient cette année-là les objectifs du plan annuel, que sa centrale électrique était achevée et que la pêche avait doublé[70]. Des versions de ces rapports parurent ensuite dans des revues de Solovetski et ailleurs en Union soviétique pour les besoins de la consommation populaire[71]. Ils contenaient des calculs méticuleux : un rapport estimait le coût quotidien moyen des rations à 29 kopecks, le coût annuel de l'habillement à 34 roubles et 57 kopecks. Les dépenses totales pour chaque détenu, soins médicaux et transports compris, s'élevaient à 211 roubles et 67 kopecks par an[72]. Alors même qu'en 1929 le camp enregistrait encore en fait un déficit de 1,6 million de roubles[73] — sans doute parce que l'OGPOU se servait dans la caisse —, on continuait de claironner la prétendue réussite économique de Solovetski.

Ce succès devint bientôt l'argument central de la restructuration de tout le système carcéral soviétique. S'il devait se faire au prix de rations pires et de conditions de vie plus déplorables, nul n'en avait vraiment cure[74]. Pas plus qu'on ne s'inquiétait que le prix à payer fût des relations tendues avec les autorités locales.

Au sein du camp lui-même, le responsable de ce prétendu succès ne faisait guère de doute. Tout le monde identifiait clairement Frenkel à la mercantilisation du camp, et beaucoup lui vouaient également pour cela une haine profonde. En 1928, lors d'une réunion pleine de rancœur du parti communiste de Solovetski — si venimeuse que les minutes en furent jugées trop secrètes pour demeurer dans les archives et ne sont pas disponibles —, un commandant du camp, le camarade Iachenko, déplora que le département économico-commercial du SLON eût pris beaucoup trop d'influence. Il s'en prit aussi à Frenkel, « un ancien détenu qui a été libéré après trois ans de travail parce qu'à cette époque il manquait de gens [de gardes] pour travailler dans le camp ». Frenkel était devenu si important, se plaignit Iachenko (dont les propos ont de forts relents d'antisémitisme), que, « lorsque la rumeur a couru qu'il pouvait partir, les gens disaient "on ne peut pas travailler sans lui" ».

Iachenko vouait une telle haine à Frenkel, confessa-t-il, qu'il avait songé à l'assassiner. D'autres demandèrent pourquoi Frenkel, un ancien détenu, était servi en priorité et avait droit à de bons prix dans les boutiques du SLON, comme si c'était lui le patron. D'autres encore affirmaient que le SLON était devenu si mercantile qu'il en avait oublié ses autres tâches :

tout le travail de rééducation du camp avait été arrêté tandis que les prisonniers étaient astreints à des normes de travail iniques. Quand des détenus se mutilèrent pour s'y soustraire, on n'ouvrit aucune enquête[75].

Cependant, de même que le SLON devait avoir le dessus face aux autorités caréliennes, Frenkel eut gain de cause, au sein du SLON — peut-être grâce à ses contacts avec Moscou — sur le genre de camp que devait devenir Solovetski, comment les détenus devaient y travailler et y être traités.

Frenkel, on l'a vu, ne fut probablement pas l'inventeur du sinistre système « vous mangez en fonction de ce que vous travaillez », en vertu duquel les rations des détenus étaient calculées au prorata de la besogne accomplie. Il n'en présida pas moins à l'essor et à l'épanouissement du système, qui, d'expédient où le travail se « payait » parfois en nourriture, se transforma en méthode réglementée et très précise de distribution des vivres et d'organisation des détenus.

En fait, le système de Frenkel était tout simple. Il divisa les détenus du SLON en trois groupes suivant leurs capacités physiques : ceux qui étaient réputés capables d'un travail lourd, ceux qui étaient capables d'un travail léger et les invalides. Chaque groupe se voyait assigner un ensemble de tâches différent et un ensemble de normes à satisfaire. Ils étaient ensuite nourris en conséquence, et les différences entre leurs rations étaient considérables. Un graphique, établi entre 1928 et 1932, allouait 800 grammes de pain et 80 grammes de viande au premier groupe ; 500 grammes de pain et 40 grammes de viande au deuxième ; et respectivement 400 et 40 au troisième.

Autrement dit, la catégorie la plus basse recevait deux fois moins de vivres que la première[76].

Dans les faits, le système avait vite fait de trier les détenus entre ceux qui survivraient et les autres. Relativement bien nourris, les costauds prenaient des forces. Privés de nourriture, les détenus faibles s'affaiblissaient pour finalement tomber malades et mourir. Le processus était d'autant plus rapide et extrême que les normes étaient souvent fixées très haut — à un niveau inaccessible à certains détenus, en particulier aux citadins qui n'avaient encore jamais tourbé ni abattu des arbres. En 1928, les autorités centrales sanctionnèrent un groupe de gardes du camp pour avoir forcé 128 hommes à travailler de nuit dans la forêt au cours de l'hiver afin de satisfaire la norme. Un mois plus tard, 75 % des détenus souffraient encore gravement de leurs engelures[77].

Sous Frenkel, la nature du travail du SLON changea également : l'élevage d'animaux à fourrure ou la culture de plantes arctiques exotiques étaient pour lui des bagatelles sans intérêt. Il envoya plutôt les détenus construire des routes et abattre des arbres, profitant de la main-d'œuvre gratuite et non qualifiée que le SLON possédait en abondance[78]. La nature du travail changea rapidement la nature du camp, ou plutôt des camps, car le SLON commença alors à s'étendre très au-delà de l'archipel des Solovki. Frenkel ne se souciait plus, notamment, de savoir si les détenus étaient gardés dans un milieu carcéral, dans une prison, derrière des barbelés. Il envoya des équipes de forçats à travers toute la République de Carélie et dans la région d'Arkhangelsk, sur la terre ferme, à des milliers de kilomètres de Solovetski, partout où on en avait un besoin pressant[79].

Tel un conseiller en management reprenant en main une société en faillite, il « rationalisa » aussi d'autres aspects de la vie du camp, éliminant peu à peu tout ce qui ne contribuait pas à la productivité économique du camp. Il abandonna rapidement toute prétention rééducative. Ainsi que le déplorèrent ses détracteurs, Frenkel avait fermé les revues et journaux du camp et mis fin aux réunions de la Société de Solovetski pour les traditions locales. Le musée et le théâtre de Solovetski continuèrent d'exister, mais à seule fin d'impressionner les gros bonnets de passage.

En même temps, la cruauté gratuite devenait moins courante. En 1930, la commission Chanine, délégation spéciale de l'OGPOU, arriva sur l'île afin d'enquêter sur les rumeurs de mauvais traitement des prisonniers. Ses rapports devaient confirmer les histoires de châtiments excessifs et de torture sur l'île. Moyennant un stupéfiant retournement de la politique antérieure, la commission condamna et exécuta dix-neuf bourreaux de l'OGPOU[80]. Un tel comportement était désormais jugé déplacé dans une institution qui prisait par-dessus tout la *troudospo-sobnost*, la « capacité de travail ».

Enfin, sous l'autorité de Frenkel, le concept de « prisonnier politique » changea pour de bon. Dans le courant de l'automne 1925, les lignes artificielles qui avaient été tracées entre les criminels et les condamnés pour crimes contre-révolutionnaires furent abandonnées, les deux groupes étant envoyés ensemble sur la terre ferme pour travailler dans les immenses projets forestiers et dans les usines de transformation du bois de Carélie. Le SLON ne reconnaissait plus de détenus privilégiés, mais voyait plutôt dans tous les détenus des travailleurs en puissance[81].

Les pensionnaires socialistes des baraques de Savvatyevo posaient un problème plus délicat. De toute évidence, les « politiques » socialistes ne cadraient avec aucune idée d'efficacité économique que ce soit puisqu'ils refusaient, par principe, d'accomplir toute forme de travail forcé. Ils refusaient même de débiter leur bois de chauffage. « Nous sommes en exil administratif, se plaignit l'un d'eux, et c'est à l'administration de nous fournir tout ce dont nous avons besoin »[82]. Cette position, on ne s'en étonnera pas, commença d'inspirer de l'acrimonie dans l'administration du camp. Bien qu'il eût personnellement négocié avec les « politiques » à Petrominsk, au printemps de 1923, et leur eût promis un régime plus libre à Solovetski s'ils consentaient à y aller pacifiquement, le commandant Nogtev paraît en particulier s'être offusqué de leurs revendications sans fin. Il discuta avec les politiques de leur liberté de déplacements, de leur accès aux médecins et de leur droit de correspondre avec le monde extérieur. Enfin, le 19 décembre 1923, au faîte d'une dispute particulièrement vive autour du couvre-feu imposé aux détenus, les soldats qui gardaient les baraques de Savvatyevo ouvrirent le feu sur un groupe de politiques et en tuèrent six.

L'incident suscita un tonnerre de protestations à l'étranger. La Croix rouge politique fit passer en contrebande des récits de la fusillade. La presse occidentale s'en fit l'écho avant même que des articles eussent paru en Russie. Les télégrammes allèrent bon train entre l'île et la direction du parti communiste. Au départ, les autorités du camp justifièrent la fusillade, affirmant que les détenus avaient enfreint le couvre-feu et que les soldats avaient lancé trois avertissements avant de tirer.

Plus tard, en avril 1924, sans reconnaître tout à

fait que les soldats avaient négligé les sommations — les détenus s'accordent à ce propos —, l'administration du camp apporta une analyse plus élaborée de ce qui s'était passé. Les politiques, expliqua le rapport, étaient d'une « autre classe » que les soldats chargés de les garder. Les prisonniers passaient leur temps à lire des livres et la presse : les soldats n'avaient ni livres ni journaux. Les détenus avaient droit à du pain blanc, du beurre et du lait ; les soldats n'avaient rien de tout cela. C'était une « situation anormale ». La rancœur naturelle avait monté, les travailleurs étant indisposés par ceux qui ne travaillaient pas, et, quand des détenus avaient violé le couvre-feu, du sang, inévitablement, avait été répandu[83]. Afin d'étayer leurs conclusions, des administrateurs du camp lurent des lettres de détenus à voix haute lors d'une réunion du Comité central du parti communiste à Moscou : « Je me sens bien, je mange bien. [...] Il n'est pas nécessaire de m'envoyer des habits et des vivres pour l'instant. » D'autres lettres décrivaient la beauté du paysage[84]. Lorsque quelques-unes de ces lettres parurent ensuite dans la presse soviétique, les détenus protestèrent qu'ils avaient écrit ces descriptions idylliques de la vie sur l'île à seule fin d'apaiser les craintes de leurs parents[85].

Indigné, le Comité central passa à l'action. Une commission dirigée par Gleb Boki, le patron de l'OGPOU chargé des camps de concentration, visita les camps de Solovetski ainsi que la prison de transit de Kem. En octobre 1924, une série d'articles suivit dans les *Izvestia* : « Ceux qui imaginent que Solovetski est une prison lugubre et déprimante, où les gens perdent leur temps dans des cellules surpeuplées se trompent du tout au tout, écrivit N. Krasikov. Tout le camp consiste en une immense organisation économique de 3 000 travailleurs, travaillant aux types de production les plus divers. » Chantant les louanges de l'industrie et de l'agriculture de Solovetski, Krasikov évoquait ensuite la vie dans les baraques des socialistes de Savvatyevo :

> Ils mènent une vie qu'on peut qualifier d'anarcho-intellectuelle, avec tous les aspects négatifs de cette forme d'existence : oisiveté continuelle, rabâchage des dissensions politiques, querelles de famille, luttes de faction et, par-dessus tout, attitude agressive et hostile envers le gouvernement en général ainsi que l'administration locale et les gardes de l'armée rouge en particulier [...]. Au total, cela rend ces quelque trois cents personnes hostiles à toute mesure et à toute tentative des autorités locales pour introduire régularité et organisation dans leur vie[86].

Dans un autre journal, les autorités soviétiques prétendirent que les détenus socialistes bénéficiaient de meilleures rations que dans l'armée rouge. Ces prisonniers étaient aussi libres de rencontrer des parents — sans quoi, comment pourraient-ils faire sortir en fraude des informations ? — et ne manquaient pas de médecins ; ils en avaient plus que dans les villages des travailleurs normaux. Sur un ton sarcastique, l'article prétendait aussi qu'ils exigeaient des « préparations rares et coûteuses » aussi bien que des couronnes et des prothèses en or[87].

Ce fut le commencement de la fin. Après une série de discussions, au cours desquelles le Comité central étudia et rejeta l'idée d'exiler les politiques à l'étranger — on s'inquiétait de l'impact sur les socialistes occidentaux et notamment sur les travaillistes britanniques —, puis arrêta sa décision[88]. Le 17 juin 1925, à l'aube, la troupe cerna le monastère de Savvatyevo et laissa aux détenus deux heures pour faire leurs bagages. Puis les soldats les conduisirent au port, les forcèrent à monter sur des bateaux pour les expédier dans de lointaines prisons fermées en Russie centrale — Tobolsk, en Sibérie occidentale, et Verkhneuralsk, dans l'Oural —, où les attendaient des conditions bien pires[89] Un détenu a évoqué

> les cellules fermées, dont l'air est empoisonné par la puanteur du vieux seau hygiénique ; les politiques isolés les uns des autres [...], nos rations sont pires qu'à Solovetski. L'administration de la prison refuse de reconnaître notre *staroste* [chef des détenus]. Il n'y a ni hôpital ni soins médicaux. La prison consiste en deux niveaux : les cellules du bas sont humides et sombres. On y enferme les camarades malades, dont certains qui sont tuberculeux...[90]

Alors même qu'ils continuaient de se battre pour leurs droits, d'envoyer des lettres à l'étranger, de se faire passer des messages les uns aux autres à travers les murs et d'organiser des grèves de la faim, la propagande bolchevique s'employait à noyer les protestations des socialistes. À Berlin, à Paris et à New York, les vieilles sociétés de secours aux prisonniers commencèrent à avoir plus de mal à recueillir de l'argent[91]. Évoquant l'affaire des six détenus abattus en 1923 dans une lettre à un ami vivant hors de Russie, un détenu écrivit : « Quand se sont produits les événements du 19 décembre, il nous a semblé subjectivement que le "monde serait bouleversé" — notre monde socialiste. Or, en définitive, il n'a même pas remarqué les événements de Solovets, puis un éclat de rire est entré dans la tragédie »[92].

À la fin des années 1920, c'en était fini du statut particulier des politiques socialistes. Ils partageaient leurs cellules avec des bolcheviks, des trotskistes et des droit commun. Désormais, les « politiques », ou plutôt les « contre-révolutionnaires », seraient considérés non plus comme des détenus privilégiés, mais comme des détenus inférieurs, plus bas même que les criminels dans la hiérarchie du camp. N'étant plus des citoyens jouissant du genre de droits qu'avaient défendu les politiques, ils n'intéressaient leurs geôliers que dans la mesure où ils étaient capables de travailler. Et c'est dans cette seule mesure qu'on leur donnait assez à manger pour rester en vie.

CHAPITRE 3

1929 : le Grand Tournant

> Quand les bolcheviks sont arrivés au pouvoir, ils se sont montrés tendres et coulants avec leurs ennemis... nous avions commencé par une erreur. La clémence envers une telle force était un crime contre les classes laborieuses. On s'en est vite rendu compte...
>
> JOSEPH STALINE[1].

Le 20 juin 1929, le *Gleb Boki* se mettait à quai dans le petit port situé sous le kremlin de Solovetski. De là-haut, les détenus suivirent la scène, pleins d'espoir. Au lieu des condamnés taciturnes et émaciés qui débarquaient habituellement des ponts du *Gleb Boki*, un groupe d'hommes énergiques, en bonne santé — et une femme —, discutaient et gesticulaient tout en descendant sur le rivage. Sur les photographies prises ce jour-là, la plupart semblent porter des uniformes : parmi eux se trouvaient plusieurs dirigeants tchékistes, dont Gleb Boki lui-même. L'un d'eux, plus grand que les autres et arborant une grosse moustache, était habillé plus simplement, avec une casquette plate de travailleur et un manteau très ordinaire. C'était le romancier Maxime Gorki.

Dimitri Likhatchev faisait partie des prisonniers qui regardaient par la fenêtre et s'est souvenu aussi de quelques autres passagers : « On pouvait voir le tertre sur lequel Gorki s'assit un bon moment, en compagnie d'une personne à l'allure étrange avec sa veste de cuir, sa culotte de cheval de cuir, ses grandes bottes et sa casquette de cuir. C'était la belle-fille de Gorki, la femme de son fils, Maxime. Elle était vêtue, manifestement, de ce qui était, à son avis, le costume d'une authentique tchékiste. » Le groupe monta alors dans une voiture du monastère, tirée par « un cheval venu de Dieu sait où » et s'éloigna pour faire le tour de l'île[2].

Likhatchev le savait fort bien : Gorki n'était pas un visiteur ordinaire. À ce moment de sa vie, il était le fils prodigue encensé et loué par les bolcheviks. Socialiste engagé proche de Lénine, il ne s'en était pas moins opposé au coup de force bolchevique de 1917. Plus tard, dans des articles et des discours, il avait continué de fustiger avec une vraie véhémence le coup d'État et la terreur qui avait suivi, parlant de la « politique délirante » de Lénine et du « cloaque » qu'était devenue Petrograd. Il finit par émigrer en 1921, quittant la Russie pour Sorrente, où il continua, dans un premier temps, à adresser à ses amis restés au pays des condamnations et des lettres furieuses.

Avec le temps, il changea de ton, tant et si bien qu'en 1928 il décida de rentrer pour des raisons qui ne sont pas tout à fait claires. Soljenitsyne insinue assez mesquinement qu'il rentra parce qu'il n'était pas devenu aussi célèbre qu'il l'avait espéré en Occident et se trouvait tout simplement à court d'argent. Orlando Figes observe qu'il était affreusement malheureux en exil et qu'il ne souffrait pas la compagnie des autres émigrés russes, pour la plupart bien plus fanatiques que lui dans leur anticommunisme[3]. Quelle que fût sa motivation, du jour où il prit la décision de rentrer, il parut déterminé à aider autant que possible le régime soviétique. Presque aussitôt, il entreprit une série de voyages triomphaux à travers l'Union soviétique, inscrivant à dessein Solovetski dans son itinéraire. Son intérêt de toujours pour les prisons remontait à ses propres expériences de jeune délinquant.

De nombreux mémorialistes évoquent la visite de Gorki à Solovetski et tous s'accordent à dire qu'elle avait été amplement préparée. D'aucuns se souviennent que les règles du camp changèrent ce jour-là, que les maris furent autorisés à voir leurs femmes, vraisemblablement pour que tout le monde ait l'air plus joyeux[4]. Likhatchev écrit que l'on planta des arbres adultes autour de la colonie de travail, histoire de la faire paraître moins sinistre, et que des détenus furent évacués des baraques pour qu'elles semblent moins peuplées. En revanche, les mémorialistes sont partagés sur ce que Gorki fit vraiment à son arrivée. Si l'on en croit Likhatchev, l'écrivain perça à jour les efforts faits pour l'abuser. Alors qu'on lui faisait visiter le pavillon hospitalier, où tout le personnel portait des blouses neuves, Gorki grommela « je n'aime pas les parades » et s'en alla. Il passa à peine dix minutes dans la colonie de travail — toujours selon Likhatchev — puis s'isola avec un prisonnier de quatorze ans, afin d'entendre la « vérité ». Il en ressortit en larmes, quarante minutes plus tard[5].

Oleg Volkov, par ailleurs, qui se trouvait lui aussi à Solovetski lors de la visite de Gorki, affirme que l'écrivain « ne fit que regarder où on lui disait de le faire[6] ». Et, si l'on retrouve partout l'histoire du gamin — suivant une version, il fut exécuté après le départ de Gorki —, d'autres affirment que tous les détenus qui essayèrent d'approcher l'écrivain se firent repousser[7]. Il semble en effet que les lettres des détenus à Gorki aient été ensuite interceptées et, selon une source, au moins un des auteurs fut par la suite exécuté[8]. V.E. Kanen, agent de l'OGPOU en disgrâce et devenu prisonnier, prétend même que Gorki visita les cachots punitifs de la Sekirka, où il signa le journal de la prison. Un des chefs de l'OG-POU de Moscou qui accompagnait Gorki écrivit : « Ayant visité Sekirka, j'ai constaté que tout était en ordre, tel que ça doit être. » Juste dessous, selon Kanen, Gorki y alla de son commentaire : « Je dirais... excellent »[9].

On ne saurait savoir avec certitude ce qu'il fit ou vit sur l'île, mais nous pouvons lire l'essai qu'il écrivit par la suite, et qui prit la forme d'un croquis de voyage. Il loua la beauté naturelle des îles et souligna le pittoresque des bâtiments et des habitants. Dans le bateau qui le conduisait sur l'île, il rencontra même quelques vieux moines de Solovetski. « Et comment l'administration traite-t-elle les moines ? » leur demande-t-il. « L'administration veut que tout le monde travaille. Nous travaillons », répondent-ils[10].

Gorki évoque ensuite d'un ton admiratif les conditions de vie, histoire de faire bien comprendre à ses lecteurs qu'un camp de travail soviétique n'a rien à voir avec un camp de travail capitaliste (ou tsariste), mais qu'il s'agit d'une institution d'un type nouveau. Dans certaines chambres, écrit-il, il a vu « quatre ou six lits, chacun décoré d'articles personnels [...], avec des fleurs sur les rebords de fenêtre. On n'en retire pas l'impression d'une vie excessivement réglée. Non, cela ne ressemble aucunement à une prison ; on dirait plutôt ces chambres habitées par les rescapés d'un naufrage ».

Dehors, sur les chantiers, il croise des « gars sains » en chemises de lin et bottes solides. Il rencontre peu de détenus politiques qu'il rembarre, les qualifiant de « contre-révolutionnaires, de types émotionnels et de monarchistes ». Lui parlent-ils de leur arrestation inique, il présume que ce sont des menteurs. À un moment, on croit reconnaître une allusion à la légendaire rencontre avec le gosse de quatorze ans. Alors qu'il visitait un groupe de délinquants juvéniles, écrit-il, l'un d'eux lui remit un billet de protestation. Aussitôt, les enfants poussèrent de « grands cris » et le traitèrent de « mouchard ».

Mais ce ne sont pas simplement les conditions de vie qui faisaient, dans la description de Gorki, un camp d'un type nouveau. Ses pensionnaires, les « rescapés », n'étaient pas simplement heureux et en bonne santé, mais jouaient aussi un rôle vital dans une grande expérience : la transformation de personnalités criminelles et asociales en citoyens soviétiques à part entière. Gorki ressuscitait ici une idée chère à Dzerjinski : les camps ne devaient pas être de simples pénitenciers, mais des « écoles de travail », spécialement conçues pour tremper le genre de travailleur dont le nouveau système soviétique avait besoin. Dans son optique, l'objectif ultime de l'expérience était d'assurer l'« abolition des prisons », et elle était en passe de réussir. « Si quelque société européenne soi-disant cultivée osait conduire une expérience comme cette colonie, conclut Gorki, et si cette expérience portait des fruits comme la nôtre, ce pays chanterait ses propres louanges et se targuerait de ses réalisations. » À l'en croire, la « modestie » seule des dirigeants soviétiques les avait empêchés de le faire.

Plus tard, Gorki aurait affirmé que « la plume des censeurs » n'avait pas épargné une seule phrase de son essai sur Solovetski. En fait, nous ne savons pas s'il écrivit ces pages par naïveté, par désir calculé de tromper ou parce que la censure l'y obligea[11]. Quels qu'aient été ses mobiles, cet essai de 1929 sur Solovetski allait devenir une pierre de fondation importante dans la formation des attitudes, tant publiques qu'officielles, envers le nouveau système de camps, bien plus étendu, imaginé cette même année. La propagande bolchevique antérieure avait justifié la violence révolutionnaire comme un mal nécessaire, quoique temporaire, une force de purification transitoire. Chez Gorki, au contraire, la violence institutionnalisée apparaît comme un élément logique et naturel de l'ordre nouveau ; ainsi aida-t-il l'opinion à accepter le pouvoir totalitaire croissant de l'État[12].

En fait, on devait se souvenir de 1929 pour bien d'autres choses que l'essai de Gorki. Cette année-là, la Révolution avait eu le temps de mourir. Près d'une décennie avait passé depuis la fin de la guerre civile. Lénine était mort depuis longtemps. Diverses expériences économiques — la Nouvelle Politique économique, le communisme de guerre — avaient été essayées et abandonnées. De même que le camp de concentration délabré des îles Solovki était devenu le réseau de camps connu sous le nom de SLON, la terreur aléatoire des premières années de l'Union soviétique avait régressé, pour laisser place à une persécution plus systématique des adversaires reconnus du régime.

En 1929, la Révolution avait aussi acquis un chef d'une tout autre nature. Tout au long des années 1920, Joseph Staline avait battu ou éliminé d'abord les ennemis des bolcheviks, puis ses propres ennemis, en partie en se chargeant des décisions du PC en termes de personnel, et en partie en usant amplement des informations confidentielles recueillies en son nom par la police secrète, à laquelle il s'intéressait de près. Il lança une série d'épurations du Parti, qui se traduisaient au départ par des expulsions, puis il s'arrangea pour qu'elles fussent annoncées lors de réunions du Parti vindicatives et déchirantes. En 1937-1938, ces purges allaient devenir meurtrières : l'expulsion du Parti était souvent suivie d'une condamnation au camp, voire de la mort.

Avec une remarquable finesse, Staline s'était aussi débarrassé du plus important de ses rivaux pour le pouvoir, Léon Trotski. Il commença par le discréditer, puis le déporta sur une île au large des côtes de la Turquie, créant ainsi un précédent. Quand Jacob Blioumkine, agent de l'OGPOU et fervent soutien de Trotski, rendit visite à son héros dans son exil turc — et en revint porteur d'un message de Trotski à ses partisans —, Staline le fit condamner et exécuter dès son retour. Ce faisant, il montra que l'État n'hésiterait pas à employer toute la force de son arsenal répressif non seulement contre les membres d'autres partis socialistes et l'ancien régime, mais aussi contre les dissidents au sein du parti bolchevique lui-même[13].

En 1929, cependant, Staline n'était pas encore le dictateur qu'il allait devenir d'ici la fin de la décennie suivante. Il est plus exact de dire que, cette année-là, il avait mis en place les politiques qui allaient en définitive consacrer son pouvoir tout en transformant la société et l'économie soviétiques jusqu'à les rendre méconnaissables. Les historiens occidentaux ont donné des noms divers à ces politiques : « Révolution d'en haut » ou « Révolution stalinienne ». Staline lui-même en parla comme du « Grand Tournant ».

Au cœur de la révolution stalinienne se trouvait un nouveau programme d'industrialisation extrêmement rapide, presque hystérique. À cette époque, la Révolution soviétique n'avait pas encore apporté de véritables améliorations matérielles à la vie de la plupart des gens. Bien au contraire, avec les années de Révolution, de guerre civile et d'expérimentation économique, la pauvreté avait gagné du terrain. Sentant peut-être le mécontentement populaire croissant envers la Révolution, Staline entreprit alors de changer les conditions de vie des gens ordinaires — et ce, radicalement.

À cette fin, le gouvernement soviétique approuva en 1929 un nouveau « Plan quinquennal », un programme économique appelant à un accroissement annuel de 20 % de la production industrielle. Le rationnement alimentaire fut rétabli. Pendant un temps, la semaine de sept jours — cinq de travail, deux de repos — fut abandonnée. Les ouvriers se reposaient à tour de rôle, de sorte que l'usine n'arrêtât jamais de tourner. Pour ce qui est des projets hautement prioritaires, les trente heures d'affilée n'étaient pas inconnues et certains ouvriers travaillaient jusqu'à une moyenne de trois cents heures par mois[14]. L'esprit du temps, imposé d'en haut mais accepté avec enthousiasme par la base, était une forme de démonstration de supériorité, dans laquelle patrons d'usine et bureaucrates, ouvriers et employés de bureau rivalisaient d'ardeur pour accomplir le plan, voire le dépasser, ou à tout le moins proposer des manières plus modernes et plus rapides de le faire. En même temps, il n'était permis à personne de douter de la sagesse du plan. C'était vrai au plus haut niveau : les dirigeants du Parti qui doutaient de la valeur d'une industrialisation précipitée ne restèrent pas longtemps en place. Ça l'était aussi à la base. Un survivant se souvient d'avoir fait le tour de son jardin d'enfants avec un petit étendard tout en chantant :

Cinq en quatre,
Cinq en quatre,
Cinq en quatre,
Et pas en cinq !

Malheureusement, le sens de ce slogan — accomplir le Plan quinquennal en quatre ans — lui échappait complètement[15].

Comme toutes les grandes initiatives soviétiques, le lancement de la campagne d'industrialisation massive créa des catégories entièrement nouvelles de criminels. En 1926, le code criminel soviétique avait été réécrit pour inclure, entre autres choses, une acception élargie de l'article 58, qui définissait les crimes « contre-révolutionnaires ». Alors qu'il se limitait autrefois à un paragraphe ou deux, il contenait désormais dix-huit sous-sections, et l'OGPOU les utilisa toutes, notamment pour arrêter des techniciens[16]. Comme il était prévisible, le rythme du changement n'était pas tenable. Des techniques rudimentaires, appliquées trop vite, provoquèrent des erreurs. Il fallait quelqu'un à blâmer. D'où les arrestations des « destructeurs » et « saboteurs », dont le noir dessein était d'empêcher l'économie soviétique d'être à la hauteur de la propagande. Quelques-uns des tout premiers grands procès — le procès des Chakhty en 1928, celui du Parti industriel en 1930 — concernèrent en fait des ingénieurs et des techniciens. De même en va-t-il du procès de la Metro-Vickers de 1933, qui retint largement l'attention sur la scène internationale, parce qu'il visait des Britanniques aussi bien que des Russes, tous accusés d'« espionnage et de sabotage » pour le compte de la Grande-Bretagne[17].

Mais il devait y avoir aussi d'autres sources de prisonniers. Car en 1929 le régime soviétique accéléra également le processus de collectivisation forcée dans les campagnes — gigantesque bouleversement à certains égards plus profond que la Révolution russe elle-même. Dans un laps de temps incroyablement court, les commissaires ruraux obligèrent des millions de paysans à abandonner leurs petites parcelles de terre pour rejoindre les fermes collectives, les chassant souvent de la terre que leurs familles travaillaient depuis des siècles. La transformation affaiblit durablement l'agriculture soviétique et créa les conditions des terribles famines qui dévastèrent l'Ukraine et la Russie méridionale en 1932 et 1934 et tuèrent entre six et sept millions de personnes[18]. La collectivisation détruisit aussi — à jamais — le sentiment de continuité avec le passé propre à la Russie rurale.

Des millions résistèrent à la collectivisation, cachant le grain dans leurs caves ou refusant de coopérer avec les autorités. Ces résistants étaient qualifiés de koulaks, ou paysans riches, d'un mot qui, comme la définition du « saboteur », était tellement vague qu'on pouvait l'appliquer à tout le monde ou presque. La possession d'une vache ou d'une chambre supplémentaire suffisait à faire tomber dans cette catégorie des paysans d'une pauvreté évidente — sur accusation d'un voisin jaloux. Afin de briser la résistance des koulaks, le régime ressuscita en fait la vieille tradition tsariste de la déportation sur décision administrative. Du jour au lendemain arrivaient dans un village des camions et des fourgons qui embarquaient des familles entières. Certains koulaks étaient abattus, d'autres arrêtés et condamnés au camp. Finalement, cependant, le régime déporta la plupart d'entre eux. Entre 1930 et 1933, plus de deux millions de koulaks furent exilés en Sibérie, au Kazakhstan et dans d'autres régions sous-peuplées de l'Union soviétique, où ils passèrent le restant de leur vie en tant qu'« exilés spéciaux », à qui il était interdit de quitter leurs villages d'exil. Quelque 100 000 autres furent arrêtés et expédiés au Goulag[19]

Avec la faiblesse des précipitations, la famine s'installa et d'autres arrestations suivirent. Tous les grains disponibles furent retirés des villages et délibérément refusés aux koulaks. Ceux qui étaient pris à en voler d'infimes quantités, fût-ce pour nourrir leurs enfants, finissaient aussi en prison. Une loi du 7 août 1932 exigea la peine de mort, ou alors une longue peine de camp, pour tous ces « crimes contre la propriété de l'État ». Peu après, les « glaneuses » firent leur apparition dans les camps : les paysannes qui avaient ramassé les grains perdus afin de survivre. D'autres devaient les y rejoindre, comme ces gens affamés qui écopèrent de dix ans pour avoir volé une livre de pommes de terre ou une poignée de pommes[20]. Ces lois expliquent que les paysans aient formé l'immense majorité des prisonniers dans les camps soviétiques tout au long des années 1930 et que les paysans aient continué de représenter une large part de la population carcérale jusqu'à la mort de Staline.

L'impact de ces arrestations massives sur les camps fut considérable. À peine la nouvelle législation était-elle entrée en vigueur, ou presque, que les administrateurs se mirent à réclamer une refonte radicale et rapide de tout le système. Le système carcéral « ordinaire », encore dirigé par le commissariat à l'Intérieur (et encore infiniment plus vaste que Solovetski, dirigée par l'OGPOU), était resté surpeuplé, désorganisé et déficitaire tout au long de la précédente décennie. Sur le plan national, la situation était si mauvaise qu'à un moment le commissariat à l'Intérieur tenta de réduire les effectifs des détenus en condamnant davantage de gens aux « travaux forcés sans les priver de liberté » — en leur assignant des tâches, mais sans les enfermer —, histoire de soulager les camps[21].

Le rythme de la collectivisation et la vigueur de la répression s'intensifiant, cependant — et tandis que des millions de koulaks étaient chassés de leurs foyers —, de telles solutions commencèrent à paraître politiquement inopportunes. Une fois encore, les autorités résolurent que des criminels aussi dangereux — les ennemis de la grande campagne stalinienne de collectivisation — nécessitaient une forme d'incarcération plus sûre. L'OGPOU se prépara à en construire une.

Sachant que le système carcéral se dégradait aussi vite que les effectifs des prisonniers augmentaient, le Politburo du parti communiste créa en 1928 une commission chargée de traiter le problème. En apparence, la commission était neutre et comprenait des représentants des commissariats à la Justice et à l'Intérieur, aussi bien que de l'OGPOU. Le camarade Ianson, commissaire à la Justice, en fut nommé responsable. La tâche de la commission était de mettre en place un « système de camps de concentration, organisés à la manière des camps de l'OGPOU » et ses délibérations eurent lieu dans des limites bien définies. Malgré les passages lyriques de Maxime Gorki sur la valeur du travail dans la réforme des criminels, tous les participants utilisèrent un langage résolument économique. Tous exprimèrent les mêmes soucis de « rentabilité » et parlèrent fréquemment de l'« usage rationnel de la main-d'œuvre »[22].

Certes, les protocoles rédigés après la réunion de la commission, le 15 mai 1929, font état de quelques objections pratiques à la création d'un système massif de camps : il serait trop difficile d'en aménager, il manquait de routes vers le Grand Nord, et ainsi de suite. Le commissaire au Travail estimait qu'il n'était pas bon d'infliger aux petits criminels le même châtiment qu'aux récidivistes. Le commissaire à l'Intérieur, Tolmatchev, fit valoir que le système serait mal vu à l'étranger : les « émigrés de la Garde blanche » et la presse étrangère bourgeoise prétendraient qu'« au lieu de construire un système pénitentiaire destiné à réformer les détenus par un travail correctif, nous avons édifié des forteresses tchékistes[23] ».

Cependant, il arguait que le système *paraîtrait* mauvais, non pas qu'il l'*était*. Aucun des participants n'objecta que les camps « de type Solovetski » étaient cruels ou meurtriers. Nul ne mentionna non plus la théorie alternative de la justice criminelle dont Lénine avait été si friand, l'idée que le crime disparaîtrait en même temps que le capitalisme. Et, assurément, il ne fut pas question non plus de rééducation des détenus, de cette « transformation de la nature humaine », que Gorki avait louée dans son essai sur Solovetski et qui aurait tant d'importance dans la présentation publique du premier ensemble de camps. Genrikh Iagoda, le représentant de l'OGPOU au sein de la commission, exposa plutôt très clairement les véritables intérêts du régime :

> Il est d'ores et déjà à la fois possible et absolument nécessaire de retirer 10 000 détenus des lieux d'interne-

> ment dans la République russe, dont on pourrait mieux organiser et employer le travail. En dehors de cela, nous avons été informés que les camps et les prisons de la République ukrainienne sont aussi pleins à craquer. De toute évidence, la politique soviétique ne permettra pas la construction de nouvelles prisons. Personne ne donnera d'argent pour de nouvelles prisons. La construction de grands camps, par ailleurs, de camps qui feront un usage rationnel du travail, est une autre affaire. Nous avons beaucoup de mal à attirer des travailleurs dans le Nord. Si nous y envoyons des milliers de prisonniers, nous pouvons exploiter les ressources du Nord [...]. L'expérience de Solovetski montre ce qui peut être fait dans ce domaine.

Iagoda expliqua ensuite que le déplacement de population serait définitif. Une fois libérés, les détenus resteraient : « Par toute une série de mesures, tant administratives qu'économiques, nous pouvons forcer les détenus libérés à rester dans le Nord, et ce faisant peupler nos régions périphériques[24]. »

L'idée que les détenus deviendraient des colons — de façon si proche du modèle tsariste — n'a donc rien d'une réflexion après coup. Tandis que la commission Ianson poursuivait ses délibérations, une autre commission spéciale du gouvernement soviétique avait commencé d'étudier la crise de la main-d'œuvre dans le Grand Nord, proposant d'y envoyer qui les chômeurs, qui des immigrés chinois, pour résoudre le problème[25]. Les deux instances recherchaient des solutions au même problème en même temps, et cela n'a rien d'étonnant. Pour accomplir le Plan quinquennal de Staline, l'Union soviétique avait besoin d'énormes quantités de charbon, de gaz, de pétrole et de bois — tous matériaux disponibles en Sibérie, au Kazakhstan et dans le Grand Nord. Le pays avait aussi besoin d'or pour acheter de nouvelles machines à l'étranger ; et les géologues en avaient dernièrement découvert au nord-est de la Kolyma. Malgré des températures glaciales, des conditions de vie rudimentaires et l'inaccessibilité, il fallait exploiter ces ressources à un rythme frénétique.

Dans la fureur de la concurrence interministérielle, Ianson proposa d'abord que son propre commissariat prît en charge la totalité du système et créât toute une série de camps forestiers afin d'augmenter les exportations soviétiques de bois d'œuvre — source majeure de devises étrangères. Le projet fut écarté, probablement parce que personne n'avait envie de voir le camarade Ianson et sa bureaucratie judiciaire prendre le contrôle. En fait, quand le projet fut soudain ressuscité, au printemps 1929, les conclusions de la commission Ianson étaient légèrement différentes. Le 13 avril, la commission proposa la création d'un nouveau système de camp unifié, qui éliminât la distinction entre camps « ordinaires » et camps « spéciaux ». De manière plus significative, elle remit carrément à l'OGPOU le contrôle direct du nouveau système unifié[26].

L'OGPOU prit donc le contrôle des prisonniers de l'Union soviétique à une vitesse saisissante. En décembre 1927, le département spécial de l'OGPOU contrôlait 30 000 détenus, soit 10 % de la population carcérale, essentiellement dans les camps de Solovetski. Il n'employait pas plus de mille personnes et son budget ne dépassait guère 0,05 % des dépenses de l'État. En revanche, le système carcéral du commissariat à l'Intérieur comptait 150 000 détenus et consommait 0,25 % du budget de l'État. Entre 1928 et 1930, cependant, la situation se renversa. Alors que les autres institutions gouvernementales abandonnaient lentement leurs détenus, leurs prisons, leurs camps et les entreprises industrielles qui leur étaient attachées, le nombre de détenus sous juridiction de l'OGPOU passait de 30 000 à 300 000[27]. En 1931, la police secrète prit aussi le contrôle des millions d'« exilés spéciaux » — pour l'essentiel, des koulaks déportés —, qui étaient en fait des forçats, puisque interdiction leur était faite, sous peine de mort ou d'arrestation, de quitter les colonies et lieux de travail qui leur étaient assignés[28]. Au milieu de la décennie, l'OGPOU devait contrôler toute l'immense force de travail que représentaient les détenus.

Pour faire face à ses nouvelles responsabilités, l'OGPOU réorganisa son département spécial pour les camps et le rebaptisa Direction générale des camps de redressement par le travail et des colonies de travail. Finalement, cet intitulé encombrant fut abrégé en Direction générale des camps, *Glavnoe Oupravlenie Laguereï*, d'où l'acronyme sous lequel le département, et en définitive le système tout entier devait être connu : le GOULAG[29].

Du jour où les camps de concentration soviétiques prirent cette ampleur, leurs détenus et leurs chroniqueurs n'ont cessé de s'interroger sur les mobiles de leur création. Surgirent-ils par hasard, comme un effet pervers de la collectivisation, de l'industrialisation et des autres processus à l'œuvre dans le pays ? Ou Staline orchestra-t-il soigneusement la croissance du Goulag, prévoyant à l'avance l'arrestation de millions de gens ?

Dans le passé, certains spécialistes ont soutenu que la fondation des camps n'avait dissimulé aucun grand dessein. Un historien, James Harris, a soutenu que ce sont les dirigeants locaux, non pas les bureaucrates de Moscou, qui prirent l'initiative de bâtir de nouveaux camps dans la région de l'Oural. Contraintes d'atteindre les objectifs impossibles du Plan quinquennal, d'un côté, et confrontées à une pénurie critique de main-d'œuvre de l'autre, les autorités de l'Oural intensifièrent le rythme et la cruauté de la collectivisation pour résoudre la quadrature du cercle[30]. Dans le même ordre d'idées, un autre historien, Michael Jakobson, soutient que le système carcéral massif de l'Union soviétique a eu des origines «banales»: «Les bureaucrates poursuivirent des objectifs inaccessibles d'autosuffisance des prisons et de rééducation des détenus. Les autorités recherchèrent de la main-d'œuvre et des fonds, étendirent leur bureaucratie et tentèrent d'atteindre des objectifs irréalistes. Les administrateurs et les gardiens appliquèrent dûment règles et règlements. Les théoriciens rationalisèrent et justifièrent. Pour finir, tout fut renversé, modifié ou abandonné[31].»

En vérité, que le Goulag eût des origines fortuites ne serait pas surprenant. Au début des années 1930, la direction soviétique en général et Staline en particulier ne cessèrent de changer de cours, mirent en œuvre des politiques pour revenir ensuite sur leurs décisions, et firent des déclarations publiques destinées à masquer la réalité. Il n'est pas facile, quand on lit l'histoire de l'époque, de détecter un mauvais dessein directeur — de Staline ou d'un autre[32]. Staline lui-même lança la collectivisation, par exemple, à seule fin de se raviser, apparemment, en mars 1930, quand il s'en prit aux excès de zèle des autorités rurales, saisies par le «vertige du succès». Quoi qu'il entendît par cette déclaration, elle eut peu d'effet sur le terrain, et la destruction des koulaks se poursuivit sans relâche des années durant.

Dans un premier temps, les bureaucrates de l'OGPOU et la police secrète qui planifièrent l'expansion du Goulag n'avaient pas une idée plus claire de leurs objectifs ultimes. La commission Ianson elle-même prit des décisions, puis les annula. L'OGPOU mena aussi des politiques apparemment contradictoires. Tout au long des années 1930, par exemple, elle proclama de fréquentes amnisties, destinées à résorber le surpeuplement des prisons et des camps. Invariablement, ces amnisties étaient suivies de nouvelles vagues de répression et de construction de camps, comme si Staline et ses acolytes n'avaient jamais très bien su s'ils voulaient que le système se développât ou non — ou comme si différentes personnes donnaient des ordres différents suivant les moments.

De même, le système des camps devait traverser de nombreux cycles : tantôt plus répressif, tantôt moins, puis plus répressif encore. Même après 1929, alors que les camps étaient bien installés sur la voie de l'efficacité économique, quelques anomalies subsistèrent dans le système. En 1937, par exemple, de nombreux détenus politiques étaient encore maintenus dans des prisons où il leur était explicitement interdit de travailler — pratique qui semblait en contradiction avec le souci général d'efficacité[33]. Beaucoup de changements bureaucratiques n'avaient pas non plus grand sens. Bien que la division officielle entre camps de police secrets et camps de police non secrets fût abolie dans les années 1930, il en resta des vestiges sous la forme d'une division entre les « camps », censément réservés aux criminels les plus dangereux et aux politiques, et les « colonies », pour les petits criminels frappés de peines plus courtes. Dans les faits, l'organisation du travail, de la nourriture et de la vie quotidienne dans les camps et les colonies était très semblable.

Un consensus croissant se forme pourtant aussi

de nos jours autour de l'idée que Staline lui-même avait, sinon un plan soigneusement élaboré, du moins la ferme conviction des avantages immenses que présentait le travail des détenus, et qu'il resta fidèle à cette conviction jusqu'à la fin de ses jours. Pourquoi ?

D'aucuns, tel Ivan Tchoukhine, ancien de la police secrète et historien du système des camps à ses débuts, spéculent que Staline encouragea les premiers chantiers excessivement ambitieux du Goulag afin de consolider son prestige. À cette époque, il émergeait tout juste à la tête du pays à l'issue d'une lutte pour le pouvoir longue et acharnée. Sans doute imaginait-il que de nouvelles prouesses industrielles, accomplies avec l'aide d'une main-d'œuvre servile, l'aideraient à asseoir son pouvoir [34].

Sans doute Staline a-t-il été aussi inspiré par un précédent historique ancien. Robert Tucker, parmi d'autres, a amplement démontré l'intérêt obsessionnel qu'il portait à Pierre le Grand, autre monarque russe qui recourut massivement au travail des serfs et des prisonniers pour réaliser des prouesses en matière de technique et de construction. Dans un discours prononcé devant le plénum du Comité central, alors qu'il s'apprêtait à lancer son programme industriel en 1928, il observa avec admiration :

> Quand Pierre le Grand, menant des affaires avec les pays les plus avancés de l'Occident, construisit fébrilement des usines pour ravitailler l'armée et renforcer les défenses du pays, ce fut un genre d'effort particulier *pour s'extraire des bornes de son arriération* [35].

C'est moi qui souligne pour mettre en relief le lien entre le « Grand Tournant » de Staline et la politique de son prédécesseur du XVIIIe siècle. Dans la tradition historique russe, Pierre a laissé le souvenir d'un chef grand et cruel — ce qui n'est pas jugé contradictoire. Après tout, personne ne se rappelle combien de serfs sont morts au cours de la construction de Saint-Pétersbourg, mais tout le monde admire la beauté de la ville. Sans doute l'exemple était-il cher au cœur de Staline.

Reste que son intérêt pour les camps de concentration n'avait pas nécessairement une source rationnelle : peut-être l'intérêt obsessionnel de Staline pour les immenses chantiers et le travail des forçats était-il lié, d'une certaine façon, à sa forme singulière de folie des grandeurs. Mussolini dit un jour de Lénine qu'il était un « artiste qui a travaillé sur les hommes comme d'autres sur le marbre ou le métal[36] ». La description serait sans doute mieux appropriée à Staline, qui jouissait littéralement du spectacle des masses de corps humains qui défilaient ou dansaient dans une parfaite synchronisation[37]. Il était captivé par les ballets, les exhibitions de gymnastique orchestrées, les défilés mettant en scène des pyramides géantes bâties avec des figures humaines anonymes et déformées[38]. De même que Hitler, Staline était obsédé par le cinéma, en particulier par les comédies musicales de Hollywood, avec leurs immenses distributions de chanteurs et de danseurs coordonnés. Peut-être trouvait-il une forme de plaisir différente, mais apparentée, dans les immenses équipes de détenus qui creusaient des canaux et construisaient des voies ferrées sur ses ordres.

Quelle que fût son inspiration — politique, historique ou psychologique —, il ressort clairement des tout premiers jours du Goulag que Staline portait personnellement un intérêt profond aux camps et exerça une influence considérable sur leur développement. La décision cruciale de mettre hors jeu le système judiciaire ordinaire, pour confier tous les camps et prisons de l'Union soviétique à l'OGPOU, par exemple, se fit très certainement sur ordre de Staline. En 1929, il s'était personnellement intéressé de près à cette institution. Il s'intéressa à la carrière des hauts dirigeants de la police secrète et supervisa la construction de maisons confortables pour eux et leurs familles[39]. En revanche l'administration des prisons par le commissariat à l'Intérieur n'avait guère ses faveurs : dans l'âpre lutte de factions à l'intérieur du Parti, ses dirigeants avaient soutenu les adversaires de Staline[40].

Autant de détails que devaient parfaitement connaître tous ceux qui siégèrent à la commission Ianson et qui auraient sans doute suffi à les persuader de mettre les prisons entre les mains de l'OGPOU. Mais Staline intervint aussi directement dans les délibérations de ladite commission. À un moment, alors que celles-ci s'emmêlaient, le Politburo revint sur sa décision initiale, proclamant son intention de retirer le contrôle du système carcéral à la police secrète pour le confier à nouveau au commissariat à l'Intérieur. Staline s'en indigna. Dans une lettre de 1930 à son proche collaborateur, Viatcheslav Molotov, il dénonça dans cette idée une « intrigue » orchestrée par le commissaire à l'Intérieur qui est « complètement pourri ». Il ordonna au Politburo de mettre en œuvre sa décision initiale et supprima carrément le commissariat à l'Intérieur[41]. Cette décision de Staline de confier les camps à l'OGPOU détermina leur caractère futur. Elle eut pour effet de les soustraire à tout contrôle judiciaire ordinaire et de les placer fermement entre les mains d'une bureaucratie de la police secrète qui trouvait ses origines dans le monde mystérieux et extra-juridique de la Tchéka.

Même s'il est moins de preuves tangibles pour étayer cette théorie, il est aussi possible que l'insistance constante sur la nécessité de construire des « camps du type de Solovetski » soit aussi le fait de Staline. Les camps de Solovetski, on l'a vu, ne furent jamais rentables, pas plus en 1929 qu'à aucune autre époque. Au cours de l'exercice juin 1928-juin 1929, le SLON reçut encore du budget de l'État une subvention de 1,6 million de roubles[42]. Quand bien même le SLON pouvait sembler mieux réussir que d'autres entreprises locales, quiconque comprenait un tant soit peu l'économie savait sa concurrence peu loyale. Les camps forestiers qui employaient des détenus sembleraient toujours plus productifs que les exploitations forestières ordinaires, par exemple, pour la simple raison que les paysans qu'employaient ces dernières ne travaillaient que l'hiver, quand ils n'étaient pas occupés par leurs activités agricoles[43].

Les camps de Solovetski n'en *paraissaient* pas moins rentables — du moins Staline les *percevait*-il ainsi. Il les croyait aussi rentables précisément du fait des méthodes « rationnelles » de Frenkel : le calcul des rations au prorata du travail et l'élimination des « extra » inutiles. La preuve que ce système reçut l'aval des plus hautes instances se trouve dans les résultats : non seulement le système se démultiplia à travers le pays, mais Frenkel lui-même fut nommé chef de la construction sur le canal de la mer Blanche, qui fut le premier grand projet du Goulag à l'époque de Staline : poste extrêmement élevé pour un ancien détenu[44]. Par la suite, nous le verrons, une intervention au plus haut niveau lui éviterait d'être arrêté et, peut-être, exécuté.

On peut aussi trouver la preuve de la préférence de Staline pour le travail des prisonniers, plutôt que le travail ordinaire, dans son intérêt continu pour les menus détails de l'administration des camps. Tout au long de sa vie, il exigea des informations régulières sur le niveau de « productivité des détenus » dans les camps, souvent sous la forme de statistiques spécifiques : quantité de charbon et de pétrole produite, nombre de prisonniers employés et nombre de médailles reçues par leurs patrons[45]. Il s'intéressa plus particulièrement aux mines d'or du Dalstroï, le complexe de camps situé à l'extrême nord-est de la Kolyma, et réclama des informations régulières et précises sur la géologie de la région, les techniques minières du Dalstroï, mais aussi la qualité précise de l'or extrait et sa quantité. Pour s'assurer que ses édits fussent appliqués dans les camps les plus reculés, il envoyait des équipes d'inspecteurs et demandait aussi souvent que les chefs de camp fissent de fréquentes apparitions à Moscou[46].

Quand un projet l'intéressait, il lui arrivait de s'y impliquer d'encore plus près. Les canaux, par exemple, captivaient son imagination, au point qu'il donna parfois l'impression de vouloir en creuser indéfiniment. Iagoda se vit un jour contraint de lui écrire, pour critiquer poliment son projet irréaliste de créer un canal au centre de Moscou en utilisant une main-d'œuvre servile[47]. Resserrant sa mainmise sur les organes du pouvoir, Staline obligea aussi ses collègues à focaliser leur attention sur les camps. En 1940, le Politburo discuterait presque toutes les semaines d'un projet du Goulag ou d'un autre[48].

L'intérêt de Staline n'était pourtant pas purement théorique. Il s'informait aussi directement sur les êtres humains impliqués dans le travail des camps : qui avait été arrêté, où il ou elle avait été condamné, ce qu'il était advenu de lui ou d'elle. Il lisait personnellement, et parfois commentait, les demandes de remise en liberté que lui adressaient les détenus ou leurs épouses, y répondant souvent d'un mot ou deux (« garder au travail » ou « libérer »[49]). Par la suite, il exigea régulièrement des informations sur les prisonniers ou groupes de prisonniers qui l'intéressaient, tels que les nationalistes d'Ukraine occidentale[50].

Il est aussi des preuves que l'attention de Staline pour tel ou tel détenu n'était pas toujours purement politique et ne concernait pas ses seuls ennemis personnels. Dès 1931, avant qu'il eût consolidé son pouvoir, Staline fit adopter par le Politburo une résolution lui conférant une influence considérable sur les arrestations de certaines catégories de techniciens[51]. Et — ce n'est pas une coïncidence — la forme prise par les arrestations des ingénieurs et des spécialistes, dans ces premiers temps, suggère une planification à haut niveau. Peut-être n'est-ce pas par hasard si le tout premier groupe de détenus envoyés dans les nouveaux camps des terrains aurifères de la Kolyma comptait sept experts réputés des mines, deux spécialistes de l'organisation du travail et un hydraulicien confirmé[52]. Pas plus, peut-être, que le hasard n'explique que l'OGPOU ait trouvé le moyen d'arrêter un des meilleurs géologues d'Union soviétique à la veille d'une expédition planifiée en vue de construire un camp près des réserves de pétrole de la République des Komis[53]. De telles coïncidences ne sauraient être le fait de chefs régionaux du Parti réagissant aux tensions de l'heure.

Enfin, tout un ensemble de preuves, entièrement circonstancielles mais néanmoins intéressantes, suggère que les arrestations massives de la fin des années 1930 et 1940 ont pu être effectuées, jusqu'à un certain point, pour satisfaire le désir qu'avait Staline de main-d'œuvre servile et non pas, comme la plupart l'ont toujours supposé, afin de punir ses ennemis perçus ou potentiels. Les auteurs de l'histoire russe des camps qui font le plus autorité à ce jour soulignent le « lien positif entre la prospérité économique des camps et le nombre des détenus incarcérés ». Ce n'est certainement pas un hasard, soutiennent-ils, si la petite criminalité devint soudain passible de peines beaucoup plus lourdes au moment même où les camps s'étendaient et avaient un besoin pressant de détenus-travailleurs supplémentaires[54].

Quelques documents d'archives épars font allusion à la même histoire. En 1934, par exemple, Iagoda écrivit une lettre à ses subalternes en Ukraine, exigeant de 15 000 à 20 000 détenus, tous « aptes au travail » : on en avait un besoin urgent afin d'achever le canal Moscou-Volga. Dans cette lettre datée du 17 mars, Iagoda exigeait aussi que les chefs locaux de l'OGPOU prissent des « mesures supplémentaires » pour s'assurer que les prisonniers arriveraient d'ici le 1er avril. Toutefois, il n'indiquait pas d'où ces 15 000 à 20 000 hommes étaient censés venir. Furent-ils arrêtés pour répondre aux exigences de Iagoda[55] ? Ou, comme le suggère l'historien Terry Martin, Iagoda bataillait-il simplement pour assurer l'approvisionnement régulier en main-d'œuvre de son système de camps — objectif qu'il ne parvint jamais à atteindre ?

Si les arrestations étaient destinées à peupler les camps, elles le firent donc avec une efficacité presque démesurée. Martin et d'autres ont fait valoir que chaque vague d'arrestations massives paraît avoir pris les commandants de camp au dépourvu, leur permettant difficilement d'atteindre ne fût-ce qu'un semblant d'efficacité économique. Les officiers chargés des arrestations ne choisissaient pas non plus leurs victimes rationnellement : au lieu de limiter les arrestations aux jeunes hommes en bonne santé qui eussent fait les meilleurs travailleurs dans le Grand

Nord, ils emprisonnaient aussi en grand nombre femmes, enfants et personnes âgées[56]. L'illogisme même des arrestations massives paraît plaider contre l'idée d'une force de travail servile soigneusement planifiée — ce qui en a conduit plus d'un à conclure que les arrestations étaient avant tout effectuées pour éliminer les ennemis perçus de Staline, et de manière secondaire seulement pour remplir ses camps.

Au bout du compte, cependant, ces explications de l'essor des camps ne sont jamais totalement exclusives. Staline a fort bien pu vouloir ses arrestations pour éliminer les ennemis et créer une main-d'œuvre servile. Il a pu être motivé par sa paranoïa ainsi que par les besoins en main-d'œuvre de ses chefs régionaux. Peut-être vaut-il mieux tout simplement dire : Staline proposa à sa police secrète le « modèle Solovetski » des camps de concentration, il sélectionna les victimes… et ses subordonnés sautèrent sur l'occasion de lui obéir.

CHAPITRE 4

Le canal de la mer Blanche

Où sommeillaient eaux et falaises moussues
Là, par la force du travail,
Des usines se bâtiront,
Des villes surgiront.
Des cheminées s'élèveront
Sous les cieux du septentrion,
Les bâtiments brilleront des lumières
des bibliothèques, des théâtres et des clubs.

MEDVEDKOV,
prisonnier du canal
de la mer Blanche, 1934[1].

Au bout du compte, une seule des objections soulevées au cours des réunions de la commission Ianson causa des soucis. Bien qu'ils fussent certains que la grande nation soviétique surmonterait le manque de routes, qu'ils n'eussent guère de scrupules à utiliser des détenus comme travailleurs serviles, Staline et ses séides restèrent exceptionnellement chatouilleux sur le langage employé par les étrangers afin de décrire les camps-prisons.

En vérité, contrairement à une conviction répandue, les étrangers, à cette époque, décrivirent assez fréquemment les camps de prisonniers soviétiques. D'une manière générale, l'Occident en savait long sur les camps de concentration soviétiques à la fin des années 1920, peut-être plus qu'on n'en savait généralement à la fin des années 1940. De grands articles sur les prisons soviétiques avaient paru dans la presse allemande, française, britannique et américaine, en particulier dans la presse de gauche, qui avait un large réseau de contacts parmi les socialistes russes emprisonnés[2]. En 1927, le Français Raymond Duguet publia un livre étonnamment précis sur Solovetski, *Un bagne en Russie rouge*, décrivant tout par le menu, de la personnalité de Nephtali Frenkel aux horreurs de la torture par les moustiques. En 1926, à Londres, S.A. Malsagov, officier géorgien de l'armée blanche, qui avait réussi à s'échapper de Solovetski et à traverser la frontière, publia à son tour un tableau de Solovetski sous le titre *Island Hell* («L'Île de l'enfer»). Suite aux rumeurs qui circulaient largement sur l'abus du travail des prisonniers en Union soviétique, la British AntiSlavery Society lança même une enquête sur la question et écrivit un rapport déplorant les preuves de scorbut et de mauvais traitements[3]. Un sénateur français écrivit un article souvent cité sur le témoignage de réfugiés russes, comparant la situation en Union soviétique aux conclusions de l'enquête de la Société des Nations sur l'esclavage au Liberia[4].

Après l'expansion des camps dans les années 1929 et 1930, cependant, l'intérêt des étrangers pour les camps changea: on se désintéressa du sort des détenus socialistes pour se focaliser plutôt sur la menace économique que les camps semblaient faire peser sur les intérêts économiques occidentaux. Les entreprises et syndicats menacés commencèrent à s'organiser. Les pressions s'intensifièrent, en particulier en Grande-Bretagne et aux États-Unis, pour le boycott de produits soviétiques bon marché qu'on

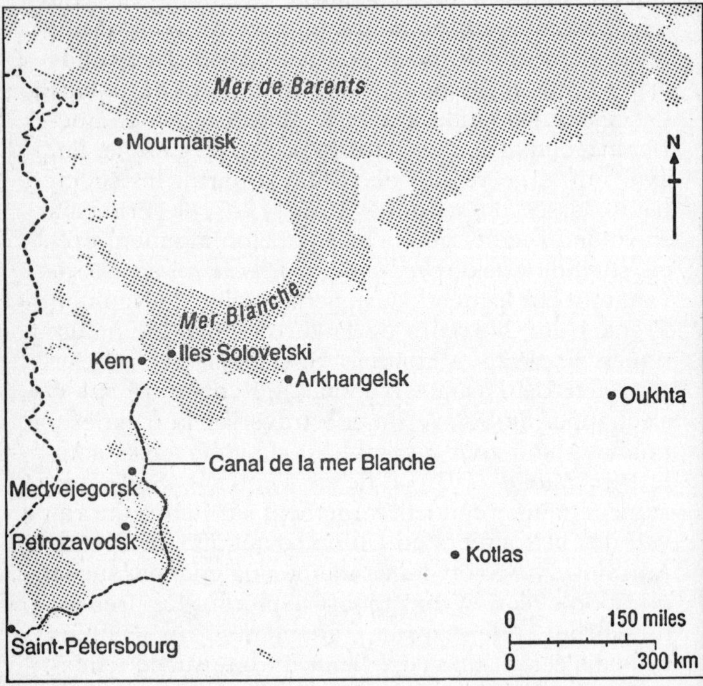

Le canal de la mer Blanche, Russie du Nord, 1932-1933

disait produits par des forçats. Paradoxalement, la campagne de boycott voila tout le problème aux yeux de la gauche occidentale, qui continuait de soutenir la Révolution russe, notamment en Europe, même si nombre des dirigeants étaient mal à l'aise quant au sort de leurs frères socialistes. Le parti travailliste britannique, par exemple, s'opposa à l'interdiction des produits soviétiques parce qu'il se méfiait des mobiles des entreprises qui la prônaient[5].

Aux États-Unis, cependant, des syndicats, à commencer par l'American Federation of Labor, se prononcèrent pour un boycott. Leur succès fut de courte durée. Le Tariff Act de 1930 prescrivait en effet que « tous les biens [...] extraits, produits ou fabriqués [...] par des détenus ou des forçats [...] se verront refuser l'entrée dans tous les ports des États-Unis[6] ». Sur cette base, le département du Trésor interdit l'importation de bois à pâte et d'allumettes soviétiques.

Bien que le département d'État américain refusât de soutenir l'interdiction, qui ne dura qu'une semaine, la discussion à ce propos continua[7]. En janvier 1931, le Ways and Means Committee du Congrès des États-Unis se réunit pour étudier des projets de loi « relatifs à la prohibition des biens produits par des forçats en Russie[8] ». Les 18, 19 et 20 mai 1931, le *Times* de Londres publia une série d'articles étonnamment détaillés sur le travail forcé en Union soviétique, concluant par un éditorial condamnant la décision récente du gouvernement britannique d'accorder la reconnaissance diplomatique à l'Union soviétique. Prêter de l'argent à la Russie, écrivirent les éditorialistes, serait placer « plus de pouvoir entre les mains de ceux qui travaillent ouvertement pour le renversement et la destruction de l'Empire britannique ».

De fait, le régime soviétique prit la menace de boycott très au sérieux et adopta diverses mesures pour empêcher que cela ne perturbât l'entrée de devises fortes dans le pays. Certaines étaient de pure forme : par exemple, la commission Ianson laissa finalement tomber l'expression de *kontslaguer*, ou « camp de concentration », de toutes ses déclarations publiques. À compter du 7 avril 1930, tous les documents officiels devaient décrire les camps de concentration soviétiques comme des *ispravitelno-*

troudovye lagueria (ITL), soit «camps de redressement par le travail». Aucune autre expression ne devait plus être employée à l'avenir[9].

Les autorités des camps procédèrent à d'autres changements de forme sur le terrain, en particulier dans le secteur du bois d'œuvre. Le moment venu, l'OGPOU changea son contrat avec Karellis, la société carélienne d'abattage du bois, de manière à donner l'impression qu'elle n'employait plus de détenus. À cette date, quelque 12 090 détenus furent techniquement «retirés» des camps de l'OGPOU. Ils continuèrent en fait de travailler, mais le réaménagement bureaucratique eut pour effet de dissimuler leur présence[10]. Une fois encore, les dirigeants soviétiques se souciaient surtout des apparences, non pas de la réalité.

Ailleurs, des détenus travaillant dans des camps forestiers furent effectivement remplacés par des travailleurs libres — ou, plus souvent, par des «colons» exilés, des koulaks qui n'avaient au fond pas plus le choix que des prisonniers[11]. Selon des mémorialistes, ce changement se fit parfois du jour au lendemain. George Kitchin, homme d'affaires finlandais, qui séjourna quatre ans dans les camps de l'OGPOU avant d'être libéré avec l'aide de son gouvernement, raconta que, juste avant la visite d'une délégation étrangère,

> arriva un télégramme codé de la direction centrale, à Moscou, donnant pour instruction de liquider totalement notre camp en trois jours, et de le faire de telle façon qu'il n'en subsiste aucune trace [...]. Des télégrammes furent envoyés à tous les postes de travail avec ordre d'arrêter les opérations dans les vingt-quatre heures, de rassembler les détenus dans des centres d'évacuation, d'effacer les marques des camps pénitentiaires, les miradors et les panneaux de signalisation; ordre fut aussi

donné aux autorités de s'habiller en civil, de désarmer les gardiens et d'attendre de nouvelles instructions.

Kitchin, avec des milliers d'autres détenus, fut évacué de la forêt. À l'en croire, plus de 1 300 seraient morts au cours de cette évacuation ou d'autres exécutés du jour au lendemain[12].

En mars 1931, Molotov, alors président du Conseil des commissaires du Peuple, assuré qu'il ne restait plus de détenus au travail dans l'industrie forestière soviétique — tout au moins, pas de détenus visibles —, invita tous les étrangers intéressés à venir voir par eux-mêmes[13]. Quelques-uns l'avaient déjà fait : les archives du parti communiste de Carélie signalent la présence en 1929 de deux journalistes américains, « le camarade Durant et le camarade Wolf », collaborateurs américains de l'agence de presse soviétique Tass, et de « journaux de gauche ». Les deux hommes avaient été accueillis par *L'Internationale*, et le camarade Wolf promit de « dire aux travailleurs d'Amérique comment vivent les travailleurs d'Union soviétique et comment ils créent une vie nouvelle ». Ce ne devait pas être la dernière mise en scène de ce genre[14].

Pourtant, alors que la campagne de boycott avait tourné court en 1931, le battage occidental autour de la main-d'œuvre servile soviétique n'avait pas été totalement dénué d'effet : l'Union soviétique était, et resterait, très sensible à son image à l'étranger, même sous Staline. D'aucuns, dont l'historien Michael Jakobson, spéculent aujourd'hui que la menace de boycott a même pu être un facteur important d'un autre changement, plus important encore, de politique. L'exploitation forestière, qui nécessitait une grosse quantité de main-d'œuvre non qualifiée, avait été une manière idéale d'utiliser les détenus. Or, les exportations de bois étaient l'une des principales sources de devises fortes de l'Union soviétique, qui ne pouvait courir le risque d'un nouveau boycott. Il fallait envoyer les détenus ailleurs, de préférence à un endroit où il serait possible de célébrer leur présence, au lieu de la cacher. Il ne manquait pas de possibilités, mais il en est une en particulier qui séduisit Staline : la construction d'un immense canal, de la mer Blanche à la Baltique, dans un sol essentiellement granitique.

Dans le contexte de l'époque, le canal de la mer Blanche — *Belomorkanal*, en russe, ou *Belomor*, en abrégé — n'était pas unique en son genre. À l'époque où débuta le chantier, l'Union soviétique s'était déjà lancée dans divers projets également ambitieux et nécessitant pareillement une forte main-d'œuvre, entre autres la plus grande aciérie du monde, à Magnitogorsk, de gigantesques nouvelles usines de tracteurs et d'automobiles et d'immenses nouvelles « cités socialistes » implantées au cœur des marais. Néanmoins, même parmi les autres fruits de la gigantomanie des années 1930, ce canal occupe une place à part.

De nombreux Russes devaient le savoir : il était d'abord l'accomplissement d'un vieux rêve. Les premiers projets remontaient au XVIIIe siècle, quand les marchands tsaristes recherchaient le moyen d'acheminer leurs cargaisons de bois d'œuvre et de minerais des eaux froides de la mer Blanche aux ports commerciaux de la Baltique sans avoir à parcourir près de 600 kilomètres à travers l'Arctique, en longeant la côte norvégienne[15].

C'était aussi un projet d'une ambition extrême, voire délirante, ce qui explique peut-être que personne ne s'y soit risqué plus tôt. Il fallait creuser sur

225 kilomètres, aménager cinq barrages et dix-neuf écluses. Les planificateurs soviétiques entendaient le faire avec la technologie la plus simple possible, dans une région septentrionale préindustrielle, qui n'avait encore jamais fait l'objet d'un relevé digne de ce nom et qui, suivant les mots de Maxime Gorki, restait, « d'un point de vue hydrologique, une *terra incognita*[16] ». Mais tout cela entrait sans doute pour une part dans l'attrait du projet aux yeux de Staline. Il voulait un triomphe technique — tel que l'ancien régime n'en avait jamais obtenu — et il le voulait le plus vite possible. Non content d'exiger la construction du canal, il donna vingt mois pour le construire. Une fois achevé, il porterait son nom.

Staline fut donc le principal promoteur du canal de la mer Blanche, et il demanda spécifiquement qu'il fût construit par des détenus. Avant sa construction, il condamna vivement ceux qui, compte tenu du volume relativement léger du trafic en mer Blanche, se demandaient si un projet aussi onéreux était réellement nécessaire. « On me dit, écrivit-il à Molotov, que Rykov et Kviring veulent enterrer le projet de canal du Nord, contrairement aux décisions du Politburo. Il convient de les remettre à leur place et de leur taper sur les doigts. » Lors d'une réunion du Politburo, où il fut question du canal, Staline, furieux, griffonna aussi une note à la hâte : « Pour la section nord du canal, j'ai dans l'idée de m'en remettre à la GPOU [travail des détenus]. En même temps, il faut charger quelqu'un de calculer encore une fois les frais de construction de cette première section. [...] Excessifs[17]. »

Au demeurant, Staline ne fit pas mystère de ses préférences. Le canal achevé, son administrateur en chef crédita Staline à un double titre : parce qu'il avait eu le « courage » d'entreprendre la construction de ce « géant hydrotechnique » et pour le « fait prodigieux que ce chantier n'eût pas été mené à bien par une main-d'œuvre ordinaire »[18]. La rapidité avec laquelle le chantier commença trahit aussi l'influence de Staline. La décision fut prise en février 1931, et les travaux débutèrent en septembre, après sept mois seulement d'études techniques et de relevés géologiques.

D'un point de vue tant administratif que physique, et même psychologique, les premiers camps associés au canal de la mer Blanche furent une excroissance du SLON. Les camps du canal furent en effet organisés sur le modèle du SLON, lequel fournit également le matériel et l'encadrement. Sitôt le chantier commencé, les patrons du canal transférèrent de nombreux détenus des camps du SLON sur le continent et des Solovki pour les affecter au nouveau projet. Pendant un temps, le vieux SLON et les nouvelles bureaucraties du canal de la mer Blanche ont même sans doute rivalisé pour contrôler le projet, mais c'est le canal qui eut gain de cause. Finalement, le SLON cessa d'être une entité indépendante. Le kremlin de Solovetski fut réaménagé en prison de haute sécurité, et l'archipel des Solovki devint simplement une division supplémentaire du camp de redressement par le travail Belomor-Baltique, connu sous le nom de « Belbaltlag ». Un certain nombre de gardiens et de hauts responsables de l'OGPOU furent aussi retirés du SLON pour être affectés au canal. Parmi eux, Nephtali Frenkel, qui dirigea les travaux du canal au jour le jour, de novembre 1931 jusqu'à son achèvement[19].

Dans les mémoires des survivants, le chaos qui accompagna la construction du canal revêt une ampleur presque mythologique. Pour ne pas grever le budget, les détenus employaient du bois, du sable et des cailloux plutôt que du métal et du ciment. Partout où c'était possible, on faisait des économies de bouts de chandelles. Après une longue discussion, on décida de se limiter à une profondeur de 3,60 m, à peine suffisante pour les bâtiments de la marine. La technologie moderne étant soit trop coûteuse, soit indisponible, les maîtres d'œuvre firent appel à d'énormes quantités de main-d'œuvre non qualifiée. Les quelque 170 000 détenus et « exilés spéciaux » qui travaillèrent au projet au fil des vingt et un mois que dura la construction utilisaient des bêches en bois, des scies à main rudimentaires, des pioches et des brouettes pour creuser le canal et construire ses écluses et barrages géants[20].

Sur les photographies de l'époque, ces outils paraissent primitifs, mais il faut les examiner de près pour voir combien ils étaient rudimentaires. Certains sont encore exposés dans la ville de Medvejegorsk, jadis porte d'entrée du canal et « capitale » du Belbaltlag. Désormais village oublié de Carélie, Medvejegorsk ne se distingue plus aujourd'hui que par son immense hôtel vide et infesté de cafards et son petit musée d'Histoire locale. Les pics exposés sont en réalité des lames de métal à peine façonnées, attachées à des bouts de bois avec du cuir ou de la ficelle. Les scies se résument à des plaques de métal, dans lesquelles des dents ont été grossièrement découpées. Pour faire éclater les gros rochers, les détenus utilisaient non pas de la dynamite, mais des « marteaux » — de gros blocs de métal vissés sur des manches de bois — avec lesquels ils enfonçaient des barres de fer dans la pierre.

Tout, des brouettes aux échafaudages, était « fait main ». « Il n'y avait pas la moindre technologie, se souvient un détenu. Même les automobiles ordinaires étaient une rareté. Tout se faisait à la main, parfois avec l'aide de chevaux. Nous creusions la terre à la main et la transportions en brouette, nous creusions aussi à travers les collines à la main et emportions les pierres[21].» La propagande soviétique elle-même se vantait que les pierres fussent retirées du canal sur des «Ford *Belomor* [...], gros camion sur quatre solides petites roues de bois taillées dans des souches[22]».

Malgré les efforts de Genrikh Iagoda, le chef de l'OGPOU qui assumait la responsabilité politique du projet, les conditions de vie n'étaient pas moins rudimentaires. Il semblait vraiment croire qu'il fallait assurer aux détenus des conditions de vie décentes si l'on voulait achever le canal à temps, et il lui arriva souvent de haranguer les commandants du camp, les exhortant à mieux traiter les détenus, à «veiller avec le plus grand soin à ce qu'ils soient correctement nourris, vêtus et chaussés». Les commandants firent de même, comme le chef de la division Solovetski du projet de canal en 1933. Entre autres choses, il demanda à ses subalternes d'en finir avec les queues pour le repas du soir, d'éliminer les vols dans les cuisines, et de limiter à une heure l'appel du soir. D'une manière générale, les normes alimentaires officielles étaient plus élevées qu'elles ne le seraient quelques années plus tard — saucisse et thé figurant au nombre des produits recommandés. En principe, les détenus recevaient chaque année de nouveaux habits de travail[23].

Néanmoins, la précipitation et l'absence de planification engendrèrent inévitablement de grandes souffrances. À mesure que le travail progressait, il fallait construire de nouveaux camps sur le parcours du canal. À chacun de ces nouveaux sites, les détenus et exilés arrivaient... et ne trouvaient rien. Avant de se mettre au travail, il leur fallait construire leurs propres baraques de bois et organiser le ravitaillement. En attendant, il arrivait parfois que le froid glacial de l'hiver carélien les tuât avant qu'ils n'eussent achevé leur tâche. Suivant certains calculs, plus de 25 000 détenus seraient morts, bien que ces statistiques ne tiennent pas compte des personnes libérées pour cause de maladie ou d'accident et décédées peu après[24]. Un détenu, A.F. Losev, écrivit à sa femme qu'il brûlait vraiment de retrouver les ténèbres de la Boutyrka parce que ici ils dormaient sur des couchettes si encombrées que « si, la nuit, on veut se retourner, quatre ou cinq doivent en faire autant ». Plus désespéré encore est le témoignage plus tardif d'un gamin, fils de koulaks exilés, qui fut déporté avec tous les siens vers l'une des colonies de peuplement qui venaient d'être créées le long du canal :

> Nous nous sommes retrouvés dans une baraque avec des bat-flanc à deux niveaux. Comme il y avait des petits enfants, notre famille a reçu un bat-flanc inférieur. Les baraques étaient longues et froides. Les poêles étaient allumés vingt-quatre heures par jour parce que ce n'est pas le bois de chauffe qui manque en Carélie. [...] Notre père, et principal gagne-pain, recevait pour nous tous un seau rempli au tiers d'une soupe verdâtre, dans l'eau sombre de laquelle nageaient deux ou trois tomates vertes ou un concombre, quelques morceaux de pomme de terre gelée, le tout mélangé à 100 ou 200 grammes d'orge ou de pois chiche.

En outre, se souvenait le garçon, son père qui construisait des nouvelles maisons pour les colons recevait 600 grammes de pain. Sa sœur en recevait 400. Cette ration devait suffire aux neuf membres de la famille[25].

Alors, comme plus tard, certains problèmes devaient trouver un reflet dans les rapports officiels. En août 1932, lors d'une réunion de la cellule du parti communiste de Belbaltlag, s'élevèrent des plaintes quant à la mauvaise organisation de la distribution des vivres, à la saleté des cuisines et à la multiplication des cas de scorbut. Pessimiste, le secrétaire de la cellule écrivit : « Je n'en doute pas, le canal ne sera pas construit à temps[26]... »

Pour la plupart, cependant, l'option du doute n'existait pas. De fait, les lettres et rapports des administrateurs du canal au cours de la période de construction témoignent d'une panique irrépressible. Staline avait décrété que le canal serait construit en vingt mois, et ses constructeurs comprenaient bien que leur gagne-pain, voire leur vie, dépendait de son achèvement dans les délais. Pour accélérer le chantier, les commandants du camp se mirent à adopter des pratiques déjà en usage dans le monde du travail « libre », notamment les « compétitions socialistes » entre équipes de travail — à la première qui atteindrait la norme, déplacerait des rochers ou creuserait un trou — sans compter les « tempêtes » de nuit, au cours desquelles les détenus travaillaient « volontairement » vingt-quatre ou quarante-huit heures d'affilée. Un détenu se souvenait qu'on avait installé des guirlandes d'ampoules électriques autour du chantier afin que le travail pût se poursuivre vingt-quatre heures par jour[27]. Un autre détenu reçut dix kilos de farine blanche et cinq de sucre pour prix de ses prouesses. Il donna la farine aux boulangers du camp : ils lui firent plusieurs miches de pain, qu'il mangea tout de suite et seul[28].

Parallèlement aux compétitions, les autorités adhéraient aussi au culte de l'*oudarnik*, ou « travailleur de choc ». Par la suite, ces travailleurs furent rebaptisés « stakhanovistes » en l'honneur d'Alexis Stakhanov, mineur ridiculement surproductif. Les *oudarniki* et les stakhanovistes étaient les détenus qui avaient dépassé la norme et qui recevaient donc de la nourriture supplémentaire et des privilèges spéciaux, y compris le droit, impensable dans les années suivantes, à un nouveau costume chaque année, en plus d'un nouvel ensemble d'habits de travail tous les six mois[29]. Les champions recevaient aussi une nourriture sensiblement meilleure. Dans les réfectoires, ils faisaient table à part, sous des affiches où l'on pouvait lire : « Aux meilleurs ouvriers, la meilleure nourriture. » Leurs inférieurs prenaient place sous des affiches qui précisaient : « Ici, ils reçoivent la plus mauvaise nourriture : tire-au-flanc, fainéants et paresseux[30]. »

Finalement, les champions devaient aussi bénéficier d'une libération anticipée : pour trois jours de norme remplie à 100 %, le détenu bénéficiait d'une journée de remise de peine. Quand le canal fut enfin terminé, dans les délais, en août 1933, 12 484 prisonniers furent libérés. Beaucoup d'autres reçurent des médailles et des récompenses[31]. Un détenu fêta sa libération anticipée par une cérémonie comportant la présentation traditionnelle russe du pain et du sel, tandis que les spectateurs criaient : « Hourra pour les bâtisseurs du canal ! » Dans la chaleur du moment, il se mit à embrasser une inconnue. Tous deux devaient passer la nuit sur les rives du canal[32].

La construction du canal de la mer Blanche fut remarquable à bien des égards : par son effroyable chaos, par sa précipitation et par le sens qu'elle avait aux yeux de Staline. Mais la rhétorique employée pour décrire le projet fut véritablement unique : le canal de la mer Blanche fut le premier et dernier, mais aussi le seul projet du Goulag jamais exposé en pleine lumière par la propagande soviétique, tant au pays qu'à l'étranger. Et l'homme choisi pour expliquer, promouvoir et justifier le canal à l'Union soviétique et au reste du monde ne fut autre que Maxime Gorki.

Ce choix n'avait rien de surprenant. À cette époque, Gorki faisait bel et bien partie de la hiérarchie stalinienne. Après la triomphale descente de Staline en vapeur sur le canal au mois d'août 1933, Gorki conduisit cent vingt écrivains soviétiques dans une semblable expédition. Ceux-ci étaient tellement excités — c'est du moins ce qu'ils prétendirent — par ce voyage que c'est à peine s'ils arrivaient à tenir leurs carnets : leurs doigts « tremblaient de stupeur[33] ». Ceux qui décidèrent ensuite d'écrire un livre sur la construction du canal reçurent également pléthore d'encouragements matériels, dont un « magnifique buffet à l'Astoria », grand hôtel de l'époque tsariste, à Leningrad, afin de fêter leur participation au projet[34].

Même au regard des normes modestes du réalisme socialiste, le livre qui résulta de leurs efforts — *Kanal imeni Stalina* (« Le Canal qui a reçu le nom de Staline ») — est un extraordinaire témoignage de la corruption des écrivains et des intellectuels dans les sociétés totalitaires. Tout comme Gorki dans son incursion à Solovetski, *Kanal imeni Stalina* justifie l'injustifiable, prétendant non seulement illustrer la transformation spirituelle des détenus en brillants exemples d'*Homo sovieticus*, mais aussi créer un nouveau type de littérature. Bien que Gorki en ait signé l'introduction et la conclusion, le gros de l'ouvrage est imputé non pas à un homme, mais à un collectif de trente-six écrivains. Sans craindre le dithyrambe et l'hyperbole ni la manipulation des faits, ils s'efforcèrent de saisir l'esprit de l'ère nouvelle. Une photographie du livre en résume le thème :

on y voit une femme, dans son habit de détenue, maniant un foret avec une grande détermination. Au-dessous, la légende indique : « En changeant la nature, l'homme se change. » On ne saurait concevoir contraste plus accentué avec le langage impitoyable de la commission Ianson et l'ordre du jour économique de l'OGPOU.

Pour ceux qui sont peu familiers du genre, certains aspects du réalisme socialiste de l'ouvrage ont de quoi surprendre. D'un côté, *Kanal* ne cherche pas à masquer complètement la vérité, car il décrit les problèmes créés par le manque de technologie et de spécialistes confirmés. Dans un passage, il cite Matvei Berman, à l'époque commandant du Goulag. « Vous allez recevoir un millier d'hommes en bonne santé », raconte Berman à un subalterne de l'OGPOU :

> — Les autorités soviétiques les ont condamnés à des peines diverses. Vous devez accomplir le travail avec ces gens.
>
> — Permettez-moi de vous poser la question, mais où sont les gardiens ? répond l'homme de l'OGPOU.
>
> — C'est à vous de les organiser sur place. C'est vous qui devrez les sélectionner.
>
> — Très bien ; mais je ne connais rien au pétrole.
>
> — L'ingénieur Doukhanovitch est en prison, faites-en votre assistant.
>
> — Il s'y connaît ? Sa spécialité, c'est l'étirage à froid des métaux.
>
> — Qu'est-ce que vous voulez ? Devons-nous condamner les professeurs dont vous avez besoin aux camps de concentration ? Il n'y a aucune clause de ce genre dans le code pénal. Et nous ne sommes pas le syndicat du pétrole.

Sur ces mots, Berman renvoya l'agent de l'OGPOU à son travail. « Une histoire de fous », observent les auteurs de *Kanal*. « Un ou deux mois » plus tard, cependant, l'homme de l'OGPOU et ses collègues se vantent mutuellement des succès obtenus avec leur groupe hétéroclite de prisonniers. « J'ai mis la main sur un colonel qui est le meilleur bûcheron de tout le camp », claironne l'un ; « j'ai un ingénieur en chef pour les excavations » — un ancien escroc —, dit l'autre[35].

Le message est clair : les conditions matérielles étaient dures, le matériau humain rude, mais l'omnisciente et infaillible police politique soviétique a réussi, contre toute attente, à transformer ces hommes en bons citoyens soviétiques. Ainsi fit-on étalage de faits bien réels — technique primitive, absence de spécialistes compétents — pour donner quelque vraisemblance à un portrait par ailleurs fantaisiste de la vie dans les camps.

Une bonne partie du livre est en fait occupée par des histoires semi-religieuses qui mettent du baume au cœur, celles de détenus qui se « retrempent » à travers le travail sur le canal. Nombre des détenus ainsi renés sont des criminels, mais pas tous. À la différence de l'essai de Gorki sur Solovetski, qui niait ou minimisait la présence de prisonniers politiques, *Kanal* met en vedette des convertis politiques. Entravé par des « préjugés de caste, l'ingénieur Maslov, ancien "saboteur" », essaie de « voiler de fer ces processus obscurs et profonds de reconstruction de sa conscience qui ne cessaient de se manifester en lui ». L'ingénieur Zoubrik, ex-saboteur de la classe ouvrière, a « gagné honnêtement le droit de regagner le sein de la classe dans laquelle il est né »[36].

Mais *Kanal imeni Stalina* est loin d'être la seule œuvre littéraire de l'époque à louer la force transformatrice des camps. La pièce de Nikolaï Pogodine, *Aristokraty* (« Les Aristocrates ») — une comédie sur le canal de la mer Blanche —, en est un autre exemple notable, ne serait-ce que pour reprendre un thème bolchevique antérieur : combien les voleurs sont « aimables ». Créée en décembre 1934, cette pièce, finalement adaptée au cinéma sous le titre de *Prisonniers*, ignore les koulaks et les politiques, qui formaient le gros des détenus du canal, pour évoquer plutôt les bonnes blagues des bandits du camp (les « aristocrates » du titre) en utilisant une forme très édulcorée de l'argot des criminels. Certes, la pièce comporte une ou deux notes sinistres. À un moment, un criminel « gagne » une fille dans une partie de cartes : autrement dit, son adversaire doit l'attraper et la forcer à se soumettre à lui. Dans la pièce, la fille s'enfuit ; probablement n'aurait-elle pas eu tant de chance dans la réalité.

Finalement, cependant, chacun confesse ses crimes passés, voit la lumière et se plonge dans le travail avec ardeur. Et d'entonner la chanson :

> J'étais un bandit cruel, et oui,
> Les gens, les volais ; le travail, l'ai haï
> Ma vie était noire comme la nuit.
> Et puis au canal ils m'ont conduit
> Le passé n'est qu'un mauvais rêve aujourd'hui
> On dirait que rené je suis
> Je veux bosser, vivre et chanter[37]...

À l'époque, on célébrait dans ce genre de chose une forme nouvelle et radicale de théâtre. Jerzy Gliksman, socialiste polonais qui vit jouer *Aristokraty* à Moscou en 1935, a décrit la représentation :

> Au lieu de se dresser à l'endroit habituel, la scène a été construite au centre de l'édifice, le public étant assis en cercle tout autour. Le but du metteur en scène était de rapprocher le public de l'action, de combler le fossé entre acteur et spectateur. Il n'y avait pas de rideau et les

décors étaient réduits à leur plus simple expression, presque comme dans le théâtre élisabéthain [...]. Le thème — la vie dans un camp de travail — était en soi passionnant[38].

Hors des camps, cette littérature avait une double fonction. D'un côté, elle jouait un rôle dans la campagne continuelle visant à justifier l'essor rapide des camps de prisonniers auprès d'un public étranger sceptique. De l'autre, probablement servait-elle aussi à apaiser les citoyens soviétiques, troublés par la violence de la collectivisation et de l'industrialisation, en leur promettant un dénouement heureux : même les victimes de la révolution stalinienne auraient l'occasion de refaire leur vie dans les camps de travail.

La propagande opéra. Après avoir vu *Aristokraty*, Gliksman demanda à visiter un vrai camp de travail. Et il fut un peu surpris de se voir aussitôt conduit au camp « vitrine » de Bolchevo, non loin de Moscou. Il devait évoquer plus tard « la blancheur des lits et de la literie, les belles buanderies. Tout était d'une propreté immaculée » ; il rencontra un groupe de jeunes prisonniers, qui lui racontèrent les mêmes histoires personnelles édifiantes qu'avaient rapportées Pogodine et Gorki. Il fit la connaissance d'un voleur, qui faisait désormais des études d'ingénieur. Il rencontra un hooligan qui avait compris ses erreurs et dirigeait désormais la réserve du camp. « Que le monde pourrait être beau ! », chuchota un cinéaste français à l'oreille de Gliksman. Hélas pour celui-ci, cinq ans plus tard il se retrouva sur le plancher d'un fourgon à bestiaux, à destination d'un camp sans rapport aucun avec le camp modèle de Bolchevo, en compagnie de détenus très différents de ceux de la pièce de Pogodine[39].

Dans les camps, une propagande semblable jouait également son rôle. Les publications et les « journaux muraux » du camp — feuilles épinglées sur des panneaux d'information à l'attention des détenus — contenaient les mêmes genres d'histoires et de poèmes racontés aux étrangers avec de légères différences d'accentuation. Typique est de ce point de vue le journal *Perekovka* (« reforger »), écrit et produit par les détenus du canal Moscou-Volga, lancé dans le sillage de la « réussite » du canal de la mer Blanche. Truffé de louanges à la gloire des travailleurs de choc, et de descriptions de leurs privilèges (« Ils n'ont pas à faire la queue, des serveuses leur apportent la nourriture à table ! »), *Perekovka* passe moins de temps que les auteurs de *Kanal imeni Stalina* à chanter des hymnes aux bénéfices de la transformation spirituelle, et plus à discuter des privilèges concrets que pouvaient obtenir les détenus en mettant plus d'acharnement au travail.

Il ne fait pas non plus tout à fait autant de bruit autour de la supériorité du système judiciaire soviétique. Le numéro du 18 janvier 1933 reprend un discours de Lazare Kogan, un des patrons du camp : « Ce n'est pas à nous de juger si quelqu'un a été justement ou injustement emprisonné. C'est l'affaire du procureur... Vous êtes obligés de créer quelque chose de précieux pour l'État avec votre travail, et nous sommes obligés de faire de vous quelqu'un de précieux pour l'État[40]. »

Également remarquable est la rubrique des « plaintes » franches et extrêmement naïves de *Perekovka*. Des détenus s'y plaignent des « chamailleries et des jurons » dans les baraques des femmes, d'un côté, des « hymnes chantés » de l'autre ; des normes inaccessibles ; des pénuries de souliers ou de sous-vêtements propres ; des mauvais traitements inutilement infligés aux chevaux ; du marché noir au centre de Dimitrov, le QG du camp ; et des machines utilisées en dépit du bon sens (« il n'y a pas de mauvaises machines, juste des mauvais conducteurs »). Ce type de franchise sur les problèmes du camp allait disparaître par la suite, pour être relégué à la correspondance privée entre les inspecteurs du camp et leurs patrons à Moscou. Au début des années 1930, cependant, cette *glasnost* était très répandue à l'extérieur comme à l'intérieur du camp. Elle trouvait naturellement sa place dans une campagne forcenée pour améliorer les conditions et lés normes de travail mais aussi, par-dessus tout, suivre le rythme des demandes fébriles de la direction stalinienne[41].

Quand on se promène aujourd'hui sur les rives du canal de la mer Blanche, il est difficile d'imaginer cette atmosphère proche de l'hystérie. Je m'y suis rendue un jour d'août 1999 propice aux flâneries en compagnie de plusieurs historiens locaux. Nous nous sommes arrêtés, un instant, pour regarder le petit monument de Povenets aux victimes du canal. On peut y lire cette brève inscription : « Aux innocents, qui sont morts en construisant le canal de la mer Blanche, 1931-1933. » Alors que nous étions sur place, un de mes compagnons a tenu à fumer cérémonieusement une cigarette « Belomor ». Cette marque, jadis l'une des plus populaires en Union soviétique, a été des décennies durant le seul autre monument aux bâtisseurs du canal.

Non loin de là se trouvait une vieille *troudposelok*, ou « colonie d'exil », désormais pratiquement déserte. Jadis robustes, les grandes maisons de bois dans le style carélien étaient condamnées. Plusieurs avaient commencé à s'affaisser. Un homme du coin, mais originaire de Biélorussie — il parlait même un peu polonais —, nous raconta qu'il avait essayé d'acheter une de ces maisons quelques années plus tôt, mais que le gouvernement local n'avait pas voulu la lui vendre. « Maintenant, tout se délabre ! » Dans un jardinet, derrière la maison, il faisait pousser des courges, des concombres et des baies. Il nous offrit de la liqueur maison. Avec ce jardin et sa pension de 550 roubles — à l'époque, autour de 22 dollars par mois —, il avait assez pour vivre, assura-t-il. Naturellement, il n'y avait pas de travail sur le canal.

Et ce n'est pas étonnant : le long du canal, des gamins nageaient, lançaient des cailloux. Des vaches pataugeaient dans l'eau peu profonde et boueuse, des mauvaises herbes prospéraient dans les fissures du béton. À côté d'une écluse, dans une petite cabine avec des rideaux roses et les colonnes staliniennes d'origine à l'extérieur, la femme solitaire qui gérait la montée et la descente de l'eau nous raconta que sept bateaux au plus passaient tous les jours, mais souvent trois ou quatre seulement. C'était plus que n'en vit Soljenitsyne en 1966, quand il passa une journée entière au bord du canal et ne vit que deux péniches, toutes deux chargées de bois. Alors comme aujourd'hui, les marchandises circulaient surtout par train et, comme le lui expliqua un employé du canal, la voie navigable est si peu profonde que « même les sous-marins ne passent pas par leurs propres moyens : on les charge sur des péniches[42] ».

Tout compte fait, la voie fluviale de la Baltique à la mer Blanche ne répondait pas, apparemment, à un besoin si pressant.

CHAPITRE 5

L'expansion des camps

Nous allons de l'avant et derrière nous
Toute la brigade marche allégrement.
Devant nous, la victoire des stakhanovistes
Ouvre une voie nouvelle...

Car le vieux chemin ne nous est plus connu,
Du fond de nos cachots, nous avons entendu
l'appel
Sur la voie du triomphe stakhanoviste
Croyants, nous marchons vers une vie de
liberté...

paru dans le journal
Kouznitsa, *Sazlag, 1936*[1].

Politiquement, le canal de la mer Blanche fut le projet le plus important du Goulag à cette époque. Du fait de l'implication personnelle de Staline, aucune ressource disponible ne fut épargnée pour sa construction. Une propagande dithyrambique veilla à claironner haut et fort sa réussite. Reste que ce canal n'était pas typique des nouveaux projets du Goulag, dont il ne fut ni le premier ni le plus important.

En vérité, avant même que n'eût débuté le chantier du canal, l'OGPOU avait déjà tranquillement déployé à travers le pays la main-d'œuvre carcérale, avec beaucoup moins de fanfare et de propagande.

Au milieu des années 1930, le système du Goulag disposait déjà de 300 000 détenus, dispersés entre une douzaine de complexes et quelques sites plus réduits. Il avait mis 15 000 hommes au travail au Dallag, nouveau camp d'Extrême-Orient. Plus de 20 000 construisaient et faisaient tourner des usines chimiques au Vichlag, camp organisé sur la base de la division de Vicherski du SLON, sur le versant ouest de l'Oural. Au Siblag, en Sibérie occidentale, des prisonniers construisaient la voie ferrée du nord, faisaient des briques et abattaient des arbres, tandis que les 40 000 détenus du SLON construisaient des routes, coupaient du bois pour l'exportation et conditionnaient 40 % du poisson pêché dans la mer Blanche[2].

À la différence du canal de la mer Blanche, ces nouveaux camps n'avaient rien d'une vitrine. Bien qu'ils eussent certainement plus d'importance économique pour l'Union soviétique, jamais aucune équipe d'écrivains n'entreprit de les décrire. Leur existence n'était pas totalement secrète — pas encore —, mais nul ne faisait de la publicité autour d'eux non plus : les « vraies » réalisations du Goulag n'étaient pas destinées à la consommation étrangère ni même à la consommation intérieure.

Avec l'expansion des camps, l'OGPOU changea aussi de nature. Comme auparavant, la police secrète soviétique continua d'espionner les ennemis du régime, d'interroger les suspects de dissidence et de débusquer « complots » et « conspirations ». À compter de 1929, la police secrète endossa aussi en partie la responsabilité du développement économique de l'Union soviétique. Au fil de la décennie suivante, ses agents devaient même se transformer en une sorte de pionniers, organisant souvent l'exploration aussi bien que l'exploitation des ressources naturelles de l'Union soviétique. Ce sont eux qui planifièrent et équipèrent les expéditions géologiques visant à identifier le charbon, le pétrole, l'or, le nickel et d'autres métaux dissimulés sous la toundra gelée des régions arctiques et subarctiques dans le Grand Nord soviétique ; eux aussi qui décidaient des immenses zones forestières à abattre pour alimenter les précieuses exportations de bois d'œuvre. Afin d'acheminer ces ressources dans les grandes villes et centres industriels de l'Union soviétique, ils mirent en place un vaste réseau de liaisons routières et ferroviaires, découpant un système de transport rudimentaire à travers des milliers de kilomètres de zones inhabitées. À l'occasion, ils prirent eux-mêmes part à ces aventures, traversant la toundra emmitouflés dans leurs manteaux de fourrure et leurs grosses bottes pour télégraphier à Moscou leurs découvertes.

Les détenus devaient jouer de nouveaux rôles en même temps que leurs gardiens. Si certains continuèrent de trimer derrière des barbelés, d'extraire du charbon ou de creuser des fossés, dans la première moitié des années 1930 des détenus descendirent aussi les fleuves du nord du cercle arctique, transportèrent le matériel nécessaire aux relevés géologiques et brisèrent le sol pour ouvrir de nouvelles mines de charbon ou de nouveaux puits de pétrole. Ils construisirent les baraques, déroulèrent les barbelés et érigèrent les miradors des nouveaux camps. Ils construisirent les raffineries nécessaires afin de transformer les ressources, plantèrent les traverses des voies ferrées ou versèrent le ciment pour les routes. Finalement, ce sont eux qui colonisèrent les nouveaux territoires et peuplèrent les terres vierges.

Par la suite, des historiens soviétiques devaient

lyriquement évoquer cet épisode de l'histoire soviétique sous le nom d'« Ouverture du Grand Nord », et ce fut de fait une vraie rupture avec le passé. Même dans les dernières décennies du régime tsariste, alors qu'une révolution industrielle tardive avait fini par exploser à travers la Russie, nul n'avait essayé d'explorer et de coloniser avec une telle intensité les régions les plus au nord du pays. Le climat était trop rude, les souffrances humaines potentielles trop grandes, la technologie russe trop primitive. Le régime soviétique s'embarrassait moins des préoccupations de ce genre. Bien que sa technologie ne valût guère mieux, il se souciait peu de la vie des gens qu'il chargeait de cette « ouverture ». Si certains mouraient... eh bien, on pouvait en trouver d'autres.

Il y eut pléthore de tragédies, notamment au début de cette ère nouvelle. Un document découvert dans les archives de Novossibirsk a dernièrement confirmé la véracité d'un drame particulièrement horrible, qui faisait de longue date partie de la légende des survivants du camp. Signé d'un instructeur du comité du Parti de Narym, en Sibérie occidentale, et adressé en mai 1933 à l'attention personnelle de Staline, il décrit par le menu l'arrivée d'un groupe de paysans déportés — présentés comme des « éléments déclassés » — sur l'île de Nazino, au confluent de l'Ob et de la Nazina. Les paysans étaient exilés et, à ce titre, ils étaient censés s'établir sur la terre et, vraisemblablement, la cultiver :

> Le premier convoi comportait 5 070 personnes ; le second 1 044, soit au total 6 114 personnes. Les conditions de transport étaient épouvantables : nourriture insuffisante et exécrable ; manque d'air et de place [...]. Résultat : une mortalité quotidienne d'environ 35-40 per-

> sonnes par jour. Néanmoins, ces conditions d'existence s'avérèrent être un véritable luxe par rapport à ce qui attendait les déportés sur l'île de Nazino [...]. L'île de Nazino est une terre totalement vierge, sans la moindre habitation. [...] Pas d'outils, pas de semences, pas de nourriture... La nouvelle vie commença. Le lendemain de l'arrivée du convoi, le 19 mai, la neige se mit à tomber, le vent se leva. Affamés, amaigris, sans toit, sans outils [...] les déportés se retrouvèrent dans une situation sans issue. Ils n'étaient capables que d'allumer des feux pour tenter d'échapper au froid. Les gens commencèrent à mourir. [...]
>
> Le premier jour, 295 cadavres furent enterrés [...]. Ce n'est que le quatrième ou le cinquième jour après l'arrivée des déportés sur l'île que les autorités envoyèrent, par bateau, un peu de farine, à raison de quelques centaines de grammes par personne. Ayant reçu leur maigre ration, les gens couraient vers le bord et tentaient de délayer, dans leur chapka, leur pantalon ou leur veste un peu de cette farine avec de l'eau. Mais la plupart des déportés tentaient d'avaler la farine telle quelle et mouraient souvent étouffés. Durant tout leur séjour dans l'île, les déportés ne reçurent en tout et pour tout qu'un peu de farine.

Le 20 août, trois mois plus tard, poursuivait le cadre du Parti, près de 4 000 des 6 114 «colons» étaient morts. Les survivants avaient tenu en mangeant la chair des morts. Selon un détenu, qui en rencontra quelques-uns à la prison de Tomsk, ils avaient l'air de «cadavres ambulants» et ils étaient en état d'arrestation — accusés de cannibalisme[3].

Même lorsque le bilan des morts n'était pas tout à fait aussi horrible, les conditions de vie de nombre des premiers projets les mieux connus du Goulag pouvaient être presque aussi insupportables. Le BAMlag, camp organisé autour de la construction d'une voie ferrée de Baïkal à Amour, en Extrême-Orient soviétique — dans le cadre de l'express transsibérien —, est un exemple frappant de la façon dont les choses pouvaient mal tourner faute de planification. Tout comme le canal de la mer Blanche, le chantier fut lancé dans la précipitation sans aucun préparatif. Les planificateurs du camp en furent réduits simultanément à explorer le terrain, dessiner la ligne et construire les voies ; la construction démarra avant même que les relevés ne fussent terminés. En dépit de tout, les arpenteurs furent contraints de faire leur rapport sur les 2 000 kilomètres de voies en moins de quatre mois, sans chaussures ni vêtements et instruments adéquats. Du fait de la médiocrité des cartes disponibles, les erreurs coûteuses allèrent en se multipliant. Selon un survivant, « deux détachements de travailleurs [chacun relevant une section séparée] se rendirent compte qu'ils ne pouvaient opérer leur jonction et terminer le travail parce que les deux fleuves qu'ils longeaient ne se rejoignaient que sur les cartes quand en fait ils étaient très éloignés l'un de l'autre[4] ».

Les convois commencèrent à arriver sans répit dans la ville de Svobodny (« Liberté »), sitôt que le travail eut commencé. Entre janvier 1933 et janvier 1936, les effectifs des détenus passèrent de quelques milliers à plus de 180 000. Beaucoup étaient déjà faibles à l'arrivée, sans souliers et mal habillés, souffrant du scorbut, de la syphilis et de la dysenterie ; parmi eux se trouvaient des survivants des famines qui avaient balayé l'Union soviétique rurale au début des années 1930. Le camp n'était absolument pas préparé. Sitôt arrivé, le convoi était conduit dans des baraques sombres et glaciales pour y recevoir du pain couvert de poussière. Les commandants du BAMlag étaient incapables de faire face au chaos, ainsi qu'ils le reconnurent dans les rapports adressés à Moscou, et particulièrement mal équipés pour s'occuper des détenus mal en point. Du coup, ceux qui étaient trop malades pour travailler n'avaient droit qu'à la ration disciplinaire et on les laissait mourir de faim. Un convoi de vingt-neuf personnes mourut dans les trente-sept jours suivant son arrivée[5]. Dix mille détenus trouvèrent sans doute la mort avant l'achèvement de la voie ferrée.

Des histoires analogues se répétèrent à travers le pays. Sur le chantier de la voie ferrée du Sevlag, au nord d'Arkhangelsk, les ingénieurs décidèrent en 1929 qu'il fallait multiplier par six le nombre des détenus affectés au projet. Entre avril et octobre, cette année-là, les convois commencèrent donc à arriver... pour ne rien trouver. Un détenu se souvient: «Il n'y avait ni baraques ni village. Sur le côté, il y avait des tentes, pour les gardes et pour le matériel. Il n'y avait pas beaucoup de monde, peut-être mille cinq cents personnes. En majorité des paysans d'âge moyen, d'anciens koulaks. Et des criminels. Apparemment, pas d'intelligentsia[6]...»

Reste que, si le désordre régna au départ dans tous les complexes concentrationnaires fondés au début des années 1930 — et si tous étaient mal préparés à accueillir des détenus émaciés venant de régions où sévissait la famine —, tous ne devaient pas sombrer dans le chaos et connaître de telles hécatombes. Dans de bonnes conditions — situation favorable sur le terrain et aide solide de la part de Moscou —, certains réussirent à croître. À une vitesse surprenante, ils se dotèrent de structures bureaucratiques plus stables, construisirent des bâtiments plus durables et engendrèrent même une élite locale du NKVD. Une poignée devait finalement occuper des pans entiers de territoire, transformant des régions entières en immenses prisons. Parmi les camps fondés à cette époque, deux — l'expédition Oukhtinskaïa et le trust Dalstroï — finirent par atteindre la taille et le statut d'empires industriels. Leurs origines méritent qu'on y regarde de plus près.

Aux yeux d'un passager peu observateur, une promenade en voiture le long de la route de ciment qui s'effrite, menant de Syktyvkar, la capitale administrative de la république des Komis, à Oukhta, un des grands centres industriels de cette république, n'offrirait, apparemment, guère d'intérêt. Très délabrée par endroits, cette route de deux cents kilomètres traverse des forêts de pins à n'en plus finir et des terrains marécageux. Bien qu'elle franchisse quelques fleuves, les vues sont peu remarquables : c'est la taïga, le paysage subarctique formidablement monotone que l'on associe aux Komis (comme, en vérité, à toute la Russie septentrionale).

Bien que les vues ne soient pas spectaculaires, un examen plus attentif fait apparaître quelques bizarreries. Si vous savez où regarder, vous apercevez par endroits des entailles dans la terre, juste au bord de la route. Ce sont les seules traces du camp qui s'étendait jadis le long de la route, et des équipes de détenus qui le construisirent. Parce que les chantiers étaient temporaires, les détenus étaient souvent logés non pas dans des baraques, mais dans des *zemlianki*, des gourbis creusés dans la terre : d'où les marques au sol.

Sur une autre section de la route se trouvent les vestiges d'un type de camp plus important, autrefois attaché à un petit champ de pétrole. Mauvaises herbes et broussailles ont tout recouvert, mais on n'a aucun mal à les écarter pour découvrir des planches de bois pourries — parfois conservées par le pétrole qui sortait des bottes des détenus — et des bouts de barbelé. Il n'y a pas de mémorial ici, bien qu'il y en ait un à Bograzdino, camp de transit situé plus loin sur la route et qui accueillit jusqu'à 25 000 personnes. Il ne subsiste aucune trace de Bograzdino. Ailleurs sur la route — derrière une station-service, propriété de Lukoil, compagnie russe actuelle — se dresse un vieux mirador de bois entouré de débris métalliques et de bouts de fil de fer rouillés.

Poussez jusqu'à Oukhta en compagnie de quelqu'un qui connaît bien la ville, et son histoire cachée vous sera vite révélée. Toutes les routes qui mènent à la ville ont été autrefois construites par des détenus, de même que tous les immeubles de bureaux et d'habitation du centre-ville. Au cœur même de la ville se trouve un parc, conçu et aménagé par des architectes détenus ; un théâtre où jouaient des acteurs prisonniers ; et de robustes maisons de bois où logeaient autrefois les commandants du camp. Aujourd'hui, les dirigeants de Gazprom, autre nouvelle compagnie soviétique, habitent des immeubles modernes dans la même rue bordée d'arbres.

Oukhta n'est pas unique dans la République des Komis. Bien qu'il soit de prime abord difficile de les repérer, les traces du Goulag sont partout visibles dans cette vaste région de taïga et de toundra qui s'étend au nord-est de Saint-Pétersbourg et à l'ouest de l'Oural. Ce sont des détenus qui conçurent et bâtirent toutes les grandes villes de la République, pas simplement Oukhta, mais aussi Syktyvkar, Petchora, Vorkouta et Inta ; mais aussi des prisonniers qui construisirent les routes et les voies ferrées de la région ainsi que son infrastructure industrielle initiale. Pour les détenus envoyés là-bas dans les années 1940 et 1950, la République des Komis ne ressemblait jamais qu'à un immense camp… ce qu'elle était. Localement, nombre de ses villages sont encore appelés de leurs noms de l'époque stalinienne: «Chinatown», par exemple, où étaient retenus des détenus chinois; ou «Berlin», jadis peuplé de prisonniers de guerre allemands.

Les origines de cette immense république de prisons se trouvent dans l'une des toutes premières expéditions de l'OGPOU, l'expédition Oukhtinskaïa, qui entreprit en 1929 d'explorer ce qui n'était alors qu'une zone sauvage et déserte. Suivant les normes soviétiques, l'expédition était relativement bien préparée. Elle avait pléthore de spécialistes, pour la plupart déjà détenus dans le système de Solovetski: dans la seule année 1928, soixante-huit ingénieurs des mines avaient été envoyés au SLON, victimes des campagnes de cette année-là contre les «saboteurs» et autres «nuisibles» censés entraver l'Union soviétique dans sa marche à l'industrialisation[7].

En novembre 1928, avec un étonnant à-propos, l'OGPOU arrêta aussi N. Tikhonovitch, géologue réputé. Après l'avoir incarcéré dans la Boutyrka, à Moscou, ses agents ne le soumirent pas à un interrogatoire ordinaire, mais le conduisirent à une réunion de planification. Sans perdre de temps en préliminaires, devait raconter plus tard Tikhonovitch, huit personnes — on ne fit pas les présentations — lui demandèrent de but en blanc comment préparer une expédition dans la région des Komis. Quels vêtements emporterait-il s'il y allait? Combien de provisions? Quels outils? Quel moyen de transport? Tikhonovitch, qui y était allé pour la première fois en 1900, proposa deux routes. Les géologues pouvaient y aller par voie de terre, pour avancer à pied ou à cheval à travers la gadoue et la forêt de la taïga inhabitée jusqu'au village de Syktyvkar, qui était alors le plus grand de la région. Mais ils pouvaient aussi y aller en bateau: partir du port d'Arkhangelsk, sur la mer Blanche, longer la côte septentrionale jusqu'à l'embouchure de la Petchora, puis continuer à s'enfoncer dans les terres en suivant les affluents de celle-ci. C'est cette route qu'il recommanda, faisant valoir que les bateaux pouvaient transporter du matériel plus lourd. Sur sa recommandation, l'expédition prit la mer. Toujours prisonnier, Tikhonovitch en devint le géologue en chef.

On ne devait pas perdre de temps ni regarder à la dépense, parce que l'expédition était hautement prioritaire pour les dirigeants soviétiques. En mai, l'administration du Goulag, à Moscou, nomma deux hauts gradés de la police secrète à la tête du groupe : E.P. Skaïa — ancien chef de la sécurité à l'Institut Smolny, le premier QG de Lénine au cours de la Révolution, puis au Kremlin — et S.F. Sidorov, le haut responsable économique de l'OGPOU. À peu près à la même époque, les chefs de l'expédition sélectionnèrent leur « main-d'œuvre » : 139 détenus parmi les plus forts et robustes du camp de transit du SLON, à Kem, dont des politiques, des koulaks et des criminels. Il fallut encore deux mois de préparatifs pour qu'ils fussent prêts. Le 5 juillet 1929, à sept heures du matin, les détenus se mirent à charger du matériel sur le *Gleb Boki*, le vapeur du SLON. Moins de vingt-quatre heures plus tard, ils prenaient la mer.

L'expédition flottante, on ne s'en étonnera pas, rencontra de nombreux obstacles. Plusieurs gardes semblent avoir eu les pieds gelés et l'un d'eux s'enfuit au cours d'une escale à Arkhangelsk. À diverses étapes du voyage, divers groupes de détenus réussirent aussi à s'évader. Quand l'expédition parvint enfin à l'embouchure de la Petchora, elle eut du mal à trouver des guides locaux. Même rémunérés, les indigènes komis ne voulaient rien avoir à faire avec des détenus ni avec la police secrète et ils refusèrent d'aider le bateau à remonter le fleuve. Au bout de sept semaines, il n'en arriva pas moins à destination. Le 21 août, l'expédition installa son camp de base au village de Tchibiou, plus tard rebaptisé Oukhta.

Après ce périple épuisant, le moral général devait être extrêmement sombre. Ils avaient fait un long voyage... et où étaient-ils arrivés ? Tchibiou n'avait pas grand-chose à offrir en guise de réconfort. Un détenu, un géographe du nom de Koulevski, se souvient de sa première vision des lieux : « Le cœur se serrait à la vue de ce paysage sauvage et désert : le mirador absurdement grand, noir et solitaire, les deux pauvres cabanes, la taïga et la boue[8]... »

Il n'aurait guère eu le temps de méditer plus longtemps. Fin août pointaient déjà les premiers signes de l'automne. Il n'y avait pas de temps à perdre. Sitôt arrivés, les détenus se mirent aussitôt à travailler douze heures par jour, pour aménager le camp et les sites de travail. Les géologues partirent en quête des meilleurs endroits pour forer des puits de pétrole. D'autres spécialistes les rejoignirent dans le courant de l'automne. De nouveaux convois de détenus suivirent également, d'abord mensuellement, puis toutes les semaines, tout au long de la « saison » 1930. À la fin de la première année de l'expédition, le nombre de détenus approchait du millier.

Malgré les préparatifs, les conditions de vie aux premiers jours, tant pour les détenus que pour les exilés, étaient affreuses — comme partout ailleurs. La plupart devaient vivre sous la tente, faute de baraques. Les vêtements d'hiver et les bottes manquaient, tout comme la nourriture était loin d'être en quantité suffisante. La farine et la viande, mais aussi les médicaments arrivaient toujours en trop petites quantités. Ainsi que le reconnurent plus tard dans un rapport les chefs de l'expédition, le nombre de détenus malades et faibles alla croissant. L'isolement n'était pas moins difficile à supporter. Ces nouveaux camps étaient si loin de la civilisation — et même si loin des routes, sans parler des voies ferrées — qu'on ne devait introduire les barbelés dans la région qu'en 1937. À quoi aurait rimé une tentative d'évasion ?

Les détenus continuèrent d'arriver, tandis que d'autres expéditions partaient du camp de base d'Oukhta. Si elles étaient couronnées de succès, chacune d'elles fondait à son tour un nouveau camp de base — un *lagpounkt* — parfois dans d'invraisemblables trous perdus, à des jours, voire des semaines de marche d'Oukhta. Et ces camps de base créaient à leur tour des camps secondaires pour construire des routes ou des fermes collectives destinées à pourvoir aux besoins des prisonniers. Ainsi les camps se propagèrent-ils comme des mauvaises herbes à travers les forêts désertes de la région des Komis.

Quelques-unes des expéditions se révélèrent temporaires. Tel fut le destin de l'une des premières, partie d'Oukhta dans le courant de l'été 1930 à destination de l'île de Vaïgatch, dans l'océan Arctique. De précédentes expéditions géologiques y avaient déjà trouvé des gisements de plomb et de zinc, mais l'expédition de Vaïgatch, ainsi qu'on devait l'appeler, était bien pourvue en détenus géologues. Quelques-uns se conduisirent de manière si exemplaire que l'OGPOU les récompensa : ils furent autorisés à faire venir leurs femmes et leurs enfants sur l'île. L'endroit était si loin de tout que les commandants du camp, apparemment, ne craignaient guère d'évasions et autorisaient les prisonniers à se promener à

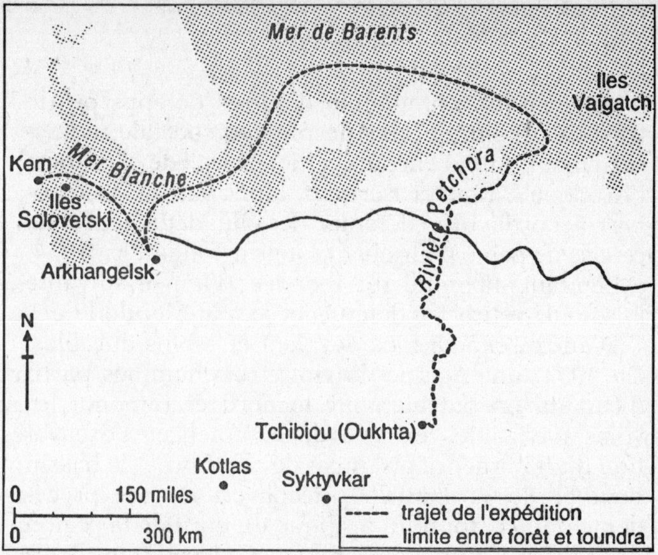

La route de l'expédition Oukhtinskaïa, république des Komis, 1929

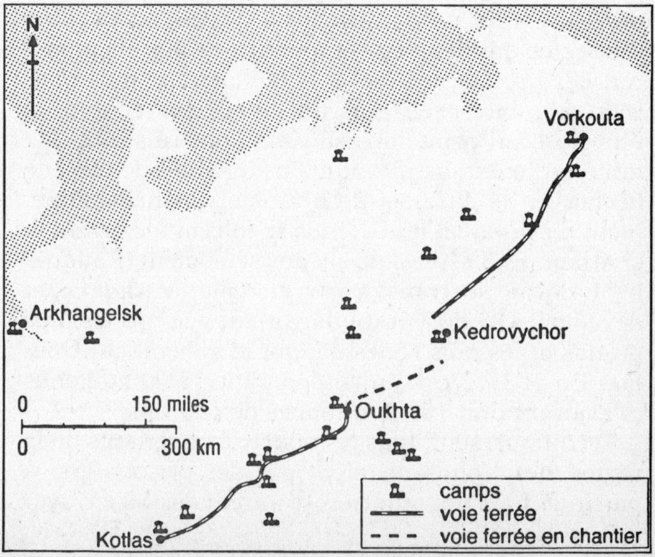

Oukhtpetchlag, république des Komis, 1937

leur guise, en compagnie d'autres détenus ou de travailleurs libres, sans permission spéciale ni laissez-passer. Afin d'encourager le « travail de choc dans l'Arctique », Matvei Berman, alors patron du Goulag, accorda aux détenus de l'île deux jours de remise de peine pour chaque jour travaillé[9]. En 1934, cependant, la mine fut inondée ; l'année suivante l'OGPOU retira les détenus et le matériel de l'île[10].

D'autres expéditions devaient être plus durables. En 1931, une équipe de vingt-trois hommes partit d'Oukhta en bateau pour le nord et remonta les voies navigables en vue de commencer l'excavation d'un immense gisement de charbon — le bassin houiller de Vorkouta — découvert l'année précédente dans la toundra arctique du nord de la région des Komis. Comme dans toutes les expéditions de ce genre, des géologues ouvrirent la voie et des détenus manœuvrèrent les embarcations tandis qu'un petit contingent de l'OGPOU commandait l'opération, pagayant ou pataugeant à travers les essaims d'insectes qui peuplent la toundra en été. Ils passèrent les premières nuits à la belle étoile, puis bâtirent tant bien que mal un camp, survécurent à l'hiver et, au printemps suivant, construisirent une mine rudimentaire : Roudnik n° 1. Armés de pics, de bêches et de chariots de bois, sans aucun équipement mécanique, les détenus se mirent à extraire le charbon. En l'espace de six ans seulement, Roudnik n° 1 devait se transformer en ville, Vorkouta, et devenir le QG du Vorkoutlag, un des camps les plus grands et les plus rudes de tout le système du Goulag. En 1938, Vorkoutlag comptait 15 000 détenus et avait produit 188 206 tonnes de charbon[11].

Techniquement, tous les nouveaux habitants de la région des Komis n'étaient pas des prisonniers. À partir de 1929, les autorités se mirent aussi à envoyer des « exilés spéciaux » dans la région. Au début, c'étaient presque tous des koulaks, qui arrivaient avec femmes et enfants et qui étaient censés se mettre à vivre de la terre. Iagoda lui-même avait déclaré qu'il fallait laisser du « temps libre » aux exilés pour qu'ils puissent créer des potagers, élever des cochons, aller à la pêche et bâtir eux-mêmes leurs maisons : « Ils vivront d'abord des rations du camp, puis à leurs dépens[12]. » Alors que ce tableau paraît assez attrayant, près de 5 000 familles d'exilés arrivèrent en 1930 — plus de 16 000 personnes — pour ne trouver, comme d'habitude, quasiment rien. En novembre de cette année avaient été construites 268 baraques alors qu'il en fallait au moins 700. Trois ou quatre familles se partageaient une pièce. Il n'y avait pas assez de vivres, d'habits et de bottes pour l'hiver. Les villages d'exilés manquaient de bains, de routes, de postes et de lignes téléphoniques[13].

Certains moururent, beaucoup tentèrent de s'enfuir — 344 avaient tenté de fuir à la fin de juillet —, mais la présence de ces exilés devint un complément permanent du système des camps dans la région. Par la suite, de nouvelles vagues de répression en amenèrent d'autres dans la région, surtout des Polonais et des Allemands. D'où le nom de « Berlin » donné dans le pays à certains villages. Les exilés ne vivaient pas derrière des barbelés, mais accomplissaient les mêmes tâches que les détenus, parfois aux mêmes endroits. En 1940, un camp forestier fut transformé en village d'exil — preuve, en un sens, que les groupes étaient interchangeables. De nombreux exilés devaient aussi travailler comme gardes ou administrateurs dans les camps[14].

Avec le temps, cette expansion géographique trouva un reflet dans la nomenclature du camp. En 1931, l'expédition Oukhtinskaïa fut rebaptisée camp de redressement par le travail d'Oukht-Petchorskie ou Oukhtpetchlag. Au fil des deux décennies suivantes, il devait être à maintes reprises renommé — mais aussi réorganisé et divisé — afin de refléter sa géographie changeante, son empire en expansion et sa bureaucratie croissante. À la fin de la décennie, l'Oukhtpetchlag ne serait plus du tout un camp isolé. Il engendra en fait tout un réseau de camps — deux douzaines, au total, en plus de l'Oukhtpetchlag, l'Oukhtijemlag (pétrole et charbon); l'Oustvymlag (abattage des arbres); Vorkouta et Inta (mines de charbon) et le Sevjeldorlag (voie ferrée)[15].

Au fil des années suivantes, l'Oukhtpetchlag et ses descendants se firent également plus denses, acquérant de nouvelles institutions et de nouveaux bâtiments en accord avec leurs besoins toujours croissants. Parce qu'il fallait des hôpitaux, les administrateurs du camp en bâtirent et introduisirent des méthodes pour former des pharmaciens et des infirmiers parmi les détenus. Pour se procurer des vivres, ils organisèrent des fermes collectives, des entrepôts et des systèmes de distribution. Pour l'électricité, ils construisirent des centrales; pour les matériaux de construction, des briqueteries.

Ayant besoin d'ouvriers qualifiés, ils formèrent ceux qu'ils avaient à leur disposition. Une bonne partie des ex-koulaks étaient analphabètes ou à demi illettrés, ce qui créait d'énormes problèmes dans le cadre de projets d'une relative sophistication technique. L'administration du camp créa donc des écoles de formation technique, qui nécessitèrent, à leur tour, de nouveaux bâtiments et de nouveaux cadres: des professeurs de maths et de physique, ainsi que des «instructeurs politiques» afin de superviser leur travail[16]. Dans les années 1940, la ville de Vorkouta — construite dans le permafrost, où chaque année il fallait refaire le revêtement des routes et réparer les canalisations — avait acquis un institut géologique et une université, des salles de théâtre et des théâtres de marionnettes, des piscines et des crèches.

Reste que si l'on ne fit guère de publicité autour de l'expansion de l'Oukhtpetchlag, celle-ci ne fut pas le fruit du hasard. Sans l'ombre d'un doute les commandants du camp sur le terrain voulaient-ils voir leur projet prospérer, et leur prestige croître en même temps. La nécessité pressante, plutôt que la planification centrale, aurait conduit à la création de nombreux nouveaux départements du camp. Il n'en existait pas moins une symbiose évidente entre les besoins du gouvernement soviétique (un endroit où fourrer ses ennemis) et les besoins des régions (plus de bras pour abattre des arbres). En 1930, par exemple, quand Moscou proposa d'envoyer des colons en exil, les dirigeants locaux en furent ravis[17]. Le destin du camp devait aussi être débattu au plus haut échelon. Il vaut la peine de signaler qu'en novembre 1932 le Politburo, en présence de Staline, consacra la majeure partie d'une réunion à la discussion de l'état présent et des plans futurs de l'Oukhtpetchlag, pour débattre de ses perspectives et de son ravitaillement. On est surpris de voir à quel point on entra dans les détails. À lire les minutes de la réunion, on a l'impression que toutes les décisions étaient le fait du Politburo, ou tout au moins que celui-ci approuvait tout ce qui avait quelque importance : les mines que le camp devait développer ; quelles voies ferrées construire ; combien il fallait de tracteurs, de voitures et de bateaux ; combien il pouvait accueillir de familles d'exilés. Le Politburo dégagea aussi des fonds pour la construction du camp : plus de 26 millions de roubles[18].

Ce n'est pas un hasard si, au cours des trois années qui suivirent cette décision, le nombre de détenus fut pratiquement multiplié par quatre, pour passer de 4 797 au milieu de l'année 1932 à 17 852 au milieu de l'année suivante[19]. Aux plus hauts échelons de la hiérarchie soviétique, quelqu'un tenait beaucoup à l'expansion de l'Oukhtpetchlag. Compte tenu de son pouvoir et de son prestige, ce ne pouvait être que Staline lui-même.

De la même façon qu'Auschwitz devint, dans la mémoire populaire, le camp qui symbolise tous les autres camps nazis, le mot « Kolyma » devint synonyme des pires épreuves du Goulag. « La Kolyma, a écrit un historien, est un fleuve, une chaîne de montagnes, une région et une métaphore[20]. » Riche en minerais — et surtout en or —, l'immense région de la Kolyma, dans le nord-est de la Sibérie, sur la côte du Pacifique, est sans doute la partie la plus inhospitalière de la Russie. La Kolyma est plus froide que la région des Komis — les températures y tombent souvent à moins 10 °C — et encore beaucoup plus isolée[21]. Pour rejoindre les camps de la Kolyma, les détenus traversaient par train l'URSS sur toute la longueur — parfois trois mois de voyage — jusqu'à Vladivostok. Ils faisaient le reste du voyage en bateau, se dirigeant vers le nord au large du Japon et traversant la mer d'Okhotsk jusqu'au port de Magadan, qui ouvrait sur la vallée de la Kolyma.

Le premier commandant de la Kolyma est un des personnages les plus extravagants de l'histoire du Goulag. Édouard Berzine, « vieux bolchevik », avait commandé la première division lettone de fusiliers, qui garda le Kremlin en 1918. Plus tard, il aida à écraser les socialistes révolutionnaires, les adversaires socialistes de Lénine, et à démasquer le « complot britannique» de Bruce Lockhart[22]. En 1926, Staline lui donna pour mission d'organiser le Vichlag, un des tout premiers camps importants. Il s'attela au travail avec beaucoup d'ardeur, amenant un historien du camp à parler de son règne comme de l'apogée de la «période romantique» du Goulag[23].

L'OGPOU construisit le Vichlag à la même époque que le canal de la mer Blanche, et il semble que Berzine ait largement approuvé (ou tout au moins feint de s'y intéresser avec enthousiasme) les idées de Gorki sur la réforme des prisonniers. Débordant d'une bonne volonté paternaliste, il offrit à ses détenus des cinémas et des cercles de discussion, des bibliothèques et des salles à manger de «style restaurant». Il aménagea des jardins, sans oublier des fontaines et un petit parc zoologique. Il versait aussi aux détenus un salaire régulier et poursuivit la même politique de «libération anticipée pour bon travail» que les commandants du canal de la mer Blanche. Tout le monde ne profitait pas de ces aménités: les détenus qui travaillaient mal, ou ceux qui n'avaient pas de chance, pouvaient être expédiés dans l'un des nombreux petits *lagpounkts* forestiers du Vichlag, en pleine taïga, où les conditions de vie étaient mauvaises, la mortalité plus élevée, et les détenus paisiblement torturés ou même assassinés[24].

Reste que l'intention de Berzine, tout au moins, était que son camp *parût* être une institution honorable. Tout cela fait de lui, à première vue, un étrange candidat pour être le premier patron de l'entreprise de construction de l'Extrême Nord-Est — le Dalstroï — le «trust», ou pseudo-société, qui devait développer la région. Car la fondation de la Kolyma n'eut rien de particulièrement romantique ou idéaliste. L'intérêt de Staline pour la région remontait à 1926, date à laquelle il envoya un ingénieur aux États-Unis pour y étudier les techniques minières[25]. Plus tard, entre le 20 août 1931 et le 16 mars 1932, le Politburo ne débattit pas moins de onze fois de la géologie et de la géographie de la Kolyma, Staline lui-même prenant souvent part aux discussions. De même que les délibérations de la commission Ianson sur l'organisation du Goulag, le Politburo mena ces débats, pour citer les mots de l'historien David Nordlander, « non pas dans la rhétorique idéaliste de la construction socialiste, mais plutôt dans le langage pratique des investissements prioritaires et du rendement financier ». Staline consacra sa correspondance ultérieure avec Berzine à diverses questions touchant la productivité des détenus, les quotas et la production, sans jamais évoquer les idéaux de la réforme des prisonniers[26].

Par ailleurs, peut-être est-ce précisément le talent de Berzine pour créer des images publiques souriantes dont la direction soviétique avait besoin. Car même si le Dalstroï devait être plus tard absorbé directement dans l'administration du Goulag, au départ le trust fut toujours évoqué — en public — comme s'il s'agissait d'une entité séparée, d'une sorte de conglomérat, qui n'avait rien à voir avec le Goulag. Les autorités fondèrent tranquillement le Sevvostlag, un camp du Goulag qui louait des condamnés au trust Dalstroï. Dans les faits, les deux institutions ne furent jamais en concurrence. Le patron du Dalstroï était aussi celui du Sevvostlag, et nul n'avait aucun doute à ce sujet. Sur le papier, cependant, ils restèrent séparés, et sur la scène publique ils apparaissaient comme des entités distinctes[27].

Cet arrangement obéissait à une certaine logique. D'un côté, le Dalstroï avait besoin d'attirer des volontaires, surtout des ingénieurs et des femmes en âge de se marier (il manqua toujours des uns et des autres à la Kolyma) et Berzine mena maintes campagnes de recrutement pour essayer de persuader des « travailleurs libres » d'émigrer dans cette région, allant même jusqu'à ouvrir des bureaux à Moscou, Leningrad, Odessa, Rostov et Novossibirsk[28]. Pour cette seule raison, Staline et Berzine voulaient peut-être éviter d'associer la Kolyma trop étroitement au Goulag, craignant que le lien ne pût effaroucher des recrues potentielles. Bien qu'on n'en ait pas de preuve directe, sans doute ces machinations étaient-elles aussi destinées au monde extérieur. De même que le bois d'œuvre soviétique, l'or de la Kolyma serait vendu directement à l'Occident, échangé contre la technologie et les machines dont le pays avait un besoin pressant. Sans doute cela explique-t-il que les dirigeants soviétiques aient voulu donner des champs aurifères de la Kolyma l'image d'une entreprise aussi « normale » que possible. Un boycott de l'or soviétique eût été infiniment plus dommageable qu'un boycott du bois d'œuvre.

En tout état de cause, l'implication. personnelle de Staline y fut d'emblée extrêmement forte. En 1932, il exigea bel et bien des rapports quotidiens sur l'industrie de l'or et, on l'a vu, s'intéressa aux détails des projets d'exploration du Dalstroï et à la satisfaction des quotas. Il dépêcha des inspecteurs pour examiner les camps et imposa aux chefs du Dalstroï de se rendre fréquemment à Moscou. Quand le Politburo débloqua des fonds pour le trust, il assortit son allocation d'instructions précises sur la façon de dépenser de l'argent, comme il le fit avec l'Oukhtpetchlag[29].

Pour autant, l'« indépendance » du Dalstroï n'était pas non plus entièrement fictive. Tout en rendant des comptes à Staline, Berzine se débrouilla aussi pour laisser sa marque sur la Kolyma, tant et si bien

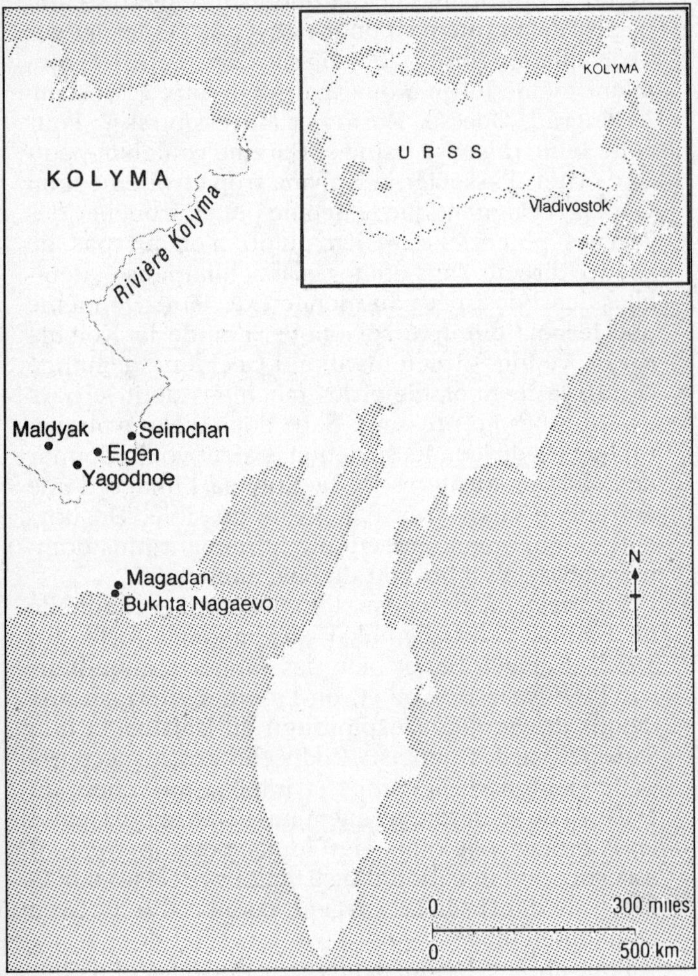
KOLYMA
URSS
Vladivostok
KOLYMA
Rivière Kolyma
Maldyak
Seimchan
Elgen
Yagodnoe
Magadan
Bukhta Nagaevo
N
0
300 miles
0
500 km

Kolyma, 1937

qu'on devait par la suite évoquer « l'ère Berzine » avec une certaine nostalgie. Berzine paraît avoir compris sa tâche de manière on ne peut plus directe : son boulot était de faire extraire le plus d'or possible par ses détenus. Ce qui l'intéressait, ce n'était pas de les affamer, de les tuer ou de les punir : seuls importaient les chiffres de la production. Sous la houlette du premier patron du Dalstroï, les conditions n'étaient donc pas tout à fait aussi rudes qu'elles devaient l'être par la suite, et les détenus n'étaient pas tout à fait aussi affamés. En partie de ce fait, la production d'or de la Kolyma fut multipliée par huit dans les deux premières années d'activité du Dalstroï[30].

Certes, les premières années furent marquées par le même chaos et la même désorganisation que partout ailleurs. En 1932, près de 10 000 prisonniers travaillaient dans la région — dont le groupe d'ingénieurs et de spécialistes dont les compétences correspondaient à merveille aux tâches qui les attendaient — aux côtés de plus de 3 000 volontaires, des « travailleurs libres » — des ouvriers du camp qui n'étaient pas des détenus[31]. Les forts effectifs s'accompagnaient de forts taux de mortalité. Sur les 16 000 détenus expédiés à la Kolyma au cours de la première année de Berzine, 9 928 seulement arrivèrent à Magadan en vie[32]. Les autres se retrouvèrent plongés, mal habillés et mal protégés, dans les tempêtes d'hiver : des survivants de la première année allaient plus tard soutenir que la moitié seulement des effectifs avaient survécu[33].

Une fois passé le chaos initial, cependant, la situation s'améliora progressivement. Berzine fit son possible en ce sens, croyant apparemment, ce qui n'était pas irrationnel, que les détenus devaient avoir chaud et être bien nourris pour extraire de grosses quantités d'or. Aussi Thomas Sgovio, survivant américain de la Kolyma, écrivit-il que les « anciens » du camp évoquaient avec chaleur le règne de Berzine : « Quand le thermomètre tombait en deçà de moins 15 °C, on ne les envoyait pas au travail. Ils avaient droit à trois jours de repos par mois. La bouffe était abondante et nourrissante. Les *zeks* [prisonniers] recevaient des vêtements chauds : bonnets de fourrure et bottes rembourrées[34]... » Varlam Chalamov, autre survivant de la Kolyma — dont les *Récits de la Kolyma* sont parmi les textes les plus implacables du genre de la littérature sur les camps — a lui aussi parlé de l'ère Berzine dans les mêmes termes :

> [...] une nourriture excellente, des vêtements, des journées de travail de quatre à six heures en hiver et de dix heures l'été, des salaires colossaux pour les détenus qui leur permettaient d'aider leur famille et de revenir sur le continent à l'issue de leur peine avec leur avenir assuré. [...] À l'époque, il y avait si peu de cimetières pour détenus qu'on eût pu croire que les habitants de la Kolyma étaient immortels[35].

Si les conditions de vie étaient meilleures qu'elles ne devaient l'être par la suite, le commandant du camp traitait aussi les détenus avec plus d'humanité. À cette époque, la ligne de partage entre les travailleurs libres et volontaires et les prisonniers était brouillée. Les deux groupes frayaient normalement ensemble ; les détenus étaient parfois autorisés à quitter leurs baraques pour habiter dans les villages de travailleurs libres et pouvaient être promus pour devenir gardes armés aussi bien que géologues et ingénieurs[36]. Mariya Ioffe, exilée à la Kolyma au milieu des années 1930, fut autorisée à conserver des livres et du papier, et se souvient que la plupart des familles d'exilés étaient autorisées à rester ensemble[37].

Les détenus pouvaient aussi participer, jusqu'à un certain point, aux événements politiques du moment. Comme le canal de la mer Blanche, la Kolyma promut ses travailleurs de choc et ses stakhanovistes. Un détenu devint même au Dalstroï « instructeur ès méthodes de travail stakhanovistes » et les détenus qui avaient de bons résultats pouvaient recevoir un petit badge qui les proclamait « travailleurs de choc de la Kolyma »[38].

Comme l'Oukhtpetchlag, l'infrastructure de la Kolyma devint rapidement plus sophistiquée. Dans les années 1930, les détenus construisirent non seulement les mines, mais aussi les quais et les brise-lames du port de Magadan, sans compter la seule route importante de la région, la grand-route de la Kolyma, qui part de Magadan et mène au nord. La plupart des *lagpounkts* du Sevvostlag se trouvaient le long de cette route, et, de fait, ils devaient souvent leur nom à leur distance par rapport à Magadan (« Camp du 47e km », par exemple). Ce sont aussi des prisonniers qui bâtirent la ville de Magadan, qui comptait 15 000 habitants en 1936 et devait continuer de grandir. De retour en ville en 1947, après avoir passé sept ans dans les camps les plus reculés, Evguenia Guinzbourg confie : « L'étonnement et l'exaltation me coupent le souffle, dit-elle devant la vitesse d'expansion de Magadan. Il me faudra plusieurs semaines pour m'aviser que les maisons à étages peuvent, en fait, être comptées sur les doigts. Aujourd'hui, c'est vraiment dans une capitale que je fais mon entrée[39]. »

En fait, Guinzbourg fut un des rares prisonniers à observer un paradoxe particulier. Le fait était étrange, mais vrai : dans la Kolyma, comme dans la région des Komis, le Goulag apportait lentement la « civilisation » — s'il est permis d'employer ce mot

— jusque dans les coins sauvages les plus reculés. On construisait des routes où il n'y avait que forêts ; des maisons surgissaient au milieu des marais. Les populations autochtones étaient écartées pour faire place à des villes, des usines et des voies ferrées. Des années plus tard, la fille d'un cuistot du camp dans un lointain avant-poste du Lokchimlag, un des camps forestiers de la région des Komis, me rappela à quoi pouvait ressembler la vie quand le camp était encore en activité. « Oh, il y avait tout un entrepôt de légumes, des champs pleins de courges — ce n'était pas tout désert comme aujourd'hui. » Elle eut un geste de dégoût en direction du minuscule village qui se dressait maintenant sur le site, en direction des anciennes cellules de châtiment du camp, encore habitées. « Et il y avait de vraies ampoules électriques, et les patrons, dans leurs grosses voitures, venaient faire un tour presque tous les jours… »

Guinzbourg fait la même observation, avec plus d'éloquence :

> Quelle énigme que le cœur humain ! Je maudis de toute mon âme l'homme qui a imaginé d'édifier une ville sur cette terre éternellement gelée, en la réchauffant avec le sang, la sueur et les larmes de tant d'innocents. Mais en même temps, c'est indéniable, j'éprouve une espèce de fierté stupide… Comme il a grandi et embelli depuis sept ans, notre Magadan ! C'est bien simple : on ne le reconnaît plus. Je m'extasie devant chaque réverbère, chaque bande d'asphalte, et même devant une affiche qui annonce la représentation, à la Maison de la culture, d'une opérette intitulée *La Princesse des dollars*. Sans doute cela tient-il à la tendresse que nous avons pour chaque morceau de notre vie, même le plus amer[40].

En 1934, l'expansion du Goulag dans la Kolyma et la région des Komis, en Sibérie, au Kazakhstan et ailleurs en URSS avait suivi le même schéma qu'à Solovetski. Aux premiers jours, l'incurie, le chaos et le désordre causèrent bien des morts inutiles. Même sans manifestations directes de sadisme, la cruauté gratuite des gardes, qui traitaient leurs détenus comme des animaux domestiques, créa beaucoup de misère.

Avec le temps, cependant, le système parut se mettre tant bien que mal en place. Après le pic de 1933, la mortalité diminua tandis que la famine qui sévissait dans le pays reculait et que les camps étaient mieux organisés. En 1934, suivant les statistiques officielles, le taux se situait autour de 4 %[41]. L'Oukhtpetchlag produisait du pétrole, la Kolyma de l'or, les camps de la région d'Arkhangelsk du bois d'œuvre. Des routes étaient construites à travers la Sibérie. Erreurs et déboires abondaient, mais c'était vrai partout en URSS. La vitesse de l'industrialisation, l'absence de planification et la pénurie de spécialistes convenablement formés rendaient inévitables accidents et gaspillages : les patrons des grands projets ne pouvaient pas ne pas le savoir.

Malgré les revers, l'OGPOU devenait rapidement l'un des acteurs économiques les plus importants du pays. En 1934, le Dmitlag, le camp qui construisit le canal Moscou-Volga, déploya près de 200 000 prisonniers, plus que n'en avait mobilisé le canal de la mer Blanche[42]. Le Siblag avait grandi lui aussi, revendiquant 63 000 détenus en 1934, tandis que la taille du Dallag avait plus que triplé dans les quatre ans suivant sa fondation pour héberger 50 000 détenus cette même année. D'autres camps avaient vu le jour à travers l'Union soviétique : le Sazlag, en Ouzbékistan, où les détenus travaillaient sur des fermes collectives ; le Svirlag, près de Leningrad, où les prisonniers coupaient des arbres et préparaient des produits du bois pour la ville ; et le Karlag, au Kazakhstan, qui faisait travailler ses détenus comme paysans, ouvriers et même pêcheurs[43].

C'est aussi en 1934 que l'OGPOU fut réorganisée et une fois de plus rebaptisée, en partie pour tenir compte de son nouveau statut et de ses plus grandes responsabilités. Cette année-là, la police secrète devint officiellement le commissariat du Peuple à l'Intérieur, plus connu sous son nouveau sigle : le NKVD. Sous ce nouveau nom, il régissait désormais le destin de plus d'un million de détenus[44]. Cependant, le calme relatif ne devait pas durer. Le système allait brusquement se retrouver sens dessus dessous, dans une révolution qui détruirait les maîtres comme les esclaves.

CHAPITRE 6

La Grande Terreur et ses suites

Il fut un temps où ne souriait
Que le cadavre heureux de son repos.
Comme un vain appendice, se balançait
Leningrad, près de ses prisons.
Et quand, fous de souffrance,
Partaient des régiments de condamnés,
Les locomotives leur chantaient
Le bref chant d'adieu.
Les étoiles de la mort planaient sur nous.
La Russie innocente se tordait de douleur,
Sous les bottes ensanglantées,
Sous les pneus des noirs fourgons cellulaires.

ANNA AKHMATOVA,
«*Introduction*»,
Requiem, *1935-1940*
[trad. Paul Valet][1].

Objectivement, les années 1937-1938, dont on se souvient comme de celles de la Grande Terreur, ne furent pas les plus mortelles de l'histoire des camps. Pas plus qu'elles ne marquèrent leur plus forte expansion: les effectifs de prisonniers furent bien plus importants au cours de la décennie suivante pour atteindre un pic beaucoup plus tard qu'on ne se le rappelle ordinairement, en 1952. S'il n'existe pas de statistiques complètes, il n'en demeure pas moins clair que le taux de mortalité dans les camps fut plus élevé à la fois au faîte de la famine rurale de 1932-1933 et au pire moment de la Seconde Guerre mondiale, en 1942-1943, quand le nombre total de gens internés dans des camps de travaux forcés, des prisons ou des camps de prisonniers de guerre avoisina les quatre millions[2].

On peut aussi arguer que l'importance des années 1937-1938 en tant que centre d'intérêt historique a été exagérée. Même Soljenitsyne a déploré que, chez ceux qui dénoncent les abus du stalinisme, « on en revient encore et toujours aux sempiternelles années 1937-1938 », et en un sens il a raison[3]. Après tout, la Grande Terreur fit suite à deux décennies de répression. À compter de 1918, il y eut régulièrement des arrestations et des déportations en masse, d'abord d'opposants politiques au début des années 1920, puis de « saboteurs » à la fin de la décennie, et ensuite de koulaks au début des années 1930. Et tous ces épisodes d'arrestations massives s'accompagnèrent de rafles régulières des responsables des « troubles sociaux ».

La Grande Terreur fut à son tour suivie d'autres arrestations et déportations : de Polonais, d'Ukrainiens et de Baltes des territoires envahis en 1939 ; des « traîtres » de l'armée rouge tombés entre les mains de l'ennemi ; de gens ordinaires qui se retrouvèrent du mauvais côté du front après l'invasion nazie en 1941. Plus tard, en 1948, d'anciens détenus des camps devaient être à nouveau arrêtés, et plus tard encore, juste avant la mort de Staline, il y eut des arrestations massives de juifs. Si les victimes de 1937-1938 sont peut-être mieux connues et qu'on ne vit rien ensuite d'aussi spectaculaire que les « grands procès » de ces années-là, sans doute est-il plus juste de décrire les arrestations de la Grande Terreur non pas comme le zénith de la répression, mais plutôt comme l'une des vagues de répression les plus inhabituelles qui aient balayé le pays sous le règne de Staline : elle affecta davantage l'élite — les « vieux bolcheviks », les dirigeants de l'armée et du Parti —, engloba d'une manière générale une plus large diversité de gens et se traduisit par un nombre exceptionnellement élevé d'exécutions.

Dans l'histoire du Goulag, cependant, 1937 marque une authentique ligne de partage des eaux. C'est en effet cette année-là que les camps soviétiques se transformèrent temporairement de prisons gérées dans l'indifférence, où l'on mourait par accident, en camps réellement meurtriers où l'on tuait délibérément les détenus au travail, quand on ne les massacrait pas, et ce en bien plus grand nombre que par le passé. Bien que cette transformation fût loin d'être systématique, et que le régime meurtrier des camps se radoucît en 1939 — les taux de mortalité allaient par la suite varier au gré des fortunes de la guerre et de l'idéologie jusqu'à la mort de Staline, en 1953 —, la Grande Terreur imprima sa marque sur la mentalité des gardes des camps comme sur celle des prisonniers[4].

Comme le reste du pays, les habitants du Goulag durent voir les premiers signes d'alerte de la terreur à venir. À la suite du toujours mystérieux assassinat de Sergueï Kirov, chef du Parti à Leningrad, en décembre 1934, Staline promulgua une série de décrets donnant au NKVD des pouvoirs bien plus considérables pour arrêter, juger et exécuter les « ennemis du peuple ». En l'espace de quelques semaines, deux bolcheviks de premier plan, Kamenev et Zinoviev — tous deux adversaires de Staline dans le passé —, étaient déjà tombés victimes des décrets : ils furent arrêtés en même temps que des milliers de partisans, ou prétendus tels, pour beaucoup de Leningrad. Suivirent des exclusions en masse du Parti, même si, dans un premier temps, elles ne furent pas beaucoup plus amples que celles qui avaient déjà eu lieu au cours de la décennie.

Peu à peu, la purge se fit plus sanglante. Tout au long du printemps et de l'été 1936, les interrogateurs de Staline s'acharnèrent sur Kamenev et Zinoviev, en même temps que sur un groupe d'anciens admirateurs de Léon Trotski, les préparant à se « confesser » lors d'un grand procès public, qui eut effectivement lieu en août. Tous furent ensuite exécutés, avec nombre de leurs parents. Suivirent, le moment venu, d'autres procès de dirigeants soviétiques, dont le charismatique Nicolas Boukharine. Leurs familles en souffrirent, elles aussi.

La manie des arrestations et des exécutions gagna toute la hiérarchie du Parti et balaya la société. La campagne fut lancée du sommet par Staline, qui s'en servit pour éliminer ses ennemis, créer une nouvelle classe de dirigeants loyaux, terroriser la population soviétique... et remplir les camps de concentration. Dès 1937, il signa des ordres adressés aux patrons régionaux du NKVD, indiquant des quotas de gens à arrêter (sans préciser de cause) dans telle ou telle région. Certains devaient être condamnés à la « première catégorie » de châtiment — la mort — et d'autres à la « seconde catégorie » — l'internement en camp de concentration pour une durée de huit à dix ans. Les plus « dépravés » d'entre eux devaient être incarcérés dans des prisons politiques spéciales, vraisemblablement pour les empêcher de contaminer d'autres détenus. D'après certains chercheurs, le NKVD assigna des quotas aux différentes régions du pays en fonction de la concentration d'« ennemis », telle qu'il l'imaginait, en chacune d'elles. Mais peut-être n'y eut-il aucune corrélation[5].

À les lire, ces ordres ressemblent beaucoup aux ordres d'une bureaucratie élaborant la toute dernière version du plan quinquennal. En voici, par exemple, un daté du 30 janvier 1937 :

	Première catégorie	*Seconde catégorie*	*Total*
RSS d'Azerbaïdjan	1 500	3 750	5 250
RSS d'Arménie	500	1 000	1 500
RSS de Biélorussie	2 000	10 000	12 000
RSS de Géorgie	2 000	3 000	5 000
RSS de Kirghizie	250	500	750
RSS du Tadjikistan	500	1 300	1 800
RSS de Turkménie	500	1 500	2 000
RSS d'Ouzbékistan	750	4 000	4 750
RSS de Bachkirie	500	1 500	2 000
RSSA de Bouriatie	350	1 500	1 850
RSSA du Daghestan	500	2 500	3 000
RSSA de Carélie	300	700	1 000
RSSA de Kabardino-Balkarie	300	700	1 000
RSSA de Crimée	300	1 200	1 500
RSSA des Komis	100	300	400
RSSA de Kalmoukie	100	300	400
RSSA des Mariis	300	1 500	1 800

Etc.[6].

De toute évidence, la purge ne fut en aucune façon spontanée : de nouveaux camps pour nouveaux détenus furent même préparés à l'avance. Et elle ne rencontra guère de résistance. À Moscou, l'administration du NKVD attendait de ses subordonnés de province qu'ils fissent montre d'enthousiasme, et ceux-ci s'empressèrent d'obtempérer : « Nous demandons l'autorisation de fusiller 700 personnes supplémentaires des bandes de Dachnaks [nationalistes progressistes arméniens], et d'autres éléments antisoviétiques », réclama le NKVD arménien à Moscou en septembre 1937. Staline signa personnellement une demande semblable, tout comme lui ou Molotov en signèrent quantité d'autres : « Je porte à 6 000 le nombre de prisonniers de la Première Catégorie dans la région de Krasnoïarsk. » Lors d'une réunion du Politburo, en février 1938, le NKVD ukrainien fut autorisé à arrêter un surcroît de 30 000 « koulaks et autres éléments antisoviétiques[7] ».

Une partie de l'opinion publique soviétique approuvait les nouvelles arrestations : la révélation soudaine de l'existence d'immenses contingents d'« ennemis », pour beaucoup dans les hautes sphères du Parti, expliquait certainement pourquoi, malgré le Grand Tournant de Staline, malgré la collectivisation et malgré le Plan quinquennal, l'Union soviétique restait si pauvre et retardataire. La plupart, cependant, étaient trop terrifiés et déroutés par le spectacle de révolutionnaires célèbres passant aux aveux et de voisins disparaissant dans la nuit pour exprimer la moindre opinion sur le cours des événements.

Au Goulag, la purge imprima d'abord sa marque sur les commandants de camp, en éliminant un grand nombre. Si, à travers le reste du pays, on devait se souvenir de 1937 comme de l'année où la révolution dévora ses enfants, dans le système des camps, on devait s'en souvenir comme de l'année où le Goulag engloutit ses fondateurs, à commencer par le sommet : Genrikh Iagoda, le chef de la police secrète qui était le premier responsable de l'expansion du système des camps, fut jugé et exécuté en 1938, après avoir supplié qu'on lui laisse la vie sauve dans une lettre au Soviet suprême. « Il est dur de mourir, écrivit l'homme qui en avait envoyé tant d'autres à la mort. Je tombe à genoux devant le Peuple et le Parti, et leur demande de me pardonner, d'épargner ma vie[8]. »

Son remplaçant, le « nain » Nikolaï Iejov (à peine plus d'un mètre cinquante), commença par éliminer les amis et subordonnés de Iagoda au NKVD. Il s'en prit aussi à sa famille — comme il devait s'en prendre aux familles des autres —, arrêtant sa femme, ses parents, ses sœurs, ses neveux et nièces. Une de celles-ci a rapporté la réaction de sa grand-mère, la mère de Iagoda, le jour où elle et toute la famille furent exilés :

> « Si seulement Gena [Iagoda] voyait ce qu'ils nous font », dit calmement quelqu'un.
>
> Soudain, grand-mère, qui ne haussait jamais le ton, se tourna vers l'appartement vide et cria d'une voix forte : « Puisse-t-il être damné ! » Elle franchit le seuil et claqua la porte. Le bruit se répercuta dans la cage d'escalier comme un écho de cette malédiction maternelle[9].

Nombre des chefs et administrateurs de camp, formés et promus par Iagoda, partagèrent son destin. Avec des centaines de milliers d'autres citoyens soviétiques, ils furent accusés de vastes conspirations, arrêtés et interrogés dans le cadre d'affaires complexes qui pouvaient impliquer des centaines de personnes. Une des affaires les plus marquantes fut organisée autour de Matvei Berman, patron du Goulag de 1932 à 1937. Ses années de service dans le Parti — qu'il avait rejoint en 1917 — ne lui furent d'aucun profit. En décembre 1938, le NKVD l'accusa d'avoir dirigé une « organisation trotskiste de droite vouée au terrorisme et au sabotage», qui avait fait profiter les détenus des camps de «conditions privilégiées», avait à dessein affaibli la «préparation militaire et politique» des gardiens de camp (d'où le grand nombre des évasions) et avait saboté les projets de construction du Goulag (d'où la lenteur des chantiers).

Berman ne tomba pas seul. À travers l'Union soviétique entière, on «découvrit» que commandants et hauts administrateurs du Goulag appartenaient à la même «organisation trotskiste de droite»: tous furent condamnés d'un seul coup. Leurs dossiers ont un caractère surréaliste: tout se passe comme si les frustrations des années antérieures — les normes non satisfaites, les routes mal faites, les usines construites par les détenus et qui fonctionnaient à peine — avaient débouché sur une sorte d'apogée démentiel.

Alexandre Izraïlev, par exemple, chef adjoint de l'Oukhtpetchlag, fut condamné pour «entrave à la croissance des mines de charbon». Alexandre Polisonov, colonel affecté à la division des gardes armés du Goulag, fut accusé de leur avoir créé des «conditions impossibles». Mikhaïl Goskine, chef de la section de construction des chemins de fer du Goulag, quant à lui, se vit reprocher d'avoir «créé des plans irréels» pour la ligne Volochaevka-Komsomolets. Isaak Guinzbourg, chef de la division médicale du Goulag, fut tenu pour responsable des forts taux de mortalité parmi les détenus et accusé d'avoir créé des conditions spéciales à d'autres détenus contre-révolutionnaires, leur permettant de bénéficier d'une libération anticipée sous prétexte de maladie. La plupart de ces hommes furent condamnés à mort, même si plusieurs virent leur condamnation commuée en peine de prison ou de camp, et qu'une poignée d'entre eux survécurent pour être réhabilités en 1955[10].

Le nombre est frappant des tout premiers administrateurs du Goulag qui connurent le même sort. Fiodor Eichmanns, ancien patron du SLON, puis chef du département spécial de l'OGPOU, fut exécuté en 1938; Lazare Kogan, le numéro deux du Goulag, en 1939. Le successeur de Berman à la tête du Goulag, Izraïl Pliner, ne tint qu'une année à ce poste et fut à son tour exécuté en 1939[11]. Tout se passe comme si le système avait eu besoin de s'expliquer pourquoi il marchait si mal, comme s'il avait besoin de gens à blâmer. À moins que « système » ne soit une appellation fallacieuse. Peut-être est-ce Staline lui-même qui avait besoin d'expliquer pourquoi ses magnifiques projets de travail servile progressaient si lentement et avec des résultats si mitigés.

Il y eut quelques curieuses exceptions à cette destruction générale. Car, non content de contrôler les arrestations, Staline décidait aussi parfois qui *ne serait pas* arrêté. Ainsi est-il curieux que, malgré la mort de la quasi-totalité de ses anciens collègues, Nephtali Frenkel parvînt à échapper aux balles du bourreau. En 1937, il était patron du BAMlag, la ligne de chemins de fer Baïkal-Amour, un des camps les plus chaotiques et meurtriers d'Extrême-Orient. Alors que quarante-huit « trotskistes » furent arrêtés au BAMlag en 1938, il ne fut pas des leurs.

Son absence de la liste des arrestations est d'autant plus étrange que le journal du camp le prit à partie, l'accusant ouvertement de sabotage. Son dossier n'en fut pas moins mystérieusement bloqué à Moscou. Le procureur du BAMlag, qui menait l'enquête sur Frenkel, trouva le retard incompréhensible. « Je ne comprends pas pourquoi cette enquête a été placée sous "décret spécial", ni de qui est venu ce "décret spécial", écrivit-il à Andreï Vychinski, le procureur en chef de l'Union soviétique. Si nous n'arrêtons pas les espions diversionnistes trotskistes, alors qui ? » Staline, semble-t-il, était encore parfaitement capable de protéger ses amis[12].

Peut-être l'épisode le plus dramatique de la saga des chefs de camp, en 1937, fut-il celui qui se produisit vers la fin de l'année, à Magadan, et qui commença avec l'arrestation d'Édouard Berzine, le patron du Dalstroï. En tant que subordonné direct de Iagoda, Berzine aurait dû se douter que sa carrière serait bientôt écourtée. Il aurait dû se méfier quand, en décembre, il reçut tout un nouveau groupe d'« adjoints » du NKVD, dont le commandant Pavlov, officier plus haut gradé que Berzine lui-même. Bien que Staline eût souvent pratiqué cette façon de présenter les prochains disgraciés à leurs successeurs, Berzine ne laissa paraître aucun signe qu'il soupçonnait quoi que ce soit. Quand le *Nikolaï Iejov* au nom de mauvais augure entra dans la baie de Nagaevo, avec sa nouvelle équipe, Berzine fit jouer la fanfare pour les accueillir. Puis il passa plusieurs jours à montrer les ficelles à son nouveau « personnel » — qui fit pratiquement comme s'il n'existait pas — avant d'embarquer lui-même à bord du *Nikolaï Iejov*.

Arrivé à Vladivostok, il monta très normalement à bord de l'express transsibérien à destination de Moscou. Parti de Vladivostok en 1re classe, il arriva prisonnier. À soixante-dix kilomètres de Moscou seulement, dans la ville d'Alexandrov, son train s'arrêta. En pleine nuit, le 19 décembre 1937, Berzine fut arrêté sur le quai de la gare — loin de la capitale, histoire de ne pas créer d'embarras au centre de Moscou — et conduit à la Loubianka. Il fut rapidement inculpé pour « activités de sabotage contre-révolutionnaires ». Le NKVD l'accusa d'avoir monté une « organisation trotskiste de diversion et d'espionnage dans la Kolyma », qui envoyait prétendument de l'or au gouvernement japonais et tramait l'invasion de l'Extrême-Orient russe par les Japonais. Ils l'accusèrent aussi d'espionner pour le compte de l'Angleterre et de l'Allemagne. De toute évidence, le patron du Dalstroï avait été un homme fort occupé. Il fut exécuté en août 1938 dans les sous-sols de la Loubianka.

Malgré l'absurdité des accusations, la ligne ne devait pas changer. À la fin de décembre, Pavlov, sans perdre de temps, avait arrêté la majorité des subordonnés de Berzine. Sous la torture, I.G. Filippov, le patron du Sevvostlag, fit une longue confession qui les impliquait quasiment tous. Avouant avoir « recruté » Berzine en 1934, il reconnut que leur « organisation antisoviétique » avait projeté de renverser le gouvernement en « préparant un soulèvement armé contre le pouvoir soviétique dans la Kolyma [...], en préparant et en accomplissant des actes terroristes contre les dirigeants du parti communiste et du gouvernement soviétique [...], en incitant la population indigène [...] et en encourageant des sabotages généralisés » — entre autres choses. Le bras droit de Berzine, Lev Epchtein, confessa par la suite « avoir collecté des renseignements secrets pour la France et le Japon tout en menant des opérations de sabotage et de diversion ». Le médecin-chef de la polyclinique de Magadan fut accusé pour « accointances avec éléments étrangers et agents doubles ». En fin de compte, des centaines de personnes qui avaient été associées à Berzine, des géologues aux bureaucrates et aux ingénieurs, étaient mortes ou devenues elles-mêmes prisonnières[13].

Pour mettre son expérience en perspective, il faut préciser que l'élite de la Kolyma ne fut pas le seul puissant réseau éliminé en 1937-1938. À la fin de cette année-là, Staline avait purgé l'armée rouge de toute une foule de notables, dont le vice-commissaire du Peuple à la Défense, le maréchal Toukhatchevski, le général Ion Yakir [Iakir], le général Ouborevitch et d'autres, en même temps que leurs femmes et leurs enfants, qui furent pour la plupart exécutés, même si quelques-uns finirent dans des camps[14]. Le parti communiste connut un sort analogue. La purge toucha non seulement les ennemis potentiels de Staline au sein de la direction du Parti, mais aussi la bureaucratie provinciale, les premiers secrétaires du Parti, les chefs des conseils locaux et régionaux, ainsi que les dirigeants d'usines et d'institutions importantes.

À certains endroits et dans une certaine classe sociale, la vague d'arrestations fut si ample, écrivit plus tard Helena Sidorkina — elle-même arrêtée en novembre 1937 — que « personne n'était sûr du lendemain. On avait peur de bavarder, de se voir, surtout de rencontrer les familles dans lesquelles le père ou la mère avaient été déjà "isolés". Il était bien rare que quelqu'un prît la défense d'une personne arrêtée. Et manifester une telle audace revenait à se désigner soi-même comme candidat à l'"isolement"[15] ».

Tout le monde ne trouva pas la mort, cependant, et tous les camps ne furent pas nettoyés. En fait, les patrons de camp plus obscurs s'en sortirent même légèrement mieux que l'officier moyen du NKVD : le cas de V.A. Barabanov, protégé de Iagoda, en est l'illustration. En 1935, alors qu'il était commandant adjoint du Dmitlag, il fut arrêté en même temps qu'un collègue pour être arrivé au camp « en état d'ébriété ». Pour cette raison, il perdit son travail et écopa d'une légère peine de prison ; en 1938, il travaillait dans un camp isolé du Grand Nord quand eut lieu l'arrestation massive des séides de Iagoda. Dans le chaos, il passa inaperçu. En 1954, son amour de l'alcool pardonné, il avait à nouveau gravi les échelons pour devenir commandant adjoint du Goulag[16].

Dans la mémoire populaire des camps, cependant, 1937 ne fut pas seulement l'année de la Grande Terreur ; c'est aussi cette année-là que la propagande sur les gloires de la rééducation des criminels prit fin en même temps que toute révérence obligée à cet idéal. Sans doute fut-ce, pour une part, lié à la mort et aux arrestations des personnes les plus étroitement associées à la campagne. Encore associé dans l'opinion publique au canal de la mer Blanche, Iagoda avait disparu. Maxime Gorki était mort soudainement en juin 1936. I.L. Averbakh, qui avait collaboré avec celui-ci à *Kanal imeni Stalina* et lui-même auteur de *Ot prestoupleniya k troudou* (« Du crime au travail »), suite consacrée au canal Moscou-Volga, fut dénoncé comme trotskiste et arrêté en avril 1937. Nombre des écrivains qui avaient participé au collectif de Gorki connurent le même sort[17].

Le changement avait toutefois aussi des origines plus profondes. Avec la radicalisation de la rhétorique politique et l'intensification de la chasse aux criminels politiques changea également le statut des camps où étaient internés ces dangereux « politiques ». Dans un pays sous l'emprise de la paranoïa et de l'espionnite aiguë, l'existence même de camps pour « ennemis » et « saboteurs » devint, sinon exactement un secret (dans les années 1940, la présence de détenus travaillant sur les chantiers des routes ou des immeubles était un spectacle courant dans maintes grandes villes), du moins un sujet dont on ne discutait jamais en public. La pièce de Nikolaï Pogodine, *Les Aristocrates*, fut interdite en 1937, pour ressortir, quoique brièvement, en 1956, bien après la mort de Staline[18]. *Kanal imeni Stalina*, de Gorki, fut aussi mis à l'index pour des raisons qui demeurent obscures. Peut-être les nouveaux patrons du NKVD ne pouvaient-ils plus supporter l'éloge creux d'un Iagoda tombé en disgrâce. Ou peut-être sa description éclatante de la rééducation des « ennemis » n'avait-elle plus de sens à une époque où surgissaient tout le temps de nouveaux ennemis, que l'on exécutait par centaines de milliers au lieu de les réformer. Ses histoires de tchékistes omniscients et mielleux étaient en tout cas difficilement conciliables avec les purges massives du NKVD.

Ne voulant pas paraître laxistes dans la poursuite de leur mission d'isolement des ennemis du régime, les chefs du Goulag, à Moscou, adoptèrent de nouvelles mesures relatives au secret interne, impliquant parfois de nouveaux coûts considérables. Toute correspondance devait être désormais acheminée par courrier spécial. Dans la seule année 1940, les courriers du NKVD durent transmettre vingt-cinq millions de plis secrets. Ceux qui écrivaient des lettres aux camps devaient désormais passer par des boîtes postales, l'emplacement des camps étant devenu secret. Les camps eux-mêmes disparurent de la carte. Même la correspondance interne du NKVD recourait à des euphémismes pour les désigner — *spetsobekty*, « objets spéciaux », ou *podrazdeleniya*, « sous-sections » — afin de dissimuler leur véritable activité[19].

Pour des références plus spécifiques, tant aux camps qu'aux activités de leurs habitants, le NKVD mit au point un code élaboré qui pouvait être employé dans les télégrammes ouverts. Un document de 1940 énumère ces noms de code, parfois étonnamment créatifs : les femmes enceintes deviennent des « livres » et les femmes avec des enfants sont des « reçus » ; les hommes, en revanche, sont des « comptes » ; les exilés, des « détritus », et les prisonniers faisant l'objet d'une enquête des « enveloppes ». De même un camp est-il un « trust », et une division de camp une « usine ». Il est même un camp qui reçut pour nom de code « Libre[20] ».

Le langage en usage à l'intérieur des camps changea lui aussi. Jusqu'à l'automne de 1937, les documents et lettres officiels se référaient souvent aux détenus du camp par leur profession, les désignant simplement comme des « bûcherons », par exemple. En 1940, un détenu n'était plus un bûcheron, mais un *zakliouchonny*, ou *z/k*, dans la plupart des documents — prononcé *zek*[21]. Un groupe de prisonniers devint un *kontingent* (« contingent », « quota ») — mot bureaucratique impersonnel. Désormais, les détenus ne pouvaient plus gagner le titre convoité de stakhanovistes : un administrateur de camp adressa une lettre furibarde à ses subalternes pour leur intimer l'ordre de désigner les prisonniers qui travaillaient dur sous le nom de « détenus travaillant comme des travailleurs de choc » ou « travaillant suivant les méthodes de travail stakhanovistes ».

Tout usage positif de l'expression « prisonnier politique » avait, bien entendu, disparu de longue date. Les privilèges des politiques socialistes avaient pris fin avec leur transfert de Solovetski en 1925. Désormais, cependant, le mot « politique » subit une transformation complète. Il désignait quiconque était condamné en vertu du sinistre article 58 du code pénal, qui englobait tous les crimes « contre-révolutionnaires » — et il avait des connotations systématiquement négatives. Les politiques — parfois appelés « KR » (contre-révolutionnaires), *kontras* ou *kontriks* — furent de plus en plus souvent désignés sous le nom de *vragi naroda* : « ennemis du peuple[22] ».

Ce mot, vieille épithète jacobine que Lénine avait été le premier à employer en 1917, avait été ressuscité en 1927 par Staline pour désigner Trotski et ses partisans. Il commença à prendre un sens plus large en 1936 après que le Comité central eut adressé une lettre secrète — « dont Staline était l'auteur », si l'on en croit le biographe russe de Staline, Dimitri Volkogonov — aux organisations du Parti dans les régions et les Républiques. Un ennemi du peuple pouvait bien « paraître dompté et inoffensif », expliquait la lettre ; en vérité, il faisait tout son possible pour « s'insinuer furtivement dans le socialisme » alors même que, « secrètement, il ne l'acceptait pas ». Autrement dit, il n'était plus possible de reconnaître les ennemis aux vues qu'ils professaient ouvertement. Plus tard, Lavrenti Beria, patron du NKVD, devait aussi souvent citer Staline, observant qu'un « ennemi du peuple n'est pas seulement quelqu'un qui se livre à des sabotages, mais aussi quelqu'un qui doute de la justesse de la ligne du Parti ». Un « ennemi » pouvait donc désigner quiconque s'opposait au pouvoir de Staline, quelle qu'en fût la raison, même s'il ne le disait pas franchement[23].

Dans les camps, « ennemi du peuple » devint alors une appellation employée dans les documents officiels. En vertu d'un décret du NKVD de 1937, des femmes allaient être arrêtées en tant qu'« épouses d'ennemis du peuple » ; de même en allait-il avec les enfants. Ils étaient officiellement condamnés comme « TCHSR », « membres de la famille d'un ennemi de la révolution »[24]. Nombre des « épouses » étaient incarcérées ensemble au camp de Temnikovski, ou Temlag, dans la république de Mordovie, en Russie centrale. Anna Larina, la femme de Boukharine, l'épouse du dirigeant en disgrâce, se souvient : « [...] Nous nous sentions sur un pied d'égalité : les Toukhatchevski et les Yakir [Iakir], les Boukharine et les Radek, les Ouborevitch et les Gamarnik — "En ce monde, la mort aussi est rouge !"[25]. »

Galina Levinson, autre survivante du Temlag, se souvient que le régime du camp était relativement libéral, peut-être parce que « nous n'avions pas été condamnées, nous étions juste des "épouses" ». La majorité des femmes du camp, observa-t-elle, avaient été jusque-là « sincèrement soviétiques » et restaient convaincues que leurs arrestations étaient dues aux machinations de quelque organisation secrète et fasciste au sein du Parti. Plusieurs passaient leurs journées à écrire des lettres à Staline et au Comité central, se plaignant vivement des intrigues dont elles étaient victimes[26].

Hormis les usages officiels de l'expression, en 1937 « ennemi du peuple » était aussi devenu une injure. Dès l'époque de Solovetski, les fondateurs et planificateurs de camps avaient organisé le système autour de l'idée que les prisonniers étaient non pas des êtres humains, mais des « unités de travail » : même au temps de la construction du canal de la mer Blanche, Maxime Gorki avait décrit les koulaks comme des « demi-animaux[27] ». Désormais, cependant, dans la propagande les « ennemis » étaient encore moins que du bétail à deux pattes. À compter de la fin des années 1930, Staline se mit à son tour à traiter publiquement les « ennemis du peuple » de « vermine », de « pollution », d'« ordures », voire de « mauvaises herbes » qu'il fallait déraciner[28].

Le message était clair : les *zeks* n'étaient plus

considérés comme des citoyens soviétiques à part entière, si même ils demeuraient des êtres humains. Un détenu observa qu'ils étaient « victimes d'une sorte d'excommunication de la vie politique » et n'étaient « jamais admis à participer à ses liturgies et ses rites sacrés »[29]. Après 1937, plus aucun garde ne devait employer le mot *tovarichtch*, « camarade », pour s'adresser aux détenus, et les prisonniers pouvaient être battus pour l'avoir utilisé avec des gardes, qu'ils devaient appeler *grajdanine*, « citoyen ». Les portraits de Staline ou d'autres dirigeants n'apparaissaient jamais sur les murs des camps ou des prisons. Spectacle relativement courant au milieu des années 1930, les convois de prisonniers ornés de portraits de Staline et de bannières présentant les occupants comme des stakhanovistes devinrent chose impensable après 1937. De même en va-t-il pour les festivités du 1er Mai, autrefois célébrées au kremlin de Solovetski[30].

Nombre d'étrangers s'étonnèrent de l'effet puissant que cette « excommunication » de la société soviétique avait sur les détenus soviétiques. Un prisonnier français, Jacques Rossi, auteur du *Manuel du Goulag*, guide encyclopédique de la vie dans les camps, écrit que le mot « camarade » pouvait électriser les détenus qui ne l'avaient entendu de longue date : « Dans les années 1940, l'auteur a vu une équipe, à la fin d'une journée de travail de onze heures et demie d'affilée, accepter de continuer à travailler uniquement parce que le chef de chantier [...] leur avait dit : "Je vous en prie, camarades !"[31]. »

La déshumanisation des « politiques » se solda par un changement très net, et à certains endroits radical, de leurs conditions de vie. Le Goulag des années 1930 avait été généralement désorganisé, souvent cruel, parfois mortel. À certains endroits, néanmoins, et à certains moments des années 1930, les détenus politiques eux-mêmes avaient de réelles possibilités de se racheter. Les travailleurs du canal de la mer Blanche pouvaient lire *Perekovka*, journal dont le titre même voulait dire «reforger». Dans la conclusion de sa pièce, *Aristokraty*, Pogodine évoquait la «conversion» d'un ex-saboteur. Flora Leipman — fille d'une Écossaise qui avait épousé un Russe, s'était installée à Saint-Pétersbourg et avait été vite arrêtée comme espionne — visita sa mère emprisonnée dans un camp forestier du Nord, en 1934, et constata qu'il «subsistait un élément d'humanité entre les gardes et les prisonniers car le KGB n'était pas aussi sophistiqué ni tourné vers la psychologie qu'il devait l'être quelques années plus tard[32]». Et Leipman savait de quoi elle parlait puisque elle-même fut incarcérée «quelques années plus tard». Après 1937, en effet, les attitudes changèrent, notamment envers ceux qui avaient été arrêtés en vertu de l'article 58 du code pénal pour crimes «contre-révolutionnaires».

Dans les camps, les politiques furent retirés des postes de planification ou des tâches techniques pour être astreints à des «travaux généraux»: travaux physiques non qualifiés dans les mines ou les forêts; il n'était plus question pour les «ennemis» d'occuper quelque poste important que ce soit, par crainte qu'ils ne se livrent à du sabotage. Pavlov, le nouveau chef du Dalstroï, signa personnellement l'ordre obligeant à utiliser un géologue détenu, I.S. Davidenko, «comme travailleur ordinaire; en aucun cas, il ne doit être autorisé à poursuivre un travail indépendant. Ses tâches doivent être soigneusement contrôlées et soumises à une observation quotidienne[33]». Dans un rapport de février 1939, le commandant du Belbaltlag affirma aussi «avoir chassé tous les travailleurs qui n'étaient pas politiquement fiables» et, en particulier, «tous les anciens détenus pour crimes contre-révolutionnaires». Dorénavant, promit-il, les tâches administratives et techniques seraient réservées aux «communistes, membres du Komsomol [Jeunesses communistes] et spécialistes de confiance»[34]. De toute évidence, la productivité économique n'était plus la priorité numéro un des camps.

Les régimes des camps se durcirent à travers le système tant pour les criminels ordinaires que pour les politiques. Au début des années 1930, les rations de pain pour «travail général» pouvaient aller jusqu'à un kilogramme par jour, même pour ceux qui ne remplissaient pas la norme à 100 %, et jusqu'à deux kilos pour les stakhanovistes. Dans les principaux *lagpounkts* du canal de la mer Blanche, on servait de la viande douze jours par mois[35]. À la fin de la décennie, la ration garantie avait diminué de plus de moitié, pour tomber à 400 ou 450 grammes de pain, tandis que ceux qui remplissaient la norme à 100 % avaient droit à 200 grammes de rabiot. La ration punitive tomba à 300 grammes[36]. Évoquant cette époque à la Kolyma, Varlam Chalamov écrit :

> Il suffisait de vingt à trente jours d'affilée de journées de travail de seize heures, sans jours de repos, associées à la faim systématique, des vêtements en haillons et des nuits à moins 18° au-dessous de zéro sous une toile de tente trouée pour transformer en «crevard» un jeune homme sain qui commençait sa carrière dans l'air pur et frais, sur le terrain... Sur les brigades entières qui commençaient la saison d'extraction de l'or, pas un seul ne survivait, hormis le chef de brigade lui-même, son ordonnance et quelques-uns de ses amis personnels[37].

Les conditions se dégradèrent également parce que le nombre de détenus augmenta, par endroits, avec une étonnante rapidité. Le Politburo avait certes essayé de préparer cet afflux, en donnant en 1937 pour instruction au Goulag de commencer la construction de cinq nouveaux camps de bois d'œuvre dans la région des Komis aussi bien que dans des « zones plus reculées » du Kazakhstan. Afin de hâter la construction, le Goulag avait même reçu une « avance de dix millions de roubles » pour organiser les nouveaux camps. En outre, les commissariats du Peuple à la Défense, à la Santé et aux Forêts reçurent l'ordre de trouver 240 officiers supérieurs et travailleurs politiques, 150 médecins et 400 aides-soignants, 10 éminents spécialistes des forêts et « 50 diplômés de l'Académie de technologie forestière de Leningrad » pour travailler immédiatement au Goulag[38].

Les camps existants n'en furent pas moins une fois de plus submergés de nouvelles recrues, et le surpeuplement du début des années 1930 se répéta. Dans un *lagpounkt* construit pour 250 ou 300 personnes au Siblag, le camp forestier sibérien, le nombre effectif des détenus, suivant les conjectures d'un survivant, dépassait en 1937 les 17 000. Quand bien même il n'eût été que du quart, la surestimation donne une idée de l'impression de surpeuplement qui dut prévaloir. Faute de baraques, les détenus s'aménagèrent des *zemlianki*, des gourbis creusés dans la terre ; mais ceux-ci étaient eux-mêmes si surpeuplés qu'il « était impossible de bouger, sans marcher sur la main de quelqu'un ». Les prisonniers refusaient de sortir, de crainte de perdre leur place par terre. Il n'y avait ni gamelles ni cuillers ; les queues étaient immenses pour la nourriture. Une épidémie de dysenterie se déclara, les détenus mourant rapidement.

Lors d'une réunion ultérieure du Parti, même l'administration du camp du Siblag se souvint solennellement des « terribles leçons de 1938 », ne serait-ce que pour le « nombre de journées de travail perdues » dans la crise[39]. À travers l'ensemble du système des camps, le nombre de victimes doubla officiellement de 1937 à 1938. On ne possède pas partout de statistiques, mais on présume que les taux de mortalité étaient bien plus élevés dans les camps du Nord — Kolyma, Vorkouta et Norilsk —, où les détenus politiques étaient envoyés en grand nombre[40].

Toutefois, les prisonniers ne mouraient pas seulement de faim et d'épuisement. Dans la nouvelle atmosphère, l'incarcération des ennemis commença rapidement à sembler insuffisante : mieux valait qu'ils disparussent complètement de la circulation. Le 30 juillet 1937, le NKVD donna donc un ordre sur la répression des « anciens koulaks, voleurs et autres éléments antisoviétiques » — ordre assorti de quotas d'exécution pour les détenus du Goulag et autres[41]. De même, le 25 août 1937, Iejov signa un autre ordre demandant l'exécution des détenus incarcérés dans les prisons politiques de haute sécurité. Le NKVD devait « achever dans les deux mois l'opération de répression des éléments contre-révolutionnaires les plus actifs [...], des personnes condamnées pour espionnage, diversion, terrorisme, activité révolutionnaire et banditisme, mais aussi des personnes condamnées pour appartenance à des partis antisoviétiques[42] ».

Aux politiques, il ajouta les « bandits et éléments criminels » opérant à Solovetski, alors également transformée en prison politique de haute sécurité. Le quota pour Solovetski fut précisé : il fallait exécuter 1 200 détenus encore emprisonnés sur place. Un témoin se souvient du jour où certains d'entre eux furent éliminés :

> Subitement, ils firent sortir tout le monde des cellules ouvertes du kremlin pour un décompte général. À l'appel, ils lurent une immense liste de noms — plusieurs centaines — qui devaient partir. Ils avaient deux heures pour se préparer puis se rassembler à nouveau sur la même place centrale. S'ensuivit une terrible confusion. Certains se précipitèrent pour rassembler leurs affaires, d'autres pour faire leurs adieux à leurs amis. Deux heures plus tard, la plupart des partants se tenaient à leur place... des colonnes de détenus s'en allèrent avec valises et havresacs[43]...

Apparemment, certains avaient sur eux des couteaux, dont ils se servirent ensuite pour attaquer leurs bourreaux, près du village de Sandormokh, dans le nord de la Carélie, les blessant grièvement. Après cet incident, le NKVD obligea tous les détenus à se déshabiller pour ne garder que leurs sous-vêtements avant de les exécuter. Plus tard, l'agent du NKVD chargé de l'opération fut récompensé : sa vaillance dans l'accomplissement de sa tâche lui valut un « cadeau précieux », se contentent d'indiquer les archives. Quelques mois plus tard, il fut exécuté à son tour[44].

À Solovetski, les prisonniers exécutés semblent avoir été choisis au hasard. Dans certains camps, cependant, l'administration saisit l'occasion de se débarrasser des détenus particulièrement récalcitrants. Ce fut sans doute aussi le cas à Vorkouta, où bon nombre des détenus choisis étaient en fait d'anciens trotskistes — autrement dit, d'authentiques partisans de Trotski, qui avaient pris part à des grèves au camp et à d'autres rébellions. Au début de l'hiver 1937-1938, a calculé un témoin, l'administration de Vorkouta avait interné quelque 1 200 détenus, pour la plupart des trotskistes, ainsi que d'autres politiques et quelques criminels dans une briqueterie abandonnée et une série de grandes tentes « pleines à craquer ». Les détenus n'avaient droit à aucune nourriture chaude : « La ration quotidienne consistait en 400 grammes seulement de pain à moitié sec[45]. » Ils restèrent là jusqu'à la fin mars, lorsque arriva de Moscou un nouveau groupe d'officiers du NKVD. Les officiers formèrent une « commission spéciale » et convoquèrent les prisonniers par groupes de quarante pour leur dire qu'ils partaient dans un prochain convoi. Chacun reçut un morceau de pain. Depuis la tente, les détenus entendirent des bruits de pas qui s'éloignaient — « puis des coups de feu ».

L'atmosphère, sous les tentes, devint infernale. Un paysan, emprisonné pour « spéculation » — il avait vendu son porcelet dans un bazar —, s'allongea sur son châlit, les yeux grands ouverts, ne réagissant plus à rien. « Qu'ai-je en commun avec vous, les politiques ? geignait-il régulièrement. Vous combattiez pour le pouvoir, le rang, moi la vie me suffit. » Un autre homme se suicida — selon un témoin. Deux perdirent la tête. Enfin, quand il ne resta plus qu'une centaine de personnes, les exécutions s'arrêtèrent, aussi brusquement et inexplicablement qu'elles avaient commencé. Les patrons du NKVD avaient regagné Moscou. Les détenus restants retournèrent aux mines. Dans l'ensemble du camp, quelque 2 000 détenus avaient été tués.

Staline et Iejov n'envoyaient pas toujours des gens de Moscou accomplir ces basses besognes. Afin d'accélérer le processus à travers le pays, le NKVD organisa aussi des troïkas, qui opéraient dans les camps aussi bien qu'au-dehors. Comme son nom l'indique, une troïka se composait de trois hommes : en général, le chef régional du NKVD, le secrétaire en chef du Parti dans la province et un représentant du procureur ou du gouvernement local. Ensemble, ils avaient le droit de condamner un détenu en son absence, sans lui accorder le bénéfice d'un juge, de jurés, d'avocats ou d'un procès[46].

Une fois en place, les troïkas ne perdaient pas de temps. Le 20 septembre 1937, journée assez typique, celle de la République de Carélie condamna 231 prisonniers du camp du canal de la mer Blanche, le Belbaltlag. À supposer que ses membres eussent travaillé dix heures, sans s'arrêter, ils auraient consacré moins de trois minutes au destin de chaque prisonnier. La plupart de ces condamnés l'avaient été initialement beaucoup plus tôt, au début des années 1930. Ils furent alors accusés de nouveaux crimes, habituellement en rapport avec leur inconduite ou une mauvaise attitude envers la vie dans les camps. Parmi eux se trouvaient d'anciens politiques — mencheviks, anarchistes, sociaux-démocrates — et une ancienne religieuse qui « refusait de travailler pour les autorités soviétiques » aussi bien qu'un koulak qui avait travaillé au camp comme cuistot. Il fut accusé d'inciter les stakhanovistes à se plaindre. D'après les autorités, il les avait obligés « à faire la queue en servant d'abord les prisonniers ordinaires[47] ».

L'hystérie ne dura point. En novembre 1938, les exécutions en masse s'arrêtèrent brusquement, tant dans les camps que dans le reste du pays. Peut-être les purges étaient-elles allées trop loin, même au goût de Staline. Peut-être avaient-elles tout simplement atteint leurs objectifs. Ou peut-être causaientelles trop de dégâts à une économie encore fragile. Quelle qu'en soit la raison, Staline déclara en mars 1939, au Congrès du parti communiste, que la purge s'était accompagnée de « plus d'erreurs que nous ne pouvions le prévoir[48] ».

Nul ne présenta des excuses ni ne se repentit, et personne, ou presque, ne fut jamais puni. À peine quelques mois auparavant Staline avait envoyé à tous les patrons du NKVD une circulaire pour les complimenter d'« infliger une défaite écrasante aux espions et agents subversifs des services secrets étrangers » et de « purger le pays des cadres de la subversion, de l'insurrection et de l'espionnage ». C'est alors seulement qu'il attira l'attention sur quelques « lacunes » de l'opération, comme les « procédures d'enquête simplifiées », le manque de témoins et de preuves[49].

La purge du NKVD ne devait pas non plus s'arrêter totalement. En novembre 1938, Staline démit de ses fonctions le prétendu auteur de toutes ces « erreurs », Nikolaï Iejov, et le condamna à mort. L'exécution eut lieu en 1940, après que Iejov eut supplié qu'on lui laissât la vie sauve, comme Iagoda avant lui : « Dites à Staline que je mourrai avec son nom sur mes lèvres[50]. »

Les protégés de Iejov tombèrent avec lui, comme les acolytes de Iagoda quelques années auparavant. Dans sa cellule, Evguénia Guinzbourg observa un jour que les règlements de la prison collés au mur avaient disparu. Quand ils furent remplacés, là où, « dans le coin gauche de l'affiche, on pouvait lire : "Approuvé. Le commissaire général du Comité pour la Sécurité d'État : Iejov" », avait été soigneusement collé « un petit morceau de papier blanc ». Mais les changements ne s'arrêtèrent pas là : « La première fois, on couvrit le nom de Weinstock, qu'on remplaça par celui d'Antonov. La seconde fois, Antonov à son tour fut remplacé par "la Direction centrale des prisons". — [...] Ils n'auront plus besoin de changer. Nous étouffâmes notre premier vrai rire[51] [...]. »

La productivité du système des camps continua de s'effondrer. Dans l'Oukhtpetchlag, les exécutions massives, le nombre accru des détenus malades et faibles ainsi que la disparition des spécialistes incarcérés avaient entraîné une baisse spectaculaire de la production du camp de 1936 à 1937. En juillet 1938, une commission spéciale du Goulag fut donc convoquée pour débattre du déficit massif[52]. La productivité des mines d'or de la Kolyma chuta, elle aussi. Même l'afflux considérable de nouveaux détenus ne put faire remonter la quantité d'or produite à des niveaux comparables à ceux du passé. Avant d'être déposé, Iejov lui-même demanda plus d'argent afin de moderniser les techniques surannées du Dalstroï — comme si c'était là le problème[53].

Entre-temps, le commandant du Belbaltlag — celui qui s'était targué si fièrement d'avoir réussi à débarrasser le personnel administratif du camp des prisonniers politiques — se plaignit de l'actuel « besoin pressant de personnel technique et administratif ». La purge avait certes politiquement « assaini » le personnel technique du camp, écrivit-il prudemment, mais elle avait aussi « accru ses insuffisances ». Dans la quatorzième division de son camp, par exemple, il y avait 12 500 prisonniers, dont 657 seulement de non-politiques. Parmi ceux-ci, cependant, la plupart avaient été condamnés à des peines criminelles très lourdes, ce qui les disqualifiait pour des postes de spécialistes ou d'administrateurs, tandis que 184 étaient illettrés : bref, il n'en restait que 70 utilisables comme employés de bureau ou ingénieurs[54].

Au total, le chiffre d'affaires des camps du NKVD, si l'on en croit les statistiques officielles, chuta de 3,5 milliards de roubles en 1936 à 2 milliards en 1937. La valeur de la production industrielle brute des camps baissa elle aussi, de 1,1 milliard de roubles à 945 millions[55].

Le manque de rentabilité et l'immense désorganisation de la plupart des camps, aussi bien que le nombre croissant des détenus malades et moribonds, ne devaient pas passer inaperçus à Moscou, où l'économie des camps fut l'objet de discussions extrêmement franches au cours de réunions de la cellule du parti communiste de l'administration centrale du Goulag. Lors d'une réunion d'avril 1938, un bureaucrate déplora le « chaos et le désordre » qui régnaient dans le camp de la région des Komis. Il accusa aussi les commandants de camp de Norilsk de construire une usine de nickel « très mal conçue » et de gaspiller en conséquence une grosse somme d'argent. Compte tenu de la quantité d'argent dépensée pour mettre en place de nouveaux camps forestiers, grommela un autre administrateur, « nous aurions pu espérer plus. Nos camps sont organisés en dépit du bon sens. On a construit dans la boue de grands bâtiments, qu'il faut maintenant déplacer ».

En avril 1939, les plaintes allèrent croissant. Dans les camps du Nord régnait une « situation particulièrement difficile pour ce qui est du ravitaillement alimentaire », d'où un « très fort pourcentage de travailleurs faibles, un très fort pourcentage de détenus incapables de travailler et des taux de mortalité et de maladie très élevés[56] ». Cette même année, le Conseil des commissaires du Peuple reconnut que jusqu'à 60 % des prisonniers du camp souffraient de la pellagre ou d'autres maladies liées à la malnutrition[57].

La Grande Terreur n'était pas responsable de tous

ces problèmes, bien sûr. Comme on l'a vu, même les camps forestiers de Frenkel, tant admirés de Staline, n'engrangeaient pas vraiment de profit[58]. Le travail des détenus avait toujours été — et serait toujours — beaucoup moins productif que le travail libre. Mais cette leçon n'avait pas encore été assimilée. Quand Iejov fut écarté du pouvoir en novembre 1938, son remplaçant à la tête du NKVD, Lavrenti Beria, entreprit presque aussitôt de modifier les régimes du camp, de changer les règles, de rationaliser les procédures — tout cela en vue de ramener les camps où les voulait Staline : au cœur de l'économie soviétique.

Beria n'avait pas — encore — conclu que le système des camps lui-même était par nature improductif et peu économique. Il semblait plutôt croire que les responsables du système avaient été incompétents. Il était désormais résolu à en faire un secteur réellement rentable de l'économie soviétique, cette fois pour de bon.

Pas plus alors que par la suite, Beria ne libéra des camps bon nombre de prisonniers injustement accusés (bien que le NKVD en libérât quelques-uns de prison). Pas plus alors que par la suite, les camps ne devinrent un tant soit peu plus humains. La déshumanisation des « ennemis » continua d'imprégner le langage des gardes et des administrateurs de camp jusqu'à la mort de Staline. On continua de maltraiter les politiques de même que tous les autres détenus : en 1939, sous l'œil vigilant de Beria, les premiers détenus se mirent à travailler dans les mines d'uranium de la Kolyma sans quasiment aucune protection contre la radiation[59]. Beria ne changea qu'un seul aspect du système : il demanda aux chefs des camps de garder davantage de détenus en vie et d'en faire un meilleur usage.

Bien que la politique n'ait jamais été claire, il leva aussi dans les faits l'interdiction de « recruter » à des postes techniques des politiques possédant des compétences scientifiques mécaniques ou techniques. Sur le terrain, les commandants rechignaient encore à employer des politiques comme « spécialistes » et devaient rester sur cette ligne jusqu'au déclin du Goulag au milieu des années 1950. En 1948, diverses branches des services de sécurité débattaient encore de la question de savoir s'il convenait ou non d'interdire aux prisonniers politiques les postes de spécialistes, les uns affirmant que c'était politiquement trop dangereux, les autres que les camps seraient trop difficiles à diriger sans eux[60]. Bien que Beria n'ait jamais vraiment résolu ce dilemme, il était trop déterminé à faire du NKVD un élément productif de l'économie soviétique pour laisser *tous* les scientifiques et ingénieurs les plus importants du Goulag se geler dans les glaces du Grand Nord. En septembre 1938, il entreprit d'organiser pour les hommes de science emprisonnés des ateliers et des laboratoires spéciaux connus des détenus sous le nom de *charachki*. Soljenitsyne, qui travailla dans une *charachka*, en a décrit une — un institut de recherche top secret, que l'on ne désignait officiellement que par un nom de code — dans son roman *Le Premier Cercle* :

> Une quinzaine de zeks amenés de camps de concentration furent débarqués dans un vieux château des faubourgs de Moscou [à Mavrino] que, pour l'occasion, on avait entouré de barbelés. [...] La charachka de cette époque ne savait pas dans quel domaine scientifique s'exerceraient ses activités et on y passait son temps à déballer toute une collection de caisses acheminées par deux trains de marchandises. On rassemblait des fauteuils confortables et des bureaux. On triait du matériel[61] [...].

Initialement baptisées « bureaux spéciaux de construction », les *charachki* furent ensuite connues collectivement sous le nom de « Quatrième Département spécial » du NKVD. Près d'un millier d'hommes de science devaient y travailler. Dans certains cas, Beria lui-même se mit à la recherche de scientifiques de talent et les fit venir à Moscou. Des agents du NKVD leur faisaient prendre un bain, les envoyaient se faire couper les cheveux et raser, puis prendre un bon repos, avant de les envoyer travailler dans des laboratoires-prisons. Parmi les « découvertes » les plus importantes de Beria, il faut citer l'ingénieur en aéronautique Tupolev, qui arriva dans sa *charachka* avec un sac où il gardait un quignon de pain et quelques morceaux de sucre (il refusa de s'en défaire, même après qu'on l'eut assuré que la nourriture serait meilleure).

Tupolev, à son tour, donna à Beria une liste d'autres personnes à faire venir, dont Valentin Glouchko, le principal concepteur soviétique de moteurs de fusées, et Sergueï Korolev, qui devait être plus tard le père du *Spoutnik*, le premier satellite d'Union soviétique — en fait, de tout le programme spatial du pays. Korolev retrouva la Loubianka après dix-sept mois passés dans la Kolyma : à en croire le témoignage de ses codétenus, il avait perdu quantité de dents pour cause de scorbut et avait l'air « famélique et épuisé[62] ». Dans un rapport établi en août 1944, Beria devait néanmoins dresser une liste de vingt nouvelles technologies militaires importantes mises au point dans ses *charachki* tout en précisant les multiples usages qu'en avait fait l'industrie de la défense au cours de la Seconde Guerre mondiale[63].

À certains égards, le règne de Beria serait apparu comme une amélioration, y compris pour les *zeks* ordinaires. Dans l'ensemble, la situation alimentaire s'améliora temporairement. Ainsi que Beria le fit valoir en avril 1938, la norme des camps — 2 000 calories par jour — avait été fixée pour des gens emprisonnés, non pour des gens affectés à des travaux manuels. Parce que le vol, la tricherie et les punitions pour travail médiocre réduisaient encore cette quantité modique de 70 %, bon nombre de détenus mouraient de faim. Ce qu'il regrettait : non qu'il eût pitié d'eux, mais parce que les taux de mortalité et de maladie élevés empêchaient le NKVD d'atteindre ses objectifs de production pour 1939. Aussi demanda-t-il l'élaboration de nouvelles normes alimentaires, en sorte que l'on pût « faire un usage maximal des capacités physiques de la force de travail des camps dans toute industrie[64] ».

Malgré le relèvement des normes alimentaires, le régime de Beria n'annonça guère une redécouverte de l'humanité des prisonniers. La transformation des détenus, d'êtres humains en unités de travail, s'était au contraire accentuée. On condamnait encore des prisonniers à mourir dans les camps — mais pas pour simples tendances contre-révolutionnaires. Ceux qui refusaient de travailler ou perturbaient activement le travail devaient être astreints à un « régime de camp plus strict, aux cachots, à une nourriture et à des conditions de vie plus mauvaises et à d'autres mesures disciplinaires ». Les « tire-au-flanc » devinrent aussi passibles de nouvelles peines, qui pouvaient aller jusqu'à la mort[65].

Les procureurs locaux lancèrent aussitôt des enquêtes à ce propos. En août 1939, par exemple, un détenu fut exécuté, non pour simple refus de travail, mais pour avoir encouragé les autres à faire comme lui. En octobre, trois détenues, manifestement des religieuses orthodoxes, furent accusées de refuser de travailler et de chanter des hymnes contre-révolutionnaires dans le camp : deux furent exécutées, la troisième se vit infliger une peine supplémentaire[66].

Les années de la Grande Terreur avaient aussi laissé leur marque d'une autre manière. Le Goulag ne devait plus jamais traiter les détenus comme s'ils pouvaient vraiment se racheter tout à fait. Le système de « libération anticipée » pour bonne conduite fut aboli. Dans sa seule intervention publique connue sur le fonctionnement au jour le jour des camps, Staline lui-même y avait mis fin, sous prétexte qu'il perturbait la vie économique des camps. S'adressant en 1938 au présidium du Soviet suprême, il demanda :

> Ne pourrions-nous penser à une autre manière de récompenser leur travail : des médailles ou autres ? Nous agissons de manière incorrecte, nous perturbons le travail du camp. Peut-être est-il nécessaire de libérer ces gens, mais du point de vue de l'économie nationale, c'est une erreur. [...] Nous libérerons les meilleurs et laisserons les pires[67].

Un décret à cet effet fut promulgué en juin 1939. Quelques mois plus tard, un autre décret supprima pour les invalides également la « libération conditionnelle anticipée ». Le nombre de détenus malades allait augmenter en conséquence. La principale source d'incitation aux détenus qui travaillaient dur serait désormais l'amélioration du « ravitaillement alimentaire et autres » ainsi que les médailles si alléchantes aux yeux de Staline. En 1940, même le Dalstroï avait commencé à en distribuer[68].

Plusieurs de ces initiatives allaient contre les lois de l'époque et se heurtèrent en fait à une certaine résistance. Vychinski, le procureur en chef, et le commissaire du Peuple à la justice, Richkov, s'opposèrent tous deux à la liquidation de la libération anticipée aussi bien qu'à l'imposition de la peine de mort aux détenus accusés de « troubler la vie du camp ». Mais Beria, comme Iagoda avant lui, avait clairement le soutien de Staline, et il remporta toutes les batailles. À compter du 1er janvier 1940, le NKVD reçut même le droit de récupérer quelque 130 000 détenus qui avaient été « prêtés » à d'autres ministères. Beria était résolu à faire du Goulag une entreprise vraiment rentable[69].

L'impact des changements introduits par Beria se fit sentir étonnamment vite. Dans les derniers mois précédant la Seconde Guerre mondiale, l'activité économique du NKVD recommença à croître. En 1939, son chiffre d'affaires fut de 4,2 milliards de roubles ; l'année suivante, de 4,5. Les prisonniers commençant à affluer dans les camps au cours de la guerre, la croissance devait s'accélérer encore[70]. Selon les statistiques officielles, le nombre de morts dans les camps diminua aussi de moitié de 1938 à 1939, pour passer de 5 à 3 %, alors même que les effectifs des détenus continuaient d'augmenter[71].

Il y avait aussi désormais beaucoup plus de camps qu'il n'y en avait eu, et ils étaient bien plus grands qu'au début de la décennie. Le nombre des détenus avait pour ainsi dire doublé entre le 1er janvier 1935 et le 1er janvier 1938 pour passer de 950 000 à 1,8 million, sans compter le million d'exilés[72]. Les camps qui se résumaient à quelques cabanes derrière des barbelés étaient devenus de véritables géants industriels. Le Sevvostlag, le principal camp du Dalstroï, comptait près de 200 000 détenus en 1940[73]. Le Vorkoutlag, camp minier qui s'était développé à partir du Roudnik n° 1 d'Oukhtpetchlag, comptait 15 000 prisonniers en 1938; en 1951, ils étaient plus de 70 000.

Mais il y eut aussi de nouveaux camps. Le plus sinistre de la nouvelle génération fut peut-être Norillag, habituellement connu sous le nom de Norilsk. Situé, comme Vorkouta et la Kolyma, au nord du cercle arctique, Norilsk se trouvait juste sur un énorme gisement de nickel, probablement le plus grand du monde. Non contents d'extraire le nickel, les détenus construisirent aussi l'usine de transformation du nickel et les centrales électriques à côté des mines. C'est encore eux qui bâtirent la ville — Norilsk — pour héberger les hommes du NKVD qui dirigeaient les mines et les usines. Comme ses prédécesseurs, Norilsk connut un essor rapide. De 1 200 détenus en 1935, le camp passa à 19 500 en 1940. À son apogée, en 1952, 68 849 prisonniers y étaient incarcérés[74].

En 1937, le NKVD fonda aussi le Kargopollag, dans la région d'Arkhangelsk, suivi en 1938 par le Viatlag, en Russie centrale, et le Kraslag, dans le district de Krasnoïarsk en Sibérie du Nord. Il s'agissait essentiellement de camps forestiers, qui acquirent des activités annexes: briqueteries, usines de transformation du bois, fabriques de meubles. Tous devaient doubler ou tripler de taille au cours des années 1940, chacun comptant alors quelque 30 000 détenus[75].

Il y eut aussi d'autres camps, ouvrant, fermant et se réorganisant si souvent qu'il est difficile de donner des chiffres précis pour une année particulière. Certains étaient tout petits, construits pour répondre aux besoins d'une usine, d'une industrie ou d'un chantier particuliers. D'autres étaient temporaires, mis en place pour la construction d'une route ou d'une voie ferrée, puis abandonnés. Afin de gérer leurs effectifs considérables et leurs problèmes complexes, l'administration du Goulag finit par mettre en place des subdivisions : une Administration centrale des camps industriels, une Administration centrale des travaux de voirie, une Administration centrale du travail forestier, etc.

Mais ce n'est pas seulement la taille qui changea. À partir de la fin des années 1930, tous les nouveaux camps eurent un caractère purement industriel, sans les fontaines ni les « jardins » du Vichlag, sans la propagande idéaliste qui accompagna la construction de la Kolyma, sans détenus spécialistes à tous les niveaux de la vie du camp. Olga Vassilievna, administratrice qui travailla comme ingénieur et inspectrice sur des chantiers du Goulag et d'autres à la fin des années 1930 et dans les années 1940, se souvient qu'à cette époque « il y avait moins de gardes, moins d'administrateurs, moins d'employés [...]. Dans les années 1930, les détenus exerçaient toutes sortes d'activités : employés de bureau, barbiers, gardes ». Dans les années 1940, cependant, tout cela avait été arrêté : « Tout commença à prendre un caractère massif... les choses devinrent plus rudes... les camps devenant plus grands, le régime se fit plus cruel[76]. »

On pourrait dire, au fond, qu'à la fin de la décennie les camps de concentration soviétiques avaient atteint ce qui devait être leur forme définitive. Ils avaient alors investi la quasi-totalité des régions d'Union soviétique, ses douze fuseaux horaires et la plupart de ses républiques. D'Aktioubinsk à Iakoutsk, il n'était pas un seul grand centre de population qui n'eût son camp ou sa colonie. On utilisait le travail des détenus pour construire de tout, des jouets d'enfants aux avions militaires. Dans l'Union soviétique des années 1940, il eût été difficile, en bien des endroits, de vaquer à ses activités quotidiennes sans tomber sur des détenus.

Qui plus est, les camps avaient évolué. Ils ne formaient plus un groupe de chantiers que chacun dirigeait à sa manière, mais plutôt un « complexe industriel concentrationnaire » en bonne et due forme, avec ses règles internes et ses habitudes, ses systèmes de distribution et ses hiérarchies[77]. Une immense bureaucratie, qui avait elle aussi sa culture propre, dirigeait depuis Moscou le vaste empire du Goulag. Le centre adressait régulièrement des ordres aux camps locaux, se mêlant de tout, de la politique générale aux détails mineurs. Si les camps locaux ne suivaient pas (ou ne pouvaient pas suivre) toujours la lettre de la loi, le Goulag ne devait plus jamais retrouver sa nature *ad hoc* des premiers temps.

La fortune des détenus allait encore fluctuer au gré de la politique soviétique, de l'économie et, surtout, du cours de la Seconde Guerre mondiale. Mais l'époque des essais et des expérimentations était révolue. Le système était désormais en place. Au début des années 1940, l'ensemble des procédures, surnommé le « hachoir à viande » par les détenus — méthodes d'arrestation, d'interrogatoire, de transport, d'alimentation et de travail —, était gravé dans la pierre. Au fond, elles ne devaient guère changer jusqu'à la mort de Staline.

Leningrad
Arkhangelsk
Kargopollag
Retchlag
Vorkoutlag
Norilla
Moscou
Minlag
Salekhard
Iga
Viatlag
Perm
Novossibirsk
Sib
Steplag
Djezkazgan
Igarka noms de lieux
Gorlag noms de camps
0 500 miles
0 1000 km

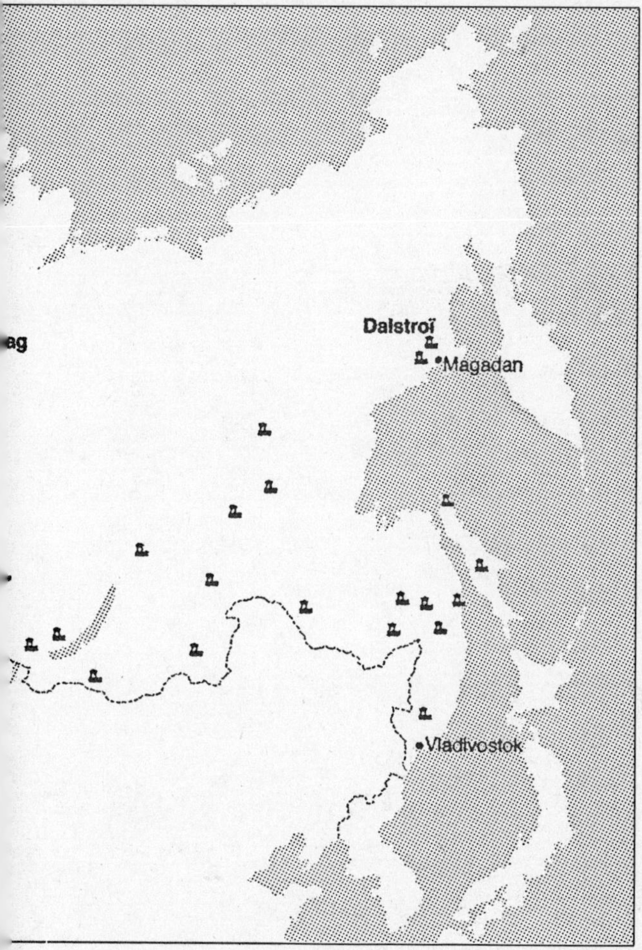
Dalstroï
Magadan
Vladivostok

DEUXIÈME PARTIE

VIE ET TRAVAIL DANS LES CAMPS

CHAPITRE 7

Arrestation

Lorsque nous apprenions une nouvelle arrestation, nous ne demandions jamais : « Pourquoi a-t-il été arrêté ? » Mais les gens comme nous étaient peu nombreux. Fous de peur, la plupart se posaient mutuellement cette question pour se rassurer : « On arrête les gens pour quelque chose. Moi, je n'ai rien fait, donc je ne serai pas arrêté ! » Ils s'ingéniaient à trouver des raisons et des justifications à chaque arrestation : « Elle faisait effectivement de la contrebande », « Il se permettait de dire des choses... », « Je l'ai moi-même entendu dire... » Ou bien : « Il fallait s'y attendre, il a un si mauvais caractère », « Il m'a toujours semblé qu'il avait quelque chose de louche », « C'est quelqu'un qui n'est pas des nôtres... » [...]

C'est pour cela que la question : « Pourquoi l'a-t-on arrêté ? » était devenue pour nous une question interdite. « Pourquoi ? criait Anna Andreïevna [Akhmatova] avec colère lorsque quelqu'un des nôtres, contaminé par le style général, posait cette question. Pourquoi ? Il est temps de comprendre qu'on arrête les gens pour rien... »

NADEJDA MANDELSTAM,
Contre tout espoir[1].

Anna Akhmatova — la poétesse que cite la femme d'un autre poète — avait en même temps raison et tort. D'un côté, à partir du milieu des années 1920 — une fois en place les rouages du système répressif —, le gouvernement soviétique cessa de rafler des gens dans les rues et de les jeter en prison sans donner de motif ni d'explication : désormais, il y eut des arrestations, des enquêtes, des procès et des condamnations. De l'autre, les « crimes » pour lesquels on arrêtait, jugeait et condamnait les gens relevaient du délire et les procédures d'investigation et de condamnation étaient absurdes, voire surréalistes.

Après coup, cela apparaît comme l'un des aspects uniques des camps soviétiques : les détenus y arrivaient, le plus souvent, via un système légal, sinon toujours par le système judiciaire ordinaire. Alors que, dans l'Europe sous occupation nazie, nul ne jugea ni ne condamna les Juifs, l'immense majorité des détenus des camps soviétiques avaient été interrogés (fût-ce superficiellement), jugés (fût-ce dans une parodie de procès) et reconnus coupables (même si cela prenait moins d'une minute). Sans doute la conviction d'agir dans le cadre de la loi est-elle pour une part dans la motivation de ceux qui travaillaient dans les services de sécurité, aussi bien que des gardes et administrateurs qui régentaient plus tard la vie des détenus dans les camps.

Mais, encore une fois, que le système répressif fût légal ne signifie pas qu'il était logique. Bien au contraire, il n'était pas plus facile de prédire avec quelque certitude qui allait être arrêté en 1947 qu'il ne l'avait été en 1917. Certes, il devint possible de deviner qui serait *probablement* arrêté. Au cours des vagues de terreur, notamment, le régime paraît avoir choisi ses victimes en partie parce qu'une raison quelconque avait attiré sur elles l'attention de la police secrète — un voisin qui les avait entendues raconter une blague malheureuse, un patron qui les avait vues se livrer à des actes « suspects » — mais plus largement parce qu'elles appartenaient à la catégorie de la population qui se trouvait alors sur la sellette.

Certaines de ces catégories étaient relativement précises — ingénieurs et spécialistes à la fin des années 1920, koulaks en 1931, Polonais ou Baltes des territoires occupés au cours de la Seconde Guerre mondiale —, mais d'autres fort vagues. Tout au long des années 1930 et 1940, par exemple, les « étrangers » furent toujours suspects. Par « étrangers », j'entends les ressortissants d'autres pays, des gens qui pouvaient avoir des contacts à l'étranger ou un lien, réel ou imaginaire, avec un pays étranger. Quoi qu'ils fissent, ils étaient toujours candidats à l'arrestation, et les étrangers qui se montraient récalcitrants, pour n'importe quelle raison, étaient particulièrement exposés. Robert Robinson, un des communistes noirs américains qui s'installèrent à Moscou dans les années 1930, devait écrire par la suite : « Tous les Noirs que j'ai connus au début des années 1930 et qui sont devenus citoyens soviétiques ont disparu dans les sept ans[2]. »

Les diplomates n'étaient pas non plus à l'abri. Alexander Dolgun, citoyen américain et modeste employé de l'ambassade des États-Unis à Moscou, raconte dans ses mémoires comment il se fit cueillir dans la rue en 1948 et fut, injustement, accusé d'espionnage. On l'avait soupçonné parce qu'il trouvait un plaisir juvénile à déjouer les filatures de la police secrète et qu'il excellait à persuader les chauffeurs de l'ambassade de lui prêter des voitures, amenant la police secrète soviétique à subodorer qu'il était peut-être plus important que son grade ne l'indiquait. Il passa huit ans dans les camps, pour ne retourner aux États-Unis qu'en 1971.

Les communistes étrangers furent fréquemment des cibles. « Vous autres, au Komintern, vous travaillez tous dans les mains de l'ennemi », déclara Staline en février 1937, d'un ton menaçant, à Georgi Dimitrov, secrétaire général de l'Internationale communiste, vouée à fomenter la révolution mondiale. Sur les 394 membres du Comité exécutif de l'Internationale en janvier 1936, il n'en restait que 171 en avril 1938. Les autres avaient été exécutés ou internés dans des camps, y compris des ressortissants de nombreuses nationalités : Allemands, Autrichiens, Yougoslaves, Italiens, Bulgares, Finlandais, Baltes, et même Anglais et Français. Les Juifs semblent avoir souffert d'une façon disproportionnée. Au bout du compte, Staline tua plus de membres du Bureau politique du parti communiste allemand d'avant 1933 que Hitler : sur les 68 dirigeants communistes allemands réfugiés en Union soviétique après l'accession des nazis au pouvoir, 41 trouvèrent la mort — dans les camps ou exécutés. Le parti communiste polonais a sans doute été plus systématiquement décimé. Selon une estimation, quelque 5 000 communistes polonais furent exécutés au cours du printemps et de l'été 1937[3].

Mais nul n'était besoin d'appartenir à un parti communiste étranger : Staline cibla aussi les compagnons de route étrangers, dont les 25 000 « Finnois américains » étaient probablement les plus nombreux. Il s'agissait de Finlandais de langue finnoise : certains avaient émigré en Amérique, d'autres étaient nés là-bas, mais tous étaient arrivés en Union soviétique au cours des années 1930 alors que la Grande Crise sévissait aux États-Unis. La plupart étaient des ouvriers et s'étaient retrouvés au chômage aux États-Unis. Encouragés par la propagande soviétique — des recruteurs soviétiques firent le tour des communautés finlandaises des États-Unis, évoquant les merveilleuses conditions de vie et les possibilités de travailler qu'ils trouveraient en URSS —, ils affluèrent dans la République de Carélie, de langue finnoise. Presque aussitôt, ils créèrent des problèmes aux autorités. Tout compte fait, la Carélie ne ressemblait pas beaucoup à l'Amérique. Beaucoup le firent remarquer bruyamment à qui voulait bien l'entendre puis essayèrent de rentrer — pour se retrouver plutôt au Goulag à la fin des années 1930[4].

Les citoyens soviétiques qui avaient des liens à l'étranger n'étaient pas moins suspects. Les premières exposées étaient les « nationalités de la Diaspora », les Polonais, les Allemands et les Finnois de Carélie qui avaient des contacts et des parents par-delà la frontière, mais aussi les Baltes, les Grecs, les Iraniens, les Coréens, les Afghans, les Chinois et les Roumains éparpillés à travers l'URSS. D'après ses propres archives, entre juillet 1937 et novembre 1938, le NKVD condamna 335 513 personnes dans ces opérations « nationales »[5]. Des opérations semblables, on le verra, allaient se répéter au cours de la guerre et après.

Mais il n'était pas même nécessaire de parler une langue étrangère pour éveiller les soupçons. Quiconque avait des liens avec l'étranger était suspect d'espionnage : collectionneurs de timbres, espérantistes, quiconque avait un correspondant ou des parents à l'étranger. Le NKVD arrêta aussi tous les citoyens soviétiques qui avaient travaillé à la ligne de chemins de fer de la Chine orientale, à travers la Mandchourie, dont les origines remontaient à la Russie tsariste, et les accusa d'espionnage pour le compte du Japon. Dans les camps, ils étaient connus sous le nom de « Kharbintsi », du nom de la ville de Kharbine, où beaucoup avaient vécu[6]. Robert Conquest raconte l'arrestation d'une cantatrice, qui avait dansé avec l'ambassadeur du Japon au cours d'un bal officiel, et d'un vétérinaire qui soignait les chiens d'étrangers[7].

À la fin des années 1930, la plupart des citoyens soviétiques ordinaires avaient compris et refusaient tout contact avec des étrangers. Karlo Stajner, communiste croate marié à une Russe, se souvient : « Il était rare qu'un Russe eût des rapports privés avec un étranger. [...] Quant à la famille de ma femme, je ne les connaissais pratiquement pas. Lorsqu'elle avait appris que Sonia se proposait d'épouser un étranger, la famille le lui avait déconseillé[8]. » Encore au milieu des années 1980 — date de mon premier séjour en Union soviétique —, beaucoup de Russes se méfiaient des étrangers, feignant de les ignorer ou refusant même d'entrer en contact avec eux du regard dans la rue.

Et pourtant... tous les étrangers ne se firent pas cueillir par la police, et toutes les personnes accusées de relations avec l'étranger n'avaient pas vraiment de relations avec l'étranger. Il arrivait aussi que l'on arrêtât des gens pour des raisons bien plus idiosyncrasiques[9]. Aussi la question du « pourquoi ? » — qui mettait Anna Akhmatova hors d'elle — suscite-t-elle une gamme vraiment étonnante d'explications apparentes.

Ossip Mandelstam, le mari de Nadejda, par exemple, fut arrêté pour s'en être pris à Staline dans un poème :

> Nous vivons sans sentir sous nos pieds de pays,
> Et l'on ne parle plus que dans un chuchotis,

Si jamais l'on rencontre l'ombre d'un bavard
On parle du Kremlin et du fier montagnard.

Il a les doigts épais et gras comme des vers
Et des mots d'un quintal précis comme des fers.

Quand sa moustache rit, on dirait des cafards,
Ses grosses bottes sont pareilles à des phares.

Les chefs grouillent autour de lui — la nuque frêle.
Lui, parmi ces nabots, se joue de tant de zèle.

L'un siffle, un autre miaule, un autre encore geint —
Lui seul pointe l'index, lui seul tape du poing.

Il forge des chaînes, décret après décret...
Dans les yeux, dans le front, le ventre et le portrait.

De tout supplice, sa lippe se régale.
Le Géorgien a le torse martial[10].

Bien que, officiellement, on eût donné des raisons différentes, Tatiana Okounevskaïa, l'une des actrices de cinéma les plus aimées d'Union soviétique, fut arrêtée, selon elle, pour avoir refusé de coucher avec Viktor Abakoumov, chef du contre-espionnage soviétique en temps de guerre. Pour être sûr qu'elle en comprenait bien la raison, on lui montra, assure-t-elle, un mandat d'arrêt portant sa signature[11]. Les quatre frères Starostine, tous célèbres joueurs de football, furent arrêtés en 1942. Ils ne purent jamais se défaire de l'idée que c'était parce que leur équipe, le Spartak, avait eu le malheur d'infliger une défaite un peu trop sévère à l'équipe préférée de Lavrenti Beria, le Dynamo[12].

Mais il n'était pas nécessaire de sortir du lot. Lioudmila Khatchatryan fut arrêtée pour avoir épousé un étranger, un soldat yougoslave. Lev Razgon raconte l'histoire d'un paysan, Seriogine, qui, apprenant que Kirov avait été tué, avait répondu « J'en ai rien à foutre ». Il n'avait jamais entendu parler de Kirov et crut que l'homme avait trouvé la mort au cours d'une bagarre dans le village voisin. Pour cette bévue, il écopa de dix ans[13]. En 1939, raconter une blague sur Staline, ou en écouter une, arriver en retard au travail, avoir le malheur d'être désigné par un ami terrorisé ou un voisin jaloux comme « conjuré » d'un complot inexistant, posséder quatre vaches dans un village où la plupart des gens n'en avaient qu'une, voler une paire de chaussures, être cousin de la femme de Staline, voler un stylo et du papier dans un bureau pour les donner à un écolier qui n'en avait pas — tout cela, dans certaines circonstances, pouvait valoir une condamnation dans un camp de concentration soviétique. Les parents d'une personne ayant essayé illégalement de franchir la frontière soviétique étaient passibles d'arrestation, suivant une loi de 1940, qu'ils eussent été ou non au courant de la tentative de fuite[14]. Les lois du temps de guerre — sur les retards au travail et l'interdiction de changer d'emploi — devaient faire affluer d'autres « criminels » dans les camps.

Si les raisons de l'arrestation étaient multiples et variées, les méthodes l'étaient aussi. Certains détenus avaient été amplement avertis. Plusieurs semaines durant, avant son arrestation au milieu des années 1930, un agent de l'OGPOU convoqua à diverses reprises Alexander Weissberg pour le questionner, lui demandant sans relâche comment il était devenu un « espion » : Qui t'a recruté ? Qui as-tu recruté ? Pour quelles organisations étrangères travailles-tu ? « Il ne cessait de poser toujours les mêmes questions et je lui apportais toujours les mêmes réponses[15]. »

À peu près à la même époque, Galina Serebriakova, auteur du *Jeune Marx* et épouse d'un haut fonctionnaire, fut aussi « invitée » tous les soirs à la Loubianka, où on la faisait attendre jusqu'à deux ou trois heures du matin avant de l'interroger et de la libérer à cinq heures, où elle regagnait enfin son appartement. Des agents cernaient son immeuble tandis qu'une voiture noire la suivait quand elle sortait. Elle était tellement convaincue de son arrestation imminente qu'elle essaya de se suicider. Elle subit néanmoins plusieurs mois de harcèlement avant d'être effectivement arrêtée[16].

Lors des vagues d'arrestations massives — des koulaks en 1929-1930, des militants du Parti en 1937-1938, et des anciens prisonniers en 1948 — beaucoup surent que leur tour arrivait en voyant simplement leur entourage arrêté. Elinor Lipper, communiste hollandaise arrivée à Moscou dans les années 1930, séjournait en 1937 à l'hôtel Lux, réservé aux révolutionnaires étrangers : « Chaque nuit, d'autres personnes disparaissaient de l'hôtel. [...] Au matin, de grands scellés rouges étaient apposés sur les portes de nouvelles chambres[17]. »

Dans les temps de terreur, d'aucuns vécurent même l'arrestation comme une sorte de soulagement. Nikolaï Starostine, une des étoiles malheureuses du football, fut filé par des agents plusieurs semaines durant. Exaspéré, il finit par aborder l'un d'eux pour exiger une explication : « Si vous voulez quelque chose de moi, vous n'avez qu'à me convoquer. » De ce fait, le moment de l'arrestation ne provoqua « ni choc ni crainte », mais éveilla sa « curiosité »[18].

D'autres encore furent pris complètement par surprise. L'écrivain polonais Alexandre Wat, qui habitait alors la ville occupée de Lvov, fut convié à une soirée dans un restaurant en compagnie d'autres écrivains. Il voulut savoir quelle en était l'occasion.

L'hôte lui répondit : « Tu verras ! Tu verras ! » Une rixe fut mise en scène, et il fut arrêté sur-le-champ[19]. Alexander Dolgun, l'employé de l'ambassade des États-Unis, se fit héler dans la rue par un homme qui appartenait en fait à la police secrète. Quand celui-ci l'appela par son nom, se souvient Dolgun, « je fus complètement déconcerté. Je me demandais si l'autre n'avait pas un grain[20] ». L'actrice Okounevskaïa était alitée avec une sale grippe au moment de son arrestation et elle demanda à la police de repasser un autre jour. Ils lui firent voir le mandat d'arrêt (avec la signature d'Abakoumov) et la traînèrent dans les escaliers[21]. Soljenitsyne rapporte l'histoire, peut-être apocryphe, d'une femme que son ami, un commissaire instructeur, emmena au Bolchoï puis conduisit tout droit du théâtre à la Loubianka[22]. La survivante et mémorialiste Nina Gaguen-Torn raconte l'histoire d'une femme de Leningrad arrêtée alors qu'elle décrochait son linge d'une corde tendue dans la cour. Vêtue d'un peignoir, elle avait laissé son bébé seul dans l'appartement, imaginant qu'elle serait de retour quelques minutes plus tard. Elle supplia, en vain, qu'on lui permît d'aller le chercher[23].

En vérité, tout se passe comme si les autorités avaient varié délibérément leurs tactiques, cueillant les uns à domicile, les autres au travail, les uns dans la rue, les autres dans le train. Une note de Viktor Abakoumov à Staline, datée du 17 juillet 1947, confirme ce soupçon, observant que les prisonniers étaient régulièrement « surpris » par la police pour éviter qu'ils ne s'enfuient ou n'opposent quelque résistance, ou encore empêcher que le suspect ne prévienne d'autres complices de sa « conspiration » contre-révolutionnaire. Dans certains cas, poursuit le document, on « procède à une arrestation secrète dans la rue »[24].

L'arrestation la plus commune était cependant celle qui se faisait à domicile, au milieu de la nuit. Dans les périodes d'arrestation massive, la peur des « coups frappés sur la porte » à minuit se généralisa. Il existe une très vieille blague soviétique sur la terrible angoisse d'Ivan et de sa femme Macha quand on frappe à la porte, et leur soulagement quand ils apprennent que c'est seulement l'immeuble qui est en feu. « Les voleurs, les putains et le NKVD travaillent surtout la nuit », dit également un proverbe soviétique[25]. Habituellement, ces arrestations nocturnes s'accompagnaient d'une perquisition, même si la tactique en la matière changea au fil du temps. Ossip Mandelstam fut arrêté par deux fois, en 1934, puis de nouveau en 1938, et sa femme a décrit les différences de procédures :

> En 1938, on ne cherchait rien, et on ne perdait pas de temps à examiner des papiers. Les policiers ne savaient même pas ce que faisait l'homme qu'ils venaient arrêter. En 1938, après avoir négligemment retourné le matelas, jeté par terre le contenu des valises et entassé dans un sac divers papiers, ils restèrent encore quelques instants, puis disparurent en emmenant Mandelstam. Toute l'opération ne dura qu'une vingtaine de minutes, alors qu'en 1934, elle avait duré toute la nuit, jusqu'au matin.

Au cours de la précédente perquisition, la police secrète, qui savait clairement ce qu'elle cherchait, avait soigneusement épluché tous les papiers de Mandelstam, écartant les vieux manuscrits pour rechercher de nouvelles poésies. La première fois, ils avaient aussi veillé à la présence de témoins « civils », mais aussi — en l'occurrence — d'un « ami » à la solde de la police, un critique littéraire connu des

Mandelstam, que l'on avait vraisemblablement prié de venir pour veiller à ce qu'ils ne se mettent pas à brûler les papiers sitôt qu'ils entendraient frapper à la porte[26]. Par la suite, ils ne devaient plus s'embarrasser de tels détails.

Les arrestations massives de nationalités particulières, comme celles qui eurent lieu dans l'ancienne Pologne orientale et dans les États baltes, les territoires occupés par l'armée rouge de 1939 à 1941, avaient généralement un caractère encore plus aléatoire. Janusz Bardach, adolescent juif de la ville polonaise de Wlodzimierz-Wolynski, fut contraint d'agir comme « témoin » civil au cours d'une arrestation massive de ce type. Il accompagna un groupe de brutes ivres du NKVD, qui dans la nuit du 5 décembre 1939 se rendirent d'une maison à l'autre, raflant des gens destinés à être arrêtés ou déportés. Tantôt, ils s'en prirent aux citoyens les plus aisés, qui avaient des relations, et dont ils marquaient le nom sur une liste ; tantôt, ils emmenèrent simplement des « réfugiés » — habituellement des Juifs fuyant la Pologne occidentale sous occupation nazie pour se réfugier dans l'Est sous occupation soviétique — sans se donner la peine d'écrire leurs noms. Dans une maison, un groupe de réfugiés tenta de se défendre en faisant observer qu'ils avaient tous été membres du Bund, le mouvement socialiste juif. Apprenant qu'ils venaient de Lublin, alors de l'autre côté de la frontière, Guennadi, le chef de la patrouille du NKVD, se mit à crier :

> « Sales réfugiés ! Espions nazis ! » Les enfants commencèrent à pleurer, ce qui eut le don d'irriter davantage Guennadi. « Faites-les taire ! Ou vous préférez que je m'en charge ? »
>
> La mère les rapprocha d'elle, mais ils ne pouvaient s'arrêter de pleurer. Guennadi empoigna le petit garçon

par les mains, le libéra brusquement des bras de sa mère et le flanqua par terre. « Ta gueule, j'ai dit ! » La mère hurla. Le père essaya de dire un mot, mais il ne put que haleter. Guennadi ramassa le petit, le retint une seconde en le regardant droit dans les yeux, puis le balança de toutes ses forces contre le mur..

Plus tard, les hommes détruisirent la maison des amis d'enfance de Bardach :

Juste à côté se trouvait le cabinet du Dr. Schechter. Son bureau d'acajou foncé se trouvait au milieu. Guennadi se dirigea droit sur lui. Il passa sa main sur le bois lisse puis, dans un accès de colère inattendu, flanqua un grand coup de pince à levier. « Cochon de capitaliste ! Putain de parasites ! Il nous faut les trouver, ces exploiteurs bourgeois ! » Il frappa de plus en plus fort, sans interruption, faisant plusieurs trous dans le bois...

Incapables de trouver les Schechter, les hommes violèrent et tuèrent la femme du jardinier.

Ceux qui menaient ces opérations, souvent des gardes de convois — les soldats qui accompagnaient les trains de déportés — plutôt que des agents du NKVD, étaient bien moins formés que la police secrète qui procédait aux arrestations « normales » de criminels « normaux ». La violence n'était probablement pas officiellement obligatoire, mais, comme il s'agissait de soldats soviétiques arrêtant des « capitalistes » dans l'Occident riche, l'ivrognerie, l'anarchie et même le viol avaient été apparemment approuvés, comme ils le furent par la suite, au cours de la marche de l'armée rouge à travers la Pologne et l'Allemagne[27].

Certains aspects de leur conduite n'en étaient pas moins strictement dictés d'en haut. L'Administration centrale des gardiens de convoi, à Moscou, décida par exemple en novembre 1940 que les gardiens procédant aux arrestations devaient dire aux détenus d'emporter assez de vêtements chauds et d'effets personnels pour tenir trois ans, l'Union soviétique souffrant à l'époque de la pénurie. L'espoir était que les personnes arrêtées vendraient leurs biens[28]. Auparavant, instruction avait généralement été donnée aux soldats de ne rien dire aux prisonniers de leur lieu de destination ni de la durée de leur absence. La formule consacrée était : « Pourquoi s'inquiéter ? À quoi bon emporter tout ça ? On ne vous emmène que pour une petite discussion. » Parfois, ils racontaient aux prisonniers qu'ils ne faisaient que les déplacer dans une autre région, plus loin des frontières, « pour votre propre protection »[29]. Le but était d'éviter que les personnes arrêtées ne s'effraient, ne ripostent ou ne s'enfuient. Mais le résultat était de les priver des effets de base dont ils auraient besoin pour vivre dans un climat rude et peu familier.

Tandis que les paysans polonais découvrant pour la première fois le régime soviétique étaient sans doute excusables d'accueillir ces mensonges avec une telle naïveté, la même formule marchait tout aussi bien sur les intellectuels de Moscou et de Leningrad ou les apparatchiks du Parti — assurés qu'ils étaient souvent de leur innocence. Le jour de son arrestation, on promit à Evguénia Guinzbourg, à l'époque militante du Parti à Kazan, qu'elle en avait pour « une quarantaine de minutes, une heure peut-être... ». Aussi ne prit-elle pas la peine de dire au revoir à ses enfants[30]. Helena Sidorkina, membre du Parti arrêtée, se rendit à pied jusqu'à la prison, « bavardant paisiblement » avec l'officier venu l'arrêter, certaine qu'elle était de rentrer bientôt à la maison[31].

Sofia Alexandrovna, l'ex-femme du tchékiste Gleb

Boki, se laissa dissuader d'emporter un manteau d'été avec elle quand le NKVD vint la chercher (« il fait chaud ce soir, nous serons de retour dans une heure au plus »), poussant son gendre, l'écrivain Lev Razgon, à méditer sur l'étrange cruauté du système : « À quelle fin envoyer en prison une femme d'âge mûr et pas en très bonne santé, sans même le moindre sac de sous-vêtements ni le moindre objet de toilette, toutes choses qu'une personne arrêtée a toujours été autorisée à emporter avec elle depuis le temps des pharaons[32] ? »

Au moins la femme de l'acteur Gueorgui Jenov eut-elle le réflexe de commencer à rassembler ses vêtements. Quand on lui objecta qu'elle serait bientôt de retour, elle répliqua sèchement : « Ceux qui tombent entre vos mains ne reviennent pas vite[33]. » Elle n'était pas loin de la vérité. Le plus clair du temps, quand une personne arrêtée franchissait les lourdes portes de fer d'une prison soviétique, elle ne revoyait plus sa maison avant des années.

Si la méthode soviétique d'arrestation semble avoir été parfois capricieuse, les rituels qui suivaient étaient devenus, dans les années 1940, quasiment immuables. Peu importait comment un détenu avait franchi les portes de la prison locale : une fois dans la place, les événements suivaient un cours nettement prévisible. En règle générale, les détenus étaient enregistrés et photographiés, et l'on relevait leurs empreintes digitales bien avant qu'on leur expliquât le pourquoi de leur arrestation et le sort qu'on leur réservait. Dans les premières heures, voire les premiers jours, ils ne rencontraient pas de plus hauts responsables que de simples gardiens de prison, qui étaient complètement indifférents à leur sort, n'avaient aucune idée de la nature de leurs prétendus crimes et répondaient d'un haussement d'épaules à toutes les questions.

Beaucoup d'anciens détenus croient que leurs premières heures de captivité étaient délibérément faites pour les choquer, les rendre incapables de toute pensée cohérente. Inna Tchikheeva-Gaister, arrêtée parce que fille d'un ennemi du peuple, eut cette sensation quelques heures à peine après son arrivée à la Loubianka, la prison centrale de Moscou :

> Ici, à la Loubianka, on n'est déjà plus une personne. Et autour de vous, il n'y a pas de gens. Ils vous entraînent dans un couloir, vous photographient, vous déshabillent, vous fouillent mécaniquement. Tout est fait de manière totalement impersonnelle. Vous cherchez un regard humain — je ne parle pas d'une voix, rien qu'un regard —, mais impossible d'en trouver un. Vous vous tenez dépeignée devant un photographe, vous essayez d'arranger tant bien que mal vos vêtements, on vous indique du doigt où vous asseoir, une voix terne vous dit « face » et « profil ». Ils ne vous voient pas comme un être humain ! Vous êtes devenu un objet[34]...

Si elles étaient internées dans une des grandes prisons urbaines pour interrogatoire (plutôt qu'entassées immédiatement dans des trains, comme les exilés), les personnes arrêtées étaient systématiquement fouillées, en plusieurs étapes. Un document de 1937 enjoint spécifiquement aux gardiens de prison de ne pas oublier que « l'ennemi n'arrêt[ait] pas son combat après son arrestation » et pouvait se suicider afin de cacher son activité criminelle. Aussi leur enlevait-on tout ce qui pouvait servir à se tuer : boutons, ceintures, bretelles, lacets, jarretelles, élastiques de sous-vêtements[35]. Beaucoup en étaient humiliés. Nadejda Ioffé, fille d'un dirigeant bolchevique, fut dépouillée de sa ceinture, de ses jarretelles, de ses lacets et de ses épingles à cheveux :

> Je me souviens combien j'ai été frappée par la dégradation et l'absurdité de tout cela. Que pouvait-on faire avec des épingles à cheveux? Même si l'idée absurde germait dans la tête de quelqu'un de se pendre avec ses lacets, comment aurait-il pu s'y prendre? Il leur fallait simplement mettre une personne dans une situation révoltante et humiliante, avec sa jupe qui tombait, ses bas qui glissaient et ses chaussures qui traînaient[36].

La fouille au corps qui suivait était pire. Dans *Le Premier Cercle*, Alexandre Soljenitsyne décrit l'arrestation d'Innokenty, un diplomate soviétique. Dans les heures qui suivirent son arrivée à la Loubianka, un gardien inspecta chaque orifice de son corps :

> Lui ayant écarté les joues avec des mains sales, comme si Innokenty était un cheval à vendre, et ayant regardé sous chacune de ses paupières et ayant ainsi constaté qu'il n'y avait rien de caché sous sa langue, dans ses joues ni dans ses yeux, le gardien renversa violemment en arrière la tête d'Innokenty, de façon que la lumière éclairât l'intérieur des narines, puis il lui inspecta les deux oreilles, les tirant par le lobe, lui ordonna d'écarter les doigts pour s'assurer qu'il n'y avait rien de caché entre eux, d'agiter les bras pour être certain qu'il n'y avait rien sous ses aisselles. Puis, de la même voix mécanique et sans réplique, il ordonna :
>
> « Prenez votre pénis dans vos mains. Décalottez. Encore. Ça suffit. Levez-le vers la droite, vers la gauche. Bon. Ça va. Tournez-moi le dos. Écartez les pieds. Encore. Penchez-vous vers le sol. Les pieds plus écartés ! Écartez vos fesses avec vos mains. Voilà. Bon. Maintenant accroupissez-vous sur vos talons. Vite. Encore ! »
>
> Quand auparavant il avait pensé à une arrestation, Innokenty avait imaginé une violente lutte spirituelle. Il était tendu, prêt à opposer une sorte de défense hautaine de ses convictions et de sa vie. Mais il n'avait jamais imaginé que ce serait aussi simple, aussi absurde, aussi impitoyable. Les gens qui l'accueillaient à la Loubianka, des

subalternes à l'intelligence limitée, ne s'intéressaient pas à son individualité ni aux actions qui l'avaient amené ici[37].

Le choc de pareilles fouilles pouvait être pire pour les femmes. Une d'elles raconte que le geôlier qui procéda à la fouille « prit nos soutiens-gorge, nos porte-jarretelles et autres sous-vêtements indispensables aux femmes. Suivit un bref et répugnant examen gynécologique. Je gardai le silence, mais j'avais le sentiment d'avoir été dépouillée de toute dignité humaine[38] ».

Au cours des douze mois qu'elle passa en 1941 dans la prison Alexandrovski Tsentral, la mémorialiste M.P. Milioutina fut fouillée à plusieurs reprises. Les femmes de ses cellules devaient sortir dans les escaliers non chauffés, cinq à la fois. On leur ordonnait de se dévêtir entièrement, de poser leurs habits par terre et de lever les mains. Ils nous fourraient leurs mains « dans les cheveux, les oreilles, sous la langue, mais aussi entre les jambes », en position debout et accroupie. Après la première fouille de ce genre, précise Milioutina, « beaucoup éclataient en sanglots, beaucoup faisaient une crise d'hystérie... »[39].

Après la fouille, certains détenus étaient isolés. « Le plan destructeur des premières heures en prison, poursuit Soljenitsyne, consiste à isoler le prisonnier des autres détenus, de façon qu'il n'y ait personne à prodiguer les encouragements, de façon que le poids de tout le formidable appareil comprenant des milliers d'individus pesât sur lui seul[40]. » La cellule d'Evguéni Gnedine, diplomate soviétique et fils de révolutionnaires, ne contenait qu'une petite table, fixée au sol, et deux tabourets, également fixés. Les lits pliants, sur lesquels les détenus dormaient la nuit, étaient verrouillés au mur. Tout, y compris les murs, les tabourets, le lit et le plafond, était peint d'une couleur bleu clair. « Ça donnait l'impression d'être à l'intérieur d'une cabine de navire », écrit Gnedine dans ses mémoires[41].

Il était aussi très courant d'être mis, comme le fut Alexander Dolgun, dans un *boks* — une cellule « d'un mètre trente sur trois mètres. Une cellule vide avec un banc » — dans les premières heures qui suivaient l'arrestation et d'y être maintenu plusieurs heures, sinon quelques jours[42]. Le chirurgien polonais Isaac Vogelfanger fut placé dans une cellule aux fenêtres ouvertes en plein hiver[43]. D'autres, comme Lioubov Berchadskaïa, survivante qui compta plus tard parmi les meneurs d'une grève de détenus à Vorkouta, furent isolés aussi longtemps que dura leur interrogatoire. Elle-même passa neuf mois en réclusion solitaire, et écrivit qu'elle attendait avec impatience d'être interrogée, ne serait-ce que pour avoir quelqu'un à qui parler[44].

Pour le nouvel arrivant, cependant, une cellule de prison bondée pouvait être chose encore plus horrible que l'isolement. Olga Adamova-Sliozberg a donné de sa première cellule une description digne d'un Jérôme Bosch :

> Immense, aux murs incurvés suintant d'humidité, avec, de part et d'autre d'un étroit passage, une suite ininterrompue de châlits encombrés de corps. Sur des cordes, quelques chiffons en train de sécher. Le tout noyé dans la fumée de *makhorka* [tabac fort et bon marché]. Il y avait beaucoup de bruit, quelqu'une se querellait et criait, une autre pleurait à chaudes larmes[45].

Un autre mémorialiste a également essayé de rendre ce choc : « Affreux spectacle que ces hommes aux cheveux longs, barbus, avec ces odeurs de transpiration et nulle part où s'asseoir et se reposer.

Il faut faire un effort d'imagination pour essayer de saisir le genre d'endroit où j'étais[46]. »

Aino Kuusinen, l'épouse finlandaise d'Oleg Kuusinen, le dirigeant du Komintern, pensait avait été délibérément placée, la première nuit, à portée d'oreille des prisonniers interrogés :

> C'est le moment de décrire les horreurs de cette première nuit passée à la forteresse de Lefortovo. Aujourd'hui, trente ans après ces événements, j'ai de la peine à trouver des mots pour exprimer ce que je ressentis alors. Notons que la cellule était installée de telle manière que tous les bruits de l'extérieur y pénétraient. Comme je l'appris par la suite, il y avait en contrebas une bâtisse peu élevée qu'on appelait par euphémisme la « section des interrogatoires »... En réalité elle hébergeait la salle des tortures. Des hurlements qui n'avaient rien d'humain accompagnaient le claquement ininterrompu des fouets sur la chair vivante. Mais aucun animal n'eût trouvé la force de hurler de cette manière après des heures de sévices horribles, de menaces, de jurons orduriers[47]...

Où qu'ils se trouvassent la première nuit suivant leur arrestation, cependant, que ce fût dans une ancienne prison tsariste, une remise dans une gare de chemins de fer, une église ou un monastère transformé, tous les détenus étaient confrontés à une urgence : se remettre du choc, s'ajuster aux règles particulières de la vie carcérale — et faire face à l'interrogatoire. La vitesse à laquelle ils y parvenaient déterminait leur chance de se sortir bien ou mal du système et la façon dont ils s'en tireraient dans les camps.

De toutes les étapes par lesquelles les détenus passaient au cours de leur route vers le Goulag, l'interrogatoire est peut-être la mieux connue des Occidentaux. On en trouve des descriptions dans les livres d'histoire, mais aussi dans la littérature occidentale — le classique d'Arthur Koestler, *Le Zéro et l'infini*, par exemple, — les films de guerre et dans d'autres formes de culture de plus ou moins bas étage. Les agents de la Gestapo menaient des interrogatoires atroces, comme l'avaient fait ceux de l'Inquisition espagnole. La légende populaire s'est emparée de leur tactique: «Nous avons les moyens de vous faire parler», disent encore les enfants quand ils jouent à la guerre.

Dans les pays démocratiques et respectueux de la loi, il arrive aussi, naturellement, qu'on interroge des détenus, tantôt en accord avec la loi, tantôt en passant outre. Les pressions psychologiques, voire la torture, au cours de l'interrogatoire ne sont pas l'apanage de l'URSS. La technique du «bon flic et du méchant» — l'homme gentil et poli qui pose des questions en alternance avec l'inquisiteur hargneux — est devenue une expression courante dans d'autres langues tandis que des manuels de police américains (désormais périmés) la recommandaient. Dans beaucoup de pays, sinon dans la plupart, on a ainsi, à un moment ou à un autre, exercé des pressions sur des détenus; en fait, c'est la preuve de pressions de cette nature qui conduisit la Cour suprême à décider en 1966, dans l'affaire *Miranda v. Arizona*, que les suspects devaient être informés, entre autres choses, de leur droit de se taire et de leur droit de contacter un avocat[48].

Les «enquêtes» de la police secrète soviétique n'en restaient pas moins uniques, sinon par leurs méthodes, du moins dans leur caractère de masse. À certaines périodes, il était fréquent que des «affaires» mettent en cause des centaines de gens, arrêtés à travers toute l'Union soviétique. Typique de l'époque est ce rapport du département régional du NKVD d'Orenbourg « sur les mesures opérationnelles de liquidation des groupes clandestins trotskistes et boukhariniens, ainsi que d'autres formations contre-révolutionnaires, menées du 1er avril au 18 septembre 1937 ». Selon ce rapport, le NKVD d'Orenbourg avait arrêté 420 membres d'un complot « trotskiste » et 120 « droitiers » — aussi bien qu'« un peu plus de 2 000 membres de l'organisation droitière militaro-japonaise des Cosaques », « plus de 1 500 officiers et fonctionnaires tsaristes, exilés en 1935 de Leningrad », quelque 250 Polonais impliqués dans l'affaire des « espions polonais », 95 personnes qui avaient travaillé sur la ligne de chemins de fer de Kharbine, en Chine, et passaient pour des espions japonais, 3 290 ex-koulaks et 1 399 « éléments criminels ».

Au total, le NKVD d'Orenbourg arrêta plus de 9 000 personnes en cinq mois, ce qui ne lui laissait guère le temps pour éplucher soigneusement les preuves. Mais cela n'avait guère d'importance, puisque les enquêtes sur chacune de ces conjurations criminelles avaient été lancées à Moscou. Le NKVD local se contentait d'accomplir son devoir et de remplir les quotas numériques imposés d'en haut[49].

En raison du nombre élevé des arrestations, il fallut mettre en place des procédures spéciales, qui n'impliquaient pas toujours une cruauté supplémentaire. Au contraire, en raison de la masse des détenus, le NKVD réduisait parfois les investigations au minimum. Les accusés étaient questionnés à la hâte, puis condamnés tout aussi hâtivement, parfois au terme d'une audience extrêmement courte. L'audience du général Gorbatov dura « quatre-cinq minutes », et consista à confirmer les renseignements le concernant et à répondre à une seule question : « Pourquoi n'avez-vous pas avoué vos crimes au cours de l'enquête ? » Après quoi, il écopa d'une peine de quinze ans[50].

D'autres encore échappaient à tout procès : ils étaient condamnés par contumace, soit par une « commission spéciale » (*ossoboe sovechtchanie*), soit par une troïka de fonctionnaires plutôt que par une cour. Telle fut l'expérience de Thomas Sgovio, pour qui l'enquête fut de pure forme. Né à Buffalo, dans l'État de New York, Sgovio était arrivé en Union soviétique en 1935 en tant qu'émigré politique : fils d'un communiste italo-américain, ses activités politiques lui avaient valu d'être déporté de force des États-Unis vers l'Union soviétique. Au cours des trois années qu'il passa à Moscou, il revint peu à peu de ses illusions et décida de récupérer son passeport américain — qu'il avait abandonné en entrant en URSS — afin de rentrer au pays. Le 12 mars 1938, il fut arrêté alors qu'il sortait de l'ambassade des États-Unis.

Le dossier de l'enquête ultérieure le concernant (qu'il photocopia des décennies plus tard dans les archives de Moscou et qu'il remit à la Hoover Institution) est maigre, mais recoupe le souvenir qu'il a gardé des événements. Les preuves retenues contre lui comprennent une liste de ce qu'on trouva sur lui lors de la première fouille au corps : entre autres choses, son livret de militant syndical, son carnet d'adresses, sa carte de bibliothèque, une feuille de papier (« avec quelque chose d'écrit en langue étrangère »), sept photos, un canif et une enveloppe contenant des timbres étrangers. Il y a une déclaration du capitaine de la Sécurité d'État, le camarade Sorokine, attestant que l'accusé était entré dans l'ambassade des États-Unis le 12 mars 1938 ; et celle d'un témoin, certifiant qu'il en était ressorti à 13 h 15. Le dossier comprend aussi les minutes de l'enquête initiale et de deux interrogatoires rapides, dont chaque page est signée de Sgovio et de son interrogateur. La première déclaration de Sgovio est ainsi formulée : « Je souhaitais retrouver la citoyenneté américaine. Il y a trois mois, je suis allé pour la première fois à l'ambassade des États-Unis pour demander à récupérer ma citoyenneté. J'y suis revenu aujourd'hui [...]. À l'accueil, on m'a dit que l'employé américain chargé de mon dossier était sorti déjeuner et que je n'avais qu'à repasser d'ici une heure ou deux[51]. »

Durant la majeure partie de l'interrogatoire suivant, Sgovio dut sans cesse répéter les détails de sa visite à l'ambassade. Une seule fois, on lui dit : « Parlez-nous donc de vos activités d'espionnage ! » Quand il répondit, « vous savez bien que je ne suis pas un espion », ils ne semblent pas avoir insisté, alors même que l'interrogateur tripotait de manière vaguement menaçante une de ces matraques de caoutchouc dont on se sert habituellement pour frapper les détenus[52].

Si le NKVD ne s'intéressait guère à l'affaire, il ne semble jamais avoir douté de son issue. Quelques années plus tard, après que Sgovio eut demandé la révision de son dossier, le bureau du procureur s'y pencha scrupuleusement, résumant les faits en ces termes : « Sgovio ne conteste pas avoir fait une demande à l'ambassade des États-Unis. Je crois donc qu'il n'y a aucune raison de réviser le dossier Sgovio. » Irrémédiablement compromis pour avoir avoué être entré à l'ambassade — et vouloir quitter l'URSS —, Sgovio fut condamné par une « commission spéciale » à cinq ans de travaux forcés en tant qu'« élément socialement dangereux ». Son dossier avait été une affaire de routine. Dans la bousculade des arrestations, les enquêteurs s'étaient contentés du strict minimum requis[53].

D'autres furent condamnés avec encore moins d'éléments, et après des enquêtes plus rapides. Parce que le seul fait d'éveiller les soupçons était en soi un signe de culpabilité, les détenus étaient rarement libérés sans purger au moins une condamnation partielle. Lev Finkelstein, Juif russe arrêté à la fin des années 1940, garda l'impression que personne n'avait réussi à monter un dossier plausible contre lui, mais qu'on lui avait infligé une courte peine de camp à seule fin de prouver que les organes d'arrestation ne se trompaient jamais[54]. Un autre ancien détenu, S.G. Dourasova affirme même qu'un des enquêteurs lui déclara précisément : « Jamais nous n'arrêtons un homme qui n'est pas coupable. Et même si vous n'étiez pas coupable, nous ne pourrions vous relâcher, parce que les gens raconteraient qu'on rafle des innocents[55]. »

Par ailleurs, quand le NKVD — et, semble-t-il, Staline lui-même — était plus intéressé, l'attitude des enquêteurs envers les personnes raflées au cours des vagues d'arrestations massives pouvait rapidement changer et passer de l'indifférence au cauchemar. Dans certaines circonstances, le NKVD demandait même aux enquêteurs de fabriquer des preuves à grande échelle : ainsi en 1937, lors de l'enquête sur ce que Nikolaï Iejov appela « le plus puissant et probablement le plus important réseau d'espionnage diversionniste des services secrets polonais en URSS[56] ». Si l'interrogatoire de Sgovio représente un cas extrême d'indifférence, l'opération massive montée contre ce prétendu réseau d'espionnage polonais illustre l'extrême opposé : l'interrogatoire des suspects avait pour seul but de les faire avouer.

L'opération débuta avec l'ordre 00485 du NKVD,

qui définit le modèle des arrestations massives ultérieures en dressant une liste claire des gens à arrêter : tous les prisonniers de guerre polonais restants de la guerre de 1920-1921 entre Polonais et bolcheviks ; tous les Polonais émigrés ou réfugiés en Union soviétique ; quiconque avait été membre d'un parti politique polonais et tous les « activistes antisoviétiques » des régions polonophones d'Union soviétique[57]. En pratique, quiconque était d'origine polonaise et vivait en Union soviétique — et il y en avait beaucoup, surtout dans les régions frontalières de l'Ukraine et de la Biélorussie — était suspect. L'opération fut tellement systématique que le consul polonais de Kiev établit un rapport pour décrire ce qui se passait, observant que, dans certains villages, « quiconque était d'origine polonaise ou même avait un nom à consonance polonaise » avait été arrêté, du directeur d'usine au paysan[58].

Les arrestations n'étaient cependant qu'un commencement. Puisqu'il n'y avait rien pour incriminer quelqu'un dont le seul crime fût de porter un patronyme polonais, l'ordre 00485 pressa les chefs régionaux du NKVD de « lancer les enquêtes en même temps que les arrestations. L'objectif essentiel de l'enquête doit être de démasquer complètement les organisateurs et les meneurs du groupe diversionniste afin d'identifier le réseau diversionniste[59] [...] ».

En pratique, cela signifiait — comme dans bien d'autres cas — que les personnes arrêtées seraient contraintes de produire les preuves à partir desquelles on établirait un dossier contre elles. Le système était simple. On commençait par interroger les Polonais arrêtés sur leur appartenance au réseau d'espionnage. Puis, comme ils affirmaient n'en rien savoir, on les frappait et on leur infligeait d'autres tortures jusqu'à ce qu'ils se « souvinssent ». Parce que Iejov s'intéressait particulièrement au succès de ce dossier, il assista même à certaines séances de torture. Les détenus portaient-ils officiellement plainte contre la façon dont ils étaient traités ? Il ordonnait à ses hommes de passer outre et de « continuer dans le même esprit ». Une fois qu'ils avaient avoué, on les obligeait à donner les noms des autres « conjurés ». Puis le cycle recommençait, à la suite de quoi le « réseau d'espionnage » ne cessait de s'accroître.

Deux ans après son lancement, l'« enquête polonaise » s'était soldée par l'arrestation de plus de 140 000 personnes, soit près de 10 % des victimes de la Grande Terreur, suivant certains calculs. Mais l'opération avait acquis si mauvaise réputation par l'usage systématique de la torture et des faux aveux qu'en 1939, au cours du bref retour de manivelle contre les arrestations massives, le NKVD lui-même lança une enquête sur les « erreurs » commises dans son déroulement. Suivant un officier impliqué, « il n'était pas nécessaire de faire dans la dentelle : on n'avait besoin d'aucune autorisation spéciale pour frapper les gens au visage, pour les frapper sans limite ». Quant à ceux qui avaient des scrupules — apparemment, il y en eut quelques-uns —, on leur disait explicitement que telle était la décision de Staline et du Politburo : « Ne pas hésiter à frapper les Polonais[60]. »

De fait, bien que Staline ait par la suite dénoncé les « procédures d'enquête simplifiées » du NKVD, on a la preuve qu'il approuva personnellement ces méthodes. Dans sa lettre de 1947 à Staline, par exemple, Viktor Abakoumov observe précisément que la première tâche de l'enquêteur est d'essayer d'arracher une « confession sincère et franche, dans le but non seulement d'établir la culpabilité de la personne arrêtée, mais aussi de démasquer ceux à qui elle est liée, aussi bien que ceux qui dirigent son activité criminelle et leurs plans ennemis[61] ». Abakoumov esquive la question de la torture physique et des sévices, mais écrit que les enquêteurs sont appelés à « étudier le caractère de la personne arrêtée » et, sur cette base, à décider s'ils doivent lui administrer un régime carcéral léger ou strict, et comment tirer le meilleur parti de ses « convictions religieuses, de ses liens familiaux et personnels, de son amour-propre, de sa vanité, etc. [...]. Parfois, afin de circonvenir le suspect, et créer l'impression que les organes du MGB savent tout de lui, l'enquêteur peut lui rappeler des détails intimes de sa vie personnelle, des secrets qu'il cache même à son entourage, etc. ».

Les raisons de cette obsession de la confession dans la police secrète soviétique continuent d'être débattues, et un large éventail d'explications ont été avancées par le passé. D'aucuns pensent que c'était une politique définie d'en haut. Roman Brackman, auteur d'une biographie peu orthodoxe de Staline, *The Secret File of Joseph Stalin* (en français, *Staline : agent du tsar*), pense que le dirigeant soviétique souffrait d'une névrose obsessionnelle. Il devait faire avouer aux autres les crimes qu'il avait lui-même commis : ayant été agent de la police secrète tsariste avant la Révolution, il ressentait particulièrement le besoin de leur faire avouer qu'ils étaient des traîtres. Robert Conquest pense lui aussi que Staline avait à cœur d'arracher des aveux au moins à ceux qu'il connaissait personnellement : « Staline ne voulait pas simplement supprimer ses vieux adversaires, mais les détruire tant sur le plan politique que sur le plan moral », même si cela, naturellement, ne valait que pour une poignée des personnes arrêtées.

Mais les aveux avaient aussi leur importance pour

les agents du NKVD qui menaient les interrogatoires. Peut-être arracher des aveux les rassurait-il sur la légitimité de leurs actions : du coup, la folie des arrestations arbitraires de masse paraissait plus humaine, ou tout au moins légale. Comme dans le cas des « espions polonais », une confession fournissait aussi la preuve nécessaire pour en arrêter d'autres. Le système politique et économique soviétique vivait également dans l'obsession du résultat — réaliser le plan, atteindre la norme — et les aveux étaient la « preuve » concrète du succès d'un interrogatoire. Comme l'écrit Robert Conquest, « on estimait désormais que les aveux étaient le meilleur résultat qu'on pût obtenir. Ceux qui y parvenaient étaient considérés comme des fonctionnaires efficaces, et l'espérance de vie des mauvais agents du NKVD était courte[62] ».

Quelle que soit la source de la fixation du NKVD sur les aveux, les interrogateurs de la police les traquaient habituellement sans l'obsession meurtrière à l'œuvre dans l'affaire des « espions polonais » ni l'indifférence manifestée envers Thomas Sgovio. En général, les détenus avaient plutôt droit à un mélange des deux. D'un côté, le NKVD exigeait d'eux qu'ils fissent des aveux et qu'ils se compromissent mutuellement. De l'autre, l'issue ne semblait guère l'intéresser.

Ce système quelque peu surréaliste était en place dès les années 1920, avant la Grande Terreur, et il le resta après que celle-ci eut reflué. Dès 1931, l'officier chargé d'interroger Tchernavine, scientifique accusé de « sabotage », le menaça de mort s'il ne passait aux aveux. À un autre moment, il lui dit qu'il aurait droit à une peine de camp plus « clémente » s'il avouait. Finalement, il l'implora de faire une fausse confession : « Nous autres, officiers d'instruction, sommes aussi souvent contraints de mentir, nous disons aussi des choses qui ne sauraient être mises dans les dossiers et que jamais nous ne signerions de nos noms[63]. »

Lorsque l'issue leur importait davantage, on recourait à la torture. Avant 1937, il semble que les mauvais traitements physiques étaient interdits. Un ancien employé du Goulag confirme qu'ils étaient certainement illégaux dans la première moitié des années 1930[64]. Mais quand s'intensifia la pression pour faire avouer des dirigeants du Parti on eut recours à la torture physique, probablement en 1937, même si on arrêta en 1939. Nikita Khrouchtchev l'avoua publiquement en 1956 : « Et comment se peut-il qu'une personne confesse des crimes qu'elle n'a pas commis ? D'une seule manière, à la suite de l'application de méthodes physiques de pression, de tortures, l'amenant à un état d'inconscience, de privation de son jugement, d'abandon de sa dignité humaine. C'est ainsi que les "confessions" étaient obtenues[65]. »

L'usage de la torture se généralisa à tel point au cours de cette période — et fut si souvent contesté — qu'au début de 1939 Staline en personne adressa une note de service aux chefs régionaux du NKVD pour confirmer qu'« à compter de 1937, dans la pratique du NKVD, l'usage de pressions physiques [sur les détenus] a été autorisé par le Comité central ». Et d'expliquer que cela n'était permis

> qu'à l'égard des ennemis déclarés du peuple qui profitent des méthodes d'interrogatoire humaines afin de refuser sans vergogne de donner leurs complices, qui des mois durant refusent de témoigner et essaient d'empêcher qu'on ne démasque des conjurés encore en liberté.

Selon lui, il s'agissait d'une « méthode parfaitement correcte et humaine », même s'il admettait qu'elle avait pu être à l'occasion appliquée à des « gens honnêtes arrêtés par accident ». Ce qu'indique clairement cette sinistre note, c'est, bien entendu, que Staline était au courant du genre de méthodes employées au cours des interrogatoires et qu'il les avait personnellement approuvées[66].

De fait, au cours de cette période, beaucoup, beaucoup de détenus disent avoir été frappés et roués de coups, quand on ne leur écrasait pas le visage ou qu'on ne leur faisait pas éclater des organes. Evguéni Gnedine raconte avoir été frappé sur la tête par deux hommes en même temps, l'un à gauche, l'autre à droite, avant de recevoir des coups de trique en caoutchouc. La scène eut lieu dans le bureau privé de Beria, en présence de celui-ci, dans la prison Soukhanovka[67]. Le NKVD pratiqua aussi des méthodes de torture connues d'autres forces de la police secrète ailleurs : frapper la victime au ventre avec des sacs de sable ; briser les mains ou les pieds ; attacher les bras et les mains dans le dos avant de hisser le malheureux[68]. Mais c'est au metteur en scène Vsevolod Meyerhold que l'on doit l'un des récits les plus révoltants de torture physique. Sa lettre officielle de plainte a été conservée dans son dossier :

> Les officiers d'instruction ont appliqué sur moi les méthodes physiques et j'ai été battu, moi, un vieillard malade de soixante-cinq ans. On me faisait coucher sur le ventre, par terre, et on me frappait les talons et le dos avec une matraque en caoutchouc. On me faisait également asseoir sur une chaise pour me battre très fort les jambes avec le même instrument. Les jours suivants, alors que mes cuisses et mes mollets portaient les traces d'abondantes hémorragies internes, on me frappa de

> nouveau sur les ecchymoses rouges, bleues et jaunes. La douleur était telle qu'il me semblait que l'on me versait de l'eau bouillante sur les endroits les plus sensibles de mes jambes. Je hurlais et pleurais de douleur. On continuait à me frapper le dos avec la matraque et à me gifler à tour de bras. [...]
>
> J'étais secoué de tels frissons nerveux qu'un homme d'escorte, en me ramenant une fois, après un tel traitement, me demanda : « Es-tu atteint de paludisme ? » Lorsque je me suis couché sur mon lit en planches et que je me suis endormi, après dix-huit heures d'interrogatoire et avant une nouvelle séance, c'est mon propre gémissement qui m'a réveillé : mon corps était secoué de frissons similaires à ceux des malades qui se meurent de la fièvre typhoïde[69].

Bien que les sévices de ce genre aient été techniquement interdits après 1939, le changement de politique ne rendit pas nécessairement l'enquête plus humaine. Tout au long des années 1920, 1930 et 1940, des centaines de milliers de détenus subirent non pas des mauvais traitements ou des agressions physiques, mais le genre de torture psychologique auquel Abakoumov fait allusion dans sa note à Staline. Ceux qui s'obstinaient et refusaient d'avouer pouvaient se voir par exemple lentement privés de tous les agréments, d'abord de promenades, puis de colis ou de livres, puis de vivres. Ils pouvaient être enfermés dans des cachots disciplinaires particulièrement rudes, très chauds ou glaciaux, ainsi que le fut Khava Volovitch, que son interrogateur priva aussi à l'époque de sommeil : « Jamais je n'oublierai cette première expérience du froid carcéral. Je ne puis la décrire ; je n'en suis pas capable. J'étais tiraillée par le sommeil d'un côté, le froid de l'autre. Je me levais et faisais le tour de ma cellule, m'endormant debout avant de m'affaler à nouveau sur le lit, où le froid me forçait bientôt à me relever[70]. »

D'autres étaient confrontés à des « témoins » : ainsi, Evguénia Guinzbourg, qui vit son amie d'enfance, Nadia, l'accuser, « comme si elle récitait », d'appartenir à un mouvement trotskiste clandestin[71]. D'autres encore, on les menaça de s'en prendre à leur famille ou, après une longue période d'isolement, on les plaça dans des cellules avec des mouchards, auprès de qui ils n'étaient que trop heureux d'ouvrir leur cœur. Des femmes furent violées ou menacées de viol. Une mémorialiste polonaise raconte l'histoire suivante :

> Soudain, sans raison apparente, mon interrogateur se montra extrêmement insinuant. Il se leva de derrière son bureau et vint s'asseoir à côté de moi sur le canapé. Je me levai et allai boire un peu d'eau. Il me suivit et se plaça dans mon dos. Je me dérobai clairement et regagnai le canapé. Il se rassit à côté de moi. De nouveau, je me levai et allai boire. Ce manège dura deux heures durant. J'étais humiliée et démunie[72]...

Il y avait d'autres formes de torture physique moins grossières que les sévices et qui furent régulièrement utilisées dès les années 1920. Tchernavin fut très tôt soumis à l'épreuve consistant à obliger le détenu à rester debout, face au mur, sans bouger. Lui-même y fut astreint peu de temps. Pour certains de ses compagnons de cellule, ce fut pire :

> L'un d'eux, le graveur P., robuste gaillard de plus de cinquante ans, resta six jours et demi debout. Il ne reçut à manger ni à boire et ne fut conduit aux toilettes qu'une fois par jour. Mais il n'« avoua » rien. Après cette épreuve, il était incapable de regagner sa cellule, et le gardien dut le traîner en haut des escaliers. [...] Un autre, l'artisan B., de trente-cinq ans environ, dont une jambe avait été amputée au-dessus du genou et remplacée par une jambe de bois, resta quatre jours debout, sans « avouer »[73].

Le plus souvent, cependant, les détenus étaient simplement privés de sommeil : cette forme de torture d'une simplicité trompeuse — qui ne semblait exiger aucun aval préalable particulier — était connue des prisonniers sous le nom de méthode de « la chaîne ». Le supplice pouvait durer des jours, voire des semaines. La méthode était simple : les détenus étaient interrogés toute la nuit, puis, dans la journée, on les empêchait de dormir. Les gardiens ne cessaient de les réveiller et les menaçaient de cellules disciplinaires, ou pis, s'ils ne restaient pas réveillés. L'un des meilleurs récits de la chaîne et de ses effets physiques nous vient de l'Américain Alexander Dolgun, rescapé du Goulag. Au cours de son premier mois à Lefortovo, il fut quasiment privé de sommeil. Il n'avait droit qu'à une heure par jour, sinon moins : « Avec le recul, il me semble qu'une heure c'est beaucoup trop, sans doute ne fut-ce pas plus de quelques minutes certaines nuits. » De ce fait, son cerveau commença de lui jouer des tours :

> À certains moments, je me rendais compte soudain d'avoir oublié ce qui venait de se passer quelques minutes auparavant. Des pertes de mémoire. Des absences complètes. [...]
>
> Par la suite, j'essayai de dormir debout, pour voir si mon corps, pendant ce temps-là, était capable d'apprendre à se tenir droit. Si je réussissais, je pourrais échapper pendant quelques minutes à la surveillance qui s'exerçait dans les cellules car le gardien en regardant par le judas, s'il me voyait assis tout droit, ne penserait pas que je dormais.
>
> Ainsi déroberais-je dix minutes ici, une demi-heure là, parfois même un peu plus si Sidorov me tenait quitte avant six heures du matin et si les gardiens me laissaient tranquille jusqu'au réveil. Mais c'était trop peu. Bien trop peu. Je me sentais glisser chaque jour, toujours plus

accablé et moins capable de contrôle. Je craignais de devenir fou, pire encore peut-être, non vraiment pire que de mourir.

Dolgun refusa de passer aux aveux des mois durant — ce qui lui donna un motif de fierté jusqu'à la fin de son incarcération. Mais quand, de longs mois plus tard, il fut rappelé de son camp de Djezkazgan à Moscou et de nouveau maltraité, il signa une confession en se disant : « Au diable ! Ils m'ont eu, de toute façon. Pourquoi ne l'ai-je pas fait plus tôt ? Ainsi aurais-je évité toute cette souffrance[74]. »

Pourquoi, en effet ? C'est une question que beaucoup d'autres se posèrent, pour y apporter des réponses diverses. Certains — un pourcentage particulièrement élevé de mémorialistes, semble-t-il — tinrent bon par principe ou parce qu'ils croyaient à tort que cela leur épargnerait une condamnation. « Plutôt mourir que de me déshonorer », répondit le général Gorbatov à son interrogateur, alors même qu'il était torturé (il ne précise pas comment). Beaucoup croyaient aussi — Soljenitsyne, Gorbatov et d'autres le soulignent — qu'une confession ridiculement longue créerait une atmosphère si absurde que le NKVD lui-même ne manquerait pas de s'en apercevoir. Évoquant ses camarades de prison, Gorbatov lui-même écrit avec horreur :

Ils m'impressionnaient par leur culture et leur sérieux. Je fus d'autant plus horrifié d'apprendre qu'au cours de leur interrogatoire tous, sans exception, avaient écrit des âneries sans nom, confessant des crimes imaginaires et impliquant d'autres gens. [...] Les uns s'en tenaient même à l'étrange théorie que, plus il y aurait de gens incarcérés, plus vite on réaliserait que tout cela était absurde et nuisible au Parti[75].

Mais tout le monde n'était pas disposé à les en blâmer. Dans ses propres mémoires, Lev Razgon répond à Gorbatov, qu'il qualifie d'« arrogant et immoral ».

> On a tort de rejeter le blâme des bourreaux sur leurs victimes. Gorbatov a eu de la chance, c'est tout. Ou son interrogateur n'était qu'un paresseux, ou il n'avait pas reçu pour consigne formelle de « faire pression » sur son sujet. Médecins, psychologues, psychiatres n'ont pas accompli suffisamment de recherches pour dire si, sous la torture, on peut amener quelqu'un à témoigner contre lui-même. Mais ce siècle a apporté une multitude de preuves en la matière. Bien sûr que c'est possible[76].

Était-il vraiment si important de tenir bon ? Avec le recul, les avis sont aussi partagés à ce sujet. Susanna Petchora, qui fut interrogée plus d'un an durant au début des années 1950 — elle appartenait à un minuscule groupe de jeunes créé par des idéalistes pour résister à Staline —, affirma, en se retournant sur le passé, que « tenir bon » n'en valait pas la peine. Refuser d'avouer n'avait fait que prolonger l'interrogatoire. Et, au bout du compte, la plupart furent de toute manière condamnés[77].

Néanmoins, le dossier de Sgovio indique clairement que les décisions ultérieures — sur la libération anticipée, l'amnistie et ainsi de suite — étaient bel et bien prises sur la base du contenu du dossier en question, y compris de la confession. Autrement dit, si l'on avait réussi à tenir, on avait une toute, toute petite chance de voir la peine cassée. Jusque dans les années 1950, toutes ces procédures judiciaires, si surréalistes fussent-elles, étaient prises au sérieux.

En fin de compte, l'interrogatoire valait surtout par l'empreinte psychologique qu'il laissait sur les détenus. Avant même de subir le long transport vers l'est, avant même d'arriver dans les premiers camps, ils avaient été, à un certain niveau, « préparés » à leur nouvelle vie de forçats. Ils savaient déjà que les droits de l'homme ordinaires n'étaient pas pour eux, qu'ils n'avaient pas droit à un procès équitable ni même à être entendus. Ils savaient déjà que le NKVD jouissait d'un pouvoir absolu, que l'État pouvait disposer d'eux à sa guise. Avaient-ils avoué un crime qu'ils n'avaient pas commis ? Ils se sentaient déjà dévalorisés à leurs propres yeux. Mais, quand bien même ils n'en avaient rien fait, ils avaient été dépouillés de tout semblant d'espoir, de toute conviction que l'erreur de leur arrestation serait bientôt réparée.

CHAPITRE 8

Prison

> Une Gitane tire les cartes, une route à l'horizon,
> À l'horizon une route — et une prison.
> Peut-être la vieille centrale
> Elle m'attend, jeune homme, encore...
>
> *Chant traditionnel*
> *des prisonniers russes.*

Arrestations et interrogatoires avaient pour effet d'user les détenus ; en état de choc, ils les forçaient à la soumission, les laissaient déroutés et désorientés. Mais le système carcéral soviétique lui-même, où les détenus étaient maintenus avant, durant et souvent très longtemps encore après leur interrogatoire, avait également une influence considérable sur leur état d'esprit.

Examinés dans un contexte international, les prisons ou le régime carcéral soviétiques n'avaient rien de particulièrement cruel. Les prisons soviétiques étaient assurément plus rudes que la plupart des prisons occidentales, et aussi plus dures que ne l'avaient été les prisons tsaristes. Mais les prisons de la Chine ou d'autres parties du tiers monde au milieu du XXe siècle étaient aussi extrêmement déplaisantes. Divers éléments de la vie carcérale n'en restèrent pas moins propres à l'Union soviétique. Certains aspects du régime quotidien, comme l'interrogatoire lui-même, paraissent avoir été délibérément conçus afin de préparer les détenus à leur nouvelle vie au Goulag.

Les attitudes officielles envers les prisons reflètent assurément les changements de priorité chez ceux qui dirigeaient les camps. En août 1935, alors que les arrestations de prisonniers politiques commençaient à s'accélérer, Genrikh Iagoda promulgua un décret, précisant clairement que l'« objet » le plus important d'une arrestation (si on peut dire que ces arrestations avaient un « objet » au sens normal du mot) était de nourrir la demande toujours plus forcenée d'aveux. L'ordre de Iagoda plaçait non seulement les « privilèges » des détenus, mais aussi leurs conditions de vie les plus élémentaires directement entre les mains des officiers du NKVD qui enquêtaient sur leurs dossiers. Du moment qu'il coopérait — c'est-à-dire, en général, qu'il avouait —, le détenu avait le droit de recevoir des lettres, des colis de vivres, des journaux et des livres, mais aussi de voir tous les mois des parents et de faire une heure d'exercice par jour. Dans le cas contraire, il pouvait être privé de tout cela, mais aussi, par la même occasion, perdre sa ration alimentaire[1].

En 1942, en revanche, après l'arrivée de Lavrenti Beria, qui se promettait de transformer le Goulag en une machine économique efficace, les priorités de Moscou avaient changé. Les camps devenaient un facteur important de la production en temps de guerre et les commandants de camp avaient commencé à se plaindre du grand nombre de détenus qui arrivaient sur les lieux de travail totalement inaptes. Affamés, crasseux, manquant d'exercice, ils étaient tout simplement incapables d'extraire du charbon ou d'abattre des arbres au rythme requis. En mai de cette année-là, Beria donna donc de nouveaux ordres concernant l'interrogatoire, exigeant des patrons de prison qu'ils observent les «conditions sanitaires élémentaires» et qu'ils limitent le contrôle des enquêteurs sur la vie quotidienne des détenus.

Suivant le nouvel ordre de Beria, les détenus devaient avoir une promenade quotidienne de «pas moins d'une heure» (à l'exception notable de ceux qui attendaient leur exécution, et dont l'état de santé n'avait guère d'importance pour les chiffres de production du NKVD). Les administrateurs de prison devaient aussi veiller à ce que leur établissement eût une cour aménagée à cette fin: «Pas un seul détenu ne doit rester dans la cellule au cours de ces promenades. [...] Leurs compagnons de cellule doivent aider les détenus faibles et âgés.» Les gardiens devaient s'assurer que les détenus (sauf ceux dont l'interrogatoire était en cours) eussent leurs huit heures de sommeil, que ceux qui souffraient de la diarrhée eussent des vitamines supplémentaires et une meilleure alimentation, et que les *parachi*, les tinettes où les détenus faisaient leurs besoins, fussent réparées en cas de fuite. Ce dernier point avait une telle importance que l'ordre précisait même la taille idéale d'une *paracha*. Dans les cellules d'hommes, elles devaient être d'une hauteur de 55 à 60 cm; dans celles des femmes de 30 à 35, et elle devait avoir une contenance de 0,75 litre par personne[2].

Malgré ces règlements précis jusqu'au ridicule, les prisons restèrent très différentes les unes des autres. Elles différaient en partie suivant les lieux. En règle générale, les établissements provinciaux étaient plus sales et plus laxistes, ceux de Moscou plus propres et meurtriers. Mais les trois grandes prisons de Moscou elles-mêmes avaient un caractère légèrement différent. La sinistre Loubianka, qui domine encore une grande place du centre de Moscou (et reste le siège du FSB, successeur du NKVD et du KGB), était utilisée pour l'accueil et l'interrogatoire des prisonniers politiques les plus sérieux. Elle comptait assez peu de cellules — un document de 1956 parle de 118 — et 94 d'entre elles étaient toutes petites, faites pour recevoir de une à quatre personnes[3]. Le bâtiment ayant été autrefois le siège d'une compagnie d'assurances, certaines cellules de la Loubianka avaient des parquets, que les détenus devaient laver tous les jours. A.M. Garaseva, anarchiste devenue plus tard secrétaire de Soljenitsyne, fut emprisonnée à la Loubianka en 1926 et se rappelait que la nourriture y était encore servie par du personnel en uniforme[4].

En revanche, Lefortovo, qui servait aussi aux interrogatoires, était une ancienne prison militaire du XIXe siècle. Ses cellules, qui n'avaient jamais été destinées à accueillir beaucoup de détenus, étaient plus sombres, plus sales et plus surpeuplées. Lefortovo a la forme d'un K et, en son centre, rappelle le mémorialiste Dimitri Panine, « se tient un geôlier avec un petit drapeau. Il règle la circulation des prisonniers que l'on conduit dans les bureaux des juges d'instruction[5] ». À la fin des années 1930, Lefortovo était tellement surpeuplée que le NKVD ouvrit une annexe au monastère de Soukhanovski, dans les environs de Moscou. Officiellement nommée « Objet 110 » et connue des prisonniers sous le nom de « Soukhanovka », elle acquit une sinistre réputation de lieu de tortures : « Il n'y avait pas de règlement intérieur, ni de règles précises pour la conduite des enquêtes[6]. »

Beria lui-même y avait un bureau et supervisa personnellement des séances de torture[7].

La Boutyrka, la plus ancienne prison des trois, avait été construite au XVIIIe siècle. À l'origine, ce devait être un palais, même si elle avait été vite transformée en prison. Entre autres éminents détenus, elle avait accueilli au XIXe siècle Félix Dzerjinski ainsi que d'autres révolutionnaires russes ou polonais[8]. Généralement utilisée pour héberger les prisonniers dont l'interrogatoire était terminé et qui attendaient leur transport, la Boutyrka était aussi surpeuplée et sale, mais le régime y était plus relâché. Tandis que l'on obligeait les pensionnaires de la Loubianka à prendre de « l'exercice » en tournant en rond, se souvient Garaseva, « à la Boutyrka on pouvait faire ce qu'on voulait ». Comme d'autres, elle évoque l'excellente bibliothèque de la prison, dont les collections avaient été formées par des générations de détenus, qui tous abandonnaient leurs livres quand ils étaient transférés[9].

Les prisons devaient aussi différer d'une époque à l'autre. Au début des années 1930, bon nombre de prisonniers étaient condamnés à des mois, voire à des années, d'isolement. Un prisonnier russe, Boris Tchetverikov, réussit à garder la raison au cours de ses seize mois de réclusion solitaire en lavant ses vêtements, le sol et les murs tout en chantant tous les airs d'opéra et les chansons qu'il connaissait[10]. Alexander Dolgun fut aussi maintenu à l'isolement au cours de son interrogatoire et réussit à ne pas perdre l'esprit en marchant : il comptait les pas dans ses cellules, calculait combien il en fallait pour faire un kilomètre, et il se mit à « marcher », d'abord à travers Moscou jusqu'à l'ambassade des États-Unis — « Illusion vivifiante. Illusion tonifiante. Je respirais un air imaginaire clair et froid en serrant contre moi mon manteau» —, avant de traverser l'Europe, puis l'Atlantique, pour regagner les États-Unis[11].

Evguénia Guinzbourg passa près de deux ans dans l'isolateur de Iaroslav, au cœur de la Russie centrale, le plus clair du temps totalement seule: «Aujourd'hui encore, quand je ferme les yeux, je me souviens de la moindre irrégularité, de la moindre éraflure de ces murs, dont la moitié inférieure était peinte en rouge sang (la couleur la plus répandue dans les prisons), et le reste d'un blanc sale.» Mais, finalement, même cette prison «spéciale» commença de se remplir, et elle eut une camarade de cellule. Au bout du compte, la plupart des *tiourzeks*, les «prisonniers de prison», furent déplacés vers des camps. Il n'y avait «ni le temps ni la possibilité, écrit encore Guinzbourg, de garder dix ou vingt ans un pareil nombre de citoyens dans les prisons. C'était contraire au rythme de l'époque, à son économie»[12].

Dans les années 1940, alors que le rythme des arrestations allait croissant, il devint beaucoup plus difficile d'isoler qui que ce soit, même les nouveaux détenus, fût-ce l'espace de quelques heures. En 1947, Lev Finkelstein fut initialement interné à la «gare» — *vokzal* —, une «immense cellule commune où tous les internés sont enfermés dans un premier temps, sans la moindre installation. Puis ils sont triés; progressivement, envoyés aux bains, puis dans des cellules[13]». En fait, l'expérience d'une désespérante surpopulation était bien plus courante que celle de la réclusion solitaire. Pour ne donner que quelques exemples au hasard, la principale prison d'Arkhangelsk, qui avait une capacité d'accueil de 740 détenus, en comptait entre 1 661 et 2 380 en 1941. La prison de Kotlas, dans le nord de la Russie, en hébergeait 460 pour une capacité de 300[14].

La situation était parfois pire dans les prisons de provinces plus lointaines. En 1940, la prison de Stanislawwow, en Pologne orientale occupée depuis peu, enfermait 1 709 détenus pour une capacité de 472 et ne possédait de draps que pour 150[15]. En février 1941, les prisons de la République du Tatarstan comptaient 6 363 détenus pour une capacité de 2 710. En mai 1942, les prisons de la République de Tachkent, en Asie centrale, en comptaient 2 754 pour une capacité de 960[16]. Le surpeuplement avait un effet particulièrement rude sur ceux dont l'interrogatoire était en cours, dont la vie entière était soumise chaque nuit à un questionnement acharné et hostile et qui devaient néanmoins passer la journée en compagnie des autres. Un prisonnier en a décrit les effets :

> Tout le processus de désintégration de la personnalité se produisait sous les yeux de tous, dans la cellule. Un homme ne pouvait se cacher ici un seul instant ; même pour se vider les boyaux, il devait se rendre aux toilettes, à droite de la salle. Celui qui voulait pleurer pleurait devant tout le monde, et la honte ne faisait qu'accroître son tourment. Celui qui voulait se tuer — dans la nuit, sous la couverture, en essayant de s'ouvrir les veines du bras avec les dents — était vite découvert par un des insomniaques de la cellule, qui l'empêchait de finir le travail[17].

Margarete Buber-Neumann a aussi raconté comment le surpeuplement montait les détenus les uns contre les autres. Quand les détenues étaient réveillées, à quatre heures et demie du matin, on aurait dit une fourmilière retournée :

> Les prisonnières cherchaient leur petit sac fiévreusement pour être, si possible, dans les premiers rangs. Les toilettes auxquelles nous étions menées, les cent dix à la

> fois, n'avaient que cinq cabinets et une dizaine de robinets. Les W.-C. n'étaient pas fermés, juste un trou dans le sol, et pas de siège. Des queues se formaient aussitôt devant chacun et devant les robinets. Imaginez la scène : on s'exécutait et vingt paires d'yeux plus ou moins furieux vous regardaient. Les femmes ne vous épargnaient ni les cris d'encouragement ni les moqueries pour vous presser d'en finir, car elles voulaient avoir leur tour[18].

Peut-être parce qu'elles avaient conscience du surpeuplement, les autorités carcérales se donnaient du mal pour briser tout semblant de solidarité entre les détenus. En 1935, l'ordre de Iagoda leur interdisait déjà de parler, de crier, de chanter, d'écrire sur les murs de leurs cellules, de laisser des marques ou des signes en quelque endroit de la prison, de se poster à la fenêtre de la cellule ou de tenter de communiquer de quelque autre façon avec ceux des autres cellules. Qui enfreignait ces règles s'exposait à être privé d'exercice ou de lettres, sinon à être enfermé dans une cellule de châtiment spécialement construite[19]. Ceux qui furent emprisonnés dans les années 1930 font souvent état du silence : « Un bourdonnement remplissait la cellule, toutes chuchotaient », écrit Buber-Neumann à propos de la Boutyrka, où le corps des femmes « était d'une pâleur bleutée » à force d'être confinées sans lumière ni air[20].

Dans certains établissements, la règle du silence demeura absolue jusque dans la décennie suivante, dans d'autres moins : un ex-détenu évoque le « silence complet » de la Loubianka en 1949 ; en comparaison, la « cellule 106 de la Boutyrka ressemblait à la visite dans un bazar à la sortie d'une boutique »[21]. Une autre, incarcérée dans la République soviétique centrale de Kazan, se rappelle que, à peine les détenus se mettaient-ils à chuchoter, « le clapet du guichet à nourriture s'ouvrait brutalement et quelqu'un sifflait "chut !"[22] ».

Maints mémorialistes ont aussi décrit comment les gardiens, quand ils déplaçaient les détenus d'une cellule à l'autre ou venaient les chercher pour un interrogatoire, agitaient leurs clés, claquaient des doigts ou faisaient quelque autre bruit afin de prévenir ceux qui se trouvaient plus loin dans le couloir. En cas de rencontre, un des détenus était vite détourné vers un autre passage ou placé dans un cabinet spécial. V.K. Yasnyi, ancien traducteur de littérature espagnole, resta un jour enfermé deux heures durant dans un placard de la Loubianka d'un demi-mètre carré[23]. Apparemment, ces « placards » servaient souvent : on peut en voir un dans les sous-sols de l'ancien siège du NKVD de Budapest, désormais transformé en musée. Le but de la manœuvre était d'empêcher les prisonniers d'en rencontrer d'autres qui pouvaient être impliqués dans leur « affaire », mais aussi de les tenir à l'écart des frères et sœurs ou des parents qui pouvaient être sous les verrous.

Le silence forcé rendait même effrayante la marche jusqu'aux salles d'interrogatoire. Alexander Dolgun se souvient de ces marches sur les tapis des couloirs de la Loubianka : « Le seul bruit qui se faisait entendre tandis que nous avancions, c'était le claquement de langue du gardien. [...] Toutes ces portes métalliques étaient grises, d'un gris de cuirassé. La pénombre, le silence, la répétition constante de ces portes grises, le long des corridors, au point qu'elles se confondent avec les ombres, finissent par décourager et déprimer[24]. »

Pour empêcher les prisonniers d'une cellule d'apprendre les noms de ceux des autres cellules, les prisonniers étaient appelés — pour interrogatoire ou pour transfert — non pas par leurs noms, mais par une lettre de l'alphabet. Le gardien criait « G », par exemple, et tous les détenus dont le nom commençait par G se levaient et déclinaient prénoms et patronymes[25].

L'ordre était maintenu — comme il l'est dans la plupart des prisons — par la réglementation rigide de la vie quotidienne. Zayara Vesyolaïa, fille d'un célèbre écrivain et « ennemi » russe, a raconté dans ses mémoires une journée typique à la Loubianka. Tout commençait par la visite aux latrines, ou *opravka*. « "Préparez-vous pour les latrines !" criait la gardienne, et les femmes s'alignaient, deux par deux. Une fois aux toilettes, elles avaient une dizaine de minutes — pour faire leurs besoins, mais aussi pour faire leur toilette et laver leur linge. Après les latrines, suivait le petit déjeuner : eau chaude, à laquelle se mêlait quelque chose qui ressemblait vaguement à du thé ou à du café, plus la ration quotidienne de pain et deux ou trois morceaux de sucre. Suivaient la visite d'un gardien, qui prenait note des demandes pour voir le médecin, puis l'"activité centrale de la journée", une marche de vingt minutes dans une "petite cour fermée, où l'on tournait en rond, seules, tout près du mur". » La routine ne fut brisée qu'une seule fois. Sans qu'on lui dît pourquoi, Vesyolaïa fut conduite un soir sur le toit de la Loubianka, alors que l'ordre de dormir avait déjà été donné. La Loubianka se trouvait au centre de Moscou, elle put voir, sinon la ville, du moins les feux de la ville — qui eussent pu tout aussi bien être ceux d'un autre pays[26].

D'ordinaire, cependant, le reste de la journée n'était que répétition : déjeuner — soupe de la prison, faite d'abats, de céréales ou de chou pourri — et dîner, où l'on resservait la même soupe. Un autre tour aux latrines était prévu dans la soirée. Entre-temps, les détenus bavardaient en chuchotant, s'asseyaient sur leurs lits et, parfois, lisaient. Vesyolaïa avait droit à un livre par semaine, mais la règle variait d'un établissement à l'autre, tout comme la qualité des bibliothèques, parfois excellentes. Dans certaines prisons, les pensionnaires pouvaient acheter de quoi manger à « l'intendance » si leurs parents leur avaient envoyé de l'argent.

Mais l'ennui et la mauvaise nourriture n'étaient pas les seules tortures. Interdiction était faite à tous les détenus de dormir dans la journée, et pas simplement à ceux qui subissaient des interrogatoires. Les gardiens les tenaient constamment à l'œil, à travers le « judas ». Lioubov Berchadskaïa se souvient : « Nous étions réveillées à six heures, et nous n'avions pas le droit ne fût-ce que de nous asseoir sur le lit avant onze heures du soir. Nous devions soit marcher, soit nous asseoir sur le tabouret, mais pas nous adosser au mur[27]. »

Les nuits n'étaient pas meilleures. Il était difficile, sinon impossible, de dormir à cause des lumières vives, qui n'étaient jamais éteintes, et de la règle qui interdisait aux prisonniers de dormir avec les mains sous les couvertures. Vesyolaïa essayait de s'y tenir : « C'était pénible et inconfortable, et du coup j'avais du mal à trouver le sommeil [...], à peine commençais-je à somnoler que, d'instinct, je tirais la couverture jusqu'au menton. La clé grinçait dans la serrure et le gardien secouait mon lit : "Les mains !"[28]. » « Tant que vous restez une "nouvelle", écrit Buber-Neumann, la nuit est pire que le jour. Essayez donc de dormir sous un violent éclairage électrique (il est strictement interdit de se couvrir les yeux), allongée sur des planches inégales, sans paillasse, oreiller ni couverture, au contact permanent de vos voisines au corps ruisselant de sueur. »

Pour empêcher les détenus d'être vraiment à l'aise dans ce cadre, l'outil le plus efficace était la présence de mouchards, que l'on trouvait dans toutes les sphères de la vie soviétique. Ils jouaient aussi un rôle important dans les camps, même s'il y était plus facile de les éviter. En prison, il n'était pas aisé de s'en écarter et ils obligeaient les gens à surveiller soigneusement leurs propos. À une seule exception près, rapporte Buber-Neumann, « je n'ai pas entendu une Russe prononcer un mot de critique du régime soviétique dans tout mon temps » à la Boutyrka[29].

Chez les détenus, l'idée reçue était qu'il y avait au moins un informateur par cellule. Quand il n'y avait que deux personnes dans une cellule, elles se soupçonnaient mutuellement. Dans les cellules plus grandes, le mouchard était souvent identifié et ostracisé par les codétenus. Lorsqu'elle arriva à la Boutyrka pour la première fois, Olga Adamova-Sliozberg observa un large espace de couchette libre à côté de la fenêtre. Qu'elle s'y mette donc, lui dit-on, « mais tu n'auras pas la meilleure des voisines ». La femme qui dormait, sans personne autour d'elle, était en fait une indic qui passait son temps « à écrire des dénonciations de tous les locataires de la cellule, si bien que personne ne lui parlait ».

Tous les mouchards n'étaient pas si facilement identifiables, et la paranoïa était si grande que tout comportement inhabituel pouvait déclencher l'hostilité. Adamova-Sliozberg elle-même soupçonna une de ses codétenues d'être une espionne après avoir vu l'« éponge visiblement achetée à l'étranger » avec laquelle elle se lavait et les « sous-vêtements peu communs » qu'elle enfilait. Plus tard, elle en vint à la considérer comme une amie[30]. L'écrivain Varlam

Chalamov observe lui aussi qu'être transféré de cellule, dans une prison, « n'est pas très agréable. Cela entraîne toujours des soupçons, de la méfiance de la part des nouveaux camarades : ne s'agit-il pas là d'un dénonciateur[31] ? ».

Le système était, sans conteste, rigide, inflexible et inhumain. Et pourtant, s'ils le pouvaient, les prisonniers réagissaient, contre l'ennui, contre les petites humiliations incessantes, contre les efforts pour les diviser et les atomiser. Plus d'un ancien détenu a dit comment la solidarité des prisonniers était effectivement plus forte en prison qu'elle ne devait l'être plus tard, dans les camps. Sitôt qu'ils étaient dans les camps, les autorités avaient plus de facilité à diviser pour régner. Pour éloigner les internés les uns des autres, elles pouvaient faire miroiter une meilleure place dans la hiérarchie du camp, une meilleure nourriture ou des tâches plus faciles.

En prison, en revanche, tous étaient plus ou moins égaux. Certes il y avait des incitations à collaborer, mais elles étaient moins nombreuses. Pour beaucoup de détenus, les jours ou les mois passés derrière les barreaux, avant la déportation, offraient même une sorte d'initiation aux techniques élémentaires de survie — et, malgré les efforts des autorités, leur première expérience d'unité contre l'autorité.

Certains apprenaient simplement de leurs codétenus des moyens élémentaires de préserver hygiène et dignité. Dans sa cellule, Inna Tchikeeva-Gaister apprit à faire des boutons avec des bouts de pain mâché afin d'attacher ses vêtements, à fabriquer des aiguilles avec des arêtes de poisson et à utiliser des fils perdus pour repriser les trous ouverts dans ses habits au cours de la fouille, ainsi que diverses activités qui se révéleraient aussi utiles dans les camps[32]. Dimitri Bystroletov — ancien espion soviétique en Occident — apprit aussi à faire du « fil » avec de vieilles chaussettes qu'il déchirait avant d'affiner les fils avec un bout de savon. Dans le camp, il allait pouvoir échanger ce fil, comme les aiguilles qu'il apprit à faire avec des allumettes, contre de la nourriture[33]. Susanna Petchora, la jeune antistalinienne, apprit « à dormir sans que ça se remarque, à coudre avec des allumettes et à marcher sans ceinture[34] ».

Les détenus gardaient aussi un certain contrôle de leur vie à travers l'institution du *staroste*, « l'ancien » de la cellule. D'un côté, en prison, dans les voitures de chemins de fer et dans les baraques des camps, le staroste était un personnage officiellement reconnu, dont des documents officiels précisaient les fonctions. De l'autre, nombre de ses tâches — veiller à la propreté de la cellule, mais aussi assurer qu'on se rende en ordre aux latrines — signifiaient que son autorité devait être acceptée par tous[35]. Les mouchards et ceux qui avaient les faveurs des gardiens n'étaient donc pas nécessairement les meilleurs candidats. Dans les grandes cellules qui pouvaient contenir 200 détenus ou plus, écrit Alexandre Weissberg, la « vie normale était impossible sans un ancien pour organiser la distribution de nourriture, les dispositions pour l'exercice, etc. ». Cependant, la police secrète refusant de reconnaître toute forme d'organisation des détenus (« sa logique était simple : une organisation de contre-révolutionnaires était une organisation contre-révolutionnaire »), on trouva une solution typiquement soviétique : le staroste fut élu « illégalement » par les détenus. Le gouverneur de prison le sut par ses mouchards et ratifia alors officiellement le choix des prisonniers[36].

Dans les cellules les plus surpeuplées, la principale tâche du staroste était d'accueillir les nouveaux détenus et de veiller à ce que tout le monde eût une place pour dormir. Quasi systématiquement, les nouveaux détenus étaient envoyés dormir à côté de la *paracha*, la tinette, pour en être progressivement éloignés et rapprochés de la fenêtre au gré de leur ancienneté. « On ne fait aucune exception pour la maladie ou l'âge », observa Elinor Lipper[37]. Le staroste réglait aussi les disputes et, d'une manière générale, maintenait l'ordre dans la cellule, mais la tâche était loin d'être facile. Le Polonais Kazimierz Zarod, qui fut staroste, se souvient que « les gardiens [le] menaçaient constamment d'un châtiment s'[il] ne contrôlait pas l'élément récalcitrant, surtout après 21 heures, quand la règle était de "la fermer" après "l'extinction des feux" ». Zarod finit par se retrouver au cachot pour n'avoir su maintenir l'ordre[38]. D'après d'autres récits, il semble néanmoins que les décisions du staroste étaient généralement respectées.

C'est sans nul doute pour contourner la règle la plus draconienne que les détenus faisaient montre de la plus grande ingéniosité : l'interdiction formelle de toute communication, tant entre les cellules qu'avec le monde extérieur. Malgré la menace sérieuse de punition, les détenus laissaient des billets aux toilettes à l'intention d'autres détenus, ou lançaient des messages par-dessus les murs. Lev Finkelstein essaya de lancer un morceau de viande, une tomate et un bout de pain dans une autre cellule : « alors qu'on nous conduisait aux toilettes, j'essayai d'ouvrir la fenêtre et de faire passer la nourriture ». Pris sur le fait, il fut placé dans un cachot[39]. Les prisonniers soudoyaient les gardiens afin qu'ils portent leurs messages, même si, à l'occasion, ceux-ci le faisaient spontanément. Une gardienne de la prison de Stavropol transmettait à l'occasion des messages oraux de Lev Razgon à sa femme[40].

Un ancien détenu, interné quatorze mois durant à Vilnius après l'occupation soviétique de la ville — précédemment sous autorité polonaise —, a décrit en 1939, dans un témoignage présenté au gouvernement polonais en exil, comment les éléments du régime carcéral polonais antérieur avaient été lentement démantelés. Les détenus perdirent leurs « privilèges », un par un : le droit de lire et d'écrire des lettres, de fréquenter la bibliothèque de la prison, d'avoir du papier et des crayons, de recevoir des colis. De nouveaux règlements, du type commun à la plupart des prisons soviétiques, furent introduits : dans les cellules, les lumières devaient rester allumées toute la nuit tandis que les fenêtres étaient obturées par des plaques de fer-blanc. Contre toute attente, cela créa une occasion de communiquer d'une cellule à l'autre : « J'ouvrais la fenêtre et, plaçant ma tête contre les barreaux, je parlais à mes voisins. Même si la sentinelle de la cour entendait ma conversation, il ne pouvait savoir d'où venait la voix parce que, grâce au fer-blanc, il était impossible de détecter une fenêtre ouverte[41]. »

La forme la plus élaborée de communication interdite était peut-être, cependant, le code de Morse mis au point par les détenus, qui tapotaient sur les murs des cellules ou la tuyauterie. Le code avait été conçu à l'époque tsariste. Varlam Chalamov l'attribue à un décembriste[42]. Elinor Olitskaïa l'avait appris par ses camarades socialistes révolutionnaires bien avant d'être emprisonnée en 1924[43]. En fait, la révolutionnaire russe Vera Figner avait décrit le code dans ses mémoires, où Evguénia Guinzbourg à son tour en avait pris connaissance. Alors que l'enquête dont elle était l'objet était en cours, elle se souvenait suffisamment du code pour l'employer afin de communiquer avec une cellule voisine[44]. Le code était relativement simple ; les lettres de l'alphabet russe étaient disposées en cinq rangées de six :

А	Б	В	Г	Д	Е	(Ё)
Ж	З	И	К	Л	М	
Н	О	П	Р	С	Т	
У	Ф	Х	Ц	Ч	Ш	
Щ	Б	Ы	Э	Ю	Я	

À chaque lettre correspondaient deux séries de coups, une première qui désignait la rangée, et la seconde sa position dans la rangée :

1,1	1,2	1,3	1,4	1,5	1,6
2,1	2,2	2,3	2,4	2,5	2,6
3,1	3,2	3,3	3,4	3,5	3,6
4,1	4,2	4,3	4,4	4,5	4,6
5,1	5,2	5,3	5,4	5,5	5,6

Même ceux qui n'avaient pas lu le code ou ne l'avaient pas appris par d'autres arrivaient parfois à le comprendre, car il y avait des méthodes classiques pour l'enseigner. Ceux qui le connaissaient tapotaient parfois l'alphabet, sans relâche, assorti d'une ou deux questions simples, dans l'espoir que la personne invisible, de l'autre côté du mur, saisirait. C'est ainsi qu'Alexander Dolgun apprit le code à Lefortovo, le mémorisant à l'aide d'allumettes. Quand il fut enfin capable de « parler » avec l'homme de la cellule voisine, et qu'il comprit que l'autre lui demandait « Qui êtes-vous ? », il sentit monter dans son cœur « une bouffée d'amour pur [...] à l'égard d'un homme qui depuis trois mois me demand[ait] qui je suis[45] ».

L'usage du code ne fut pas tout le temps généralisé. En 1949, Zayara Vesyolaïa « ne parvint à trouver personne qui connût l'"alphabet carcéral" » à la Boutyrka et crut, dans un premier temps, que la tradition était morte. Plus tard, elle se rendit compte qu'elle s'était trompée, parce que d'autres lui confièrent s'en être servis à l'époque, et parce qu'un gardien fit un jour irruption dans sa cellule en entendant un coup, exigeant d'en savoir l'origine[46]. Il existait des variantes. L'écrivain et poète russe Anatoli Jigouline affirme avoir inventé un code, également fondé sur l'alphabet, qu'un groupe d'amis et lui (arrêtés en même temps) utilisaient pour communiquer au cours de l'enquête sur leur dossier[47].

Dans certains endroits et à certaines époques, les méthodes d'auto-organisation des détenus prenaient des formes plus élaborées. Dans son récit, « Les comités des pauvres », Varlam Chalamov en décrit une en particulier, que d'autres ont également mentionnée[48]. Elle trouve ses origines dans une règle inique : à un moment, à la fin des années 1930, les autorités décidèrent soudain que les détenus dont l'interrogatoire était en cours ne devaient recevoir de colis d'aucun parent, sous prétexte qu'avec « deux petits pains, cinq pommes et un vieux pantalon, on pouvait communiquer n'importe quel texte en prison ». Seul l'argent était autorisé, et encore uniquement « avec des chiffres ronds », afin que les sommes ne fussent pas utilisées pour envoyer des « messages ». Or, toutes les familles de détenus n'avaient pas d'argent à envoyer. Certaines étaient pauvres, d'autres trop loin, tandis que d'autres encore avaient même pu jouer un rôle en dénonçant leurs parents. Autrement dit, alors même que certains détenus n'avaient accès qu'une fois par semaine à l'intendance de la prison — beurre, fromage, saucisse, pain blanc, cigarettes —, d'autres devaient se contenter du piètre régime de la prison et se sentaient « de trop dans cette fête générale » qu'était le « jour de boutique ».

Afin de résoudre ce problème, les détenus de la Boutyrka ressuscitèrent une expression des premiers jours de la Révolution et organisèrent des « comités des pauvres ». Chacun devait donner 10 % de son argent au comité, lequel achetait à son tour des vivres pour les prisonniers désargentés. Ce système dura des années, jusqu'au jour où les autorités décidèrent d'éliminer ces « comités » en promettant diverses « récompenses » à ceux qui refuseraient d'y participer. Les cellules ripostèrent et isolèrent les réfractaires. Et qui, demande Chalamov, osait « s'opposer au collectif, à des gens dont ils partageaient la vie vingt-quatre heures sur vingt-quatre, n'échappant aux regards malveillants et hostiles que pendant leur sommeil ? ».

Curieusement, ce récit est l'un des rares du vaste répertoire de Chalamov à s'achever sur une note positive : « Ce fut un secteur minuscule où le collectif humain, bien soudé comme cela se produit toujours en prison, à la différence du camp et de la "liberté", et malgré son absence totale de droits, trouva à exercer ses forces morales pour revendiquer l'éternel droit de l'homme à vivre comme il l'entend[49]. »

Le plus pessimiste des écrivains avait trouvé, dans cette unique forme organisée de solidarité des détenus, un lambeau d'espoir. Le traumatisme des transports et l'horreur des premiers jours déroutants dans les camps ne tardèrent pas à l'ébranler.

CHAPITRE 9

Transport, arrivée, sélection

Je me souviens du port de Vanino
Et de la clameur du sombre navire
Comme nous empruntions le passage
En direction de la cale sombre et glaciale.

Les zeks souffraient du roulis
La mer profonde mugissait autour d'eux
Et devant eux se trouvait Magadan
La capitale de la Kolyma.

Point de cris, mais de piteux geignements
Sortaient de chaque poitrine
Quand ils disaient adieu au continent.
Le navire roulait, peinait, grinçait...

Chant des prisonniers soviétiques.

En 1827, la princesse Maria Volkonskaïa, femme du rebelle décembriste Sergueï Volkonski, quitta sa famille, son enfant et la sécurité de sa vie à Saint-Pétersbourg afin de rejoindre son mari dans son exil sibérien. Son biographe a raconté son voyage, que l'on tenait à l'époque pour une épreuve presque insupportable :

> Jour après jour, le traîneau glissait vers l'horizon sans fin. Comme enfermée dans une capsule de temps, Maria

> était dans un état d'exaltation fébrile. Le voyage avait quelque chose d'irréel : manque de sommeil et peu à manger. Elle ne s'arrêta que de loin en loin, dans un relais, pour un verre de thé chaud au citron de l'omniprésent samovar de cuivre. La vitesse grisante de l'attelage, tiré par trois chevaux plongeant, dévorait les distances vides au galop. « En avant... en avant! », criaient les conducteurs, s'excitant alors que de grands panaches de neige s'élevaient de sous les sabots des chevaux et que les cloches des harnais tintinnabulaient sans fin, avertissant de l'approche du véhicule[1]...

Plus d'un siècle après, la camarade de cellule d'Evguénia Guinzbourg lut une description semblable de la traversée de l'Oural par une aristocrate... et soupira avec envie : « Et dire que j'avais toujours considéré les femmes des décembristes comme des martyres inégalées[2] ! »

Il n'y avait ni chevaux ni traîneaux pour tirer les détenus du XXe siècle à une « vitesse grisante » à travers les neiges de Sibérie, pas plus qu'il ne fallait s'attendre à trouver du thé chaud au citron dans les samovars des relais. La princesse Volkonskaïa a bien pu pleurer au cours de son voyage, mais les détenus qui vinrent après elle ne pouvaient même entendre le mot *etap* — transport ou convoi, dans le jargon des détenus — sans en avoir la bouche desséchée sous l'effet de la peur, voire de la terreur. Chaque voyage était un arrachement, un saut dans l'inconnu, un éloignement des camarades de cellule et d'un cadre familier, si pauvre fût-il. Pis encore, le déplacement des détenus de prison en prison de transit, et de prison de transit en camp, était physiquement éreintant et terriblement cruel. Par certains côtés, c'était l'aspect le plus inexplicable de la vie au Goulag.

Pour ceux qui subissaient l'épreuve pour la première fois, l'événement était chargé de symbolisme. Arrestation et interrogatoire avaient été une initiation au système, mais la traversée de la Russie en train représentait une rupture géographique avec leur ancienne vie et le commencement d'une nouvelle. Les émotions étaient toujours vives dans les trains qui quittaient Moscou et Leningrad en direction du nord ou de l'est. Thomas Sgovio, l'Américain qui n'avait pas réussi à retrouver son passeport, se souvient du départ de son train pour la Kolyma : « Notre train quitta Moscou dans la soirée du 24 juin. Ce fut le début d'un voyage vers l'est qui allait durer un mois. Jamais je ne pourrai oublier ce moment. Soixante-dix hommes... se mirent à pleurer[3]. »

Le plus souvent, les transports sur de longues distances se faisaient par étapes. S'ils étaient incarcérés dans une grande ville, les *zeks* étaient d'abord acheminés jusqu'aux trains en camions dont la conception même témoigne de l'obsession du secret propre au NKVD. De l'extérieur, les « corbeaux noirs », comme ils étaient surnommés, ressemblaient à des camions de marchandises ordinaires. Dans les années 1930, on pouvait souvent lire le mot « pain » sur le côté, mais par la suite on eut recours à des stratagèmes plus élaborés. Un prisonnier arrêté en 1948 se souvient d'avoir voyagé dans un camion sur lequel était inscrit « Côtelettes de Moscou » et dans un autre portant la mention « Fruits et légumes »[4].

À l'intérieur, les véhicules étaient parfois divisés en deux rangées de « minuscules cabines » où l'on étouffait et où régnait une obscurité totale, se rappelle une détenue[5]. Si l'on en croit un dessin de 1951, d'autres avaient simplement deux longues banquettes, sur lesquelles les prisonniers se serraient les uns contre les autres[6]. Pour les paysans et ceux qui furent transportés au début des déportations massives des États baltes et de Pologne orientale, le moment était plus rude encore. Ils étaient souvent entassés dans des camions de marchandises ordinaires, « comme des sardines », me précisa un vieux Lituanien : le premier prisonnier écartait les jambes, le deuxième s'asseyait entre les jambes du premier et écartait les siennes, et ainsi de suite, jusqu'à ce que le véhicule fût plein[7]. Cette organisation était particulièrement inconfortable quand il y avait foule, et un voyage jusqu'à la gare pouvait demander une journée entière. Au cours des déportations organisées dans les anciens territoires polonais en février 1940, des enfants moururent de froid avant même d'arriver aux trains, tandis que des adultes souffrirent de graves engelures aux bras et aux jambes dont ils ne devaient jamais se remettre[8].

Dans les villes de province, les règles de secret étaient moins strictes et les prisonniers traversaient parfois la ville à pied pour gagner la gare. L'expérience leur offrait souvent un dernier aperçu de la vie civile, en même temps qu'elle permettait aux civils de les entrevoir une dernière fois. Janusz Bardach se souvient de sa surprise devant la réaction des habitants de Petropavlovsk lorsqu'ils virent le cortège des détenus dans la rue :

> La plupart, alentour, étaient des femmes emmitouflées dans leurs châles et leurs gros manteaux de feutre. À ma grande stupeur, elles se mirent à crier à l'adresse des gardes : « Fascistes... Assassins... Pourquoi vous n'allez pas vous battre sur le front ? » Elles se mirent à lancer des boules de neige sur les gardes. Plusieurs coups de feu furent tirés en l'air, et les femmes reculèrent de quelques pas, mais continuèrent de jurer et de nous suivre. Elles lancèrent en direction de la colonne des paquets, des miches de pain, des pommes de terre et du bacon enveloppés dans du tissu. Une femme retira son châle et son

> manteau pour les donner à un homme qui n'en avait pas. J'attrapai une paire de mitaines de laine[9].

Ces réactions relevaient d'une longue tradition en Russie : Dostoïevski parle des maîtresses de maison qui apportaient des « pains briochés de la plus fine farine » aux détenus des prisons tsaristes à Noël[10] Dans les années 1940, cependant, elles étaient relativement rares. À bien des endroits — Magadan, notamment — la vue de prisonniers dans la rue était si courante qu'elle ne suscitait aucune réaction.

Que ce fût à pied ou en camion, les prisonniers finissaient par arriver à la gare. Il s'agissait tantôt de gares ordinaires, tantôt de gares spéciales — « un terrain entouré de barbelés », dans le souvenir de Lev Finkelstein. Il se rappelait aussi que les détenus étaient assujettis à une série de rituels spéciaux avant d'être autorisés à embarquer :

> Il y a une immense colonne de prisonniers, on vous compte, on vous recompte et on vous recompte. Le train est là... puis vient l'ordre du voyage : « À genoux ! » Au cours du chargement, c'était un moment délicat, quelqu'un pourrait se mettre à courir. Aussi s'assurent-ils que tout le monde est à genoux. Mais mieux vaut ne pas se lever, parce qu'à ce stade ils ont la gâchette facile. Ensuite ils comptent, ils font monter les gens puis verrouillent les voitures. Mais le train ne bouge jamais... vous restez des heures debout... et soudain « Nous sommes partis ! » et ça commence[11].

De l'extérieur, les wagons avaient l'air tout à fait ordinaires, si ce n'est qu'ils étaient mieux protégés que la plupart. Edward Buca, qui avait été arrêté en Pologne, inspecta sa voiture de l'œil attentif d'un homme qui espérait s'échapper. Il se rappelle que « chaque wagon était entouré de barbelés, qu'il y avait des marchepieds de bois, à l'extérieur, pour les gardes, des éclairages électriques avaient été installés en haut et en bas de chaque wagon, et leurs petites vitres étaient protégées par de gros barreaux de fer». Plus tard, Buca regarda sous le wagon, pour voir s'il y avait aussi des pointes de fer. Il y en avait[12]. Finkelstein se souvient que, «chaque matin, on entendait ce martèlement. Les gardes avaient des marteaux de bois et ils passaient leur temps à frapper les cloisons, histoire de s'assurer que personne ne tente de fuir, de faire un trou[13]».

Très rarement, des dispositions exceptionnelles étaient prises pour des prisonniers de choix. Anna Larina, la femme de Nikolaï Boukharine, ne voyagea pas avec les autres détenus, mais fut placée dans le compartiment de l'escorte[14]. Cependant, l'immense majorité des prisonniers voyageaient ensemble, dans un des deux types de train. Les premiers étaient les *Stolypinki* ou «wagons Stolypine» (ironiquement baptisés du nom de l'un des Premiers ministres réformistes les plus décidés du régime tsariste, au début du XXe siècle, qui les aurait introduits). Il s'agissait de wagons ordinaires, réaménagés pour les détenus. Ils pouvaient être organisés en un immense convoi ou, au contraire, rattachés, à raison de un ou deux seulement, à des trains ordinaires. Un ancien passager en a laissé cette description:

> Une *Stolypinka* ressemble à une voiture russe ordinaire de troisième classe, sauf qu'elle a quantité de barreaux de fer et un grillage. Les fenêtres sont bien sûr munies de barreaux. Les compartiments individuels sont séparés par des grilles d'acier, plutôt que des cloisons, comme des cages, et une longue barrière de fer sépare les compartiments du couloir. Cet aménagement permet aux gardes de ne jamais perdre de vue tous les détenus de la voiture[15].

Les wagons Stolypine étaient aussi très, très encombrés :

> Sur chacune des deux banquettes de planches supérieures étaient couchés deux hommes, tête-bêche. Sur celles du milieu il y en avait sept autres, la tête tournée vers la porte et un huitième à leurs pieds, étendu en travers. Un homme se trouvait sous chacune des banquettes inférieures et, au-dessus d'eux, ainsi que sur les bagages, dans le passage, étaient encore assis quatorze zeks[16].

Mais il y avait encore un autre inconvénient, plus important. Dans les wagons Stolypine, les gardiens pouvaient observer les détenus en permanence, et donc surveiller ce qu'ils mangeaient, écouter leurs conversations — et donc décider où et quand ils pourraient se soulager. Aussi presque tous les mémorialistes qui évoquent le train font-ils état des horreurs associées à la miction et à la défécation. Une ou deux fois par jour, mais parfois pas du tout, les gardes conduisaient les détenus aux toilettes ou arrêtaient les trains pour faire descendre les passagers : « Le pire se produit quand, après un long marchandage avec les gardes, nous sommes autorisés à descendre de voiture et que chacun cherche un coin, quelque part sous le wagon pour se soulager sans s'inquiéter des gens qui regardent de tous côtés[17]. »

Si gênants que fussent ces arrêts, les détenus qui avaient mal au ventre ou souffraient d'autres problèmes médicaux étaient dans une position bien pire : « Les prisonniers incapables de se retenir souillaient en geignant leurs pantalons et souvent, par la même occasion, ceux de leurs voisins. Même dans cette communauté d'épreuves, il était difficile à certains détenus de ne pas haïr les malheureux qui en étaient réduits à cela[18]. »

C'est pour cette raison que d'aucuns préféraient l'autre forme de transport de prisonniers, les wagons à bestiaux. Ceux-ci étaient tels que leur nom l'indique: des voitures vides, pas nécessairement équipées pour des êtres humains, avec parfois un poêle au centre pour se chauffer, et parfois des couchettes. Quoique plus rudimentaires que les wagons Stolypine, ces voitures n'étaient pas divisées en sections et il y avait donc plus de place pour bouger. Elles étaient aussi pourvues de «toilettes» — de simples trous dans le plancher —, dispensant les détenus d'implorer les gardiens pour pouvoir se soulager[19].

Les wagons ouverts n'allaient pas non plus sans tourments. Il arrivait en effet que les trous du plancher se bouchent. Dans le train de Buca, c'est le gel qui l'obstrua. «Alors qu'avons-nous fait? Nous pissions à travers une fente entre les planches et chiions dans un bout de toile, dont nous faisions ensuite un petit paquet dans l'espoir qu'ils arrêteraient le train et qu'ils ouvriraient la porte pour nous permettre de le balancer[20].» Dans les trains pleins d'exilés déportés, où se pressaient hommes, femmes et enfants, les trous du plancher posaient d'autres problèmes. Une ancienne déportée, exilée en tant que fille de koulak au début des années 1930, se souvient que les gens étaient «horriblement gênés» de devoir uriner les uns devant les autres et qu'elle avait eu bien de la chance de pouvoir se cacher «derrière les jupes de [sa] mère»[21].

Le vrai supplice, cependant, ce n'était pas le surpeuplement, les toilettes ou la gêne, mais le manque de nourriture, et par-dessus tout d'eau. Parfois, suivant la route et le type de train, les détenus recevaient au cours du voyage des aliments chauds. D'autres fois, non. Habituellement, les «rations sèches» d'un détenu au cours du transport consistaient en pain, lequel pouvait être distribué en petits morceaux de 300 grammes par jour ou en plus grosses quantités — deux kilos — censées durer trente-quatre jours.

Avec le pain, on distribuait habituellement aux détenus du poisson salé — ce qui avait pour effet de leur donner terriblement soif[22]. Or, ils recevaient rarement plus d'un quart d'eau par jour, même en été. Cette pratique était si courante que l'on retrouve sans cesse des évocations de la soif terrible dont souffraient les prisonniers. « Une fois, trois jours durant, nous fûmes privés d'eau ; et, la veille du Nouvel An 1939, quelque part à proximité du lac Baïkal, nous en fûmes réduits à lécher les stalactites noires du wagon », écrit un ancien zek[23]. Au cours d'un voyage de vingt-quatre jours, se souvient un autre, ils ne reçurent d'eau que trois fois, tandis que le train s'arrêtait à l'occasion « pour emmener les cadavres »[24].

Même ceux qui avaient droit à une tasse par jour étaient tourmentés. Evguénia Guinzbourg se souvient de la décision déchirante que devaient prendre les détenus : la boire en entier le matin ou essayer d'en garder : celles qui « absorbent une petite gorgée de temps à autre, jusqu'au soir [...] n'ont pas une minute de répit : elles surveillent leur verre, tremblent pour lui[25] ». Si elles avaient assez de chance pour avoir un gobelet... Une détenue devait se souvenir jusqu'à la fin de ses jours du moment tragique où sa théière, qu'elle avait réussi à garder avec elle, lui fut volée. Elle y conservait de l'eau sans en renverser, ce qui lui permettait de la siroter toute la journée. Sans elle, elle n'avait plus rien pour garder l'eau et fut tourmentée par la soif[26].

Pires encore sont les souvenirs de Nina Gaguen-Torn, qui était à bord du convoi qui s'arrêta trois jours durant à la périphérie de Novossibirsk au milieu de l'été. La prison de transit de la ville était pleine : « On était en juillet. Il faisait très chaud. Les toits des wagons Stolypine se mirent à fondre, et nous étions allongés sur les couchettes comme des petits pains dans un four. » Sa voiture décida une grève de la faim, alors même que les gardiens les menaçaient de nouvelles peines, plus longues. « Nous ne voulons pas attraper la dysenterie, répliquèrent les femmes. Voilà quatre jours que nous croupissons dans notre merde. » À contrecœur, les gardiens finirent par les laisser boire un peu et faire un brin de toilette[27].

Une Polonaise se trouva elle aussi à bord d'un train qui dut s'arrêter, mais sous la pluie. Naturellement, les détenues essayèrent d'attraper l'eau qui tombait du toit. Mais, « quand nous tendions nos gobelets entre les barreaux des fenêtres, le garde qui était assis sur le toit criait qu'il allait tirer, parce que c'était interdit[28] ».

Les voyages en hiver ne se passaient pas nécessairement mieux. Une autre déportée polonaise se souvenait n'avoir eu droit qu'à « du pain glacé et de l'eau sous forme de glace » au cours de son voyage vers l'est[29]. En été ou en hiver, d'autres déportés connurent des tourments spéciaux. Quand un train d'exilés s'arrêta, exceptionnellement, dans une gare ordinaire, les détenus filèrent acheter de quoi manger aux gens du pays. « Nos Juifs se jetèrent sur les œufs, se souvient une passagère polonaise. Ils préféraient mourir de faim plutôt que de manger de la nourriture non casher[30]. »

Les vieux et les plus petits souffraient le plus. Barbara Armonas, Lituanienne mariée avec un Américain, fut déportée en même temps qu'un important groupe de Lituaniens — hommes, femmes et enfants.

Parmi eux se trouvait une femme qui avait accouché quatre heures plus tôt, ainsi qu'une paralysée de quatre-vingt-trois ans, incapable de rester propre: «Très vite, tout puait autour d'elle, et elle était couverte de plaies purulentes.» Il y avait aussi trois bébés:

> Leurs parents avaient de gros problèmes de couches puisqu'il était impossible de les laver régulièrement. Parfois, quand le train s'arrêtait après qu'il avait plu, les mères sautaient pour laver les couches dans les fossés. Cela donnait lieu à des disputes parce que les unes voulaient laver la vaisselle, d'autres se laver la figure, d'autres encore laver les couches sales, toutes en même temps... Les parents faisaient tout leur possible pour garder leurs enfants propres. Les couches sales étaient séchées et secouées dehors. On déchirait draps et chemises en couches improvisées et, parfois, les hommes attachaient les couches mouillées autour de leur taille pour essayer de les faire sécher plus rapidement.

Les petits enfants ne s'en tiraient pas mieux:

> Certains jours, il faisait très chaud et la puanteur des voitures était insupportable. Plusieurs tombèrent malades. Dans notre voiture, un garçon de deux ans avait une forte fièvre et ne cessait de pleurer à cause de la douleur. La seule aide que ses parents purent obtenir, c'est un peu d'aspirine que quelqu'un leur donna. Son état ne cessa d'empirer et il finit par mourir. Au premier arrêt, dans une forêt inconnue, les soldats descendirent son corps du train, vraisemblablement pour l'enterrer. Le chagrin et la rage impuissante de ses parents étaient déchirants. Dans des conditions normales et avec des soins médicaux, il ne serait pas mort. Désormais, nul ne savait même avec certitude où il était enterré[31].

Pour les ennemis arrêtés, par opposition aux déportés, étaient parfois prises des dispositions spéciales, qui n'arrangeaient pas nécessairement les choses. Mariya Sandratskaïa fut arrêtée alors que son enfant avait deux mois et fut placée dans un convoi plein de mères qui allaitaient. Dix-huit jours durant, soixante-cinq femmes et soixante-cinq enfants voyagèrent dans deux wagons à bestiaux, non chauffés si ce n'est par deux tout petits poêles fumeux. Il n'y avait pas de rations spéciales, ni eau chaude pour baigner les enfants ou laver les couches, qui finirent par devenir « vertes de crasse ». Deux femmes se suicidèrent en se tranchant la gorge avec un tesson de verre. Une autre perdit la tête. Les autres mères se chargèrent de leurs bébés. Sandratskaïa elle-même en « adopta » un. Jusqu'à la fin de sa vie, elle resta convaincue que l'allaitement seul avait sauvé son enfant, qui contracta une pneumonie. Bien entendu, il n'y avait pas de médicaments.

À l'arrivée à la prison de transit de Tomsk, la situation ne s'améliora guère. D'autres enfants tombèrent malades. Deux moururent. Deux autres mères tentèrent de se suicider mais en furent empêchées. D'autres commencèrent une grève de la faim. Au cinquième jour, les grévistes reçurent la visite d'une commission du NKVD : une des femmes leur lança son bébé dessus. Ce n'est qu'à l'arrivée au Temlag — le camp des femmes, essentiellement pour les « épouses » arrêtées — que Sandratskaïa réussit à organiser un jardin d'enfants, finissant par persuader des parents de venir chercher son enfant[32].

Si bizarre et inhumaine que puisse paraître son récit, l'expérience de Sandratskaïa est loin d'être unique. Un ancien médecin de camp a aussi raconté son voyage dans un « transport d'enfants », avec quinze mères qui nourrissaient leurs enfants au sein, ainsi que vingt-cinq autres enfants et deux « nounous ». Tous avaient rejoint la gare à pied en convoi et embarqué non pas dans un train ordinaire, mais à bord d'un wagon Stolypine avec des barreaux aux fenêtres et sans nourriture en quantité suffisante[33].

De temps à autre, tous les trains s'arrêtaient, mais ces arrêts n'offraient pas nécessairement beaucoup de répit. Les détenus descendaient pour monter dans des camions et rejoindre des prisons de transit. Dans ces établissements, le régime était semblable à celui des prisons où avaient lieu les interrogatoires, si ce n'est que les geôliers se souciaient moins encore du sort de leurs pensionnaires, qu'ils n'avaient aucune chance de revoir un jour. Aussi le régime carcéral était-il en l'occurrence totalement imprévisible.

Le Polonais Karol Harenczyk, déporté d'Ukraine occidentale à la Kolyma au début de la Seconde Guerre mondiale, a évoqué les mérites relatifs des nombreuses prisons de transit où il avait séjourné. Dans un questionnaire rempli à la demande de l'armée polonaise, il observa que la prison de Lvov était sèche, avec de « bonnes douches » et « assez propre ». En revanche, celle de Kiev était « bondée, d'une saleté indescriptible » et grouillait de poux. À Kharkov, 387 personnes, et des milliers de poux, se pressaient dans sa cellule de 96 m^2. À Aremovsk, la prison était plongée dans « une obscurité presque totale », et aucune promenade n'était autorisée : « Le sol de béton n'est pas nettoyé. Des restes de poisson traînent par terre. La crasse, l'odeur et le manque d'air donnent des migraines et des vertiges », à tel point que les prisonniers se déplaçaient à quatre pattes. À Vorochilovgrad, la prison était de nouveau « assez propre », et les détenus étaient autorisés à se soulager hors de la cellule, deux fois par jour. Dans le camp de transit de Starobelsk, les détenus n'avaient droit à une demi-heure de promenade qu'une fois par semaine[34].

Les prisons de transit les plus rudimentaires étaient probablement celles de la côte du Pacifique, où séjournaient les détenus avant d'embarquer à destination de la Kolyma. Dans les années 1930, il n'y en avait qu'une : Vtoraïa Rechka, près de Vladivostok. Mais elle était tellement surpeuplée que deux autres furent construites en 1938 : Boukhta Nakhodka et Vanino. Malgré tout, il n'y avait toujours pas assez de baraques pour les milliers de pensionnaires qui attendaient les bateaux[35]. Un détenu se retrouva interné à Boukhta Nakhodka à la fin de juillet 1947 : « Ils gardaient 20 000 personnes en plein air. Il n'était pas question de bâtiments : les gens s'asseyaient, s'allongeaient et vivaient à même le sol[36]. »

Pour ce qui est de l'eau, la situation n'était guère meilleure que dans les trains, alors même que les détenus étaient encore largement nourris de poisson salé, en plein été : « Dans tout le camp, des écriteaux invitaient à "ne pas boire de l'eau non bouillie". Et deux épidémies faisaient rage parmi nous : typhus et dysenterie. Et les détenus ne tenaient pas compte des écriteaux et buvaient dans les minces filets d'eau qu'on trouvait çà et là dans l'enceinte du camp... Quiconque peut comprendre combien nous désespérions de trouver de l'eau pour étancher notre soif[37]. »

Pour les prisonniers qui avaient voyagé plusieurs semaines — et les mémorialistes font état de voyages en train de quarante-sept jours jusqu'à Boukhta Nakhodka[38] —, les conditions qui régnaient dans les camps de transit de la côte du Pacifique étaient presque insupportables. L'un d'eux rapporte qu'à l'arrivée 70 % de ses camarades souffraient d'héméralopie, effet secondaire du scorbut, et de diarrhée[39]. Et on ne pouvait guère compter sur des soins médicaux. Sans médicaments ni soins appropriés, le poète russe Ossip Mandelstam mourut en octobre 1938, paranoïde et délirant, au camp de Vtoraïa Rechka[40].

Pour ceux qui n'étaient pas trop mal en point, il était possible de gagner un petit supplément de pain dans les camps de transit du Pacifique. Les détenus pouvaient porter des seaux de ciment, décharger des wagons de marchandises et creuser des latrines[41]. En fait, d'aucuns se souviennent de Boukhta Nakhodka comme du « seul camp où les prisonniers suppliaient de travailler ». Une Polonaise se rappelle : « Ils ne nourrissent que ceux qui travaillent, mais comme il y a plus de détenus que de boulot, certains meurent de faim. [...] La prostitution fleurit, comme les iris dans les prairies de Sibérie[42]. »

D'autres encore, rappelle Thomas Sgovio, survivaient grâce au trafic :

> Il y avait un grand espace à découvert qu'on appelait le bazar. Les détenus s'y retrouvaient pour troquer. [...] L'argent n'avait aucune valeur. Les produits les plus demandés étaient le pain, le tabac et des bouts de journal dont on se servait pour fumer. Il y avait des non-politiques qui purgeaient leur peine comme ouvriers d'entretien et militaires. Ils échangeaient du pain et du tabac contre les vêtements des nouveaux arrivants, puis revendaient nos habits à l'extérieur contre quelques roubles, accumulant ainsi un petit pécule pour le jour où ils retrouveraient le monde soviétique. Dans la journée, le bazar était le coin le plus fréquenté du camp. C'est là, dans cet enfer communiste, que j'ai vu ce qu'était en réalité la forme la plus crue du système de la libre entreprise[43].

Pour ces détenus, cependant, les horreurs du voyage ne cessaient pas avec les trains et les camps de transit. Ils devaient achever leur voyage vers la Kolyma en bateau — tout comme les prisonniers qui remontaient l'Ienisseï de Krasnoïarsk jusqu'à Norilsk, ou en péniches, dans les premiers temps, à travers la mer Blanche, d'Arkhangelsk jusqu'à Oukhta. Rare était le prisonnier embarquant à destination de la Kolyma qui n'avait le sentiment d'entreprendre un voyage dans les abysses, de quitter le monde connu pour traverser le Styx. Beaucoup n'avaient encore jamais pris le bateau[44].

Les navires eux-mêmes étaient tout ce qu'il y avait de plus ordinaire. De vieux vapeurs hollandais, suédois, anglais et américains — des bateaux qui n'avaient jamais été construits pour transporter des passagers — assuraient la navette avec la Kolyma. Les navires étaient réaménagés en vue de leur nouveau rôle, mais les changements étaient largement de pure forme. Les lettres D.S. (pour Dalstroï) étaient peintes sur les cheminées, des nids de mitrailleuses installés sur les ponts, et des châlits de fortune montés dans la cale, les différentes sections étant séparées les unes des autres par un grillage de fer. Conçu pour transporter d'immenses longueurs de câble, le plus grand bâtiment de la flotte du Dalstroï fut initialement baptisé *Nikolaï Iejov*. Après la disgrâce de ce dernier, il fut rebaptisé *Félix Dzerjinski* — modification qui nécessita un coûteux changement d'immatriculation auprès des instances internationales des transports maritimes[45].

Peu d'autres concessions étaient faites à la cargaison humaine des navires, dont les passagers étaient parqués sous le pont pendant la première partie du voyage, quand les bateaux passaient près des côtes du Japon. Au cours de ces tout premiers jours, le panneau de descente qui menait du pont à la cale restait hermétiquement fermé, de crainte qu'un bateau de pêche japonais égaré n'entrevît quelque chose[46]. Ces voyages — étaient si secrets que lorsque l'*Indigirka*, bâtiment du Dalstroï enfermant 1 500 passagers — pour l'essentiel, des détenus qui retournaient sur le continent —, heurta un récif au large de l'île de Hokkaido en 1939, l'équipage choisit de laisser mourir la plupart des passagers plutôt que de demander de l'aide. Bien entendu, il n'y avait aucun canot de sauvetage à bord, et l'équipage qui ne voulait toujours pas révéler le véritable contenu du « cargo » ne fit signe à aucun bâtiment qui croisait dans les parages, alors que beaucoup étaient disponibles. Quelques pêcheurs japonais se portèrent à l'aide de leur propre chef, mais en vain : plus de 1 000 personnes devaient trouver la mort au cours de la catastrophe[47].

Même en l'absence de naufrage, cependant, les prisonniers souffraient du secret, qui imposait un confinement forcé. Les gardiens balançaient la nourriture dans la cale, où les détenus devaient se battre pour en obtenir. Ils recevaient l'eau dans des seaux, descendus de la surface. Il y avait donc pénurie de vivres et d'eau. Et l'air manquait. L'anarchiste Elinor Olitskaïa se rappelle que les gens se mirent à vomir sitôt embarqués[48]. Descendant dans la cale, Evguénia Guinzbourg tomba aussitôt malade elle aussi : « Si je tiens debout, c'est que l'espace manque pour tomber. » Une fois à l'intérieur, il régnait une « atmosphère étouffante, visqueuse. Nous sommes nombreuses, très nombreuses ; nous nous asseyons sur un sol crasseux, serrées les unes contre les autres. Nous écartons les jambes afin de permettre à nos compagnes de s'asseoir entre nos genoux[49] ».

Une fois passé la côte japonaise, les détenus étaient parfois autorisés à monter sur le pont pour utiliser les rares toilettes du bâtiment qui ne convenaient guère à des milliers de prisonniers. Les mémorialistes se souviennent d'avoir attendu qui « deux heures », qui « sept ou huit heures », voire « toute la journée » devant ces toilettes[50]. Sgovio les a décrites :

> Un assemblage de planches, de bric et de broc, attaché au flanc du navire. [...] Avec le roulis, il était assez difficile d'enjamber la balustrade du pont pour entrer dans le box. Les plus âgés et ceux qui n'avaient encore jamais pris la mer avaient peur d'entrer. Une bourrade du gardien et la nécessité de se soulager les amenaient finalement à surmonter leur réticence. Jour et nuit, tout au long du voyage, on faisait la queue dans les escaliers. On ne pouvait y entrer que deux par deux[51].

Reste que les tourments de la vie à bord étaient surpassés par les tortures inventées par les prisonniers eux-mêmes, ou plutôt par l'élément criminel qu'il y avait parmi eux. C'était particulièrement vrai à la fin des années 1930 et au début des années 1940, quand l'influence criminelle dans le système des camps était à son apogée et que les détenus politiques et criminels étaient complètement mélangés. Certains politiques avaient déjà rencontré des criminels dans les trains. Aino Kuusinen rapporte que « ce qui rendait le voyage insupportable, c'était la présence de jeunes délinquants à qui on avait attribué les couchettes supérieures. Ils se livraient à toutes sortes de polissonneries, crachaient, nous lançaient des obscénités, quelques-uns urinaient même sur les adultes[52] [...] ».

À bord des bateaux, la situation était pire. Elinor Lipper, qui fit le voyage de la Kolyma à la fin des années 1930, a raconté comment les politiques « se serraient les unes contre les autres sur le sol goudronné de la cale parce que les criminelles avaient pris possession de la plate-forme de planches. Si l'une osait lever la tête, elle avait droit à une pluie de têtes et de viscères de poisson. Quand une des criminelles était nauséeuse, ses vomissures nous tombaient dessus[53] ».

Les prisonniers polonais et baltes, qui avaient de meilleurs vêtements et plus d'objets de prix que les Soviétiques, étaient une cible de choix. Une fois, un groupe de criminels éteignit les lumières pour attaquer un groupe de Polonais, en tuant quelques-uns et dépouillant les autres. « Les Polonais qui étaient là et restaient en vie, écrivit un survivant, sauraient pour le restant de leur vie qu'ils avaient été en enfer[54]. »

Le mélange de détenus hommes et femmes pouvait avoir des conséquences pires encore que celui de criminels et de politiques. En principe, la chose était interdite : sur les bateaux, hommes et femmes étaient séparés. Dans les faits, des gardiens à qui l'on graissait la patte laissaient des hommes pénétrer dans la cale des femmes, avec de graves conséquences. Dans tout le système concentrationnaire, on devait parler du « tram de la Kolyma » — des viols collectifs à bord. Elena Glink, une survivante, en a laissé une description :

> Ils violaient sur ordre du « conducteur » du tram... puis, quand celui-ci lançait son *kontchai bazar* [« on arrête de s'amuser »], ils se relevaient à contrecœur, pour laisser la place au suivant, qui se tenait déjà prêt. [...] Les mortes étaient traînées par les jambes jusqu'à la porte, et entassées sur le seuil. Celles qui restaient étaient ranimées — on leur balançait de l'eau dessus — et la queue se reformait. En mai 1951, à bord du *Minsk* [célèbre à travers la Kolyma pour son « grand tram »], on jeta les cadavres de femmes par-dessus bord. Les gardiens ne se donnaient pas même la peine d'écrire le nom des mortes[55]...

À la connaissance de Glink, personne ne fut jamais puni pour viol à bord de ces navires. Janusz Bardach, adolescent polonais qui se retrouva sur un navire à destination de la Kolyma en 1942, en convient. Il était présent quand une bande de criminels prépara une descente dans la cale des femmes et les vit faire un trou dans le grillage de fer qui séparait les sexes :

> Sitôt que les femmes apparurent à travers le trou, les hommes leur arrachèrent leurs vêtements. Ils s'y mirent à plusieurs sur chaque femme. Je voyais les corps blancs des victimes qui se contorsionnaient, donnant de violents coups de jambes, griffant de leurs mains le visage des hommes. Les femmes mordaient, pleuraient, geignaient. Les hommes répondaient par des claques... Quand les violeurs furent à court de femmes, quelques hommes parmi les plus costauds se tournèrent vers les planches pour traquer des jeunes garçons. Ces adolescents vinrent grossir le carnage, couchés sur le ventre, saignant et pleurant par terre.

Aucun des autres prisonniers n'essaya de retenir les violeurs : « Des centaines d'hommes regardèrent la scène depuis les châlits, mais pas un seul n'essaya de s'interposer. » L'agression ne prit fin, écrit Bardach, que lorsque les gardiens du pont supérieur inondèrent la cale. Par la suite, quelques femmes mortes ou blessées furent traînées dehors. Personne ne fut puni[56].

« Quiconque a vu l'enfer de Dante, a écrit un survivant, dirait que ce n'était rien à côté de ce qui se passa à bord[57]. »

Il est beaucoup d'autres récits de transports, parfois si tragiques qu'on hésite à les répéter. Ces voyages étaient tellement horribles que, dans la mémoire collective des survivants, ils sont devenus une énigme presque plus difficile à comprendre que les camps eux-mêmes. En invoquant une psychologie humaine plus ou moins normale, on peut expliquer la cruauté des commandants de camp, qui étaient eux-mêmes sous pression pour satisfaire les normes et réaliser les plans. Il est même possible d'expliquer les actions des instructeurs, dont la vie dépendait de leur capacité d'arracher des aveux et qui avaient parfois été choisis pour leur sadisme. En revanche, il est beaucoup plus difficile d'expliquer qu'un gardien ordinaire de convoi refuse de donner de l'eau à des détenus qui mouraient de soif, de donner de l'aspirine à un enfant qui avait de la fièvre ou de protéger les femmes d'un viol collectif jusqu'à ce que mort s'ensuive.

Certes, on n'a aucune preuve que les gardiens des convois aient reçu explicitement pour instruction de torturer les prisonniers transportés. Il existait au contraire tout un arsenal de règles afin de protéger les détenus des transports, et les autorités ne manquaient pas de se mettre en colère en cas d'infractions répétées. Un décret de décembre 1941 visant à « améliorer l'organisation du transport des prisonniers » condamna vivement « l'irresponsabilité » et, parfois, le comportement « criminel » de certains gardiens de convoi et employés du Goulag : « De ce fait, certains prisonniers sont arrivés à destination affamés et incapables de travailler pendant un certain temps[58]. »

Un ordre officiel du 25 février 1940 déplora d'un ton indigné que des détenus malades et invalides eussent été embarqués sur des trains à destination des camps du Nord — ce qui était en soi interdit —, mais aussi que beaucoup n'eussent reçu ni vivres ni eau, ni vêtements de saison en cours de route, et eussent voyagé sans leurs dossiers personnels, qui avaient donc disparu. Autrement dit, les prisonniers arrivèrent dans les camps sans que nul ne sût leur crime ni leur peine. Sur 1 900 prisonniers d'un transport à destination du Grand Nord en 1939, 590 avaient une « capacité de travail limitée » à leur arrivée, parce que trop faibles ou trop malades. Certains n'avaient plus que quelques mois de condamnation à faire quand d'autres avaient entièrement purgé leur peine. La plupart n'avaient pas de « vêtements chauds » et étaient « mal chaussés ». En novembre 1939, 272 autres détenus, dont aucun ne possédait de manteaux pour l'hiver, parcoururent 500 kilomètres en camions découverts : beaucoup tombèrent malades et quelques-uns moururent par la suite. Autant de faits rapportés avec l'indignation et la révolte de rigueur, et pour lesquels les gardes négligents furent sanctionnés[59].

De nombreuses instructions régissaient également les affaires des prisons de transit. Le 26 juillet 1940, par exemple, un ordre précisa l'organisation des prisons de transit, exigeant explicitement des commandants qu'ils construisent des bains, des systèmes de désinfection des parasites et de véritables cuisines[60]. La sûreté et la sécurité de la flotte carcérale du Dalstroï n'étaient pas moins importantes. Quand, en décembre 1947, deux navires qui mouillaient dans le port de Magadan furent endommagés par une explosion de dynamite, qui se solda par 97 morts et 224 hospitalisations, Moscou accusa le port de « négligence criminelle ». Les responsables furent jugés et condamnés[61].

À Moscou, les patrons du Goulag étaient parfaitement au courant des horreurs des voyages en bateau. En 1943, un rapport de l'inspection des services du procureur de Norilsk déplorait que les prisonniers arrivés en bateau — qui avaient remonté l'Ienisseï en péniches — étaient « souvent en mauvaise condition physique. [...] Sur les 14 125 prisonniers arrivés à Norilsk en 1953, environ 500 ont été hospitalisés à Doudinka [le port de Norilsk] dans les un ou deux jours suivant leur arrivée ; près d'un millier étaient temporairement inaptes au travail pour avoir été privés de nourriture[62] ».

Malgré ces réprimandes, le système de transport changea fort peu au fil du temps. Des ordres étaient donnés, des griefs signifiés. Mais, le 24 décembre 1944, un convoi arriva à la gare de Komsomolsk dans un état que le procureur adjoint du Goulag jugea exécrable. Son récit officiel du sort de l'« *echelon* [convoi] SK 950 », un train composé de cinquante et un wagons, fait figure de sommet dans l'horreur, même dans l'histoire cauchemardesque des transports du Goulag :

> Les prisonniers sont arrivés dans des wagons non chauffés qui n'avaient pas été préparés pour le transport des détenus. Dans chaque wagon, il y avait entre 10 et 12 couchettes, qui ne pouvaient accueillir plus de 18 personnes, alors qu'il y avait jusqu'à 48 individus par wagon. Les réserves d'eau étaient insuffisantes, si bien que l'eau manqua régulièrement, parfois durant des jours et des nuits. Les prisonniers reçurent du pain gelé, et pendant dix jours absolument rien. Ils arrivèrent habillés en tenues d'été, sales, couverts de poux, avec des signes flagrants de gelure. [...] Les malades avaient été abandonnés par terre, sans soin, et étaient morts sur place. Les cadavres étaient restés longtemps dans les voitures...

Sur les 1 402 détenus de l'*echelon* SK 950, 1 283 arrivèrent à destination : 53 étaient morts en cours de route, 66 avaient été hospitalisés en chemin. À l'arrivée, 335 autres durent être hospitalisés avec une gelure au troisième ou au quatrième degré, une pneumonie ou d'autres maladies. Le voyage avait apparemment duré soixante jours, dont vingt-quatre d'immobilisation sur des voies de garage en raison « d'une mauvaise organisation ». Dans ce cas extrême, cependant, le chef de l'*echelon* — un certain camarade Khabarov — n'écopa que d'un « blâme assorti d'avertissements »[63].

Maints survivants de transports semblables ont essayé d'expliquer cet absurde mauvais traitement des détenus entre les mains de jeunes gardiens inexpérimentés, qui étaient loin d'être les tueurs chevronnés déployés dans le système carcéral. Selon Nina Gaguen-Torn, « ce n'était pas une manifestation du mal, juste un signe de l'indifférence complète du convoi. Ils ne nous considéraient pas comme des êtres humains. Nous étions une cargaison vivante[64] ». Antoni Ekart, Polonais arrêté après l'invasion soviétique de 1939, explique :

> L'eau nous faisait grandement défaut ; non pas qu'on voulût nous en priver, mais approvisionner en eau quelques centaines de personnes eût nécessité un travail supplémentaire pour les gardiens et nul ne leur avait donné l'ordre de le faire. Le commandant du convoi ne s'intéressait nullement à de telles vétilles, et ses hommes n'avaient aucune raison d'aider les prisonniers à chercher de l'eau aux arrêts du train dans les gares. D'autre part, ces derniers auraient eu de plus grandes chances de s'évader[65] [...].

Pour d'autres, cependant, c'était plus que de l'indifférence : « Dans la matinée, le chef du convoi entra dans le couloir. [...] Il se plaça devant la fenêtre, nous tournant le dos, et se mit à crier des insultes, à nous injurier : “Vous me faites chier !”[66]. »

La lassitude, ou plutôt la lassitude mâtinée de la rage de devoir accomplir des tâches aussi dégradantes, est aussi l'explication que donne Soljenitsyne de ce phénomène autrement inexplicable. Il essaya même de se mettre à la place des gardiens. Ils étaient là, avec tant à faire et trop peu nombreux : « Transporter des seaux d'eau, ça fait loin. Et puis, c'est tout de même vexant ; pourquoi le guerrier soviétique devrait-il coltiner de l'eau comme un mulet pour les ennemis du peuple ? » Mais il y a pire :

> Cette eau, ça demande drôlement du temps pour la distribuer ; les détenus n'ont pas de quarts, ceux qui en avaient, on le leur a pris, autrement dit, il faut leur donner à boire dans des gobelets de l'administration. Mais, pendant qu'ils boiront, il faudra encore rester à côté d'eux, à puiser, à distribuer, à puiser, à distribuer...
>
> Mais tout cela, les hommes d'escorte le supporteraient encore — et de coltiner l'eau et de donner à boire — si ces cochons de détenus, une fois gorgés d'eau, ne demandaient pas ensuite à se soulager. Or, voici ce qui se passe : si on ne leur donne pas d'eau pendant vingt-quatre heures, ils ne demandent pas à faire leurs besoins ; donnez-leur à boire une fois, ils voudront y aller une fois ; vous les prenez en pitié : une deuxième fois à boire, une deuxième fois les besoins. C'est vite calculé : tout compte fait, ne pas leur donner à boire[67] !

Quelle que fût la raison — indifférence, lassitude, colère, orgueil blessé —, l'effet sur les détenus était désastreux. D'une manière générale, ils arrivaient aux camps non seulement déboussolés, dégradés par leur expérience de la prison et de l'interrogatoire, mais aussi physiquement épuisés — et mûrs pour la prochaine étape de leur voyage dans le système du Goulag : l'entrée dans le camp.

S'il ne faisait pas nuit, s'ils n'étaient pas malades, et s'ils étaient assez curieux pour lever les yeux, la première chose que les détenus voyaient à leur arrivée, c'était la porte du camp. Très souvent y était inscrit un slogan. À l'entrée d'un *lagpounkt* de la Kolyma était accroché un « arc-en-ciel de contreplaqué enveloppé d'une bannière sur laquelle on lisait : "Le travail en URSS est affaire d'honnêteté, de gloire, de vaillance et d'héroïsme !"[68] ». Barbara Armonas fut accueillie dans une colonie de travail de la banlieue d'Irkoutsk par cette bannière : « Avec un juste travail je paierai ma dette envers la patrie[69]. » Arrivant à Solovetski en 1933 — alors transformée en prison de haute sécurité —, un autre prisonnier vit cet écriteau : « D'une poigne de fer, nous conduirons l'humanité vers le bonheur[70] ! » Arrêté à quatorze ans, Iouri Tchirkov découvrit lui aussi à Solovetski un écriteau proclamant « Par le travail, la liberté ! » — slogan ressemblant aussi fâcheusement que possible à celui de la grille d'Auschwitz : *Arbeit macht frei* — « le travail rend libre »[71].

De même que l'arrivée en prison, l'arrivée d'un nouveau convoi (*etap*) dans le camp s'accompagnait de rituels : il fallait maintenant transformer des internés exténués en *zeks* qui travaillent. « À l'arrivée au camp », se souvient le détenu polonais Karol Colonna-Czosnowski,

> on passa un bon moment à nous compter. [...] Ce soir-là, cela nous parut interminable. Il fallut d'innombrables fois nous mettre par cinq, et chaque rangée devait avancer de trois pas sous les yeux de fonctionnaires du NKVD à l'air soucieux qui criaient *odin, dva, tri*... et écrivaient laborieusement chaque chiffre sur leur grande planchette porte-papiers. Vraisemblablement, le nombre des vivants,

ajouté à celui des personnes exécutées en cours de route, ne donnait pas le total escompté[72].

Une fois comptés, hommes et femmes étaient conduits aux bains et rasés — des pieds à la tête. Cette procédure, résultant d'une décision officielle pour des raisons d'hygiène[73] — on pensait, généralement à juste titre, que les prisonniers arrivant des geôles soviétiques étaient couverts de poux —, n'en avait pas moins aussi une portée rituelle importante. Les femmes l'évoquent avec une horreur et un dégoût particuliers, et qui n'a rien d'étonnant. Souvent elles devaient se dévêtir et attendre leur tour, nues, sous le regard de soldats — d'hommes. « Pour la première fois, se rappelle Elinor Olitskaïa, qui prit part à cette cérémonie à son arrivée à la Kolyma, j'entendis des lamentations de protestation : les femmes restent des femmes[74]... » Olga Adamova-Sliozberg avait subi la même expérience dans une prison de transit :

> [...] Nous nous sommes déshabillées, nous voulions monter l'escalier lorsque nous avons vu le long de la rampe, jusqu'en haut, une rangée de soldats en armes. Nous restions là, massées les unes contre les autres. Debout, les yeux baissés, rouges de confusion. J'ai levé la tête, j'ai croisé le regard d'un officier, le directeur du convoi. Il me regardait de biais et disait : « Allons, avancez, avancez, ne restez pas sur place ! » Et soudain, je me suis sentie libérée, j'avais même envie de rire.
>
> « Que m'importe ! Ces hommes ne valent pas plus cher pour moi que le bœuf Vaska qui me terrorisait dans mon enfance[75]. »

Une fois les détenus lavés et rasés, la deuxième étape de la transformation des hommes et des femmes en *zeks* anonymes était la distribution de vêtements.

Les règles changent, d'une époque à l'autre et d'un camp à l'autre, quant à la possibilité pour les détenus de porter leurs propres habits. Dans les faits, il semble que la décision ait été laissée au caprice des responsables du camp : « Dans un *lagpounkt*, on pouvait porter ses habits, dans un autre pas », se souvient Galina Smirnova, détenue à l'Ozerlag au début des années 1950[76]. Ce n'était pas toujours bien important : quand ils arrivaient au camp, bien des prisonniers n'avaient plus que des haillons, s'ils n'avaient pas été détroussés.

Ceux qui n'avaient pas d'habits devaient porter les uniformes du camp, invariablement vieux, déchirés, mal taillés et mal ajustés. Aux yeux de certains, en particulier des femmes, cela répondait à un désir délibéré de les humilier. Anna Andreïevna, la femme de l'écrivain et spiritualiste Danil Andreïev, fut d'abord envoyée dans un camp où les détenus pouvaient conserver leurs habits. Puis, en 1948, elle fut transférée dans un camp où tel n'était pas le cas. Le changement lui parut réellement blessant : « Ils nous avaient dépouillés de tout ; ils nous privèrent de nos noms, de tout ce qui fait la personnalité de quelqu'un et nous habillèrent, je n'arrive même pas à le décrire, d'un truc informe[77]... »

Aucun effort pour donner des vêtements à la taille des prisonniers. « Chacun de nous reçut un sous-vêtement long, écrit Janusz Bardach, ainsi qu'une tunique noire, des pantalons matelassés, une veste longue d'extérieur matelassée, un couvre-chef avec des oreillettes, des bottes à semelles de caoutchouc et des mitaines doublées de molleton. Ces articles nous étaient distribués à l'aveuglette, et c'était à nous de trouver les bonnes tailles. Tout ce que je reçus était beaucoup trop grand, et il me fallut des heures pour le troquer contre une taille mieux ajustée[78]. »

Non moins acerbe sur les modes du camp, une autre détenue écrit qu'on leur distribua des « manteaux courts matelassés, des chaussettes rembourrées qui montaient jusqu'au genou et des chaussures en écorce de bouleau. Ça nous donnait une allure de monstres mystérieux. Il ne nous restait pour ainsi dire rien de ce qui nous appartenait. Tout avait été vendu aux femmes condamnées ou, plus exactement, échangé contre du pain, Les bas et mouchoirs de soie suscitaient une telle admiration que nous étions obligées de les vendre. Il eût été trop dangereux de refuser[79] ».

Parce que les habits déchirés paraissaient faits pour les priver de toute dignité, de nombreux détenus se donnaient ensuite beaucoup de mal pour les améliorer. Dans un premier temps, se souvient une prisonnière, elle se ficha des « vieilles loques » qu'on lui avait données. Plus tard, cependant, elle se mit à les repriser, à faire des poches, à les améliorer, « comme faisaient les autres », histoire de se sentir moins abaissée[80]. D'une manière générale, les femmes qui savaient coudre ou piquer pouvaient gagner des rations de pain supplémentaires, tant les plus infimes améliorations de l'uniforme standard suscitaient la convoitise : la faculté de se distinguer, d'avoir un petit peu meilleure allure que les autres, allait être associée, on le verra, à un rang plus élevé, à une meilleure santé, à des privilèges. Varlam Chalamov a bien compris le sens de ces menus changements :

> Au camp, il y a deux sortes de linge de corps : l'« individuel » et le « commun ». Ce sont des expressions officielles, reconnues par l'État, au même titre que ces perles linguistiques que sont l'« empunaisement », l'« empouillement », etc. Le linge « individuel », réservé au personnel

> de service, aux contremaîtres et à d'autres privilégiés, est un peu plus neuf et de meilleure qualité. [...] Quant au linge « commun », c'est du linge commun. On le distribue sur place, aux bains, immédiatement après la toilette, à la place du linge sale qu'on a rassemblé et compté auparavant. Mais il ne saurait être question de choix selon la taille. Le linge propre est, au vrai sens du terme, une loterie ; voir des adultes sangloter de rage en échangeant leurs sous-vêtements crasseux, mais bien solides contre du linge propre usé jusqu'à la trame m'a toujours semblé étrange, douloureux à en pleurer. Rien ne peut contraindre l'homme à prendre ses distances vis-à-vis de ces désagréments dont la vie est faite[81].

Reste que le choc de se retrouver lavé, rasé et habillé en *zek* n'était que la première étape d'une longue initiation. Juste après, les prisonniers subissaient l'une des procédures les plus critiques dans leur vie de détenus : la sélection — et la séparation en catégories de travailleurs. La sélection avait des répercussions sur tout, de la place d'un détenu dans le camp au type de baraque où il logeait et au genre de travail qu'il devrait accomplir. Et tout cela pouvait, à son tour, décider de ses chances de vivre ou de mourir.

Je n'ai pas trouvé, il faut le souligner, de mémoires décrivant des « sélections » analogues à celles qui avaient lieu dans les camps de la mort allemands. Autrement dit, je n'ai pas lu de récits de sélections régulières qui se terminaient par la mise à l'écart et l'exécution des prisonniers trop faibles. De telles atrocités se produisirent certainement — un mémorialiste de Solovetski dit avoir survécu à une occasion de ce genre[82] —, mais la pratique habituelle, tout au moins à la fin des années 1930 et au début des années 1940, était différente. Les prisonniers faibles n'étaient pas assassinés à leur arrivée dans quelque camp lointain ; ils étaient plutôt placés en « quarantaine » pour éviter la propagation des maladies dont ils pouvaient être porteurs, mais aussi pour leur permettre d'« engraisser », de se refaire une santé après de longs mois de prison et de terribles voyages. Apparemment, les chefs de camp prenaient cette pratique au sérieux. Les détenus s'accordent sur ce point[83].

Alexandre Weissberg, par exemple, reçut une alimentation saine et put se reposer avant d'être envoyé aux mines[84]. Au terme d'un long transport jusqu'à l'Oukhtijemlag, Jerzy Gliksman — le socialiste polonais qui avait tant apprécié la mise en scène de la pièce de Pogodine, *Aristokraty*, à Moscou — eut droit à trois jours de repos, au cours desquels ses compagnons de voyage et lui furent traités en « hôtes »[85]. Piotr Yakir [Iakir], fils du général soviétique, bénéficia de quatorze jours de quarantaine au Sevourallag[86]. Evguénia Guinzbourg a gardé de ses tout premiers jours à Magadan, la grande ville de la Kolyma, un « souvenir confus » : « J'étais mal, je perdais souvent connaissance. » Comme d'autres, elle fut directement transportée du *Djourma* à l'hôpital, où, au bout de deux mois, elle fut parfaitement remise. Certains étaient sceptiques. « On prépare le veau pour le sacrifice », plaisantait une autre détenue, Lisa Cheveleva. « À quoi bon cette convalescence ? Quand vous sortirez d'ici, on vous jettera dans un camp et en une semaine vous serez de nouveau le cadavre que vous étiez lorsque vous avez débarqué du *Djourma*[87]. »

Une fois les détenus rétablis, si on leur en avait laissé le temps, et une fois habillés, si on leur avait accordé de nouveaux vêtements, la sélection et le tri commençaient pour de bon. En principe, il s'agissait d'un processus très réglementé. Dès 1930, le

Goulag donna des ordres compliqués et très stricts sur la classification des prisonniers. En théorie, les affectations obéissaient à deux ensembles de critères : l'« origine sociale » et la peine, ainsi que l'état de santé. Dans ces premiers temps, on répartissait les détenus en trois catégories : les prisonniers de la « classe ouvrière », qui n'avaient pas été condamnés pour crimes contre-révolutionnaires et dont la peine ne dépassait pas cinq ans ; les prisonniers de la « classe ouvrière », non convaincus de crimes contre-révolutionnaires mais dont la peine était supérieure à cinq ans ; et ceux qui avaient été condamnés pour crimes contre-révolutionnaires.

À ces trois catégories de travailleurs, correspondaient trois catégories de régime carcéral : privilégié, léger et « premier ordre » ou lourd. Les détenus devaient être ensuite examinés par une commission médicale, qui déterminait s'ils étaient capables de tâches lourdes ou légères. Tous ces critères étant pris en compte, l'administration du camp assignait alors une tâche à chacun. Suivant la manière dont il remplissait les normes de sa tâche, chaque prisonnier avait droit à une ration alimentaire différente. Il existait quatre niveaux : ration de base, de travail, « renforcée » ou « punitive »[88]. Toutes ces catégories devaient changer à maintes reprises. Les ordres donnés par Beria en 1939, par exemple, divisaient les prisonniers en « capables de travaux lourds », « capables de travaux légers » et « invalides » (parfois appelés groupes A, B et C), dont les effectifs étaient régulièrement surveillés par l'administration centrale de Moscou, qui désapprouvait vivement les camps comptant trop d'« invalides »[89].

Le processus était loin d'être méthodique. Il présentait des aspects à la fois formels — imposés par les chefs de camp — et informels : les détenus s'arrangeaient entre eux et négociaient. Pour la plupart, la première expérience de classification fut assez rude. George Bien, jeune Hongrois raflé à Budapest à la fin de la Seconde Guerre mondiale, compara la sélection dont il fit l'objet en 1946 à un marché aux esclaves :

> Tout le monde reçut l'ordre d'aller dans la cour et de se dévêtir. À l'appel de votre nom, vous comparaissiez devant une équipe médicale pour un examen de santé. Celui-ci consistait à vous tirer la peau des fesses pour apprécier la quantité de muscle. Ils déterminaient votre condition physique à la masse musculaire ; si le résultat était bon, vous étiez accepté et on mettait vos papiers sur une pile à part. L'examen était réalisé par des femmes en manteaux blancs, et elles n'avaient guère le choix dans ce groupe de morts-vivants. Elles choisissaient les plus jeunes, indépendamment du muscle[90].

Jerzy Gliksman a lui aussi employé l'expression de « marché aux esclaves » afin de décrire le processus de tri mis en œuvre au Kotlas, le camp de transit qui ravitaillait en prisonniers les camps au nord d'Arkhangelsk. Là, des gardiens réveillèrent les prisonniers en pleine nuit et leur dirent de se rassembler, avec toutes leurs affaires, le lendemain matin. Chaque détenu devait en être, fût-il gravement malade. Tous furent alors acheminés à l'extérieur du camp, dans la forêt. Au bout d'une heure, ils arrivèrent dans une grande clairière, où ils durent s'aligner en seize colonnes :

> Toute la journée, je remarquai des officiels inconnus, en uniforme ou en civil, se promenant parmi les détenus, ordonnant aux uns de retirer leurs vestes (*foufaykas*), tâtant leurs bras, leurs jambes, examinant la paume de leurs mains, et commandant à d'autres de se pencher. Tantôt, ils ordonnaient à un détenu d'ouvrir la bouche et

> examinaient sa denture, comme des maquignons dans une foire aux bestiaux... Certains recherchaient des ingénieurs et des serruriers expérimentés ou encore des tourneurs; d'autres voulaient peut-être des menuisiers; et tous avaient toujours besoin d'hommes costauds pour travailler comme bûcherons, dans l'agriculture, les mines de charbon ou les puits de pétrole.

La considération numéro un de ceux qui procédaient à cette inspection, s'aperçut Gliksman, était de « ne pas se laisser duper en se retrouvant sans le vouloir avec des estropiés, des invalides ou des malades — bref avec des personnes qui n'étaient bonnes qu'à bouffer du pain pour rien. C'est la raison pour laquelle des agents spéciaux étaient de temps à autre dépêchés pour sélectionner le bon matériau carcéral[91] ».

Dès le début, il apparut aussi clairement que les règles étaient là pour être bafouées. En 1947, au camp de Temnikovski, Nina Gaguen-Torn subit une sélection particulièrement humiliante, qui n'en eut pas moins un résultat positif. À peine arrivée au camp, son convoi fut dirigé vers les douches tandis que les vêtements étaient placés en chambre de désinfection. Elles durent ensuite pénétrer dans une pièce, encore toutes trempées et nues afin de passer un « examen de santé », leur dit-on. Des « médecins » allaient les examiner. Ce qu'ils firent, flanqués du directeur de la production du camp et de gardiens :

> Le commandant passa en revue la ligne, examinant rapidement les corps. Il choisissait des marchandises : à la production, à l'usine de couture ! À la ferme collective ! À la zone ! À l'hôpital ! Le directeur de la production notait les noms.
>
> Mais, lorsqu'il entendit le sien, le commandant la dévisagea :
>
> — Vous êtes parente du professeur Gaguen-Torn ?

— Sa fille.

— À l'hôpital, elle a la gale, elle a des marques rouges sur le ventre.

Comme tel n'était pas le cas, Gaguen-Torn supposa — la suite lui donna raison — que l'homme avait connu et admiré son père et qu'il la sauvait, au moins temporairement, des travaux éreintants[92].

Le comportement des prisonniers aux premiers jours de leur vie au camp, durant et après la sélection, pouvait avoir un effet profond sur leur destin. Au cours des trois jours de repos auquel il eut droit à son arrivée au Kargopollag, par exemple, le romancier polonais Gustaw Herling fit le point de la situation et vendit ses « grandes bottes d'officier pour neuf cents grammes de pain à un *ourka* [criminel] de la brigade des portefaix de la gare ». En récompense, celui-ci joua de ses relations dans l'administration du camp pour lui obtenir une place de porteur au centre de ravitaillement alimentaire. C'était une rude tâche, expliqua-t-il à Herling, mais au moins il pourrait chaparder du rabiot. Il en fut bien comme il l'avait promis. Et aussitôt, il se vit accorder un « privilège ». Le commandant du camp donna des ordres

> pour que j'aille toucher des effets au magasin : un *bouchlat* (veste à manches longues matelassée), une chapka, des pantalons matelassés, des gants imperméables taillés dans de la toile à voile, et des *valonki* (des chaussures en peau de mouton, de vache ou de cheval) de la meilleure qualité, c'est-à-dire neuves ou peu usagées : à savoir un ensemble complet de vêtements comme on en donne en général seulement aux brigades de prisonniers stakhanovistes[93].

Les magouilles et tractations prenaient également d'autres formes. Dès son arrivée à l'Oukhtijemlag,

Gliksman comprit que le titre de « spécialiste » qu'on lui avait donné au camp de transit de Kotlas — il avait été classé comme économiste confirmé — n'avait pas de sens au camp de concentration lui-même. En attendant, il se rendit compte que, dans les premiers jours au camp, ses connaissances russes, qui avaient plus de jugeote, ne s'embarrassaient pas de formalités :

> La plupart des « spécialistes » mirent à profit leurs trois jours de liberté pour visiter les services et bureaux du camp, cherchant partout de vieilles connaissances et menant des négociations suspectes avec quelques responsables du camp. Ils étaient tous excités et préoccupés. Chacun avait ses secrets à lui et craignait qu'un autre ne ruinât ses chances et s'emparât de la place plus confortable qu'il convoitait. En moins de temps qu'il n'en faut pour le dire, la majorité de ces gens-là sut où aller, à quelle porte frapper et que dire.

De ce fait, un médecin polonais dûment qualifié fut envoyé couper des arbres en forêt, tandis qu'un ancien proxénète décrocha une place de comptable, « alors même qu'il n'avait pas la moindre notion de comptabilité et qu'il était complètement analphabète »[94].

Les prisonniers qui réussirent à échapper ainsi aux tâches physiques avaient en fait concocté l'amorce d'une stratégie de survie. Mais ce n'était qu'un début. Il leur fallait maintenant apprendre les étranges règles qui régissaient la vie quotidienne dans les camps.

CHAPITRE 10

La vie dans les camps

Le son d'une cloche au loin
Entre dans la cellule avec l'aube
J'entends la cloche qui m'appelle :
« Où es-tu ? Où es-tu ?
« Me voici ! »... Les larmes de salut
Sont des larmes de captivité...
Non point pour Dieu
Mais pour toi, Russie.

SIMEON VILENSKI,
1948[1].

D'après le décompte le plus précis à ce jour, le Goulag a compris, entre 1929 et 1953, 476 ensembles concentrationnaires[2]. Mais ce nombre est trompeur. En réalité, chacun de ces complexes comptait des douzaines, voire des centaines, de petits camps. Ces unités de taille plus modeste — les *lagpounkts* — n'ont pas encore été dénombrées ; probablement est-ce chose impossible, puisque les unes étaient temporaires, les autres permanentes, et que d'autres encore firent techniquement partie de camps différents à différentes époques. Quant aux usages et pratiques des *lagpounkts*, on ne saurait en dire grand-chose qui vaille à coup sûr pour chacun. Même sous le règne de Beria sur le système — qui dura en fait de 1939 jusqu'à la mort de Staline, en 1953 —, les conditions de vie et de travail au Goulag devaient continuer de varier énormément d'année en année, d'un endroit à l'autre, y compris au sein d'un même ensemble concentrationnaire.

« Chaque camp est un monde en soi, une ville, un pays à part », a écrit l'actrice soviétique Tatiana Okounevskaïa — et chaque camp possède son propre caractère[3]. La vie dans un des grands camps industriels de masse du Grand Nord était très différente de la vie dans un camp agricole en Russie méridionale. La vie dans n'importe quel camp en pleine Seconde Guerre mondiale, alors qu'un *zek* sur quatre mourait chaque année, n'avait rien à voir avec ce qu'elle était au début des années 1950, quand les taux de mortalité étaient à peu près les mêmes que dans le reste du pays. La vie dans un camp dirigé par un patron relativement libéral ne ressemblait pas à la vie dans un camp régi par un sadique. Les *lagpounkts* étaient aussi très variables par leur taille — de plusieurs milliers à quelques douzaines de détenus — comme par leur longévité. Certains durèrent des années 1920 aux années 1980, où ils servaient encore de prisons pour criminels. D'autres, comme ceux dressés pour construire des routes et des chemins de fer en Sibérie, ne duraient qu'un été.

À la veille de la guerre, néanmoins, certains éléments de vie et de travail étaient communs à l'immense majorité des camps. Le climat restait variable d'un *lagpounkt* à l'autre, mais c'en était fini des amples fluctuations de la politique nationale qui avaient marqué les années 1930. La même inertie bureaucratique, dont le poids mort devait finalement peser sur tous les aspects de la vie soviétique, investit aussi lentement le Goulag.

On est frappé, à cet égard, par les différences entre les règles et règlements sommaires et un peu vagues de 1930 concernant les camps et les règles plus détaillées édictées en 1939, après que Beria eut repris les choses en main. Cette différence paraît refléter un changement de relations entre les organes de contrôle central — l'administration moscovite du Goulag — et les commandants de camp dans les régions. Au cours de la première décennie, expérimentale, du Goulag, les textes n'essayaient pas de dicter ce à quoi les camps devaient ressembler et évoquaient à peine la conduite des détenus. Ils esquissaient un cadre général, laissant aux commandants locaux le soin de combler les vides.

En revanche, les ordres ultérieurs devaient être très précis et minutieux, dictant quasiment la vie du camp dans tous ses aspects, de la méthode de construction des baraques au régime quotidien des prisonniers, en accord avec les nouvelles fins du Goulag[4]. À partir de 1939, il semble que Beria — et, vraisemblablement, Staline, derrière lui — cessât de vouloir explicitement que les camps du Goulag fussent des camps de la mort — comme certains l'avaient été, de fait, en 1937 et 1938. Ce qui ne veut pas dire, toutefois, que leurs administrateurs fussent un tant soit peu plus soucieux de préserver la vie, sans parler de la dignité humaine. À compter de 1939, Moscou se préoccupa avant tout d'économie : les détenus devaient être affectés au plan de production du camp comme les rouages d'une machine.

À cette fin, les règles émanant de Moscou dictaient un strict contrôle des prisonniers, qu'il fallait obtenir en jouant sur leurs conditions de vie. En principe, on le sait, le camp classait chaque *zek* en fonction de sa peine, de sa profession et de sa *troudosposobnost* ou « capacité de travail ». En principe, le camp assignait à chaque *zek* un travail, un ensemble de normes à remplir. En principe, le camp allouait à chaque *zek* le minimum vital — vivres, vêtements, toit et espace de vie — suivant qu'il remplissait, bien ou mal, ces normes. En principe, chaque aspect de la vie du camp était conçu pour améliorer les chiffres de production : même les départements « culturels et éducatifs » du camp existaient largement parce que les patrons du Goulag croyaient pouvoir convaincre les prisonniers de travailler plus dur. En principe, les équipes d'inspection avaient pour mission de veiller à ce que l'harmonie régnât entre tous ces aspects de la vie du camp. En principe, tout *zek* avait même le droit de se plaindre — au patron du camp, à Moscou, à Staline — si les camps ne se conformaient pas à ces règles.

En pratique, cependant, il en allait tout autrement. Les hommes ne sont pas des machines, les camps n'étaient pas des usines propres et qui tournaient bien, et le système ne fonctionna jamais comme il était censé le faire. Les gardiens étaient corrompus, l'administration volait, et les détenus imaginèrent des moyens de combattre ou de subvertir les règles des camps. Au sein des camps, les détenus étaient aussi capables de former leurs hiérarchies informelles qui s'accordaient parfois avec la hiérarchie officielle créée par l'administration du camp, mais qui parfois la contredisaient. Malgré la visite régulière d'inspecteurs moscovites, souvent suivie de réprimandes et de lettres furieuses du centre, rares étaient les camps à la hauteur du modèle théorique. Malgré le sérieux apparent avec lequel on traitait les plaintes des détenus — des commissions entières étaient chargées de les examiner —, elles aboutissaient rarement à un véritable changement[5].

C'est cette discordance entre ce que les camps

étaient censés être dans l'idée de l'administration moscovite du Goulag et ce qu'ils étaient réellement sur le terrain, entre les règles écrites et les procédures concrètement mises en œuvre, qui donne à la vie au Goulag son caractère singulier, surréaliste. En théorie, l'administration centrale dictait depuis Moscou la vie des prisonniers jusque dans ses moindres détails. En pratique, chaque aspect de la vie se ressentait aussi des relations des prisonniers avec ceux qui les contrôlaient et les uns avec les autres.

ZONA : À L'INTÉRIEUR DES BARBELÉS

Par définition, l'instrument le plus fondamental dont disposaient les administrateurs du camp était la maîtrise de l'espace de vie des détenus : la *zona* ou « zone carcérale ». Légalement, la zona devait avoir la forme d'un carré ou d'un rectangle. « Afin d'assurer une meilleure surveillance », aucune forme organique ou irrégulière n'était autorisée[6]. À l'intérieur de ce carré ou de ce rectangle, il n'y avait pas grand-chose pour retenir l'œil. Pour la plupart, les bâtiments du *lagpounkt* étaient étonnamment semblables. Les photographies jadis prises par les administrateurs de Vorkouta, et conservées aux archives de Moscou, montrent toute une série de bâtisses de bois primitives, impossibles à distinguer si ce n'est par les légendes, indiquant l'une une « cellule de châtiment », l'autre une « salle à manger »[7]. Au centre du camp, près du portail, se trouvait généralement une grande place d'appel à découvert où l'on comptait les prisonniers deux fois par jour. Il y avait également les baraques des gardiens et de l'administration, elles aussi en bois, juste devant la porte principale.

Ce qui distinguait la *zona* de tout autre lieu de travail, c'était, bien sûr, l'enceinte qui l'entourait. Jacques Rossi, dans son *Manuel du Goulag*, écrit :

> Généralement, l'enceinte d'une zone est constituée de poteaux en bois enfoncés dans le sol sur un tiers de leur hauteur. Ils mesurent de deux mètres et demi à huit mètres en fonction des conditions locales. La distance entre les poteaux est d'environ six mètres. Plusieurs rangées de fil de fer barbelé sont tendues horizontalement entre les poteaux, et deux en diagonale[8].

Si le camp ou la colonie se trouvait à proximité d'une ville, voire à l'intérieur, la clôture de barbelés était habituellement remplacée par un mur ou une enceinte de briques ou de bois, en sorte qu'en s'approchant de l'extérieur on ne puisse rien voir de ce qui se passait dedans : à Medvejegorsk, par exemple, le QG du canal de la mer Blanche, la grande enceinte de bois érigée au début des années 1930 pour enfermer les prisonniers était toujours debout quand je visitai la ville en 1998.

Pour franchir la clôture, prisonniers et gardes devaient passer par le « poste de contrôle » ou *vakhta*. Dans la journée, les gardes du poste surveillaient tous ceux qui entraient dans le camp ou en sortaient, vérifiant les laissez-passer des travailleurs libres qui venaient au camp, et ceux des gardes qui escortaient les détenus qui en sortaient. Au camp de Perm-36, qui a été restauré dans son état d'origine, la *vakhta* contient un passage bloqué par deux portes. Le détenu franchissait la première, puis s'arrêtait dans le petit espace intermédiaire pour y être fouillé ou contrôlé. C'est alors seulement qu'il pouvait passer la seconde. C'est à peu près le même système que l'on trouve à l'entrée des banques en Sicile.

Mais les barbelés et les murs seuls ne définissaient pas les limites de la *zona*. Dans la plupart des camps, des gardes en armes surveillaient les prisonniers du haut de miradors en bois. Parfois aussi, des chiens tournaient autour du camp, attachés par des chaînes à un câble métallique tendu tout autour de la zone. Dirigés par des maîtres-chiens professionnels, ces chiens étaient dressés à aboyer à l'approche des détenus, mais aussi à pister au flair et à traquer quiconque essayait de s'évader. Aux barbelés et aux briques, il faut donc ajouter la triple barrière de la vue, de l'odorat et de l'ouïe.

Mais les prisonniers étaient aussi retenus par la peur, parfois suffisante pour les maintenir dans un camp qui n'avait aucune clôture. Margarete Buber-Neumann fut internée dans un camp de faible sécurité où l'« on avait le droit de s'éloigner jusqu'à un demi-kilomètre. Si on essayait d'aller plus loin, ils tiraient sans cérémonie[9] ». La chose était peu courante : dans la plupart des camps, les gardes tiraient « sans cérémonie » beaucoup plus tôt que cela. Dans ses règlements de 1939, Beria ordonna que tous les commandants bordent la clôture d'un no man's land, d'une bande de terre d'au moins cinq mètres de large[10]. Les gardes ratissaient régulièrement ce no man's land en été ; en hiver, ils le laissaient à dessein sous la neige, en sorte que les empreintes des fugitifs fussent toujours visibles. Le commencement du no man's land était marqué, parfois par des barbelés, parfois par des écriteaux indiquant *zapretnaïa zona*, « zone interdite ». Le no man's land était aussi appelé « zone de feu » ou « zone de mort » puisque les gardes étaient autorisés à abattre quiconque s'y aventurait[11].

Pourtant, les clôtures, les murs, les chiens et les barricades qui entouraient les *lagpounkts* ne formaient pas une barrière totalement impénétrable. Alors que les camps de concentration allemands étaient complètement autonomes — « hermétiquement verrouillé[s] », souligne un spécialiste[12] —, le système soviétique était en ce sens différent.

Pour commencer, le système soviétique classait les détenus en *konvoïnyi* et *beskonvoïnyi* — « gardés » ou « non gardés » — et la petite minorité des détenus sans escorte étaient autorisés à franchir la limite sans être observés, à faire des courses pour les gardes, à travailler dans la journée sur une section de voie ferrée non gardée, voire à habiter des appartements privés hors de la *zona*. Ce dernier privilège avait été établi très tôt dans l'histoire des camps, dans la période plus chaotique du début des années 1930[13]. Bien qu'il ait été formellement interdit à plusieurs reprises par la suite, il persista. Une série de règles datant de 1939 rappela aux commandants de camp qu'il était « interdit à tous les détenus, sans exception, de vivre hors de la zone, dans des villages, des appartements privés ou des maisons qui appartiennent au camp ». En théorie, les camps avaient besoin d'une autorisation spéciale pour permettre aux détenus de vivre dans un logement gardé, dès lors qu'il se trouvait hors de la *zona*[14]. En pratique, on passait souvent outre. Malgré le décret de 1939, des rapports d'inspection rédigés longtemps après cette date dressent la liste de toutes sortes de violations. Dans la ville d'Ordjonikidze, déplorait un inspecteur, les prisonniers se promenaient dans la rue, allaient au bazar, se rendaient dans des appartements privés, buvaient et volaient. Dans une colonie carcérale de Leningrad, un prisonnier avait reçu le droit d'utiliser un cheval, dont il profita pour s'évader. Dans la colonie n° 14 de Voronej, un garde en armes abandonna trente-huit prisonniers dans la rue le temps d'aller dans une boutique[15].

Les services du procureur de Moscou écrivirent une lettre à un autre camp, non loin de la ville sibérienne de Komsomolsk, reprochant aux commandants d'avoir accordé le statut de « non gardés » à pas moins de 1 763 prisonniers. Aussi, observaient-ils avec aigreur, « il est toujours possible de rencontrer des détenus dans n'importe quel coin de la ville, dans chaque institution ou chez des particuliers[16] ». De même accusèrent-ils un autre camp de laisser 150 prisonniers vivre dans des appartements privés, en violation du règlement, ce qui avait conduit à divers « incidents : soûlerie, hooliganisme et même vol au détriment de la population locale[17] ».

À l'intérieur des camps, cependant, les détenus n'étaient pas privés non plus de toute liberté de circulation. C'est au contraire une des bizarreries du camp de concentration, un des points par lesquels il diffère d'une prison : quand ils ne travaillaient pas ou ne dormaient pas, la plupart des détenus pouvaient aller et venir dans les baraques à leur guise. Seuls les prisonniers soumis au régime des *katorga*, institué en 1943, ou plus tard ceux placés dans les « camps à régime spécial », créés en 1948, étaient enfermés de nuit dans leurs baraques — chose qu'ils vécurent très mal et contre quoi ils devaient plus tard se rebeller[18].

Arrivant de prisons soviétiques où ils souffraient de claustrophobie, les détenus étaient souvent surpris et soulagés par ce changement. « Sitôt au grand air, nous étions d'excellente humeur », dit un *zek* à propos de son arrivée dans l'Oukhtpetchlag[19]. Olga Adamova-Sliozberg se souvient d'avoir parlé de l'aube au crépuscule « des avantages de la vie de camp sur la vie de prison » à son arrivée à Magadan :

> La population du camp (près de mille personnes) nous semblait énorme : tant de gens, tant d'amies, tant de discussions possibles.
>
> Nous déambulions à l'intérieur d'une zone entourée de barbelés et regardions le ciel, les collines au loin, nous approchions des arbres chétifs et les caressions. Nous respirions l'air marin, laissions la pluie fine rafraîchir nos visages (nous étions en août), assises sur l'herbe humide nous palpions la terre.
>
> Depuis quatre ans nous étions privées de tout cela. Qui est pourtant vital, sans quoi on ne peut se sentir un homme normal[20].

Lev Finkelstein abonde dans ce sens :

> Quand on vous y conduisait et que vous sortiez du fourgon cellulaire, vous n'étiez pas au bout de vos surprises. D'abord, que les prisonniers se promènent, sans escorte : ils se rendaient quelque part, à leurs tâches, quelles qu'elles fussent. Puis, qu'ils aient l'air très différents de vous. Le contraste se fit sentir avec plus d'acuité encore quand j'étais dans le camp et qu'ils amenaient de nouveaux prisonniers. Ils avaient tous un visage vert — vert à cause du manque d'air frais, de la nourriture infecte et de tout cela. Les prisonniers des camps ont le teint plus ou moins normal. Et vous vous retrouvez chez des gens relativement libres, qui ont relativement bonne mine[21].

Au fil du temps, l'apparente « liberté » de cette vie de camp s'estompait habituellement. En prison, écrit un prisonnier polonais, Kazimierz Zarod, on pouvait encore croire à une erreur, que la libération n'allait pas tarder. Après tout, « nous étions encore séduits par tout l'attirail de la civilisation : hors des murs de la prison il y avait la ville ». Au camp, cependant, il se retrouva à tourner en rond, librement, au milieu d'un « étrange assortiment d'hommes [...] Tous les sentiments de normalité étaient suspendus. Au fil des jours, je fus envahi par une sorte de panique, qui se transforma peu à peu en désespoir. J'essayai de contenir, de refouler ce sentiment dans les profondeurs de la conscience, mais peu à peu l'idée s'imposa à moi que j'étais victime d'une injustice cynique à laquelle il n'y avait, apparemment, aucun moyen d'échapper[22] [...] ».

Le pire, c'est que cette liberté de déplacement pouvait aisément et rapidement tourner à l'anarchie. Gardiens et autorités du camp étaient assez nombreux au sein du *lagpounkt* dans la journée, mais ils disparaissaient souvent complètement la nuit. Il en restait un ou deux au poste de contrôle (*vakhta*), mais les autres se retiraient de l'autre côté de la clôture. C'est seulement lorsqu'ils croyaient leur vie en danger que les détenus, parfois, faisaient appel aux gardes du poste. Un mémorialiste rapporte qu'à la suite d'une rixe entre politiques et criminels — phénomène courant de l'après-guerre, on le verra —, les criminels, qui avaient le dessous, se « précipitèrent au poste » pour implorer de l'aide. Le lendemain, un transport les achemina vers un autre *lagpounkt* : l'administration du camp préféra éviter un meurtre collectif[23]. Une femme, qui se sentait menacée de viol, voire de meurtre entre les mains d'un droit commun, « s'adressa d'elle-même » à la *vakhta* pour demander à passer la nuit au cachot afin d'être protégée[24].

Cependant, la *vakhta* n'était pas une zone de sécurité fiable. Les gardes du poste n'accédaient pas nécessairement aux demandes des détenus. Informés de quelque violence commise par un groupe contre l'autre, ils pouvaient tout aussi bien en rire. Les documents officiels comme les mémoires font état de gardes en armes qui se contentèrent d'un haussement d'épaules ou de rires dans des cas de meurtre, de torture et de viol parmi les détenus. Décrivant un viol collectif qui eut lieu de nuit dans un *lagpounkt* du Kargopollag, Gustaw Herling rapporte que la victime « émit un cri bref, rauque, plein de larmes et étouffé par sa robe. Du mirador le plus proche une voix endormie lança alors : "Allons, allons, les gars, qu'est-ce que vous faites. Vous n'avez pas honte ?" Et les huit hommes de la traîner alors jusqu'aux latrines pour continuer[25] ».

En théorie, les règles étaient strictes : les détenus devaient rester à l'intérieur de la *zona*. Dans les faits, les règles étaient souvent bafouées. Et les comportements en infraction avec celles-ci, si violents ou nuisibles fussent-ils, n'étaient pas nécessairement punis.

REJIM : RÈGLES DE VIE

La *zona* contrôlait le déplacement des prisonniers dans l'espace[26]. Mais c'était le *rejim* — ou « régime », suivant la traduction consacrée — qui contrôlait le temps. Pour dire les choses simplement, le régime était l'ensemble des règles et des procédures régissant le fonctionnement du camp. Si les barbelés limitaient la liberté de déplacement d'un *zek* à la *zona*, une série d'ordres et de sirènes réglaient le temps qu'il y passait.

La sévérité du régime différait d'un *lagpounkt* à l'autre, tant du fait des priorités variables que de la catégorie des prisonniers internés dans le camp. Il y eut, à divers moments, des camps à régime léger pour invalides, des camps à régime ordinaire et des camps à régime disciplinaire. Mais le système de base demeura le même. Le régime déterminait quand et comment le détenu se réveillait ; comment il devait se rendre au travail ; quand et comment il recevait à manger ; quand et combien de temps il dormait.

Dans la plupart des camps, sa journée commençait officiellement avec le *razvod* : l'organisation des prisonniers en brigades puis leur envoi au travail. Une sirène ou un autre signal les réveillait. Une deuxième sirène marquait la fin du petit déjeuner. Les détenus se mettaient alors en rang devant les portes du camp pour l'appel. Valeri Frid, scénariste de films soviétiques et auteur de souvenirs exceptionnellement hauts en couleur, a décrit la scène :

> Les brigades s'organisaient devant les portes. Le responsable tenait un petit écriteau sur lequel il écrivait soigneusement le nombre des brigades, le nombre des détenus (le papier manquait et l'on grattait les chiffres avec un bout de verre pour les réécrire le lendemain). Le gardien du convoi et le responsable des tâches vérifiaient que tout le monde était en place ; si tel était le cas, on les emmenait au travail. S'il manquait quelqu'un, tout le monde devait attendre pendant qu'ils cherchaient le tire-au-flanc[27].

Suivant des instructions émanant de Moscou, cette attente ne devait pas durer plus de quinze minutes[28]. Bien entendu, comme l'écrit Kazimierz Zarod, elle durait souvent beaucoup plus longtemps, nonobstant le mauvais temps :

> À 3 h 30, nous étions censés nous trouver au milieu de la place, debout par rangs de cinq, attendant l'appel. Les gardes faisaient souvent des erreurs, et il fallait alors procéder à un deuxième appel. Le matin, quand il neigeait, c'était un processus terriblement long. Si les gardes étaient bien réveillés et vigilants, le compte prenait habituellement une trentaine de minutes. Mais s'ils se trompaient dans les comptes, on pouvait poireauter jusqu'à une heure[29].

À cette occasion, certains camps prirent des contre-mesures pour « relever le moral des prisonniers ». Frid encore : « Notre *razvod* était accompagné par un accordéoniste. Un détenu, exempté de toute autre obligation de travail, jouait des mélodies allègres[30]... » Zarod évoque aussi cet étrange phénomène de la fanfare matinale, composée de détenus, musiciens professionnels ou amateurs :

> Tous les matins, la « fanfare » se postait près de la porte pour jouer de la musique de style militaire et on nous exhortait à marcher d'un « pas vif et allègre » vers notre tâche du jour. Les musiciens jouaient jusqu'à ce que la colonne eût entièrement franchi les portes, abandonnaient leurs instruments et suivaient la colonne dans la forêt[31].

Les prisonniers se rendaient alors sur leur lieu de travail. Les gardes criaient cet avertissement : « Un pas à gauche, un pas à droite sera considéré comme une tentative d'évasion. L'escorte tirera sans sommation. Marche ! » Et les prisonniers se mettaient en marche, par rangs de cinq. S'ils allaient loin, ils étaient accompagnés de gardes et de chiens. Le soir, pour le retour au camp, la procédure était plus ou moins la même. Après une heure pour le souper, les détenus devaient de nouveau se mettre en rang. Une fois de plus, les gardes comptaient (si les détenus avaient de la chance) et recomptaient (s'ils n'en avaient pas). Les instructions de Moscou accordaient plus de temps pour l'appel du soir — de trente à quarante minutes —, vraisemblablement parce que les tentatives d'évasion avaient plus de chances de se produire depuis le lieu de travail[32]. Puis retentissait une autre sirène. Il était temps d'aller dormir.

Ces règles et ces horaires n'étaient pas gravés dans la pierre. Au contraire, le régime changea au fil du temps et devint généralement plus rude. « L'une des caractéristiques du régime pénitentiaire, écrit Jacques Rossi, est son durcissement systématique », les autorités s'employaient « à légaliser l'arbitraire » et veillaient à ce que les prisonniers « se retrouvent au fin fond de l'enfer pénitentiaire »[33]. Et il y a de cela. Tout au long des années 1940, le régime se fit plus strict, les journées de travail s'allongèrent, les jours de repos devinrent moins fréquents. En 1931, les détenus de l'expédition de Vaïgatch, dans le cadre de celle d'Oukhtinskaïa, faisaient des journées de six heures à raison de trois équipes par jour. Dans la région de la Kolyma, au début des années 1930, les travailleurs avaient aussi des horaires normaux, plus légers en hiver, plus lourds en été[34]. En l'espace de dix ans, cependant, la journée de travail avait doublé. À la fin des années 1930, les femmes de l'usine de couture d'Elinor Olitskaïa travaillaient « douze heures dans une salle non aérée », et la journée de travail avait aussi été portée à douze heures dans la Kolyma[35]. Plus tard encore, Olitskaïa travailla dans une brigade de construction : de quatorze à seize heures par jour, avec cinq minutes de pause à 10 heures et 16 heures et une heure pour le repas de midi[36].

Et elle n'était pas la seule dans ce cas. En 1940, la journée de travail du Goulag fut officiellement portée à onze heures, même si les violations étaient fréquentes[37]. En mars 1942, l'administration moscovite du Goulag adressa une lettre furieuse à tous les commandants de camp, leur rappelant la règle suivant laquelle « il faut laisser les prisonniers dormir au moins huit heures ». Maints commandants de camp étaient passés outre, expliquait la lettre, et ne leur avaient accordé que quatre à cinq heures de sommeil par nuit. De ce fait, déplorait le Goulag, les « détenus perdent leur capacité de travail et deviennent des "travailleurs faibles" et invalides »[38].

Les violations continuèrent, en particulier avec l'accélération des impératifs de production au cours de la guerre. En septembre 1942, après l'invasion allemande, l'administration du Goulag étendit officiellement à douze heures la journée de travail des détenus employés à la construction d'aéroports, avec une heure de pause pour le déjeuner. Le schéma était le même à travers toute l'Union soviétique. Le Viatlag connut des journées de seize heures au cours de la guerre[39]. Des journées de travail de douze heures furent instituées à Vorkouta dans le courant de l'été 1943, même si elles furent à nouveau ramenées à dix heures en mars 1944 à cause du taux élevé de mortalité et des maladies[40]. Sergueï Bondarevski, prisonnier pendant la guerre dans une *charachka*, dans un de ces laboratoires spéciaux pour hommes de science internés, se souvenait aussi de journées de onze heures, avec des pauses. Une journée type, il travaillait de 8 heures à 14 heures, de 16 heures à 19 heures, puis de 20 heures à 22 heures[41].

En tout état de cause, les règles étaient souvent bafouées. Un *zek* affecté à une brigade qui lavait le gravier à la batée pour en extraire l'or dans la Kolyma devait passer au crible cent cinquante brouettes par jour. Ceux qui n'avaient pas rempli ce quota à la fin de la journée de travail restaient jusqu'à ce qu'ils aient terminé, parfois jusqu'à minuit. Après quoi ils rentraient, avalaient leur soupe et se levaient à 5 heures du matin pour reprendre le travail[42]. L'administration du camp de Norilsk appliquait un principe analogue à la fin des années 1940, où un autre détenu travaillait à creuser les fondations de nouveaux édifices dans le *permafrost* : « À la fin des douze heures, ils vous sortaient du trou, mais uniquement si vous aviez fini votre tâche. Sinon, ils vous y laissaient[43]. »

Au cours de la journée, expliqua plus tard un ancien prisonnier du temps de guerre affecté dans une usine textile, il n'y avait pas beaucoup de pauses :

> On devait être à l'usine à six heures. À dix, nous avions cinq minutes de pause pour fumer une cigarette, ce pourquoi il nous fallait filer dans une cave, à deux cents mètres de là, le seul endroit de l'usine où ce fût autorisé. Qui contrevenait à cette règle était passible de deux ans de prison en plus. À treize heures, on avait trente minutes de pause pour le repas. Un petit bol de terre cuite à la main, on devait se ruer frénétiquement à la cantine, faire la queue un bon moment pour recevoir quelques répugnantes graines de soja qui déplaisaient à la plupart — et, à tout prix, regagner l'usine quand les machines se mettaient à tourner. Après quoi il n'était plus question de quitter sa place jusqu'à dix-neuf heures[44].

Le nombre de jours de repos était aussi imposé par la loi. Les prisonniers ordinaires avaient droit à un par semaine, et ceux qui étaient soumis à des régimes plus stricts à deux par mois. Mais, dans les faits, ces règles devaient aussi varier. Dès 1933, l'administration du Goulag envoya de Moscou un ordre pour rappeler aux commandants de camp l'importance des jours de repos des détenus, trop souvent supprimés dans la course effrénée pour réaliser le plan[45]. Dix ans plus tard, pas grand-chose n'avait changé. Au cours de la guerre, Kazimierz Zarod n'eut droit qu'à un jour sur dix[46]. Un autre, un par mois[47]. Gustaw Herling se souvient que les jours libres se firent toujours plus rares :

D'après le règlement, les prisonniers avaient droit à une journée de repos pour dix de travail ; mais dans la pratique, la notion prévalante était que même un jour de repos mettait en danger le rendement moyen du camp, et la coutume s'était donc établie d'annoncer en grande pompe une journée de repos lorsque le camp avait dépassé ses normes de production au cours d'un trimestre. [...] Naturellement, nous n'avions aucun moyen de vérifier les chiffres de plans de production, si bien que cette convention n'était qu'une fiction qui nous mettait entièrement à la merci des autorités du camp[48].

Même dans leurs rares jours de repos, il arrivait parfois que les détenus fussent contraints de faire du travail d'entretien à l'intérieur du camp, de nettoyer les baraques ou les toilettes, d'enlever la neige en hiver[49]. Tout cela rend particulièrement poignant l'ordre donné par Lazare Kogan, commandant du Dmitlag. Troublé par les nombreux cas de chevaux du camp qui mouraient d'épuisement, il commença par observer : « Le nombre croissant de cas de maladies et d'effondrements de chevaux a plusieurs causes, dont la surcharge des animaux, le mauvais état des routes, et l'absence de véritable temps de repos pour que les chevaux reprennent des forces. »

Et de donner ensuite de nouvelles instructions :

1. La journée de travail des chevaux du camp ne doit pas dépasser dix heures, sans compter les deux heures de pause obligatoire pour le repos et la nourriture.
2. En moyenne, les chevaux ne doivent pas parcourir plus de 32 kilomètres par jour.
3. Les chevaux doivent avoir un jour de repos régulier tous les huit jours ; et, ce jour-là, le repos doit être complet[50].

De la nécessité d'un jour de repos régulier tous les huit jours pour les prisonniers, il n'est, hélas, pas question.

BARAKI : ESPACE DE VIE

La plupart des détenus, dans la plupart des camps, vivaient dans des baraques. Rares étaient les camps, cependant, où les baraques existaient avant l'arrivée des détenus. Ceux qui avaient la malchance d'être envoyés bâtir un nouveau camp vivaient sous la tente... Dans le meilleur des cas. Comme le disait une chanson de prisonniers :

> Nous roulions sans fin à vive allure
> Soudain le train stoppa net
> Tout autour — forêts et marécages
> Ici même nous allons construire un canal[51].

Ivan Soulimov, prisonnier à Vorkouta dans les années 1930, se retrouva en rade, avec un groupe de détenus, sur un « carré de terre plat, en pleine toundra polaire » : ordre leur fut donné de dresser des tentes, de faire un feu et de commencer à construire une « clôture de dalles entourées de barbelés » ainsi que des baraques[52]. Janusz Sieminski, prisonnier polonais de la Kolyma après la guerre, fit aussi partie d'une équipe chargée de construire un nouveau *lagpounkt* « à partir de zéro » en plein hiver. La nuit, les détenus dormaient par terre. Beaucoup y laissèrent leur peau, en particulier ceux qui eurent le dessous dans la bataille pour dormir près du feu[53]. Les prisonniers qui arrivèrent au camp de Prikaspiiski, en Azerbaïdjan, au mois de décembre 1940, durent aussi dormir « en plein air, sur un sol humide», pour reprendre les mots d'un inspecteur du NKVD contrarié[54]. Et ces situations n'étaient pas nécessairement temporaires. En 1955, il y avait encore, dans certains camps, des détenus qui vivaient sous la tente[55].

Quand les prisonniers construisaient des baraques, c'était invariablement des bâtiments de bois extrêmement simples. Leur conception était dictée depuis Moscou ; et, de ce fait, les descriptions en sont passablement répétitives : les uns après les autres, les détenus décrivent de longs bâtiments de bois rectangulaires aux murs sans plâtres et dont les fentes étaient comblées avec de la boue ; quant à l'intérieur, il était rempli de rangées et de rangées de châlits également sommaires. Tantôt il y avait une table rudimentaire, tantôt il n'y en avait pas. Tantôt il y avait des bancs, tantôt il n'y en avait pas[56]. Dans la Kolyma, et dans d'autres régions où le bois était rare, les prisonniers construisaient des baraques de pierre tout aussi modestes et rudimentaires. Faute de possibilités d'isolation, on recourait à d'autres méthodes. Des photographies prises à Vorkouta dans l'hiver de 1945 donnent l'impression de baraques presque invisibles : leurs toits avaient été construits à angles aigus, mais tout près du sol, en sorte que la neige qui s'accumulait tout autour contribuait à isoler du froid[57].

Souvent, ces baraques n'étaient pas vraiment des bâtiments, mais de simples gourbis, des *zemlianki*. A.P. Evstonitchev vécut dans l'une d'elles en Carélie, au début des années 1940 :

> Une *zemlianka* : c'était un espace débarrassé de la neige, et dont la couche de terre supérieure avait été retirée. Les murs et le toit étaient faits en rondins mal taillés. Et toute la construction était couverte d'une autre couche

> de terre et de neige. L'entrée du gourbi était ornée d'une porte de toile [...] ; dans un coin, se trouvait une barrique d'eau. Au milieu, un poêle métallique, avec un tuyau de métal qui sortait par le toit, et un baril de pétrole lampant[58].

Dans les *lagpounkts* temporaires construits à côté des chantiers de routes et de voies ferrées, il y avait des gourbis partout. Comme on l'a vu au chapitre 4, on en devine encore les traces aujourd'hui le long des routes construites par les prisonniers dans le Grand Nord, ainsi que sur les rives des fleuves, près des anciens quartiers de la ville de Vorkouta. Parfois, des détenus vivaient aussi sous la tente. Dans des souvenirs du début du Vorkoutlag, l'auteur raconte l'érection, en trois jours, de « quinze tentes avec des châlits de trois niveaux » faites pour accueillir cent prisonniers chacune, ainsi que l'aménagement d'une *zona* avec quatre miradors et une clôture de barbelés[59].

Cependant, les vraies baraques étaient elles-mêmes rarement à la hauteur des normes peu élevées établies par Moscou. Elles étaient presque toujours terriblement surpeuplées, même après que le chaos de la fin des années 1930 eut régressé. Un rapport d'inspection de vingt-trois camps, rédigé en 1948, observe d'un ton furieux que, dans la plupart des cas, les « détenus ne disposent pas de plus d'un mètre et demi d'espace de vie par personne », et encore dans des conditions insalubres : « Les détenus n'ont pas d'endroit où dormir, ils n'ont ni draps ni couvertures à eux[60]. » Parfois, ils ne disposaient même pas d'un tel espace. Margarete Buber-Neumann raconte qu'à son arrivée au camp elle ne put trouver le moindre coin libre dans les baraques et fut contrainte de passer les premières nuits par terre, dans la salle de bains[61].

Les détenus ordinaires étaient censés recevoir des couchettes, ou *vagonki*, qui devaient leur nom aux wagons-lits. Il s'agissait de châlits à deux niveaux, faits pour recevoir deux prisonniers chacun, soit quatre au total. Dans bien des camps, les prisonniers devaient se contenter de *splochnie nari* encore moins élaborés. Ces derniers étaient des bat-flanc qui n'étaient pas même partagés en places distinctes. Les prisonniers devaient dormir les uns à côté des autres en une longue rangée. Du fait du manque d'hygiène, les inspecteurs des camps ne cessèrent de les réprouver. En 1948, dans une directive, l'administration centrale du Goulag demanda leur remplacement systématique par des *vagonki*[62]. Anna Andreïevna, détenue en Mordovie à la fin des années 1940 et au début des années 1950, dut néanmoins se contenter de *splochnie nari*, et se souvient que beaucoup de détenues dormaient encore dessous, à même le sol[63].

Malgré les règles assez strictes, et plutôt modestes, fixées par Moscou, la literie était aussi arbitraire et très variable d'un camp à l'autre. En théorie, tous les détenus devaient recevoir une nouvelle serviette chaque année, une taie d'oreiller tous les quatre ans, des draps tous les deux ans et une couverture tous les cinq ans[64]. Dans les faits « chaque lit avait un prétendu matelas de paille », écrit Elinor Lipper :

> Il n'y avait pas de paille à l'intérieur et rarement du foin, parce qu'il n'y avait pas assez de foin pour le bétail ; il contenait plutôt des copeaux de bois ou des vêtements, si un détenu en avait encore de reste. Il y avait aussi une couverture de laine et une taie d'oreiller qu'on pouvait remplir de ce qu'on avait sous la main, parce qu'il n'y avait pas d'oreiller[65].

D'autres n'avaient absolument rien. En 1950 au Kargopollag, l'arabisant Isaak Filchtinski, arrêté deux ans plus tôt, dormait encore sous son manteau avec des chiffons en guise d'oreiller[66].

La directive de 1948 demandait aussi le remplacement de tous les sols de terre battue par des planchers de bois. Or, dans les années 1950, Irena Arginskaïa logeait encore dans une baraque dont il était impossible de nettoyer correctement le sol, parce qu'il était en argile[67]. Même s'ils étaient de bois, il était souvent difficile de faire le ménage, faute de balais. Rapportant ses expériences devant une commission, après la guerre, une Polonaise expliqua que dans son camp, un groupe de détenues étaient toujours « de corvée » la nuit, chargées de nettoyer les baraques et les toilettes pendant que les autres dormaient : « Il fallait racler au couteau la boue sur le sol de la baraque. Les Russes s'exaspéraient de notre incapacité à le faire et nous demandaient comment on faisait chez nous. Ça ne leur venait même pas à l'idée qu'on puisse nettoyer au balai le sol le plus crasseux[68]. »

Le chauffage et l'éclairage étaient aussi primitifs, mais là encore les variations étaient considérables d'un camp à l'autre. Dans le souvenir d'un détenu, les baraques étaient quasiment plongées dans l'obscurité : « Les ampoules électriques brillaient d'une lueur jaune-blanc, à peine perceptible, et les lampes à pétrole fumaient et dégageaient une odeur rance[69]. » D'autres se plaignaient du problème opposé : des lumières qui restaient allumées toute la nuit[70]. Certains prisonniers des camps de la région de Vorkouta n'avaient aucun problème de chauffage parce qu'ils pouvaient rapporter du charbon des mines, mais Susanna Petchora, internée dans un *lagpounkt* près des mines de charbon d'Inta, se souvient qu'il faisait « tellement froid en hiver » dans les baraques que les « cheveux gelaient au lit, que l'eau gelait dans les tasses[71] ». Dans ces baraques, il n'y avait pas non plus l'eau courante, juste l'eau qu'apportait par seau la *dejournaïa* — une vieille femme, qui n'était plus capable de travaux plus lourds et qui était donc chargée du ménage et de la surveillance des baraques pendant la journée[72].

Le pire, c'était la « terrible odeur âcre » qui imprégnait les baraques du fait des monceaux de crasse et des habits moisis qui séchaient au bord des châlits, des tables — partout où il était possible de suspendre quelque chose. Dans ces baraques des camps spéciaux, où les portes étaient fermées la nuit et les fenêtres munies de barreaux, la puanteur rendait l'air « presque irrespirable[73] ».

L'absence de toilettes n'était pas faite pour améliorer la qualité de l'air. Dans les camps où les détenus étaient enfermés de nuit dans leurs baraques, les *zeks* devaient se servir d'une *paracha*, d'une « tinette », comme en prison. Au matin, écrit une prisonnière, il était « impossible de porter » la *paracha* : « Il fallait la traîner sur un sol glissant. Invariablement, on en renversait[74]. » Une autre, Galina Smirnova, arrêtée au début des années 1950, se souvient que « si c'était du sérieux, il fallait attendre le matin, sans quoi la puanteur était terrible[75] ».

Autrement, les toilettes se trouvaient à l'extérieur, c'est-à-dire souvent loin des baraques, et s'y rendre était une épreuve en hiver. « Il y avait des toilettes extérieures en bois, raconte Smirnova à propos d'un autre camp, même quand il faisait 30 ou 40° au-dessous de zéro[76]. » Thomas Sgovio en décrit les conséquences :

> À l'extérieur, devant chaque baraque, ils plantaient un piquet dans le sol. Encore un décret ! Interdiction nous était faite de pisser dans l'enceinte du camp ailleurs qu'aux toilettes extérieures ou sur le piquet au sommet duquel était noué un chiffon blanc. Qui violait le décret était bon pour dix nuits au mitard... Et cela parce que la nuit des détenus, qui n'avaient pas le courage de se rendre aux toilettes, pissaient carrément sur les sentiers de neige tassée. Le sol était parsemé de taches jaunes. Quand la neige fondait, à la fin du printemps, la puanteur était épouvantable... Deux fois par mois, nous cassions les pyramides de glace pour en acheminer les morceaux hors de la zone[77]...

Toutefois, la crasse et le surpeuplement n'étaient pas simplement des problèmes esthétiques ou des sources de gêne relativement mineures. L'entassement sur les bat-flanc et le manque d'espace pouvaient aussi tuer, surtout dans les camps qui travaillaient jour et nuit. Dans un camp de ce type, où l'on faisait les trois huit, écrit un mémorialiste, « il y en avait toujours qui dormaient dans les baraques à tout moment de la journée. Se battre pour pouvoir dormir était une lutte pour la vie. On se disputait à ce propos, on se battait, quand on ne s'entre-tuait pas. La radio marchait à pleins tubes à longueur de journée dans les baraques, elle nous sortait par les oreilles[78] ».

La question de savoir où l'on dormait était si cruciale que les conditions de couchage ont toujours été un instrument de la plus haute importance pour contrôler les prisonniers ; et l'administration des camps en usait à dessein. Dans leurs archives centrales de Moscou, les archivistes du Goulag conservaient soigneusement des photographies des différents types de baraques destinées aux diverses catégories de détenus. Les baraques des *olitchniki*

— des « excellents » ou des « travailleurs de choc » — ont des lits d'une place avec matelas et couvertures, des parquets, et des images au mur. S'ils ne sourient pas vraiment pour le photographe, les détenus sont plongés dans la lecture des journaux et paraissent bien nourris. Les baraques de *rejim*, en revanche, les baraques disciplinaires destinées aux mauvais travailleurs ou aux récalcitrants, n'ont pas de lits, mais de simples planches de bois montées sur de vagues chevilles. Même sur ces photographies, destinées à la propagande, les détenus *rejim* n'ont pas de matelas et doivent se partager les couvertures[79].

Dans certains camps, les règles entourant les dispositifs de couchage devinrent extrêmement élaborées. L'espace était si précieux que la possession d'un coin à soi, et de son intimité, passait pour un grand privilège qui n'était accordé qu'à l'aristocratie du camp. Les prisonniers de haut rang — les chefs de brigade, ceux qui établissaient les normes, etc. — étaient souvent autorisés à dormir dans de petites baraques, où ils étaient moins nombreux. Initialement nommé « directeur de travaux » à son arrivée dans un camp de Moscou, Soljenitsyne reçut une place dans une baraque où,

> au lieu de wagonnets, [il y avait] des lits ordinaires ; un casier pour deux et non pas un seul pour toute la brigade ; pendant la journée, la porte fermait à clef, si bien qu'on pouvait laisser ses affaires ; il existait enfin un réchaud électrique semi-légal, de sorte qu'on n'avait pas besoin d'aller se bousculer autour du grand réchaud commun dans la cour[80].

Tout cela passait pour un grand luxe. Certaines tâches plus enviables — menuisier ou réparateur d'outillage — s'accompagnaient aussi du droit très envié de dormir à l'atelier. Anna Rozina avait le grand privilège de dormir dans l'atelier du cordonnier où elle travaillait, au camp de Temnikovski, et d'aller plus souvent aux bains[81].

Dans presque tous les camps, les médecins, même détenus, étaient aussi autorisés à dormir seuls. Le privilège était à l'image de leur statut particulier. Le chirurgien Isaac Vogelfanger s'estimait privilégié parce qu'il était autorisé à dormir sur un châlit installé dans une « petite pièce adjacente à la salle de réception » de l'infirmerie du camp : « La lune semblait me sourire quand j'allais me coucher. » À côté de lui dormait aussi le *feldcher*, l'« aide soignant » du camp, qui jouissait du même privilège[82].

Les invalides avaient parfois droit à des conditions de vie particulières. L'actrice Tatiana Okounevskaïa réussit à se faire envoyer dans un camp pour invalides en Lituanie, où les « baraques étaient longues, avec de nombreuses fenêtres, bien éclairées, propres, sans couchettes supérieures au-dessus de la tête[83] ». Les prisonniers envoyés aux *charachki* de Beria — aux « bureaux spéciaux » pour ingénieurs et techniciens de talent — étaient les mieux lotis pour ce qui est du couchage. À Bolchevo, *charachka* de la périphérie de Moscou, les baraques étaient « grandes, claires, propres et chauffées avec des fours de faïence » plutôt que des poêles métalliques. Les lits avaient des draps et des oreillers ; la lumière était coupée la nuit et il y avait même une douche privée[84]. Les prisonniers qui vivaient dans ces quartiers spéciaux savaient bien sûr qu'on pouvait les en retirer pour un rien, ce qui les incitait d'autant plus à travailler dur.

Au sein des baraques existait aussi une autre hiérarchie, non officielle. Dans la plupart d'entre elles, les décisions importantes concernant l'endroit où chacun coucherait étaient le fait des groupes les plus forts et les plus unis du camp. Jusqu'à la fin des années 1940, qui vit se renforcer les grands groupes nationaux — Ukrainiens, Baltes, Tchétchènes et Polonais —, les mieux organisés étaient généralement les criminels. En règle générale, ils occupaient donc les couchettes supérieures, où il y avait un air plus sain et plus de place, matraquant et rouant de coups ceux qui formulaient des objections. Ceux qui dormaient sur les couchettes inférieures avaient le bras moins long. Et ceux qui dormaient par terre — les derniers dans la hiérarchie du camp — étaient ceux qui souffraient le plus, se souvient un prisonnier :

> On appelait ce niveau le « secteur *kolkhoze* », et c'est à ce niveau que les truands reléguaient les *kolkhozniki* : divers intellectuels et prêtres âgés mais aussi quelques-uns des leurs qui avaient enfreint le code moral des truands. Ils recevaient tout ce qui tombait des couchettes supérieures et inférieures, mais aussi les fonds de tasse, l'eau ou la soupe de la veille que balançaient les truands. Et le secteur *kolkhoze* devait supporter tout cela, sous peine d'en recevoir encore plus. [...] Les gars tombaient malades, étouffaient, perdaient connaissance, devenaient fous, mouraient du typhus ou de la dysenterie, se tuaient[85].

Les détenus, même les politiques, pouvaient néanmoins améliorer leur sort. Karol Colonna-Czosnowski, prisonnier politique polonais employé comme *feldcher*, logeait dans une baraque affreusement surpeuplée quand un criminel, Gricha, le « patron » du camp, le tira de là : « Il flanqua un majestueux coup de pied à un de ses courtisans, qui prit cela pour un ordre de me faire de la place et s'empressa de m'abandonner son siège. Gêné, je protestai que je préférerais ne pas m'asseoir à côté du feu, mais ce n'est pas ainsi que l'entendait mon hôte, comme me le fit comprendre d'une bonne bourrade un de ses suivants.» Quand il eut recouvré son équilibre, il était sur le lit, aux pieds de Gricha: «C'est visiblement là qu'il voulait me voir rester[86]...» Colonna-Czosnowski ne discuta point. L'endroit où l'on s'asseyait ou posait sa tête, fût-ce quelques heures, était de la plus haute importance.

BANIA: LES BAINS

La crasse, le surpeuplement et le manque d'hygiène se traduisaient par une prolifération de punaises et de poux. Dans les années 1930, un dessin «humoristique» paru dans *Perekovka*, le journal du canal Moscou-Volga, représentait un *zek* à qui l'on remettait de nouveaux vêtements. Et la légende disait: «Ils vous donnent des habits "propres", mais ils grouillent de poux.» Une autre caricature était assortie de la légende: «Pendant que vous dormez dans les baraques, les punaises vous mordent comme des crabes noirs[87].» Et le problème ne devait pas s'arranger au fil des ans. Un prisonnier polonais rapporte que, durant la guerre, un camarade du camp finit par en être obsédé: «En tant que biologiste, il s'intéressait au nombre de poux qui pouvaient subsister dans un espace donné. Les comptant sur sa chemise, il en trouva soixante; une heure plus tard, soixante de plus[88].»

Dans les années 1940, les maîtres du Goulag avaient de longue date reconnu le danger mortel du typhus colporté par les poux et, officiellement, mené une bataille incessante contre les parasites. Tous les vêtements étaient censés être bouillis dans des unités de désinfection, à l'entrée dans le camp puis à intervalles réguliers, afin de détruire toute vermine[89].

Les coiffeurs du camp, on l'a dit, rasaient les hommes et les femmes des pieds à la tête dès leur entrée au camp ; par la suite, ils leur rasaient régulièrement la tête. Le savon, quoique en infime quantité, était régulièrement inclus dans les listes de produits à distribuer aux détenus : en 1944, par exemple, cela équivalait à 200 grammes par mois et par tête. Les femmes, les enfants de détenus et les prisonniers hospitalisés avaient droit à un supplément de 50 grammes, les jeunes de 100, et les prisonniers accomplissant des « tâches particulièrement salissantes » de 200. Ces minuscules portions étaient destinées à la fois à l'hygiène personnelle et à la lessive — draps et vêtements [90]. (La rareté du savon ne devait pas diminuer, pas plus à l'intérieur qu'à l'extérieur des camps. En 1991, des mineurs soviétiques purent encore se mettre en grève, entre autres raisons, parce qu'ils n'avaient pas de savon dans les mines de charbon.)

Néanmoins, tout le monde n'était pas convaincu par l'efficacité des procédures d'épouillage du camp. Les bains, observa un détenu, « semblaient accroître la vigueur sexuelle des poux [91] ». Varlam Chalamov va plus loin : « Cette étuve n'extermine pas les poux. Ce n'est qu'une formalité, un dispositif destiné à tourmenter encore davantage le détenu [92]. »

Techniquement, Chalamov avait tort. L'appareil ne fut pas créé afin de tourmenter les détenus : l'administration centrale du Goulag, à Moscou, donna bel et bien des directives très strictes, enjoignant aux commandants de camp de se battre contre les parasites, et on ne compte pas les rapports d'inspection dénonçant les manquements en la matière. En 1933, un bilan de la situation au Dmitlag déplore vivement l'état des baraques des femmes, qui étaient « crasseuses, manquaient de draps et de couvertures ;

les femmes se plaignent de la prolifération des punaises, contre lesquelles la Division sanitaire ne fait rien[93] ». En 1940, une enquête sur les conditions de vie dans un groupe de camps septentrionaux dénonça avec rage les « poux dans les baraques, et les punaises, qui nuisent à la capacité des détenus de se reposer » dans un *lagpounkt*, tandis que dans le camp de travail de Novossibirsk, « l'infection de poux touchait 100 % des prisonniers [...]; du fait des conditions sanitaires déplorables, on constate un haut niveau de maladies de peau et de maux de ventre. [...] Il en ressort clairement que les conditions malsaines du camp sont très, très coûteuses ».

Pendant ce temps, une épidémie de typhus s'était déclarée par deux fois dans un autre *lagpounkt*; dans d'autres, les détenus étaient « noirs de crasse », poursuivait le rapport d'un ton véhément[94]. Année après année, les rapports d'inspection soumis par les procureurs du Goulag se plaignent des poux et ordonnent avec force de les éliminer[95]. En 1937, après une épidémie de typhus au Temlag, le chef du *lagpounkt* et l'adjoint du service médical du camp furent renvoyés, accusés de « négligence criminelle et d'inactivité » et jugés[96]. Mais on usait de récompenses aussi bien que de sanctions : en 1933, les prisonniers d'une baraque du Dmitlag bénéficièrent de jours de repos pour avoir débarrassé leurs lits des punaises[97].

Le refus des prisonniers de se baigner était aussi pris très au sérieux. Irena Arginskaïa, qui séjourna dans un camp spécial pour politiques au début des années 1950, se souvient d'une secte religieuse de femmes qui, pour des raisons qui leur appartenaient, refusaient de se baigner :

> Un jour, j'étais restée dans les baraques parce que j'étais malade et que j'avais été dispensée de travail. Un garde est entré, cependant, et nous a dit que toutes les prisonnières malades devaient aider à laver les « nonnes ». La scène s'est déroulée ainsi : un chariot s'est arrêté devant leur section des baraques, et nous avons dû les faire sortir et monter dedans. Elles ont protesté, nous ont donné des coups de poing et de pied, etc. Une fois sur le chariot, elles se sont allongées tranquillement, sans essayer de s'enfuir. Puis nous avons tiré le chariot jusqu'au bain, où il nous a fallu les faire descendre et les porter à l'intérieur, les dévêtir... C'est alors que nous avons compris pourquoi l'administration du camp ne pouvait pas leur permettre d'échapper aux bains. Quand on leur retirait leurs vêtements, il en tombait des poux par poignées. Puis nous les avons conduites sous l'eau pour les laver. Pendant ce temps, on a fait bouillir leurs habits pour tuer la vermine[98].

Arginskaïa se souvient aussi qu'« en principe on pouvait aller aux bains autant qu'on voulait » à Kenguir, où il n'y avait aucune restriction sur l'eau. De même, Leonid Sitko, ancien prisonnier de guerre en Allemagne, calcula que les camps soviétiques comptaient moins de poux que les camps allemands. Il séjourna au Steplag et au Minlag, où « on pouvait se baigner autant qu'on voulait... On pouvait même laver ses habits[99] ». Des usines et des chantiers avaient leurs douches. Isaak Filchtinski s'en rendit compte au Kargopollag, où les détenus pouvaient les utiliser dans la journée, alors même que d'autres détenus souffraient du manque d'eau[100].

Mais Chalamov n'avait pas entièrement tort dans sa description sans fard du système d'hygiène. Car même s'ils avaient pour consigne de prendre les bains au sérieux, les administrateurs locaux de camp se contentaient apparemment souvent d'observer les rituels de l'épouillage et du bain, sans se soucier vraiment du résultat. Le charbon manquait pour garder assez chaud l'appareil de désinfection ; les responsables ne se donnaient pas la peine de le faire marcher correctement ; le savon manquait depuis des mois ; les rations étaient volées. Au *lagpounkt* de « la Diesel » (Dizelni), dans la Kolyma, « les jours de bains, on donnait à chaque détenu un petit morceau de savon et un grand bock d'eau tiède. Qui eût pu se laver ?! Les prisonniers s'organisaient du mieux qu'ils pouvaient : cinq ou six personnes versaient leur bock dans un grand baquet et la même eau servait pour tous — pour se savonner, se laver et se rincer... ». Au *lagpounkt* de Sopka, il fallait apporter l'eau, comme toute autre marchandise, par une voie ferrée et une route étroite. L'hiver, on faisait fondre la neige, mais la neige était rare, à cause du vent : « Les détenus revenaient de la mine, noirs, couverts de poussière, et il n'y avait pas d'eau dans les lavabos[101]. »

Souvent, les gardes manquaient de patience ; les détenus ne pouvaient alors passer que quelques minutes aux bains, pour la forme[102]. Dans un *lagpounkt* de Siblag, en 1941, un inspecteur découvrit, indigné, que les « prisonniers n'ont pas eu de bain depuis deux mois » du seul fait de l'incurie des gardes[103]. Dans les pires camps, la négation affirmée de l'humanité des détenus faisait des bains une torture. Beaucoup en décrivent l'horreur, mais nul ne l'a fait aussi bien, encore une fois, que Chalamov, qui consacre tout un récit aux bains de la Kolyma. Malgré leur épuisement, les détenus devaient attendre leur tour des heures durant : « On y conduit les détenus avant ou après le travail. Après de longues heures de travail au froid (et ce n'est pas moins pénible en été), quand toutes les pensées et tous les espoirs sont concentrés sur le désir d'arriver le plus vite possible aux châlits, à la nourriture et au sommeil, le retard que causent les bains devient pratiquement insupportable. »

Pour commencer, les *zeks* faisaient la queue, dehors, dans le froid ; puis on les faisait entrer en masse dans des vestiaires surpeuplés, faits pour quinze personnes quand ils en accueillaient jusqu'à cent. Pendant ce temps, ils le savaient, on fouillait et désinfectait leurs baraques. Leurs maigres biens, y compris leur vaisselle et leurs chaussettes, étaient jetés dans la neige :

> Accumuler de menus objets est dans la nature humaine, qu'on soit un miséreux ou le lauréat d'un prix. [...] Le détenu accumule des objets de la même façon. C'est un travailleur, il a donc besoin d'une aiguille, de pièces pour ravauder, d'une vieille gamelle en plus, peut-être. Tout cela était jeté sans pitié et, après chaque bain, chacun devait de nouveau remonter « son ménage » s'il n'avait pas eu le temps de tout enfouir dans la neige [...].

Une fois dans les bains, il y avait souvent si peu d'eau qu'il était impossible de se laver. Chacun reçoit « un baquet en bois d'eau tiède [...], il n'y a jamais d'eau en plus, et personne ne peut en acheter ». De surcroît, les bains n'étaient pas chauffés : « On y manque de chaleur. [...] Cette sensation de froid est accentuée par les milliers de courants d'air qui viennent des portes et des fentes. » Enfin, « à l'intérieur même des bains [...] règnent brouhaha, fumée, cris et cohue habituels — "crier comme aux bains" est une expression courante »[104].

Thomas Sgovio décrit lui aussi cette scène d'enfer, précisant qu'il fallait parfois battre les prisonniers de la Kolyma pour les forcer à aller aux bains :

> Le froid de canard à l'extérieur, en attendant que les autres sortent — puis le vestiaire, où on se gelait —, les désinfections obligatoires et la fumigation, où l'on jetait nos guenilles en tas — on ne récupérait jamais ses affaires —, les bagarres et les injures, «fils de pute, c'est ma veste» — le choix de sous-vêtements communs et humides pleins d'œufs de poux dans les coutures — le rasage de tout le corps par le barbier du camp... puis, quand arrivait enfin notre tour d'entrer aux bains, nous prenions un baquet de bois et recevions un bock d'eau chaude, un bock d'eau froide et un petit bout de savon noir qui empestait[105]...

Une fois tout cela terminé recommençait la même humiliation de la distribution des habits, écrit Chalamov, toujours hypersensible à la question des sous-vêtements: «Bien avant la distribution, tous ceux qui viennent de se laver se bousculent devant ce guichet. Ils discourent et dissertent sur le linge qu'on leur a donné la dernière fois, sur celui qu'on a distribué cinq ans auparavant au Bamlag[106] [...].»

Inévitablement, le droit de se baigner dans un relatif confort finit par être étroitement imbriqué avec le système des privilèges. Au Temlag, par exemple, ceux qui avaient des emplois particuliers avaient le droit de se baigner plus souvent[107]. Le poste même de préposé aux bains, qui impliquait à la fois une proximité avec l'eau propre et le droit de permettre ou d'interdire aux autres cette proximité, était habituellement l'une des places les plus convoitées. En fin de compte, malgré les ordres on ne peut plus stricts, sévères et drastiques venus de Moscou, le confort des détenus, leur hygiène et leur santé étaient totalement tributaires des caprices et des circonstances.

Les bains représentaient donc un aspect de plus de cette vie à l'envers, un exemple de simple plaisir transformé en ce que Chalamov appelle « un événement négatif pour les détenus, quelque chose qui aggrave leurs conditions de vie [...], un nouveau témoignage de la fameuse "confusion des valeurs" qui est la caractéristique la plus importante, la plus fondamentale, dont le camp dote toute personne qui s'y retrouve[108] [...] ».

STOLOVAIA : LE RÉFECTOIRE

L'immense littérature consacrée au Goulag contient des descriptions très variées des camps, à l'image de la grande diversité des personnalités et de leurs expériences. Mais il est un aspect de la vie au camp qui demeure identique de camp en camp, d'une année à l'autre, de mémoires en mémoires : les descriptions de la *balanda*, de la lavasse servie aux détenus une ou deux fois par jour.

Tous les anciens prisonniers en sont d'accord : ce demi-litre de soupe servi une ou deux fois par jour avait un goût répugnant ; c'était de la lavasse au contenu suspect. Selon Galina Levinson, elle était faite de « choux et de patates pourris, agrémentés tantôt d'un morceau de graisse de porc, tantôt de têtes de harengs[109] ». Barbara Armonas a gardé le souvenir d'une soupe faite de « mou ou d'abats de poisson avec quelques patates[110] ». Et si l'on en croit Leonid Sitko, « il n'y avait jamais la moindre viande dans cette soupe[111] ».

Un autre détenu se souvient d'une soupe de viande de chien, qu'un de ses collègues de travail, un Français, ne pouvait avaler : « Un Occidental n'est pas toujours capable de franchir une barrière psychologique, même quand il meurt de faim[112]. » Lazare Kogan lui-même, le patron du Dmitlag, s'en plaignit un jour: «Certains cuistots font comme s'ils préparaient non pas des repas soviétiques, mais un brouet pour les cochons. Du fait de cette attitude, la pitance qu'ils préparent est inadaptée, souvent fade et insipide[113].»

La faim était souvent un puissant mobile: sans doute la soupe eût-elle été immangeable dans des circonstances normales, mais dans les camps, où la plupart des gens étaient toujours affamés, les prisonniers s'en régalaient. Et cette faim n'avait rien d'accidentel: elle était entretenue, parce que la réglementation de la nourriture des détenus, après celle de leur temps et de leur espace de vie, était l'instrument de contrôle le plus important de l'administration du camp.

Aussi la distribution de nourriture aux détenus des camps devint-elle une science très élaborée. Les normes exactes pour les diverses catégories de détenus et de travailleurs des camps étaient fixées à Moscou et changeaient fréquemment. L'administration du Goulag ne cessait d'affiner ses chiffres, de calculer et recalculer la quantité minimale de nourriture nécessaire aux prisonniers pour qu'ils continuent de travailler. Les commandants recevaient très fréquemment de nouveaux ordres qui indiquaient le niveau des rations et qui finirent par devenir des documents longs et complexes écrits dans un langage lourd et bureaucratique.

L'ordre du 30 octobre 1944 sur les rations est typique. Il stipulait une norme «garantie» ou élémentaire pour la plupart des détenus: 550 grammes de pain par jour, 8 grammes de sucre, et toute une série d'autres produits théoriquement destinés à la *balanda*, la lavasse de midi, et à la *kacha*, la bouillie servie au petit déjeuner; et pour le dîner: 75 grammes de sarrasin ou de nouilles, 15 grammes de viande ou de produits à base de viande, 55 grammes de poisson ou de produits à base de poisson, 10 grammes de graisse, 500 grammes de pommes de terre ou de légumes, 15 grammes de sel et 2 grammes d'« ersatz de thé ».

À cette liste de produits étaient annexées quelques notes. Les commandants de camp avaient pour instruction d'abaisser de 50 grammes la ration de pain des détenus qui ne remplissaient la norme qu'à 75 %, de 100 grammes pour ceux qui ne la remplissaient qu'à moitié. Ceux qui dépassaient le plan, en revanche, avaient droit à un supplément : notamment 50 grammes de sarrasin, 35 grammes de viande et 25 grammes de poisson[114].

À titre de comparaison, en 1942, où le pays tout entier souffrit énormément de la faim, les gardes de camp étaient censés recevoir 700 grammes de pain, près d'un kilo de légumes frais et 75 grammes de viande, avec des suppléments spéciaux pour ceux qui vivaient très au-dessus du niveau de la mer[115]. Les détenus qui travaillaient dans les *charachki* au cours de la guerre étaient mieux nourris et recevaient, théoriquement, 800 grammes de pain et 50 grammes de viande contre 15 pour les prisonniers ordinaires[116]. Les femmes enceintes, les jeunes, les prisonniers de guerre, les travailleurs libres et les enfants placés dans les crèches de camp recevaient des rations un peu améliorées[117].

Certains camps expérimentèrent un rationnement plus subtil encore. En juillet 1933, un ordre du Dmitlag précisa les différentes rations pour les détenus qui réalisaient jusqu'à 79 % de la norme ; entre 80 et 89 % ; entre 90 et 99 % ; entre 100 et 109 % ; entre 110 et 124 % ; et 125 % ou plus[118].

Comme on l'imagine, la distribution de ces quantités précises de nourriture aux bonnes personnes et dans les quantités prévues — et qui variaient parfois de jour en jour — nécessitait une immense bureaucratie, et beaucoup de camps avaient du mal à faire face. Ils devaient tenir des dossiers pleins d'instructions manuscrites, indiquant quels détenus dans quelles situations devaient recevoir quoi. Les plus petits *lagpounkts* eux-mêmes tenaient d'énormes dossiers, précisant chaque jour dans quelle mesure un prisonnier avait réalisé la norme, et la quantité de nourriture qu'il devait recevoir en conséquence. Dans le petit *lagpounkt* de Kedrovy Chor, par exemple — une ferme collective rattachée à l'Intlag —, il y avait en 1943 au moins treize normes alimentaires différentes. Le comptable du camp — probablement un détenu — devait déterminer la norme applicable à chacun des 1 000 détenus du camp. Sur de longues feuilles de papier, il commençait par tracer des lignes à la main, au crayon, puis ajoutait noms et chiffres, au stylo, couvrant page après page de ses calculs[119].

Dans les camps plus importants, la bureaucratie était pire encore. L'ancien chef comptable du Goulag, A.S. Narinski, a raconté comment les administrateurs d'un camp, chargés de construire une voie de chemins de fer dans le Grand Nord, eurent l'idée de distribuer des tickets alimentaires aux détenus afin de veiller à ce qu'ils reçoivent chaque jour des rations correctes. Mais même cette solution était difficile à appliquer dans un système qui souffrait de pénurie chronique de papier. Faute d'une meilleure solution, ils décidèrent d'utiliser des tickets de bus, mais il fallait trois jours pour s'en procurer. Ce problème « menaçait constamment de désorganiser tout le système de ravitaillement[120] ».

Le transport de vivres en hiver jusqu'aux *lagpounkts* isolés était aussi un problème, en particulier pour les camps qui n'avaient pas de boulangerie propre. « Même le pain qui était encore chaud, écrit Narinski, était impropre à la consommation humaine quand on le transportait sur 400 kilomètres par moins 50° dans un fourgon de marchandises. Il était tellement gelé qu'on ne pouvait même pas s'en servir comme combustible[121]. » Malgré l'envoi d'instructions complexes pour stocker les rares légumes et pommes de terre dans le Nord au cours de l'hiver, de grandes quantités gelaient au point de devenir immangeables. En été, en revanche, la viande et le poisson étaient mauvais, tandis que d'autres aliments pourrissaient. Des entrepôts mal gérés brûlaient jusqu'au sol ou grouillaient de rats[122].

De nombreux camps fondèrent leurs propres kolkhozes, ou fermes collectives, ou encore des *lagpounkts* laitiers, mais trop souvent ceux-ci marchaient mal. Un rapport relatif à un camp-kolkhoze de ce genre indique, entre autres problèmes, le manque de personnel qualifié, la pénurie de pièces détachées pour le tracteur, l'absence d'écurie pour les bestiaux et l'impréparation de la saison des récoltes[123].

De ce fait, les détenus souffraient presque toujours d'une carence en vitamines, quand bien même ils ne mouraient pas vraiment de faim. Et les responsables des camps prenaient ce problème plus ou moins au sérieux. Faute de cachets de vitamines, beaucoup obligeaient les détenus à ingurgiter de la *khvoïa*, un infect brouet à base d'aiguilles de pin et d'une efficacité douteuse[124]. À titre de comparaison, les normes pour les « officiers des forces armées » stipulaient expressément la vitamine C et les fruits secs afin de compenser le déficit en vitamines des rations régulières. Quant aux généraux et aux amiraux, ils avaient officiellement droit à du fromage, du caviar, du poisson en conserve et des œufs[125].

La distribution même de la soupe, avec ou sans vitamines, pouvait être difficile dans le froid de l'hiver du Grand Nord, surtout quand elle était servie à midi sur les lieux de travail. En 1939, un médecin de la Kolyma se plaignit officiellement au chef du camp, observant que l'on faisait manger les détenus dehors et que leur nourriture gelait avant qu'ils n'eussent le temps de l'avaler[126]. Le surpeuplement posait aussi un problème pour la distribution de nourriture : un détenu se souvient que dans le *lagpounkt* voisin de la mine de Maldiak, à Magadan, il n'y avait qu'un seul guichet pour servir plus de 700 personnes[127].

La distribution de nourriture pouvait aussi être perturbée par des événements extérieurs aux camps : au cours de la Seconde Guerre mondiale, par exemple, elle cessa souvent complètement. Les pires années furent 1942 et 1943, quand une large partie de l'URSS occidentale était occupée par les troupes allemandes tandis qu'une bonne partie du reste du pays s'employait à les combattre. La faim sévissait à travers le pays, et le Goulag n'était pas au premier rang des priorités. Vladimir Petrov, détenu de la Kolyma, se souvient de cinq jours sans la moindre livraison de vivres dans son camp : « La mine souffrit bel et bien de la famine. Cinq mille hommes sans le moindre bout de pain. »

Couverts et vaisselle manquaient aussi constamment. « La soupe qui était encore chaude quand on la recevait, se rappelle le même Petrov, se couvrait de glace le temps que le voisin finisse la sienne et vous refile sa cuiller. Probablement cela explique-t-il que la majorité des hommes préféraient manger sans cuillers[128]. » Une autre détenue était convaincue d'avoir survécu pour avoir « troqué du pain contre un bol émaillé d'un demi-litre... Quand on avait son bol à soi, on était parmi les premiers servis — et la graisse est toujours sur le dessus. Les autres doivent attendre que vous ayez fini votre bol. Vous mangez, puis vous le passez à un autre, qui le refile à un autre[129]... »

D'autres détenus se taillèrent un bol et des couverts dans du bois. Le petit musée qu'abrite le siège de la Société du Mémorial de Moscou expose un certain nombre de ces objets étrangement émouvants[130]. Comme toujours, l'administration centrale du Goulag avait pleinement conscience de ces pénuries et essaya parfois de trouver une solution : dans une occasion, elle complimenta un camp de faire un usage intelligent des boîtes de conserve à cette fin[131]. Mais quand bien même y avait-il assez de vaisselle et de couverts, il n'y avait souvent pas moyen de les laver : un ordre du Dmitlag interdisait « catégoriquement » aux cuistots des camps de distribuer la nourriture dans des assiettes sales[132].

Pour toutes ces raisons, les règles relatives aux rations alimentaires dictées par Moscou — toujours calculées en fonction du minimum de survie — ne sont pas un guide fiable de ce que les prisonniers mangeaient vraiment. Nul n'est besoin non plus de se fier exclusivement aux mémoires des détenus pour savoir que les prisonniers des camps soviétiques étaient affamés. Le Goulag lui-même inspectait périodiquement les camps et gardait trace de ce que les détenus mangeaient réellement, par opposition à ce qu'ils étaient censés manger. Une fois de plus, on est frappé par l'écart surréaliste entre la liste bien nette des rations alimentaires dressée à Moscou et les rapports d'inspection.

En 1942, par exemple, les inspecteurs du camp de Volgostroï signalèrent quatre-vingts cas de pellagre, maladie de la malnutrition, dans un *lagpounkt* : « Les gens meurent de faim », observe carrément le rapport. Au Siblag, grand camp de Sibérie occidentale, un procureur soviétique adjoint remarqua que dans le premier quart de 1941 les normes alimentaires avaient été « systématiquement violées : les distributions de viande, de poisson et de graisses sont extrêmement rares... On ne donne jamais de sucre ». Dans la région de Sverdlovsk, également en 1942, la nourriture des camps ne comportait « ni graisses, ni poisson ni viande, et souvent pas de légumes ». Au Viatlag, en 1942, « la nourriture, en juillet, était pauvre, presque immangeable, et manquait de vitamines. Tout cela à cause du manque de graisses, de viande, de poisson et de pommes de terre... Toute la nourriture est à base de farine et de produits des céréales[133] ».

Apparemment, certains détenus étaient privés de nourriture parce que le camp n'avait pas reçu les bonnes livraisons. C'était là un problème permanent : à Kedrovy Chor, les comptables du *lagpounkt* tenaient une liste des produits alimentaires qui pouvaient être substitués à ceux que les détenus auraient dû recevoir, mais ne recevaient pas : du fromage pour le lait, mais aussi des crackers à la place du pain, des champignons sauvages au lieu de la viande et des baies sauvages pour le sucre[134]. Dans ces conditions, il était peu étonnant que le régime des détenus fût très différent de ce qu'il était sur le papier à Moscou. Une inspection du Birlag, en 1940, devait constater que le « repas des zeks qui travaillent consiste en eau augmentée de 130 grammes de céréales, et le second plat en pain noir, une centaine de grammes. Pour le petit déjeuner et le souper, ils réchauffent le même genre de soupe ». Au cours d'une conversation avec le cuistot du camp, l'inspecteur apprit que les « normes théoriques ne sont jamais remplies», qu'il n'y avait jamais de livraisons de poisson, de viande, de légumes ou de graisses. Le camp, conclut le rapport, «n'a pas de quoi acheter des produits alimentaires ou des vêtements [...] et sans argent aucun fournisseur n'est disposé à coopérer». D'où les 500 cas de scorbut déclarés[135].

Tout aussi souvent, cependant, la nourriture était volée sitôt arrivée au camp. Le vol se produisait à peu près à tous les niveaux. Généralement, il avait lieu pendant la préparation et était le fait de ceux qui travaillaient aux cuisines ou aux entrepôts. Pour cette raison, les détenus convoitaient les postes qui leur donnaient accès à la nourriture — cuisine, vaisselle, stockage — et leur permettaient ainsi de voler. Evguénia Guinzbourg fut une fois «sauvée» par son poste de plongeuse au réfectoire des hommes. Non seulement elle pouvait y manger «du vrai bouillon de viande» et des «beignets frits à l'huile de tournesol», mais elle s'aperçut aussi que les autres détenus la considéraient avec un certain respect. Elle était là où se trouvait la nourriture: «Au réfectoire. Une profonde envie mêlée d'une humble admiration pour ceux que la vie avait conduits à une telle position faisait trembler la voix de l'homme[136].»

Même la récolte sur les fermes du camp ou la corvée de patates étaient des tâches très enviables et les détenus versaient des pots-de-vin pour les obtenir, à seule fin d'être en position de voler des vivres. Plus tard, au cours de son itinéraire concentrationnaire, Guinzbourg eut à s'occuper des poulets destinés à la table des patrons du camp. Sa camarade de travail et elle tirèrent tout l'avantage possible de la situation: «Nous empruntions aux poules un peu d'huile de foie de poisson pour arroser la kacha du réfectoire, et un peu d'avoine pour confectionner de la gelée. Enfin, nous mangions à nous deux trois œufs par jour : un dans notre soupe commune et encore chacune un à titre de gourmandise. (Nous ne voulions pas en prendre plus pour ne pas faire baisser l'indice de ponte. C'est d'après lui, en effet, que notre travail était jugé[137].) »

Les vols avaient une tout autre ampleur dans les villes concentrationnaires du Grand Nord, où les pénuries dont souffraient les travailleurs libres et les gardes non moins que les détenus étaient telles que tout le monde avait intérêt à voler. Chaque année, les camps devaient dresser un bilan des pertes. Les rapports du *lagpounkt* de Kedrovy Chor font apparaître des pertes de biens et d'argent d'un montant supérieur à plus de 20 000 roubles pour le seul quatrième trimestre de 1944[138].

À l'échelle nationale, les chiffres étaient bien plus élevés. Un rapport des services du procureur pour 1947, par exemple, énumère de nombreux cas de vol, dont un au Viatlag, où douze personnes, dont le chef de l'entrepôt du camp, s'étaient servies en produits alimentaires et en légumes pour une valeur de 170 000 roubles. Un autre rapport de cette même année calcula que dans les trente-quatre camps inspectés au cours du deuxième trimestre 1946, 70 000 kilos de pain avaient été volés, ainsi que 132 000 kilos de pommes de terre et 17 000 kilos de viande. Et l'auteur du rapport de conclure : « La complexité du système de ravitaillement des prisonniers crée des conditions propices au vol de pain et d'autres produits. » Il blâmait également le « système des cartes de rationnement pour les travailleurs libres », ainsi que les équipes d'inspection internes des camps, dont les membres étaient profondément corrompus[139].

Dans certains cas, le système d'inspection eut un

effet : certains camps, craignant des ennuis, firent des efforts pour se conformer à la lettre, sinon à l'esprit, de la loi. Un détenu, par exemple, recevait à la fin de chaque mois un demi-verre de sucre, qu'il avalait aussi sec. Ainsi le chef du camp s'assurait-il qu'il reçût la quantité stipulée par la bureaucratie moscovite. Ses codétenus et lui célébraient l'occasion comme le « jour du sucre »[140].

Finalement, tout le monde ne mourait pas de faim. Car même si la plupart des produits alimentaires disparaissaient avant d'entrer dans la soupe, une denrée de base était généralement disponible : le pain. Comme la soupe, le pain du Goulag a été décrit maintes et maintes fois. Tantôt, pour se souvenir qu'il était mal cuit : il était si dur, se rappelle un détenu, qu'on « aurait dit une brique », et si petit qu'on aurait pu l'avaler « en deux bouchées »[141]. Un autre écrivit que c'était « littéralement du pain "noir" à cause du son qui lui donnait en outre une texture grossière ». Il observa aussi qu'il était cuit avec une grande quantité d'eau : il était « humide et pesait lourd, si bien qu'en fait on recevait moins que les 700 grammes qui nous étaient attribués »[142].

D'autres se rappellent que les détenus se disputaient les extrémités plus sèches et moins aqueuses des miches[143]. Dans le récit de Varlam Chalamov, « Cherry-Brandy », description fictive de la mort d'Ossip Mandelstam, le désintérêt du poète pour ces choses est le signe de sa mort prochaine : « Il ne guettait plus le croûton et il ne pleurait plus si ce n'était pas lui qui l'obtenait ; il ne fourrait plus dans sa bouche, de ses doigts tremblants, sa ration[144] [...]. »

Dans les camps les plus affamés, dans les années de plus grande famine, le pain avait presque un caractère sacré, et tout un rituel se développa autour de sa consommation. Tandis que les voleurs du camp chapardaient presque tout impunément, par exemple, le vol du pain passait pour un acte particulièrement odieux et impardonnable. Au cours de son long voyage en train vers la Kolyma, Vladimir Petrov s'aperçut que « le vol était permis et n'avait d'autre limite que l'habileté ou la chance du voleur, mais il y avait une exception : le pain. Le pain était sacré et inviolable, indépendamment de toute distinction touchant la population de la voiture ». Petrov avait été désigné staroste et, à ce titre, c'est lui qui dut rosser un petit voleur de pain. Ce qu'il ne manqua pas de faire[145]. Dans la Kolyma, observe également Thomas Sgovio, la loi non écrite des criminels du camp était : « Voler tout, sauf la sainte portion de pain. » Lui aussi avait « vu plus d'un détenu battu à mort pour avoir enfreint la tradition sacrée[146] ». Kazimierz Zarod a gardé le même souvenir :

> Un détenu pouvait voler des vêtements, du tabac, presque tout et n'importe quoi. S'il était découvert, il pouvait s'attendre à une raclée de ses codétenus, mais la loi non écrite du camp — et j'ai entendu dire par des hommes d'autres camps qu'il en allait de même partout ailleurs — était qu'un détenu surpris à voler le pain d'un autre méritait la peine de mort[147].

Dans ses mémoires, Dimitri Panine, proche de Soljenitsyne, a décrit exactement comment pouvait être exécutée une telle condamnation à mort : « Le voleur [de pain], surpris en flagrant délit, était levé à hauteur des bras tendus, puis précipité trois ou quatre fois le dos contre le sol. Lorsqu'il avait les reins brisés, on le jetait, telle une charogne, hors du baraquement. »

Panine, comme beaucoup d'autres survivants qui ont connu la faim des années de guerre, a aussi évoqué avec éloquence les rites individuels dont certains entouraient la consommation de pain. Si les prisonniers ne recevaient du pain qu'une fois par jour, le matin, ils devaient prendre une décision déchirante : manger tout tout de suite ou en garder pour l'après-midi. En mettre de côté, c'était risquer de perdre ou de se faire voler le précieux quart de miche. Par ailleurs, on passait sa journée à attendre son bout de pain. La mise en garde de Panine contre cette tentation reste un témoignage unique de la science élaborée pour éviter la faim :

> Quand on distribue la ration de pain, on a une envie irrésistible de prolonger le délice de manger. On découpe le pain, on fait des boulettes avec la mie... On fabrique des balances avec des bouts de bois et de la ficelle et on pèse les petits morceaux... On essaie de prolonger le processus alimentaire jusqu'à trois heures et davantage. Non ! C'est un suicide !
>
> Il faut manger sa ration de pain en trente minutes, tout au plus. Les bouts de pain doivent être soigneusement mastiqués, réduits en émulsion dans la bouche, jusqu'à la douceur et ensuite absorbés par succion. La nourriture doit fournir à l'organisme le maximum d'énergie [...].
>
> Si tu divises ta ration de pain et en conserves une partie pour le soir, tu ne résisteras pas ! Mange tout à la fois !
>
> Si tu engloutis très vite, comme le font normalement les gens affamés, tu raccourcis tes jours[148] !

Mais les *zeks* ne sont pas les seuls habitants de l'Union soviétique qui finirent par être obsédés par le pain et les nombreuses façons de le manger. Aujourd'hui encore, une Russe de ma connaissance est incapable de manger du pain bis parce qu'enfant, pendant la guerre au Kazakhstan, elle ne mangeait rien d'autre. Et Susanna Petchora, prisonnière au Mitlag dans les années 1950, surprit un jour une conversation sur le pain du camp entre deux paysannes russes, également détenues — des femmes qui avaient su à quoi ressemblait la vie *sans* le pain du camp :

> L'une d'elles tenait à la main un bout de pain qu'elle caressait. « Oh mon *khlebouchka* [« mon petit pain », l'appelait-elle comme on appellerait un enfant], ils te donnent à nous tous les jours. » Et l'autre d'ajouter : « Nous pourrions le sécher et l'envoyer aux enfants, ils sont affamés après tout. Mais je ne crois pas qu'ils nous laisseraient l'envoyer[149]... »

Désormais, me confia Petchora, elle y réfléchit à deux fois avant de se plaindre du manque de nourriture dans les camps.

CHAPITRE 11

Le travail dans les camps

Ceux qui sont malades, bons à rien,
Trop faibles pour les mines,
Sont rabaissés, relégués
Au camp d'en bas
Pour abattre les arbres de la Kolyma.
Sur le papier,
C'est tout simple.
Mais comment oublier
La chaîne des traîneaux sur la neige
Et des hommes harnachés,
La poitrine creuse tendue,
Qui tirent les chariots ?
Ils s'arrêtent pour se reposer
Ou vacillent sur les pentes raides...
Leur fardeau dévale
Et à chaque instant
Menace de les emporter...

Qui n'a vu un cheval qui trébuche ?
Mais nous, nous avons vu des hommes attelés...

ELENA VLADIMIROVA,
Kolyma [1].

RABOTCHAIA ZONA : LA ZONE DE TRAVAIL

Le travail était la fonction centrale de la plupart des camps soviétiques : la principale occupation des détenus en même temps que la première préoccupation de l'administration. La vie quotidienne était organisée autour du travail, et le bien-être des détenus dépendait de leurs résultats. Il n'en demeure pas moins difficile de généraliser sur ce qu'était le travail dans un camp : l'image du détenu dans une tempête de neige, extrayant de l'or ou du charbon avec une pioche, n'est qu'un stéréotype. Tel fut le sort de nombreux détenus : de plusieurs millions, ainsi que l'indiquent clairement les chiffres des camps de la Kolyma et de Vorkouta ; mais il y avait aussi, nous le savons aujourd'hui, des camps situés au cœur de Moscou où des détenus dessinaient des avions, des camps en Russie centrale où des prisonniers bâtirent et exploitèrent des centrales nucléaires, des camps de pêche sur la côte du Pacifique, des camps-fermes collectives dans le sud de l'Ouzbékistan. À Moscou, les archives du Goulag regorgent de photos de détenus avec leurs chameaux[2].

L'éventail des activités économiques au sein du Goulag était sans doute aussi large qu'au sein de l'URSS elle-même. Un rapide examen du *Guide du système des camps de redressement par le travail en URSS*, le répertoire le plus complet des camps à ce jour, révèle l'existence de camps organisés autour de mines d'or, de charbon ou de nickel ; de la construction de routes ou de voies ferrées ; d'usines d'armement, d'usines chimiques, d'usines de transformation des métaux ou de centrales électriques ;

de la construction d'aéroports, d'immeubles, de réseaux d'égouts ; de l'extraction de la tourbe, de l'abattage des arbres ou de conserveries de poisson[3]. Les administrateurs du Goulag eux-mêmes avaient un album de photos exclusivement consacré aux articles produits par les détenus. On y trouve, entre autres choses, des photos de mines, de missiles et autre matériel militaire ; des pièces pour automobiles, des verrous, des boutons ; des rondins de bois flottant sur un fleuve ; des meubles de bois, notamment des chaises, des armoires, des cabines de téléphone et des tonneaux ; des souliers, des paniers et des textiles (avec des échantillons joints) ; des tapis, du cuir, des chapeaux de fourrure, des manteaux en peau de mouton ; des coupes, des lampes et des pots en verre ; du savon et des bougies ; et même des jouets : chars en bois, moulins à vent miniatures et lapins mécaniques qui jouent du tambour[4].

Le travail variait à l'intérieur des camps aussi bien que d'un camp à l'autre. Certes, nombre de détenus des camps forestiers ne faisaient qu'abattre des arbres. Les prisonniers condamnés à des peines de trois ans ou moins travaillaient dans des « colonies de redressement par le travail », des camps à régime léger qui étaient habituellement organisés autour d'une seule usine ou d'une seule activité. Les camps plus importants du Goulag, en revanche, pouvaient compter un certain nombre d'industries : des mines, une briqueterie et une centrale électrique, sans compter les chantiers de construction de logements ou de routes. Dans ces camps, des détenus déchargeaient les trains de marchandises quotidiens, conduisaient des camions, ramassaient des légumes, travaillaient aux cuisines, dans les hôpitaux ou les crèches. À titre officieux, certains étaient utilisés comme domestiques, nounous et tailleurs par les commandants de camp, les gardes et leurs femmes.

Les prisonniers qui purgeaient des peines de longue durée pouvaient exécuter les tâches les plus diverses et en changeaient fréquemment suivant que la chance leur souriait ou non. Evguénia Guinzbourg, qui passa près de vingt ans dans les camps, eut l'occasion d'abattre des arbres, de creuser des fossés, de faire le ménage dans la «pension» du camp, de faire la plonge, d'élever des poulets, de faire la lessive pour les femmes des commandants et de s'occuper des enfants des détenues. Pour finir, elle devint infirmière[5]. Au cours des onze années qu'il passa dans les camps, un autre politique, Leonid Sitko, travailla comme soudeur, maçon dans une carrière, ouvrier du bâtiment dans une brigade de construction, porteur dans un dépôt de chemins de fer, mineur dans une mine de charbon et menuisier dans une fabrique de meubles produisant des tables et des bibliothèques[6].

Cependant, bien que les tâches pussent être aussi variées au sein du système concentrationnaire que dans le monde extérieur, les prisonniers qui travaillaient se scindaient généralement en deux catégories: ceux qui étaient affectés à des «travaux généraux» — *obchtchïa raboty* — et les «planqués» ou *pridourki*. Ces derniers, on le verra, formaient une caste à part. Les «généraux», qui étaient le lot de l'immense majorité des détenus, étaient précisément tel qu'on l'imagine: des travaux non qualifiés, physiquement éreintants. «L'hiver 1949-1950, le premier que je passai au camp, me fut particulièrement pénible, écrit Isaak Filchtinski. Je n'avais pas un métier qui pût être utile dans le camp, et je fus ballotté d'un endroit à l'autre, astreint à diverses tâches générales: scier, porter, tirer, pousser, etc. Autrement dit, tout ce qui passait par la tête du chef de brigade, je devais le faire[7]. »

À l'exception de ceux à qui la chance avait souri dans la première série de distribution des tâches — généralement, les ingénieurs des travaux publics ou les membres d'autres corps de métier utiles dans le camp, ou encore ceux qui s'étaient déjà établis comme mouchards —, la majorité des *zeks* étaient affectés à des tâches générales sitôt terminée leur semaine de quarantaine. De même étaient-ils assignés à une brigade : un groupe de 4 à 400 *zeks*, qui non seulement travaillaient ensemble, mais aussi mangeaient ensemble et dormaient généralement dans les mêmes baraques. Chaque brigade était dirigée par un chef, un prisonnier de confiance et de rang élevé, qui était chargé de distribuer les tâches, de superviser les travaux et de veiller à ce que l'équipe atteignît la norme de production.

L'importance du chef de brigade, qui par son rôle se situait quelque part entre le détenu et l'administrateur, ne devait pas échapper aux autorités du camp. En 1933, le patron du Dmitlag adressa un ordre à tous ses subordonnés pour leur rappeler la nécessité de « trouver parmi nos travailleurs de choc les hommes capables qui sont nécessaires à notre travail » parce que le « chef d'équipe est sur un chantier l'homme le plus important, celui qui compte le plus »[8].

Du point de vue du détenu individuel, ses rapports avec le chef d'équipe n'étaient pas simplement importants : ils pouvaient déterminer sa qualité de vie, ou même décider s'il vivrait ou mourrait, comme l'écrit un prisonnier :

> La vie d'une personne dépend beaucoup de sa brigade et de son chef, vu qu'on passe jour et nuit en leur com-

> pagnie. Au travail, au réfectoire, sur les châlits, toujours les mêmes visages. Les membres d'une brigade peuvent soit travailler tous ensemble, en groupes, soit individuellement. Ils peuvent vous aider à survivre ou contribuer à vous détruire. Soit sympathie et aide, soit hostilité et indifférence. Le rôle du chef de brigade n'est pas moins important. Qui il est, comment il conçoit ses tâches et ses obligations compte aussi : servir les patrons à vos dépens et à son bénéfice, traiter les membres de sa brigade comme des sous-fifres, des serviteurs et des laquais, ou au contraire être votre camarade d'infortune et faire tout son possible pour rendre la vie plus facile aux membres de la brigade[9].

De fait, certains chefs d'équipe menaçaient et intimidaient leur main-d'œuvre. Dès le premier jour aux mines de Karaganda, Alexandre Weissberg s'évanouit sous l'effet de la faim et de l'épuisement : « Avec des beuglements de taureau furieux, le chef de brigade se jeta sur moi de tout le poids de son corps massif, me flanquant des coups de pied et me frappant, et finalement m'envoya un tel coup sur la tête que je tombai à terre, sonné, couvert d'hématomes, le visage ruisselant de sang[10]... »

Dans d'autres cas, le chef laissait sa brigade fonctionner comme un groupe d'égaux organisés, incitant les détenus à travailler plus dur, même s'ils n'y étaient guère enclins. Dans *Une journée d'Ivan Denissovitch*, le héros de Soljenitsyne songe à un moment que « la brigade, ça n'est pas comme dans le civil ; dehors, Ivan Ivanytch touche son salaire et Piotr Petrovytch le sien itou. Au camp, on a organisé la brigade pour que ce soit les détenus qui se talonnent les uns les autres et pas les gradés. C'est comme ça : ou bien rabiot pour tous, ou bien on la crève tous[11] ».

Vernon Kress, lui aussi interné à la Kolyma, se fit

malmener et engueuler par ses camarades d'équipe parce qu'il était incapable de suivre le rythme et fut finalement contraint de rejoindre une brigade « faible », dont aucun membre ne recevait une ration complète[12]. Iouri Zorine fit aussi l'expérience de l'appartenance à une brigade de trimeurs, essentiellement composée de Lituaniens qui ne toléraient pas de tire-au-flanc dans leurs rangs : « Vous n'imaginez pas avec quelle ardeur ils travaillaient... S'ils trouvaient que vous bossiez mal, ils vous chassaient de la brigade lituanienne[13]. »

Si vous aviez la malchance de tomber dans une « mauvaise » brigade et que vous n'aviez pas le moyen de graisser la patte de quelqu'un ou de manœuvrer pour vous en sortir, vous risquiez de mourir de faim. M.B. Mindline, qui compta plus tard parmi les fondateurs de la Société du Mémorial, fut une fois affecté à une brigade de la Kolyma essentiellement composée de Géorgiens et dirigée par l'un d'eux. Il s'aperçut vite que non seulement les membres de l'équipe avaient aussi peur de leur chef que des gardes du camp, mais aussi que, étant le « seul juif de la brigade de Géorgiens », il ne pourrait compter sur la moindre faveur. Un jour, il travailla particulièrement dur, dans l'espoir d'être récompensé par la ration maximale : 1 200 grammes de pain. Le chef de brigade refusa cependant d'en tenir compte et indiqua qu'il n'en méritait que 700. Grâce à un pot-de-vin, Mindline changea de brigade et trouva une atmosphère complètement différente : le nouveau chef se souciait de ses subordonnés et lui accorda même quelques jours de travail plus léger au début, histoire qu'il reprît des forces : « Qui entrait dans sa brigade s'estimait chanceux et échappait à la mort. » Plus tard, il devint à son tour chef d'équipe et prit sur lui de distribuer des pots-de-vin, afin que les membres de sa brigade reçoivent la meilleure ration possible des cuistots du camp, des coupeurs de pain et autres gens importants[14].

L'attitude du chef d'équipe comptait parce que, le plus souvent, les travaux généraux n'étaient ni factices ni absurdes. Alors que dans les camps allemands, le travail « était avant tout un moyen de torture », suivant l'expression d'un éminent chercheur allemand[15], les détenus soviétiques étaient censés remplir une partie du plan de production du camp. Certes, cette règle admettait des exceptions. Par moments, des gardes stupides ou sadiques assignaient aux détenus des tâches absurdes. Susanna Petchora se souvient d'avoir été chargée d'aller et venir avec des seaux d'argile : « Complètement idiot. » Un des « patrons » de son chantier lui dit spécifiquement : « Je n'ai pas besoin de ton travail, mais de ta souffrance. » La formule eût été familière aux détenus de Solovetski dans les années 1920[16]. Dans les années 1940, on le verra, apparut aussi un système de camps pénitentiaires, dont la fonction était essentiellement punitive, non pas économique.

Le plus souvent, les détenus n'étaient pas destinés à souffrir. Ou peut-être est-il plus juste de dire que nul ne se souciait qu'ils souffrissent ou non. Il était autrement plus important qu'ils trouvent place dans le plan de production du camp et satisfassent à leur norme de travail. Une norme pouvait concerner n'importe quoi : un certain nombre de mètres cubes de bois à abattre, de fossés à creuser, de charbon à extraire. Et ces normes étaient prises terriblement au sérieux. Les camps étaient couverts d'affiches exhortant les prisonniers à remplir les normes. Tout l'appareil « culturel et éducatif » du camp s'employait à faire passer le même message. Dans les réfectoires ou sur la place centrale de certains camps se dressaient d'immenses tableaux, indiquant les résultats de chaque brigade au regard de sa norme[17].

Les normes étaient calculées avec le plus grand soin, scientifiquement, par le normeur (*normirovchtchik*), dont la tâche était censée exiger de grandes compétences. Pour le déblaiement de la neige, observe par exemple Jacques Rossi, les normes variaient suivant qu'on avait affaire à une « neige fraîchement tombée », à de la « neige légère », de la « neige légèrement tassée », de la « neige bien tassée (exigeant la pression du pied sur la pelle) », de la « neige fortement tassée », de la « neige congelée (qu'il faut attaquer à coups de pique) ». Et ce n'était pas tout : « Une série de coefficients définissent la distance à laquelle il faut rejeter la neige, la hauteur des tas, etc.[18] »

Malgré son apparente scientificité, l'établissement des normes de travail et la détermination de qui les avait remplies ou non était cependant un processus grevé par la corruption, l'irrégularité et les incongruités. Pour commencer, les détenus se voyaient généralement assigner des normes comparables à celles des travailleurs libres : ils étaient censés obtenir les mêmes résultats que des forestiers ou des mineurs professionnels. Or, dans l'ensemble, ils n'étaient pas du métier et, souvent, ne savaient trop ce qu'ils étaient censés faire. Qui plus est, après de longs séjours en prison et des voyages harassants dans des wagons à bestiaux non chauffés, ils n'étaient pas même dans une condition physique moyenne.

Plus le détenu était inexpérimenté et exténué, plus il souffrait. Evguénia Guinzbourg a brossé un portrait classique de deux femmes, l'une et l'autre des intellectuelles peu habituées aux tâches pénibles, toutes deux affaiblies par des années de prison, essayant de couper des arbres :

Pendant trois jours, Galia et moi, nous tentâmes l'impossible. Pauvres arbres ! Comme ils souffraient sous nos coups maladroits ! Que pouvions-nous faire d'autre, inexpertes et épuisées comme nous l'étions ? Notre hache dérapait et des éclats de bois nous volaient en pleine figure. Nous sciions par à-coups, sans rythme, en nous accusant mentalement l'une l'autre de maladresse, sans toutefois nous faire à haute voix de reproches, conscientes qu'une dispute était un luxe que nous ne pouvions nous permettre. La scie se bloquait sans cesse. Le moment le plus difficile était celui où l'arbre ainsi déchiqueté commençait à pencher : nous ne savions jamais de quel côté il allait tomber.

Galia reçut un coup terrible sur la tête ; l'infirmier de service refusa de passer de la teinture d'iode sur la blessure :

— C'est un vieux truc ! Elle veut se faire exempter de travail dès le premier jour.

À la fin de la journée, le chef d'équipe décréta qu'Evguénia et Galia avaient atteint 18 % de la norme et les « paya » en conséquence : « Le quignon de pain que nous recevions, “proportionné à notre production”, était évidemment minuscule. Épuisées par la faim, nous tombions tout le long du trajet qu'il nous fallait parcourir dans le bois pour rejoindre notre secteur de travail. » Et, pendant ce temps, le chef ne cessait de répéter « qu'on ne compte pas sur lui pour distribuer le pain du peuple [...] à des saboteuses qui n'atteignaient pas même la norme »[19].

Dans les camps du Grand Nord, en particulier dans ceux de la région de la Kolyma, mais aussi de Vorkouta ou de Norilsk, tous situés au-delà du cercle arctique, le climat et le terrain exacerbaient les difficultés. Contrairement à une idée reçue, l'été n'était souvent pas plus supportable dans ces régions arctiques que l'hiver. Même là, les températures peuvent dépasser largement les 30 °C. Quand la neige fond, la surface de la toundra se transforme en boue. Il est difficile d'y marcher tandis que les moustiques semblent se déplacer en nuages gris, faisant tant de bruit qu'il est presque impossible d'entendre autre chose. Une détenue se souvient :

> Les moustiques se faufilaient dans nos manches, sous nos pantalons. Le visage enflait sous l'effet des piqûres. On nous apportait à manger sur le chantier. Et pendant qu'on avalait la soupe, les moustiques remplissaient le bol comme du brouet de sarrasin. On en avait plein les yeux, le nez et la gorge, et ils avaient un goût suave, un goût de sang. Plus on s'agitait et gesticulait pour les chasser, plus ils attaquaient. Le mieux était de faire comme s'ils n'existaient pas, de s'habiller plus léger et, plutôt qu'un chapeau antimoustiques, de porter une couronne d'herbe ou d'écorce de bouleau[20].

Les hivers, bien entendu, étaient très, très froids. Les températures pouvaient tomber à 30 ou 40 ou 50 °C au-dessous de zéro. Mémorialistes poètes et romanciers se sont tous efforcés de décrire ce que c'était que de travailler dans un tel gel. Il faisait si froid, dit l'un, que « le moindre mouvement soudain de main dans l'air faisait un sifflement nettement audible[21] ». Le matin de Noël, raconte un autre, il découvrit à son réveil qu'il ne pouvait plus bouger la tête :

> Ma première pensée, au réveil, fut qu'on l'avait attachée d'une manière ou d'une autre pendant la nuit aux planches de mon châlit, mais comme j'essayai de me redresser, le truc que j'avais noué autour de ma tête et sur mes oreilles avant de me coucher, la veille, avait disparu. Me redressant sur un coude, je tirai dessus et compris qu'il était attaché par le gel à la planche. Mon souffle comme le souffle de tous les hommes de la baraque formait un nuage qui restait suspendu comme de la fumée[22].

« Il était dangereux de cesser de bouger, écrit pourtant un autre. Pendant l'appel, on sautait, on courait sur place et on se donnait des claques sur le corps pour avoir chaud. Je ne cessais de me pétrir les orteils et de serrer les poings... Toucher un outil métallique à main nue pouvait vous arracher la peau, et il était extrêmement dangereux d'aller au bain. Une crise de diarrhée pouvait vous allonger définitivement à terre. » Aussi certains prisonniers préféraient-ils tout simplement souiller leurs pantalons : « Il était désagréable de travailler à côté d'eux ; de retour sous la tente, quand on commençait à se réchauffer, la puanteur était insupportable. Souvent, ceux qui s'étaient souillés se faisaient rosser et jeter dehors[23]. »

Du point de vue du temps, certaines tâches dites générales étaient pires que les autres. Dans les mines de charbon de l'Arctique, se rappelle un détenu, l'air souterrain était plus chaud, mais de l'eau glaciale suintait constamment sur les mineurs : « Le mineur devient une sorte de stalactite géante, son organisme se met à geler pour un bon moment. Au bout de trois ou quatre mois de ce travail infernal, les prisonniers attrapent maladie sur maladie[24]... »

Isaak Filchtinski fut lui aussi chargé de l'une des tâches les plus désagréables en hiver au Kargopollag : trier les rondins avant leur transformation. Il fallait rester dans l'eau toute la journée, et même si l'eau était chaude — elle était pompée de la centrale électrique —, l'air ne l'était pas :

> Parce que, cet hiver-là, la région d'Arkhangelsk resta durablement à 10 ou 15° au-dessous de zéro, un brouillard épais demeurait suspendu au-dessus du bassin de tri. Il était en même temps très humide et très froid. [...] Le tra-

vail n'était pas très difficile, mais au bout de trente ou quarante minutes, on avait tout le corps imprégné et enveloppé d'humidité, le menton, les lèvres et les cils couverts de glace, et la glace avait pénétré jusqu'à la moelle des os, à travers les pitoyables vêtements du camp[25].

Le pire, en hiver, c'était de travailler en forêt. Car non seulement la taïga était froide en hiver, mais elle était aussi périodiquement balayée par de fortes tempêtes imprévisibles : les *bourani* ou *pourgaï*. Dimitri Bystroletov, détenu au Siblag, en fit l'expérience :

Le vent se mit alors à souffler dans un hurlement sauvage et terrifiant, nous plaquant au sol. La neige tourbillonnait en l'air, faisant tout disparaître — les lumières du camp, les étoiles, l'aurore boréale —, et nous laissa seuls dans un brouillard blanc. Ouvrant grands les bras, glissant et trébuchant, tombant et nous soutenant les uns les autres, nous essayâmes au plus vite de retrouver la route. Soudain, un coup de tonnerre éclata au-dessus de nos têtes. Je parvins tout juste à m'accrocher à mon compagnon de varappe quand un torrent impétueux de glace, de neige et de rochers jaillit vers nous. Le tourbillon de neige nous empêchait de respirer, de voir[26]...

Janusz Bardach se laissa lui aussi surprendre par un *bouran* dans la Kolyma, alors qu'il travaillait dans une carrière. Avec leurs gardes, ses codétenus et lui réussirent à regagner le camp en suivant les chiens de garde attachés l'un à l'autre par une ficelle :

Je ne voyais strictement rien au-delà du dos de Iouri et m'accrochais à la corde comme à une ceinture de sauvetage... Tous les repères familiers ayant disparu, je n'avais aucune idée du chemin qui nous restait à parcourir et j'étais sûr que nous n'y arriverions jamais. Mon pied heurta quelque chose de mou : un prisonnier qui avait lâché la corde. Je criai : « Stop ! » Mais pas question de s'arrêter. Personne n'entendait ma voix. Je me penchai pour lui tirer le bras vers la corde. « Ici ! » J'essayai de lui attacher la main à la corde. « Tiens bon ! » Ça ne servait à rien. Le bras de l'homme retomba à terre quand je le quittai. L'ordre sec de Iouri me fit avancer..

Quand la brigade de Bardach eut regagné le camp, trois détenus avaient disparu. Généralement, « on ne retrouvait les corps des détenus perdus qu'au printemps, souvent à une centaine de mètres de la zone[27] ».

Les vêtements réglementaires des détenus ne les protégeaient guère des intempéries. En 1943, par exemple, l'administration centrale du Goulag décréta que les prisonniers devaient recevoir, entre autres choses, une chemise d'été (faite pour durer au moins deux saisons), deux pantalons d'été (pour deux saisons), une veste d'hiver matelassée (pour deux ans), des pantalons d'hiver matelassés (pour dix-huit mois), des bottes doublées (pour deux ans) et des sous-vêtements, censés durer neuf mois[28]. Dans les faits, ces misérables effets étaient toujours en quantité insuffisante. La fourniture de « vêtements, sous-vêtements et souliers est insuffisante », nota en 1948 un rapport d'inspection sur vingt-trois camps. Apparemment, c'était un euphémisme. Au camp de Krasnoïarsk, moins de la moitié des détenus avaient des chaussures. À Norilsk, au Grand Nord, 75 % seulement avaient des bottes chaudes, et 86 % des vêtements chauds. À Vorkouta, également au Grand Nord, 25 à 30 % des détenus seulement avaient des sous-vêtements, et juste 48 % des bottes chaudes[29].

Faute de chaussures, les prisonniers improvisaient. Ils se faisaient des bottes en écorce de bouleau, avec des lambeaux de tissu ou de vieux pneus en caoutchouc. Ces « trucs » étaient au mieux mal ajustés : il était difficile de marcher avec dans la neige. Au pire, les bottes prenaient l'eau. C'était alors les engelures garanties[30]. Elinor Lipper a décrit ses bottes « maison », les fameuses « Tche-Te-Ze », ainsi qu'on les surnommait dans son camp (il s'agissait en fait d'une abréviation pour Usine de pneus de Tcheliabinsk) :

> Elles étaient taillées dans une grosse toile à sac légèrement molletonnée et montaient à hauteur du genou ; quant à la chaussure proprement dite, elle était renforcée aux orteils et au talon par de la toile cirée ou du cuir artificiel. La semelle est faite de trois lamelles de caoutchouc récupéré sur de vieux pneus de voiture. Le tout est attaché au pied avec une ficelle et noué à la ficelle sous le genou afin que la neige n'y pénètre pas... Au bout d'une journée, elles sont toutes déformées et les semelles molles se retournent dans tous les sens. Elles absorbent l'humidité à une vitesse incroyable, surtout quand les sacs utilisés servaient à conserver le sel[31]...

Un autre détenu décrit une semblable improvisation : « Les côtés étaient si ouverts que les orteils étaient exposés. Il était impossible de serrer convenablement la toile qui enveloppait le pied, si bien que les orteils étaient exposés au gel. » Ces chaussures lui valurent effectivement des engelures... qui lui sauvèrent la vie, estime-t-il, puisqu'il n'était plus en état de travailler[32].

Les prisonniers avaient des théories différentes sur la façon de faire face au froid. Pour récupérer du gel en fin de journée, par exemple, certains se précipitaient dans les baraques pour se serrer autour du poêle, si près que parfois leurs vêtements s'enflammaient : « L'odeur répulsive de haillons cramés vous piquait les narines[33]. » D'autres croyaient cela peu judicieux. Isaak Filchtinski se laissa dire par des détenus plus expérimentés qu'il était dangereux de s'attrouper autour du poêle ou du feu de camp, les brusques changements de température provoquant des pneumonies : « L'organisme humain est ainsi fait que peu importe le froid, le corps s'y ajuste et s'y habitue. J'ai toujours suivi cette règle de sagesse au camp et je n'ai jamais attrapé froid[34]. »

Les autorités du camp étaient supposées faire quelques concessions au froid. Suivant les règles, les détenus de certains camps du Nord recevaient du rabiot. Mais, si l'on en croit des documents de 1944, celui-ci pouvait se limiter à 50 grammes de pain supplémentaires par jour — quelques bouchées —, ce qui n'était guère suffisant pour compenser un froid extrême[35]. Théoriquement, quand il faisait trop froid ou qu'une tempête s'annonçait, les prisonniers n'étaient pas censés travailler. Sous le règne de Berzine à la Kolyma, affirme Vladimir Petrov, les détenus cessaient de travailler quand les températures tombaient à 15° au-dessous de zéro. Dans le courant de l'hiver 1938-1939, après la déposition de Berzine, les températures devaient plonger au-delà de moins 15° avant que le travail ne fût suspendu. Cette règle elle-même n'était pas toujours respectée, écrit Petrov, parce que le commandant du camp était le seul de la mine d'or à posséder un thermomètre. De ce fait, « au cours de l'hiver 1938-1939, trois jours seulement ne furent pas travaillés à cause des basses températures, contre quinze dans l'hiver 1937-1938[36] ».

Un autre mémorialiste, Kazimierz Zarod, raconte que durant la Seconde Guerre mondiale, dans son camp, le travail s'arrêtait quand la température tombait à 10 °C au-dessous de zéro ; un jour sa brigade forestière reçut l'ordre de rentrer au camp parce que le thermomètre avait atteint – 11° : « Aussitôt, nous avons ramassé le matériel et nous sommes formés en colonne pour regagner le camp[37]. » Bardach se rappelle qu'à la Kolyma, dans les années de guerre, la règle était l'arrêt à moins 10°, « même si l'on ne tenait jamais compte du vent glacial[38] ».

Toutefois, le temps n'était pas le seul obstacle à la réalisation de la norme. Dans bien des camps, les normes étaient fixées à des niveaux impossibles. Il s'agissait pour une part d'un effet pervers de la logique de la planification centrale soviétique, qui imposait aux entreprises d'accroître leur production chaque année. Elinor Olitskaïa évoque ses codétenues s'efforçant d'atteindre les normes dans l'atelier de couture du camp dans l'espoir de garder leur travail au chaud, à l'intérieur. Mais comme elles y arrivaient, l'administration du camp ne cessait de les relever au point de les rendre inaccessibles[39].

Les normes devinrent aussi plus astreignantes parce que les détenus comme les normeurs mentaient, surestimant la quantité de travail qui avait été réalisée et qui serait accomplie. De ce fait, les normes atteignaient parfois avec le temps des niveaux astronomiques. Même pour des tâches prétendument faciles, se souvient Alexandre Weissberg, les normes paraissaient incroyables : « Tout le monde semblait confronté à une tâche quasiment impossible. Les deux hommes responsables de la laverie devaient laver les habits de 800 hommes en dix jours[40]. »

Le dépassement de la norme ne procurait pas nécessairement les avantages attendus. Antoni Ekart rapporte ainsi que la glace s'était rompue sur un fleuve, non loin du camp, menaçant le coin d'une inondation : « Quelques équipes composées des prisonniers les plus forts, tous *peredoviks*, travaillèrent sans arrêt comme des fous pendant deux jours et deux nuits. Alors vinrent les récompenses : un hareng salé pour deux et un paquet de *makhorka* [tabac fort et bon marché] pour quatre[41]. »

Dans ces conditions — longues journées de travail, de rares jours de repos et guère de pauses en cours de journée —, les accidents étaient fréquents. Au début des années 1950, un groupe de détenues sans expérience reçut l'ordre d'éteindre un incendie de forêt près de l'Ozerlag. Ce jour-là, se souvient l'une d'elles, « plusieurs moururent dans les flammes[42] ». L'épuisement et le froid, témoigne Alexander Dolgun, formaient souvent un mélange meurtrier :

> Les doigts, gelés, engourdis, ne parvenaient pas à manier manches et leviers, bois et caisses, et il se produisit beaucoup d'accidents, souvent mortels. Un homme fut écrasé sous le poids de blocs de sciage que nous roulions pour décharger un wagon plate-forme en utilisant deux blocs en manière de rampe. Il fut enseveli sous une vingtaine de ces billes qui s'étaient détachées toutes en même temps et il ne fut pas assez prompt pour les éviter. Les gardiens débarrassèrent la voie en fourrant le corps sur la plate-forme, et ce tas de sang gelé dans les veines attendit que nous le ramenions au camp lorsque viendrait la nuit[43].

Moscou tenait des statistiques sur ces accidents, et celles-ci donnaient parfois lieu à des échanges très vifs entre inspecteurs et commandants des camps. Un de ces documents, pour 1945, répertorie 7 124 accidents dans les mines de charbon de Vorkouta, dont 482 se soldèrent par des blessés graves et 137 par la mort. Les inspecteurs en rendirent responsables la pénurie de lampes de mineurs, les pannes d'électricité ainsi que l'inexpérience des mineurs et leur fréquente rotation. Les inspecteurs courroucés évaluèrent à 61 492 le nombre de journées de travail perdues du fait d'accidents[44].

Une organisation absurde et la gabegie contrariaient également le travail. S'il importe d'observer que les lieux de travail soviétiques ordinaires étaient également mal gérés, la situation était pire au sein du Goulag, où la vie et la santé des travailleurs étaient réputées sans importance et où les intempéries et les distances considérables perturbaient l'arrivée régulière de pièces détachées. Le chaos avait dominé le Goulag dès l'époque du canal de la mer Blanche ; il persista dans les années 1950, alors même que la mécanisation avait gagné un nombre bien plus important de lieux de travail en Union soviétique. Ceux qui travaillaient en forêt devaient se débrouiller « sans tronçonneuses, sans tracteurs, sans chèvres[45] ». Dans les usines de textiles, « les outils manquaient ou étaient inappropriés ». De ce fait, explique une détenue, « toutes les coutures devaient être repassées avec un énorme fer de deux kilos. On devait repasser 426 pantalons d'affilée ; on avait les mains engourdies à force de lever ce poids, les jambes enflées et douloureuses[46] ».

Les machines tombaient continuellement en panne, un facteur qui n'était pas nécessairement pris en compte dans le calcul des normes. Dans la même usine textile, « on ne cessait d'appeler les mécaniciennes. C'étaient pour la plupart des criminelles. Les réparations duraient des heures, parce que ces femmes n'étaient pas qualifiées. Il devenait impossible de réaliser la quantité de travail obligatoire et nous étions donc privées de pain[47] ».

Le thème des pannes mécaniques et des techniciens incompétents est omniprésent dans les annales de l'administration du Goulag. À Khabarovsk, en 1934, à l'occasion de la Conférence du Parti pour l'Extrême-Orient, les administrateurs de camp se plaignirent des incessantes interruptions du ravitaillement et du manque de qualification des techniciens qui les empêchaient d'atteindre les normes en matière de production d'or[48]. Une lettre de 1938 adressée au vice-ministre des Affaires intérieures chargé du Goulag explique qu'entre « 40 et 50 % des tracteurs sont en panne ». Mais souvent les méthodes de travail plus rudimentaires encore ne marchaient pas non plus. Une lettre de l'année précédente signale que, sur les 36 491 chevaux du Goulag, 25 % étaient inaptes au travail[49].

Les entreprises du Goulag ressentaient aussi très vivement le manque d'ingénieurs et d'administrateurs. Rares étaient les techniciens qualifiés qui travaillaient volontairement aux projets du Goulag, et les volontaires ne possédaient pas nécessairement les qualifications adéquates. Au fil des ans, maints efforts furent consentis afin d'attirer des travailleurs libres dans les camps ; les incitations étaient considérables. Dès le milieu des années 1930, des recruteurs du Dalstroï s'activaient à travers le pays, offrant des privilèges spéciaux à qui signait un contrat de travail de deux ans, notamment une rémunération de 20 % supérieure à la moyenne soviétique au cours des deux premières années, puis de 10 % par la suite, mais aussi des congés payés, un accès à des produits alimentaires spéciaux et une retraite généreuse[50].

La presse soviétique ne tarissait pas non plus d'éloges sur les camps du Grand Nord. On trouve un échantillon de ce genre de propagande dans une publication de langue anglaise, *Sovietland*, destinée aux étrangers. Dans un article d'avril 1939 consacré à Magadan, le magazine chanta l'attrait magique de la ville :

> La mer de lumières qu'est Magadan *by night* est un spectacle des plus attrayants et séduisants. C'est une ville

> qui est vivante et affairée, chaque minute du jour et de la nuit. Elle grouille de gens dont la vie est réglée par de stricts horaires de travail. Exactitude et promptitude sont source de rapidité, et la vitesse rend le travail facile et plaisant[51]...

Il n'est nulle part précisé que la plupart des « gens dont la vie est réglée par de stricts horaires de travail » étaient des prisonniers.

Peu importait, en fin de compte : ces campagnes ne réussirent pas à attirer le genre de spécialistes nécessaires, obligeant le Goulag à s'en remettre aux détenus que le hasard avait conduits là. Un détenu se souvenait avoir été envoyé, avec sa brigade, à six cents kilomètres au nord de Magadan afin d'y bâtir un pont. Un des prisonniers, un ingénieur, fut chargé du projet, alors même que ce n'était pas sa spécialité. Le pont fut construit. La première crue l'emporta[52].

Ce n'était là, cependant, qu'une petite catastrophe en comparaison de quelques autres. Des projets entiers du Goulag, mobilisant des milliers d'hommes et des ressources considérables, furent menés en dépit du bon sens et se soldèrent par un gaspillage spectaculaire. Parmi ceux-ci, le plus célèbre, peut-être, fut la tentative de construction d'une ligne de chemins de fer de la région de Vorkouta jusqu'à l'embouchure de l'Ob, sur l'océan Arctique. La décision d'ouvrir le chantier fut prise en avril 1947 par le gouvernement soviétique. Un mois plus tard commencèrent simultanément l'exploration, les relevés et la construction. Les détenus entamèrent aussi la construction d'un nouveau port maritime au cap Kamenni, où l'Ob se jette dans la mer.

Comme d'habitude survinrent des complications : faute de tracteurs, les prisonniers utilisèrent de vieux chars. Les chefs de travaux compensèrent le manque de main-d'œuvre en surexploitant les détenus. Les journées de travail de onze heures étaient normales, et même les travailleurs libres trimaient parfois de neuf heures du matin jusqu'à minuit au cours des longues journées d'été. À la fin de l'année, les complications avaient pris un tour plus grave. L'équipe d'arpenteurs avait conclu que le cap Kamenni n'était pas un site très indiqué pour le port : l'eau n'était pas assez profonde pour les grands bâtiments et le sol était trop instable pour l'industrie lourde. En janvier 1949, Staline convoqua une réunion nocturne : le dirigeant soviétique était décidé à déplacer le site ainsi que la voie ferrée : la ligne devait désormais raccorder l'Ob non pas à la région de Vorkouta, à l'ouest, mais à l'Ienisséï, à l'est. Deux nouveaux camps furent construits : le Chantier n° 501 et le Chantier n° 503. Chacun commença à poser des rails au même moment. L'idée était d'opérer la jonction à mi-parcours : près de 1 300 kilomètres les séparaient.

Les travaux continuèrent. À leur faîte, selon une source, 80 000 personnes travaillaient à cette ligne de chemins de fer ; selon une autre, 120 000. Le projet devait être aussi connu sous le nom de « Route de la Mort ». La construction se révéla quasiment impossible dans la toundra arctique. Le permafrost hivernal se transformant rapidement en boue estivale, il fallait constamment empêcher la voie de se tordre ou de s'enfoncer. Malgré tout, les déraillements de wagons étaient fréquents. En raison de problèmes de ravitaillement, les détenus se mirent à utiliser du bois, au lieu d'acier, pour construire la voie : c'était l'échec assuré du projet. À la mort de Staline, en 1953, 500 kilomètres étaient achevés d'un côté, 200 de l'autre. Le port n'existait que sur le papier. Dans les semaines qui suivirent les obsèques de Staline, le projet fut définitivement abandonné :

il avait coûté 40 milliards de roubles et des dizaines de milliers de vies[53].

À moindre échelle, des histoires analogues se répétaient tous les jours à travers le Goulag. Malgré les intempéries, l'inexpérience et la mauvaise gestion, les pressions sur les administrateurs des camps ne devaient jamais se relâcher, pas plus que ne devait se relâcher la pression sur les prisonniers. Les patrons étaient soumis à des inspections et des programmes de vérification à n'en plus finir ; constamment, on les exhortait à faire mieux. Si fictifs fussent-ils, les résultats importaient. Si ridicule qu'il pût paraître aux détenus, qui savaient parfaitement combien le travail était bâclé, c'était un jeu mortellement sérieux. Beaucoup n'y survivaient pas.

KVTCH : SECTION CULTURELLE ET ÉDUCATIVE

N'était la marque indiquant clairement « archives du NKVD », on pardonnerait volontiers à l'observateur distrait de penser que les photographies du Bogoslovlag, qui figurent dans un album soigneusement conservé daté de 1945, n'avaient rien à voir avec un camp. On y découvre des jardins soignés, des fleurs, des arbrisseaux, une fontaine et un kiosque où les détenus pouvaient s'asseoir et se reposer. L'entrée du camp est marquée par une étoile rouge, accompagnée d'un slogan : « Toutes nos forces pour la puissance future de la Mère patrie ! » Les photographies de prisonniers qui ornent un autre album, rangé à côté, sont également difficiles à concilier avec l'image populaire du pensionnaire du Goulag : un homme heureux qui tient un potiron ; des vaches qui tirent une charrue ; un chef de camp souriant qui cueille une pomme. À côté des photos, des graphiques : l'un indique la production planifiée du camp ; l'autre, la réalisation du plan[54].

Tous ces albums, bien découpés, collés et étiquetés avec le même scrupule que mettent des écoliers à compiler un dossier, sont l'œuvre de la même institution : la *Koultourno-vospitatelnaïa Tchast*, la Section culturelle et éducative, ou KVTCH, ainsi que l'organisation était généralement connue des prisonniers. La KVTCH, ou son équivalent, existait depuis les débuts du Goulag. En 1924, la toute première édition de *SLON*, la revue de la prison de Solovetski, contenait un article sur l'avenir des prisons en Russie : « La politique de redressement par le travail menée en Russie doit rééduquer les détenus en les habituant à participer à un travail productif organisé[55]. »

Le plus clair du temps, cependant, le véritable objectif de la propagande du camp, c'étaient des chiffres de production plus élevés. Tel fut même le cas au cours de la construction du canal de la mer Blanche, où jamais la propagande « rééducative » ne fut plus bruyante ni, peut-être, plus sincère. À cette époque, le culte national du travailleur de choc était aussi à son apogée. Les artistes du camp faisaient le portrait des meilleurs travailleurs du canal, tandis qu'acteurs et musiciens organisaient pour eux des concerts spéciaux. Les travailleurs de choc étaient même invités à d'immenses assemblées, auxquelles on chantait des chansons et on lisait des discours. Une assemblée de ce genre, le 21 avril 1933, fut suivie d'une « tempête de travail » de deux jours : pendant quarante-huit heures, aucun des 30 000 travailleurs de choc ne quitta son lieu de travail[56].

Ce type d'activité fut abandonné sans cérémonie à

la fin des années 1930, lorsque les prisonniers devinrent des « ennemis » et qu'il leur fut désormais impossible d'être en même temps des « travailleurs de choc » — même si la propagande revint peu à peu après que Beria eut repris le contrôle des camps en 1939. S'il ne devait plus jamais y avoir de canal de la mer Blanche — un projet du Goulag dont le régime claironna la « réussite » au monde —, le langage de la rééducation retrouva droit de cité dans les camps. Dans les années 1940, chaque camp comptait théoriquement au moins un instructeur de la KVTCH, ainsi qu'une petite bibliothèque et un « club » KVTCH, où se donnaient des pièces de théâtre et des concerts, mais aussi des conférences politiques, et où étaient organisés des débats politiques. Thomas Sgovio évoque un club de ce genre : « La salle principale, qui pouvait accueillir une trentaine de personnes, avait des murs de bois peints de couleurs joyeuses. Il y avait quelques tables, en principe pour les besoins des lecteurs. Mais il n'y avait ni livres, ni journaux, ni périodiques. Comment aurait-il pu y en avoir ? Les journaux valaient leur pesant d'or. Nous les utilisions pour fumer[57]. »

À compter des années 1930, les principaux « clients » de la KVTCH étaient censés être les criminels. De même qu'on ne savait trop s'il fallait confier aux politiques des tâches de spécialistes, on ne savait trop s'il valait la peine de gaspiller du temps à les rééduquer. En 1940, une directive du NKVD sur le travail culturel et éducatif des camps déclara explicitement que les auteurs de crimes contre-révolutionnaires n'étaient pas des cibles adéquates du travail de rééducation. Lorsqu'on montait des pièces, ils avaient le droit de jouer d'un instrument de musique, mais pas de parler ni de chanter[58].

Comme ce fut souvent le cas, ces ordres furent

plus fréquemment ignorés que respectés. Et — là encore, la chose était fréquente —, la véritable fonction de la KVTCH dans la vie du camp différait des intentions des maîtres du Goulag, à Moscou. Si Moscou entendait que la KVTCH forçât les détenus à travailler avec plus d'acharnement, ces derniers se servaient de la KVTCH à leurs fins : pour y trouver un soutien moral... et survivre.

À première vue, il semble que les instructeurs de la Section éducative et culturelle s'évertuaient à propager la valeur du travail parmi les détenus de même que les cadres du parti communiste s'efforçaient de le faire dans le monde extérieur aux portes de la prison. Dans les camps plus importants, la KVTCH publiait des journaux. Parfois, il s'agissait de véritables journaux, avec des reportages et de longs articles sur les succès du camp, mais aussi des « autocritiques », des commentaires sur ce qui n'allait pas dans le camp : c'était là un trait caractéristique de toute la presse soviétique. Exception faite d'une courte période, au début des années 1930, ces journaux étaient largement destinés aux travailleurs libres et à l'administration du camp[59].

Pour les prisonniers existaient aussi des « journaux muraux », destinés non pas à être distribués (le papier manquait), mais à être placardés sur des panneaux spéciaux. Ces journaux muraux, explique un ancien détenu, étaient un « attribut du mode de vie soviétique ; personne ne les lisait, mais ils paraissaient régulièrement ». Ils avaient souvent des sections « humour » : « Ils imaginaient manifestement que les ouvriers qui crevaient de faim liraient cette section, partiraient d'un bon grand éclat de rire et finiraient par faire honte aux récalcitrants et tire-au-flanc qui ne voulaient pas se racheter de leur culpabilité envers la patrie par un travail honnête[60]. »

Si ridicules qu'ils parussent à beaucoup, l'administration centrale du Goulag, à Moscou, les prenait très au sérieux. Les journaux muraux, ordonnait une directive, devaient « décrire les meilleurs exemples de travail, faire connaître les travailleurs de choc, condamner les tire-au-flanc ». En revanche, il n'était pas question de publier des portraits de Staline : tout compte fait, ils demeuraient des criminels, non pas des « camarades », et ils restaient excommuniés de la vie soviétique ; ils n'avaient pas même le droit de poser leur regard sur le leader. L'atmosphère, souvent absurde, de secret qui s'était abattue sur les camps en 1937 perdura tout au long des années 1940 : interdiction était faite de sortir des camps les journaux imprimés à l'intérieur[61].

En plus d'épingler des journaux, la KVTCH projetait aussi des films. Gustaw Herling eut ainsi l'occasion de voir une comédie musicale américaine « pleine de femmes en corsage d'une autre époque et de messieurs portant redingotes et cravates à ruché », aussi bien qu'un film de propagande qui « se terminait par le triomphe de la vertu » : « L'étudiant maladroit finissait par se classer premier de la compétition socialiste du travail et, le regard flamboyant, faisait un discours à la gloire d'un État où le travail manuel recevait les plus grands honneurs[62]. »

Pendant ce temps, certains criminels profitaient de l'obscurité des salles de projection pour accomplir des vengeances ou des meurtres. « Je me souviens, à la fin de l'une de ces projections, d'avoir vu le cadavre d'un homme emporté sur une civière », m'a raconté un ancien détenu[63].

La KVTCH organisait également des matchs de foot, des tournois d'échecs, des concerts et des spectacles pompeusement baptisés « activités créatives en autodidactes ». Un document d'archives précise le répertoire d'un ensemble de chant et de danse qui faisait le tour des camps :

1. La ballade de Staline
2. La méditation du cosaque sur Staline
3. La chanson de Beria
4. La chanson de la patrie
5. Le combat pour la Mère Patrie
6. Tout pour la Mère Patrie
7. Le chant des guerriers du NKVD
8. Le chant des Tchékistes
9. Le chant du poste frontière isolé
10. La marche des gardes-frontières[64].

Il y avait aussi des airs plus légers tels que « Fumons » et « Le chant du Dniepr », qui pour une fois célébrait un fleuve, non pas une institution de la police secrète. Le répertoire dramatique comptait aussi certaines pièces de Tchekhov. Néanmoins, le gros des efforts artistiques était destiné, au moins en théorie, à éclairer la lanterne des prisonniers, plutôt qu'à les divertir. Ainsi que le rappela en 1940 un ordre de Moscou : « Chaque spectacle doit éduquer les détenus, leur inculquer une plus grande conscience du travail[65]. » Comme on le verra, les détenus apprirent également à utiliser les spectacles afin de survivre.

Mais « l'activité créative en autodidacte » n'était pas le seul souci de la Section culturelle et éducative, pas plus qu'elle n'était l'unique façon d'alléger la charge de travail. La KVTCH avait aussi pour mission de recueillir les suggestions en vue d'améliorer ou de « rationaliser » le travail des détenus : une tâche qui lui tenait sinistrement à cœur. Dans son rapport semi-annuel à Moscou, un camp de Nijne-Amoursk prétendit sans ironie avoir identifié 302 rationalisations, dont 157 avaient été mises en œuvre, permettant ainsi d'économiser 812 332 roubles[66].

Isaak Filchtinski observe aussi, avec une bonne dose d'ironie, que certains prisonniers devinrent experts dans l'art de détourner cette politique à leur avantage. Un ancien chauffeur prétendit ainsi pouvoir construire un mécanisme qui permettait aux voitures de marcher à l'oxygène. Excités par la perspective de découvrir une « rationalisation » réellement importante, les patrons du camp lui donnèrent un laboratoire afin de travailler sur cette idée : « Je ne puis dire s'ils le croyaient ou non. Ils se contentaient de suivre les instructions du Goulag. Dans chaque camp, il y avait des gars qui travaillaient comme rationaliseurs ou inventeurs... et qui sait ? Peut-être que Vdovine trouverait quelque chose qui leur vaudrait le prix Staline ! » La supercherie finit par être découverte, un jour qu'il sortit de son laboratoire avec une construction géante en ferraille, dont il fut incapable d'expliquer l'usage[67].

Comme dans le monde extérieur, les camps continuaient d'organiser des « compétitions socialistes », des concours de travail dans lesquels les détenus étaient censés se mesurer les uns aux autres à seule fin d'accroître la production. Ils honoraient aussi les travailleurs de choc, prétendument capables de réaliser trois, voire quatre fois plus que la norme. J'ai décrit au chapitre 4 les premières campagnes de ce genre : elles commencèrent dans les années 1930, mais se poursuivirent, avec nettement moins d'enthousiasme et une propension à l'hyperbole nettement plus absurde, jusque dans les années 1940. Les prisonniers qui y participaient pouvaient gagner toutes sortes de récompenses. Les uns recevaient de plus fortes rations ou avaient droit à de meilleures conditions de vie. D'autres se voyaient décerner des prix plus intangibles. En 1942, par exemple, de bons résultats pouvaient valoir, entre autres récompenses, un *knijka olitchnika*, un livret réservé à ceux qui atteignaient le rang d'« excellents » travailleurs. Celui-ci contenait un petit calendrier, prévu pour indiquer chaque jour le pourcentage de la norme atteint ; un espace pour les suggestions de « rationalisation » ; une liste des droits du titulaire du livret (droit à la meilleure place dans les baraques et aux meilleurs uniformes ; droit illimité de recevoir des paquets, etc.) ; ainsi qu'une citation de Staline : « Le travailleur acharné a le sentiment d'être un citoyen libre de son pays, une sorte d'activiste social. Et s'il travaille dur, et donne à la société ce qu'il peut donner, il est un héros du travail[68]. »

Tout le monde ne prenait pas très au sérieux ce genre de prix. Le prisonnier polonais Antoni Ekart a lui aussi décrit une de ces campagnes de travail :

> Au milieu du camp, il y a ce qu'on appelle un tableau d'honneur sur lequel sont publiés les résultats des « compétitions socialistes du travail » entre deux *peredoviks*. On y voit aussi quelquefois d'assez mauvais portraits de *peredoviks* qui ont dépassé la norme de cinq cents ou de mille pour cent. Comme, en l'occurrence, il s'agissait de creuser un canal, même les plus grands imbéciles pouvaient comprendre que personne n'était capable de creuser cinq ou dix fois plus que les autres[69].

Mais les instructeurs de la KVTCH avaient aussi pour mission, en dernière instance, de convaincre les « récalcitrants » qu'il était dans leur intérêt de travailler, plutôt que de moisir dans des cachots ou d'essayer de vivre de petites rations. De toute évidence, on ne prenait guère leurs discours au sérieux : il y avait tant d'autres façons de persuader les prisonniers de travailler. Mais quelques-uns les écoutaient, pour le plus grand plaisir des patrons du Goulag à Moscou. En fait, ces derniers attachaient une importance extrême à cette fonction au point de réunir périodiquement en conférences les instructeurs de la KVTCH pour débattre de questions du style : « Quels sont les principaux motifs de ceux qui refusent de travailler ? » et « Quels sont les effets pratiques de la suppression du jour de repos des détenus ? ».

Lors d'une réunion de ce genre, au cours de la Seconde Guerre mondiale, les organisateurs comparèrent leurs notes. L'un reconnut que certains « tire-au-flanc » ne pouvaient travailler parce qu'ils étaient trop faibles pour vivre des quantités de nourriture qu'on leur donnait. Reste, assura-t-il, qu'il était possible de motiver même des hommes affamés : il avait dit à un tire-au-flanc que sa conduite était « tel un couteau dans la nuque de son frère, qui était au front ». Cela avait suffi à le persuader d'oublier sa faim et de travailler plus dur. Un autre dit avoir montré à des tire-au-flanc une photo de la « bataille de Leningrad » : aussitôt, tous se mirent au travail. Un autre déclara que, dans son camp, les meilleures brigades étaient autorisées à décorer leurs baraques et que les meilleurs ouvriers étaient encouragés à planter des fleurs sur leurs lopins individuels. Sur les minutes de cette réunion, conservées dans les archives, quelqu'un a ajouté en marge de cette dernière observation : *Khorocho !* « Excellent[70] ! »

Ce partage d'expériences était jugé si important qu'au faîte de la guerre le Département culturel et éducatif du Goulag, à Moscou, se donna la peine de publier une brochure sur la question sous le titre, aux échos religieux évidents, *Le Retour à la vie.* L'auteur, un certain camarade Loginov, raconte ses relations avec des détenus « tire-au-flanc ». Usant d'une habile tactique psychologique, il réussit à les convertir, amenant chacun d'eux à croire aux vertus du travail acharné.

Les histoires sont assez prévisibles. Dans l'une d'elles, par exemple, Loginov explique à Ekaterina Ch., femme cultivée d'un homme condamné à mort pour «espionnage» en 1937, que sa vie en ruine ne saurait retrouver de sens que dans le cadre du parti communiste. À un autre prisonnier, Samuel Goldchtein, il expose les «théories raciales» de Hitler et lui explique ce que signifierait pour lui «l'ordre nouveau de Hitler» en Europe. Goldchtein est si bien inspiré par ce surprenant (en URSS) appel à sa judéité qu'il veut aussitôt partir sur le front. Loginov lui explique que, «pour l'heure, ton arme est ton travail», et le persuade de mettre plus d'acharnement au travail dans le camp. «La patrie a besoin de ta vie, comme de toi», dit-il à un autre détenu qui, les larmes aux yeux, retourne au travail après avoir entendu ces mots[71].

À l'évidence, le camarade Loginov était fier de son travail et s'y adonnait avec beaucoup d'énergie. Son enthousiasme était réel. Les récompenses que lui valut son travail étaient bien réelles, elles aussi: V.G. Nasedkine, alors patron de tout le système du Goulag, en fut tellement satisfait qu'il ordonna l'envoi de la brochure à tous les camps et lui octroya une prime de 1 000 roubles.

Quant à savoir si Loginov et ses tire-au-flanc croyaient vraiment à ce qu'ils faisaient, c'est moins clair. Nous ignorons, par exemple, si Loginov savait, à un niveau ou à un autre, que nombre des gens qu'il «ramenait à la vie» étaient innocents de tout crime. Nous ne savons pas non plus si Ekaterina Ch. (si tant est qu'elle ait existé) s'était réellement reconvertie aux valeurs soviétiques ou si elle avait compris soudain qu'en affectant une telle conversion elle pouvait recevoir une meilleure nourriture, être mieux traitée ou se voir assigner un travail plus facile. Les deux possibilités ne s'excluent pas même l'une l'autre. Pour des gens choqués et désorientés par le passage rapide de la position de citoyen utile à celle de prisonnier méprisé, « voir la lumière » et réintégrer le sein de la société soviétique était une expérience propre à les aider à se remettre psychologiquement de leurs épreuves et à leur assurer de meilleures conditions, partant à survivre.

Cette question — « Croyaient-ils vraiment à ce qu'ils faisaient ? » — est en fait un petit aspect d'une question autrement plus large, et qui touche au cœur de la nature de l'Union soviétique elle-même : ses dirigeants ont-ils jamais cru à ce qu'ils faisaient ? La relation entre la propagande et la réalité soviétiques a toujours été étrange : l'usine ne fonctionne guère, il n'y a rien à acheter dans les boutiques, les vieilles dames ne peuvent chauffer leurs appartements, mais dans la rue des banderoles proclament le « triomphe du socialisme » et les « prouesses héroïques de la patrie soviétique ».

Ces paradoxes étaient les mêmes à l'intérieur des camps et à l'extérieur. Dans son histoire de la ville industrielle stalinienne de Magnitogorsk, Stephen Kotkin observe que le journal de la colonie de redressement par le travail de la ville présentait les condamnés réformés en des « termes qui rappelaient étonnamment ce que l'on disait des travailleurs accomplis hors de la colonie : ils travaillaient, étudiaient, faisaient des sacrifices et essayaient de s'améliorer[72] ».

Il y avait néanmoins dans les camps un degré d'étrangeté supplémentaire. Si, dans le monde libre, l'écart immense entre ce genre de propagande et la réalité soviétique paraissait ridicule à plus d'un, l'absurdité semblait atteindre de nouveaux sommets dans les camps. Au Goulag, où on ne cessait de les traiter d'« ennemis », où il leur était explicitement interdit de se donner du camarade ou de poser les yeux sur un portrait de Staline, on attendait pourtant des prisonniers qu'ils travaillent à la gloire de la patrie socialiste, tout comme les citoyens libres — et qu'ils participent à « l'activité créative en autodidactes » comme s'ils le faisaient par pur amour de l'art. L'absurdité sautait aux yeux de tous. À un stade de son itinéraire concentrationnaire, Anna Andreïevna devint « artiste » du camp : autrement dit, elle fut chargée de peindre ces slogans. Cette tâche, très facile au regard des normes du camp, épargna certainement sa santé, si elle ne lui sauva la vie. Des années plus tard, cependant, elle se dit incapable de se remémorer ces slogans : « Ce sont les patrons qui les imaginaient, explique-t-elle. Quelque chose du genre, "Nous travaillons de toutes nos forces", ou dans ce style... Je les écrivais très vite et très bien techniquement, mais j'ai oublié absolument tout ce que j'écrivais. C'était un genre de mécanisme d'autodéfense[73]. »

Leonid Trous, prisonnier au début des années 1950, fut lui aussi frappé par l'absurdité des slogans placardés sur tous les bâtiments du camp et répétés par les haut-parleurs :

> Il y avait dans le camp un système de radio, qui diffusait régulièrement des informations sur nos succès au travail et réprimandait ceux qui travaillaient mal. Ces émissions étaient très sommaires, mais elles me rappelaient celles que j'avais entendues en liberté. J'ai acquis la conviction qu'il n'y avait aucune différence, si ce n'est qu'en liberté les gens avaient plus de talent, qu'ils

savaient mieux présenter les choses... mais, dans l'ensemble, [le camp] était pareil que la liberté — mêmes affiches, mêmes slogans —, sauf que dans le camp les formules semblaient plus absurdes. « Ils ont commencé le boulot, ils ont fini le boulot », par exemple. Ou « Le Travail en URSS : une affaire d'honnêteté, de gloire, de vaillance et d'héroïsme » : les mots de Staline. Ou tous les autres slogans, du style « Nous sommes pour la paix » ou « Nous nous réjouissons de la paix dans le monde entier »[74].

Les étrangers, qui n'étaient pas habitués à la présence de slogans et d'étendards, trouvaient le travail des « rééducateurs » plus bizarre encore. Le Polonais Antoni Ekart décrit une séance typique d'endoctrinement politique :

> La méthode employée était la suivante. Un homme de la KVTCH, un agitateur professionnel qui avait la mentalité d'un gosse de six ans, entretenait les détenus de la noblesse qu'il y avait à mettre toute leur énergie au travail. Il nous racontait que l'homme ainsi ennobli est un patriote et que les patriotes aiment l'Union soviétique, le meilleur pays au monde pour le travailleur, que tous les citoyens soviétiques sont fiers de lui appartenir, etc., etc., et ce pendant deux bonnes heures. Et tout cela devant un auditoire dont la peau même attestait l'absurdité et l'hypocrisie de telles déclarations. Mais l'orateur ne se laisse pas ébranler par la froideur de l'accueil et continue de pérorer. Il finit par promettre aux travailleurs de choc une meilleure paie, des rations accrues et de meilleures conditions de vie. On imagine l'effet sur ceux qui subissent la discipline de la faim[75].

Un déporté polonais eut la même réaction à une conférence de propagande à laquelle il assista dans un camp sibérien :

> Le conférencier continua des heures et des heures, essayant de prouver que Dieu n'existait pas, qu'Il n'était qu'une invention bourgeoise. Nous devions nous estimer

> heureux de nous trouver chez les Soviets, le pays le plus parfait du monde. Ici, au camp, nous devions apprendre à travailler et au moins à devenir des gens dignes. De temps en temps, il essayait de nous donner des bribes d'éducation : ainsi nous expliqua-t-il que la « Terre est ronde », et il était absolument convaincu que nous n'en savions rien, et que nous ignorions, par exemple, que la Crète était « péninsulaire » ou que Roosevelt était ministre des Affaires étrangères. Il nous débitait ces vérités fort d'une assurance inébranlable de notre ignorance crasse, car comment nous, qui avions été élevés dans un État bourgeois, pouvions-nous espérer profiter de la moindre éducation... Il souligna avec satisfaction que nous ne pouvions même rêver de retrouver notre liberté, que la Pologne ne se relèverait jamais...

Hélas pour le malheureux conférencier, poursuit-il, son travail ne servait à rien : « Plus il pérorait, plus nous nous rebellions intérieurement, espérant contre tout espoir. La détermination se lisait sur nos visages[76]. »

Selon un autre Polonais, Gustaw Herling, les activités culturelles de son camp n'étaient « que le vestige du règlement conçu à Moscou à l'époque où l'on considérait sincèrement que les camps devaient être des institutions correctives et éducatives. Gogol aurait certainement apprécié cette obéissance aveugle à une fiction officielle, en dépit de ce qui se passait en pratique dans les camps : c'était comme vouloir éduquer des "âmes mortes"[77]. »

Ce ne sont pas là des points de vue singuliers : on les retrouve dans l'immense majorité des mémoires, qui pour la plupart passent sous silence la KVTCH ou la tournent en dérision. Aussi est-il difficile, quand on traite de la fonction de la propagande dans les camps, d'évaluer son importance pour l'administration centrale. D'un côté, on peut raisonnablement penser (comme beaucoup) que la propagande dans les camps, comme toute la propagande soviétique, n'était que pure farce, que personne n'y croyait, que l'administration concentrationnaire l'orchestrait à seule fin de duper les détenus de manière assez puérile et transparente.

De l'autre, si la propagande, les affiches et les séances d'endoctrinement politique étaient complètement grotesques — et si personne n'y croyait —, pourquoi leur avoir consacré tant de temps et d'argent ? Rien que dans les archives de l'administration du Goulag, il est des centaines et des centaines de documents témoignant du travail intensif du Département culturel et éducatif. Dans le premier trimestre de 1943, par exemple, au faîte de la guerre, on assista à un frénétique échange de télégrammes entre Moscou et les camps, dont les commandants essayaient désespérément de se procurer des instruments de musique pour leurs prisonniers. Dans le même temps, les camps organisèrent un concours sur le thème « La grande guerre patriotique du peuple soviétique contre les occupants fascistes allemands » : cinquante peintres et huit sculpteurs y participèrent. En ces temps de pénurie nationale de main-d'œuvre, les organes centraux recommandèrent aussi à chaque camp d'employer un bibliothécaire, un technicien du cinéma pour projeter des films de propagande et un *koultorganizator*, détenu chargé d'assister l'instructeur culturel pour mener la « bataille » pour la propreté, élever le niveau culturel des prisonniers, organiser une activité artistique, et aider à apprendre aux détenus à « comprendre correctement les questions politiques contemporaines »[78].

Tous les semestres ou tous les trimestres, les instructeurs culturels des camps devaient établir un rapport d'activité, dans lequel ils exposaient souvent leurs réalisations par le menu. En 1943, par exemple, celui du Vostourallag, qui accueillait alors 13 000 détenus, en rédigea un de vingt et une pages. Il commence par reconnaître que, dans la première moitié de l'année, le plan industriel du camp n'a pas été «réalisé». Dans la seconde moitié, cependant, des mesures ont été prises. La Section culturelle et éducative avait aidé à «mobiliser les détenus afin qu'ils atteignent et dépassent les objectifs de production fixés par le camarade Staline», à «rétablir la santé des prisonniers et à les préparer pour l'hiver» et à «liquider les insuffisances du travail culturel et éducatif[79]». Et le chef de la KVTCH du camp d'énumérer ensuite les méthodes employées. Il signale pompeusement qu'au cours du second semestre de l'année 762 discours politiques avaient été prononcés en présence de 70 000 détenus (vraisemblablement, beaucoup en avaient écouté plus d'un). Dans le même temps, la KVTCH avait tenu 444 séances d'information politique suivies par 82 400 prisonniers; imprimé 5 046 «journaux muraux», lus par 350 000 personnes; produit 232 concerts et pièces, projeté 69 films et monté 38 troupes de théâtre. L'une d'elles avait même composé un chant, fièrement cité dans le rapport:

> C'est nous les gars de la brigade
> Que le devoir appelle
> Le chantier attend nos pelles
> Le Front a besoin de nous camarades[80].

On peut essayer de trouver des explications à cet effort considérable. Peut-être le Département culturel et éducatif faisait-il office d'ultime bouc émissaire au sein de la bureaucratie du Goulag: si le plan n'était pas réalisé, il ne fallait pas l'imputer à la mauvaise organisation ou à la malnutrition ni à une politique du travail stupidement cruelle ou à la pénurie de bottes rembourrées, mais aux insuffisances de la propagande. Peut-être la rigidité du système bureaucratique était-elle en cause : dès lors que le centre avait décrété que propagande il devait y avoir, chacun s'efforçait d'exécuter l'ordre sans jamais s'interroger sur son absurdité. Peut-être les dirigeants moscovites étaient-ils à ce point coupés des camps qu'ils croyaient véritablement que 444 séances d'information politique incitaient réellement des hommes et des femmes faméliques à travailler plus dur — même si la chose paraît peu probable au vu des rapports d'inspection.

Ou peut-être n'existe-t-il pas de bonne explication. Vladimir Boukovski, le dissident soviétique qui fut plus tard prisonnier, répondit par un haussement d'épaules quand je l'interrogeai à ce propos. C'est ce paradoxe, m'expliqua-t-il, qui faisait du Goulag un cas unique : « Dans nos camps, on n'attendait pas simplement de nous que nous soyons des travailleurs serviles ; il fallait encore que nous chantions et souriions en bossant. Ils ne voulaient pas simplement nous opprimer : ils attendaient des remerciements[81]. »

CHAPITRE 12

Châtiment et récompense

Qui ne l'a pas connue la connaîtra un jour.
Qui l'a connue ne l'oubliera plus.

Proverbe soviétique
sur les prisons[1].

CHIZO : CACHOTS

Très peu de camps de concentration soviétiques ont survécu, fût-ce à l'état de ruines. Curieusement, cependant, bon nombre d'« isolateurs disciplinaires » (*chtrafnoï izoliatori*) — ou CHIZO, pour employer l'inévitable abréviation — sont restés debout. Rien n'a subsisté du *lagpounkt* n° 7 Oukhtpetchlag, hormis son bloc disciplinaire, désormais transformé par un Arménien en atelier de mécanique automobile. Il a gardé en l'état la fenêtre avec ses barreaux, espérant, dit-il, que « Soljenitsyne m'achètera le bâtiment ». Rien ne demeure du *lagpounkt* agricole d'Aijerom, Lokchimlag, exception faite, une fois encore, du bloc disciplinaire, reconverti en une maison que se partagent plusieurs familles. L'une des vieilles femmes qui y logent loue la solidité de l'une des portes. Elle est encore percée d'un grand «judas», à travers lequel les gardes surveillaient les détenus et leur distribuaient les rations de pain.

La longévité des blocs disciplinaires atteste la robustesse de la construction. Souvent seul bâtiment de brique dans un camp en bois, l'isolateur était la *zona* à l'intérieur de la *zona* ; derrière ses murs prévalait le *rejim* à l'intérieur du *rejim*. «Un sinistre bâtiment de pierre», observe un détenu décrivant l'isolateur de son camp : «portes extérieures, portes intérieures et tout autour des guérites de sentinelles en armes»[2].

Dans les années 1940, Moscou avait donné des instructions élaborées concernant la construction des blocs disciplinaires et les règles applicables à ceux qui y étaient condamnés. Chaque *lagpounkt* — ou groupe de *lagpounkts*, dans le cas des plus petits — avait son bloc, normalement situé juste hors de la zona ou, s'il était à l'intérieur, «entouré d'une clôture impénétrable», à quelque distance des autres bâtiments du camp. Si l'on en croit un détenu, cette règle n'était sans doute pas nécessaire parce que de nombreux prisonniers s'efforçaient d'éviter le cachot du *lagpounkt* «en faisant au besoin un détour, ne regardant même pas en direction des murs de pierre grise, percés d'ouvertures d'où semblait s'exhaler un vide ténébreux[3]».

Chaque complexe concentrationnaire était aussi censé posséder un bloc disciplinaire central à proximité de son siège, qu'il s'agît de Magadan, de Vorkouta ou de Norilsk. Le bloc central était en fait souvent une très grande prison qui, suivant les règles, «devait être installée à l'endroit le plus éloigné des régions peuplées et des routes de transport, être bien gardée et soumise à un strict isolement. Les gardes devaient consister exclusivement en tireurs totalement fiables, disciplinés et expérimentés, choisis parmi les travailleurs libres». Ces centrales contenaient des cellules collectives ou individuelles. Ces dernières, qui devaient se trouver dans un bâtiment à part, étaient destinées aux «éléments particulièrement nocifs». Les prisonniers condamnés à l'isolement ne travaillaient pas. De plus, ils étaient privés de toute espèce d'exercice, de tabac, de papier et d'allumettes. Ces mesures s'ajoutaient aux restrictions «ordinaires» s'appliquant aux pensionnaires des cellules collectives: ni lettres, ni colis, ni visites de parents[4].

À première vue, l'existence de cachots paraît contredire les principes économiques généraux sur lesquels reposait le Goulag. L'entretien de bâtiments spéciaux nécessitant des gardes supplémentaires était coûteux. Retirer les détenus du travail était un gaspillage. Du point de vue de l'administration du camp, cependant, les cachots n'étaient pas une forme de torture supplémentaire, mais faisaient partie intégrante de l'immense effort pour amener les détenus à travailler plus dur. Outre la réduction des rations alimentaires, le régime disciplinaire était destiné à effrayer les *otkaztchiki* — les réfractaires — en même temps qu'à punir ceux qui commettaient des crimes dans le camp: meurtres ou tentatives d'évasion, par exemple.

Ces deux types de crimes étant généralement commis par des types de prisonniers différents, il régnait parfois dans ces cellules une atmosphère particulière. D'un côté, elles regorgeaient de voleurs endurcis, chez qui se trouvaient le plus souvent les meurtriers et les évadés. Avec le temps, cependant, une autre catégorie de détenus commença également à peupler les cachots: les croyants aussi bien que les *monachki*, les «nonnes», qui refusaient aussi par principe de travailler pour le Satan soviétique.

Aino Kuusinen, par exemple, séjourna dans un *lagpounkt* de Potma, dont le commandant bâtit des baraques disciplinaires spéciales pour un groupe de femmes profondément religieuses « qui refusaient de travailler aux champs et se contentaient de réciter à haute voix des prières et de chanter des cantiques ». Elles n'étaient pas nourries avec les autres, mais recevaient des rations disciplinaires dans leurs propres baraques. Un soldat armé les conduisait deux fois par jour aux feuillées. « Il arrivait de temps en temps que le commandant rendît visite aux "religieuses", un fouet à la main. On entendait les cris de douleur des femmes que l'on frappait sur leur corps dénudé. Rien n'y faisait. Elles continuaient de prier et de jeûner. » Un jour, on finit par les emmener. Kuusinen était convaincue qu'elles avaient été exécutées[5].

D'autres catégories de « réfractaires » chroniques finissaient aussi au cachot. En vérité, l'existence même des cellules laissait le choix aux détenus. Ils pouvaient soit travailler, soit croupir quelques jours en cellule en touchant des rations réduites et en souffrant du froid et de la gêne, mais sans s'épuiser dans les forêts. Lev Razgon raconte l'histoire du comte polonais Tyskiewicz, qui, se retrouvant dans un camp forestier sibérien, estima qu'il ne survivrait pas aux rations distribuées et refusa purement et simplement de travailler. Il calcula qu'il préserverait ainsi ses forces, quand bien même il ne recevrait que la ration punitive.

> Chaque matin avant l'appel, quand les zeks se rangeaient en Colonne dans la cour du camp, deux gardiens sortaient le comte Tyskiewicz de son mitard. Le crâne rasé, avec une barbe grise de plusieurs jours, vêtu d'un vieux manteau en loques, chaussé de savates, il était

conduit devant le chef de notre zone qui commençait son spectacle éducatif.

— Alors, enculé de comte, tu vas travailler ?

— Non, *pane* [« monsieur », en polonais]. Je ne peux pas, répondait le comte d'une voix de fer.

— Ah tu ne peux pas !

Et, à la grande joie de la population de notre camp, il faisait son numéro quotidien, expliquant au comte ce qu'il pensait de sa famille, proche et éloignée, et ce qu'il ferait de lui sous peu[6].

Mais bien que Razgon relate l'épisode avec humour, une telle stratégie était très risquée, car le régime disciplinaire n'était pas destiné à être agréable. Officiellement, les rations disciplinaires journalières pour les détenus qui n'avaient pas rempli la norme consistaient en 300 grammes de « pain de seigle noir », 5 grammes de farine, 25 grammes de sarrasin ou de macaronis, 27 grammes de viande et 170 grammes de pommes de terre. C'étaient déjà là des quantités minuscules, mais ceux qui étaient au mitard recevaient moins encore : 300 grammes de « pain de seigle noir » par jour, avec de l'eau chaude et un « aliment liquide chaud » — de la soupe — une fois tous les trois jours[7].

Pour la plupart des détenus, cependant, le premier désagrément du régime disciplinaire ne résidait pas dans l'épreuve physique — l'isolement, la maigre nourriture —, mais dans les tourments supplémentaires ajoutés au gré des caprices du commandant de la place. Les châlits collectifs pouvaient être par exemple remplacés par un simple banc. Ou le pain pouvait être cuit avec du blé brut. Quant à l'« aliment liquide chaud », il était bien transparent. Janusz Bardach séjourna dans un cachot dont le sol était inondé et les murs humides et moisis :

> Mes sous-vêtements étaient déjà trempés et je frissonnais. J'avais des crampes dans le cou et aux épaules. Le bois brut et imbibé se décomposait, surtout sur les bords du banc. [...] Le banc était tellement étroit que je ne pouvais pas m'allonger sur le dos, et quand je me mettais sur le côté, mes jambes pendaient; je devais les tenir pliées en permanence. Il était difficile de décider de quel côté se coucher: d'un côté, j'avais le visage collé contre le mur poisseux; de l'autre, c'est mon dos qui était trempé[8].

L'humidité était courante, tout comme le froid. Le règlement précisait bien que la température dans les cachots ne devait pas tomber au-dessous de 15°, mais le chauffage était souvent négligé, Dans son isolateur, se souvient Gustaw Herling, « les fenêtres des petites cellules étaient sans vitrage et même sans volets, si bien que la température restait la même qu'à l'extérieur ». Mais telle n'était pas la seule source de gêne au mitard:

> Le plafond de ma cellule était tellement bas que je pouvais le toucher des mains [...]. Il était impossible de s'asseoir sur la couchette du haut sans s'écraser le dos contre le plafond, et on ne pouvait pénétrer dans la couchette inférieure qu'avec des mouvements de plongeur s'élançant la tête la première et en se tortillant pour s'installer. La distance entre le bord de la couchette et la tinette à côté de la porte était d'un demi-pas à peine[9].

Les commandants de camp pouvaient aussi autoriser un détenu à garder ses habits au cachot — beaucoup n'avaient le droit de garder que leurs sous-vêtements — et décider de l'envoyer ou non au travail. S'il ne travaillait pas, il restait toute la journée dans le froid, sans le moindre exercice. S'il travaillait, il était tenaillé par la faim. Nadejda Oulianovskaïa eut droit un mois durant aux rations disciplinaires tout en étant mise au travail. « J'avais tout le temps faim, écrit-elle. Je commençai à ne plus parler que de nourriture[10]. » En raison des tours souvent inattendus que prenait le régime disciplinaire, les prisonniers redoutaient d'être envoyés au mitard : « [...] Il arrivait parfois que les prisonniers y pleurassent comme des enfants, promettant de bien se conduire pour pouvoir en sortir[11]. »

Dans les complexes concentrationnaires plus vastes, il y avait aussi d'autres types de tourments : pas simplement des mitards, mais des baraquements, voire des *lagpounkts* disciplinaires. Le Dmitlag, le camp qui construisit le canal Moscou-Volga, ouvrit en 1933 un « *lagpounkt* à régime sévère » pour ceux qui « refusaient de travailler ou qui avaient essayé de s'évader, les voleurs, etc. ». Afin d'assurer la sécurité, les chefs du camp décidèrent que le nouveau *lagpounkt* serait entouré de deux couches de barbelés au lieu d'une seule ; qu'une escorte renforcée conduirait les détenus au travail, et que les prisonniers seraient astreints à des travaux physiques lourds sur des chantiers d'où il était difficile de s'évader[12].

À peu près à la même époque, le Dalstroï créa un *lagpounkt* disciplinaire, qui devint à la fin des années 1930 l'un des plus tristement célèbres du Goulag : la *Serpantinnaïa* — ou *Serpantika* — située sur la pente nord des collines, juste au-dessus de Magadan. Implanté sur un site soigneusement choisi pour recevoir très peu de lumière, être plus froid et plus sombre que les autres camps de la vallée (qui étaient déjà froids et sombres la plus grande part de l'année), ce camp était plus lourdement fortifié que les autres *lagpounkts* et servit aussi de lieu d'exécution en 1937 et 1938. Son nom même servait à effrayer les détenus, pour qui être expédiés à la Serpentine équivalait à une condamnation à mort[13].

« Les baraquements, raconta un des rares survivants de la Serpentine, étaient si bondés qu'on ne pouvait s'asseoir par terre qu'à tour de rôle. Le matin, la porte s'ouvrait, on appelait dix ou douze personnes par ordre alphabétique. Personne ne répondait, on s'emparait alors des premiers qui se présentaient, pour les fusiller[14]. »

En réalité, on ne sait pas grand-chose de la Serpantika, pour la simple raison que très peu de gens en sont sortis pour la décrire. On en sait encore moins sur les *lagpounkts* disciplinaires aménagés dans d'autres camps, tel Iskitim, dans le complexe du Siblag, construit autour d'une carrière de calcaire. Les détenus travaillaient là sans machines ni matériel, extrayant le calcaire à la main. Tôt ou tard, la poussière en tua quantité, que ce fût par une maladie des poumons ou par d'autres troubles respiratoires[15]. Anna Larina, la jeune épouse de Boukharine, y fut brièvement incarcérée. La plupart des autres détenus — et morts — d'Iskitim demeurent anonymes[16].

Ils n'ont cependant pas été totalement oubliés. Les souffrances que les prisonniers y ont endurées ont travaillé avec tant de force l'imagination des gens du pays que, de longues décennies plus tard, l'apparition d'une nouvelle source sur une colline à l'extérieur de l'ancien camp fit figure de miracle. Parce que le petit ravin sous la source fut, selon la légende locale, le lieu d'exécutions de détenus en masse, l'eau sainte est à leurs yeux la manière que trouva Dieu pour les commémorer. Par un froid glacial, à la fin de l'hiver sibérien, alors que le sol était recouvert d'un mètre de neige, j'ai observé des groupes de fidèles gravissant le flanc de colline jusqu'à la source pour y remplir leurs gobelets de plastique et leurs bouteilles d'eau fraîche avant de la siroter avec révérence — et, à l'occasion, jeter un regard solennel sur la ravinée en contrebas.

POCHTOVYI IACHTCHIK : BOÎTE POSTALE

Le CHIZO était l'ultime châtiment du système pénal. Mais le Goulag avait aussi des récompenses à offrir à ses pensionnaires : des carottes aussi bien que des bâtons. Car, outre l'alimentation du détenu, sa capacité à dormir et son lieu de travail, le camp contrôlait aussi son accès au monde extérieur. À longueur d'année, les administrateurs du Goulag envoyaient des instructions de Moscou, dictant le nombre de lettres, de colis et de mandats que les prisonniers pouvaient recevoir, mais aussi quand et comment ils pouvaient avoir la visite de parents.

Comme les instructions relatives aux isolateurs, les règles régissant les contacts avec le monde extérieur fluctuèrent au fil des ans. Ou peut-être est-il plus exact de dire que, dans l'ensemble, les contacts extérieurs devinrent toujours plus limités. Les instructions esquissant le régime carcéral de 1930, par exemple, se contentaient de stipuler que les détenus sont autorisés à recevoir un nombre illimité de lettres et de colis. Les visites de parents sont également autorisées, sans restrictions particulières, même si leur nombre — qui n'était pas précisé dans les instructions — dépendait de la bonne conduite des prisonniers[17].

En 1939, cependant, les instructions étaient bien plus détaillées. Elles indiquaient précisément que seuls les détenus qui remplissaient la norme étaient autorisés à recevoir la visite de leurs parents, et encore une fois seulement tous les six mois. Ceux qui la dépassaient avaient droit à une visite par mois. Les paquets devinrent aussi plus limités : les détenus n'avaient droit qu'à un colis par mois, mais les prisonniers convaincus de crimes contre-révolutionnaires n'y avaient droit qu'une fois par trimestre[18].

En 1939 avait en fait vu le jour toute une cascade de règles régissant l'expédition et la réception de courrier. Certains prisonniers politiques pouvaient recevoir des lettres une fois par mois, et d'autres juste une fois tous les trois mois. La censure du camp interdisait aussi explicitement aux détenus d'aborder certains sujets dans leur courrier : ils ne pouvaient faire état du nombre des prisonniers dans le camp, évoquer dans le détail le régime du camp, citer nommément des gardes ou dire quel genre de travail accomplissait le camp. Les lettres donnant des détails de ce genre n'étaient pas seulement confisquées par les censeurs ; elles étaient soigneusement consignées dans le dossier du détenu, vraisemblablement parce qu'elles étaient une preuve d'« espionnage »[19].

Tous ces règlements étaient continuellement changés, amendés et adaptés aux circonstances. Au cours de la guerre, par exemple, toutes les restrictions concernant le nombre de colis alimentaires furent supprimées : il semble tout simplement que les autorités aient cru que les parents aideraient à nourrir les détenus — chose que le NKVD avait le plus grand mal à faire à cette époque. Après la guerre, en revanche, les détenus des camps disciplinaires spéciaux pour criminels violents ou des camps spéciaux pour prisonniers politiques virent de nouveau fondre leurs droits d'entrer en contact avec le monde extérieur. Ils n'avaient plus le droit d'écrire que quatre fois par an et ne pouvaient recevoir de lettres que de proches:, parents, frères et sœurs, conjoints et enfants[20].

Du fait, précisément, que les règlements étaient si variés et compliqués, mais aussi qu'ils changeaient très fréquemment, les contacts avec l'extérieur étaient en réalité, une fois encore, laissés aux caprices des commandants de camp. Assurément, lettres et colis ne parvenaient jamais à leurs destinataires dans les cachots, les baraques ou les *lagpounkts* disciplinaires. Ils ne parvenaient pas davantage aux détenus que les autorités du camp, pour une raison ou pour une autre, n'aimaient pas. De surcroît, certains camps étaient tout simplement trop isolés et ne recevaient aucun courrier[21]. D'autres étaient si mal organisés qu'ils ne se donnaient pas la peine de distribuer le courrier. À propos de l'un d'eux, un inspecteur du NKVD écœuré écrivit que « paquets, lettres et mandats ne sont pas remis aux détenus, mais s'entassent par milliers dans des entrepôts ou des avant-postes[22] ». Dans bien des camps, les lettres arrivaient, si elles arrivaient, avec des mois de retard. Beaucoup de prisonniers ne comprirent que des années plus tard que nombre de leurs lettres et colis avaient disparu. Volés ou perdus, nul ne saurait le dire. Inversement, les prisonniers interdits de courrier en recevaient parfois quand même, malgré les efforts de l'administration du camp[23].

Par ailleurs, certains censeurs ne faisaient pas leur travail et distribuaient les lettres, parfois même sans les ouvrir. Dimitri Bystroletov se souvient d'une « jeune *komsomolska* » (membre des jeunesses communistes), qui remettait aux détenus des lettres non ouvertes et non censurées : « Elle ne risquait pas simplement un bout de pain, mais sa liberté : pour ça, elle pouvait écoper de dix ans[24]. »

Il existait, bien entendu, des moyens de contourner la censure des lettres et la restriction de leur nombre. Anna Rozina reçut une fois une lettre de son mari qui avait été cuite dans un gâteau : lorsqu'elle lui parvint, il avait déjà été exécuté. Elle vit aussi des lettres cousues dans les habits de détenus libérés du camp ou passées en fraude à l'extérieur, dissimulées dans les semelles de chaussures[25]. Dans un camp à régime léger, Barbara Armorias passa aussi des lettres en fraude *via* des prisonniers qui travaillaient sans surveillance hors de la *zona*[26].

Le général Gorbatov raconte aussi comment il envoya une lettre non censurée à sa femme de l'intérieur d'un convoi en employant une méthode que beaucoup évoquent. Il commença par acheter un bout de crayon à un criminel :

> Je donnai au condamné le tabac, lui pris le crayon et, comme le train s'ébranlait à nouveau, j'écrivis une lettre sur du papier à cigarette, prenant soin de numéroter chaque feuille. Puis je fis une enveloppe avec le paquet de *makhorka* et la collai avec du pain humecté. Pour qu'un coup de vent ne l'emporte pas et qu'elle n'aille pas se perdre dans les broussailles à côté de la voie, je la lestai d'un croûton de pain que j'attachai avec des fils arrachés à ma serviette. Entre l'enveloppe et le croûton, je glissai un rouble et quatre papiers à cigarette. Sur chacun figurait le même message : merci à celui qui trouvera l'enveloppe de la timbrer et de la poster. Je la glissai par la fenêtre de notre voiture alors que le train traversait une grande gare et laissai tomber la lettre[27]...

Peu de temps après, sa femme la reçut.

Il y avait certaines restrictions dont il n'était pas question dans les instructions. Il était fort bien d'être autorisé à écrire, par exemple, mais il n'était pas toujours si facile de trouver de quoi écrire. « Au camp, se souvient Bystroletov, le papier est un objet de prix, parce que les détenus en manquent cruellement et qu'il est impossible de s'en procurer : que signifie "aujourd'hui, c'est jour de courrier ! À vos plumes !" s'il n'y a rien sur quoi écrire, si seuls quelques veinards peuvent écrire quand les autres en sont réduits à ruminer des idées noires allongés sur leur châlits[28] ? »

Un prisonnier se rappelle avoir troqué du pain contre deux pages arrachées à un livre de Staline, *Questions du léninisme*, qui lui permirent d'écrire entre les lignes une lettre à sa famille[29]. Dans les petits *lagpounkts*, les administrateurs de camp devaient eux-mêmes trouver des solutions créatives. À Kedrovy Chor, un comptable du camp se servit de papier peint pour les documents officiels[30].

Le règlement concernant les colis était encore plus complexe. Les instructions adressées à chaque commandant de camp stipulaient expressément que les détenus devaient les ouvrir en présence d'un garde, habilité à confisquer tout article interdit[31]. De fait, la réception d'un colis s'accompagnait souvent de toute une cérémonie. Le détenu était d'abord averti de sa bonne fortune. Puis des gardes l'escortaient jusqu'au dépôt, où les effets personnels du prisonnier étaient gardés sous clé. Dès qu'il avait ouvert le paquet, les gardes en coupaient ou fouillaient chaque article — oignon et saucisse compris — pour s'assurer qu'il ne dissimulait ni message secret, ni arme potentielle, ni argent. Si l'inspection se passait bien, le détenu pouvait en emporter une partie. Le reste était gardé au dépôt, en attendant sa prochaine visite autorisée. Les détenus placés au CHIZO ou en disgrâce étaient, bien entendu, privés de tout accès aux vivres que leur envoyait leur famille.

Ce système admettait des variations. Un détenu découvrit bientôt que s'il laissait ses paquets au dépôt, il en disparaissait vite une partie, volée par les gardes. Il trouva donc le moyen d'accrocher à sa ceinture une bouteille pleine de beurre, la dissimulant dans son pantalon : « Réchauffé par mon corps, il était toujours liquide. » Le soir, il beurrait son pain[32]. Dimitri Bystroletov séjourna dans un *lagpounkt* qui n'avait pas de dépôt et dut se montrer plus imaginatif encore :

> Je bossai alors dans la toundra, sur un chantier d'usine, et logeai dans des baraquements de travailleurs où il était impossible de laisser quoi que ce soit, et impossible de rien emporter sur le chantier : les soldats postés à l'entrée du camp confisquaient tout ce qu'ils trouvaient et le mangeaient eux-mêmes, et tout ce qu'on laissait derrière soi, le *dnevalny* [le détenu chargé du ménage et de la surveillance d'une baraque] le piquait et le bouffait. Il fallait tout manger tout de suite. J'arrachai un clou à un châlit, perçai deux trous dans une boîte de lait condensé et commençai à le siroter sous ma couverture. J'étais tellement épuisé, cependant, que je m'endormis et que le précieux liquide se répandit en pure perte sur le matelas de paille crasseux[33].

Les colis soulevaient aussi des problèmes moraux compliqués puisque tout le monde n'en recevait pas. Fallait-il ou non les partager ? Et, si oui, valait-il mieux ne partager qu'avec des amis ou des protecteurs potentiels ? En prison, il avait été possible d'organiser des « comités des pauvres » ; au camp, c'était impossible. Certains donnaient à tout le monde, par bonté ou afin d'entretenir une atmosphère de bienveillance. D'autres ne donnaient qu'à un cercle restreint d'amis. Parfois, se souvient une détenue, « on mangeait des biscuits au lit la nuit, et ce n'était pas agréable de le faire devant les autres[34] ».

Au cours des années de guerre les plus dures, dans les camps septentrionaux les plus difficiles, les paquets pouvaient décider de la vie ou de la mort d'un prisonnier. Un mémorialiste, le cinéaste Gueorgui Jenov, affirme avoir été littéralement sauvé par deux colis, que sa mère lui expédia de Leningrad en 1940 et qu'il reçut trois ans plus tard, « au moment le plus critique, alors qu'affamé j'avais perdu tout espoir et mourais à petit feu du scorbut... »

À cette époque, Jenov avait été affecté aux bains d'un *lagpounkt* de la Kolyma parce qu'il était trop affaibli pour travailler en forêt. Quand il apprit qu'il avait reçu deux paquets, il fut d'abord incrédule. Puis, convaincu que c'était vrai, il demanda au chef adjoint des bains la permission de parcourir une dizaine de kilomètres pour rejoindre le siège administratif central du camp, où se trouvait le dépôt. Au bout de deux heures et demie, il fit demi-tour: « J'avais péniblement parcouru un kilomètre. » C'est alors qu'il aperçut un groupe de patrons du camp sur un traîneau: « Une idée fantastique me traversa la tête: et si je demandai à les accompagner? » Ils acceptèrent: la suite fut comme « dans un rêve ». Jenov parcourut les kilomètres restants en traîneau, en descendit difficilement, avec l'aide des types du NKVD, entra dans le dépôt, réclama ses paquets vieux de trois ans et les ouvrit:

> Tout ce qui avait été mis dans le paquet — sucre, saucisse, lard, sucreries, oignons, ail, biscuits, crackers, cigarettes, chocolat, mais aussi le papier d'emballage dans lequel chaque chose avait été enveloppée —, dans les trois années au cours desquelles il m'avait suivi d'adresse en adresse, avait fini par se mélanger, comme dans une machine à laver, pour ne plus former qu'une masse compacte avec une odeur suave de décomposition, de terre, de tabac et un parfum de sucre...
>
> Je me dirigeai vers la table, en coupai un bout au couteau et, devant tout le monde, presque sans mâcher, m'empressai de l'avaler, sans distinguer ni goût ni odeur,

craignant, en un mot, que quelqu'un ne m'interrompît ou ne me l'ôtât des mains[35]...

DOM SVIDANII : MAISON DE RENDEZ-VOUS

Pourtant, ce ne sont pas les colis ni les lettres qui suscitaient les émotions les plus fortes ni les plus grandes souffrances parmi les détenus. Autrement plus bouleversantes étaient les visites de parents, généralement d'une épouse ou d'une mère. Seuls les prisonniers qui avaient rempli la norme et qui respectaient docilement le règlement du camp y avaient droit : des documents officiels les présentent sans détour comme la récompense d'un « travail bon et consciencieux, à un rythme soutenu[36] ». Et la promesse de visite d'un parent était en fait une incitation extrêmement forte à se bien conduire.

Naturellement, tous n'étaient pas en position de recevoir des visites. Pour commencer, les familles devaient être assez intrépides pour garder le contact avec leur parent « ennemi ». Le voyage vers la Kolyma, Vorkouta, Norilsk ou le Kazakhstan, même en qualité de citoyen libre, exigeait aussi du courage physique. Le visiteur devait non seulement supporter un long voyage en train à destination d'une ville lointaine et primitive, mais ensuite crapahuter jusqu'au *lagpounkt* à moins que, ayant trouvé place à l'arrière d'un camion, il ne dût endurer les secousses d'une route défoncée. Après quoi, le visiteur devait parfois patienter encore quelques jours, sinon plus longtemps, implorant les commandants sarcastiques de l'autoriser à voir son parent — une permission qui pouvait lui être refusée sans aucune raison. Suivait enfin le long retour, par la même route fastidieuse.

Abstraction faite de ces épreuves physiques, la tension psychologique de ces rencontres pouvait être aussi terrible. Les femmes qui venaient voir leurs maris, observe Herling, « sentaient bien les souffrances inouïes du prisonnier, mais sans pouvoir les comprendre complètement, ni être capables de leur venir en aide de quelque manière que ce fût. De longues années de séparation avaient réduit à bien peu de chose leurs sentiments pour leur mari [...]. Le camp, tout distant et interdit qu'il était aux visiteurs, projetait néanmoins son ombre menaçante sur eux. Eux-mêmes ne sont pas des prisonniers, mais ils sont parents avec des ennemis du peuple »[37].

Ces sentiments mélangés n'étaient pas non plus le propre des femmes. Un détenu rapporte l'histoire d'une femme venue avec sa fillette de deux ans pour qu'elle vît son père. À son arrivée, elle lui dit d'« aller embrasser papa ». La fillette courut vers le gardien et l'embrassa dans le cou[38]. La fille de Sergueï Korolev, le spécialiste soviétique des fusées, se souvient toujours qu'on l'emmena voir son père, alors dans une *charachka*. On lui avait dit qu'il était parti combattre dans l'armée de l'air. Entrant dans la prison, elle fut surprise par l'exiguïté de la cour. Où a atterri l'avion de papa ? demanda-t-elle à sa mère[39].

En prison, comme dans certains camps, ces rencontres étaient invariablement brèves et se déroulaient généralement en présence d'un garde. Cette règle créait aussi de vives tensions. « J'avais envie de parler, de parler beaucoup, de raconter tout ce qui s'était passé cette année-là », se souvient un détenu à propos de la seule entrevue qu'on lui accorda avec sa mère. Non seulement il était difficile de trouver ses mots, mais « si on se mettait à parler, à raconter quelque chose, le garde vigilant vous coupait : “Interdit !” »[40].

Plus tragique encore est l'histoire de Bystroletov, qui eut droit à une série de rencontres avec sa femme en 1941 — mais toujours en présence d'un garde. Elle était venue de Moscou lui faire ses adieux : depuis son arrestation, elle avait attrapé la tuberculose et était à l'article de la mort. Pour lui faire ses derniers adieux, elle voulut lui passer la main sur la nuque : geste techniquement interdit. Tout contact physique des visiteurs avec les détenus était interdit. Le garde la tira brutalement par le bras : elle tomba à terre, crachant du sang. Lui-même « perdit la tête », écrit Bystroletov, et se mit à frapper le garde, qui commença à saigner. La guerre, qui éclata le même jour, lui épargna un châtiment sinistre : dans le chaos qui suivit, on oublia l'agression du garde. Il ne revit jamais sa femme[41].

Toutefois, les gardes n'étaient pas toujours présents. Dans les *lagpounkts* plus importants, dans les grands camps, les détenus avaient parfois droit à des visites de plusieurs jours, sans la présence des gardes. Dans les années 1940, ces visites avaient généralement lieu dans une « maison de rendez-vous » — *Dom Svidanii* —, bâtiment spécialement construit à cette fin à la lisière du camp. Herling en décrit une :

> La maison elle-même, vue de la route qui conduisait au camp depuis le village, faisait une agréable impression. Elle était construite en poutres de pin grossièrement taillées, les interstices bouchés à la filasse ; le toit était recouvert de bonnes tuiles [...]. La porte donnant à l'extérieur du camp, et que seuls les visiteurs libres pouvaient emprunter, s'ouvrait sur quelques marches de bois solides ; des rideaux de coton pendaient aux fenêtres, et de longs baquets à fleurs — avec des fleurs — étaient accrochés en dessous. Dans chaque pièce, on trouvait le même mobilier constitué de deux lits bien faits, d'une

> grande table, de deux bancs, d'un bassin avec sa cruche, d'une commode pour les vêtements et d'un poêle en fer ; il y avait même un abat-jour sur l'ampoule électrique. Qu'est-ce que le prisonnier, qui depuis des années vivait sur un châlit commun dans un baraquement dégoûtant, aurait pu souhaiter de mieux que ce logis petit-bourgeois modèle ? Tous nos rêves de retour à la liberté se fondaient sur cette demeure[42].

Et pourtant, ceux qui avaient impatiemment attendu ce « rêve de liberté » se sentaient souvent plus mal encore quand la rencontre se passait mal, ce qui était souvent le cas. Craignant de rester leur vie durant derrière les barbelés, certains détenus priaient leurs visiteurs de ne plus jamais revenir. « Oublie cet endroit », dit l'un d'eux à son frère, qui avait fait plusieurs jours de voyage par un froid glacial pour vingt minutes d'entrevue : « Il m'importe plus de savoir que tout va bien de ton côté[43]. » Les hommes qui retrouvaient leurs femmes pour la première fois depuis des années étaient soudain assaillis d'angoisses sexuelles, se souvient Herling :

> Des années de travaux pénibles et de faim constante avaient miné leur virilité ; et maintenant, juste avant de rencontrer dans l'intimité une femme devenue étrangère ou presque, ils éprouvaient, au-delà d'une excitation nerveuse naturelle, du désespoir et une colère impuissante. J'ai entendu à quelques reprises des hommes se vanter de leurs prouesses sexuelles, au retour d'une visite, mais ce sujet était plutôt d'habitude une source de honte, et respecté comme tel par le silence des autres prisonniers[44].

Les femmes en visite avaient aussi leurs soucis à évoquer. Habituellement, elles avaient beaucoup souffert de l'incarcération de leur mari. Elles ne trouvaient pas d'emploi, ne pouvaient étudier et devaient souvent cacher leur mariage aux voisins indiscrets. D'aucunes venaient annoncer leur intention de divorcer. Dans *Le Premier Cercle*, Soljenitsyne raconte, avec une sympathie qui surprend, une conversation de ce genre, fondée sur une authentique discussion qu'il eut avec sa femme, Natacha. Dans le roman, Nadia, la femme de Guerassimovitch, est sur le point de perdre son travail, sa place dans une résidence universitaire ainsi que la possibilité d'achever sa thèse, tout cela parce que son mari est en prison. Le divorce, elle le sait, est la seule chose « qui lui ouvrirait de nouveau la vie » :

> Nadia baissa les yeux.
> « Je voulais te dire... Seulement ne va pas prendre ça à cœur... Tu insistais là-dessus autrefois... Tu disais que nous devrions divorcer... » termina-t-elle très doucement.
> [...]
> Oui, il y avait eu une fois où il avait insisté... Mais maintenant, il tremblait. Ce fut alors seulement qu'il remarqua que son alliance, qu'elle avait toujours portée, n'était plus à son doigt.
> « Oui, bien sûr, dit-il avec une grande détermination.
> — Alors, tu ne serais pas contre... si... il fallait... que je le fasse ? » Au prix d'un grand effort, elle leva les yeux vers lui. Ses grands yeux gris qui le suppliaient de lui pardonner et de la comprendre. « Ce... Ce ne serait pas vrai », ajouta-t-elle d'une voix étranglée[45].

Une telle entrevue pouvait être pire que pas d'entrevue du tout. Izraïl Mazus, arrêté dans les années 1950, raconte l'histoire d'un prisonnier qui fit l'erreur d'annoncer à ses codétenus que sa femme était arrivée. Alors qu'il était astreint aux routines de chaque détenu sur le point de recevoir de la visite — bains, coiffeur, passage aux dépôts pour y prendre des habits convenables —, les autres détenus ne se lassaient pas de lui lancer des clins d'œil, de l'asticoter, de le taquiner au sujet du lit grinçant de la maison de rendez-vous[46]. Finalement, il ne fut pas même autorisé à rester seul dans la chambre avec sa femme. De quel genre d'« aperçu de la liberté » s'agissait-il ?

Les contacts avec le monde extérieur étaient toujours compliqués par les attentes, les désirs et l'anticipation. Gustaw Herling, encore une fois :

> Quelle que fût la raison de leur désappointement — que la liberté, vécue pendant trois jours, ne se soit pas montrée à la hauteur de ce qu'ils en attendaient de manière idéalisée, que leur intermède leur ait paru trop court ou que, se dissipant comme un rêve interrompu, il ne leur ait laissé que l'impression d'un vide nouveau dont ils n'avaient rien à attendre —, les prisonniers étaient invariablement silencieux et irritables après une visite, pour ne rien dire de ceux dont les rencontres avaient été transformées en une tragique formalité de séparation et de divorce. Krestynski [...] tenta par deux fois de se pendre, après une entrevue avec sa femme au cours de laquelle elle lui avait demandé le divorce et son accord pour placer les enfants dans une crèche municipale.

Lui-même polonais, donc étranger, Herling n'attendit jamais de voir qui que ce fût dans cette maison de rendez-vous ; il n'en perçut pas moins la signification de ce lieu plus clairement que maint auteur soviétique : « J'en tirai la conclusion que si l'espoir devient souvent le seul sens qui reste à une existence, sa réalisation peut parfois devenir un tourment insupportable[47]. »

CHAPITRE 13

Les gardes

Aux tchékistes

Une lourde tâche qu'Ilitch t'a confiée
De lourdes responsabilités,
Le visage du tchékiste est usé de soucis
Nul ne peut dire qu'il les a compris.

Sur le visage du tchékiste se lit la bravoure,
Aujourd'hui même, il est prêt à en découdre,
Pour le bien de tous, et leur bonheur,
Il défend le peuple des travailleurs.

Beaucoup, beaucoup au combat sont tombés,
Pour nos frères, des tombes sont dressées.
Mais ceux qui restent sont encore nombreux
Combattants honnêtes et valeureux.

Tremblez, ennemis, tremblez !
Votre fin est proche, toute proche !
Et toi, tchékiste, prends garde, l'ennemi approche,
Au combat, tu conduiras la mêlée !

MIKHAÏL PANTCHENKO,
inspecteur du système carcéral soviétique, poème conservé dans le dossier personnel relatif à son expulsion du Parti et du NKVD[1].

Si étrange que cela puisse paraître, toutes les règles appliquées dans le camp n'étaient pas écrites par les commandants. Il existait aussi des règles non écrites — sur les moyens d'acquérir un statut, de gagner des privilèges, de s'assurer une vie légèrement meilleure que celle de tous les autres — ainsi qu'une hiérarchie informelle. Qui maîtrisait ces règles non écrites et apprenait à gravir les échelons avait beaucoup plus de facilité à survivre.

Au sommet de la hiérarchie du camp se trouvaient les commandants, les surveillants, les gardiens, les geôliers et les gardes. J'écris à dessein « au sommet », plutôt qu'« au-dessus » ou « hors » de la hiérarchie du camp, car au Goulag les administrateurs et les gardes ne formaient pas une caste séparée, à l'écart et à distance des détenus. À la différence des gardes SS dans les camps de concentration, ils n'étaient pas considérés immuablement et racialement supérieurs aux prisonniers, dont ils partageaient souvent les origines ethniques. Par exemple, il y eut plusieurs centaines de milliers de détenus ukrainiens dans les camps après la Seconde Guerre mondiale. À la même époque, il y avait aussi un fort contingent de gardes ukrainiens[2].

Les gardes et les prisonniers n'habitaient pas non plus des sphères sociales entièrement séparées. Certains gardes et administrateurs trafiquaient au marché noir avec les détenus. Certains s'enivraient avec eux. Beaucoup « cohabitaient » avec eux, pour employer l'euphémisme qui avait cours au Goulag afin de désigner les relations sexuelles[3]. Plus précisément, beaucoup étaient eux-mêmes d'anciens détenus. Au début des années 1930, on jugeait parfaitement normal que les prisonniers qui s'étaient bien conduits fussent « promus » au rang de garde du camp, voire à un niveau plus élevé[4]. La carrière de Nephtali Frenkel est peut-être l'illustration la plus remarquable d'une telle transformation, mais il y en eut d'autres.

Moins célébrée, par exemple, la carrière de Iakov Kuperman, qui donna par la suite ses mémoires inédits à la Société du Mémorial de Moscou, est plus typique. Arrêté en 1930, il écopa de dix ans. Il séjourna un certain temps à Kem, la prison de transit de Solovetski, puis fut affecté à la division de planification du canal de la mer Blanche. En 1932, son dossier fut réexaminé et son statut modifié : de détenu, il devint exilé. Finalement libéré, il trouva une place dans les Chemins de fer Baïkal-Amour — le BAMlag. Jusqu'à la fin de ses jours, il devait se souvenir de cette expérience « avec satisfaction[5] ». Sa décision n'avait rien d'inhabituel. En 1938, plus de la moitié des administrateurs et près de la moitié des gardes armés du Belbaltlag, le camp responsable du canal de la mer Blanche, étaient des détenus, anciens ou actuels[6].

Mais on pouvait aussi bien perdre son statut qu'être promu. De même qu'il était relativement facile à un détenu de devenir geôlier, il était relativement facile à un maton de devenir prisonnier. Il se trouva des administrateurs du Goulag et des commandants de camp parmi les milliers d'hommes du NKVD arrêtés dans les années de purge, 1937 et 1938. Par la suite, des gardes de haut niveau et des employés du Goulag devaient être régulièrement arrêtés par des collègues soupçonneux. Dans les *lagpounkts* isolés, commérages et médisances allaient bon train : des dossiers entiers des archives du Goulag sont consacrés aux dénonciations et contre-dénonciations, à des lettres furieuses sur les insuffisances des camps, le manque de soutien du centre, les mauvaises conditions de travail — suivies d'appels à l'arrestation des coupables ou des responsables détestés[7].

Des gardes armés et des administrateurs étaient régulièrement arrêtés pour désertion, beuveries, vols, perte de leurs armes, et même pour mauvais traitements infligés aux détenus[8]. Les archives du camp de transit du port de Vanino, par exemple, parlent de V.N. Sadovnikov, garde armé qui assassina un infirmier du camp qu'il soupçonnait d'avoir tué sa femme ; de I.M. Soboleev, qui avait volé 300 roubles à un groupe de détenus, s'était soûlé et avait perdu sa carte du Parti ; de V.D. Souvorov, qui organisa une beuverie collective et chercha la bagarre avec un groupe d'officiers — sans compter ceux qui « s'enivrèrent jusqu'à perdre connaissance » ou qui étaient trop ivres pour rejoindre leurs postes[9]. Dans les archives personnelles de Gueorgui Malenkov, un des acolytes de Staline, se trouve un rapport sur le cas de deux administrateurs de camp qui tuèrent deux collègues au cours d'une cuite, dont une femme médecin avec deux enfants en bas âge[10]. La vie était tellement ennuyeuse dans les avant-postes concentrationnaires les plus lointains qu'un administrateur se plaignit, dans une lettre à Moscou, que le manque de divertissements « pousse maint garçon à déserter, enfreindre la discipline, boire et jouer aux cartes, toutes choses qui se terminent régulièrement par une condamnation[11] ».

Il était même possible, voire assez courant, de boucler la boucle : des officiers du NKVD devenaient prisonniers, puis geôliers, entamant ainsi une seconde carrière dans l'administration du Goulag. Maints anciens détenus ont ainsi évoqué la vitesse à laquelle des officiers du NKVD tombés en disgrâce parvenaient à se faire à la vie de camp avant d'y acquérir un réel pouvoir. Dans ses mémoires, Lev Razgon relate sa rencontre avec un dénommé Korabelnikov, petit employé du NKVD qu'il connut au cours de son voyage depuis Moscou. Il lui raconta avoir été arrêté parce que, « une fois, étant soûl, j'ai raconté à un super-pote [...] une histoire de nana qui était arrivée à mon supérieur. [...] J'ai écopé de cinq ans comme "élément socialement dangereux", et me voilà dans un convoi ordinaire ». Mais il n'était pas tout à fait comme les autres. Quelques mois plus tard, Razgon recroisa son chemin. Cette fois, il portait un uniforme du camp propre et bien taillé. Il s'était dégotté un « bon » boulot, la direction du camp disciplinaire à l'Oustvymlag [12].

L'histoire de Razgon reflète une réalité attestée dans les archives. En fait, de très nombreux officiers du NKVD avaient un casier judiciaire. En vérité, tout se passe comme si l'administration du Goulag avait fonctionné ouvertement au sein du NKVD comme un lieu d'exil, ultime refuge des membres de la police secrète en disgrâce [13]. Une fois expédiés à la périphérie de l'empire du Goulag, les officiers étaient rarement autorisés à rentrer dans une autre branche du NKVD, sans parler de Moscou. En signe de leur différence de statut, les employés du Goulag portaient des uniformes distincts et avaient un système d'insignes et de grades légèrement modifiés [14]. Aux conférences du Parti, les officiers du NKVD se plaignaient de leur statut inférieur : « Le Goulag est perçu comme une administration à laquelle on peut tout demander mais qui ne reçoit rien en retour », protesta en râlant un officier. « Cette modestie exagérée, qui consiste à croire que nous sommes pires que tous les autres, est mauvaise et permet la persistance d'inégalités de paie et de logement, etc. [15]. » Plus tard, en 1946, quand le NKVD fut divisé et une fois de plus rebaptisé, le Goulag passa sous la coupe du ministère des Affaires intérieures (MVD) tandis que la quasi-totalité des fonctions les plus excitantes du NKVD, notamment l'espionnage et le contre-espionnage, furent confiées au plus prestigieux ministère de la Sécurité d'État (MGB, puis KGB). Le MVD, qui dirigea le système carcéral jusqu'à la fin de l'Union soviétique, devait rester une bureaucratie moins influente [16].

En fait, dès le début, les commandants de camp eurent un statut relativement bas. Dans une lettre sortie en fraude de Solovetski au début des années 1920, un prisonnier écrit que l'administration du camp est composée exclusivement de tchékistes tombés en disgrâce, « condamnés pour vol, chantage, mauvais traitements, etc. », de « condamnés de droit commun » [17]. Dans les années 1930 et 1940, le Goulag devint l'ultime point de chute des fonctionnaires du NKVD dont la biographie ne répondait pas aux exigences : ceux dont les origines sociales n'étaient pas assez prolétariennes, que leur nationalité polonaise, juive ou balte rendait suspects en des temps où ces groupes ethniques étaient activement réprimés. Le Goulag était aussi le dernier refuge de ceux qui étaient tout simplement idiots, incompétents ou ivrognes. En 1937, Izraïl Pliner, alors patron du Goulag, s'en plaignit :

> Nous héritons du rebut des autres sections ; on nous envoie des gens suivant le principe, « vous n'avez qu'à prendre ceux dont nous n'avons pas besoin ». La crème, ce sont les ivrognes invétérés ; dès qu'un homme se met à boire, on le fourre au Goulag. [...] Du point de vue de l'appareil du NKVD, si quelqu'un se rend coupable d'un délit, le plus grand châtiment est de l'envoyer travailler dans un camp [18].

En 1939, un autre officiel du Goulag décrivit les gardes de camp comme des « gens non pas de deuxième classe, mais de quatrième classe », comme « la lie »[19]. En 1945, Vassili Tchernychev, alors patron du Goulag, adressa une note de service à tous les commandants de camp et chefs régionaux du NKVD, se disant horrifié de la médiocrité des gardes en armes des camps, chez qui on avait constaté un fort niveau de « suicides, pertes et vols d'armes, ivrognerie et autres actes amoraux » ainsi que de fréquentes « violations des lois révolutionnaires »[20]. En 1952, alors qu'éclatèrent des affaires de corruption touchant les plus hautes instances de la police secrète, la première réponse de Staline fut encore d'« exiler » un des principaux coupables, qui devint bientôt commandant adjoint du camp de Bajenovski, dans l'Oural[21].

Les archives du Goulag elles-mêmes confirment la conviction, délicatement exprimée par un ex-prisonnier, que les gardes comme les administrateurs étaient « le plus souvent des gens très limités[22] ». Sur les onze hommes ayant possédé le titre de « commandant du Goulag », par exemple — administrateur de tout le système concentrationnaire — entre 1930 et 1960, cinq seulement avaient fait des études supérieures, et trois n'étaient pas allés au-delà du primaire. Les titulaires du poste y faisaient rarement de vieux os : sur plus de trente ans, deux seulement, Matvei Berman et Viktor Nasedkine, restèrent en poste plus de cinq ans. Izraïl Pliner ne tint qu'une année (1937-1938), tandis que Gleb Filaretov ne fit que trois mois (1938-1939)[23].

À la base de la hiérarchie du NKVD, par ailleurs, les dossiers personnels des employés de la pénitentiaire à partir des années 1940 montrent que même l'élite des geôliers — les membres du Parti et ceux qui y postulaient — était presque exclusivement d'origine paysanne et avait reçu une éducation minime. Peu avaient fait ne fût-ce que cinq ans d'école, et certains n'avaient été scolarisés que trois ans[24]. En avril 1945, près des trois quarts des administrateurs du Goulag avaient cessé leurs études après le primaire, soit un pourcentage deux fois plus élevé que dans le reste du NKVD[25].

Dans la garde armée des camps — *voïenniziro-vannaïa okhrana*, plus généralement connue sous l'acronyme de VOKHR —, le niveau culturel était encore plus bas. C'étaient les hommes qui faisaient la ronde autour du camp, qui conduisaient les détenus au travail, qui organisaient les convois les emmenant vers l'Est, souvent sans avoir la moindre idée des raisons pour lesquelles ils le faisaient. Suivant un rapport du Kargopollag, « il semble que les gardes ne connaissent pas les noms des membres du Politburo ni ceux des dirigeants du Parti[26] ». Un autre document dresse la liste d'incidents au cours desquels des gardes usèrent de leurs armes à mauvais escient. « Ne sachant se servir de son fusil », l'un d'eux blessa trois prisonniers. Un autre, « à son poste dans un état d'ébriété, blessa le citoyen Timofeïev »[27].

Lors de réunions, des commandants divisionnaires se plaignirent que les « gardes ne sachent huiler, nettoyer et entretenir leurs armes. [...] Un garde de faction a le canon de son arme bouché par un chiffon. [...] Certains gardes empruntent les fusils des autres, laissant les leurs à la maison parce qu'ils sont trop paresseux pour les nettoyer à chaque fois[28] ». Moscou ne cessait d'adresser des lettres aux chefs locaux des camps pour les presser de consacrer plus de temps au « travail éducatif et culturel » parmi les gardes[29].

Toujours est-il que même les « rebuts » et « ivrognes

invétérés » des autres services du NKVD parvenaient à trouver place au Goulag. La plupart des institutions soviétiques souffraient d'un manque chronique de personnel, et le Goulag plus encore que les autres. Le NKVD lui-même ne parvint pas à produire suffisamment d'employés délinquants pour satisfaire la demande d'une multiplication par dix-huit du personnel entre 1930 et 1939, des 150 000 recrues qu'il fallut embaucher entre 1939 et 1941 ou encore de la très forte expansion de l'après-guerre. En 1947, avec 157 000 hommes rien que dans les brigades de gardes armés de camp, le Goulag estimait encore manquer de 40 000 gardes[30].

Jusqu'au démantèlement final du système, l'administration du Goulag continua de pâtir de ce dilemme. À l'exception des plus hauts postes, le travail dans les camps n'était pas jugé prestigieux ni attrayant, et le confort n'était guère assuré, surtout dans les avant-postes plus petits et lointains du Grand Nord. Du fait des pénuries générales de vivres, les gardes et administrateurs recevaient des rations proportionnelles à leur grade[31]. Au terme d'une tournée d'inspection des camps septentrionaux de la région de Vorkouta, un inspecteur du Goulag déplora les mauvaises conditions de vie des gardes en armes, qui faisaient des journées de quatorze à seize heures dans les « difficiles conditions climatiques du Nord », n'avaient pas toujours des chaussures et des habits convenables et vivaient dans des baraquements crasseux. Certains souffraient du scorbut, de la pellagre et d'autres maladies liées à des carences en vitamines, tout comme les détenus[32]. Un autre écrivit qu'au Kargopollag vingt-six membres de la VOKHR avaient été condamnés, beaucoup pour s'être assoupis à leur poste. En été, ils travaillaient treize heures par jour ; et quand ils ne travaillaient pas, ils n'avaient aucune espèce de divertissement. Ceux qui étaient en famille étaient particulièrement mal lotis car, faute d'appartements, ils devaient se contenter des baraquements[33].

Même aux échelons plus élevés, ceux qui souhaitaient partir avaient beaucoup de mal à le faire. Dans les archives du NKVD se trouve la lettre plaintive du procureur de Norilsk, suppliant d'être déchargé de son travail dans la « zone arctique » pour cause de mauvaise santé et de surmenage : « S'il n'est pas possible de m'affecter à un poste de procureur dans un autre camp de redressement par le travail, je souhaiterais un poste territorial ou être carrément appelé à d'autres fonctions. » En réponse, on lui proposa un poste à Krasnoïarsk, qu'il refusa sous prétexte que les conditions de vie étaient pour ainsi dire identiques (Krasnoïarsk est au sud de Norilsk, mais reste en Sibérie septentrionale[34]).

Depuis la mort de Staline, les anciens responsables de camp ont souvent justifié leur train de vie passé en décrivant les difficultés et les épreuves de leur travail. Quand je l'ai rencontrée, Olga Vassilievna, ancienne inspectrice des camps pour la division routière du Goulag, m'a régalé de récits illustrant la difficile existence d'une employée de Goulag. Au fil de notre conversation — qui se déroula dans un appartement moscovite inhabituellement spacieux, cadeau du Parti reconnaissant —, elle me raconta qu'un jour, visitant un camp lointain, le commandant l'invita à dormir chez lui, dans le lit de son fils. La nuit, elle commença à avoir chaud ; quelque chose la démangeait. Imaginant qu'elle était tombée malade, elle alluma la lumière : « Sa couverture grise de soldat était vivante, elle grouillait de poux. Les détenus n'étaient pas seuls à en avoir ; les patrons en avaient eux aussi. » De retour d'une inspection, elle s'était fait une règle de retirer tous ses habits avant de franchir la porte de son domicile, de crainte d'introduire des parasites chez elle.

Dans l'esprit de Vassilievna, la tâche d'un commandant de camp était terriblement difficile : « Ce n'était pas une plaisanterie ; vous aviez la responsabilité de centaines, voire de milliers de prisonniers ; il y avait des récidivistes et des meurtriers, tous ces gens condamnés pour crimes graves, dont il n'y avait rien à attendre. Ce qui voulait dire qu'il fallait être constamment sur ses gardes. » Quoique pressés de travailler aussi efficacement que possible, les commandants se trouvaient dans l'obligation de résoudre aussi toutes sortes d'autres problèmes :

> Chef de chantier, il était aussi le patron du camp, et passait au moins 60 % de son temps non pas sur le chantier, à prendre des décisions techniques et à résoudre les problèmes de construction, mais à s'occuper du camp. Un malade, une épidémie qui s'était déclarée ou un accident avec quelqu'un qu'il fallait conduire à l'hôpital, un autre qui avait besoin d'une voiture, d'un cheval et d'une carriole.

Si l'on en croit Vassilievna, les « patrons » ne mangeaient pas nécessairement bien à Moscou non plus, surtout durant la guerre. À la cantine d'un siège du Goulag, il y avait du chou, de la soupe et de la *kacha* : « Je n'ai pas souvenir de viande, je n'en ai jamais vu. » Du vivant de Staline, les employés moscovites du Goulag travaillaient chaque jour de neuf heures du matin jusqu'à deux ou trois heures du matin. Vassilievna ne voyait ses enfants que le dimanche. Après la mort de Staline, cependant, les choses s'améliorèrent. S.N. Krouglov, alors chef du NKVD, décida par décret d'accorder une pause-déjeuner d'une heure aux employés ordinaires de son administration centrale, et de deux heures aux officiers. En 1963, Vassilievna et son mari reçurent aussi un très grand appartement au centre de Moscou — celui-là même où je lui rendis visite en 1998[35].

Du vivant de Staline, cependant, le travail au Goulag était moins bien récompensé, et il appartenait à l'administration centrale des camps de pallier de différentes façons le manque d'attrait foncier de ce genre de postes. En 1930, alors que le système était encore perçu comme un aspect de l'expansion économique, l'OGPOU mena des campagnes internes de publicité, demandant des enthousiastes pour travailler dans les camps, alors nouveaux, du Grand Nord :

> La ferveur et l'énergie des tchékistes ont créé et renforcé les camps de Solovetski, jouant un rôle large et positif dans le développement industriel et culturel de la partie européenne la plus au nord de notre pays. Les nouveaux camps, comme Solovetski, ont pour vocation de réformer l'économie et la culture des régions périphériques. Pour cette responsabilité, [...] nous avons besoin de tchékistes particulièrement rudes, de volontaires désireux de travailler avec acharnement...

Les volontaires se voyaient offrir, entre autres choses, un complément de salaire pouvant aller jusqu'à 50 %, deux mois de vacances par an, et, au bout de trois ans, une prime de trois mois de salaires et de trois mois de congés. En outre, les hauts administrateurs recevaient tous les mois des colis de vivres gratuits et jouissaient d'un libre accès à la « radio ainsi qu'aux installations sportives et culturelles »[36].

Par la suite, alors qu'avait disparu toute trace d'authentique enthousiasme (s'il avait jamais existé), les incitations se firent plus systématiques. Les camps étaient classés en fonction de leur éloignement et de leur rigueur. Plus ils étaient lointains et rudes, plus la solde des officiers du NKVD était élevée. Certains avaient à cœur d'organiser des activités sportives ou autres pour leurs employés. En outre, le NKVD construisit des sanatoriums spéciaux sur la mer Noire, à Sotchi et à Kislovodsk, afin d'offrir à ses plus hauts gradés des grandes vacances confortables au soleil[37].

L'administration centrale créa aussi des écoles où les officiers du Goulag pouvaient améliorer leurs qualifications et monter en grade. L'une d'elles, par exemple, installée à Kharkov, ne dispensait pas simplement l'enseignement obligatoire, sur «l'histoire du Parti» et «l'histoire du NKVD», mais donnait aussi des cours de droit criminel, des cours sur les camps, des cours d'administration, de gestion et de comptabilité ainsi que sur des questions militaires[38]. Ceux qui consentaient à travailler au Dalstroï, dans la lointaine Kolyma, pouvaient même voir leurs enfants reclassés comme «enfants d'ouvriers», ce qui leur donnait un droit d'accès préférentiel aux établissements d'enseignement supérieur. L'incitation se révéla très populaire[39].

L'argent et les avantages étaient certainement suffisants pour attirer certains employés aux plus bas échelons également. Beaucoup devaient simplement voir dans le Goulag la meilleure de toutes les mauvaises options possibles. Dans l'Union soviétique de Staline — pays de guerre, de famine et de misère —, un emploi de gardien de prison ou de geôlier pouvait signifier une promotion sociale incommensurable. Détenue au début des années 1950, Susanna Petchora se souvenait d'une gardienne de prison qui travaillait dans un camp parce que c'était l'unique façon d'échapper à la misère noire de la ferme collective où elle était née: «Son salaire du camp lui permettait de nourrir ses sept frères et sœurs[40]. » Un autre mémorialiste rapporte l'histoire de Maria Ivanova, jeune femme qui alla volontairement travailler dans un camp en 1948. Espérant échapper à la vie d'une ferme collective, et plus encore y trouver un mari, elle devint plutôt la maîtresse d'une série de cadres de rangs toujours plus modestes. Elle devait se retrouver finalement dans une seule pièce pour sa mère et ses deux enfants illégitimes[41].

Reste que même la perspective de salaires élevés, de longues vacances et d'élévation sociale ne suffisait pas toujours à attirer des travailleurs dans le système, en particulier aux échelons inférieurs. Dans les périodes de forte demande, les bureaux soviétiques de la main-d'œuvre envoyaient simplement les travailleurs où l'on avait besoin d'eux, sans même leur dire nécessairement où ils allaient. Une ancienne infirmière du Goulag, Zoïa Eremenko, était à peine sortie de l'école d'infirmières qu'on l'envoya travailler sur ce qu'on lui présenta comme un chantier. À son arrivée, elle découvrit que c'était un camp de prisonniers, Krasnoïarsk-26 : « Nous étions surprises, effrayées, mais nous avons appris à connaître les lieux et nous avons constaté que "là" les gens et le travail médical étaient exactement ce à quoi nous avaient préparées nos études[42]. »

Particulièrement tragique fut le sort de ceux qui furent obligés de travailler dans les camps après la Seconde Guerre mondiale. Des milliers d'ex-soldats de l'armée rouge, qui avaient combattu en Allemagne, mais aussi de civils, qui avaient vécu « à l'étranger » durant la guerre, en tant que déportés ou réfugiés, furent effectivement arrêtés sitôt franchie la frontière de l'URSS et internés dans des « camps de filtrage », où leur situation fut soigneusement examinée. Ceux qui n'étaient pas arrêtés étaient parfois immédiatement affectés au service des gardiens de prison. Au début de 1946, ils étaient 31 000 dans ce cas ; dans certains camps, ils représentaient jusqu'à 80 % des gardes[43]. Et il ne leur était pas facile d'en partir non plus. Beaucoup avaient été privés de leurs papiers : passeports, cartes de séjour et livrets militaires. Sans eux, il leur était impossible de quitter le camp, à plus forte raison de trouver du travail ailleurs. Chaque année, ils devaient être entre 300 et 400 à se suicider. L'un d'eux, qui essaya de mettre fin à ses jours, expliqua pourquoi : « Ça fait très longtemps que je suis dans la pénitentiaire, et on ne m'a toujours pas donné de carte de séjour, tous les jours ou presque un policier se pointe avec ordre de libérer l'appartement, et tous les jours cela crée des disputes familiales[44]. »

D'autres se laissaient purement et simplement aller. Karlo Stajner, communiste yougoslave détenu à Norilsk pendant la guerre et après, s'en souvient : ces gardes étaient « sensiblement différents de ceux qui n'avaient pas combattu dans la guerre ».

> D'un côté, il y avait des signes flagrants de démoralisation. On le voyait à leur empressement à se laisser soudoyer par les détenues ou à devenir clients des plus jolies, ou à laisser les criminels quitter la brigade pour cambrioler un appartement puis partager ensuite le butin avec eux. Ils n'avaient pas peur des lourdes sanctions qu'ils encouraient si leurs supérieurs découvraient ces méfaits[45].

Très, très peu protestaient. Les archives rapportent, par exemple, le cas d'une recrue récalcitrante, un certain Daniliouk, qui refusa catégoriquement d'être affecté dans les gardes armés, protestant qu'il ne voulait « en aucune façon servir dans les organes du ministère des Affaires intérieures ». Il ne voulut jamais en démordre malgré ce que les archives appellent des « séances de traitement », sans nul doute de longues périodes d'intimidation, peut-être de passages à tabac. Il finit par être libéré de ses obligations. Dans son cas, au moins, un refus systématique et persistant de travailler pour le Goulag fut gratifiant[46].

Au bout du compte, cependant, le système récompensait ses membres les plus chanceux et les plus loyaux, et certains recevaient bien plus que de meilleures rations ou une simple ascension sociale : ceux qui livraient à l'État de grosses quantités d'or ou de bois d'œuvre avec leurs forçats en étaient finalement récompensés. Et tandis que le *lagpounkt* forestier moyen n'était jamais un lieu de villégiature, même pour ses dirigeants, le QG de certains grands camps devint en vérité très confortable au fil du temps.

Dans les années 1940, les villes qui se situaient au centre des grands complexes concentrationnaires — Magadan, Vorkouta, Norilsk, Oukhta — étaient de grandes agglomérations dynamiques, avec leurs boutiques, leurs théâtres et leurs parcs. Les agréments s'y étaient considérablement accrus depuis l'époque des pionniers du Goulag. Les commandants des grands camps avaient droit à des salaires plus élevés, des primes plus importantes et des vacances plus longues que ceux qu'on pouvait espérer dans le monde du travail ordinaire. Ils avaient plus facilement accès à la nourriture et aux produits de consommation dont la pénurie se faisait sentir partout ailleurs. « Nulle part en Union soviétique on ne vivait mieux qu'à Norilsk », se souvient Andrei Tchebourkine, contremaître à Norilsk, puis bureaucrate local :

> Pour commencer, les patrons avaient tous des servantes, choisies parmi les détenues. Puis la nourriture était stupéfiante. Il y avait toutes sortes de poissons. On pouvait aller en pêcher dans le lac. Et si dans le reste de l'Union il y avait des cartes de rationnement, ici nous vivions quasiment sans cartes. De la viande. Du beurre. Si on voulait du champagne, il fallait trouver du crabe aussi, et il n'en manquait pas. Le caviar... il y en avait par tonneaux entiers. Je parle des patrons, bien sûr. Je ne parle pas des ouvriers. Mais il est vrai que les travailleurs étaient des détenus...
>
> La paie était bonne... si vous étiez chef de brigade, par exemple, vous touchiez de 6 000 à 8 000 roubles. En Russie centrale, on ne touchait pas plus de 1 200. Je suis arrivé à Norilsk, à un poste de directeur dans une direction spéciale du NKVD, qui cherchait de l'uranium. On m'a donné un salaire de directeur : j'ai touché dès le début mes 2 100 roubles, puis tous les six mois j'ai eu droit à une augmentation de 10 %, soit cinq fois plus que dans le civil[47].

La première remarque de Tchebourkine — « les patrons avaient tous des servantes » — est importante car, en vérité, c'était vrai de tous, et pas uniquement des chefs. Théoriquement, il était interdit d'employer des détenus comme domestiques. Mais la pratique était généralisée. Les autorités le savaient parfaitement : malgré les efforts répétés pour y mettre fin, elle continua[48]. À Vorkouta, Constantin Rokossovski, officier de l'armée rouge devenu par la suite général, puis maréchal, puis ministre de la Défense de la Pologne stalinienne, travailla « comme domestique chez un surveillant particulièrement ignorant et brutal du nom de Boutchko. Il était chargé d'aller chercher les repas de Boutchko, de nettoyer sa petite maison et d'entretenir ses poêles[49] ». À Magadan, Evguénia Guinzbourg travailla un certain temps comme blanchisseuse pour la femme d'un administrateur de camp[50].

Thomas Sgovio fut lui aussi l'ordonnance d'un garde haut placé du camp, lui préparant ses repas et s'efforçant de lui procurer de l'alcool. L'homme finit par lui faire confiance. « Thomas, mon garçon, disait-il, souviens-toi d'une chose. Prends grand soin de ma carte du Parti. Chaque fois que je suis soûl, veille à ce que je ne la perde pas. Tu es mon serviteur — et si jamais je la perds, je devrai t'abattre comme un chien... et je n'en ai aucune envie[51]. »

Mais pour les véritables grands patrons, les domestiques n'étaient que le commencement. Ivan Nikichov, qui devint patron du Dalstroï en 1939, à la suite des purges, et conserva son poste jusqu'en 1948, devint tristement célèbre pour accumuler les richesses au milieu d'une misère noire. L'homme était d'une autre génération que son prédécesseur, Berzine — d'une génération beaucoup plus éloignée des années maigres et plus ferventes de la Révolution et de la guerre civile. Peut-être était-ce pour cela qu'il n'avait aucun scrupule à profiter de sa position pour mener la grande vie. Il acquit une « grande force de sécurité personnelle, des voitures de luxe, de vastes bureaux et une magnifique datcha donnant sur le Pacifique[52] ». À en croire certains détenus, celle-ci était équipée de tapis d'Orient, de peaux d'ours et de lustres de cristal. Dans sa luxueuse salle à manger, lui et sa deuxième épouse — une jeune et ambitieuse chef de camp du nom de Gridassova — dégustaient du rôti d'ours, du vin du Caucase, des fruits et des baies qu'ils faisaient venir du Sud ainsi que des tomates et des concombres frais fournis par des serres privées[53].

Nikichov n'était pas le seul à mener cette vie de luxe. Lev Razgon, dans son inoubliable portrait du colonel Tarassiouk, commandant de l'Oustvymlag pendant la guerre, rapporte de semblables excès :

> Son existence aussi était semblable à celle d'un Romain, nommé gouverneur d'une province barbare. On cultivait pour lui, dans des serres et des orangeraies spéciales, des fruits et des légumes, ainsi que des fleurs, exotiques pour le Nord. Les meilleurs ébénistes fabriquaient ses meubles. Les tailleurs les plus réputés cousaient des robes pour sa femme capricieuse et fantasque. Il était soigné non par nos médecins, qui sortaient à peine de l'Université, mais par les plus grands spécialistes, jadis directeurs des cliniques réputées de la capitale, qui purgeaient des peines interminables dans les services médicaux des camps forestiers[54].

Souvent, les détenus étaient sollicités pour aider à assouvir ses caprices. Isaac Vogelfanger, médecin du camp, était constamment à court d'alcool médicinal parce que son pharmacien l'utilisait pour en faire du cognac. Le patron du camp en régalait les dignitaires de passage. « Plus ils consomment d'alcool, meilleure est leur opinion du travail au Sevourallag. » Vogelfanger vit aussi un cuisinier du camp préparer un « banquet » pour des visiteurs, avec des mets qu'il avait mis de côté pour l'occasion : « caviar, anguille fumée, bouchées à la reine avec des champignons, aspic au citron parfumé au thé arctique, oie et porcelet au four[55] ».

C'est également à cette époque, dans les années 1940, que des patrons comme Nikichov se mirent à rivaliser de standing les uns avec les autres dans une version fantastique de la course à l'ascension sociale. C'était à qui produirait la meilleure troupe d'acteurs, le meilleur orchestre de prisonniers, les meilleurs artistes. Lev Kopelev séjourna à l'Ounjlag en 1946, à une époque où son chef « faisait ramasser dans les prisons artistes, musiciens et peintres, [...] les meilleurs ou presque de tout le Goulag. Les "vedettes" étaient hospitalisées en permanence, soit comme convalescents, soit comme infirmiers, la nourriture étant meilleure et le travail moins dur». Son camp était connu comme un «asile pour artistes»[56]. Le Dalstroï était lui aussi fier de sa troupe de détenus, le Sevvostlag Club, qui jouait à Magadan et dans certains camps périphériques de la zone minière, bénéficiant du concours des nombreux chanteurs et danseurs incarcérés dans la Kolyma[57]. Lev Razgon donne aussi l'exemple du commandant de l'Oukhtijemlag, qui «avait hérité d'une troupe d'opérette» à Oukhta, dirigée par un acteur soviétique célèbre. Il «employait» aussi une danseuse du Bolchoï ainsi que des chanteurs et des musiciens de renom :

> Parfois, le chef de ce camp venait voir le nôtre, en voisin. Bien qu'on appelât cela un «échange d'expériences», expression tout à fait prosaïque, cette visite était organisée selon toutes les règles du protocole, une vraie rencontre au sommet. Le chef de camp était entouré de chefs de section, on leur réservait des places de choix à l'hôtel, on préparait leur itinéraire, on leur apportait des cadeaux [...]. Il venait d'ailleurs en compagnie de ses meilleurs artistes, afin de faire comprendre à son hôte qu'il n'était pas non plus en panne d'œuvres d'art[58]...

L'ancien théâtre de l'Oukhtijemlag — immense bâtiment blanc à colonnes, au fronton orné de symboles théâtraux — est aujourd'hui encore l'un des édifices les plus imposants de la ville d'Oukhta. Il se trouve à deux pas de l'ancienne résidence du commandant du camp, spacieuse maison de bois située en bordure d'un parc.

Mais les tempéraments artistiques n'étaient pas seuls à céder à leurs caprices. Ceux qui préféraient le sport avaient aussi l'occasion d'essayer de monter leurs propres équipes de football, qui se livraient une compétition acharnée. Nikolaï Starostine — la vedette arrêtée parce que son équipe avait eu le malheur de battre celle de Beria — fut aussi expédié à Oukhta, où son convoi fut accueilli dès la gare de chemins de fer. On le conduisit auprès du directeur de l'équipe locale, qui s'adressa à lui poliment et lui expliqua que le chef du camp avait demandé spécialement sa venue : « Le général est un passionné de foot. C'est lui qui vous a fait venir ici. » Starostine devait passer une bonne partie de sa carrière au camp à diriger des équipes de foot pour le NKVD, se déplaçant d'un endroit à l'autre chaque fois qu'un commandant le réclamait comme entraîneur[59].

À l'occasion, mais à l'occasion seulement, le bruit de ces excès suscitait l'inquiétude, ou tout au moins l'intérêt, à Moscou. Peut-être à la suite de plaintes, Beria diligenta une enquête secrète sur le train de vie fastueux de Nikichov. Le rapport qui en résulta confirme, entre autres choses, qu'il lui arriva de dépenser 15 000 roubles, somme énorme à cette époque, lors d'un banquet organisé en l'honneur de la visite de la compagnie d'opérette de Khabarovsk[60]. Le rapport condamne aussi « l'atmosphère de flagornerie » qui entourait Nikichov et sa femme : « L'influence de Gridassova est si grande que même les adjoints de Nikichov confirment qu'ils ne peuvent garder leur poste qu'aussi longtemps qu'ils ont ses faveurs[61]. » Le rapport ne fut cependant suivi d'aucune mesure. Gridassova et Nikichov continuèrent de régner en paix.

Depuis quelques années, il est de bon ton de faire observer que, contrairement à leurs protestations de l'après-guerre, rares sont les Allemands qui furent contraints de travailler dans des camps de concentration ou des escadrons de la mort. Un spécialiste a dernièrement soutenu que la plupart l'avaient fait volontairement, suscitant ainsi une certaine controverse[62]. Dans le cas de la Russie et des autres États post-soviétiques, le problème doit être abordé différemment. Très souvent, les employés des camps — comme la plupart des citoyens soviétiques — n'avaient guère le choix. Un comité de la main-d'œuvre leur assignait tout simplement un lieu de travail, qu'ils devaient rejoindre. L'absence de choix était dans la nature même du système économique soviétique.

Néanmoins, il n'est pas tout à fait exact de prétendre que les officiers du NKVD et les gardes en armes n'étaient « pas mieux lotis que les détenus qu'ils commandaient », ou d'en faire les victimes du même système, comme certains l'ont insinué. Car sans doute auraient-ils préféré travailler ailleurs, mais, une fois à l'intérieur du système, les employés du Goulag avaient le choix, bien davantage que leurs homologues nazis, dont la tâche était définie de manière autrement plus rigide. Ils pouvaient se transformer en brutes ou faire preuve de bonté. Ils pouvaient choisir de tuer les prisonniers au travail ou d'en garder en vie le plus possible. Ils pouvaient compatir avec les détenus dont ils avaient pu et dont ils pourraient à nouveau un jour partager le sort, ou essayer de profiter de leur coup de chance temporaire et traiter de haut leurs anciens et futurs camarades de souffrances.

Rien, dans leur passé, n'indiquait nécessairement la voie qu'ils suivraient, car les administrateurs du Goulag aussi bien que les simples gardes étaient d'origines ethniques et sociales aussi diverses que les détenus. De fait, quand on leur demande de décrire le caractère de leurs gardes, les survivants du Goulag répondent presque toujours qu'ils étaient très variables. J'ai posé la question à Galina Smirnova : dans son souvenir, « ils étaient, comme tout le monde, tous différents[63] ». Selon Anna Andreïevna, « il y avait des sadiques et des braves gens, tout ce qu'il y a de plus ordinaires ». Elle se souvenait aussi du jour où, peu après la mort de Staline, la chef comptable de son camp était entrée en trombe dans les bureaux, toute joyeuse, et les avait serrées dans ses bras en criant : « Retirez vos matricules, les filles, ils vont vous rendre vos vêtements[64] ! »

Irena Arginskaïa m'expliqua aussi que ses gardes n'étaient pas seulement « des gens très différents », mais qu'ils avaient aussi évolué au fil du temps. Les conscrits, en particulier, se conduisaient « comme des bêtes » quand ils étaient nouveaux dans le métier, tant ils étaient gavés de propagande ; « au bout d'un certain temps, cependant, ils commençaient à comprendre — pas tous, mais une bonne partie — et, souvent, ils changeaient »[65].

Certes, les autorités exerçaient des pressions sur les gardes et les administrateurs, les décourageant de témoigner la moindre gentillesse envers les prisonniers. Les archives de l'inspection du Goulag rapportent le cas d'un certain Levine, chef de la division du ravitaillement d'une section du Dmitlag en 1937, qui, du fait de son indulgence, fit l'objet d'une enquête serrée. Son crime était d'avoir autorisé un détenu à rencontrer son frère : normalement, des parents internés étaient séparés. On lui reprochait aussi d'être trop chaleureux avec les *zeks* en général, et avec un groupe de « mencheviks » en particulier. Lui-même ancien détenu du canal de la mer Blanche, Levine répondit qu'il ne savait pas que c'étaient des mencheviks. Il n'en fut pas moins condamné en 1937[66].

Reste que ces règles n'étaient pas appliquées rigoureusement. De fait, plusieurs hauts responsables de camp étaient réputés pour leur bonté envers les prisonniers. Dans *Le Stalinisme*, sa dénonciation du régime stalinien, l'historien et publiciste dissident Roy Medvedev donne l'exemple d'un directeur, V.A. Koundouch, qui prit au sérieux les demandes d'augmentation de la production au cours de la guerre. Il confia le travail de bureau aux prisonniers politiques les plus cultivés et se fit un devoir de bien traiter les détenus, veillant même à ce que certains d'entre eux bénéficient d'une libération anticipée. Pendant toute la durée de la guerre, son entreprise reçut le « Drapeau rouge » de la bonne gestion. Après la guerre, cependant, il fut à son tour arrêté, peut-être en raison de l'humanité même avec laquelle il avait transformé la production[67]. Lev Razgon décrit une prison de transit peu commune, à Gueorguïevsk, par laquelle lui-même et sa seconde femme, Rika, transitèrent :

> Le sol des cellules était non seulement balayé, mais même lavé. Les châlits étaient nettoyés. La nourriture abondante permettait d'oublier la faim perpétuelle des prisons de transit. Il y avait des bains où l'on pouvait se laver pour de vrai. Et ce qui frappa particulièrement Rika, ce fut l'existence d'une pièce où tout était prévu pour que les femmes pussent procéder à leur toilette[68]...

Et ce n'est pas un cas unique. Au cours de son itinéraire concentrationnaire, Genrikh Gorchakov, Juif russe arrêté en 1945, fut envoyé dans un camp pour invalides du complexe du Siblag. Le camp venait d'être repris en main par un nouveau commandant, un ancien officier du front qui n'avait pu trouver d'autre travail après la guerre. Prenant son travail au sérieux, il entreprit de construire de nouveaux baraquements, procura des matelas et même des draps aux prisonniers et réorganisa le système du travail au point de transformer le camp de fond en comble[69].

Un autre ex-*zek*, Alexei Pryadilov, arrêté à seize ans, fut envoyé dans un camp agricole de l'Altaï. Le chef y «dirigeait le camp comme une organisation économique et se conduisait envers les prisonniers non pas comme s'il s'agissait de criminels et d'ennemis, qu'il était nécessaire de "rééduquer", mais comme avec des travailleurs. Il était convaincu qu'il n'y avait pas de sens à essayer d'obtenir du bon travail de gens affamés[70]». Il arrivait même que des inspecteurs du Goulag découvrissent de bons commandants. Visitant le Birlag en 1942, l'un d'eux constata que les «prisonniers de cette usine font un travail excellent parce que leurs conditions sont excellentes». Les baraques étaient propres, chaque détenu avait ses draps et ses couvertures, de bons habits et de bons souliers[71].

Il y avait aussi des formes de bonté plus directes. La mémorialiste Galina Levinson se souvient d'un chef de camp qui dissuada une détenue de se faire avorter. «Quand tu quitteras le camp, tu seras seule, lui dit-il. Pense comme ce sera bon d'avoir un enfant.» Jusqu'à la fin de sa vie, la femme lui en fut reconnaissante[72]. Anatoli Jigouline parle lui aussi d'un «bon» chef de camp, qui «a sauvé de la mort des centaines de personnes», leur donnait du «camarades détenus» et ordonna au cuistot de mieux les nourrir. De toute évidence, observe Jigouline, il ne connaissait pas encore le règlement. Mariya Sandratskaïa, arrêtée parce que femme d'un «ennemi», parle aussi d'un chef de camp particulièrement attentif au sort des mères internées dans son camp, veillant à ce que la crèche marchât bien, que les femmes allaitant leurs enfants fussent bien nourries et que les mères ne fissent pas un travail trop dur[73].

En fait, la bonté était possible : à tous les échelons, il y en eut toujours une poignée pour résister à la propagande qui décrivait tous les prisonniers comme des ennemis, une poignée pour comprendre la réalité des choses. Et on est étonné par le nombre de mémorialistes qui signalent une expérience unique de bonté de la part d'un gardien de prison ou un cas singulier de considération. « Je ne doute pas, écrit Evguéni Gnedine, que dans la vaste armée des administrateurs de camp il y eût d'honnêtes travailleurs affligés par la mission qui leur était confiée de surveiller des gens entièrement innocents[74]. » Dans le même temps, cependant, la plupart des mémorialistes s'étonnent de voir combien ces marques de compassion étaient exceptionnelles. Car malgré de rares contre-exemples les prisons propres n'étaient pas la norme, beaucoup de camps étaient meurtriers, et la majorité des gardes traitaient les personnes confiées à leurs soins au mieux avec indifférence, au pire avec cruauté.

Nulle part, je le répète, la cruauté n'était réellement requise. Bien au contraire, la cruauté délibérée était officiellement réprouvée par l'administration centrale. Les gardes et administrateurs de camp qui faisaient montre d'une rudesse gratuite envers les détenus pouvaient être punis ; souvent, ils l'étaient. Les archives du Viatlag signalent le cas de gardes sanctionnés pour « battre systématiquement les *zeks* », voler les affaires des détenus et violer des détenues[75]. Dans les archives du Dmitlag, on trouve trace de condamnations infligées à des administrateurs de camp accusés de frapper les détenus sous l'empire de l'alcool. Dans les archives centrales du Goulag figurent les dossiers de commandants de camp punis pour avoir frappé des détenus, les avoir torturés au cours des enquêtes et les avoir fait partir en convoi sans vêtements appropriés pour l'hiver[76].

La cruauté persista cependant. Parfois, elle était authentiquement sadique. Prisonnier dans les années 1950, Viktor Boulgakov se souvient d'un garde, un Kazakh analphabète, qui trouvait apparemment plaisir à obliger les détenus à rester debout, à geler lentement, dans la neige, et d'un autre qui aimait à « faire étalage de sa force en tabassant » les détenus sans raison particulière[77]. Les archives du Goulag contiennent aussi, parmi bien d'autres dossiers semblables, la description du chef d'un *lagpounkt* de Volgostroï au cours de la guerre, le camarade Rechetov, qui mettait les *zeks* dans des cachots glaciaux pour les punir et ordonnait aux malades de travailler par un froid de canard, provoquant la mort de nombre d'entre eux[78].

Plus souvent, la cruauté ne tenait pas tant du sadisme que de la cupidité. Les gardes qui abattaient des fugitifs étaient récompensés en espèces et pouvaient même bénéficier de congés. Certains étaient donc tentés d'encourager de telles « évasions ». Jigouline en décrit les effets :

> Le soldat s'écriait :
> — Hé, toi, là-bas ! Apporte-moi cette souche pour que je m'asseye !
> — Elle est en territoire interdit, citoyen chef !
> — Ça fait rien, je te donne la permission. Va !
> Le gars sortait, une rafale de mitraillette, et plus de gars. Un cas typique. Banal[79].

Les incidents de ce type étaient fréquents. Les archives l'attestent. En 1938, quatre gardes de la VOKHR travaillant au Viatlag furent condamnés pour avoir tué deux détenus qu'ils avaient « poussés » à s'évader. Par la suite, il apparut que le commandant divisionnaire et son adjoint s'étaient également servis dans les affaires des prisonniers[80]. Dans ses souvenirs du Goulag « pro-soviétiques », publiés en URSS en 1964, l'écrivain Boris Diakov évoque aussi cette pratique de « provocation » à l'évasion[81]

De même que dans les convois, la cruauté, dans les camps, semblait parfois dériver de la colère ou de l'ennui de faire un travail aussi ingrat. Alors qu'elle travaillait comme infirmière dans un hôpital de la Kolyma, la communiste hollandaise Elinor Lipper passa une nuit au chevet d'un patient qui souffrait d'une pleurésie et d'une forte fièvre. Il avait aussi dans le dos un furoncle qui avait éclaté, à cause du garde qui l'avait conduit à l'hôpital :

> Hoquetant de douleur, il me raconta que le garde voulait en finir au plus vite de cette marche désagréable, et que, des heures durant, il avait fait avancer le prisonnier malade et fébrile à coups de trique. À la fin de la marche, il avait menacé de lui briser tous les os de son corps si l'homme rapportait à l'hôpital qu'il l'avait frappé.

Effrayé jusqu'au bout, l'homme refusa de répéter l'histoire en présence de non-détenus. « Nous le laissâmes mourir en paix, écrivit Lipper, et le garde continua comme si de rien n'était à frapper les prisonniers[82]. »

Le plus souvent, cependant, la cruauté des gardes soviétiques de camp était une cruauté irréfléchie, stupide, paresseuse, comme celle d'un berger avec ses bestiaux ou ses moutons. Si les gardes n'étaient pas explicitement invités à maltraiter les détenus, on ne leur apprenait pas non plus à les considérer, surtout les politiques, comme des êtres humains à part entière. Au contraire, on faisait tout pour leur inculquer la haine des prisonniers, qui étaient constamment décrits comme de « dangereux criminels, des espions et des saboteurs qui s'efforçaient de détruire le peuple soviétique ». Cette propagande avait un effet considérable sur des gens aigris par l'infortune, par des emplois dont ils ne voulaient pas et par de mauvaises conditions de vie[83]. Elle façonnait aussi la vision des travailleurs libres du camp — les gens du pays travaillant dans le camp et qui n'appartenaient pas au NKVD — ainsi que celle des gardes en armes : « Généralement, se souvient une détenue, nous étions isolés des travailleurs libres par un mur de défiance mutuelle. [...] Nos formes grises, sous escorte et parfois accompagnées de chiens, [étaient] probablement pour eux quelque chose de déplaisant, à quoi il valait mieux ne pas penser[84]. »

Ce fut vrai dès les années 1920, à l'époque où les gardes de Solovetski obligeaient les détenus frigorifiés à sauter dans les rivières quand ils criaient « Dauphin ! » Mais c'était pire encore, bien entendu, à la fin des années 1930, avec l'abaissement des politiques en « ennemis du peuple » et le durcissement des régimes concentrationnaires. En 1937, apprenant qu'un important convoi de trotskistes était en route pour la Kolyma, le chef du camp, Édouard Berzine, déclara à un groupe de collaborateurs : « Si ces porcs, qui sont en route pour ici, ont commis des sabotages sur le continent, on va s'assurer qu'ici, à la Kolyma, ils bossent pour l'Union soviétique. Nous avons les moyens de les forcer à travailler[85]... »

Même après la fin de la Grande Terreur, cependant, la propagande ne fléchit jamais vraiment. Tout au long des années 1940 et jusqu'au cœur de la décennie suivante, les prisonniers furent régulièrement présentés comme des criminels de guerre et des collaborateurs, des traîtres et des espions. Les nationalistes ukrainiens qui commencèrent à affluer dans les camps après la Seconde Guerre mondiale étaient diversement traités de « chiens sournois et serviles des bourreaux allemands », de « fascistes allemands ukrainiens » ou d'« agents des services secrets étrangers ». Lors d'un plénum du Comité central, Nikita Khrouchtchev, alors chef de l'Ukraine, déclara que les nationalistes ukrainiens « s'étaient suicidés en essayant de plaire à leur maître, Hitler, et d'obtenir juste une modeste partie du butin pour avoir joué les chiens[86] ». Pendant la guerre, les gardes traitaient presque tous les prisonniers politiques de « fascistes », d'« hitlériens » ou de « vlassovistes » (partisans du général Vlassov, qui désertèrent l'armée rouge pour soutenir Hitler).

C'était particulièrement humiliant pour les Juifs, pour les anciens combattants qui s'étaient battus avec courage contre les Allemands et pour les communistes étrangers qui avaient fui le fascisme dans leurs pays[87]. « Nous ne sommes pas des fascistes, pour la plupart nous sommes d'anciens membres du Parti », répliqua avec indignation le communiste yougoslave Karlo Stajner à un groupe de droit commun moqueurs, qui avaient traité de « fascistes » une brigade de politiques[88]. Margarete Buber-Neumann, communiste allemande qui ne fut libérée du Goulag que pour être directement transférée dans le camp de concentration allemand de Ravensbrück, raconte aussi qu'elle se fit traiter à mainte reprise de « fasciste allemande[89] ». Et quand un officier du NKVD arrêté, Mikhaïl Chreider, déclara à celui qui l'interrogeait que, étant juif, on ne pouvait guère l'accuser de collaborer avec Hitler, il s'entendit répondre qu'il n'était pas un Juif, mais « un Allemand déguisé en Juif[90] ».

Ces insultes n'étaient pas simplement un amuse ment puéril et absurde. Traiter leurs prisonniers d'« ennemis » et de « sous-hommes » était pour les gardes une manière de se rassurer quant à la légitimité de leurs actions. En fait, la rhétorique des « ennemis » n'était qu'une partie de l'idéologie des cadres du Goulag. L'autre partie — appelons-la la « rhétorique de l'esclavage d'État » — insistait constamment sur l'importance du travail et de la croissance continue de la production nécessaire à la survie de l'Union soviétique. Pour dire les choses sans détours : tout était justifiable du moment que ça permettait d'extraire davantage d'or. Alexeï Loginov, ancien directeur de la production et des camps de prisonniers de Norilsk, alors retraité, a parfaitement résumé cette thèse dans un entretien accordé à un documentariste britannique :

> Dès le début, nous savions parfaitement que jamais le monde extérieur ne laisserait en paix notre Révolution soviétique. Et Staline n'était pas le seul à l'avoir compris : tout le monde, tout communiste ordinaire, toute personne ordinaire comprenait qu'il ne nous fallait pas seulement construire, mais construire en sachant pertinemment que nous serions bientôt en guerre. Aussi dans ma région la recherche de toutes les sources de matières premières, de cuivre, de nickel, d'aluminium et de fer, etc., fut-elle incroyablement intense. Nous avions toujours connu les immenses ressources de Norilsk, mais comment les développer dans l'Arctique ? Toute l'affaire fut donc placée entre les mains du NKVD, du ministère des Affaires intérieures. Qui d'autre aurait pu s'en charger ? Vous savez combien de gens avaient été arrêtés. Et nous avions besoin de dizaines de milliers de gens là-bas[91]...

Loginov s'exprimait dans les années 1990, près d'un demi-siècle après que Norilsk eut cessé d'être un immense complexe carcéral. Mais ses propos font écho à ce qu'écrivait en 1964 Anna Zakharova, épouse d'un commandant de camp, dans une lettre au journal officiel, les *Izvestia,* qui refusa de la publier — mais qui parut par la suite dans la presse clandestine. Comme Loginov, Zakharova parlait aussi de devoir, et des sacrifices que son mari et elle avaient consentis pour la plus grande gloire de leur pays : « Le travail avec le monde du crime lui avait déjà ruiné la santé [celle de son mari] parce que tout le travail ici vous use les nerfs. Nous serions ravis d'aller ailleurs, parce que mon mari a déjà fait le temps réglementaire, mais ils ne le laisseront pas partir. C'est un communiste et un officier, et il est tenu par les obligations liées à sa position[92]. »

Une administratrice de camp, désireuse de conserver l'anonymat, m'a fait part de points de vue analogues. Elle me parla avec fierté du travail que ses prisonniers avaient accompli au bénéfice de l'URSS au cours de la guerre : « Absolument chaque détenu travaillait, gagnait son pain et donnait au front tout ce qu'il pouvait[93]. »

Dans ce cadre élargi de la loyauté à l'Union soviétique et à ses objectifs économiques, la cruauté perpétrée au nom des chiffres de production était parfaitement admirable aux yeux de ses auteurs. Plus précisément, la vraie nature de la cruauté, comme la vraie nature des camps, pouvait se dissimuler sous le jargon de l'économie. Après avoir interviewé un ancien administrateur du Karlag en 1991, le journaliste américain Adam Hochschild déplora : « À entendre le colonel, on ne pouvait pas savoir que c'était une prison. En fait, il parla presque exclusivement du rôle du Karlag dans l'économie soviétique. On aurait dit un chef régional du Parti très fier de lui. "Nous avions notre propre station d'expérimentation agricole. On travaillait aussi sur la reproduction du bétail. On y élevait une race spéciale de vache, la steppe rouge, ainsi que des têtes-blanches kazakhs..."[94]. »

Aux plus hauts niveaux, les administrateurs décrivaient souvent les détenus comme des machines ou des outils nécessaires pour réaliser le travail, un point c'est tout. On ne s'en cachait pas : ils formaient une main-d'œuvre commode et bon marché — un produit de première nécessité, au même titre que le ciment ou l'acier. Une fois de plus, Loginov, le commandant de Norilsk, le fit on ne peut mieux :

> Si nous avions envoyé des civils [à Norilsk], il nous aurait fallu d'abord construire des maisons pour les héberger. Et comment des civils pourraient-ils vivre ici ? Avec des détenus, c'est facile : il suffit d'une baraque, d'un four avec une cheminée, et ils survivent, Et puis, peut-être par la suite, un endroit où manger. Bref, dans les circonstances de l'époque, les prisonniers étaient la seule main-d'œuvre utilisable sur une aussi grande échelle. Si nous avions eu le temps, probablement n'aurions-nous pas procédé ainsi[95]...

En même temps, le jargon économique permettait à la direction des camps de justifier tout et n'importe quoi, même la mort : tout était pour un plus grand bien. Parfois, cet argument était poussé à l'extrême. Lev Razgon, par exemple, relate une conversation entre le colonel Tarassiouk, qui commandait alors l'Oustvymlag, et un médecin du camp, Kogan, qui commit l'erreur de se vanter auprès du commandant du nombre de patients qu'il avait « arrachés aux griffes de la pellagre », maladie causée par la famine et le manque de protéines. Selon Razgon, s'ensuivit ce dialogue :

> Tarassiouk : Qu'est-ce qu'on leur donne ?
>
> Kogan : Tous reçoivent la ration antipellagre, établie par la section médicale du Goulag : tant de protéines pour tant de calories.
>
> Tarassiouk : Combien d'entre eux iront en forêt et quand ?
>
> Kogan : Il est évident qu'ils n'iront plus jamais. Mais ils vont vivre, et un jour on pourra leur confier de petits travaux.
>
> Tarassiouk : Supprimez la ration antipellagre. Notez : désormais ces rations seront réservées à ceux qui travaillent en forêt. Donnez aux convalescents la ration d'invalidité.
>
> Kogan : Camarade colonel ! Je me suis sans doute mal expliqué ! Ces hommes ne peuvent survivre qu'à condition de manger cette ration spéciale. Les invalides reçoivent 400 grammes de pain... S'ils n'ont que ça, ils mourront dans les dix jours... On n'a pas le droit !
>
> Tarassiouk regarda ce médecin révolté avec une certaine curiosité.
>
> — C'est votre éthique médicale qui le veut ?
>
> — C'est impossible.
>
> — Je me fiche de l'éthique, dit Tarassiouk calmement, sans aucun signe de colère. Vous avez noté ? On continue.
>
> Les 246 convalescents moururent en un mois[96].

Ces conversations ne sont ni uniques ni apocryphes : les archives le prouvent. Un inspecteur, évoquant dans son rapport les conditions de vie des prisonniers à Volgostroï au cours de la guerre, déplora que l'administration du camp « s'intéressât exclusivement à la production de bois [...] et pas le moins du monde à la nourriture et à l'habillement des détenus, qu'elle envoyait au travail sans considérer leur aptitude physique, sans s'inquiéter de savoir s'ils étaient habillés, sains et nourris[97] ». On trouve aussi dans les dossiers ces propos, tenus en janvier 1943, lors d'une réunion d'officiers du Viatlag. Parlant le langage parfaitement neutre des statistiques, le camarade Avroutski fit la proposition suivante : « Nous avons 100 % de notre force de travail, mais nous sommes incapables d'accomplir notre programme parce que le groupe B continue de croître. Si la nourriture que nous avons donnée au groupe B était donnée à un autre contingent, il n'y aurait aucun groupe B, et nous remplirions le programme[98]... » L'expression « groupe B » désignait, bien entendu, les détenus les plus faibles, qui cesseraient en effet d'exister si on les privait de nourriture.

Si les directeurs de camp avaient le luxe de pouvoir prendre ces décisions très loin des personnes directement concernées, la proximité n'inspirait pas davantage de compassion aux échelons inférieurs de la hiérarchie. Le Polonais Kazimierz Zarod se trouvait dans une colonne de prisonniers en marche vers un nouveau camp. Privés de toute nourriture, les détenus commencèrent à fléchir. L'un d'eux finit par tomber : impossible de se relever. Un garde braqua son arme sur lui. Un deuxième menaça de tirer :

> « Au nom de Dieu, gémissait l'homme, laissez-moi juste me reposer le temps de retrouver des forces.
>
> — Tu marches ou tu crèves », a répondu le premier garde...
>
> Je l'ai vu lever son fusil et viser... Je n'arrivais pas à croire qu'il allait tirer. À cet instant, les hommes de la colonne, derrière moi, s'étaient regroupés, et je n'ai pas bien vu la suite. Mais soudain a retenti un coup de feu, suivi d'un second, et j'ai su que l'homme était mort.

Mais Zarod rapporte aussi que tous ceux qui tombaient en marchant n'étaient pas abattus. Si c'étaient des jeunes qui étaient trop épuisés pour faire un pas de plus, on les ramassait pour les balancer dans une carriole, « où ils restaient comme des sacs, le temps de récupérer... La logique, telle que je la percevais, c'était que les jeunes se remettraient et qu'ils avaient encore des ressources pour travailler, tandis que les vieux, il ne valait pas la peine de les sauver. À coup sûr, ceux qu'on balançait comme un paquet de vieilles guenilles sur un chariot ne se retrouvaient pas là pour des raisons humanitaires. Les gardes avaient beau être des jeunes, ils avaient déjà fait la route et avaient apparemment perdu tout sentiment humain[99]. »

Bien qu'il n'y ait pas de mémoires pour le confirmer, cette attitude valait certainement aussi au sommet de la hiérarchie du système concentrationnaire. Au fil des chapitres précédents, j'ai régulièrement cité des rapports tirés des dossiers de l'inspection du Goulag, relevant des services des procureurs soviétiques. Ces rapports, d'une régularité et d'une précision remarquables, se distinguent par leur honnêteté. Ils font état des épidémies de typhus, des pénuries de vivres et du manque de vêtements. Ils déplorent les taux de mortalité « trop élevés » de certains camps. Ils reprochent vivement aux directeurs de divers camps d'assurer des conditions de vie impropres aux détenus. Ils estiment le nombre de « journées de travail » perdues pour cause de maladies, d'accidents et de décès. À les lire, il n'est pas permis d'en douter : à Moscou, les patrons du Goulag savaient — de source sûre — à quoi ressemblait la vie dans les camps. Tout est là, dans une langue tout aussi franche que celle d'un Soljenitsyne ou d'un Varlam Chalamov[100].

Certes, il y eut parfois des changements, des commandants furent à l'occasion sanctionnés, mais les rapports frappent d'abord par leur caractère répétitif : ils font penser à l'absurde culture de l'inspection bidon si magnifiquement décrite au XIXe siècle par Nicolas Gogol. Comme si les formes étaient observées, les rapports rédigés, la colère rituelle exprimée... et les effets réels sur les êtres humains ignorés. Comme par routine, on reprochait aux directeurs de camp de ne pas améliorer les niveaux de vie. Pendant ce temps, les niveaux de vie ne progressaient pas, et la discussion s'arrêtait là.

En fin de compte, personne ne forçait les gardes à sauver les jeunes et à abattre les vieux. Personne n'obligeait les commandants de camp à tuer les malades. Personne ne forçait les patrons du Goulag, à Moscou, à fermer les yeux sur les rapports d'inspection et à faire fi de leurs implications. Or, toutes ces décisions étaient prises ouvertement, tous les jours, par des gardes et des administrateurs apparemment convaincus d'avoir le droit de les prendre.

L'idéologie de l'esclavage d'État n'était pas non plus le propre des maîtres du Goulag. Les prisonniers étaient eux aussi invités à coopérer... et certains le firent.

CHAPITRE 14

Les prisonniers

> L'homme est un être qui s'habitue à tout : c'est, je crois, sa meilleure définition.
>
> FIODOR DOSTOÏEVSKI, *Récits de la maison des morts* [1].

OURKI : LES TRUANDS

Pour le prisonnier politique sans expérience, la jeune paysanne arrêtée pour avoir volé une miche de pain, le déporté polonais pris au dépourvu, la première rencontre avec les *ourki*, les professionnels du crime en Union soviétique, ne pouvait manquer de dérouter et de choquer, de plonger dans des abîmes de perplexité. Evguénia Guinzbourg croisa ses premières criminelles alors qu'elle embarquait pour la Kolyma :

> Ce n'étaient pas des garces banales, mais l'extrême du monde de la délinquance : des récidivistes, des homicides, des perverses, des maniaques sexuelles. [...] Elles commencèrent aussitôt à terroriser les *frauen*, les « subversives ». Elles étaient enthousiasmées par l'idée qu'il existait des gens, les « ennemis du peuple », encore plus

méprisés, encore plus pestiférés qu'elles. [...] Elles s'emparèrent de notre pain, arrachèrent de nos baluchons les derniers haillons qui nous restaient, nous chassèrent des places que nous occupions[2].

Sur la même route, Alexandre Gorbatov — général, héros de guerre soviétique, qui n'était pas un poltron — se fit voler ses bottes dans la cale du *Djourma*, alors que le navire traversait la mer d'Okhotsk :

L'un d'eux me frappa sur la poitrine, puis sur la tête et dit d'un air sadique : « Regarde-moi ça, il me vend ses bottes il y a quelques jours, empoche le fric, et puis il refuse de me les donner ! » Ils ont filé avec leur butin, riant à gorge déployée, et n'ont arrêté que pour me frapper de nouveau quand, complètement désespéré, je les ai suivis en les implorant de me les rendre[3].

Des douzaines d'autres mémorialistes décrivent des scènes analogues. Les truands fondaient sur les autres détenus dans une espèce de furie, les jetant à bas des couchettes dans les baraques ou les trains, volant le peu d'habits qu'il leur restait, gueulant, jurant et insultant. Pour des gens ordinaires, leur apparence même et leur conduite semblaient bizarres. Le prisonnier polonais Antoni Ekart fut horrifié par « l'impudeur totale avec laquelle [les *ourki*] se soulageaient de leurs besoins naturels — masturbation comprise. Cela leur donnait une ressemblance frappante avec les singes[4] ». Mariya Ioffé, épouse d'un bolchevik célèbre, écrit, elle aussi, que les voleurs forniquaient au grand jour, se promenaient nus dans les baraquements et n'avaient aucune espèce de sentiment pour qui que ce soit : « Seuls leurs corps étaient en vie[5]. »

C'est seulement au bout de quelques semaines ou mois dans les camps que les novices commençaient à comprendre que le monde du crime n'était pas uniforme, qu'il avait sa hiérarchie propre, son système de grades à lui ; qu'en réalité il y avait plusieurs espèces de truands. Lev Razgon explique : « Le monde criminel était scindé en castes, en associations dotées d'une discipline de fer, d'une masse de lois et de règles, et la moindre infraction était impitoyablement punie, au mieux, d'une exclusion définitive de la grande truanderie et, bien souvent, de mort[6]. »

Karol Colonna-Czosnowski, prisonnier polonais qui se retrouva seul « politique » dans un camp forestier du Nord exclusivement composé de criminels, observa également ces différences :

> En ce temps-là, le criminel russe avait une conscience de classe très aiguë. En fait, pour eux, la classe, c'était tout. Dans leur hiérarchie, le haut du panier, ceux qui avaient dévalisé des banques ou des trains, étaient membres de la classe supérieure. Gricha Tchorni, le chef de la mafia du camp, était des leurs. À l'autre extrémité de l'échelle sociale, se trouvaient les petits escrocs, les pickpockets par exemple. Les caïds s'en servaient comme valets et messagers ; ils étaient peu considérés. Tous les autres crimes formaient le gros de la classe moyenne, mais là encore, il y avait des distinctions.
>
> À bien des égards, cette étrange société était une réplique, caricaturale, du monde « normal ». On y trouvait l'équivalent de toutes les vertus et tares humaines, dans chacune de leurs nuances. Par exemple, on reconnaissait sans mal l'ambitieux en pleine ascension, le snob, l'arriviste, le tricheur aussi bien que l'homme honnête et généreux[7]...

Au sommet de cette hiérarchie, édictant les règles pour tous les autres, se trouvaient les professionnels du crime. Connus sous le nom d'*ourki*, de *blatnoï* ou, s'ils faisaient partie de l'élite la plus fermée de la pègre, *vory v zakone* — « les voleurs dans la loi » ou « le milieu » —, les professionnels russes du crime se conformaient à toute une série de règles et de coutumes qui étaient antérieures au Goulag et qui lui ont survécu. Ils n'avaient rien à voir avec l'immense majorité des pensionnaires du Goulag qui avaient été condamnés « au criminel ». Les criminels dits « ordinaires » — les gens condamnés pour menus larcins, infractions au règlement sur le lieu de travail ou autres crimes non politiques — détestaient le milieu aussi viscéralement qu'ils haïssaient les politiques.

Et cela n'a rien de surprenant : les membres du milieu avaient une culture très différente de celle du citoyen soviétique moyen. Celle-ci trouvait ses origines dans les bas-fonds du crime de la Russie tsariste, dans les communautés de voleurs et de mendiants qui contrôlaient le monde du petit crime en ce temps-là[8]. Mais elle avait pris une extension considérable dans les premières décennies du régime soviétique du fait des centaines de milliers d'orphelins — victimes directes de la Révolution, de la guerre civile et de la collectivisation — qui s'étaient débrouillés pour survivre, d'abord comme enfants des rues, puis comme voleurs. À la fin des années 1920, avec l'expansion massive des camps, les professionnels du crime étaient devenus un monde à part, avec un code de conduite draconien qui leur interdisait quelque rapport que ce soit avec l'État soviétique. Qui faisait partie du milieu refusait de travailler, refusait de posséder un passeport et refusait de coopérer en aucune manière avec les autorités soviétiques, à moins que ce ne fût pour les exploiter : les « aristocrates » de la pièce de Nikolaï Pogodine (1934) sont déjà identifiables comme des truands qui refusent, par principe, de travailler[9].

Pour la plupart, les programmes d'endoctrinement

et de rééducation du début des années 1930 visaient la pègre plutôt que les prisonniers politiques. « Socialement proches » (*sotsialno-blizki*), par opposition aux politiques, qui étaient « socialement dangereux » (*sotsialno-opasnyi*), les truands étaient réputés amendables. À la fin des années 1930, cependant, il semble que les autorités aient renoncé à l'idée de réformer les professionnels du crime et décidé de les utiliser pour contrôler et intimider les autres prisonniers, en particulier les « contre-révolutionnaires », que les truands détestaient naturellement[10].

Ce n'était pas complètement nouveau. Un siècle plus tôt, les criminels condamnés en Sibérie détestaient déjà les politiques. Dans ses *Récits de la maison des morts*, souvenirs légèrement romancés de ses cinq années de bagne, Dostoïevski rapporte les remarques d'un codétenu : « Oui, ils n'aiment pas les nobles, remarqua-t-il, surtout les politiques, ils les mangeraient tout vifs, et ça se comprend... D'abord, vous êtes d'autres hommes qui ne leur ressemblent pas [...][11]. »

De 1937 jusqu'à la fin de la guerre, en Union soviétique, l'administration des camps déploya ouvertement de petits groupes de professionnels du crime afin de contrôler les prisonniers. À cette époque, les caïds ne travaillaient pas, mais veillaient à ce que les autres le fissent[12]. Voici le tableau qu'en brosse Lev Razgon :

> Ils ne travaillaient pas, mais avaient droit à un salaire plein ; ils percevaient un tribut sur tous les « caves », ceux qui travaillaient ; ils confisquaient la moitié des colis ou des achats au magasin du camp ; ils dépouillaient sans se gêner les nouveaux convois, s'attribuaient les meilleurs vêtements. Bref, ils « rackettaient » à tout-va, étaient des gangsters, les membres d'une petite mafia. Les droit com-

mun — la majorité des détenus — ne pouvaient [les] encadrer[13].

Certains politiques trouvèrent le moyen de s'entendre avec les truands, surtout après la guerre. Quelques caïds aimaient avoir des politiques comme mascottes ou acolytes. Alexander Dolgun acquit le respect du caïd d'un camp de transit en frappant un petit délinquant[14]. En partie parce qu'il avait lui aussi eu le dessus sur un criminel dans une bagarre aux poings, Marlen Korallov — jeune prisonnier politique, plus tard membre fondateur de la Société du Mémorial —, se fit remarquer par le caïd de son camp, Nikola, qui lui permit de s'asseoir auprès de lui dans les baraques. Cette décision changea son statut dans le camp, où il fut aussitôt considéré comme « protégé » et bénéficia d'un meilleur emplacement pour dormir : « Le camp comprenait : si je faisais maintenant partie de la *troïka* autour de Nikola, c'est que j'appartenais à l'élite du camp… Instantanément, tous changèrent d'attitude envers moi[15]. »

Le plus souvent, cependant, la pègre avait un pouvoir absolu sur les politiques. Leur statut supérieur aide à comprendre pourquoi, suivant les mots d'un criminologue, ils se sentaient « à l'aise » dans les camps : ils vivaient mieux que les autres prisonniers et avaient dans les camps un vrai pouvoir qui leur était refusé à l'extérieur[16]. Nikola, explique par exemple Korallov, occupait le « seul lit de fer » de la baraque, qui avait été installé dans un angle. Personne d'autre n'y dormait, et un groupe de ses acolytes rôdaient tout autour pour s'assurer que personne n'en approchât. Ils accrochèrent aussi des couvertures sur les côtés des lits autour de leur chef, pour empêcher les regards indiscrets. L'accès à l'espace autour du chef était soigneusement contrôlé. Ces détenus parlaient même de la longueur de leur peine avec une fierté de macho. Et Korallov d'ajouter :

> Il y avait des jeunes gars qui, pour accroître leur autorité, faisaient une tentative d'évasion, une tentative désespérée, et écopaient alors de vingt-cinq ans de plus, et peut-être vingt-cinq ans encore pour sabotage. Du coup, quand ils débarquaient dans un nouveau camp, et racontaient qu'ils avaient été condamnés à cent ans, cela en faisait des types importants suivant la morale du camp[17].

Cette supériorité rendait les truands attrayants aux yeux des jeunes détenus, qui étaient parfois intégrés dans la fraternité moyennant des rites d'initiation élaborés. Suivant les récits compilés par les officiers de la police secrète et les administrateurs de prison dans les années 1950, les nouveaux membres du clan devaient jurer par serment d'être un « voleur digne » et d'accepter les règles strictes de la vie du milieu. D'autres truands recommandaient le novice, peut-être en le louant d'avoir « défié la discipline du camp » et en lui conférant un surnom. La nouvelle du « couronnement » faisait le tour du camp *via* le réseau de contacts des voleurs en sorte que, même si le nouveau était transféré dans un autre *lagpounkt*, il conservait son statut[18].

Tel est le système que Nikolaï Medvedev (sans lien avec les intellectuels de Moscou) trouva en 1946. Arrêté adolescent pour vol de grains dans une ferme collective, un truand le prit sous son aile au cours des transports et l'initia progressivement au milieu. À son arrivée à Magadan, Medvedev fut mis au travail comme les autres. Il fut chargé de nettoyer le réfectoire. Ce n'était pas un travail très lourd, mais son mentor lui cria d'arrêter : « Ainsi, je n'ai pas travaillé, tout comme les autres truands ne travaillaient pas. » D'autres faisaient son boulot à sa place[19].

Comme l'explique Medvedev, l'administration du camp se fichait pas mal que certains détenus travaillent ou pas. « Une seule chose lui importait : que la mine produise de l'or, autant d'or que possible, et que l'ordre règne dans le camp. » Et, comme il l'écrit d'un ton plutôt approbateur, les truands y veillaient. Ce que le camp perdait en heures de travail des détenus, il le gagnait en discipline : « Si quelqu'un en offensait un autre, c'est aux autorités "criminelles" qu'ils allaient se plaindre », non pas à celles du camp. Ce système, à l'en croire, maintenait assez bas le niveau des violences et des rixes, qui eût été autrement hallucinant[20].

Le bilan positif que Nikolaï Medvedev brosse du règne des voleurs dans les camps est inhabituel, en partie parce qu'il décrit le milieu de l'intérieur — beaucoup d'*ourki* étaient illettrés et n'ont pas écrit de souvenirs —, mais aussi et surtout par sa bienveillance. La plupart des chroniqueurs « classiques » du Goulag — témoins de la terreur, des vols et des viols que la pègre faisait subir aux autres pensionnaires des camps — les détestaient viscéralement. « Les truands, eux, ne sont pas des hommes », écrit carrément Varlam Chalamov. « Les crimes des voleurs sont innombrables dans les camps[21]. » Même constat chez Soljenitsyne : « C'est précisément ce monde des hommes en général, notre monde, avec sa morale, ses habitudes de vie et sa manière d'être les uns avec les autres, qui est ce que les truands haïssent le plus, ce dont ils se moquent le plus, ce qu'ils opposent le plus à leur propre mitan antisocial, antisociété[22]. » Anatoli Jigouline a fait un récit saisissant de la façon dont les truands imposaient effectivement leur « ordre ». Un jour qu'il était assis à la cantine, quasiment vide, il entendit deux ouvriers se disputer à propos d'une cuiller. Soudain, Dezemiya, le premier «adjoint» du caïd du camp, fit irruption :

> — Qu'est-ce que c'est que ce chahut ? Pourquoi cette dispute ? Il est interdit de troubler le silence à la cantine !
> — Mais il a pris ma cuiller, il m'a fourgué la sienne à la place. La mienne était entière, et lui il m'en a refilé une cassée rafistolée avec un fil de fer !
> — Je m'en vais vous punir tous les deux et vous réconcilier, moi, dit-il dans un éclat de rire. Et d'un geste leste, rapide comme l'éclair, il a crevé un œil à chacun avec les extrémités de sa pique[23].

Les truands avaient assurément une forte influence sur la vie des camps. Leur argot, si différent du russe ordinaire qu'on est presque habilité à en faire une langue distincte, devint le moyen de communication le plus important dans les camps. Quoique réputé pour son immense répertoire de jurons raffinés, une liste de l'argot de la pègre compilée dans les années 1980 (beaucoup de mots étaient encore les mêmes que dans les années 1940) compte aussi des centaines de mots pour les objets ordinaires, y compris les habits, les parties du corps et les ustensiles qui n'ont strictement rien à voir avec les mots russes usuels. Pour les objets présentant un intérêt particulier — argent, prostitué(e)s, vol et larrons —, il y avait littéralement des douzaines de synonymes. Outre les termes généraux pour le crime (dont *po mouzike khodit*, littéralement «se mettre au diapason»), il y avait quantité d'expressions spécifiques pour le vol : voler dans une gare (*derjat sadkou*), voler dans un bus (*markou derjat*), vol à la tire (*idti na chalynouniou*), vol en plein jour (*dennik*), voleur qui a fauché dans une église (*kliousvennik*), etc.[24].

Apprendre à parler le *blatnoe slovo*, « l'argot des truands » — parfois appelé *blatnaïa mouzyka*, littéralement, la « musique des truands » — était un rituel d'initiation par lequel la plupart des prisonniers devaient passer, mais pas nécessairement de plein gré. Certains ne devaient jamais s'y faire. Une politique écrivit par la suite :

> Le plus dur à supporter dans un camp de ce genre, ce sont les invectives et les injures incessantes... L'argot qu'emploient les criminelles est tellement obscène qu'il en est insupportable ; on dirait qu'elles ne peuvent se parler qu'en employant les mots les plus vils et grossiers. Quand elles se mettaient à jurer et à invectiver ainsi, nous avions une telle haine que nous nous disions l'une à l'autre : « Si elle crevait à côté de moi, je ne lui donnerais pas une goutte d'eau. »[25].

D'autres ont essayé de l'analyser. Dès 1925, un prisonnier de Solovetski s'interrogea sur les origines de ce riche vocabulaire dans un article qu'il écrivit pour *Solovetskie Ostrova*, une des revues du camp. Certains mots, observe-t-il, reflètent simplement la morale des truands : pour parler des femmes, le vocabulaire était partagé entre l'obscénité et la guimauve. Certains mots étaient dictés par le contexte : les truands employaient « frapper » (*stoukat*) au lieu de « parler » (*govorit*), ce qui est parfaitement sensé puisque les détenus frappaient sur les murs pour communiquer les uns avec les autres[26]. Un autre ancien détenu observe qu'un certain nombre de mots — *chmon*, pour « recherche », *mousor* pour « flic », *fraier* pour « non-criminel » (qu'on peut aussi traduire par « cave ») — semblent venir de l'hébreu ou du yiddish[27]. Peut-être est-ce un témoignage du rôle joué par la grande ville portuaire d'Odessa, à forte population juive et jadis capitale des contrebandiers, dans le développement de la culture de la pègre.

De temps à autre, l'administration des camps essaya même d'éliminer l'argot. En 1933, le commandant du Dmitlag ordonna à ses subordonnés de « prendre de mesures appropriées » afin d'amener les prisonniers — aussi bien que les gardes et administrateurs du camp — à cesser d'utiliser l'argot du milieu, qui était désormais « d'usage général, même dans les lettres et discours officiels »[28]. Rien n'indique qu'il y ait réussi.

La crème des truands ne paraissaient pas simplement différents des autres prisonniers. Ils avaient aussi une tout autre allure. Plus encore peut-être que leur argot, leur habillement et leur étrange sens de la mode en faisaient une caste à part, bien identifiable, qui ajoutait encore à leur pouvoir d'intimidation sur les autres prisonniers. Dans les années 1940, si l'on en croit Chalamov, tous les membres du milieu portaient des croix d'aluminium autour du cou, sans nulle intention religieuse : c'était « un signe de reconnaissance ». Mais les modes changèrent :

> Dans les années vingt, les truands portèrent des casquettes d'étudiant d'institut technique, et encore avant des casquettes d'officier de marine. Dans les années quarante, l'hiver, ils mettaient des toques de fourrure, relevaient les tiges de leurs bottes et portaient une croix au cou. C'était en général une croix lisse mais, s'il se trouvait des artistes, ils les obligeaient à graver sur leur croix leur sujet préféré : un cœur, une carte, un crucifix, une femme nue[29]...

Gueorgui Feldgoun, également interné dans les années 1940, se souvient que les détenus avaient une façon de marcher à eux, « par petits pas, les jambes un peu écartées», et portaient des couronnes dentaires d'or ou d'argent qu'ils s'étaient fait poser par une sorte de mode: «Le *vor* de 1943 circulait normalement en costume trois-pièces bleu foncé, avec les pantalons rentrés dans des bottes de veau chromé. Une chemise sous le veston, qu'il ne rentrait pas. Ainsi qu'une casquette, tirée sur les yeux. Et des tatouages, habituellement sentimentaux: "Jamais je n'oublierai ma mère adorée." "Il n'y a pas de bonheur dans la vie..."[30].»

Ces tatouages, dont beaucoup d'autres font état, contribuaient aussi à distinguer les membres du milieu des criminels ordinaires, et à identifier le rôle de chaque truand dans ce monde. Selon un historien des camps, il y avait des tatouages différents pour les homosexuels, les drogués, ceux qui avaient été condamnés pour viols et les meurtriers[31]. Soljenitsyne est plus explicite:

> Une peau bronzée qu'ils confient à l'art du tatoueur, ce qui satisfait en permanence leurs exigences artistiques, érotiques et même morales: ils peuvent contempler, sur la poitrine, le ventre et le dos l'un de l'autre des aigles puissants posés sur un rocher ou prenant leur essor dans le ciel; un *luisant* (soleil) qui envoie des rayons dans tous les sens; des femmes et des hommes accouplés; ainsi que certains organes de leurs jouissances; soudain, à côté d'un soleil, Lénine ou Staline ou même tous les deux [...]. De quoi rire parfois: un amusant chauffeur de locomotive qui s'en va jeter du charbon jusque dans la raie des fesses, ou bien un singe s'adonnant à l'onanisme. Et ils liront l'un sur l'autre des inscriptions certes familières, mais qui ne leur en sont pas moins chères dans leur répétition: «Tous les minables, je les enc...!» [...] Ou bien, sur le ventre d'une jeune fille truande: «Je mourrai pour un enc... ge à chaud!»[32].

En tant qu'artiste professionnel, Thomas Sgovio fut rapidement mis à contribution comme tatoueur. Un jour, quelqu'un lui demanda de lui dessiner la tête de Lénine sur la poitrine: l'idée courait en effet chez les truands que jamais un peloton d'exécution ne tirerait sur un portrait de Lénine ou de Staline[33].

Les truands se distinguaient aussi des autres détenus par leur façon de se divertir. Des rituels élaborés entouraient leurs parties de cartes, qui n'allaient pas sans grands risques, liés tant aux parties elles-mêmes, dont les enjeux étaient élevés, qu'aux autorités, qui châtiaient quiconque était pris en flagrant délit[34]. Mais les risques faisaient probablement une partie de leur attrait aux yeux des gens habitués au danger: Dimitri Likhatchev, le critique littéraire emprisonné à Solovetski, note que maints truands « comparent leurs émotions au cours d'une partie de cartes à celles qu'ils ressentent en commettant un crime[35] ».

En fait, les criminels déjouaient tous les efforts du NKVD pour mettre fin à leurs parties. Fouilles et confiscations ne servaient à rien. Parmi les truands, des « experts » étaient spécialisés dans la production de jeux de cartes — opération qui, dans les années 1940, était devenue hautement sophistiquée. Pour commencer, l'« expert » découpait des carrés de papier avec une lame de rasoir. Pour obtenir des cartes assez robustes, il en collait cinq ou six ensemble avec une « colle » fabriquée en frottant un bout de pain humide contre un mouchoir. Après quoi, il plaçait les cartes sous un des châlits, histoire de les laisser durcir. Quand elles étaient prêtes, il imprimait les couleurs sur la carte grâce à un timbre découpé dans le fond d'un quart. Pour les cartes noires, il utilisait des cendres. S'il avait à portée de main de la streptomycine — si le médecin du camp ou de la prison en avait, et qu'on pût le menacer ou le soudoyer —, il fabriquait également des cartes rouges[36].

Les rituels entourant les parties étaient encore un aspect de la terreur que les criminels exerçaient sur les politiques. Entre eux, les truands jouaient de l'argent, du pain et des vêtements. Quand ils perdaient leur mise, ils jouaient l'argent, le pain et les habits des autres. Gustaw Herling fut témoin d'un incident de ce genre dans un wagon Stolypine à destination de la Sibérie. Il voyageait avec un camarade polonais, Chklovski. Dans la même voiture, trois *ourki*, dont «une espèce de gorille avec un visage plat de Mongol» jouait aux cartes lorsqu'il «jeta soudain ses cartes, sauta de son banc et se dirigea vers Chklovski»:

> «Donne-moi cette capote, cria-t-il. Je viens de la perdre aux cartes.»
>
> Chklovski ouvrit les yeux et haussa les épaules sans bouger de sa place.
>
> «Donne-la-moi! hurla le gorille, fou de rage, ou bien — *glaza vykolou* —, je t'arrache les yeux!»
>
> Le colonel se leva lentement et lui tendit la capote.
>
> Ce n'est que plus tard, au camp de travail, que je compris le sens de cette scène étrange. Mettre comme enjeu les biens des autres prisonniers, au cours d'une partie de cartes, est l'une des distractions favorites des *ourki*; son intérêt principal tient à ce que le perdant est obligé de forcer la victime à donner l'objet sur lequel les joueurs se sont mis d'accord auparavant[37].

Une détenue se retrouve dans toute une baraque de femmes qui avait été «perdue» au cours d'une partie de cartes. Lorsqu'elles apprirent la nouvelle, les femmes attendirent anxieusement plusieurs jours durant, «incrédules». Puis, une nuit, ce fut l'attaque: «Ce fut un vacarme terrifiant... les femmes hurlèrent, crièrent comme des damnées, jusqu'à ce que les hommes viennent à notre secours... Finalement, il n'y eut que quelques ballots de vêtements volés et la staroste reçut un coup de couteau[38]. »

Mais les cartes pouvaient être tout aussi dangereuses pour les professionnels du crime. Le général Gorbatov rencontra à la Kolyma un truand qui n'avait plus que deux doigts à la main gauche et qui lui expliqua :

> Je jouais aux cartes et j'ai perdu. Je n'avais pas d'espèces et j'ai mis en jeu un beau costume, pas le mien bien entendu, celui d'un politique. Je comptais le prendre dans la nuit, quand le nouveau se serait déshabillé pour se mettre au lit. Je devais le remettre avant huit heures du matin ; mais, ce même jour, ils ont transféré le politique dans un autre camp. Notre conseil des anciens m'a infligé un châtiment. Le plaignant voulait me faire couper tous les doigts de la main gauche. Les anciens ont proposé deux. Après une petite négociation, ils se sont mis d'accord sur trois. Alors j'ai posé ma main sur la table et le gars qui m'avait battu a pris un bout de bois et, en cinq coups, m'a fait sauter trois doigts..

Et l'homme de conclure, presque fièrement : « Nous avons nos lois nous aussi, sauf qu'elles sont plus rudes que les vôtres. Si vous estampez vos camarades, vous devez en répondre[39]. » De fait, les rituels judiciaires des truands étaient aussi élaborés que leurs cérémonies initiatiques, avec une « cour », un procès et une condamnation qui pouvait aller des coups à l'humiliation ou même à la mort. Colonna-Czosnowski fut témoin d'une partie de cartes longue et acharnée entre deux caïds. À la fin, l'un d'eux avait tout perdu. Plutôt qu'un bras ou une jambe, le gagnant exigea en guise de peine une terrible humiliation : il chargea « l'artiste » de la baraque de tatouer sur le visage du malheureux un énorme pénis pointé vers sa bouche. Quelques minutes plus tard, le perdant s'appliqua un tisonnier chaud sur la figure : il effaça ainsi le tatouage mais en resta balafré à vie[40]. Anton Antonov-Ovseenko, fils d'un dirigeant bolchevique, raconte aussi avoir rencontré un « sourd-muet » dans les camps : ayant perdu aux cartes, il avait en conséquence été privé pour trois ans de l'usage de la parole. Alors même qu'il avait été ballotté de camp en camp, il n'osait pas faire la moindre entorse à cette condamnation, car chaque *ourka* du coin était au courant : « Les violations de cet accord étaient passibles de la peine de mort. Nul n'échappe à la loi des truands[41]. »

Les autorités étaient au courant de ces rituels et tentèrent à l'occasion d'intervenir, pas toujours avec succès. En 1951, dans une affaire de ce genre, un tribunal de la pègre condamna à mort un des siens, un certain Iourilkine. Ayant eu vent de la condamnation, les autorités du camp le transférèrent d'abord dans un autre camp, puis dans une prison de transit, et enfin dans un troisième camp situé dans une tout autre partie du pays. Deux truands finirent cependant par retrouver sa trace et le tuer, quatre ans plus tard. Ils furent eux-mêmes à leur tour jugés et exécutés, mais de telles condamnations n'étaient pas même dissuasives. En 1956, les services du procureur soviétique mirent en circulation une note pour déplorer avec agacement que « cette formation criminelle existe dans tous les camps de redressement par le travail et que, souvent, la décision prise par le groupe de tuer un prisonnier ou un autre qui se trouve dans un autre camp est exécutée dans ce camp aveuglément[42] ».

Les tribunaux de la pègre pouvaient aussi infliger des châtiments aux gens de l'extérieur, ce qui explique peut-être pourquoi ils inspiraient une telle terreur. Lev Finkelstein, prisonnier politique au début des années 1950, se souvient d'une vengeance de ce type :

> Je n'ai personnellement vu qu'un seul meurtre, mais il était très spectaculaire. Vous voyez à quoi ça ressemble, une grosse lime métallique ? Une lime de ce genre, aiguisée à une extrémité, est une arme redoutablement meurtrière...
>
> Nous avions un *nariadtchik*, l'homme chargé de donner leur travail aux détenus... De quoi était-il coupable, je suis incapable de le dire. Mais les gars du milieu ont décidé qu'il fallait le tuer. Ça s'est passé pendant l'appel, avant qu'on aille au travail. Chaque brigade se tenait à l'écart des autres. Le *nariadtchik* était devant. Il s'appelait Kazakhov. C'était un homme massif, avec un gros bide. Un des truands est sorti comme une flèche de la formation et lui a enfoncé sa lime dans le ventre, dans la bedaine. Probablement était-ce un assassin confirmé. Le type a été pris tout de suite... mais il avait été condamné à vingt-cinq ans. Il a été naturellement rejugé et a repris vingt-cinq ans. On lui a doublé sa peine, et après[43] ?...

Il était néanmoins relativement rare que les truands exercent leur « justice » contre ceux qui dirigeaient les camps. Dans l'ensemble, ils étaient, sinon exactement des citoyens soviétiques loyaux, du moins des gens ravis de coopérer à la seule tâche que leur assignaient les autorités soviétiques : mener la vie rude aux politiques, à ce groupe qui, pour citer de nouveau Evguénia Guinzbourg, était « encore plus méprisé, encore plus pestiféré » qu'eux.

KONTRIKI ET *BYTOVYE* : POLITIQUES ET DROIT COMMUN

Avec leur argot propre, leurs habits distincts et leur culture rigide, les professionnels du crime étaient faciles à identifier et sont faciles à décrire. Il est infiniment plus dur de faire des généralisations à propos des autres détenus, de ceux qui formaient la matière première de la force de travail du Goulag, puisqu'ils venaient de toutes les couches de la société soviétique. De fait, trop longtemps, notre vision de qui exactement formait la majorité de la population concentrationnaire a été biaisée par l'obligation de nous en remettre aux mémoires publiés hors de l'Union soviétique. Leurs auteurs étaient généralement des intellectuels, souvent des étrangers, et presque toujours des prisonniers politiques.

Depuis la *glasnost* de Gorbatchev, en 1989, cependant, sont devenus disponibles une variété plus grande de mémoires en même temps que des documents d'archives. D'après ceux-ci, qui demandent à être traités avec beaucoup de prudence, il apparaît désormais que l'immense majorité des détenus n'étaient pas des intellectuels — autrement dit, pas des gens issus de l'intelligentsia technique et universitaire russe, qui formait effectivement une classe sociale séparée —, mais des ouvriers et des paysans. Quelques chiffres pour les années 1930, les années où les koulaks formaient le gros des pensionnaires du Goulag, sont particulièrement révélateurs. En 1934, 0,7 % de la population des camps avait fait des études supérieures, tandis que 39,1 % n'avaient fait que des études primaires. Dans le même temps, 42,6 % étaient considérés comme des « demi-analphabètes » et 12 % comme des illettrés. Même en 1938, l'année où la Grande Terreur se déchaîna parmi les intellectuels de Moscou et de Leningrad, les gens ayant fait des études supérieures ne représentaient encore que 1,1 % tandis que plus de la moitié n'était pas allée au-delà du primaire et qu'un tiers était semi-analphabète[44].

Il ne semble pas exister de chiffres comparables sur les origines sociales des détenus, mais il vaut la peine de noter qu'en 1948 moins d'un quart des prisonniers étaient des politiques, c'est-à-dire des détenus condamnés en vertu de l'article 58 du Code pénal pour « crimes contre-révolutionnaires ». Les proportions sont les mêmes qu'auparavant. Dans les années de terreur 1937 et 1938, les politiques ne représentaient que 12 et 18 % des détenus ; leur nombre oscilla entre 30 et 40 % au cours de la guerre ; il grimpa à près de 60 % en 1946, après l'amnistie accordée aux droit commun à la suite de la victoire ; puis il demeura stable, entre un quart et un tiers des prisonniers, jusqu'à la fin du règne de Staline[45]. Compte tenu du taux de renouvellement plus élevé des non-politiques — ils étaient souvent condamnés à des peines plus courtes et avaient plus de chances de répondre aux impératifs d'une libération anticipée —, on peut dire sans risque que l'immense majorité des détenus qui passèrent par le Goulag dans les années 1930 et 1940 étaient des gens condamnés au criminel, et donc plus probablement des ouvriers et des paysans.

Reste que si ces chiffres sont de nature à corriger des impressions passées, ils peuvent être également trompeurs. Quand on examine les nouveaux matériaux accumulés en Russie depuis l'effondrement de l'Union soviétique, il apparaît aussi clairement que nombre des politiques n'étaient pas vraiment des « prisonniers politiques » au sens que nous donnons aujourd'hui à cette expression. Dans les années 1920, les camps enfermaient bel et bien des membres de partis antibolcheviques, qui se considéraient eux-mêmes comme des « politiques ». Dans les années 1930, on y trouvait également une poignée d'authentiques trotskistes — des gens qui soutinrent effectivement Trotski contre Staline. Dans les années 1940, suite aux arrestations massives effectuées en Ukraine, dans les États baltes et en Pologne, arriva aussi dans les camps une vague de véritables partisans et activistes antisoviétiques. Au début des années 1950 furent également arrêtés quelques étudiants antistaliniens.

Sur les centaines de milliers de gens considérés dans les camps comme des politiques, néanmoins, l'immense majorité n'était pas formée de dissidents, de prêtres disant la messe en secret ni même de bonnets du Parti. C'étaient des gens ordinaires, raflés dans le cadre d'arrestations massives, qui n'avaient pas nécessairement des convictions politiques très affirmées. Olga Adamova-Sliozberg, autrefois employée d'un des ministères industriels à Moscou, écrit: «Avant mon arrestation, je menais l'existence classique d'une intellectuelle soviétique sans parti. Je ne m'étais distinguée par aucune de mes interventions touchant aux problèmes sociaux. Je faisais consciencieusement mon travail. Mon cercle familial était au cœur de mes préoccupations[46].»

Si les «politiques» n'étaient pas nécessairement politiques, l'immense majorité des «criminels» n'étaient pas nécessairement criminels non plus. S'il y eut dans les camps quelques professionnels du crime et, durant les années de guerre, quelques authentiques criminels de guerre et collaborateurs des nazis, la plupart des autres avaient été condamnés pour des crimes «ordinaires» ou non politiques qui, dans d'autres sociétés, n'auraient pas été considérés comme des crimes. Le père d'Alexandre Lebed, général et homme politique russe, arriva par deux fois avec dix minutes de retard à l'usine où il travaillait et écopa pour cela de cinq ans de prison[47]. Dans le camp majoritairement criminel de Polyanski, près de Krasnoïarsk-26, qui hébergeait un des réacteurs nucléaires soviétiques, les archives indiquent un « criminel » condamné à six ans pour avoir volé une botte en caoutchouc dans un bazar, un deuxième qui avait écopé de dix ans pour avoir volé dix miches de pain, et un troisième — un chauffeur de camion qui élevait seul ses deux enfants — qui avait pris sept ans pour avoir volé trois bouteilles de vin qu'il était chargé de livrer. Un autre encore purgeait cinq ans pour « spéculation » : autrement dit, il avait acheté des cigarettes à un endroit pour les revendre ailleurs[48]. Antoni Ekart cite l'histoire d'une femme arrêtée pour avoir rapporté un crayon du bureau. C'était pour son fils, qui, faute d'avoir de quoi écrire, ne pouvait pas faire ses devoirs[49]. Dans le monde à l'envers du Goulag, on n'avait guère plus de chances de trouver de vrais criminels parmi les « criminels » que des opposants actifs du régime parmi les « politiques ».

En d'autres termes, les criminels n'étaient pas toujours des gens qui avaient commis un vrai crime. Et il était plus rare encore qu'un politique ait commis un délit politique. Ce qui n'empêchait pas pour autant le système judiciaire soviétique de les classer avec le plus grand soin. En tant que groupe, le rang des contre-révolutionnaires était inférieur à celui des criminels : ils étaient réputés « socialement dangereux », moins compatibles avec la société soviétique que les criminels, « socialement proches ». Mais les politiques étaient aussi classés suivant la section de l'article 58 qui leur avait valu d'être condamnés. Evguénia Guinzbourg observe que, parmi les prisonniers politiques, il valait beaucoup « mieux » être condamné en vertu de l'alinéa 10 de l'article 58 pour « agitation antisoviétique » (ASA). Il s'agissait des « bavards » : ils avaient eu le malheur de raconter une blague déplacée contre le Parti ou avaient laissé échapper une critique à l'égard de Staline ou du chef local du parti (à moins qu'un voisin jaloux ne les en eût accusés). Les autorités des camps elles-mêmes reconnaissaient tacitement que les «bavards» n'avaient commis aucun crime, au point que les détenus condamnés pour ASA trouvaient parfois plus facilement des travaux légers.

Au-dessous venaient ensuite les détenus condamnés pour «activité contre-révolutionnaire» (KRD) et enfin les auteurs d'«activité terroriste contre-révolutionnaire» (KRTD). Le «T» supplémentaire pouvait signifier, dans certains camps, qu'il était interdit d'affecter le détenu à autre chose qu'aux «travaux généraux» les plus difficiles — abattage des arbres, mines, routes —, surtout si la KRTD s'accompagnait d'une peine de dix à quinze ans ou plus[50].

Mais il était possible de descendre plus bas encore. Sous les KRTD, il existait une autre catégorie : celle des KRTTD — non plus de simples activités terroristes, mais des «activités terroristes trotskistes». «J'ai connu des cas, écrit Lev Razgon, où le T supplémentaire figurait dans le dossier du prisonnier au camp des suites d'une querelle au cours de l'appel avec le répartiteur de travail ou le chef de la répartition, qui étaient tous deux des criminels[51].» Un changement mineur de ce genre pouvait décider de la vie ou de la mort, puisque aucun contremaître n'assignait un KRTTD à autre chose qu'aux tâches physiques les plus dures.

Ces règles n'étaient pas toujours clairement définies. Dans les faits, les détenus ne cessaient de soupeser la valeur de ces différentes condamnations, s'efforçant d'imaginer l'effet qu'elles auraient sur leur vie. Varlam Chalamov raconte qu'après avoir été désigné pour suivre des cours d'aide-médecin (*feldcher*) — un des postes les plus prestigieux et confortables du camp —, il s'inquiéta des effets de sa condamnation sur la possibilité de suivre les cours : « Acceptait-on les 58 ? Seulement l'alinéa 10. Et mon voisin de benne ? Lui aussi avait l'alinéa 10, l'ASA : le sigle "propagande antisoviétique"[52]. »

Les condamnations officielles ne déterminaient pas à elles seules la place des politiques dans la hiérarchie du camp. S'ils n'avaient pas un code de conduite rigide comme les criminels, ni un langage commun, ils finissaient tout de même par former des groupes à part. Ces clans politiques se serraient les coudes par camaraderie, par autoprotection ou parce qu'ils partageaient une même vision du monde. Ils n'étaient pas hermétiques — il y avait des chevauchements entre les uns et les autres comme avec les clans de non-politiques — et il n'y en avait pas dans tous les camps. Quand ils existaient, cependant, ils pouvaient être décisifs pour la survie d'un détenu.

Les clans politiques les plus soudés, et en définitive les plus puissants, étaient ceux qui se formaient autour de la nationalité ou du pays d'origine. Ces derniers facteurs prirent de l'importance au cours de la Seconde Guerre mondiale et après, avec l'accroissement spectaculaire des détenus étrangers. Leur formation était assez naturelle. Dès son arrivée, le nouveau cherchait la baraque de ses compatriotes estoniens, ukrainiens ou, dans un nombre de cas infime, américains. Walter Warwick, un des « Finnois américains » qui devaient se retrouver dans les camps à la fin des années 1930, raconte dans un manuscrit composé pour sa famille comment les finnophones de son camp se liguèrent précisément pour se protéger des vols et autres brigandages des truands : « Nous en sommes arrivés à la conclusion que, si nous voulions qu'ils nous laissent un peu tranquilles, nous devions former une bande. Et nous avons organisé notre propre bande pour nous entraider. Nous étions six : deux Finnois d'Amérique... deux Finnois de Finlande et deux Finnois du district de Leningrad[53]... »

Tous les clans nationaux n'avaient pas le même caractère. Par exemple, les détenus juifs avaient-ils leur propre réseau ou se fondaient-ils dans le reste de la population russe (ou dans le cas des très nombreux Juifs polonais, dans la population polonaise) ? Les opinions divergent. La réponse, semble-t-il, diffère suivant les époques. Et tout dépendait, pour une bonne part, des attitudes de chacun. Nombre des Juifs arrêtés à la fin des années 1930, au cours de la répression contre la crème de la *nomenklatura* et de l'armée, se considéraient apparemment d'abord comme des communistes et, en second lieu seulement, comme des Juifs. Pour citer un prisonnier, dans les camps, « tout le monde devenait russe : les Caucasiens, les Tartares, les Juifs[54] ».

Plus tard, avec l'arrivée d'autres Juifs avec les Polonais au cours de la guerre, ils formèrent apparemment des réseaux ethniques reconnaissables. Ada Federolf, qui écrivit ses mémoires avec Ariane Efron, la fille de Marina Tsvetaïeva, a décrit un camp où l'atelier de confection — un lieu de travail luxueux suivant les critères des camps — était dirigé par un dénommé Lieberman. Chaque fois qu'arrivait un nouveau convoi, il traversait la foule en demandant : « Des Juifs ? Y a-t-il des Juifs ? » Quand il en trouvait, il s'arrangeait pour les faire travailler pour lui dans son atelier, leur épargnant ainsi les travaux généraux dans les forêts. Le même concocta des plans ingénieux pour sauver les rabbins, qui devaient prier toute la journée. Il aménagea un placard spécial pour l'un d'eux, le cachant à l'intérieur afin que nul ne sût qu'il ne travaillait pas. Pour un autre rabbin, il inventa aussi un poste de « contrôleur de la qualité ». Ainsi l'homme pouvait-il à longueur de journée parcourir les rangées de couturières, souriant tout en priant dans sa barbe[55].

Au début des années 1950, lorsque l'antisémitisme officiel, nourri par l'obsession d'un Staline convaincu que des médecins juifs cherchaient à le tuer, commença à s'intensifier, il devint à nouveau plus difficile d'être juif, même si, apparemment, le degré d'antisémitisme variait d'un camp à l'autre. Ada Pourijinskaïa, détenue juive arrêtée au faîte du « complot des blouses blanches » (son frère avait été jugé et exécuté pour avoir « comploté de tuer Staline »), n'a pas souvenir d'avoir rencontré des « problèmes particuliers parce que juive[56] ». Tel n'est pas en revanche le souvenir de Leonid Trous, autre prisonnier juif arrêté à cette époque. Une fois, raconte-t-il, un *zek* plus âgé le sauva des griffes d'un antisémite délirant, qui avait été arrêté pour commerce d'icônes. Le vieux *zek* le remit à sa place : lui, un homme qui avait « acheté et vendu des images du Christ », il devrait avoir honte.

Pour autant, Trous n'essaya point de cacher qu'il était juif, bien au contraire : il se peignit une étoile de David sur ses bottes, surtout pour empêcher qu'on les lui vole. Dans son camp, « les Juifs, comme les Russes, ne s'organisaient pas en groupe ». De ce fait, il n'avait pas de compagnons tout désignés : « Le pire, pour moi [...], c'était la solitude, le sentiment d'être un Juif parmi les Russes, l'impression que tout le monde avait des amis de sa région alors que moi j'étais complètement seul[57]. »

Parce qu'ils étaient peu nombreux, les Européens

de l'Ouest et les Nord-Américains internés dans les camps eurent du mal à former des réseaux solides. De toute manière, ils n'étaient guère en position de s'entraider : beaucoup étaient complètement désorientés par la vie du camp, ne parlaient pas le russe trouvaient la nourriture immangeable et les conditions de vie insupportables. Après avoir vu mourir tout un groupe d'Allemandes dans la prison de transit de Vladivostok, alors même qu'elles avaient droit à de l'eau bouillie, la détenue russe Nina Gaguen-Torn écrivit, en plaisantant à moitié seulement, que « si les baraquements sont pleins de citoyens soviétiques, habitués à la bouffe, ils peuvent tolérer le poisson salé, même s'il est pourri. Quand arriva un gros convoi de membres de la Troisième Internationale, tous contractèrent aussitôt une dysenterie sévère[58] ». Lev Razgon prend lui aussi les étrangers en pitié : « Ils ne pouvaient plus rien comprendre, n'arrivaient pas à s'adapter, à faire leur trou. Ils se blottissaient instinctivement les uns contre les autres [...][59]. »

Les Occidentaux — groupe qui comprenait des Polonais, des Tchèques et d'autres Européens de l'Est — avaient toutefois aussi quelques avantages. Ils étaient l'objet d'une fascination et d'un intérêt spéciaux, qui leur valaient parfois des contacts, des cadeaux de vivres et un traitement plus clément. Antoni Ekart, Polonais qui avait fait ses études en Suisse, obtint une place à l'hôpital grâce à l'assistant du médecin, un Bessarabien du nom d'Akerman : à l'en croire, le fait qu'il fût « un Occidental » simplifia les choses : tout le monde s'intéressait à lui et voulait le sauver[60]. L'Écossaise Flora Leipman, que son beau-père russe avait incitée à venir en Union soviétique avec sa famille, exploita ses origines afin de divertir ses codétenues :

> Je remontais ma jupe au-dessus des genoux, pour donner l'impression d'un kilt, et retroussais mes bas, pour qu'ils aient l'air de s'arrêter à hauteur du genou. À la manière écossaise, je jetais ma couverture sur l'épaule et j'accrochais mon chapeau devant comme une aumônière. J'élevais fièrement la voix pour chanter *Annie Laurie, Ye Banks and Braes o'Bonnie Doon,* pour finir à chaque fois par *God Save the King* — sans traduction[61].

Ekart raconte lui aussi ce que signifiait être un « objet de curiosité » pour les intellectuels russes :

> Je devins l'objet de la curiosité générale, et l'on me fit raconter ma vie dans les pays occidentaux, dire quelles étaient les conditions d'existence à Varsovie, à Vienne et à Zurich. Mon complet fait en Suisse, mes chemises et mes souliers furent soigneusement examinés, car ces objets constituaient les seules preuves de mes assertions relatives au niveau de vie à l'étranger. Cependant, je lus le scepticisme sur beaucoup de visages, quand j'affirmai que j'avais pu acheter facilement toutes ces choses avec les appointements que je touchais comme ingénieur assistant d'une usine de béton.
>
> « Combien de complets aviez-vous ? demanda un jeune agronome de vingt-cinq ans ou plus.
>
> — Trois ou quatre.
>
> — Vous êtes un menteur. »
>
> L'agronome m'interrompit brusquement, puis se tourna vers les autres :
>
> « Je pense que nous ne devrions pas tolérer plus longtemps de telles fables, il y a une limite à tout, et nous ne sommes pas des enfants auxquels on fait croire ce qu'on veut en leur racontant des histoires. »
>
> [...] Il m'était difficile d'expliquer qu'un Occidental qui prend soin de sa tenue doit avoir plusieurs complets de rechange, ce qui lui permet de les user moins vite. Pour un intellectuel russe, qui en possédait rarement plus d'un, c'était difficile à saisir[62].

John Noble, Américain raflé à Dresde, devint lui aussi un « VIP de Vorkouta » et régala ses codétenus de récits de la vie américaine qu'ils trouvaient incroyables. « Johnny, lui dit l'un d'eux, tu voudrais nous faire croire que les ouvriers américains ont une bagnole à eux[63] ! »

Mais si le fait qu'ils étaient étrangers leur valait l'admiration, il les empêchait aussi d'établir ces contacts plus étroits qui en soutinrent plus d'un dans les camps. « Même mes nouvelles "amies" de camp, écrit Leipman, avaient peur de moi parce que j'étais étrangère à leurs yeux[64]. » Ekart souffrit quand il découvrit qu'il était le seul prisonnier non russe d'un *lagpounkt*, parce que les Soviétiques ne l'aimaient pas et qu'il le leur rendait bien : « Je me sentais entouré d'une atmosphère d'animosité, pour ne pas dire de haine. Je déplaisais à mes camarades de captivité parce que je n'étais pas comme eux ; je sentais leur aversion et leur désir de m'humilier. De tous côtés je me heurtais à leur bassesse et à leur brutalité ; il m'en coûta beaucoup d'heures de sommeil précieux pour les empêcher de me voler[65]. »

Là encore, ses sentiments trouvent un écho dans le passé. La description que donne Dostoïevski des relations entre les Polonais et les criminels russes au XIXe siècle laisse penser que les ancêtres d'Ekart avaient éprouvé les mêmes sentiments : ils « formaient une famille à part, presque sans relations avec le reste des prisonniers. J'ai déjà dit que leur exclusivisme, leur haine des forçats russes les faisaient en retour détester de tout le monde[66] ».

Les musulmans et autres prisonniers d'Asie centrale ou de certaines républiques du Caucase se trouvaient encore plus mal lotis. Tout aussi désorientés que les Occidentaux, ils étaient en outre généralement incapables de distraire ou d'intéresser les

Russes. Connus sous le nom de *natsmeni* (« minorités nationales », en russe), ils faisaient partie de la vie des camps depuis la fin des années 1920. Beaucoup avaient été arrêtés au cours de la pacification — et soviétisation — de l'Asie centrale et du nord du Caucase pour être envoyés sur le chantier du canal de la mer Blanche, où un contemporain écrit : « Il n'est rien qu'ils n'aient du mal à comprendre : les gens qui les dirigent, le canal qu'ils construisent, la nourriture qu'ils avalent[67]. » À compter de 1933, beaucoup furent aussi affectés au canal Moscou-Volga, où il semble que le chef de camp les ait pris en pitié. À un moment, il ordonna à ses subordonnés de leur aménager des baraquements à part et d'organiser pour eux des équipes de travail distinctes, afin qu'ils fussent au moins entourés de compatriotes[68]. Plus tard encore, Gustaw Herling en rencontra dans un camp forestier du Nord. Tous les soirs, se souvient-il, il les voyait à l'infirmerie, attendant le médecin du camp :

> Déjà dans la salle d'attente ils se tenaient l'estomac d'un air de grande souffrance, et dès qu'ils étaient passés derrière la cloison, ils éclataient en geignements pitoyables, entrecoupés de façon indiscernable de mots de russe, prononcés de leur curieux accent haché. Il n'existait aucun remède pour leur maladie [...]. Ils mouraient simplement du mal du pays, se languissaient de leur contrée natale, mais aussi de faim, de froid, et de la monotone blancheur de la neige. Leurs yeux fendus, n'étant pas habitués aux paysages du Nord, pleuraient constamment, et leurs cils étaient collés ensemble par une fine croûte jaunâtre. Les rares journées où nous n'avions pas à travailler, les Ouzbeks, les Turkmènes et les Kirghizes se rassemblaient dans un coin du baraquement, dans leurs habits de fête, de longues robes de soie colorée et des bonnets brodés. Il était impossible de se faire une idée du sujet de leur conversation, menée avec

animation, excitation même ; ils gesticulaient, s'interpellaient mutuellement en criant, et hochaient tristement la tête ; j'étais sûr, toutefois, qu'ils ne parlaient pas du camp[69].

La vie ne valait guère mieux pour les Coréens, généralement des citoyens soviétiques d'origine coréenne, ou pour les Japonais, qui, à la fin de la guerre, arrivèrent en masse — le chiffre est renversant : 600 000 — dans le Goulag et le réseau des camps de prisonniers de guerre. Les Japonais souffrirent en particulier de la nourriture, qui n'était pas seulement maigre, mais aussi étrange et quasiment immangeable. Aussi en étaient-ils réduits à chasser et mangeaient-ils des choses qui paraissaient non moins immangeables à leurs codétenus : des herbes sauvages, des insectes, des coléoptères, des serpents et des champignons auxquels même les Russes ne touchaient pas. À l'occasion, ces razzias finissaient mal : on trouve trace dans les dossiers de Japonais morts pour avoir mangé des plantes toxiques ou des herbes sauvages[70]. On peut glaner un aperçu de l'isolement des Japonais au sein des camps dans les mémoires d'un prisonnier russe qui, dans la bibliothèque d'un camp, découvrit une brochure — un discours du bolchevik Jdanov — en japonais. Il la porta à un prisonnier de guerre japonais de sa connaissance : « Je l'ai vu vraiment heureux pour la première fois. Plus tard, il m'a confié qu'il la lisait tous les jours, juste pour garder le contact avec sa langue maternelle[71]. »

Quelques autres nationalités d'Extrême-Orient s'adaptaient plus rapidement. Divers mémorialistes notent combien les Chinois étaient soudés : d'aucuns étaient des « Soviétiques » d'origine chinoise nés en URSS ; d'autres des travailleurs immigrés en toute légalité dans les années 1920, et d'autres encore des malheureux qui, par hasard ou sur un coup de tête, avaient franchi la très longue frontière sino-soviétique. Un détenu se souvient qu'un Chinois lui raconta avoir été arrêté, comme beaucoup d'autres, pour avoir traversé l'Amour à la nage afin de rejoindre l'Union soviétique, attiré qu'il était par ce qu'on voyait sur l'autre rive: «Le vert et l'or des arbres... les steppes avaient l'air si belles! Et tous ceux qui traversaient le fleuve depuis notre région ne revenaient jamais. Pour nous, ça voulait dire que ce devait être la belle vie, là-bas; et nous avons décidé de les suivre. Nous avons été arrêtés dans la minute et condamnés en vertu de l'article 58, alinéa 6, pour espionnage. Dix ans[72].»

Dans les camps, se souvient Dimitri Panine, un des compagnons de camp de Soljenitsyne, les Chinois «ne se fréquentaient qu'entre eux, ne répondaient pas aux questions et faisaient semblant de ne pas comprendre[73]». Karlo Stajner rapporte qu'ils excellaient à se trouver des postes les uns pour les autres: «Les Chinois sont des jongleurs réputés à travers l'Europe entière, mais dans le camp on les employait à la blanchisserie. Dans tous les camps par lesquels je suis passé, je n'ai pas souvenir d'y avoir vu d'autres blanchisseurs que des Chinois[74].»

Les groupes ethniques de loin les plus influents dans les camps étaient ceux des Baltes et des Ukrainiens de l'Ouest, qui avaient afflué en masse dans les camps pendant et après la guerre (*cf.* le chapitre 20). Les Polonais étaient moins nombreux, mais également influents, surtout les partisans polonais anticommunistes, qui firent leur apparition dans les camps à la fin des années 1940. De même en allait-il des Tchétchènes, que Soljenitsyne décrit comme «une nation sur laquelle la psychologie de la soumission resta sans effet» et qui se distinguaient de diverses manières des autres Caucasiens[75]. La force de ces groupes ethniques tenait d'abord à leurs effectifs et à leur claire opposition à l'Union soviétique, car ils jugeaient illégale l'invasion de leurs pays. Les Polonais, Baltes et Ukrainiens de l'après-guerre avaient aussi une expérience de militaires ou de partisans et, dans certains cas, ils conservèrent leurs organisations de partisans dans les camps. Juste après la guerre, l'état-major général de l'UPA, l'armée rebelle ukrainienne, un des nombreux groupes qui combattaient pour prendre le contrôle de l'Ukraine à cette époque, adressa un communiqué à tous les Ukrainiens déportés en exil ou internés dans des camps: «Où que vous soyez, dans les mines, les forêts ou les camps, restez toujours ce que vous avez été, restez de vrais Ukrainiens et continuez le combat.»

Dans les camps, les ex-partisans s'entraidaient délibérément et veillaient sur les nouveaux arrivants. Le Polonais Adam Galinski, qui s'était battu dans les rangs de l'Armée intérieure polonaise antisoviétique, tant avant qu'après la guerre, écrit: «Nous prenions particulièrement soin des jeunes de l'Armée intérieure et leur soutenions le moral au plus haut dans l'atmosphère dégradante de déclin moral qui régnait dans les différents groupes nationaux emprisonnés à Vorkouta[76].»

Dans les années suivantes, quand ils acquirent davantage d'influence sur la gestion des camps, les Polonais, les Baltes et les Ukrainiens — comme les Géorgiens, les Arméniens et les Tchétchènes — formèrent aussi leurs brigades nationales, dormirent à part dans des baraques nationales et célébrèrent ensemble leurs fêtes nationales. Parfois, ces groupes puissants coopéraient les uns avec les autres. L'écrivain polonais Alexandre Wat explique qu'Ukrainiens et Polonais avaient été de farouches ennemis en temps de guerre, que leurs mouvements de partisans s'étaient disputé chaque mètre du territoire d'Ukraine occidentale. Dans les prisons soviétiques, cependant, les « Ukrainiens avaient à l'égard des Polonais une attitude de réserve, d'une exceptionnelle loyauté cependant. D'accord, nous sommes ennemis, mais pas ici[77] ».

Parfois aussi, ces groupes ethniques rivalisaient, tant les uns avec les autres qu'avec les Russes. Lioudmila Khatchatrian, elle-même arrêtée pour s'être éprise d'un soldat yougoslave, se souvient que les Ukrainiennes de son camp refusaient de travailler avec les Russes[78]. Les groupes nationaux de résistance, écrit un autre observateur, « se caractérisent d'un côté par l'hostilité au régime, de l'autre par l'hostilité aux Russes ». Edward Buca se souvient d'une hostilité plus généralisée — « Il n'entrait pas dans les habitudes des prisonniers d'aider quelqu'un d'une nationalité différente[79] » —, mais Pavel Negretov, à Vorkouta à la même époque que Buca, avait le sentiment que la plupart des nationalités s'entendaient, sauf quand elles succombaient aux « provocations » de l'administration qui, par ses « mouchards, essayait [...] de nous monter les unes contre les autres[80] ».

À la fin des années 1940, quand les divers groupes ethniques supplantèrent les criminels dans le rôle de policiers *de facto* au sein des camps, ils se disputèrent parfois la suprématie. Marlen Korallov se souvient qu'« ils commencèrent à se battre pour le pouvoir, et le pouvoir comptait beaucoup : il était de la plus haute importance de contrôler la cantine, par exemple, parce que le cuistot travaillait directement pour son maître ». Selon Korallov, le rapport des forces entre les divers groupes était extrêmement fragile à cette époque ; il était à la merci de l'arrivée d'un nouveau convoi. Quand débarqua dans son *lagpounkt* un groupe de Tchétchènes, par exemple, ceux-ci firent irruption dans les baraquements et « jetèrent à terre toutes les affaires des couchettes inférieures » — dans ce camp, c'étaient celles des « aristocrates » — « et emménagèrent avec armes et bagages[81] ».

Leonid Sitko, détenu qui séjourna dans un camp nazi de prisonniers de guerre pour être ensuite arrêté dès son retour en Russie, fut témoin d'un affrontement bien plus grave entre Tchétchènes, Russes et Ukrainiens à la fin des années 1940. Tout commença par une dispute personnelle entre chefs de brigade qui dégénéra « en guerre, en guerre totale ». Les Tchétchènes montèrent une attaque contre les baraquements des Russes : il y eut de nombreux blessés. Par la suite, tous les mineurs furent mis au cachot. Alors que l'enjeu en était l'influence au sein du camp, ces conflits trouvaient leur origine dans des sentiments nationaux plus profonds. « Pour les Baltes et les Ukrainiens, explique Sitko, Soviétiques et Russes, c'était du pareil au même. Alors qu'il y avait quantité de Russes dans le camp, cela ne les empêchait pas de voir dans tous les Russes des occupants et des voleurs. »

Sitko lui-même se fit aborder en pleine nuit par un groupe d'Ukrainiens de l'Ouest :

> « Tu as un nom ukrainien, m'ont-ils dit. Tu es qui ? Un traître ? »
>
> Je leur ai expliqué que j'avais grandi dans le nord du Caucase, au sein d'une famille russophone, et que je ne savais pas pourquoi je portais un nom ukrainien. Ils se sont assis un moment avant de s'en aller. Mais ils auraient pu me tuer... Ils avaient un couteau[82].

Une détenue, qui se rappelle par ailleurs que les différences nationales n'avaient « pas grande importance », ajoute en plaisantant que c'était vrai pour tout le monde, sauf les Ukrainiens pour qui les choses étaient simples : « Ils haïssaient tous les autres[83]. »

Si étrange que cela paraisse, dans la plupart des camps il n'y avait pas de clan des Russes alors même que, suivant les statistiques du Goulag, ce groupe fut nettement majoritaire aussi longtemps qu'il exista des camps[84]. Les Russes, en fait, se liaient par ville ou région d'origine. Les Moscovites trouvaient d'autres Moscovites, les Leningradois des Leningradois, et ainsi de suite. Vladimir Petrov, reçut un jour l'aide d'un médecin qui lui demanda :

> « Que faisais-tu, avant ?
> — Étudiant à Leningrad.
> — Ça alors ! Tu es un compatriote à moi... Excellent », répondit le médecin, en me donnant une petite tape sur l'épaule[85].

Souvent, les Moscovites étaient particulièrement puissants et organisés. Encore étudiant quand il fut arrêté, Leonid Trous se rappelle que les Moscovites plus âgés de son camp formaient un réseau soudé, qui le laissa sur la touche. Un jour qu'il voulait emprunter un livre à la bibliothèque du camp, il dut commencer par convaincre le bibliothécaire, membre de ce clan, qu'il pouvait le lui confier[86].

Le plus souvent, cependant, ces liens étaient distendus. Pour les détenus, ce n'étaient jamais que des gens qui se souvenaient de la rue où ils habitaient ou connaissaient l'école qu'ils avaient fréquentée. Alors que d'autres groupes ethniques formaient de véritables réseaux d'entraide, trouvant des places dans les baraques pour les nouveaux, les aidant à obtenir des tâches plus faciles, les Russes n'en faisaient rien. À son arrivée à Touroukhansk, où elle fut exilée avec d'autres détenues quand elle eut fini de purger sa peine dans un camp, écrit Ariane Efron, son train fut accueilli par des exilés qui vivaient déjà là-bas :

> Un Juif prit à part les Juives de notre groupe, leur donna du pain, leur expliqua comment se comporter, que faire. Puis un groupe de Géorgiennes fut accueilli par un Géorgien... Au bout d'un moment, il ne restait plus que nous, les Russes... entre dix et quinze, peut-être. Personne ne vint vers nous pour nous offrir du pain ou nous prodiguer des conseils[87].

Parmi les détenus russes, n'en existaient pas moins des distinctions, fondées plutôt sur l'idéologie que sur les origines ethniques. « Dans les camps, écrit Nina Gaguen-Torn, une nette majorité de femmes voyaient dans leur destin et leurs souffrances un malheur accidentel, sans en chercher les raisons. » En revanche, pour celles qui « se trouvaient une explication des événements, et y croyaient, les choses étaient plus faciles[88] ». Au premier rang de ceux qui avaient une explication figuraient les communistes : autrement dit, les détenus qui continuaient de protester de leur innocence et de leur loyauté envers l'Union soviétique, et persistaient à croire, envers et contre tout, que tous les autres étaient de véritables ennemis et qu'il fallait les éviter. Les communistes, se souvient Anna Andreïevna, se recherchaient : « Quand ils se trouvaient, ils se serraient les coudes, c'étaient des purs, des Soviétiques ; à leurs yeux, tous les autres étaient des criminels[89]. » Susanna Petchora se rappelle leur arrivée au Minlag, au début des années 1950, « assis dans un coin et se disant les uns aux autres: "Nous sommes d'honnêtes Soviétiques, vive Staline! Nous ne sommes pas coupables et notre État va nous délivrer de la compagnie de ces ennemis"[90] ».

Petchora et Irena Arginskaïa, prisonnière à Kenguir à la même époque, se souviennent toutes deux que la plus grande part des membres de ce groupe appartenaient à la classe des cadres du Parti arrêtés en 1937 et 1938. Ils étaient pour la plupart assez âgés. Dans le souvenir d'Arginskaïa, ils étaient souvent groupés dans les camps pour invalides, qui enfermaient encore quantité de gens arrêtés à cette époque. Anna Larina, la femme de Nicolas Boukharine, compta parmi les personnes arrêtées à cette époque qui restèrent d'abord fidèles à la Révolution. En prison, elle composa un poème commémorant l'anniversaire de la Révolution d'Octobre:

> Si parfois enfermée comme une bête
> Je me sens humiliée et brimée,
> Je me réjouis en ce jour de fête
> Avec mon pays bien-aimé.
> [...]
>
> Aujourd'hui je suis sûre qu'un jour
> Je rejoindrai ce monde qui bouge
> À côté des Jeunesses Communistes
> Je marcherai sur la Place Rouge.

Par la suite, Larina ne vit dans ces vers que le « délire d'une folle ». À l'époque, cependant, elle le récita aux femmes emprisonnées des « vieux bolcheviks », qui les « accueillaient par des applaudissements et étaient émues jusqu'aux larmes[91] ».

Soljenitsyne a consacré tout un chapitre de *L'Archipel du Goulag* aux communistes, qu'il appelle, de façon pas très charitable, les « bien-pensants ». Il s'étonne de leur capacité à expliquer même leur arrestation, leur torture et leur incarcération : tantôt « c'est le très adroit travail des services d'espionnage étrangers », tantôt « c'est de la nuisance à grande échelle », « une manigance des ennkavédistes locaux » ou « une trahison ». Certains trouvèrent une explication plus magistrale encore : « Ces répressions sont une nécessité historique du développement de notre société[92]. »

Par la suite, quelques-uns de ces fidèles écrivirent aussi des mémoires, que le régime soviétique publia volontiers. « Une histoire de survie », la nouvelle de Boris Diakov, parut en 1964 dans la revue *Oktiabr*, par exemple, avec l'introduction suivante : « Ce qui fait la force du récit de Diakov, c'est qu'il porte sur de véritables Soviétiques, d'authentiques communistes. Dans des conditions difficiles, ils n'ont jamais perdu leur humanité, sont demeurés fidèles aux idéaux de leur Parti et dévoués à la Patrie. » L'un des héros de Diakov, Todorski, raconte qu'il aide un lieutenant du NKVD à écrire un discours sur l'histoire du Parti. Une autre fois, il explique au commandant Iakovlev, responsable de la sécurité du camp, que malgré sa condamnation injuste, il croit être un vrai communiste : « Je ne suis coupable d'aucun crime contre l'autorité soviétique. J'étais donc et je reste communiste. » Le commandant lui conseille la discrétion : « À quoi bon le crier sur les toits ? Tu crois que tout le monde dans le camp aime les communistes[93] ? »

De fait, on ne les aimait pas : les communistes déclarés étaient souvent soupçonnés de travailler, de manière secrète ou autre, pour les autorités du camp. Parlant de Diakov, Soljenitsyne observe qu'il semble avoir eu des trous de mémoire. « *Qu'est-ce qu'il avait donc fait ?* », demande-t-il, pour que le

« délégué opérationnel » Sokovikov accepte de lui poster secrètement des lettres, court-circuitant ainsi la censure du camp : « Amis *pourquoi*[94] ? » De fait, les archives confirment que Diakov avait toujours été un agent de la police secrète — sous le nom de code de « Pivert » — et qu'il continua de travailler comme mouchard au camp[95].

Le seul groupe qui ait surpassé les communistes dans leur foi absolue, ce sont les orthodoxes ainsi que les membres de diverses sectes protestantes russes, soumis à des persécutions politiques : baptistes, Témoins de Jéhovah et autres variantes russes de ces mouvements. Leur présence était particulièrement forte dans les camps des femmes, où on les appelait familièrement les *monachki*, les « nonnes ». À la fin des années 1940, dans le camp des femmes de Mordovie, se souvient Anna Andreïevna, « la majorité des détenues étaient des croyantes » ; elles s'arrangeaient pour que, « les jours de fêtes, les catholiques travaillent pour les orthodoxes, et vice versa »[96].

Certaines sectes, on l'a vu, refusaient toute espèce de coopération avec le Satan soviétique et ne voulaient ni travailler ni signer le moindre document officiel. Gaguen-Torn parle d'une femme pieuse libérée pour raison de santé, mais qui refusa de quitter le camp. « Je ne reconnais pas votre autorité, répondit-elle au garde qui proposait de lui remettre les documents nécessaires et de la renvoyer chez elle. Votre pouvoir est illégitime, c'est l'Antéchrist qui figure sur vos passeports... Si je retrouve ma liberté, vous m'arrêterez à nouveau. Il n'y a aucune raison de partir[97]. » Aino Kuusinen se trouvait dans un camp avec un groupe de détenues qui refusait de porter les vêtements du camp : on leur inscrivait leur matricule à même le dos et on les obligeait, matin et soir, à prendre part aux appels quasiment nues[98].

Soljenitsyne raconte l'histoire, répétée sous diverses formes par d'autres, de membres d'une secte religieuse acheminés à Solovetski en 1930. Ils rejetaient tout ce qui venait de l'Antéchrist, refusant même les passeports ou l'argent soviétiques. En guise de châtiment, on les expédia sur un îlot des Solovki, où on leur dit qu'on ne leur donnerait à manger que s'ils acceptaient de signer en échange. Ils s'obstinèrent. Deux mois plus tard, ils étaient tous morts de faim. Lorsque le bateau accosta sur l'île, raconte un témoin oculaire, on n'y trouva « que des cadavres déchiquetés à coups de bec[99] ».

Même les membres des sectes qui travaillaient ne frayaient pas nécessairement avec les autres détenus ; parfois même, ils refusaient de leur parler. Ils se pressaient les uns contre les autres dans une baraque, respectant un silence absolu ou chantant leurs prières et leurs cantiques aux moments voulus :

> Derrière les barreaux de la prison
> Je me souviens comment le Christ
> A humblement porté sa lourde Croix
> En signe de pénitence, jusqu'au Golgotha[100].

Les croyants les plus jusqu'au-boutistes inspiraient généralement des sentiments mélangés aux autres détenus. Résolument laïque, Arginskaïa se souvient en plaisantant : « Nous les détestions tous », surtout ceux qui, pour des raisons religieuses, refusaient de se baigner[101]. Gaguen-Torn se rappelle que d'autres prisonniers se plaignaient de ceux qui refusaient de travailler : « Nous travaillons, pas eux ! Et ils reçoivent du pain, eux aussi[102] ! »

En un sens, pourtant, les hommes et les femmes

qui arrivaient dans un nouveau camp et rejoignaient tout de suite un clan ou une secte religieuse avaient de la chance. Pour ceux qui y appartenaient, les bandes criminelles, les groupes nationaux plus militants, les vrais communistes et les sectes religieuses offraient des communautés immédiates, des réseaux d'entraide et une camaraderie. La plupart des politiques, en revanche, et la plupart des criminels « ordinaires » — l'immense majorité de la population du Goulag — avaient plus de mal à entrer dans l'un ou l'autre de ces groupes. Il leur était plus difficile de savoir comment vivre dans le camp, plus difficile de s'accommoder de sa morale et de sa hiérarchie. À défaut d'un solide réseau de contacts, ils devaient apprendre par eux-mêmes à s'en sortir.

CHAPITRE 15

Femmes et enfants

> ... au retour du travail, la femme de service m'accueillit avec des cris de joie :
>
> — Cours à la baraque, va voir ce qu'il y a sous ton oreiller !
>
> Mon cœur se mit à battre. Je pensais : on a dû quand même me donner mon pain !
>
> Je me précipitai vers mon lit, rejetai l'oreiller. Dessous, des lettres de chez moi, trois lettres ! Je n'en avais pas reçu depuis six mois. Mon premier sentiment fut une amère déception : ce n'était pas du pain, mais des lettres !
>
> Et tout de suite après, l'épouvante.
>
> Quelle déchéance si un morceau de pain m'était plus cher que des lettres de maman, de papa, des enfants ! [...] J'oubliai le pain, je pleurai.
>
> OLGA ADAMOVA-SLIOZBERG,
> *Le long chemin*[1].

Ils étaient astreints aux mêmes normes de travail et avaient droit à la même lavasse. Ils logeaient dans des baraquements analogues et voyageaient dans les mêmes wagons à bestiaux. Leurs vêtements étaient presque identiques, leurs souliers tout aussi inadaptés. Ils n'étaient pas traités différemment lors des interrogatoires. Et pourtant... hommes et femmes n'eurent pas tout à fait la même expérience des camps.

Assurément, maintes survivantes sont convaincues qu'être femme dans le système concentrationnaire présentait de grands avantages. Les femmes savaient mieux s'occuper d'elles, mieux rapiécer leurs vêtements et garder les cheveux propres. Elles semblaient mieux à même de subsister avec de modiques rations et ne succombaient pas aussi facilement à la pellagre et autres maladies liées à la faim[2]. Elles nouaient des amitiés solides et s'entraidaient comme ne le faisaient pas leurs homologues masculins. Margarete Buber-Neumann raconte qu'une des femmes détenues avec elle dans la prison de la Boutyrka avait été arrêtée dans une petite robe d'été qui tombait en lambeaux. La cellule décida de lui confectionner une nouvelle robe :

> Quelques prisonnières achetèrent pour la robe projetée six serviettes de grosse toile écrue. Mais comment taille-t-on une robe quand on n'a pas de ciseaux ? Ce problème fut aussi résolu. Le « patron » fut dessiné sur l'étoffe avec l'extrémité noircie d'une allumette, puis l'étoffe pliée le long du trait noir et l'arête ainsi produite, enflammée avec une allumette. On laissa brûler juste un moment, puis on déplia ; l'étoffe était consumée aux endroits voulus. Et d'où avons-nous tiré le fil pour la coudre ? De tous les vêtements. [...] La robe en serviettes, brodée au point de croix autour du cou et tout autour de la jupe par la grosse Lettone qui sautait toujours d'un groupe à l'autre, m'est restée dans la mémoire comme le plus ravissant modèle de robe d'été. Quand elle fut finie on l'humecta légèrement, on la plia avec soin, et son heureuse propriétaire dormit toute la nuit dessus. Le lendemain, elle avait les plus beaux plis de repassage[3].

Maints ex-détenus, parmi les hommes, n'en sont pas moins d'un avis contraire : moralement, les femmes se dégradaient plus vite que les hommes. Du fait de leur sexe, s'offraient à elles des occasions spéciales d'obtenir une meilleure classification pour le travail, une tâche plus facile et, partant, un meilleur statut dans le camp. Gustaw Herling, par exemple, évoque le cas d'« une chanteuse de l'Opéra de Moscou à la chevelure noire » qui avait été arrêtée pour espionnage. En raison de la sévérité de sa condamnation, elle fut affectée aux travaux forestiers sitôt son arrivée au Kargopollag :

> Mais pour son malheur, elle provoqua le désir de Vanya, l'*ourka* de petite taille responsable de sa brigade, et elle se vit chargée de l'élagage des troncs de sapin à terre, avec une lourde hache qu'elle pouvait à peine porter. Se traînant en arrière du groupe des solides bûcherons, elle arriva le soir au camp dans un tel état d'épuisement que c'est tout juste si elle put ramper jusqu'aux cuisines pour aller chercher sa soupe au premier chaudron [la ration la plus petite]. [...] Il était évident qu'elle avait une forte fièvre, mais l'assistant médical qui s'en occupa était un ami de l'*ourka*, et il refusa de lui faire avoir une dispense.

Elle finit par céder, d'abord à Vanya, puis à « quelque responsable de l'administration », qui la « sortit de son tas d'ordures en la tirant par les cheveux pour l'installer derrière un bureau au service de comptabilité »[4].

Il y eut de pires destins, dont Herling se fait aussi l'écho. Il raconte, par exemple, l'histoire d'une jeune Polonaise qu'un « jury informel d'*ourki* classa très haut ». Au départ,

> elle alla au travail la tête orgueilleusement redressée, et repoussa avec des regards foudroyants les hommes qui essayèrent de la serrer de trop près. Son attitude était nettement plus humble quand elle revint, le soir, mais

> elle restait toujours aussi intouchable et conservait modestement ses distances. Elle se rendit directement du poste de garde à la cuisine pour toucher son repas, et ne quitta plus le baraquement des femmes de toute la nuit. Il semblait donc qu'elle ne tomberait pas de sitôt victime des chasses nocturnes de la zone.

Mais ces premiers efforts furent vains. Au bout de quelques semaines où son contremaître ne la quitta pas des yeux, l'empêchant de voler une carotte ou une patate pourrie dans l'entrepôt de denrées alimentaires où elle travaillait, la fille céda. Un soir, l'homme entra dans le baraquement d'Herling « et, sans un mot, lança une petite culotte déchirée sur mon lit ». Ce fut le commencement de sa métamorphose :

> À partir de ce moment-là, la jeune femme subit une transformation complète. Elle ne se dépêchait plus jamais pour aller chercher sa soupe à la cuisine ; au lieu de cela, après le travail, elle errait dans la zone du camp jusqu'à une heure tardive de la nuit, comme une chatte en chaleur. Tous ceux qui en avaient envie pouvaient l'avoir, que ce fût sur une couchette ou en dessous, dans les petits logements séparés des experts techniciens ou au magasin de vêtements. Elle détournait la tête chaque fois qu'elle me rencontrait, en serrant convulsivement les lèvres. Une fois, comme j'entrais dans le magasin de pommes de terre de l'entrepôt, je la surpris sur un tas de pommes de terre en compagnie du brigadier de la 56e, le bossu avorton Levkovitch ; elle éclata en sanglots spasmodiques en me voyant, et le soir, sur le chemin du camp, elle retenait encore ses larmes de ses deux petits poings serrés[5].

Telle est la version que donne Herling d'une histoire maintes fois racontée — et qui, il faut bien le dire, a toujours une résonance un peu différente quand elle est racontée d'un point de vue de femme. Tamara Roujnevits, par exemple, en donne une autre version. Son « idylle » dans le camp commença par une lettre, une « lettre d'amour classique » de Sacha, une « pure lettre de camp » : le jeune homme avait un poste peinard de cordonnier, par lequel il appartenait à l'aristocratie du camp. La lettre était brève, sans détour : « Vivons ensemble, et je t'aiderai. » Quelques jours après l'avoir envoyée, Sacha prit Roujnevits à part. Il voulait sa réponse. « Tu vas vivre avec moi, oui ou non ? » Elle répondit non. Il la frappa avec une tige de métal. Puis il la conduisit à l'hôpital, où il avait une certaine influence du fait de son statut de cordonnier, et demanda au personnel de prendre soin d'elle. Elle y resta plusieurs jours, se remettant de ses blessures. À sa sortie, ayant eu tout le loisir d'y songer, elle retourna vers Sacha. Sans quoi il l'aurait de nouveau battue.

« Ainsi commença ma vie de famille », écrit Roujnevits. Les bénéfices furent immédiats : « J'allais mieux, je marchais dans de belles chaussures, je ne portais plus le diable sait quels haillons : j'avais une nouvelle veste, de nouveaux pantalons... J'avais même un nouveau chapeau. » De longues décennies plus tard, elle devait présenter Sacha comme « son premier véritable amour ». Malheureusement, il fut bientôt transféré dans un autre camp. Elle ne devait plus jamais le revoir. Le pire, c'est que le responsable du transfert de Sacha la désirait lui aussi. Et comme il n'y avait « pas d'issue », elle se mit à coucher avec lui. Elle n'invoque aucun amour pour lui, mais rappelle que cet arrangement lui valut aussi des avantages : elle obtint un passe pour circuler sans gardes ainsi qu'un cheval à elle[6]. L'histoire de Roujnevits, comme celle que raconte Herling, pourrait être décrite comme celle d'une dégradation morale. Inversement, on pourrait parler d'histoire de survie.

Du point de vue de l'administration, rien de tout cela n'était censé arriver. En principe, hommes et femmes ne devaient pas se retrouver dans les mêmes camps, et certains prisonniers disent n'avoir des années durant posé les yeux sur un membre du sexe opposé. De plus, les commandants de camp n'avaient pas très envie d'avoir des détenues sur les bras. Physiquement plus faibles, elles risquaient de freiner la production du camp. Aussi certains administrateurs essayaient-ils de s'en défaire. En février 1941, l'administration du Goulag adressa même une lettre à toute la direction du NKVD et aux commandants de camp, les enjoignant sèchement d'accepter les convois de femmes et dressant la liste de toutes les tâches qu'elles pouvaient faire utilement : industrie légère et textile ; travail du bois et ferronnerie ; certains types de travaux forestiers ; chargement et déchargement[7].

Du fait, peut-être, des objections des commandants de camp, le nombre de femmes effectivement internées demeura toujours relativement faible (de même que le nombre de femmes exécutées au cours de la purge de 1937-1938). D'après les statistiques officielles, par exemple, elles ne représentaient en 1942 que 13 % de la population du Goulag. Ce taux monta à 30 % en 1945, en partie à cause du nombre considérable de prisonniers enrôlés et envoyés sur le front, mais aussi des lois interdisant aux ouvriers de quitter leur usine — lois qui se traduisirent par l'arrestation de nombreuses jeunes femmes[8]. En 1948, elles n'étaient plus que 22 % ; la baisse se poursuivit jusqu'à 17 % en 1951 et 1952[9]. Reste que ces chiffres rendent mal compte de la véritable situation, car les femmes étaient plus volontiers envoyées dans des « colonies » de régime léger pour purger leurs peines. Dans les vastes camps industriels du Grand Nord, leur présence était plus rare encore.

Parce que les femmes étaient peu nombreuses, cependant, il en manquait presque toujours, de même qu'on manquait de nourriture, de vêtements et d'autres biens. Et si elles n'avaient sans doute pas grande valeur pour ceux qui compilaient les statistiques de production, elles avaient un autre type de valeur pour leurs homologues masculins, les gardes et les travailleurs libres. Dans les camps où les contacts entre hommes et femmes se faisaient plus ou moins au grand jour — et ceux où, dans les faits, certains hommes avaient accès aux camps de femmes —, il était fréquent que les femmes reçussent des propositions, qu'on les accostât et, plus communément, qu'on leur proposât à manger en échange de relations sexuelles. Mais peut-être n'était-ce pas un trait propre au Goulag. En 1999, par exemple, un rapport d'Amnesty International sur les femmes emprisonnées aux États-Unis fit état de viols de détenues par des gardiens ou des prisonniers ; de détenus soudoyant les gardiens pour avoir accès aux quartiers des femmes ; de femmes obligées de se dévêtir et fouillées par des hommes[10]. Néanmoins, du fait des étranges hiérarchies sociales des camps soviétiques, les femmes y furent humiliées et torturées plus souvent que d'ordinaire, même dans un système carcéral.

Dès le début, le sort d'une femme dépendait largement de son rang et de sa position dans les divers clans du camp. Dans le monde du crime, les femmes étaient soumises à un ensemble de règles et de rituels élaborés et n'avaient guère droit au respect. Si l'on en croit Varlam Chalamov, « un *ourka* héréditaire apprend dès son enfance à mépriser les femmes. [...] Être inférieur, la femme n'a été créée que pour assouvir la passion animale du voleur, pour être la cible de ses plaisanteries grossières et l'objet de rossées en public quand le truand "fait la noce" ». Les prostituées « appartenaient » effectivement aux caïds, qui pouvaient les échanger ou les troquer, voire les hériter d'un frère ou d'un ami, si l'homme était transféré dans un autre camp ou tué. Généralement, quand un échange se produisait, « on n'en arrive pas à l'affrontement et la prostituée couche docilement avec son nouveau maître. Il n'y a aucun partage de femmes, aucun amour à trois dans l'univers des truands. [...] Il est absolument exclu qu'une voleuse puisse vivre avec un cave[11] ».

Les femmes n'étaient d'ailleurs pas les seules victimes. Chez les truands, les relations homosexuelles obéissaient apparemment à des règles tout aussi brutales. Certains caïds avaient de jeunes homosexuels dans leur entourage, en plus ou à la place des « femmes » du camp. Thomas Sgovio parle d'un chef de brigade qui avait une « femme » de sexe masculin, un jeune homme qui recevait un supplément de nourriture en échange de ses faveurs sexuelles[12]. Il est toutefois difficile de décrire les règles régissant l'homosexualité masculine dans les camps parce que les mémorialistes abordent rarement le sujet. Peut-être est-ce que, dans la culture russe, l'homosexualité demeure partiellement taboue au point qu'on préfère se taire. L'homosexualité masculine, dans les camps, semble aussi être demeurée largement cantonnée au monde du crime ; or, les criminels ont laissé peu de mémoires.

Nous savons néanmoins que, dans les années 1970 et 1980, les criminels soviétiques élaborèrent des règles de conduite homosexuelle d'une grande complexité. Les « passifs » étaient mis au ban de la société concentrationnaire, mangeaient à des tables séparées et n'adressaient pas la parole aux autres hommes[13]. Bien que les descriptions soient rares, il semble que des règles semblables aient existé dans certains coins dès la fin des années 1930, quand Piotr Yakir (Iakir), à quinze ans, fut témoin d'un phénomène analogue dans une cellule pour jeunes délinquants. Au départ, il fut choqué d'entendre les garçons parler de leurs expériences sexuelles et crut qu'ils galéjaient :

> Mais je me trompais. Un des gamins, ayant une ration de rab, la garda jusqu'au soir, puis demanda à Machka qui restait sur sa faim :
> — Tu veux bouffer ?
> — Oui.
> — Alors baisse ton froc.
> Cela se passa dans un recoin, aux yeux de tous, sans étonner personne. Je faisais semblant de trouver cela normal. Ce genre de choses se produisit souvent. Ceux qui restaient passifs étaient toujours les mêmes : comme des parias, ils n'étaient pas autorisés à boire dans le bol commun et on leur faisait subir les pires humiliations[14].

Curieusement, le lesbianisme dans les camps était plus visible. Du moins en trouve-t-on davantage de descriptions. Chez les criminelles, il était aussi lourdement ritualisé. On désignait les lesbiennes par le pronom neutre *ono* ; et elles se rangeaient en « juments » ou « grognasses », plus féminines, et en « maris », pour les plus masculines. Les premières, à en croire un témoignage, étaient parfois de « véritables esclaves », qui faisaient le ménage et s'occupaient de leurs « maris ». Celles-ci avaient des surnoms masculins et fumaient presque toujours[15]. Elles parlaient ouvertement de lesbianisme, même en chanson :

> Merci à toi, Staline
> Tu m'as fait barine

J'suis vache et taureau
Femme et maquereau[16].

Elles se distinguaient aussi par leur façon de s'habiller et leur conduite. Voici ce qu'écrivit plus tard une Polonaise :

> Ces couples de femmes sont connus de tous et elles ne cherchent nullement à dissimuler leurs habitudes. Celles qui jouent le rôle de l'homme sont généralement habillées en hommes, portent les cheveux courts et gardent les mains dans les poches. Quand ces couples sont soudain submergés par la passion, elles se lèvent d'un bond de leur siège, quittent leurs machines à coudre, se pourchassent et finissent par se retrouver à terre dans une frénésie de baisers[17].

Valeri Frid évoque aussi des criminelles qui, habillées en hommes, se faisaient passer pour hermaphrodites. L'une était « jolie avec ses cheveux courts et ses pantalons d'officier » ; une autre semblait affligée d'une authentique malformation génitale[18]. Une détenue a décrit un « viol » lesbien : elle vit un couple de lesbiennes se jeter sous les couchettes sur une « fille pudique et tranquille » et la déflorer[19]. Dans les milieux intellectuels, le lesbianisme était apparemment considéré avec moins d'indulgence. Une ex-détenue politique en parle comme d'une « pratique des plus révoltantes[20] ». Reste que même s'il était habituellement plus caché chez les politiques, il existait aussi parmi elles, souvent entre des femmes qui avaient des maris et des enfants en liberté. Au Minlag, qui était un camp largement politique, m'a raconté Susanna Petchora, les relations lesbiennes en ont parfois « aidé certaines à survivre[21] ».

Volontaires ou forcées, homosexuelles ou hétérosexuelles, les relations sexuelles au sein des camps participaient le plus souvent d'une atmosphère généralement brutale. Elles se pratiquaient au grand jour, d'une façon que beaucoup de prisonniers trouvaient choquante. Les couples « rampaient sous les barbelés et faisaient l'amour à côté des toilettes, par terre », m'a raconté une ancienne détenue[22]. « Le wagonnet isolé par des lambeaux d'étoffe, c'est un tableau classique dans les camps », écrit Soljenitsyne[23]. Se réveillant une fois en pleine nuit, Isaak Filchtinski trouva une femme dans le lit à côté du sien. Elle avait sauté le mur pour faire l'amour avec le cuistot du camp : « En dehors de moi, personne n'avait dormi cette nuit-là, tous avaient écouté les ébats avec ravissement[24]. » « Ce à quoi une personne en liberté aurait peut-être songé cent fois, ça se faisait ici tout simplement, comme pour les chats errants », écrit Khava Volovitch[25]. Surtout chez les voleurs, raconte un autre, on faisait l'amour « comme des bêtes[26] ».

En fait, les relations sexuelles étaient tellement publiques qu'elles laissaient jusqu'à un certain point apathique : pour certains, viol et prostitution finirent par faire partie de la routine quotidienne. Edward Buca travaillait un jour dans une scierie, à côté d'une brigade de femmes, quand il vit débarquer un groupe de truands. Ils « empoignèrent les femmes qu'ils voulaient, les couchèrent dans la neige ou les prirent contre un tas de rondins. Les femmes paraissaient habituées et n'opposèrent aucune résistance. Elles avaient leur chef de brigade à elles, mais elle ne s'opposait pas aux interruptions de ce genre : en fait, c'est tout juste si elle n'y voyait pas un autre aspect du boulot[27] ». Lev Razgon raconte aussi l'histoire d'une petite blonde, « presque une fillette », qu'il aperçut en train de balayer la cour déserte de l'unité médicale du camp. Il était alors un « libre » et rendait visite à un médecin de sa connaissance.

Alors qu'il n'avait pas faim, on lui servit un repas copieux. Il le donna à la fille, qui « mangea tout soigneusement, lentement. On sentait que ses manières lui avaient été inculquées chez elle, en famille ». L'observant, Razgon pensa à sa fille :

> La gamine mangea, rangea soigneusement la vaisselle sur le plateau de bois. Ensuite, elle releva sa robe, ôta sa culotte et, la gardant à la main, tourna vers moi son visage grave.
>
> — Je me couche ou quoi ? demanda-t-elle.
>
> Puis, ne comprenant pas ma réaction et s'en effrayant, elle ajouta, toujours sans sourire, pour se justifier :
>
> — C'est qu'on ne me donne pas à manger sans ça[28]...

Il arriva aussi, dans certains camps, que certaines baraques pour femmes ne fussent guère plus que des bordels. Soljenitsyne en décrit une :

> Elle est d'une saleté indescriptible, inimaginable, tout y est laissé à l'abandon, cela empeste, les wagonnets n'ont ni draps ni couvertures. Officiellement, interdiction était faite aux hommes d'y entrer, mais la règle n'était pas respectée et il n'y avait aucun contrôle. Non seulement les hommes y allaient, mais les mouflets s'y ruaient, des garçons de 12-13 ans couraient y prendre des leçons. [...] Tout s'accomplissait avec la simplicité de la nature, à la vue de tout le monde et en plusieurs endroits à la fois. Pour protéger une femme il n'y avait que la vieillesse indiscutable ou une difformité évidente, rien d'autre[29].

Et pourtant, s'inscrivant en faux contre ces histoires de brutalité sexuelle et de vulgarité, on trouve, dans maints mémoires, des histoires d'amour au camp également improbables — pour certaines nées simplement du désir des femmes de se protéger. Suivant les règles propres à la vie concentrationnaire, les hommes laissaient généralement en paix les femmes qui se trouvaient un « mari au camp » : une « variante particulière du *jus primae noctis* », comme dit Herling[30]. Il ne s'agissait pas nécessairement de « mariages » entre égaux : des femmes respectables vivaient parfois avec des truands[31]. Et, comme le rapporte Roujnevits, ce n'étaient pas toujours des unions librement consenties, même si, en toute rigueur, on ne saurait non plus parler de prostitution. Il s'agissait plutôt, comme dit Valeri Frid, de « mariages calculés » (*braki po raschetou*), « qui étaient parfois aussi des mariages d'amour ». Même s'ils avaient commencé pour des raisons purement pratiques, les détenus les prenaient très au sérieux. « Évoquant sa maîtresse plus ou moins permanente, un *zek* disait "ma femme", écrit Frid. Et elle-même en parlait comme de son "mari". Ce n'était pas une plaisanterie : les relations de camp humanisaient nos vies[32]. »

Et, si étrange que ça puisse paraître, les détenus qui n'étaient pas trop épuisés ou émaciés étaient vraiment en quête d'amour. Dans ses mémoires, Anatoli Jigouline raconte sa liaison avec une Allemande, une « politique », Martha, « gaie, douce, avec ses yeux bleus et ses cheveux d'or ». Il apprit par la suite qu'elle eut un bébé, qu'elle prénomma Anatoli. (Cela se passait dans le courant de l'automne 1951, et, la mort de Staline ayant été suivie par une amnistie générale de tous les politiques, il en a conclu : « Aussi, s'il ne lui est pas arrivé malheur, Martha est retournée chez elle avec notre enfant[33]. ») Les mémoires d'Isaac Vogelfanger, médecin du camp, se lisent parfois comme une œuvre romantique, dont le héros dut naviguer prudemment entre les dangers d'une liaison avec la femme d'un chef de camp et les joies de l'amour vrai[34].

Privés de tout, les prisonniers étaient si désespérément avides de relations sentimentales que d'aucuns se lançaient corps et âme dans des histoires d'amour platoniques par voie épistolaire. Ce fut surtout le cas à la fin des années 1940, dans les camps spéciaux pour prisonniers politiques, où hommes et femmes étaient strictement séparés. Au Minlag, par exemple, hommes et femmes s'envoyaient des billets *via* leurs collègues de l'hôpital, commun aux deux sexes. Ils organisèrent aussi une « boîte postale » secrète dans la zone du chantier de la voie ferrée où travaillaient les brigades de femmes. Tous les deux ou trois jours, une femme qui travaillait à la voie ferrée faisait semblant d'avoir oublié un manteau ou un autre objet, se dirigeait vers la boîte, ramassait les lettres envoyées et déposait les réponses, qu'un des hommes venait chercher plus tard[35]. Il y avait aussi d'autres méthodes : « À un moment convenu, une personne choisie dans une des zones lançait les lettres des hommes aux femmes, ou des femmes aux hommes. C'était le “service postal”[36]. »

Ces lettres, se souvient Leonid Sitko, étaient écrites sur de tout petits bouts de papier. Tout le monde les signait de faux noms : le sien, c'était « Hamlet » ; celui de son amie, « Marsianka ». Ils avaient été « présentés » par d'autres femmes, qui lui avaient dit qu'elle était affreusement déprimée, parce qu'on lui avait enlevé son bébé après son arrestation. Il se mit à lui écrire et réussit même à la rencontrer une fois, dans une mine abandonnée[37].

Dans leur quête d'une forme d'intimité, d'autres imaginèrent des méthodes plus surréalistes encore. Au camp spécial de Kenguir, des détenus — presque tous des politiques, privés de tout contact avec leurs familles, leurs amis et les femmes ou maris laissés derrière eux — nouèrent des relations très élaborées avec des gens qu'ils n'avaient jamais rencontrés[38].

Certains se mariaient même par-dessus le mur qui séparait les camps des hommes et des femmes, sans jamais se voir. La femme se tenait d'un côté, l'homme de l'autre ; ils prononçaient leurs vœux, et un prêtre prisonnier consignait la cérémonie sur un bout de papier.

Cette forme d'amour persista, même quand l'administration du camp éleva le mur, le recouvrit de barbelés et interdit aux détenus d'en approcher. Lorsqu'il décrit ces mariages aveugles, même Soljenitsyne se départ momentanément du cynisme avec lequel il évoque la quasi-totalité des autres relations dans le camp : « Dans cette union avec un prisonnier inconnu dont un mur vous sépare [...], je crois entendre le chœur des anges. C'est comme la contemplation désintéressée des astres du ciel. C'est trop haut pour le siècle du calcul mesquin et du jazz sautillant[39]. »

Si l'amour, le sexe, le viol et la prostitution faisaient partie de la vie du camp, tel était aussi le cas, en conséquence, de la grossesse et de l'accouchement. À côté des mines et des chantiers, des brigades forestières et des cachots, des baraquements et des wagons à bestiaux, le Goulag avait aussi ses hôpitaux et ses maternités, ainsi que ses crèches pour bébés et enfants en bas âge.

Tous les enfants qui se retrouvaient dans ces institutions n'étaient pas nés dans les camps. Certains avaient été « arrêtés » avec leurs mères. Les règles régissant cette pratique n'ont jamais été très claires. L'ordonnance de 1937, qui ordonna l'arrestation des femmes et des enfants des « ennemis du peuple », interdisait explicitement d'arrêter les femmes enceintes ou celles qui allaitaient leurs bébés[40]. En revanche, une ordonnance de 1940 précise que les enfants pouvaient rester avec leurs mères un an et demi, « jusqu'à ce qu'ils n'aient plus besoin du lait maternel », après quoi il convenait de les placer dans un orphelinat ou de les confier à des parents[41].

En pratique, on devait arrêter régulièrement des femmes enceintes ou qui allaitaient. Procédant à l'examen de routine d'un nouveau convoi, un médecin découvrit une femme en pleines contractions : elle avait été arrêtée au septième mois de grossesse[42]. Une autre femme, Natalia Zaporojets, fut déportée alors qu'elle était enceinte de huit mois : après avoir été ballottée dans les trains et à l'arrière des camions, elle donna naissance à un bébé mort-né[43]. L'artiste et mémorialiste Euphrosyne Kersnovskaïa aida une femme à accoucher dans le train[44].

Des enfants en bas âge furent également « arrêtés » en même temps que leurs parents. Une détenue, arrêtée dans les années 1920, écrivit à Dzerjinski une lettre de plainte acide pour le remercier d'avoir « arrêté » son fils de trois ans : la prison, explique-t-elle, était préférable à un foyer pour enfants, ce qu'elle appelait une « usine à fabriquer des anges[45] ». C'est en effet par centaines de milliers que se comptent les enfants arrêtés avec leurs parents, au cours des deux grandes vagues de déportation : la première, des koulaks, au début des années 1930 ; la seconde, des groupes nationaux et ethniques « ennemis », au cours de la Seconde Guerre mondiale et après.

Les enfants ne devaient jamais se remettre tout à fait du choc de la situation nouvelle. Une détenue polonaise se souvient d'une femme de sa cellule, avec son fils de trois ans : « L'enfant se conduisait bien, mais il était fragile et taciturne. Nous faisions de notre mieux pour le distraire en lui racontant des histoires ou des contes de fées, mais il nous interrompait régulièrement en disant : “On est en prison, hein ?”[46]. »

De longues années plus tard, un enfant de koulaks déportés raconta son épreuve dans les wagons à bestiaux : « Les gens s'énervaient. [...] Combien de jours a duré le voyage, je n'en ai aucune idée. Dans le wagon, sept personnes sont mortes de faim. Quand nous sommes arrivés à Tomsk, ils nous ont fait sortir, plusieurs familles. Ils ont aussi déchargé les cadavres : des enfants, des jeunes, et les vieux[47]. »

Malgré les privations, il est aussi des femmes qui tombaient à dessein, voire cyniquement, enceintes dans les camps. Il s'agissait habituellement de criminelles ou de femmes convaincues de menus crimes qui voulaient être enceintes pour être exemptées des travaux les plus lourds, recevoir une meilleure alimentation et bénéficier, le cas échéant, des amnisties périodiquement accordées aux femmes avec des enfants en bas âge. Ces amnisties — il y en eut une en 1945, par exemple, et une autre en 1948 — ne s'appliquaient généralement pas aux femmes condamnées pour crimes contre-révolutionnaires[48]. « On pouvait se rendre la vie plus facile en tombant enceinte », me raconta Lioudmila Khatchatrian, histoire de m'expliquer pourquoi certaines femmes couchaient volontiers avec leurs geôliers[49].

Une autre femme se souvenait d'avoir entendu la rumeur que toutes les femmes avec des bébés — les *namki*, dans l'argot des prisons — seraient libérées. Et d'avoir fait exprès de tomber enceinte[50]. Nadejda Ioffé, tombée enceinte après avoir été autorisée à voir son mari, écrivit que ses codétenues des « baraquements de nourrices » de Magadan « n'avaient absolument aucun instinct maternel » et abandonnaient leurs bébés dès qu'elles le pouvaient[51].

Peut-être cela n'est-il pas surprenant : lorsqu'elles voyaient qu'elles étaient tombées enceintes, toutes les femmes n'avaient pas envie de le rester. L'administration du Goulag, apparemment, ne savait trop s'il fallait autoriser l'avortement ; tantôt, elle y consentit, tantôt elle infligea une seconde peine à celles qui essayaient de se faire avorter[52]. On n'a aucune idée de leur fréquence tant les descriptions sont rares ; dans des douzaines d'entretiens et de mémoires, je n'ai lu et entendu que deux récits. Au cours d'un entretien, Anna Andreïevna m'a parlé d'une femme qui « s'enfonça des clous, s'assit et se mit à travailler à sa machine à coudre. Elle finit par saigner en abondance[53] ». Une autre femme a raconté comment un médecin du camp essaya d'interrompre sa grossesse :

> Imaginez le tableau ! Il fait nuit. Il fait noir... Andreï Andreïevitch essaie de me faire avorter, avec ses mains, enduites de teinture d'iode, sans instruments. Mais il est tellement nerveux qu'il n'arrive à rien. J'ai tellement mal que je respire à peine, mais j'endure sans moufter, que personne n'entende. « Arrêtez ! », finis-je par crier tant la douleur est insupportable. Tout le processus est arrêté pour deux jours. Finalement, tout est sorti : le fœtus avec quantité de sang. Voilà pourquoi je ne suis jamais devenue mère[54].

Mais il y avait des femmes qui voulaient leurs enfants, et dont le sort fut aussi souvent tragique. S'inscrivant en faux contre tout ce que l'on a écrit sur l'égoïsme, la vénalité des femmes qui avaient des enfants dans les camps, il faut rappeler l'histoire de Khava Volovitch. « Politique » arrêtée en 1937, elle était extrêmement seule dans les camps et chercha délibérément à avoir un enfant. Le père ne lui inspirait aucun amour particulier, mais elle mit un enfant au monde en 1942, Éléonore, dans un camp sans installations spéciales pour les mères :

> Nous étions trois mamans. On nous donna une petite chambre au baraquement. Les punaises ici tombaient du plafond et des murs comme du sable. Nous passions toutes les nuits à les retirer de nos enfants.
>
> Et nous passions la journée au travail, en ayant confié les bambins à quelque vieille femme déclarée inapte, et qui mangeait la nourriture réservée aux enfants.

Néanmoins, écrit Volovitch,

> Pendant toute l'année, j'ai veillé chaque nuit auprès du berceau de mon enfant, à lui retirer les punaises et à prier. Je priais pour que Dieu prolongeât mes tourments même pendant cent ans, mais qu'il ne me séparât pas de ma fille. Qu'il me laissât sortir avec elle de prison, même dans la plus grande misère, même estropiée. Qu'en me traînant aux pieds des gens et en demandant l'aumône, je puisse l'élever et l'instruire.
>
> Mais Dieu ne répondit pas à mes prières. Je vis à peine mon enfant marcher, à peine je l'entendis prononcer à haute voix ces premiers mots caressants et si merveilleux que sont « maman », « ma petite Maman », avant que nous soyons enfermées pendant le grand froid d'hiver, vêtues de haillons, dans un wagon à bestiaux et emmenées dans un camp pour « mamans », où mon bébé joufflu aux boucles d'or et semblable à un ange se transforma rapidement en une ombre livide avec des cernes sous les yeux et des lèvres desséchées.

Volovitch fut d'abord affectée à une brigade forestière, puis envoyée dans une scierie. Le soir, elle rapportait un petit fagot qu'elle donnait aux nourrices du foyer pour enfants. En contrepartie, on l'autorisait parfois à voir sa fille hors des heures de visite normales.

J'ai vu comment les nourrices réveillaient les gosses à sept heures du matin. Elles les levaient de leurs lits froids en leur donnant des coups de poing et des coups de pied [...]. Elles changeaient leurs brassières et les lavaient avec une eau gelée, en les couvrant d'insultes grossières et en leur frappant le dos du poing. Et les gosses n'osaient même pas pleurer. Ils geignaient seulement comme des petits vieux et poussaient des cris de chouette.

Toute la journée, ce terrible hululement provenait des lits d'enfants. Les enfants, auxquels on demandait déjà de s'asseoir, ou bien de glisser, se retrouvaient sur le dos, serrant leurs petits pieds contre le ventre, et émettant des bruits étranges semblables au roucoulement sourd des pigeons.

Il y avait une seule nounou pour dix-sept enfants ; autrement dit, elle n'avait pas le temps nécessaire de changer tous les enfants et de les nourrir, encore moins de les soigner convenablement :

La nounou avait apporté de la cuisine une bouillie brûlante. Après l'avoir répartie dans les petites écuelles, elle saisissait du lit le premier enfant tombé sous sa main, lui rabattait les bras par-derrière, les attachait avec une serviette, et commençait à le gaver comme une oie de bouillie brûlante, une cuillerée après l'autre, sans lui laisser le temps d'avaler.

Peu à peu, Éléonore se mit à dépérir :

À chaque visite, je découvrais des bleus sur son petit corps. Je n'oublierai jamais quand, s'accrochant à mon cou, elle montra la porte de sa petite main décharnée et gronda : « Maman, à la maison ! » Elle n'avait pas oublié le nid de punaises dans lequel elle avait vu le jour et où elle restait tout le temps avec sa maman. [...]

Ma petite Éléonore, qui avait un an et trois mois, comprit vite que ses supplications pour la « maison » étaient inutiles. Elle cessa de se traîner vers moi lors de mes visites, et se taisant elle me tournait le dos.

> Le dernier jour de sa vie, seulement, lorsque je la pris dans mes bras (on me permettait de la nourrir au sein), en regardant de ses grands yeux ouverts quelque part ailleurs, elle se mit à me taper sur le visage de ses petits poings faibles, à me pincer et à me mordre la poitrine. Puis elle montra de la main son petit lit.
>
> Lorsque je revins le soir avec une charge de bois, son petit lit était déjà vide. Je la trouvai nue à la morgue, au milieu de ces cadavres adultes du camp.
>
> Elle vécut en tout un an et quatre mois en ce monde, et mourut le 3 mars 1944. [...]
>
> Voilà toute l'histoire du crime le plus grave qui soit et que j'ai commis, l'unique fois dans ma vie où j'ai été mère[55].

Les archives du Goulag ont conservé des photographies du genre de crèche de camp que décrit Volovitch. Un album de ce type commence par ces mots d'introduction :

> Le soleil brille dans la patrie de Staline. La nation déborde d'amour pour les dirigeants et nos merveilleux enfants sont heureux comme le jeune pays tout entier est heureux. Ici, dans de grands lits, les nouveaux citoyens de notre pays dorment bien au chaud. Après avoir mangé, ils dorment paisiblement et font certainement de jolis rêves...

Les photos qui suivent démentent les légendes. Sur l'une, on voit une rangée de mères qui allaitent, le visage couvert par un masque, preuve des pratiques hygiéniques du camp. L'œil grave, la mine austère, assises sur un banc, elles tiennent leurs bébés dans les bras. Sur une autre, tous les enfants sortent pour leur promenade du soir. Sur quantité de clichés, les enfants ont le crâne rasé, vraisemblablement pour éviter les poux, ce qui leur donne l'air de minuscules prisonniers : de fait, c'est bien ainsi qu'on les considérait[56]. « Le combinat pour enfants, écrit Evguénia Guinzbourg, c'est aussi une zone. Avec un poste de garde, un portail, des baraques et des barbelés[57]. »

À un niveau ou à un autre, l'administration du Goulag, à Moscou, a dû savoir à quel point la vie des camps était terrible pour les enfants qui y vivaient. Nous savons au moins que les inspecteurs des camps firent passer l'information : un rapport de 1949 sur la condition des femmes dans les camps observe, d'un ton réprobateur, que sur les 503 000 femmes du Goulag, 9 300 étaient enceintes tandis que 23 790 autres avaient avec elles des enfants en bas âge. « Compte tenu de l'influence négative sur la santé et l'éducation des enfants », le rapport prônait la libération anticipée des mères ainsi que des femmes qui avaient des enfants à la maison — soit un total de 70 000 (les récidivistes et les politiques contre-révolutionnaires étant exclues du lot[58]).

Il y eut de temps à autre des amnisties de cette nature. Mais la vie des enfants restants ne s'améliora guère, au contraire. Parce qu'ils ne contribuaient en aucune façon à la productivité du camp, leur santé et leur bien-être étaient loin de compter parmi les priorités des commandants de camp et ils étaient invariablement logés dans les baraquements les plus minables, les plus froids et les plus vétustes. Un inspecteur constata que, dans un foyer pour enfants de camp, la température ne dépassait jamais les 10-11 °C ; un autre découvrit un foyer avec la peinture qui s'écaillait et sans aucun éclairage, pas même une lampe à pétrole[59]. Un rapport du Siblag, en 1933, observe que le camp manque de 800 paires de chaussures pour enfants, de 700 manteaux et de 900 couverts[60]. Quant au personnel, il n'était pas nécessairement qualifié. Les postes à la crèche étaient des places pour «planquées», et allaient donc habituellement aux truandes. «Des heures durant, écrit Ioffé, elles se mettaient sous les escaliers avec leurs "maris" ou elles sortaient, tout simplement, pendant que les enfants, affamés et sans soins, tombaient malades et se mouraient[61].»

Les mères, dont la grossesse avait déjà coûté cher au camp, n'étaient généralement pas non plus autorisées à compenser cette incurie, à supposer qu'elles en eussent envie. On les renvoyait au travail dès que possible et ce n'est qu'à contrecœur qu'on leur accordait un peu de temps pour nourrir leurs enfants au sein. D'habitude, elles avaient droit à quinze minutes toutes les quatre heures: quinze minutes pour s'en occuper avec leurs habits de travail sales avant de retourner au travail. Autrement dit, les enfants souffraient de la faim. Parfois, on ne leur accordait même pas cette permission. Un inspecteur de camp cite le cas d'une femme arrivée avec quelques minutes de retard pour allaiter son bébé, à cause de ses obligations de travail, et à qui on refusa l'accès à son enfant[62]. Lors d'un entretien, une ancienne surveillante de crèche m'a raconté — d'un ton dédaigneux — que les enfants qui ne pouvaient boire leur content au cours de la demi-heure autorisée recevaient le reste d'une bouteille par les nourrices.

Cette même femme confirme aussi ce que disent les détenus d'une autre forme de cruauté: sitôt qu'une femme avait cessé d'allaiter, on lui interdisait souvent tout autre contact avec son enfant. Dans son camp, précisa-t-elle, elle avait personnellement interdit à toutes les mères d'accompagner leurs enfants en promenade sous prétexte que les détenues faisaient du tort à leurs gosses. Elle m'assura avoir vu une mère donner à manger à son enfant du sucre mélangé à du tabac pour l'empoisonner. Une autre, toujours selon elle, avait exprès retiré les souliers de son môme dans la neige. « J'étais responsable de la mortalité des enfants dans les camps, ajouta-t-elle pour m'expliquer pourquoi elle avait pris des dispositions afin d'écarter les mères. Ces enfants étaient inutiles à leurs mères, et les mères voulaient les tuer[63]. » Cette même logique a fort bien pu conduire des commandants à interdire aux femmes de voir leurs enfants. Mais il est aussi possible que ces règles aient été un effet supplémentaire de la cruauté gratuite de l'administration du camp : comme il était malcommode de permettre aux mères de voir leurs gosses, on le leur interdisait.

Les conséquences de la séparation des parents d'avec leurs enfants à cet âge étaient prévisibles. Les épidémies étaient légion chez les petits. Les taux de mortalité infantile étaient très élevés, si élevés qu'ils étaient souvent délibérément maquillés, comme le signalent aussi des rapports d'inspection[64]. Mais même ceux qui survivaient à la petite enfance avaient peu de chances d'avoir une vie normale dans les crèches du camp. Certains tombaient sur les bonnes nounous, d'autres pas. Guinzbourg elle-même eut l'occasion de travailler dans une crèche de camp et découvrit, en arrivant, que même les plus grands ne savaient pas encore parler :

> Seuls quelques-uns de ces enfants qui avaient déjà quatre ans prononçaient certains mots, et encore sans les lier entre eux. Ce qui dominait, c'était le hurlement inarticulé, la gesticulation, la bagarre.
>
> « Comment parleraient-ils ? Qui a jamais essayé de leur apprendre ? Qu'ont-ils entendu jusqu'ici ? m'expliqua Ania d'un ton neutre. Dans le groupe des nourrissons, c'est simple, ils restent tout le temps couchés dans leurs lits. Ils peuvent bien s'époumoner, personne ne les prend.

Interdit. On doit seulement changer les couches mouillées. Si on a assez de linge, bien entendu. »

Quand Guinzbourg essaya de les prendre en main, elle s'aperçut qu'un ou deux enfants seulement, ceux qui avaient gardé quelque contact avec leurs mamans, étaient capables d'apprendre quoi que ce soit. Et encore leur expérience était-elle très limitée :

— Regarde, dis-je donc à Stassik en lui montrant la maison dessinée, qu'est-ce que c'est ?

— Une baraque, répondit assez distinctement le petit garçon.

En quelques coups de crayon, j'installai un chat près de la maison. Mais personne ne le reconnut, même pas Stassik. Jamais ils n'avaient vu un animal si rare. Alors j'entourai la maison de l'idyllique clôture traditionnelle.

— Et ça, qu'est-ce que c'est ?

— Une zone, une zone ! s'écria joyeusement Vérotchka en battant des mains[65].

Habituellement, les enfants quittaient les crèches des camps pour être placés dans des orphelinats ordinaires dès l'âge de deux ans. Certaines mères s'en félicitaient, y voyant une chance pour les enfants d'échapper au camp. D'autres protestaient, sachant qu'on pouvait à dessein ou par accident les transférer dans un autre camp, loin de leurs enfants, dont les noms pouvaient être ensuite changés ou oubliés, rendant dès lors impossible d'établir la moindre relation ou même le moindre contact[66]. Cela arriva parfois à des enfants placés dans des foyers ordinaires. Valentina Iourguanova, fille de koulaks allemands de la Volga, fut placée dans un foyer où certains pupilles, trop petits, ne savaient même pas leur nom, tandis que les autorités étaient trop mal organisées pour en garder trace. Un enfant, me confia-t-elle, avait été simplement rebaptisé « Kachtanova » (« Châtaigne ») parce qu'il y avait beaucoup de châtaigniers dans le parc derrière l'orphelinat.

Des années plus tard, une autre enfant de ce genre fit un récit déchirant de sa quête, longue de toute une vie mais infructueuse, pour retrouver le vrai nom de ses parents : il n'y avait pas trace du moindre enfant né dans sa région sous le patronyme qui figurait sur son passeport, et elle était bien trop petite pour se souvenir de leurs vrais noms. Elle n'en gardait pas moins en mémoire des fragments de son passé : « Maman a une machine à coudre. Moi qui lui demandais une aiguille et du fil... Moi au jardin... Et plus tard... La chambre est dans le noir, le lit de droite est vide, il s'est passé quelque chose. Pour une raison ou pour une autre, je suis seule. Je suis terrifiée[67]. »

On comprend que certaines mères « pleuraient et criaient, que certaines perdaient la tête au point qu'on les enfermait dans une casemate le temps qu'elles se calment » quand on leur enlevait leurs enfants. Une fois qu'ils étaient partis, les chances de les retrouver étaient maigres[68].

À l'extérieur, la vie des enfants nés dans les camps ne s'améliorait pas nécessairement. Ils rejoignaient plutôt les rangs serrés des gamins directement placés dans des foyers après l'arrestation de leurs parents : autre catégorie de victimes infantiles. En règle générale, les orphelinats publics étaient affreusement surpeuplés et crasseux, manquaient de personnel. C'étaient souvent des mouroirs. Une ancienne détenue se souvient de l'émotion et des grandes espérances avec lesquelles son camp envoya un groupe d'enfants de prisonniers dans un orphelinat municipal, et de l'horreur qu'ils éprouvèrent en apprenant que onze avaient été emportés par une épidémie[69]. Dès 1931, au faîte de la collectivisation, les directeurs de foyers pour enfants de l'Oural adressèrent des lettres désespérées aux autorités régionales, implorant de l'aide pour s'occuper de milliers d'enfants de koulaks désormais orphelins :

> Trente garçons s'entassent dans une pièce de douze mètres carrés. Pour trente-huit enfants, il y a sept lits, occupés par les « récidivistes ». Deux gosses de dix-huit ans ont saboté les installations électriques, dévalisé le magasin et boivent avec le directeur... Des enfants dorment sur le sol crasseux, jouent aux cartes, avec des cartes taillées dans des photos déchirées du « Dirigeant », fument, brisent les barreaux des fenêtres et escaladent les murs en vue de s'échapper[70].

Dans un autre foyer pour enfants de koulaks :

> Les enfants dorment par terre et n'ont pas assez de chaussures. [...] Parfois, il n'y a pas d'eau pendant plusieurs jours. Ils mangent mal ; en dehors de l'eau et de patates, ils ne déjeunent pas. Il n'y a ni assiettes ni bols. Ils mangent à même la louche. il y a une seule timbale pour 140 personnes, et pas assez de cuillers ; ils mangent à tour de rôle ou à la main. Il n'y a pas de lumière, une seule lampe pour tout le foyer, et elle n'a pas de pétrole[71].

En 1933, un foyer pour enfants des environs de Smolensk adressa le télégramme suivant à la Commission des enfants de Moscou : « Ravitaillement du foyer interrompu. Cent enfants meurent de faim. L'organisation refuse de donner des rations. Aucun secours. Prenez mesures urgentes[72]. »

La situation ne changea guère au fil du temps. En 1938, un arrêté du NKVD signale un foyer pour enfants où deux fillettes de huit ans ont été violées par des garçons plus âgés ; un autre où 212 enfants se partageaient douze cuillers et vingt assiettes et, faute d'habits de nuit, dormaient tout habillés, avec leurs chaussures[73]. En 1940, Savelyeva Leonidovna fut « enlevée » de son domicile familial — ses parents avaient été arrêtés — pour être adoptée par une famille qui voulait se servir d'elle comme d'une domestique. Ainsi fut-elle séparée de sa sœur, qu'elle n'a jamais retrouvée[74].

Les enfants de « politiques » arrêtés vivaient des moments particulièrement durs dans ces foyers, et ils étaient souvent plus mal traités que les orphelins ordinaires dont ils partageaient la vie. On leur demandait, comme à Svetlana Kogteva, dix ans, « d'oublier leurs parents, puisque c'étaient des ennemis du peuple[75] ». Les officiers du NKVD responsables de ces foyers avaient ordre de faire montre d'une vigilance spéciale et d'isoler les enfants des contre-révolutionnaires en veillant à ce qu'ils ne bénéficiassent d'aucune espèce de traitement privilégié[76]. Du fait de cette règle, Piotr Iakir ne séjourna que trois jours dans un de ces orphelinats : « Au bout de trois jours, je fus désigné comme meneur des enfants des "traîtres" à la patrie » et aussitôt arrêté. Il avait quatorze ans. Il fut alors transféré en prison et, pour finir, dans un camp[77].

Le plus souvent, les enfants de « politiques » étaient victimes de vexations et d'exclusion. Dès son arrivée à l'orphelinat, se souvient un prisonnier, on prenait les empreintes digitales des enfants d'« ennemis », comme à des criminels. Les professeurs et les concierges avaient peur de leur témoigner trop d'affection, de crainte de se voir accusés de sympathie avec des « ennemis »[78]. Si l'on en croit Iourguanova, les enfants de parents arrêtés étaient donc harcelés sans merci du fait de leur statut d'« ennemis » : de ce fait, elle fit exprès d'oublier l'allemand qu'elle parlait enfant[79].

Dans ce cadre, même les enfants de parents cultivés avaient tôt fait d'adopter les mœurs des criminels. Vladimir Glebov, fils du dirigeant bolchevique Lev Kamenev, fut de ceux-là. Il avait quatre ans quand son père fut arrêté ; Glebov fut alors exilé dans un orphelinat spécial en Sibérie occidentale. Près de 40 % des enfants de l'établissement étaient des enfants d'« ennemis » ; environ 40 %, des jeunes délinquants et les 20 % restants des petits Tziganes arrêtés pour crime de nomadisme. Ainsi que l'expliqua Glebov à l'écrivain Adam Hochschild, ces contacts précoces avec de jeunes criminels présentaient des avantages, même pour les enfants de politiques :

> Mon copain m'a appris des choses qui m'ont beaucoup aidé par la suite, sur les moyens de me protéger. Ici j'ai une cicatrice, et ici une autre. [...] Quand on vous attaque avec un couteau, il faut savoir se défendre. Le principe numéro un est de devancer l'attaque, ne pas se laisser frapper. C'était ça, notre bienheureuse enfance soviétique[80] !

Certains enfants devaient cependant souffrir irrémédiablement de leur placement dans un orphelinat. À son retour d'exil, une mère retrouva sa fillette. L'enfant, âgée de huit ans, parlait à peine, prenait la nourriture à pleines mains et se conduisait comme la bête sauvage que l'orphelinat avait fait d'elle[81]. Une autre mère, libérée après huit ans de prison, alla chercher ses enfants à l'orphelinat, mais ils refusèrent de la suivre. On leur avait appris que leurs parents étaient des « ennemis du peuple », qui ne méritaient ni amour ni affection. On leur avait donné pour consigne de refuser de partir « si jamais votre mère vient vous chercher » ; jamais plus, ils ne voulurent vivre avec leurs parents[82].

Naturellement, les enfants étaient nombreux à

s'enfuir de ces orphelinats. Sitôt qu'ils se retrouvaient dans la rue, ils tombaient très vite dans les bas-fonds du crime. Après quoi, le cercle vicieux continuait. Tôt ou tard, ils étaient à leur tour arrêtés.

À première vue, le rapport annuel du NKVD pour 1944-1945 concernant un groupe particulier de huit camps ukrainiens ne contient rien que de très ordinaire. Il indique les camps qui ont atteint les objectifs du Plan quinquennal et ceux qui ne les ont pas atteints. Il loue les détenus travailleurs de choc. Il note sèchement que la nourriture est très mauvaise et monotone dans la plupart des camps. Et il observe, d'un ton plus satisfait, qu'il n'y a eu d'épidémie que dans un camp au cours de la période concernée — et ce après le transfert de cinq détenus de la prison surpeuplée de Kharkov.

Quelques détails du rapport illustrent néanmoins la nature précise de ces huit camps ukrainiens. Un inspecteur déplore, par exemple, qu'un des camps manque de « manuels, de stylos, de cahiers et de crayons ». On trouve aussi une note sèche sur la propension de certains détenus à jouer leur nourriture au jeu —, certains perdant ainsi leur ration de pain plusieurs mois à l'avance : les jeunes pensionnaires des camps étaient apparemment trop inexpérimentés pour jouer aux cartes avec les plus âgés[83].

Les huit camps en question étaient les huit colonies pour enfants d'Ukraine. Car tous les enfants qui passaient sous la juridiction du Goulag n'étaient pas les rejetons de parents arrêtés. Une partie d'entre eux entraient par eux-mêmes au Goulag. Ils commettaient des crimes, se faisaient arrêter et envoyer dans des camps spéciaux pour jeunes. Ceux-ci étaient dirigés par les mêmes bureaucrates que les camps adultes, auxquels ils ressemblaient à bien des égards.

À l'origine, ces « camps d'enfants » furent organisés pour les *bezprizornye*, les orphelins, enfants errants et les gavroches qui avaient perdu leurs parents ou les avaient quittés au cours des années de guerre civile, de famine, de collectivisation et d'arrestations massives. Au début des années 1930, ces gamins des rues étaient un spectacle courant dans les gares et les jardins publics des villes soviétiques. L'écrivain russe Victor Serge les a décrits :

> J'en ai vu vivre, à Leningrad et à Moscou, dans des égouts, dans les kiosques d'affiches, dans les caveaux des cimetières où ils étaient paisiblement les maîtres ; tenir des conférences, la nuit dans des urinoirs ; voyager sur les toits des wagons ou dans des caisses sous les wagons... Ils sortaient de là, gouailleurs, noirs de suie, pour demander aux voyageurs quelques kopecks et guetter l'occasion d'escamoter une valise[84].

Ces enfants étaient si nombreux et posaient tellement de problèmes qu'en 1934 le Goulag ouvrit les premières crèches à l'intérieur des camps pour adultes afin d'empêcher les enfants de parents arrêtés d'écumer les rues[85]. Un peu plus tard, en 1935, le Goulag décida de mettre également en place des colonies spéciales pour enfants. Les enfants étaient massivement raflés dans les rues et envoyés dans des colonies censées les éduquer et les préparer à travailler.

En 1935, les autorités soviétiques adoptèrent aussi une loi de sinistre mémoire permettant d'accuser des enfants au même titre que les adultes dès l'âge de douze ans. Par la suite, des petites paysannes arrêtées pour avoir volé quelques grains de blé et des enfants d'« ennemis » soupçonnés de collaborer avec leurs parents se retrouvèrent dans des prisons pour jeunes avec des prostituées mineures, des pickpockets, des gosses de rue et d'autres[86]. D'après un rapport interne, des agents du NKVD, dans les années 1930, ramassèrent une petite Tatare de douze ans qui ne parlait pas le russe et avait été séparée de sa mère dans une gare. Ils la déportèrent, seule, dans le Grand Nord[87]. Les petits criminels étaient si nombreux en Union soviétique qu'en 1937 le NKVD créa des foyers à « régime spécial » pour les enfants qui enfreignaient systématiquement le règlement des foyers pour enfants ordinaires. En 1939, on cessa d'envoyer les simples orphelins dans des camps pour enfants, désormais réservés aux petits criminels qui avaient été effectivement condamnés par les tribunaux ou par l'*osoboe sovechtchanie*, la « commission spéciale[88] ».

Malgré la menace d'un châtiment plus rude, le nombre de jeunes délinquants continua d'augmenter. La guerre produisit non seulement des orphelins, mais aussi des fugitifs, des enfants livrés à eux-mêmes, dont les pères étaient sur le front et dont les mères travaillaient douze heures par jour à l'usine, ainsi que de nouvelles catégories de petits criminels : ouvriers mineurs qui avaient quitté leur poste de travail à l'usine — parfois après que les usines avaient été évacuées, loin des familles de ces enfants —, violant ainsi les lois du temps de guerre : ils avaient « volontairement quitté leur lieu de travail — des entreprises militaires[89] ». D'après les statistiques mêmes du NKVD, les « centres d'accueil » reçurent le chiffre extraordinaire de 842 144 enfants sans foyer dans les années 1943 à 1945. La plupart furent renvoyés chez leurs parents, dans des foyers pour enfants ou des écoles professionnelles. Mais un nombre appréciable — 52 830 suivant les archives — furent affectés dans des « colonies d'éducation par le travail » — appellation qui n'était qu'un euphémisme désignant un camp de concentration pour enfants[90].

À bien des égards, les enfants n'y étaient guère traités autrement que leurs parents. Les enfants y étaient arrêtés et transportés suivant les mêmes règles, à deux exceptions près : en principe, ils devaient être maintenus à l'écart des adultes et n'étaient pas fusillés en cas de tentative d'évasion[91]. Ils étaient placés dans le même genre de prison que les adultes, dans des cellules à part mais tout aussi pauvres. La description que fait un inspecteur d'une cellule de ce type est tristement familière : « Les murs sont sales ; tous les prisonniers n'ont pas de lit ni de matelas. Ils n'ont pas de draps, de taies d'oreiller et de couvertures. Dans la cellule nº 5, la fenêtre est bouchée par un oreiller, faute de carreau à la fenêtre ; dans la cellule nº 14, la fenêtre ne ferme pas du tout[92]. » Suivant un autre rapport, les prisons pour jeunes sont d'une « insalubrité inadmissible », et manquent d'eau chaude et de produits de première nécessité tels que gobelets, bols et tabourets[93].

Certains jeunes prisonniers étaient aussi interrogés comme des adultes. Après son arrestation dans un orphelinat, Piotr Iakir, alors âgé de quatorze ans, fut d'abord placé dans une prison pour adultes, puis soumis à un interrogatoire en bonne et due forme, comme un adulte. Le juge d'instruction l'accusa « d'avoir formé une bande anarchiste de cavaliers dans le but d'agir sur les arrières de l'armée rouge », invoquant pour preuve le simple fait qu'il était bon cavalier. Par la suite, Iakir fut condamné comme « élément socialement nocif »[94]. Le Polonais Jerzy Kmiecik avait seize ans quand il se fit arrêter en essayant de franchir la frontière soviétique en direction de la Hongrie. Cela se passait en 1939, à la suite de l'invasion soviétique de la Pologne. Il fut lui aussi interrogé comme un adulte : il dut rester debout ou assis sur un simple tabouret des heures d'affilée, se contenter de soupe salée sans avoir droit à de l'eau. Entre autres choses, ses questionneurs voulaient savoir « combien Mr. Churchill lui payait ses renseignements ». Ne sachant pas qui était Churchill, Kmiecik demanda qu'on lui expliquât la question[95].

On trouve également dans les archives les minutes de l'interrogatoire de Vladimir Moroz qui, à quinze ans, se vit accuser d'« activités contre-révolutionnaires » dans son orphelinat. Sa mère et son frère aîné, dix-sept ans, avaient déjà été arrêtés. Son père avait été exécuté. Moroz avait tenu un journal, que le NKVD découvrit, et dans lequel il décriait les « mensonges et calomnies » autour de lui : « Si quelqu'un avait sombré voici douze ans dans un sommeil profond et se réveillait soudain aujourd'hui, il serait choqué face aux changements qui se sont produits ici depuis. » Quoique condamné à trois ans de camp, Moroz mourut en prison en 1939[96].

Ce ne sont pas là des incidents isolés. En 1939, quand la presse soviétique fit état de l'arrestation de quelques officiers du NKVD pour extorsion de faux aveux, un journal sibérien raconta une affaire impliquant 160 enfants, pour la plupart âgés de douze à quatorze ans — mais certains avaient tout juste dix ans. Quatre agents du NKVD et du bureau du procureur écopèrent de cinq à dix ans de prison pour l'interrogatoire de ces enfants. « Il n'avait pas été très difficile de leur arracher ces aveux, écrit Robert Conquest : un enfant de dix ans céda après une seule nuit d'interrogatoire et reconnut appartenir à une organisation fasciste depuis l'âge de sept ans[97]. »

Les enfants internés n'étaient pas non plus exempts

des exigences implacables du système de travail servile. Bien qu'il n'y eût généralement pas de colonies pour enfants dans les camps forestiers ou miniers les plus rudes du Nord, dans les années 1940 exista un *lagpounkt* pour enfants au camp de Norilsk, dans le Grand Nord. Une partie de ses quelque mille détenus furent affectés à la briqueterie de Norilsk, tandis que les autres furent chargés de déblayer la neige. Parmi eux se trouvaient quelques enfants de douze, treize et quatorze ans, alors que la majorité en avait quinze ou seize, les plus âgés ayant déjà été transférés dans le camp pour adultes. De nombreux inspecteurs déplorèrent les conditions qui régnaient dans ce camp pour enfants, qui fut finalement déplacé dans une région plus méridionale de l'URSS — mais pas avant que nombre de ses jeunes détenus ne fussent victimes des mêmes maladies liées au froid et à la malnutrition que les adultes[98].

Plus typique est ce rapport ukrainien qui explique que les enfants des colonies de travail avaient été affectés dans des ateliers de menuiserie, de ferronnerie et de couture[99]. Kmiecik, qui séjourna dans une colonie pour enfants près de Jitomir en Ukraine, travailla dans une fabrique de meubles[100]. Toujours est-il que les colonies observaient souvent les mêmes pratiques que les camps pour adultes. Il y avait des objectifs de production à atteindre, des normes individuelles à satisfaire, un régime à observer. En 1940, un arrêté du NKVD stipula que les enfants de douze à seize ans devaient travailler quatre heures pour quatre heures d'école ; ceux de seize à dix-huit ans, huit heures pour deux heures de travail scolaire[101]. Au camp de Norilsk qui n'assurait aucune scolarisation, ce régime n'était pas respecté[102].

Dans le camp pour jeunes de Kmiecik, il n'y avait que des cours du soir, où l'on apprenait, entre autres choses, que « l'Angleterre est une île d'Europe occidentale... Elle est gouvernée par des seigneurs qui portent des robes rouges avec des cols blancs. Ils possèdent les ouvriers qui triment pour eux et les paient une misère[103] ». Non que les enfants fussent essentiellement là pour être instruits : en 1944, Beria fit fièrement savoir à Staline que les camps pour jeunes du Goulag avaient largement contribué à l'effort de guerre, produisant des mines, des grenades et d'autres produits d'une valeur totale de 150 millions de roubles[104].

Les enfants avaient aussi droit au même genre de propagande que les adultes. Des journaux de camp du milieu des années 1930 mettent en vedette de jeunes stakhanovistes et couvrent d'éloges les « *35* », les gosses des rues placés dans des camps en vertu de la loi de 1935, glorifiant ceux qui avaient vu la lumière et avaient été remis sur le droit chemin par le travail physique. La même presse fustige en revanche les enfants qui n'ont pas compris « qu'ils doivent abandonner leur passé, qu'il est temps de commencer une nouvelle vie... Parties de cartes, ivrognerie, hooliganisme, refus de travailler et vols, etc., sont généralisés parmi eux[105] ». Pour combattre ce « parasitisme » juvénile, il fallait faire participer les enfants au même type de concerts éducatifs et culturels que les adultes, leur apprendre les mêmes chants staliniens[106].

Enfin, les enfants subissaient les mêmes pressions psychologiques que les adultes. Dans une autre directive de 1941, le NKVD demanda l'organisation d'un « réseau d'informateurs » (*agentourno-operativnoe obsloujivanie*) au sein des colonies ou des centres d'accueil pour enfants relevant de son autorité. La rumeur avait couru de sentiments contre-révolutionnaires dans le personnel comme parmi les enfants des camps, surtout les enfants de contre-révolutionnaires. Les enfants d'un camp avaient même monté une mini-révolte : ils avaient pris d'assaut la cantine et l'avaient saccagée ; ils s'en étaient également pris aux gardes, en blessant six[107].

Les enfants des camps pour jeunes n'avaient de chance qu'en un sens : ils n'avaient pas été envoyés dans des camps ordinaires, pour être entourés de prisonniers adultes ordinaires, comme le furent d'autres enfants. En vérité, tout comme les omniprésentes femmes enceintes, le nombre sans cesse croissant de jeunes dans les camps pour adultes donna la migraine aux commandants des camps. En octobre 1935, Genrikh Iagoda leur écrivit une lettre furieuse, observant que « malgré mes instructions, les détenus mineurs ne sont pas envoyés dans des colonies de travail pour jeunes, mais sont mélangés en prison avec des adultes ». Au dernier décompte, affirmait-il, on dénombrait encore 4 305 jeunes dans les prisons ordinaires[108]. Treize ans plus tard, en 1948, les enquêteurs des services du procureur se plaignaient encore qu'il y eût dans les camps pour adultes beaucoup trop de mineurs qui se laissaient corrompre par leurs aînés. Les autorités du camp elles-mêmes s'en aperçurent lorsqu'un caïd transforma un petit voleur de dix-huit ans en tueur à gages[109].

Les *maloletki* — les adolescents et mineurs — n'inspiraient guère de sympathie à leurs codétenus. « Incapables d'opposer la moindre résistance », ils étaient « vaincus par la faim et l'horreur de tout ce qu'ils avaient subi », écrit Lev Razgon, qui observe que les « petits nouveaux » gravitaient naturellement autour de ceux qui paraissaient les plus forts. C'étaient les truands qui transformaient les gamins en « larbins », « esclaves muets », « bouffons », « otages ou tout ce qu'on voulait » et vouaient les garçons comme les filles à la prostitution[110]. Leurs expériences horrifiantes ne devaient cependant guère inspirer la pitié, au contraire. C'est à eux que les auteurs de mémoires sur les camps réservent les invectives les plus vives. Quelles que fussent leurs origines, écrit Razgon, les jeunes détenus étaient « d'une terrifiante et vengeresse cruauté » ; ils étaient des « as du dévergondage et de l'irresponsabilité ». Mais il y avait pire encore :

> [...] Ils ne craignaient ni Dieu ni diable. Ils logeaient dans des baraquements à part, où surveillants et gradés avaient peur de pointer le nez. Il s'y passait des choses atroces, les plus répugnantes, les plus cyniques et débridées qu'on puisse imaginer dans un camp. Si un « caïd » perdait un de ses hommes au jeu et qu'il fallût le descendre, les petits s'en chargeaient, pour une ration de pain, ou simplement par goût. Les gamines, elles, se vantaient de pouvoir s'envoyer toute une brigade de bûcherons. Ces gosses n'avaient plus rien d'humain, jamais ils ne pourraient retrouver un monde normal, retrouver des gens normaux[111].

Soljenitsyne partage le même sentiment :

> Leur conscience ne renferme aucun drapeau susceptible de tomber, comme aux échecs, à la limite entre le permis et le non-permis, pas plus qu'elle ne recèle la moindre notion du bien et du mal. Est bien pour eux tout ce qu'ils veulent, mal tout ce qui les gêne. S'ils assimilent cette manière impudente et effrontée de se tenir, c'est que c'est la forme de conduite la plus avantageuse au camp[112].

Le prisonnier hollandais John Wigmans évoque aussi les jeunes qui, « probablement, s'en fichaient pas mal de devoir vivre dans ces camps. Officiellement, ils étaient censés bosser ; en pratique, cependant, c'était bien la dernière chose qu'ils faisaient. Dans le même temps, ils bénéficiaient de moyens réguliers et avaient maintes occasions d'apprendre de leurs potes[113] ».

Il y avait des exceptions. Alexandre Klein raconte l'histoire de deux gamins de treize ans, arrêtés comme partisans et condamnés à vingt-cinq ans de camp. Ils passèrent dix ans dans les camps et réussirent à rester ensemble : chaque fois qu'on voulait les séparer, ils faisaient la grève de la faim. En raison de leur âge, on avait de la compassion pour eux : on leur donnait un travail plus facile et du rabiot. Tous deux se débrouillèrent pour suivre les cours techniques du camp et devenir des ingénieurs compétents avant d'être libérés à la faveur d'une des amnisties qui suivirent la mort de Staline. N'étaient les camps, écrit Klein, « qui aurait aidé des petits campagnards à demi analphabètes à devenir des gens instruits, de bons spécialistes[114] » ?

Quand, à la fin des années 1990, je me suis mise en quête de souvenirs d'anciens jeunes détenus, j'ai eu néanmoins beaucoup de mal à en trouver. À l'exception de ceux de Iakir, de Kmiecik et de quelques autres recueillis par la Société du Mémorial ou d'autres organisations, ils sont fort peu nombreux[115]. Or, ces enfants se sont comptés par dizaines de milliers et beaucoup devraient être encore en vie. J'ai même suggéré à une amie russe de faire passer une petite annonce dans la presse, pour essayer de trouver quelques survivants à interviewer. « Ne fais pas ça, m'a-t-elle conseillé. Nous savons tous ce qu'ils sont devenus. » Des décennies de propagande, d'affiches épinglées aux murs des orphelinats pour remercier Staline « de notre enfance heureuse », n'ont pas réussi à convaincre les Soviétiques que les enfants des camps, des rues et des orphelinats étaient jamais devenus autre chose que des membres à part entière de la vaste et hétéroclite classe criminelle de l'Union soviétique.

CHAPITRE 16

Les mourants

Qu'est-ce que ça veut dire, épuisement ?
Qu'est-ce que ça veut dire, fatigue ?
Chaque mouvement est terrifiant,
Chaque mouvement des bras et des jambes endoloris
Une faim terrible, on délire pour un bout de pain
« Du pain, du pain », le cœur bat.
Loin dans le ciel plombé
Tourne le soleil indifférent.
Ton souffle est un mince sifflet
Il fait moins dix
Qu'est-ce que ça veut dire, mourir ?
Les montagnes regardent, et gardent le silence.

NINA GAGUEN-TORN,
Memoria[1].

Aussi longtemps qu'exista le Goulag, les détenus ont toujours réservé une place tout en bas de la hiérarchie du camp aux moribonds — ou, plus exactement, aux morts-vivants. Tout un sous-dialecte d'argot concentrationnaire vit le jour pour en parler. On les appelait parfois les *fitili*, ou « flammèches », comme la flamme d'une bougie qui est sur le point de s'éteindre. Ils étaient aussi connus sous le nom de « bouffeurs de merde » (*gavnoedy*) ou d'« auxiliaires de la mort» (*pomoetchniki*). Le plus souvent, on les appelait les crevards ou *dokhodiagi*, du verbe russe *dokhodit*, «atteindre» ou «toucher». Dans son *Manuel du Goulag*, Jacques Rossi prête à l'expression un tour sarcastique : les crevards étaient ceux qui, enfin, ont «touché au socialisme[2]». Pour d'autres, l'expression signifie, plus prosaïquement, qu'ils atteignaient non pas le socialisme, mais la fin de leur vie.

Pour dire les choses simplement, les *dokhodiagi* étaient ceux qui mouraient de faim, qui souffraient des maladies de la sous-alimentation et de carences en vitamines: scorbut, pellagre, diverses formes de diarrhée. Au début, cela se traduisait par des dents déchaussées et des lésions cutanées — symptômes dont les gardiens des camps eux-mêmes étaient affligés[3]. À la fin, ces détenus n'étaient plus capables de voir dans l'obscurité. Gustaw Herling évoque ainsi «le spectacle des héméralopes, traversant lentement la zone au petit matin et le soir, agitant les mains devant eux[4]».

Les affamés souffraient aussi de problèmes gastriques et de vertiges, sans parler de leurs jambes grotesquement enflées. Thomas Sgovio, qui fut à deux doigts de mourir de faim avant de se rétablir, se réveilla un matin avec une jambe «écarlate, deux fois plus grosse que l'autre. Elle me démangeait. Elle était couverte de rougeurs». Bientôt, les «rougeurs se transformèrent en énormes furoncles, dont suintaient sang et pus. Quand j'appuyai du doigt sur la chair écarlate, il en restait une marque durable». Lorsque Sgovio s'aperçut qu'il n'entrait plus dans ses bottes, on lui dit de les fendre[5].

Aux derniers stades de l'inanition, les *dokhodiagi* revêtaient une apparence bizarre, inhumaine, au point d'illustrer dans leur corps la rhétorique déshumanisante de l'État: à l'article de la mort, les ennemis du peuple cessaient tout simplement d'être des hommes. Ils perdaient la tête, passant souvent des heures à déblatérer et à délirer. Leur peau était flasque et sèche. Leurs yeux avaient un étrange éclat. Ils mangeaient tout ce qui leur tombait sous la main : oiseaux, chiens, détritus. Ils se déplaçaient lentement, incapables de maîtriser leurs intestins ou leur vessie — d'où l'odeur épouvantable qui les entourait. Tamara Petkevitch se souvient de la première fois qu'elle en vit :

> Derrière les barbelés, se trouvait une rangée de créatures qui faisaient penser vaguement à des êtres humains. [...] Elles étaient une dizaine, des squelettes de diverses tailles recouverts d'une peau brune et parcheminée, nues jusqu'à la taille, le crâne rasé, avec une poitrine flétrie et desséchée. Pour tout habit, quelques sous-vêtements d'une crasse indescriptible, avec leurs tibias qui sortaient de cercles creux et vides. Des femmes ! La faim, la chaleur et les travaux forcés en avaient fait des spécimens desséchés qui, inexplicablement, s'accrochaient encore aux derniers vestiges de vie[6].

Varlam Chalamov a aussi laissé une inoubliable description poétique des *dokhodiagi*, évoquant leur ressemblance, leur perte de tout trait susceptible de les identifier et de les humaniser, mais aussi leur anonymat, qui faisait partie de l'horreur qu'ils inspiraient :

> Je porte un toast — au layon,
> À ceux qui tombent en chemin
> À ceux qui sont épuisés
> Que l'on force à se traîner.
>
> Aux lèvres bleuies et crevassées
> À l'identité des visages
> Aux pelisses trouées et givrées,
> Aux moufles qu'ils n'ont pas.

Au quart d'eau, à la boîte de conserve
Au scorbut pris dans leurs dents
Aux dents des chiens gras et nourris
Qui les houspillent dès le matin.

Au soleil qui du ciel louche
Sur ce qui se passe à l'entour.
Aux blanches sépultures de neige,
Don charitable de la tourmente.

À la ration de pain gluant
Engloutie en toute hâte
Au ciel pâlot, et trop haut,
À la rivière Aian-Uriah[7] !

Mais le mot *dokhodiaga*, tel qu'on l'employait dans les camps soviétiques, ne désignait pas simplement un état physique. Les « crevards », explique Sgovio, n'étaient pas simplement malades : ils avaient atteint un tel degré d'inanition qu'ils ne s'occupaient plus d'eux. Cette dégradation était généralement progressive : les détenus cessaient de se laver, puis de maîtriser leurs besoins et enfin d'avoir des réactions humaines normales aux insultes. En un mot, littéralement, la faim les rendait fous. Sgovio reçut un choc terrible la première fois qu'il croisa quelqu'un dans cet état, un communiste américain du nom d'Eisenstein, un homme qu'il avait connu à Moscou :

> Au départ, je n'ai pas reconnu mon ami. Quand je l'ai salué, Eisenstein n'a pas répondu. Son visage avait l'expression vide du *dokhodiaga*. Il regardait à travers moi comme si je n'étais pas là. Eisenstein ne semblait voir personne. Son regard était totalement inexpressif. Ramassant les assiettes vides sur les tables du réfectoire, il les examinait minutieusement en quête de la moindre miette de nourriture qui pouvait y rester. Il passait le doigt sur le bord des assiettes, puis le léchait.

Eisenstein, écrit Sgovio, était devenu pareil aux autres « flammèches » ; il avait perdu tout sentiment de dignité personnelle :

> Ils se laissaient aller, ne se lavaient plus, même quand ils avaient l'occasion de le faire. Les flammèches ne se souciaient plus de chasser et de tuer les poux qui leur suçaient le sang. Ils n'essuyaient plus avec la manche de leur *bouchlat* la goutte qui leur pendait au nez... Les flammèches ne faisaient pas attention aux coups. Se faisait-il attaquer par des *zeks* qu'il se couvrait la tête pour se protéger des coups de poing. Il tombait à terre et, une fois seul, si son état le permettait, il se relevait et s'en allait en geignant, comme si de rien n'était. Après le travail, on pouvait voir le *dokhodiaga* rôder autour des cuisines en quête de ragotons. Histoire de s'amuser, le cuistot lui balançait une louche de soupe à la figure. Quand cela arrivait, le malheureux s'empressait de passer les doigts sur ses mèches trempées et de les lécher... Les flammèches se tenaient autour des tables, guettant celui qui allait laisser de la soupe ou du brouet ; et aussitôt, les plus près se jetaient sur les restes. Dans la bousculade qui s'ensuivait, ils renversaient souvent de la soupe. Puis, à quatre pattes, ils se battaient et se chamaillaient jusqu'à ce que la dernière miette de nourriture précieuse eût disparu dans leur bouche[8].

Quelques prisonniers devenus *dokhodiagi*, mais qui se remirent et survécurent, ont essayé d'expliquer, pas toujours avec une totale réussite, ce que pouvait ressentir un mort-vivant. Après huit mois à la Kolyma, se souvient Janusz Bardach, « j'avais des vertiges au réveil, et l'esprit embrumé. Le matin, il me fallait plus de temps et d'énergie pour me reprendre et aller au réfectoire[9] ». Iakov Éfroussi devint *dokhodiaga* après qu'on lui eut volé ses lunettes — « N'importe quel myope saura à quoi ressemble la vie sans lunettes : on a l'impression d'être dans un nuage» — et qu'il eut perdu les doigts de sa main gauche des suites d'engelures. Il évoque ainsi son état d'esprit:

> La faim constante détruit le psychisme. il est impossible de cesser de penser à la bouffe, on ne pense plus qu'à ça. À votre incapacité physique, s'ajoute la faiblesse morale, tandis qu'une faim incessante vous enlève tout amour-propre, toute dignité. Toutes vos pensées vont dans une seule direction: comment obtenir davantage de nourriture? Voilà pourquoi les *dokhodiagi* étaient toujours à grouiller autour de la fosse à ordures, près du réfectoire, à l'entrée des cuisines. Ils guettent pour voir si quelqu'un ne va pas jeter des cuisines quelque chose de mangeable, des rebuts de chou par exemple[10].

L'attirance qu'exerçaient les cuisines et l'obsession de la nourriture en rendaient beaucoup aveugles à toute autre considération ou presque. Gustaw Herling a aussi essayé de le décrire:

> Il n'y a pas de limite aux effets physiques de la faim au-delà de laquelle notre dignité humaine chancelante puisse garder son équilibre incertain mais indépendant. Souvent ai-je aplati mon visage blême contre le vitrage couvert de givre du guichet de la cuisine, pour mendier, d'un regard muet, une autre louche de soupe «légère» auprès de Fiedka, le voleur de Leningrad. Et je me souviens que mon meilleur ami, un vieux communiste et le compagnon de jeunesse de Lénine, l'ingénieur Sadovski, une fois, sur la plate-forme déserte des cuisines, m'arracha des mains mon quart plein de soupe, puis, s'enfuyant avec, n'attendit même pas de s'être réfugié dans les latrines pour se mettre à boire, tout en courant, l'ignoble mixture de ses lèvres fiévreuses. Si Dieu existe, qu'il punisse sans merci ni pitié ceux qui détruisent les autres en les affamant[11].

Yehoshua Gilboa, sioniste polonais arrêté en 1940, décrit avec éloquence les supercheries auxquelles recouraient les détenus pour se convaincre qu'ils mangeaient plus que ce n'était le cas :

> Nous tentions de tromper notre estomac en émiettant le pain jusqu'à ce qu'il fût presque de la farine, puis en le mélangeant à du sel et à de grosses quantités d'eau. Ce mets délicat s'appelait la « sauce au pain ». L'eau salée prenait une couleur bien particulière et un goût de pain. Quand on la buvait, restait la bouillie de pain. On versait de nouveau de l'eau jusqu'à en extraire la dernière goutte qui ait une saveur de pain. Si vous mangiez cette sauce au pain au dessert après vous être gorgé d'eau de pain, pour ainsi dire, elle n'avait plus aucun goût, mais vous vous créiez une illusion en faisant durer quelques centaines de grammes.

Gilboa raconte aussi qu'il imbibait également d'eau le poisson salé. Le liquide qui en résultait « pouvait servir à faire de la sauce à pain, et vous aviez alors véritablement un mets digne d'un roi[12] ».

Dès lors qu'un prisonnier passait tout son temps à rôder autour des cuisines, à l'affût des restes, il était généralement proche de la mort et pouvait en fait mourir à tout moment ; au lit la nuit, en allant au travail, en traversant la *zona,* en avalant son repas. Janusz Bardach vit un jour un prisonnier tomber au cours de l'appel en fin de journée.

> Un groupe se forma autour de lui. « Je prends le chapeau », dit un homme. D'autres s'emparèrent des bottes de la victime, des guenilles qui lui enveloppaient les pieds, de son manteau et de son pantalon. Une bagarre se déclencha autour de ses sous-vêtements.
>
> À peine le prisonnier qui s'était écroulé se retrouva-t-il nu qu'il bougea la tête, leva la main et dit d'une voix faible mais claire : « Il fait si froid. » Mais sa tête retomba dans la neige et son regard se fit vitreux. Le cercle des nécrophages se détourna avec les bribes qu'ils avaient pu

saisir, sans s'émouvoir. Probablement est-il mort de froid quelques minutes après avoir été ainsi dépouillé[13].

L'inanition n'était cependant pas la seule cause de mort chez les détenus. Beaucoup mouraient au travail, dans les conditions dangereuses des mines et des usines. D'aucuns, affaiblis par la faim, succombaient aisément à d'autres maladies ou à des épidémies. J'ai déjà fait état de l'épidémie de typhus, mais les prisonniers faibles et affamés étaient vulnérables à bien d'autres affections. Au Siblag, au premier trimestre de 1941, par exemple, 8 029 furent hospitalisés : 746 pour tuberculose, dont 109 moururent ; 72 pour pneumonie, dont 22 moururent ; 36 pour dysenterie, dont 9 moururent ; 177 pour engelures, dont 5 moururent ; 302 pour maux de ventre, dont 7 moururent ; 210 pour accidents de travail, dont 7 mortels ; et enfin 912 pour problèmes de circulation, dont 123 moururent[14].

Bien que ce soit un sujet curieusement tabou, il arrivait aussi que des détenus se suicident. Combien suivirent cette route ? Il est difficile de le dire. Il n'existe pas de statistiques officielles. Étrangement, les survivants ne sont guère d'accord sur leur fréquence. Nadejda Mandelstam, la femme du poète, écrit qu'on ne se suicidait pas dans les camps, tant il fallait batailler pour vivre, et d'autres ont fait écho à sa conviction[15]. Evguéni Gnedine écrit qu'il pensa bel et bien à se tuer en prison, puis en exil, mais qu'au cours de ses huit années de camp « la pensée du suicide ne lui traversa jamais l'esprit. Chaque jour était un combat pour la vie : comment, dans une bataille de ce genre, était-il possible de songer à quitter la vie ? Il y avait un but — s'extraire de cette souffrance — et un espoir : rencontrer les gens qu'on aimait[16] ».

L'historienne Catherine Merridale avance une autre théorie. Au cours de sa recherche, elle a rencontré deux psychologues moscovites, qui avaient étudié et travaillé dans le système du Goulag. Comme Mandelstam et Gnedine, ils ont insisté sur la rareté du suicide et des maladies mentales : « Ils ont été surpris — et légèrement choqués » de l'entendre citer des preuves en sens contraire. Elle attribue cette curieuse insistance au « mythe du stoïcisme » en Russie, mais sans doute a-t-elle aussi d'autres sources[17]. Selon le critique littéraire Tzvetan Todorov, si les témoins évoquent l'étrange absence du suicide, c'est afin de souligner l'unicité de leur expérience. Celle-ci était si terrible que nul ne s'engageait même sur la route « normale » du suicide : « Le survivant vise avant tout à communiquer l'étrangeté absolue des camps[18]. »

En réalité, les cas de suicide attestés sont nombreux et maint mémorialiste en parle. L'un parle du suicide d'un garçon dont un criminel avait « gagné » les faveurs sexuelles dans une partie de cartes[19]. Un autre raconte le suicide d'un citoyen soviétique d'origine allemande, qui laissa un billet pour Staline : « Ma mort est un acte délibéré de protestation contre la violence et l'illégalité dont nous, Allemands soviétiques, sommes victimes de la part des organes du NKVD[20]. » Dans les années 1930, écrit un survivant de la Kolyma, il était relativement courant de voir des détenus se diriger, d'un pas vif et à dessein, vers la « zone de mort », le no man's land à côté de la clôture, et d'y rester en attendant d'être abattus[21].

Evguénia Guinzbourg coupe elle-même la corde à laquelle son amie Paulina Melnikova s'est pendue et écrit d'un ton admiratif qu'elle « a su affirmer sa dignité par cet acte terrible et disposer souverainement d'elle-même[22] ». Todorov, de nouveau, écrit aussi que maints survivants, tant du Goulag que des camps nazis, voyaient dans le suicide une occasion d'exercer leur libre arbitre: en se suicidant, «on modifie le cours des événements, même si c'est pour la dernière fois de sa vie, au lieu de se contenter de réagir [...]. Ces suicides sont commis par défi, non par désespoir[23] ».

Pour l'administration d'un camp, peu importait comment les prisonniers mouraient. L'essentiel était de garder les taux de mortalité secrets ou tout au moins semi-secrets: les commandants de *lagpounkt* dont on estimait les taux de mortalité «trop élevés» encouraient des sanctions. Bien que les règles ne fussent pas appliquées de manière systématique, et qu'il n'y eût pas assez de morts parmi les détenus dans l'esprit de certains, les commandants de quelques camps particulièrement meurtriers perdirent à l'occasion leurs postes[24]. C'est pourquoi, comme l'ont raconté d'ex-détenus, les médecins avaient la réputation de dissimuler les cadavres aux inspecteurs tandis que dans certains camps la libération anticipée des moribonds était une pratique courante: ainsi ne figuraient-ils pas dans les statistiques de mortalité du camp[25].

Quand bien même les morts étaient enregistrées, les dossiers n'étaient pas toujours sincères. D'une manière ou d'une autre, les commandants veillaient à ce que les médecins rédigeant les certificats de décès n'inscrivent pas «inanition» comme cause première du décès. Le chirurgien Isaac Vogelfanger, par exemple, reçut explicitement l'ordre d'indiquer «arrêt du muscle cardiaque», quelle que fût la vraie cause de la mort[26]. Mais cela pouvait leur retomber sur le dos; dans un camp, le corps médical déclara tellement de «crises cardiaques» que cela finit par éveiller le soupçon des inspecteurs. Les services du procureur obligèrent les médecins à exhumer les cadavres, pour constater qu'ils étaient en réalité morts de la pellagre[27]. Pour autant, cette anarchie n'était pas toujours délibérée : dans un autre camp, le désordre des dossiers était tel que les « morts, déplora un inspecteur, sont comptés pour vivants, les fugitifs pour des prisonniers et inversement[28] ».

Souvent, la mort et ses réalités étaient délibérément cachées aux détenus. Alors qu'on ne pouvait les leur dissimuler complètement — un prisonnier parla des cadavres « entassés près de la clôture jusqu'au dégel[29] » —, il y avait d'autres manières de voiler les choses. Dans bien des camps, on retirait les cadavres de nuit pour les emporter dans des endroits secrets. C'est par un pur hasard qu'Edward Buca, contraint de travailler tard afin de remplir sa norme, vit ce qu'il advenait des cadavres à Vorkouta :

> Après qu'ils eurent été entassés comme du bois sous un appentis jusqu'à ce qu'il y en eût assez pour une inhumation collective dans le cimetière du camp, on les chargea nus, sur des traîneaux, tête à l'extérieur et pieds dedans. Chaque corps portait une plaquette de bois, une *birka*, attachée au gros orteil du pied droit, et indiquant son nom et son matricule. Avant qu'un traîneau ne franchisse le portail du camp, le *nadziratel*, un officier du NKVD, prenait un pic qu'il enfonçait dans chaque crâne. Il s'agissait de vérifier que nul ne sortît vivant. Une fois hors du camp, les corps étaient jetés dans une *transeïa*, une des grandes fosses creusées au cours de l'été à cette fin. Mais, le nombre des morts allant croissant, la procédure visant à s'assurer qu'ils étaient vraiment morts changea. Au lieu de leur fracasser le crâne avec un pic, les gardes se servaient d'un *szompol*, d'un gros fil à la pointe acérée, qu'ils enfonçaient dans chaque corps. C'était visiblement plus facile que de balancer le pic[30].

Peut-être les inhumations de masse étaient-elles aussi tenues secrètes parce que techniquement interdites, ce qui ne signifie pas qu'elles étaient peu fréquentes. À travers la Russie tout entière, sur les sites d'anciens camps, on trouve les traces de ce qui était clairement des fosses communes ; de temps à autre, il est même des fosses qui resurgissent : le permafrost du Grand Nord ne conserve pas seulement les corps, parfois dans un état mystérieusement intact ; il se déplace et bouge au gré des gels et dégels annuels, ainsi que l'écrit Varlam Chalamov : « La pierre, le Nord s'opposaient de toutes leurs forces à cette œuvre de l'homme en refusant d'accueillir les cadavres en leur sein. [...] La terre s'entrouvrit pour montrer ses dépôts souterrains, car les dépôts souterrains de la Kolyma, ce n'est pas seulement de l'or, de l'étain, du tungstène ou de l'uranium, mais aussi des corps humains non décomposés[31]. »

Reste qu'ils n'étaient pas censés se trouver là et, en 1946, l'administration du Goulag adressa un ordre à tous les commandants de camp, leur donnant pour instruction d'enfouir les corps séparément, dans un linceul, et dans des tombes profondes d'au moins 1,5 m. L'emplacement des corps devait être marqué non pas par un nom, mais par un matricule. Seuls les archivistes du camp devaient savoir qui y était inhumé[32].

Tout cela paraît très civilisé... sauf qu'une autre directive donnait au camp la permission de prélever les dents en or des prisonniers morts. Ce prélèvement devait se faire sous l'égide d'une commission, contenant des représentants des services médicaux, de l'administration et du département financier du camp. Et l'or devait être déposé dans la banque la plus proche. On a peine à imaginer que ces commissions se réunissaient très souvent. Dans un monde où il y avait trop de cadavres, le vol pur et simple des dents en or n'était que trop facile à exécuter et les cacher était un jeu d'enfants[33].

Car il y avait bel et bien trop de cadavres. Comme l'écrit Herling, c'est ce qui donnait à la mort en prison son aspect terrifiant :

> La mort dans les camps répand une autre forme d'effroi : son anonymat. Nous n'avions aucune idée de l'endroit où les morts étaient enterrés, et ne savions pas, lorsqu'un prisonnier décédait, si seulement un certificat de décès était rédigé. [...] La certitude que personne n'apprendrait leur mort, que personne ne saurait jamais où ils avaient été enterrés, était l'un des grands tourments endurés par les prisonniers. [...] Les murs du baraquement étaient couverts de noms de prisonniers entaillés dans le plâtre, et les amis étaient chargés de compléter les renseignements en ajoutant après leur mort une croix et la date ; chaque détenu écrivait à sa famille à des intervalles très réguliers, afin qu'une brusque interruption de correspondance lui indique la date approximative de sa mort[34].

Malgré les efforts des détenus, de très nombreuses morts passaient inaperçues, sans que nul ne s'en souvînt ni n'en gardât trace. Les formulaires n'étaient pas remplis, ni les parents prévenus ; les plaquettes de bois se décomposaient. Quand on fait le tour des anciens sites de camp, dans le Grand Nord, on voit les traces de charniers : un sol inégal et marbré, de jeunes pins, des herbes hautes qui recouvrent des fosses vieilles d'un demi-siècle. Parfois, un groupe local a érigé un monument. Plus souvent, il n'y a pas la moindre marque. Les noms, les vies, les itinéraires individuels, les liens familiaux, l'histoire : tout s'est perdu.

CHAPITRE 17

Stratégies de survie

Je suis pauvre, seul et nu,
Je n'ai pas de feu,
Et la blanche ténèbre polaire
Tout autour de moi...

Je récite mes poèmes
Je les crie
Les arbres, nus et morts,
S'effraient.

Seul sonne aux oreilles
L'écho des monts lointains.
Et dans un profond soupir
Je respire à nouveau.

VARLAM CHALAMOV,
Neskolko moikh Jiznei [1].

Finalement, des prisonniers survécurent. Ils survécurent même aux pires camps, même aux conditions les plus rudes, même aux années de guerre, aux années de famine et d'exécution de masse. Et ce n'est pas tout : certains survécurent psychologiquement assez intacts pour rentrer chez eux, se rétablir et mener une vie relativement normale. Janusz Bardach devait pratiquer la chirurgie plastique à Iowa City. Isaak Filchtinski reprit son enseignement de la littérature arabe. Lev Razgon se consacra à l'écriture de récits pour enfants. Anatoli Jigouline se remit à la poésie. Evguénia Guinzbourg s'installa à Moscou où, des années durant, elle fut le cœur et l'âme d'un cercle de survivants, qui se réunit régulièrement pour manger, boire et discuter autour de la table de sa cuisine.

Ada Pourijinskaïa, emprisonnée adolescente, se maria et fit quatre enfants, dont certains sont devenus des musiciens accomplis. J'en ai rencontré deux autour d'un repas familial généreux et enjoué, où Pourijinskaïa servit plat froid sur plat froid, tous plus délicieux les uns que les autres, et parut déçue quand je me déclarai repue. La maison d'Irena Arginskaïa respire aussi la bonne humeur, et elle y est pour beaucoup. Quarante ans après, elle était capable de s'amuser des habits qu'elle portait comme prisonnière : « J'imagine qu'on *pourrait* appeler ça une sorte de *veste* », dit-elle, essayant de décrire son informe manteau de camp. Sa fille, une adulte qui s'exprime fort bien, rit avec elle.

Certains connurent ensuite une vie extraordinaire. Alexandre Soljenitsyne est devenu l'un des écrivains russes les mieux connus et les plus vendus dans le monde. Le général Gorbatov a, parmi d'autres, conduit l'offensive soviétique sur Berlin. Après son séjour à la Kolyma et une *charachka* en temps de guerre, Sergueï Korolev est devenu le père du programme spatial soviétique. Gustaw Herling a quitté les camps pour combattre dans les rangs de l'armée polonaise : se consacrant à l'écriture depuis son exil napolitain, il fut l'un des hommes de lettres les plus vénérés dans la Pologne post-communiste. En juillet 2000, la nouvelle de sa disparition fit la une de la presse de Varsovie et toute une génération d'intellectuels polonais ont rendu hommage à son œuvre

— notamment à *Un monde à part*, ses souvenirs du Goulag. Et ces hommes et femmes ne furent pas seuls capables de se remettre ainsi. Devenu lui-même professeur de chirurgie à l'université d'Ottawa, Isaac Vogelfanger a écrit que les « blessures guérissent, et l'on peut retrouver son intégrité, devenir un peu plus fort et plus humain qu'auparavant[2]... »

Bien entendu, toutes les histoires de survivants du Goulag n'ont pas bien fini, même si ce n'est pas nécessairement ce qui ressort de la lecture des mémoires. Ceux qui n'ont pas survécu n'ont pas écrit, cela va de soi. Ceux que leur expérience concentrationnaire a laissés physiquement ou mentalement amoindris n'ont pas écrit non plus. Ceux qui ont survécu en faisant des choses dont ils ont eu honte par la suite ont rarement écrit et, quand ils l'ont fait, n'ont pas dit nécessairement toute la vérité. Fort rares sont les mémoires de mouchards — ou de gens prêts à avouer qu'ils l'ont été — et fort peu de survivants admettront avoir fait du tort, voire tué, des codétenus pour rester en vie.

Pour toutes ces raisons, certains survivants mettent en doute la validité des mémoires. Iouri Zorine, survivant âgé et pas très expansif que j'ai eu l'occasion d'interviewer dans sa ville natale d'Arkhangelsk, a écarté ma question d'un revers de main quand je l'ai interrogé sur les philosophies de survie. Il n'y en avait pas, a-t-il tranché. Même si, en lisant les mémoires, il peut sembler que les prisonniers « discutaient de tout, réfléchissaient à tout », ce n'était pas comme ça : « Le tout était de vivre jusqu'au lendemain, de rester en vie, de ne pas tomber malade, de travailler moins, de manger plus. Voilà pourquoi, en général, on ne discutait pas philosophie... Nous avons été sauvés par la jeunesse, la santé, la force physique, parce que nous étions soumis là-bas aux lois de Darwin, la survie du plus apte[3]. »

Quand on se demande qui a survécu, et pourquoi, la plus grande prudence est de rigueur. En l'occurrence, il n'est point d'archives auxquelles on puisse se fier, pas de « preuves » véritables. Il nous faut prendre au mot ceux qui ont consenti à raconter leurs expériences, par écrit ou oralement. Et chacun a fort bien pu avoir une raison de cacher aux lecteurs divers aspects de sa biographie.

Cette mise en garde étant faite, il reste possible de dégager des modèles généraux des centaines de mémoires qui ont été publiés ou déposés en archives. Car il existait réellement des stratégies de survie, et elles étaient fort bien connues à l'époque, même si elles variaient énormément au gré des conditions dans lesquelles se trouvait chaque détenu. Survivre dans une colonie de travail de Russie occidentale au milieu des années 1930 ou même à la fin des années 1940, quand il s'agissait surtout de travail en usine et que la nourriture était régulière, sinon abondante, ne nécessitait probablement pas d'ajustement mental particulier. Survivre dans un des camps du Grand Nord — Kolyma, Vorkouta, Norilsk — au cours des années de famine de la guerre, en revanche, exigeait souvent d'immenses réserves de talent et de force de volonté, ou encore une énorme capacité de faire face au mal — toutes qualités que les prisonniers, fussent-ils restés en liberté, ne se seraient sans doute jamais découverts.

Sans doute beaucoup de ces détenus ont survécu parce qu'ils ont trouvé le moyen de se hisser au-dessus des autres, de se distinguer de la masse grouillante des *zeks* faméliques. Des dizaines de dictons et de proverbes du camp reflètent les effets moraux débilitants de cette compétition désespérée : « Tu peux mourir aujourd'hui, je mourrai demain» ou «L'homme est un loup pour l'homme», pour reprendre le titre que Janusz Bardach a donné à ses mémoires.

Beaucoup d'ex-*zeks* qualifient la lutte pour la survie de cruelle, voire, comme Zorine, de darwinienne. «Le camp était une grande épreuve des forces morales de l'homme, de la morale ordinaire, et quatre-vingt-dix-neuf pour cent des hommes ne passaient pas le cap de cette épreuve», observe Chalamov[4]. «Après trois semaines seulement, la plupart des prisonniers étaient des hommes brisés, qui ne pensaient qu'à manger. Ils se conduisaient comme des bêtes, détestaient et soupçonnaient tous les autres, voyant dans l'ami d'hier un concurrent dans la lutte pour la survie», confirme Edward Buca[5].

Forte de son expérience du mouvement social-démocrate pré-révolutionnaire, Elinor Olitskaïa fut particulièrement horrifiée par ce qui lui apparut comme l'amoralité des camps: alors que la population carcérale avait souvent coopéré, les plus forts aidant les plus faibles, dans les camps soviétiques c'était «chacun pour soi»: il s'agissait d'enfoncer les autres pour être un peu mieux placé dans la hiérarchie du camp[6]. Galina Oussakova a confié son sentiment que sa personnalité avait changé dans les camps: «J'étais une jeune fille comme il faut et bien élevée, issue d'une famille de l'intelligentsia. Mais ce n'est pas avec ces traits qu'on survit, il faut s'endurcir, apprendre à mentir, à être hypocrite de diverses manières[7].»

Gustav Herling entre davantage dans les détails et explique comment le nouveau détenu apprend peu à peu à vivre «sans pitié»:

> Au début, il partage son pain avec les prisonniers ren dus fous par la faim, il conduit ceux qui souffrent de

> cécité nocturne jusque dans leur baraquement, il appelle à l'aide lorsque son voisin de travail dans la forêt vient de se couper deux doigts, et il apporte en cachette des quarts de soupe et des têtes de harengs à la « morgue ». Au bout de quelques semaines, il se rend compte que ses motifs ne sont ni purs ni réellement désintéressés, qu'il ne fait que suivre les injonctions égoïstes de son cerveau et tente avant tout de se sauver lui-même. Le camp, où les prisonniers vivent au niveau le plus bas de l'humanité et suivent les uns vis-à-vis des autres un code de conduite brutal, l'aide à atteindre cette conclusion. Comment aurait-il pu supposer, lorsqu'il était encore en prison, qu'un homme puisse être dégradé au point de ne soulever aucune compassion parmi ses compagnons de détention, mais seulement du mépris et de la répugnance ? Comment peut-il aider les victimes de la cécité nocturne, alors qu'il les voit tous les jours frappées à coups de crosses parce qu'elles retardent le retour de la brigade du travail, puis poussées impatiemment hors du chemin par les autres, se pressant pour arriver aux cuisines ? Comment peut-il rendre visite à la « morgue », en braver l'obscurité constante et l'infecte puanteur d'excréments ? Comment peut-il partager son pain avec un fou torturé par la faim, qui, dès le lendemain, l'accueillera dans le baraquement de ce même regard implorant ? [...] Il se souvient alors des termes employés par son juge d'instruction, et il y croit : il lui a dit que le balai de fer de la justice soviétique n'envoie dans les camps que le rebut de la société[8] [...].

De tels sentiments ne sont pas l'apanage des survivants des camps soviétiques. « Qu'on offre à quelques individus réduits en esclavage une position privilégiée, écrit Primo Levi, survivant d'Auschwitz, en exigeant d'eux en contrepartie qu'ils trahissent la solidarité naturelle qui les lie à leurs camarades : il se trouvera toujours quelqu'un pour accepter[9]. » Évoquant également les camps allemands, Bruno Bettelheim observe que, parmi les détenus, les « anciens » en venaient « à accepter le comportement des SS et à faire siennes leurs valeurs », en particulier en adoptant leur haine des plus faibles et des détenus les plus bas placés dans le camp, en particulier les Juifs[10].

Dans les camps soviétiques, comme dans les camps nazis, les criminels adoptaient volontiers la rhétorique déshumanisante du NKVD, insultant les prisonniers politiques et les « ennemis » et affichant leur répugnance envers les *dokhodiagi*. Fort de sa position peu commune de seul politique d'un *lagpounkt* à majorité criminelle, Karol Colonna-Czosnowski put entendre la vision des politiques propre au monde criminel : « L'ennui, c'est qu'ils sont beaucoup trop nombreux. Ils sont faibles, ils sont crasseux, ils ne pensent qu'à bouffer. Ils ne produisent rien. Pourquoi les autorités s'en soucient, Dieu seul le sait... » Un criminel, raconte Colonna-Czosnowski, disait avoir rencontré un Occidental dans un camp de transit, un homme de science et universitaire. « Je l'ai surpris en train de bouffer, oui bouffer, une queue de morue (*treska*) pourrie. Il m'a entendu, t'imagines ! Je lui ai demandé s'il savait ce qu'il faisait. Il a juste dit qu'il avait faim... Alors je lui ai flanqué une de ces taloches dans le cou qu'il s'est mis à vomir tout de suite. Ça me rend malade, rien que d'y penser. Je l'ai même signalé aux gardes, mais ce vieux cochon était mort le lendemain matin. C'est bien fait pour lui[11] ! »

D'autres prisonniers observaient, apprenaient et imitaient, comme écrit Chalamov :

> Le jeune paysan s'aperçoit, en détention, que les *ourki* sont les seuls à vivre à peu près convenablement dans cet enfer, qu'ils sont les seuls dont on tienne compte et que la direction toute-puissante les craint. Ils sont toujours bien habillés, repus, et se soutiennent entre eux. [...]

> Il commence à se dire que la vérité, au camp, est du côté des truands, et que la voie du salut réel passe par l'imitation de leur comportement. [...]
> L'intellectuel détenu est écrasé par le camp. Tout ce qui lui était cher est réduit en cendres, et la civilisation et la culture s'envolent en un temps record qui se compte en semaines.
> Dans une discussion, l'argument c'est le poing, le bâton ; la méthode de contrainte, c'est la crosse, un coup en pleine figure[12].

Et pourtant, ce serait une erreur que d'affirmer qu'il n'y avait aucune espèce de morale dans le camp, qu'aucune générosité, qu'aucune bonté n'était possible. Curieusement, les plus pessimistes des mémorialistes eux-mêmes se contredisent souvent sur ce point. Chalamov lui-même, dont le tableau de la barbarie de la vie concentrationnaire dépasse tous les autres, écrit à un moment : « Je ne vais pas non plus courir après la fonction de chef d'équipe qui assure la possibilité de rester en vie, car il n'y a rien de pire dans un camp que d'imposer sa propre volonté, voire celle d'autrui, à un autre homme, à un détenu comme moi-même. » Autrement dit, Chalamov fut une exception à sa propre règle[13].

La plupart des mémorialistes disent aussi clairement que le Goulag n'était pas un monde en noir et blanc, où la ligne de partage entre maîtres et esclaves était nettement tracée, où il n'était possible de survivre que par la cruauté. Non seulement les détenus, les travailleurs libres et les gardes appartenaient à un réseau social complexe, mais ce réseau était en perpétuel mouvement. Les détenus pouvaient s'élever dans la hiérarchie ou régressaient. Tel fut le sort de beaucoup. Ils pouvaient changer leur destin en collaborant ou en défiant les autorités, mais aussi en magouillant, en jouant de leurs contacts et de leurs relations. La veine ou la déveine déterminaient également le cours d'une carrière concentrationnaire typique, qui, si elle était longue, pouvait bien compter des phases « heureuses » où le détenu était bien installé dans un bon travail, mangeait à sa faim et travaillait peu, aussi bien que des périodes où le même tombait dans l'enfer de l'hôpital, le mouroir et la compagnie des *dokhodiagi* qui rôdaient autour des tas d'ordures en quête de bribes de nourriture.

En fait, les méthodes de survie étaient intégrées au système. La plupart du temps, l'administration du camp n'essayait pas de tuer les prisonniers ; elle voulait simplement qu'ils remplissent les normes impossibles fixées par les planificateurs centraux depuis Moscou. Aussi les gardes du camp étaient-ils tout prêts à récompenser les prisonniers qu'ils trouvaient utiles à cette fin. Et, naturellement, les détenus profitaient de cette disposition. Les deux groupes avaient des objectifs différents : les gardes voulaient extraire plus d'or ou abattre davantage de bois, les détenus voulaient survivre ; mais ils trouvaient parfois des moyens partagés d'atteindre ces différentes fins. Il est en particulier un petit nombre de stratégies de survie qui convenaient aux uns comme aux autres. En voici une liste.

TOUFTA : FAIRE SEMBLANT DE TRAVAILLER

Décrire simplement ce qu'est la *toufta* — un mot qu'on peut traduire, de manière très imprécise, par « filoutage du patron » — n'est pas tâche facile. D'un côté, ces pratiques étaient si profondément enracinées dans le système soviétique qu'il n'est guère juste de les présenter comme l'apanage du Goulag[14]. Et elles n'étaient pas non plus propres à l'URSS. « Ils font semblant de nous payer, nous faisons semblant de travailler » est un dicton de l'époque communiste qu'on entendait dans la plupart des langues des pays du vieux Pacte de Varsovie.

Plus exactement, la *toufta* touchait presque tous les aspects du travail — affectation, organisation et comptabilité — et quasiment tous les membres de la collectivité concentrationnaire, depuis les patrons du Goulag à Moscou jusqu'aux derniers des prisonniers en passant par les simples gardes de camp. Et ce fut le cas du tout début du Goulag jusqu'à sa fin. Un couplet en vogue chez les prisonniers datait du temps du canal de la mer Blanche :

Bez toufty i ammonala
Ne postroili by kanala

Sans *toufta* et sans dynamite
Y aurait pas de canal[15].

Depuis que ce thème est devenu un sujet de débat, la controverse a aussi entouré la question de savoir à quel point les détenus trimaient et quels efforts ils faisaient pour se soustraire au travail. En 1962 la publication d'*Une journée d'Ivan Denissovitch*, d'Alexandre Soljenitsyne, a ouvert un débat plus ou moins public sur les camps ; depuis, la communauté élargie des survivants, des polémistes et des historiens des camps a eu le plus grand mal à s'entendre sur la morale du travail concentrationnaire. Car une bonne partie du roman pionnier de Soljenitsyne était en vérité consacrée aux efforts de son héros pour éviter le travail. Dans le courant de la journée,

Ivan Denissovitch approche le médecin, dans l'espoir d'obtenir un arrêt de travail; rêve de tomber malade quelques semaines; regarde le thermomètre du camp, espérant qu'il va faire trop froid pour aller au boulot; parle admirablement aux chefs d'équipe « qui peuvent donner l'impression que le boulot est fait, que ce soit vrai ou non »; se sent soulagé quand son chef de brigade obtient un « bon tarif pour le boulot », alors même que « la moitié de la journée était passée et qu'ils n'avaient rien fait »; pique des copeaux de bois à l'atelier pour faire du feu dans le baraquement; et vole du rab de gruau au dîner. « Le travail, lâche Ivan à un moment, les chevaux en crèvent. » Il essaie de l'éviter.

Dans les années qui suivirent la publication du livre, d'autres survivants contestèrent ce portrait d'un *zek* typique pour des raisons tant idéologiques que personnelles. D'un côté, ceux qui croyaient au système soviétique — et estimaient donc aussi que le « travail » des camps était utile et nécessaire — s'offusquèrent de la « paresse » de Denissovitch. Nombre des récits « alternatifs », plus pro-soviétiques, de la vie dans les camps se focalisent même exclusivement sur le dévouement au travail de ceux qui, malgré l'injustice de leur arrestation, sont demeurés de vrais croyants. L'écrivain soviétique (et mouchard de toujours) Boris Diakov a décrit un ingénieur travaillant sur un chantier du Goulag, près de Perm. Il est tellement captivé par le boulot, confie-t-il au narrateur, Diakov, qu'il en oublie son statut de prisonnier : « Pendant un temps, j'ai été si heureux de mon travail que j'ai oublié ce que j'étais devenu. » Dans ce récit, l'ingénieur est si scrupuleux qu'il adresse même secrètement une lettre à un journal du coin pour se plaindre de la mauvaise organisation des systèmes de transport et de ravitaillement du camp. Il a beau se faire admonester par le chef du camp pour cette indiscrétion — ça ne s'était jamais vu, le nom d'un détenu dans la presse ! —, l'ingénieur, Diakov *dixit*, reste satisfait parce que, « après l'article, les choses se sont un peu améliorées [16] ».

Quant aux points de vue des dirigeants des camps, ils sont encore plus extrêmes. Sous couvert d'anonymat, une ancienne administratrice de camp m'a dit avec colère que toutes ces histoires de détenus qui vivaient mal, c'était de la foutaise. Ceux qui travaillaient vivaient très bien, assure-t-elle, bien mieux que les masses : ils pouvaient même s'acheter du *lait condensé* — c'est moi qui souligne —, ce qui n'était pas à la portée des gens ordinaires. « Seuls ceux qui refusaient de travailler vivaient mal [17]. » Ce ne sont pas des points de vue qu'on exprimait généralement en public, mais il y avait quelques exceptions. Anna Zakharova, épouse d'un officier du NKVD dont la lettre aux *Izvestia* circula dans la presse russe clandestine au cours des années 1960, devait vivement critiquer Soljenitsyne. *Ivan Denissovitch*, écrit-elle, l'avait « révoltée jusqu'au plus profond de son âme » :

> Nous voyons pourquoi le héros de cette histoire, fort d'une telle attitude envers le peuple soviétique, n'espère que l'infirmerie, histoire d'éviter de se racheter de sa faute, du mal qu'il a fait à sa patrie, par le labeur. [...] Et pourquoi, au juste, devrait-on éviter le travail physique et lui témoigner du mépris ? Après tout, le travail est pour nous le fondement du système soviétique, et c'est seulement dans le travail que l'homme prend la mesure de ses vraies forces [18].

D'autres objections, moins idéologiques, sont venues de *zeks* ordinaires. V.K. Iasnyi, qui fit cinq ans de camp au début des années 1940, écrit dans ses mémoires : « Nous essayions de travailler honnêtement, et pas par crainte de perdre des rations ou de finir à l'isolateur... Le travail acharné, puisqu'il s'agissait de cela dans notre brigade, aidait à oublier, à dissiper les inquiétudes[19]. » Nadejda Oulianovskaïa, qui fut incarcérée avec sa mère, écrit que celle-ci travaillait dur « afin de prouver que les Juifs et les intellectuels ne travaillent pas plus mal que les autres ». (« Je travaillais parce que j'y étais contrainte, écrit-elle cependant en ce qui la concerne. Je crains, sur ce point, de n'avoir pas fait honneur au peuple juif[20]. »)

Les prisonniers qui avaient travaillé toute leur vie avec ardeur au service du régime soviétique ne changeaient pas rapidement non plus. Alexandre Borine, prisonnier politique et ingénieur aéronautique, fut affecté dans une usine métallurgique du Goulag. Dans ses mémoires, il décrit fièrement les innovations techniques qu'il y fit, le plus souvent après y avoir travaillé dans ses moments libres[21]. Alla Chister, autre politique arrêtée à la fin des années 1930, s'est confiée au cours d'une interview : « J'ai toujours travaillé comme si j'étais libre. C'est un trait de ma personnalité, je ne sais pas bâcler mon travail. S'il faut creuser un trou, je le creuserai jusqu'à ce qu'il soit fini. » Après deux années de travaux généraux, elle devint chef d'équipe : « Ils ont vu que je ne travaille pas comme travaille un prisonnier, mais de toute mon énergie. » À ce titre, elle ne ménagea aucun effort pour inspirer ses subordonnés, même si, elle l'avoue, ce n'était pas en leur insufflant l'amour de l'État soviétique. Voici comment elle évoque sa première rencontre avec les hommes qui devaient travailler pour elle :

Je me suis rendue à la carrière où ils creusaient. Les gardes ont proposé de m'accompagner, mais j'ai dit que ce n'était pas nécessaire, et j'y suis allée seule. C'était minuit. Je me suis approchée de l'équipe et je leur ai dit : « Je dois remplir le plan, on a besoin de briques pour le front. »

Ils ont dit : « Alla Borisovna, on s'en fout du plan pour les briques, donne-nous notre ration de pain. »

Et j'ai répondu : « Vous l'aurez, votre ration, si vous remplissez le plan. »

Ils ont dit : « On va te jeter dans un trou et t'enfouir dedans. Personne te retrouvera. »

Je suis restée calme : « Vous n'allez pas m'enterrer comme ça. Je vous promets que si aujourd'hui à midi, vous remplissez la norme, je vous apporterai du tabac. » Du tabac, là-bas, ça valait plus que de l'or ou des diamants...

Chister, raconte-t-elle, avait simplement mis de côté ses rations de tabac parce qu'elle ne fumait pas. Et elle se fit une joie de le leur distribuer[22].

Bien entendu, il y avait aussi ceux qui voyaient l'avantage matériel qu'ils pouvaient tirer à faire le boulot. Certains détenus essayaient simplement de faire ce qu'on attendait d'eux : dépasser la norme, atteindre le statut de travailleur de choc, recevoir de meilleures rations. Vladimir Petrov arriva dans un *lagpounkt* de la Kolyma et vit aussitôt que les habitants de la « baraque stakhanoviste », qui travaillaient plus dur que les autres prisonniers, possédaient tous les attributs dont étaient privés les *dokhodiagi* :

Ils étaient incomparablement plus propres. Même dans les conditions extrêmement rudes de leur vie au camp, ils s'étaient débrouillés pour se laver la figure tous les jours et, quand ils n'avaient pu trouver de l'eau, ils avaient pris de la neige. Ils étaient aussi mieux habillés... [et] plus flegmatiques. Ils ne s'attroupaient pas autour des poêles, mais s'asseyaient sur les châlits, faisant quelque chose ou discutant de leurs affaires. Même de l'extérieur, leur baraquement avait l'air différent.

Petrov demanda à rejoindre leur brigade, dont les membres avaient droit à un kilo de pain par jour. Mais il ne put tenir le rythme et se fit expulser de la brigade qui ne pouvait tolérer la moindre faiblesse[23]. Et comme on peut en juger en lisant Herling, son expérience n'était pas non plus atypique :

> La fascination de la norme n'était pas le privilège exclusif des hommes libres qui l'avaient imposée, mais également l'instinct dominant des esclaves qui travaillaient pour l'atteindre. Dans les brigades où le travail était accompli par équipes, les contremaîtres les plus fervents et les plus consciencieux étaient les détenus eux-mêmes car, dans ces cas-là, la norme était calculée collectivement avant d'être divisée par le nombre de travailleurs. Tout sentiment d'amitié et de sympathie se trouvait aboli au profit d'une course démentielle au pourcentage. Un prisonnier non qualifié qui se voyait assigné à une équipe déjà soudée de travailleurs expérimentés ne devait s'attendre à être l'objet d'aucune considération particulière ; en dépit de ses efforts, il était obligé d'abandonner rapidement et on le transférait dans une équipe moins performante, où il devait souvent à son tour surveiller des camarades plus faibles que lui-même. Il y avait dans ce système quelque chose d'atroce qui brisait sans pitié le seul lien naturel qu'il y eût entre les prisonniers — leur solidarité face à leurs persécuteurs[24].

Mais s'acharner au travail avait parfois des contrecoups. Lev Razgon décrit des paysans qui se tuèrent au travail en essayant de dépasser la norme et gagner une « grosse ration » de 1,5 kilo de pain, « même s'il était mal cuit. Pour les paysans, qui avaient connu des années de famine, cela semblait gigantesque, sans compter la farine ! » Reste que même cette « énorme » quantité ne compensait pas l'énergie dépensée par le forestier, qui était alors condamné : « Malgré la grosse ration, observe Razgon, un homme en parfaite santé mourait de faim au bout de quelques mois[25]. » Varlam Chalamov a aussi décrit le « mythe de la grosse ration », tandis que Soljenitsyne écrit : « La grosse ration tue. Une saison au transport du bois, et le plus solide des travailleurs est fichu[26]. »

L'immense majorité des mémorialistes (confirmés, jusqu'à un certain point, par les documents d'archives) parlent néanmoins bel et bien de se soustraire au travail. Pourtant, leur principal mobile n'était généralement pas la simple fainéantise ni même le désir d'« afficher son mépris » du système soviétique, mais la survie. Recevant des habits miteux et une nourriture insuffisante, ordre leur étant donné de travailler dans des conditions climatiques extrêmes avec du matériel toujours en panne, beaucoup se rendaient compte qu'éviter le travail était le meilleur moyen de sauver sa peau.

Les souvenirs inédits de Zinaïda Ousova, une des femmes arrêtées en 1938, illustrent à merveille comment les prisonniers en arrivaient à cette conclusion. Ousova fut d'abord placée au Temlag, un camp qui enfermait pour l'essentiel des femmes comme elle : les épouses de dirigeants du Parti et de hauts responsables militaires qui avaient été exécutés. Avec un chef de camp relativement coulant et un barème de travail raisonnable, tout le monde, au Temlag, travaillait avec enthousiasme. Non seulement la plupart étaient encore des « citoyennes soviétiques loyales », convaincues que leur arrestation relevait d'une gigantesque méprise, mais elles imaginaient qu'en travaillant dur elles bénéficieraient d'une libération anticipée. Ousova elle-même « se couchait et se réveillait en pensant au travail, en réfléchissant à ses projets. L'un d'eux fut effectivement adopté par la production».

Plus tard, cependant, Ousova et un groupe d'autres épouses furent transférées dans un autre camp, où se trouvaient également des criminelles. Elle fut affectée dans une fabrique de meubles. Son nouveau camp avait des normes beaucoup plus hautes et strictes: les normes «déraisonnables» dont parlent tant d'autres prisonniers. Le système, écrit-elle, «faisait des gens des esclaves, avec une psychologie d'esclaves». Seules recevaient la ration complète de 700 grammes celles qui atteignaient la norme. Celles qui n'y arrivaient pas ou qui n'étaient pas en état de travailler en recevaient 300, ce qui n'était guère suffisant pour vivre.

Pour contrebalancer, les détenues de son nouveau camp faisaient de leur mieux pour «filouter les chefs, se défiler, en faire le moins possible». Avec leur relative ardeur au travail, les nouvelles venues du Temlag se retrouvèrent parias. «Du point de vue des anciennes, nous étions des cinglées, ou quelque chose comme des briseuses de grève. Elles nous détestèrent immédiatement[27].» Bientôt, naturellement, les femmes du Temlag apprirent les techniques du tire-au-flanc que toutes les autres maîtrisaient déjà. C'est ainsi, et non autrement, que s'imposait le système de la *toufta*.

Les détenus imaginaient parfois des méthodes de *toufta* bien à eux. Une Polonaise travaillait dans une usine de traitement du poisson de la Kolyma, où seuls parvenaient à atteindre les normes impossibles ceux qui trichaient. Les stakhanovistes étaient simplement les «tricheurs les plus habiles». Plutôt que d'emballer tous les harengs, ils en mettaient quelques-uns dans un bocal et balançaient le reste, le «faisant avec tant d'adresse que le contremaître ne s'apercevait jamais de rien[28] ». Travaillant à la construction des bains du camp, Valeri Frid apprit un truc analogue : dissimuler les fissures avec de la mousse au lieu de les colmater avec du ciment. Ce moyen d'économiser sa peine ne lui laissait qu'un seul regret : « Et si un jour je devais moi-même me laver dans ces bains ? La mousse finirait bien par sécher et un vent froid s'engouffrerait alors par les fissures[29]. »

Evguénia Guinzbourg raconte aussi comment Galia, un temps sa compagne de travail forestier, et elle finirent par atteindre leur norme inaccessible d'abattage du bois. Observant qu'une de leurs collègues parvenait toujours à l'atteindre, alors qu'« elle travaillait seule, à l'aide d'une scie pourvue d'une unique poignée », elles lui demandèrent des explications :

> Se voyant découverte, elle nous expliqua sa technique :
> — Il y a partout des piles de troncs coupés : de vieux troncs abattus par les groupes de travail qui nous ont précédées. Personne ne les a jamais comptés.
> — Et alors ? On voit tout de suite que ce sont de vieilles coupes.
> — En quoi les distingue-t-on ? Les vieilles coupes sont seulement plus noires. Il suffit d'en scier une tranche, et la coupe semble de nouveau fraîche. On remet ensuite le tronc à la même place, en changeant son orientation. Et la norme est atteinte.
> Nous avions baptisé cette tactique « le renouvellement des sandwichs ». Elle nous permit de respirer un peu. [...] Je dois ajouter que nous n'éprouvions aucun remords[30].

Thomas Sgovio passa lui aussi un certain temps dans une brigade de bûcherons de la Kolyma qui ne faisaient strictement rien :

> Dans la première partie de janvier, mon partenaire, Levine, et moi n'avons pas abattu un seul arbre. Pas plus qu'aucune des autres équipes de la brigade forestière. Il y avait quantité de piles de troncs dans la forêt. On en choisissait un ou deux, on enlevait la neige et on s'installait près du feu. Il n'était même pas nécessaire d'enlever la neige parce que pas une seule fois, au cours du premier mois, le chef de brigade, le contremaître ou le surveillant ne s'est donné la peine de vérifier notre production[31].

D'autres jouaient de leurs relations pour trouver le moyen de s'extraire de tâches impossibles. Un détenu du Kargopollag en paya un autre — sous la forme d'un morceau de lard — pour lui apprendre à couper les arbres plus efficacement, lui permettant ainsi d'atteindre la norme et même de se reposer l'après-midi[32]. Un autre, chargé d'extraire de l'or à la batée à la Kolyma, versa un pot-de-vin pour recevoir un travail plus facile : debout sur un terril plutôt que dans l'eau[33].

Plus souvent, la *toufta* était organisée au niveau des brigades de travail, car les chefs de brigade étaient à même de tricher sur le nombre de détenus au travail. Un ex-*zek* a raconté comment son chef lui permettait de déclarer qu'il avait atteint 60 % de la norme alors qu'en fait il était à peine capable de faire quoi que ce soit[34]. Un autre a expliqué comment son chef de brigade négocia avec les autorités du camp pour faire abaisser les normes de sa brigade, dont tous les ouvriers dépérissaient[35]. D'autres encore acceptaient des pots-de-vin ainsi que Iouri Zorine, qui fut lui-même chef, l'a reconnu. « Là-bas, dans les camps, il y a des lois du camp que les gens qui vivent hors de la zone ne peuvent sans doute pas comprendre », dit-il avec pudeur[36]. Ses chefs de brigade de Norilsk, se souvient Leonid Trous, décidaient simplement « quels ouvriers méritaient une meilleure nourriture et une meilleure paie que les autres », sans se soucier du travail effectivement accompli. Subornation et loyauté de clan déterminaient la « production » d'un prisonnier.

Du point de vue des *zeks*, les meilleurs chefs de brigade étaient ceux capables d'organiser la *toufta* à grande échelle. Travaillant dans une carrière du nord de l'Oural à la fin des années 1940, Lev Finkelstein se retrouva dans une brigade dont le chef avait mis au point tout un système de triche éminemment complexe. Le matin, l'équipe descendait dans la gorge. Les gardes restaient au bord, où ils passaient la journée assis autour de feux de camp pour se réchauffer. Ivan, le chef de brigade, organisait alors la *toufta* :

> Nous savions exactement quelles parties du fond de la gorge sont visibles de là-haut, et c'était la base de notre filouterie. [...] Dans la partie visible du fond, nous nous attaquions à la paroi. Nous bossions en faisant un bruit terrible : les gardes pouvaient à la fois nous voir et nous entendre travailler. Puis Ivan parcourait la rangée [...] et disait, « Un à gauche » — et nous faisions chacun un pas à gauche. Les gardes ne s'en sont jamais aperçus.
>
> Ainsi faisions-nous un pas à gauche, puis encore un pas, puis un autre, jusqu'à entrer dans la zone invisible : nous savions où elle se trouvait, il y avait une trace à la craie au sol. Une fois dans la zone invisible, nous pouvions nous détendre, nous asseoir par terre, prendre un pic et taper sur le sol à côté de nous, peinards, juste pour faire du bruit. Puis un autre nous rejoignait, puis un autre, et ainsi de suite. Puis Ivan disait, « Toi, à droite ! », et le gars recommençait le cycle. Aucun de nous ne travaillait jamais plus de la moitié du temps.

À un autre stade de son itinéraire concentrationnaire, Finkelstein participa aussi au creusement d'un canal. Pour être différente, la *toufta* n'était pas moins sophistiquée: «L'essentiel était de montrer que la bande avait atteint la norme.» Les gars devaient creuser, mais ne pas toucher à «un petit poteau, un pieu, qui indiquait la hauteur du puits creusé, à quelle profondeur vous étiez allé». Les normes étaient très dures, mais «il y avait des artistes, de véritables artistes, qui se débrouillaient pour allonger ce pieu, sa hauteur. C'est pas croyable, il était enfoncé dans la terre, si bien qu'on voyait tout de suite si quelqu'un y avait touché, et pourtant ils y touchaient en artiste. Et bien sûr, toute la bande avait droit au repas des stakhanovistes[37]».

Il n'était pas toujours besoin de talents particuliers de ce genre. À un moment, Leonid Trous fut affecté au déchargement de wagons de marchandises: «Nous écrivions tout simplement que nous avions porté les produits plus loin que ce n'était effectivement le cas: mettons 300 mètres, au lieu de 10.» Du coup, ils recevaient de meilleures rations. «La *toufta* était incessante, dit-il de Norilsk, sans cela il n'y aurait rien du tout.»

La *toufta* pouvait s'arranger au sommet de la hiérarchie administrative, par de prudentes négociations entre les chefs de brigade et les normeurs, c'est-à-dire les fonctionnaires du camp à qui il appartenait de déterminer ce dont une brigade était capable chaque jour. Les normeurs, comme les chefs de brigade, étaient enclins au favoritisme et à la corruption, mais aussi aux caprices. À la Kolyma, à la fin des années 1930, Olga Adamova-Sliozberg se retrouva à la tête d'une brigade de femmes chargée de creuser des fossés et composée essentiellement de prisonnières politiques, toutes affaiblies par de longues peines de prison. Après trois jours de travail, elles n'avaient atteint que 3 % de la norme; elle alla donc voir le normeur et réclama une tâche plus facile.

Apprenant que la brigade défaillante se composait majoritairement d'anciens membres du Parti, il se rembrunit :

> — Vraiment, d'anciens membres du Parti ? Si vous étiez de simples prostituées, je vous en aurais donné de jolies fenêtres à lessiver et vous auriez triplé la norme. Mais quand ces membres du Parti, en 1929, m'ont dékoulakisé, m'ont chassé de chez moi avec mes six enfants, je leur disais : « En quoi les enfants sont-ils coupables ? » Ils me répondaient : « Telle est la loi soviétique. » Eh bien maintenant, obéissez-lui, à la loi soviétique, sortez 9 m^3 de terre[38] !

Les normeurs avaient aussi conscience de la nécessité de préserver la force de travail à certaines époques — notamment, si le camp s'était vu reprocher son fort taux de mortalité ou s'il faisait partie de ces camps du Grand Nord qui ne pouvaient obtenir de remplaçants qu'une fois par saison. Dans ces conditions, ils pouvaient en effet abaisser la norme ou feindre de ne pas voir qu'elle n'était pas accomplie. Pour désigner cette pratique, on parlait dans les camps de « tirer sur la norme », et dire qu'elle était largement répandue tient de la litote[39]. Un prisonnier travailla dans une mine qui exigeait des détenus qu'ils extraient 5,5 tonnes de charbon par jour : c'était une tâche impossible. Très raisonnablement, l'ingénieur en chef de la mine — un travailleur libre — demanda autour de lui combien d'ouvriers il faudrait pour atteindre la norme chaque jour, puis il dit tout simplement aux normeurs de décider du travail effectué sur cette base tout en faisant tourner la distinction de travailleur de choc parmi les détenus afin qu'ils obtinssent plus ou moins la même quantité de nourriture[40].

La corruption marchait aussi en haut de la hiérarchie, passant parfois par toute une chaîne de gens. Alexandre Klein se trouva dans un camp à la fin des années 1940, à une époque où furent introduits de modestes salaires afin d'inciter les *zeks* à travailler plus dur :

> Ayant touché son gain (ce n'était pas grand-chose), l'ouvrier donnait un pot-de-vin au chef de brigade. C'était obligatoire : le chef devait ensuite graisser la patte du contremaître et du normeur, qui déterminait la norme que devait atteindre la brigade [...]. En outre, le contremaître et les chefs de brigade devaient soudoyer le *nariadtchik*, le répartiteur. Les cuistots versaient aussi des pots-de-vin à leur chef tout comme les employés des bains à leur directeur.

En moyenne, écrit Klein, il abandonnait la moitié de son « salaire ». Pour ceux qui ne le faisaient pas, cela pouvait avoir des conséquences épouvantables. Les détenus qui ne payaient pas étaient automatiquement classés parmi ceux qui restaient très en deçà de la norme et recevaient donc moins de nourriture. La situation était pire encore pour les chefs de brigade qui refusaient de payer. L'un d'eux, raconte Klein, se fit tuer dans son lit, le crâne fracassé avec un caillou... et ceux qui dormaient autour de lui ne se sont même pas réveillés[41].

La *toufta* touchait aussi la tenue des statistiques à tous les niveaux de la vie du camp. Commandants et comptables truquaient souvent les chiffres à leur avantage, si l'on en croit les dizaines de constats de vols conservés dans les dossiers de l'inspection. Quiconque avait un lien, même lointain, avec un camp volait de la nourriture et de l'argent, tout ce qui pouvait se voler : en 1942, la sœur de l'ancien patron de la division ferroviaire des camps de Djezkazgan, au Kazakhstan, fut accusée d'avoir « illégalement prélevé des produits alimentaires» et de se livrer à la spéculation. Dans un *lagpounkt*, en 1941, le commandant et le chef comptable du camp «abusèrent de leur qualité professionnelle» pour ouvrir un faux compte en banque qui leur permettait de vider les caisses. Le commandant vola 25 000 roubles et le comptable 18 000: une vraie fortune au regard des normes soviétiques. Mais les sommes n'étaient pas toujours importantes non plus: dans un épais dossier sur le Siblag, contenant les rapports des procureurs de 1942 à 1944, on trouve, entre autres choses, une longue série de lettres se faisant l'écho d'un vif différend autour d'un employé du camp qui aurait volé deux bols en fer, une théière émaillée, une couverture, un matelas, deux draps, deux oreillers et deux taies d'oreiller[42].

Du vol aux petits mensonges sur les statistiques de production, il n'y avait, moralement, qu'un petit pas à franchir. Si la *toufta* commençait au niveau de la brigade, et se trouvait aggravée à celui du *lagpounkt*, au moment où les comptables des camps établissaient des statistiques de production générales, les chiffres étaient déjà très loin de la réalité; et, on le verra, ils donnaient naissance à des idées très trompeuses sur la productivité réelle des camps qui, en toute probabilité, était extrêmement basse.

En vérité, il est presque impossible de savoir que faire des chiffres de production compte tenu du degré de mensonge et de fraude. Pour cette raison, je suis toujours ébahie par les rapports annuels méticuleusement détaillés du Goulag. Ainsi de celui de mars 1940, avec ses 124 pages et plus: un document frappant qui indique les chiffres de production pour des douzaines de camps, prenant grand soin de les énumérer suivant leur spécialité: les camps forestiers, les camps-usines, les mines et les fermes collectives. Le rapport s'accompagne de graphiques et de calculs abondants, et d'une multitude de chiffres divers et variés. En conclusion, l'auteur affirme avec assurance que la production totale du Goulag s'est élevée cette année-là à 2 659,5 millions de roubles — chiffre qu'il faut bien qualifier d'absurde compte tenu des circonstances[43].

PRIDOURKI : COOPÉRATION ET COLLABORATION

La *toufta* n'est pas la seule méthode qu'employaient les détenus pour combler le fossé entre les normes impossibles qu'on leur imposait et les rations impossibles qu'on leur attribuait. Ce n'était pas non plus le seul outil dont se servissent les autorités pour atteindre leurs objectifs de production tout aussi impossibles. Il existait d'autres manières de persuader les prisonniers de coopérer : Filchtinski en donne une description brillante et mémorable dans le premier chapitre de ses mémoires, *My chagaem pod konvoem* (« Nous marchons sous escorte »).

Son récit commence par l'une de ses premières journées au Kargopollag, le camp forestier et de construction qui se trouvait au nord d'Arkhangelsk. Alors qu'il venait d'arriver, il rencontra une jeune femme, elle aussi nouvelle. Elle faisait partie d'un contingent féminin qui avait été temporairement attaché à sa brigade. Remarquant son « air timide et effarouché » ainsi que ses habits de camp en haillons, il se rapprocha d'elle dans la rangée des détenus : « Oui, fit-elle pour répondre à sa question, je suis arrivée hier en convoi depuis la prison. » Ils se mirent à parler. « Pour l'époque, ajoute Filchtinski, son histoire personnelle était assez banale. » Artiste, elle avait vingt-six ans. Elle était mariée et avait un fils de trois ans. Elle avait été arrêtée pour avoir « dit une chose ou une autre à un ami artiste, et l'ami en question l'avait dénoncée ». Parce que son père avait été aussi arrêté en 1937, elle avait vite été reconnue coupable de colporter de la propagande antisoviétique.

Comme ils parlaient, la femme, tout en continuant de regarder autour d'elle d'un air effrayé, prit Filchtinski par le bras. Tout contact de ce genre était interdit, mais par chance les gardes ne s'en aperçurent pas. Comme ils arrivaient sur le chantier, hommes et femmes furent séparés, mais sur le chemin du retour la jeune artiste retrouva Filchtinski. Tout au long de la semaine et demie qui suivit, ils allèrent jusqu'à la forêt et en revinrent ensemble : elle lui parlait de son mal du pays, de son mari qui l'avait abandonnée, de l'enfant qu'elle ne reverrait sans doute jamais. Puis la brigade féminine fut séparée pour de bon de celle des hommes, et Filchtinski perdit la trace de son amie.

Trois ans passèrent. Il faisait chaud — ce qui est rare dans le Grand Nord. Filchtinski entrevit à nouveau la femme. Cette fois, elle portait une « veste neuve, parfaitement ajustée ». Au lieu du bonnet loqueteux ordinaire des prisonniers, elle portait un béret ; au lieu des bottes usées des détenus, des chaussures. Ses traits s'étaient épaissis, elle était devenue plus vulgaire. Quand elle ouvrait la bouche, c'était pour parler dans l'argot le plus obscène, sa langue « attestant ses liens longs et durables avec le monde criminel du camp ». Apercevant Filchtinski, elle eut un air horrifié. Elle se détourna et s'en alla « presque en courant ».

Lorsque Filchtinski la retrouva pour la troisième

et dernière fois, elle était vêtue « à la dernière mode de la ville ». Elle trônait derrière un bureau de chef. Elle n'était plus une prisonnière. Elle était désormais l'épouse du commandant L., administrateur de camp célèbre pour sa cruauté. Elle s'adressa à lui grossièrement, sans plus aucune trace d'embarras. La métamorphose était complète : de détenue en collaboratrice, puis de collaboratrice en chef de camp. Elle avait commencé par adopter le langage du monde criminel, puis son habillement et ses habitudes. Suivant cette voie, elle avait fini par se hisser au statut privilégié des autorités du camp. Filchtinski avait le sentiment de « n'avoir plus rien à lui dire », même si, au moment de quitter la pièce, il se retourna pour la regarder. Un instant, il croisa son regard et il crut percevoir en elle un éclair de « mélancolie sans fond » et quelques larmes discrètes[44].

Le destin de cette connaissance de Filchtinski sera familier aux lecteurs qui connaissent les autres systèmes concentrationnaires. Décrivant les camps nazis, le sociologue allemand Wolfgang Sofsky écrit que « le pouvoir absolu n'est pas une propriété, mais une structure ». Il entend par là que, dans les camps allemands, le pouvoir ne se résumait pas à une personne contrôlant la vie des autres : « En faisant de quelques victimes ses complices, le régime effaçait la ligne de démarcation entre le personnel et les détenus[45]. » Bien que la brutalité régnant au Goulag fût différente, dans son organisation comme dans ses effets, les camps nazis et soviétiques étaient semblables à cet égard : le régime soviétique se servait également des prisonniers à cette fin, en incitant certains à collaborer avec le système répressif, les élevant au-dessus des autres et leur accordant des privilèges qui leur permettaient, à leur tour, d'aider les autorités à exercer leur pouvoir. Ce n'est pas un hasard si Filchtinski concentre son récit sur l'amélioration de la garde-robe : dans les camps, où sévissait une pénurie chronique de tout, d'infimes améliorations de l'habillement, de la nourriture ou des conditions de vie suffisaient à persuader les détenus de coopérer, à rechercher de l'avancement. Ceux qui réussissaient étaient les *pridourki*, les « planqués ». Ce statut acquis, leur vie au camp s'améliorait de multiples façons.

Soljenitsyne, qui revient maintes et maintes fois sur les planqués, décrit dans *L'Archipel du Goulag* leur obsession des petits privilèges et des faveurs :

> Du fait même du sens des frontières de caste habituel à l'espèce humaine, les planqués en ont vite assez de dormir dans les mêmes baraques que les simples trimeurs, sur les wagonnets du commun et même, d'une façon générale, sur un wagonnet et non pas dans un lit, de manger à la même table, de se déshabiller dans les mêmes bains, de revêtir le linge qu'a imprégné de sa sueur et déchiré le trimeur.

Tout en reconnaissant qu'« aucune classification des choses de l'existence ne connaît de limites tranchées », Soljenitsyne s'efforce de décrire la hiérarchie des planqués. Au dernier échelon, explique-t-il, se trouvaient les « planqués de la production », c'est-à-dire les prisonniers ingénieurs, ceux des bureaux d'études, les mécanos et les géologues. Juste au-dessus, les contremaîtres, les planificateurs, les normeurs, les conducteurs de travaux et les techniciens. Ces deux groupes devaient se rassembler le matin pour l'appel et se rendaient au travail sous escorte. En revanche, ils ne faisaient pas de travail physique et n'étaient donc pas « complètement épuisés » en fin de journée ; aussi étaient-ils plus privilégiés que les détenus affectés aux travaux généraux.

Il y avait plus privilégiés encore : les « planqués de la zone », qui ne quittaient jamais celle-ci de la journée. Toujours selon Soljenitsyne :

> Déjà l'ouvrier des services d'intendance a la vie sensiblement plus facile que le trimeur des généraux : pas de présence au rassemblement du matin, donc possibilité de se lever et de prendre son repas du matin beaucoup plus tard ; pas de trajet aller et retour jusque sur les lieux de travail, moins de sévérités, moins de forces perdues ; de surcroît sa journée de travail finit plus tôt, il travaille au chaud ou bien il peut toujours avoir accès à un local chauffé. [...] « Tailleur », au camp, sonne et signifie à peu près la même chose que « maître de conférences » hors des camps[46].

Les plus bas, dans la hiérarchie des planqués, faisaient bel et bien des travaux physiques : employés des bains, blanchisseuses, plongeuses, chauffeurs de poêle et plantons, mais aussi tous ceux qui travaillaient dans les ateliers comme tailleurs, cordonniers ou mécanos. Au-dessus de ces planqués d'intérieur se trouvaient les « authentiques planqués de zone », qui ne faisaient aucun travail physique : cuistots, coupeurs de pain, employés de bureau, médecins, infirmiers, aides soignants, coiffeurs, chefs de baraque, répartiteurs et comptables. Dans certains camps, il y avait même des goûteurs officiels choisis parmi les détenus[47]. « Tous ceux-là, ajoute Soljenitsyne, non seulement ils mangent à leur faim, non seulement ils ont des vêtements propres, non seulement ils sont dispensés de porter des fardeaux et d'attraper des courbatures dans le dos, mais ils possèdent un grand pouvoir sur ce dont a besoin l'homme et, partant, un pouvoir sur l'homme[48]. » C'étaient les planqués qui avaient le pouvoir de décider à quels travaux seraient affectés les détenus ordinaires, la quantité de nourriture qu'ils allaient recevoir, les soins médicaux auxquels ils avaient droit ou non. Bref, ils décidaient de leur vie ou de leur mort.

À la différence des prisonniers privilégiés dans les camps nazis, les planqués des camps soviétiques n'appartenaient pas à une catégorie raciale particulière. En théorie, n'importe qui pouvait se hisser au statut de planqué — de même que chacun pouvait devenir gardien de prison — et il y avait beaucoup de fluctuation entre les deux groupes. Alors qu'en principe les prisonniers ordinaires pouvaient devenir des planqués, et les planqués être rabaissés au rang des simples détenus, ce processus obéissait à des règles compliquées.

Si ces règles diffèrent considérablement d'un camp et d'une époque à l'autre, il semble que quelques conventions aient plus ou moins perduré au fil du temps. Et surtout, il était plus facile de devenir planqué quand on appartenait à la catégorie des éléments criminels « socialement proches », plutôt qu'à celle des politiques « socialement dangereux ». Parce que la hiérarchie morale dénaturée du système concentrationnaire soviétique décrétait les « socialement proches » — la pègre, mais aussi les petits voleurs, les escrocs, les meurtriers et les violeurs — plus susceptibles d'être réformés en bons citoyens soviétiques, ils avaient *ipso facto* plus de chances de recevoir le statut de planqués. Et en un sens, les voleurs, qui ne craignaient pas de brutaliser, faisaient des planqués idéaux. « Partout, de tout temps, écrit un politique avec amertume, ces condamnés ont joui de la confiance presque illimitée de l'administration carcérale et concentrationnaire ; les emplois les plus faciles leur ont toujours été réservés : bureaux, magasins, cantines, bains et coiffure[49]. » Comme j'ai eu l'occasion de le dire, tel fut surtout le cas à la fin des années 1930 et tout au long de la guerre, dans ces années où les bandes criminelles régnèrent en maître dans les camps soviétiques. Par la suite encore — Filchtinski évoque la fin des années 1940 —, la « culture » des planqués restait difficilement discernable de celle des professionnels du crime.

Mais les planqués criminels posaient aussi un problème aux autorités des camps. S'ils n'étaient pas des « ennemis », ils n'étaient pas non plus instruits. Dans bien des cas, ils étaient carrément analphabètes et n'avaient aucune envie de cesser de l'être : même dans les camps qui créèrent des cours d'alphabétisation, ils ne se souciaient guère de les fréquenter[50]. Ce qui, observe Lev Razgon, ne laissait d'autre solution aux patrons de camp que d'employer des politiques : « [...] Sous la pression implacable du plan, les chefs les plus zélés, qui haïssaient les politiques, s'étaient vus contraints de violer la loi de 1930 en prenant des spécialistes parmi les politiques[51]. »

En fait, après 1939 et le remplacement de Iejov par Beria — qui essaya de rendre le Goulag rentable —, les règles n'ont jamais été claires dans un sens ni dans l'autre. Alors qu'elles interdisaient formellement aux chefs de camp d'employer des politiques dans quelque administration que ce soit, les instructions données par Beria en août 1939 faisaient quelques exceptions. Il convenait d'utiliser les compétences professionnelles des médecins mais aussi, dans certaines conditions, des prisonniers condamnés pour certains crimes parmi les moins graves relevant de l'article 58 — alinéas 7, 10, 12 et 14, notamment pour « agitation antisoviétique » (raconter des blagues contre le régime, par exemple) et « propagande antisoviétique ». En revanche, les détenus condamnés pour « terrorisme » ou « trahison de la patrie » ne pouvaient théoriquement faire que des trimeurs[52]. Lorsque la guerre éclata, même cet ordre fut annulé. Staline et Molotov adressèrent une circulaire spéciale permettant au Dalstroï, « vu la situation exceptionnelle », de « conclure des accords individuels pour un laps de temps donné avec des ingénieurs, des techniciens et des travailleurs administratifs envoyés à la Kolyma »[53].

Les administrateurs de camp qui comptaient trop de politiques à des postes élevés continuaient cependant d'encourir la censure, et persista toujours à ce propos une certaine ambivalence. D'après tant Soljenitsyne que Razgon, il arrivait donc que des politiques eussent de « bonnes » places à l'intérieur, à la comptabilité, mais uniquement à titre temporaire. Une fois par an, lorsque devaient arriver les inspecteurs de Moscou, on les renvoyait. Razgon a élaboré une théorie à ce propos :

> Un bon chef de camp attendait l'arrivée de la commission, la laissait travailler, écarter qui devait être écarté. Ça ne prenait pas beaucoup de temps et qui n'était pas écarté restait en place longtemps : un an, jusqu'au mois de décembre suivant ou au moins six mois. Un chef de camp moins capable, moins malin, éliminait ces gens à l'avance, histoire de pouvoir dire que tout était en ordre. Les pires, ceux qui avaient le moins d'expérience, exécutaient scrupuleusement les ordres de leurs supérieurs et ne permettaient pas aux détenus condamnés en vertu de l'article 58 de travailler avec autre chose qu'un pic et une brouette, une scie ou une hache. Ces chefs-là étaient ceux qui avaient le moins de réussite et se faisaient rapidement virer[54].

Dans les faits, les règles étaient souvent simplement absurdes. En tant que prisonnier politique au Kargopollag, Filchtinski n'avait absolument pas le droit de suivre des cours de technique forestière.

Mais il fut autorisé à lire des manuels et, après avoir réussi son examen en étudiant seul, il fut quand même autorisé à travailler comme spécialiste forestier[55]. Dans le même temps, V.K. Iasnyi, lui aussi prisonnier politique à la fin des années 1940, put travailler comme ingénieur à Vorkouta sans susciter la moindre controverse[56]. Dans l'après-guerre, avec l'influence croissante des groupes nationaux les plus forts dans les camps, les criminels se firent souvent détrôner par les prisonniers les mieux organisés, souvent les Ukrainiens et les Baltes. Ceux qui avaient les meilleures places — contremaîtres et surveillants — pouvaient veiller sur les leurs et confiaient d'autres boulots en or à leurs compatriotes « politiques ».

Pour autant, jamais les détenus n'eurent tout pouvoir de se distribuer les postes de planqués. C'est l'administration du camp qui avait le dernier mot dans le choix des planqués, et la plupart des commandants de camp étaient enclins à donner les boulots de planqués les plus peinards à ceux qui étaient prêts à collaborer le plus ouvertement : autrement dit, à moucharder. Il est malheureusement difficile de dire combien le système en employait. Alors que les archives nationales russes ont ouvert le reste des archives administratives du Goulag, elles ont laissé fermés les documents de la « Troisième Division », celle qui était responsable des mouchards. Dans son livre sur le Viatlag, l'historien russe Viktor Berdinskikh cite certains chiffres sans donner de sources : « Dans les années 1920, la direction de l'OGPOU se donna pour objectif de ne recruter pas moins de 25 % de mouchards parmi les détenus. Dans les années 1930 et 1940, cet objectif fut ramené à 10 %. » Mais l'auteur reconnaît que toute véritable évaluation est compliquée à défaut d'un meilleur accès aux archives[57].

Il n'y a pas non plus beaucoup de mémorialistes qui soient prêts à admettre franchement qu'ils mouchardaient, quand bien même certains avouent s'être fait recruter. De toute évidence, les détenus qui avaient servi de mouchards en prison (ou même avant leur arrestation) arrivaient au camp avec un dossier signalant leur empressement à coopérer. D'autres, semble-t-il, furent approchés juste après leur arrivée au camp, quand ils étaient encore extrêmement troublés et inquiets. Dès le second jour au camp, Leonid Trous fut conduit chez le délégué opérationnel, connu dans l'argot des camps sous le nom de *koum,* recruteur des mouchards — et fut invité à coopérer. Ne comprenant pas vraiment ce qu'on attendait de lui, il refusa. C'est pour cela, pense-t-il, qu'on l'affecta d'abord à des travaux physiques difficiles, à un emploi de bas niveau suivant les normes du camp. Berdinskikh s'appuie également sur ses propres entretiens et sa correspondance avec d'anciens détenus :

> Dès le premier jour dans la zone, les nouveaux arrivants étaient convoqués chez le *koum.* Je fus moi aussi appelé chez le *koum.* Flagorneur, retors, onctueux, il joua sur le fait que l'accident de voiture pour lequel je fus condamné (dix ans de camp, plus trois ans de privation des droits civiques) n'avait rien de honteux (ce n'était pas un vol ou un meurtre, ni rien de semblable), et il me proposa de l'informer — de devenir un mouchard. Je refusai poliment et ne signai pas la proposition du *koum.*

Le *koum* l'insulta, mais ne l'expédia pas au mitard. Lorsqu'il regagna sa baraque, il s'aperçut que personne ne voulait plus l'approcher : sachant qu'on lui avait demandé de moucharder et voyant qu'il n'avait pas été frappé, les autres le soupçonnèrent d'avoir accepté[58].

Peut-être l'exception la plus célèbre au refus quasi universel d'admettre qu'on a mouchardé est, une fois encore, Soljenitsyne, qui décrit longuement son flirt avec les autorités du camp. Il date son moment initial de faiblesse de ses premiers jours au camp, quand il bataillait encore pour s'accoutumer à sa brusque perte de statut. Invité à parler au délégué opérationnel, il fut introduit dans une «petite pièce aménagée de façon douillette», avec un poste de radio qui diffusait un morceau de musique classique. Après lui avoir poliment demandé s'il se sentait bien et comment il s'adaptait à la vie de camp, le commandant lui posa la question: «Vous restez un bon Soviétique? Ou bien non?» Soljenitsyne commença par bafouiller, puis admit que oui.

Si avouer qu'on était «un bon Soviétique» équivalait à confesser un désir de collaborer, Soljenitsyne commença cependant par décliner l'offre. C'est alors que le commandant changea de tactique. Il coupa la musique et se mit à lui parler des criminels du camp, lui demandant ce qu'il ressentirait si sa femme, à Moscou, se faisait agresser par des évadés. Finalement, Soljenitsyne promit que, s'il avait vent d'un projet d'évasion, il le signalerait. Il signa un engagement en ce sens, et se choisit un pseudonyme de conjuré, «Vétrov»: «Ces six lettres, écrit-il, dessinent au fer rouge dans ma mémoire des craquelures honteuses[59].»

De son propre aveu, Soljenitsyne n'a jamais rapporté quoi que ce soit. De nouveau recruté en 1956, il dit avoir refusé de signer le moindre papier. Sa promesse initiale n'en suffit pas moins à lui assurer au camp une place de planqué logeant dans les quartiers des planqués, un peu mieux habillé et mieux nourri que les autres prisonniers. Cette expérience m'« emplit de honte », écrit-il. Et sans doute explique-t-elle son mépris de tous les planqués.

Lors de sa publication, la description que fait Soljenitsyne des planqués suscita la controverse. Et elle continue de le faire. De même que sa description des habitudes de travail dans les camps, elle déclencha aussi dans le monde des survivants et des historiens des camps un débat nourri qui se poursuit aujourd'hui. Dans leur quasi-totalité, les mémorialistes classiques les plus lus ont été des planqués à un moment ou à un autre : Evguénia Guinzbourg, Lev Razgon, Varlam Chalamov, Soljenitsyne. Il se peut, comme d'aucuns le disent, que la majorité des détenus qui ont survécu à de longues peines aient *tous* été à un stade ou à un autre des planqués. Un survivant que j'ai rencontré m'a raconté une réunion d'anciens amis de camp à laquelle il avait participé. Le groupe s'était laissé aller à ses souvenirs et riait de bon cœur des anciennes histoires de camp quand l'un d'eux balaya la pièce du regard et se rendit compte de tout ce qui les unissait alors, de ce qui leur permettait de rire plutôt que de pleurer : « Nous avions tous été des *pridourki*. »

Il est hors de doute que beaucoup de gens ont survécu pour avoir trouvé des emplois de planqués à l'intérieur, échappant ainsi aux horreurs des travaux généraux. Mais peut-on parler pour autant d'une collaboration active avec le régime du camp ? Soljenitsyne avait le sentiment que oui. Même les planqués qui n'étaient pas des mouchards peuvent être décrits, assure-t-il, comme des collaborateurs. « Existe-t-il un poste de planqué qui n'ait rien à voir avec sa complaisance à l'égard des supérieurs et avec la participation au système général de contrainte ? »

Parfois, il s'agissait d'une collaboration indirecte,

explique Soljenitsyne : elle n'en n'était pas moins néfaste. Les « planqués du travail » — normeurs, comptables, ingénieurs — ne torturaient pas vraiment les gens, mais tous participaient à un système qui forçait les détenus à travailler jusqu'à la mort. De même en allait-il des « planqués de zone » : les dactylos qui tapent les ordres pour le commandant du camp. Tout coupeur de pain était à même de faucher une miche de pain pour lui, privant ainsi un *zek* qui trimait en forêt de sa pleine portion, écrit Soljenitsyne : « Qui donc carotte Ivan Denissovitch d'un certain poids de pain ? qui humecte son sucre pour le voler sur le poids ? qui empêche les matières grasses, la viande et le bon gruau d'être versés dans la marmite commune[60] ? »

D'autres partagent ce sentiment. Une ex-*zek* écrit avoir refusé délibérément toute autre affectation que les travaux généraux neuf années durant pour éviter d'être happée dans le système de corruption nécessaire afin de conserver une place de planqué[61]. Dimitri Panine, qui, je l'ai dit, connut Soljenitsyne dans les camps et apparaît dans son roman, *Le Premier Cercle*, confesse aussi avoir été grandement embarrassé par les deux semaines où il eut un emploi facile à la cuisine du camp : « J'avais honte [...] de voler de la *balanda* des détenus. Penser que dans mon état je n'avais pas à faire tant de manières, ne me consolait pas. J'éprouvai donc du contentement lorsque je fus renvoyé[62]. »

Vivement opposé à Soljenitsyne — comme tant d'autres l'ont été et le sont encore —, Lev Razgon est presque devenu dans la Russie des années 1990 une autorité aussi importante sur le Goulag. Dans les camps, Razgon avait été normeur : un des meilleurs postes de planqués. Razgon plaide que, pour lui comme pour bien d'autres, choisir de devenir planqué n'était jamais qu'une façon de choisir de vivre. Dans ces années-là, en particulier, les bûcherons ne pouvaient survivre. Seuls survivaient les paysans, « ceux qui savaient aiguiser les outils et qu'on chargeait du matériel, ou ceux qui étaient employés aux travaux agricoles et qui avaient la possibilité de voler quelques pommes de terre, radis ou autres légumes[63] ».

Pour Razgon, il n'était pas immoral de choisir la vie, et il n'était pas vrai que ceux qui le faisaient n'étaient « pas meilleurs que ceux qui les arrêtaient ». Il s'inscrit également en faux contre ce que dit Soljenitsyne de la vénalité des planqués. Sitôt qu'ils avaient des postes plus confortables, beaucoup de planqués en profitaient naturellement pour aider les autres :

> Non qu'ils fussent indifférents au sort des Ivan Denissovitch qui allaient dans la forêt ; simplement, on ne pouvait aider ceux qui n'étaient capables que de travail physique. Il y avait là les métiers les plus folkloriques : qui savait tordre les branches se retrouvait à l'annexe où l'on fabriquait des skis ; qui savait dresser des meubles en rotin fabriquait des chaises, des fauteuils et des divans pour les gradés[64].

De même qu'il y avait de bons et de mauvais gardes, soutient Razgon, il y avait de bons planqués et il y en avait de mauvais, des gens qui aidaient les autres, et des gens qui leur faisaient du tort. Et, en fin de compte, ils n'étaient pas plus en sécurité que ceux qui étaient plus haut qu'eux dans la hiérarchie. S'ils ne trimaient pas à mort, cela pouvait être bientôt leur tour, ils le savaient. À tout moment, un lointain patron du camp pouvait ordonner leur transfert dans un autre camp, vers un autre poste, un autre destin, plus mortel.

SANTCHAST : HÔPITAUX ET MÉDECINS

Des multiples absurdités de la vie concentrationnaire, la plus étrange était aussi, peut-être, l'une des plus banales : le médecin de camp. Chaque *lagpounkt* avait le sien. S'il manquait de médecins confirmés, au moins avait-il un infirmier ou un *feldcher*, un assistant qui n'avait pas forcément de formation médicale. De même que les anges gardiens, le personnel médical avait le pouvoir d'arracher les détenus au froid, de les placer dans des hôpitaux de camp propres, où ils pouvaient être nourris et ramenés à la vie. Tous les autres — les gardes, le commandant du camp, les chefs de brigade — ne cessaient de dire aux *zeks* de travailler plus dur. « Seul le médecin n'envoie pas tous les jours le détenu dans l'obscurité laiteuse de l'hiver, au chantier d'abattage pierreux et gelé pour de longues heures », écrit Varlam Chalamov[65].

Certains détenus furent littéralement sauvés grâce à quelques mots d'un médecin. Brûlant de fièvre, devenu squelettique, torturé par la faim, Lev Kopelev souffrait de la pellagre, d'« intestins en capilotade » et d'un « refroidissement carabiné », diagnostiqua la femme médecin, qui décida de le faire hospitaliser. Ce ne fut pas un voyage facile du *lagpounkt* jusqu'à l'hôpital du camp central, le *santchast*. Kopelev dut abandonner toutes ses affaires — sous prétexte que tous les biens du camp ne doivent pas quitter le camp —, marcher à travers des ornières pleines d'eau glacée et monter dans un fourgon à bestiaux plein d'autres prisonniers malades ou moribonds. Le voyage fut un enfer. Mais quand il se réveilla dans son nouveau cadre, il trouva sa vie transformée :

> [...] Le premier jour, je mijotais dans une torpeur béate, sur un divan drapé de blanc immaculé. [...]
>
> [Le médecin était un] petit homme au visage rond orné d'une moustache blanche, le bon regard soucieux derrière les verres épais. [...]
>
> — Auriez-vous connu à Moscou un critique littéraire du nom de Morienval ?
>
> — Tamara Lazaret ? Bien sûr !
>
> — C'est ma nièce.
>
> [...] Après quelques brèves questions, il jeta un coup d'œil au thermomètre : bigre, presque 40 ! « Johann, mettez-le immédiatement au lit, toutes ses frusques à l'épouillage, et lavez-le ici, il risquerait de prendre froid aux bains... »

À son réveil, Kopelev aperçut près de son lit « six gros morceaux de pain : trois de pain noir et trois de blanc, comme je n'en avais pas vu depuis bien longtemps ». Il se jeta dessus, les yeux emplis de larmes. Mieux encore, il eut droit aux rations antipellagre : navets et carottes, mais aussi levure et moutarde à étaler sur le pain. Pour la première fois, il fut autorisé à recevoir des paquets et de l'argent des siens, et put ainsi s'acheter des patates bouillies, du lait et du *makhorka*, le tabac le moins cher. Après avoir été apparemment condamné à une vie de mort-vivant, il se rendit compte qu'il était maintenant destiné à être sauvé[66].

C'était là une expérience partagée. Le « paradis », affirme Evguénia Guinzbourg de l'hôpital où elle travailla à la Kolyma[67]. « Nous nous sentions comme des rois », écrit Thomas Sgovio des « baraques de rétablissement » du *lagpounkt* de Srednikan, où il avait droit à un « petit pain au lait chaud et sucré le matin »[68]. D'autres se souviennent avec une certaine ferveur des draps propres, de la gentillesse des infirmières et du mal que se donnaient les médecins pour sauver leurs patients. Un prisonnier raconte l'histoire d'un médecin qui, au risque de perdre sa place, vola le camp afin de se procurer les médicaments nécessaires[69]. Tatiana Okounevskaïa écrit que son médecin « ramenait les morts à la vie[70] ». Vadim Alexandrovitch, qui fut lui-même médecin de camp, écrit que « le médecin et son assistant dans les camps sont, sinon des dieux, des demi-dieux. C'est d'eux que dépend la possibilité d'échapper quelques jours à un travail exténuant, et même la possibilité d'être envoyé dans un sanatorium[71] ».

Le Hongrois Janos Rozsas avait dix-huit ans quand il se retrouva dans le même camp que Soljenitsyne après la guerre. Il a écrit un livre intitulé « Sœur Dousia », du nom de l'infirmière du camp qui, assure-t-il, lui a sauvé la vie. Non seulement elle prenait le temps de s'asseoir à côté de lui et de lui parler, histoire de le convaincre qu'il était impossible de mourir sous son attention, mais elle alla jusqu'à troquer sa propre ration de pain pour lui procurer du lait parce qu'il ne digérait presque rien. Il lui en resta reconnaissant toute sa vie : « Je faisais apparaître dans ma tête deux visages chéris, le lointain visage de ma mère naturelle, et le visage de sœur Dousia. Ils étaient étonnamment semblables. [...] je me disais que si, avec le temps, j'oubliais jamais le visage de ma mère, je n'aurais qu'à penser au visage de sœur Dousia, et qu'à travers elle je verrais toujours ma mère[72]. »

La gratitude de Rozsas envers sœur Dousia se traduisit finalement en amour de la langue et de la culture russes. Quand je fis sa connaissance à Budapest, un demi-siècle après son élargissement, il parlait encore couramment un russe élégant, gardait le contact avec des amis russes et m'indiqua fièrement où trouver des allusions à son histoire dans *L'Archi-*

pel du Goulag et dans les mémoires de la femme de Soljenitsyne[73].

Comme plus d'un l'a observé, il y avait pourtant à l'œuvre ici un autre paradoxe. Quand un détenu souffrant d'un léger scorbut se trouvait dans une brigade de travail, personne ne s'intéressait à ses dents déchaussées ni aux furoncles de ses jambes. Ses plaintes lui valaient le mépris moqueur des gardes ou pire encore. S'il devenait *dokhodiaga*, un moribond sur son châlit, on se moquait de lui. Mais quand sa température finissait par atteindre le niveau requis ou que sa maladie était arrivée à un stade critique — autrement dit, quand il était « qualifié » de malade —, le même mourant avait aussitôt droit aux « rations scorbut » et aux « rations pellagre », et recevait tous les soins médicaux que le Goulag pouvait prodiguer.

Ce paradoxe était intégré au système. Dès le début de l'existence des camps, les prisonniers malades avaient été traités différemment. Dès janvier 1931, par exemple, des brigades d'invalides avaient été constituées pour les détenus qui n'étaient plus capables de travaux physiques lourds[74]. Par la suite, il y aurait des baraques pour invalides, et même des *lagpounkts* entiers, destinés à ramener à la vie les prisonniers affaiblis. En 1933, le Dmitlag organisa des « *lagpounkts* de rétablissement » d'une capacité d'accueil de 3 600 détenus[75]. Des documents officiels du Goulag décrivent méticuleusement les rations supplémentaires accordées aux prisonniers hospitalisés : quelques dérivés de la viande, du vrai thé (plutôt que l'ersatz donné aux détenus ordinaires), des oignons pour éviter le scorbut et, inexplicablement, du poivre et des feuilles de laurier. Même si, dans les faits, ce supplément se réduisait à « quelques patates ou des pois verts secs (à demi cuits seulement pour garder les vitamines) ou de la choucroute », c'était un vrai luxe en comparaison de l'ordinaire[76].

Gustaw Herling trouva si bizarre ce contraste entre les conditions meurtrières de la vie de camp et les efforts que déployaient les médecins pour ressusciter les détenus dont la santé avait été dûment détruite, qu'il en conclut que devait exister un authentique « culte hospitalier » en Union soviétique :

> Il y a quelque chose d'incompréhensible dans le fait que dès l'instant où un prisonnier quittait l'hôpital il redevenait un simple détenu, alors que tant qu'il était resté allongé sans bouger entre deux draps propres il jouissait de tous les droits d'un être humain, à l'exception de la liberté, bien entendu. Pour une personne n'étant pas habituée aux violents contrastes offerts par la vie à la soviétique, les hôpitaux des camps paraissaient être comme des églises offrant un abri à une inquisition par ailleurs toute-puissante[77] [...].

George Bien, détenu hongrois envoyé dans un hôpital bien équipé de Magadan, avait peine à comprendre lui aussi : « Je me demandais pourquoi ils essayaient de me sauver quand, apparemment, ils ne voulaient que me voir crever dans d'atroces douleurs — mais il y a longtemps que toute logique avait disparu[78]. »

À Moscou, les patrons du Goulag prenaient très au sérieux les problèmes posés par la masse des détenus invalides « incapables de travailler ». Alors que leur existence n'était guère nouvelle, le problème devint aigu après que Staline et Beria eurent décidé, en 1939, d'en finir avec la politique de « libération conditionnelle anticipée » pour invalides : dorénavant, il serait bien plus difficile aux malades d'échapper au travail. Ce simple fait, à défaut d'autres éléments, aurait forcé les chefs de camp à se pencher sur la question des hôpitaux de camp. Un inspecteur calcula avec précision la quantité de temps et d'argent perdus pour cause de maladie. « D'octobre 1940 à la première moitié de mars 1941, on a dénombré 3 472 cas d'engelures, qui ont fait perdre 42 334 journées de travail. Deux mille quatre cents prisonniers sont devenus trop faibles pour travailler. » La même année, un autre inspecteur rapporta que, sur 2 398 détenus des camps de travail de Crimée, 860 n'avaient qu'une capacité de travail limitée, et 273 ne pouvaient absolument pas travailler. Certains étaient hospitalisés mais, par manque de lits, quelques-uns étaient maintenus en prison, ce qui avait pour effet de freiner le système tout entier[79].

Pourtant, comme toujours au Goulag, la nécessité de soigner les malades n'avait rien de très évident. Dans certains camps, il semble qu'on ait ouvert des *lagpounkts* spéciaux pour empêcher les invalides de plomber les statistiques de production. Tel fut le cas au Siblag, qui comptait 9 000 invalides et 15 000 « demi-invalides » pour 63 000 prisonniers en 1940 et 1941 : plus d'un tiers. Quand ces prisonniers affaiblis furent retirés des chantiers importants au profit de brigades de main-d'œuvre « fraîche », les chiffres de production du camp s'envolèrent comme par magie[80].

La pression pour réaliser le plan mettait maint commandant de camp au pied du mur. Le dilemme était le suivant. D'un côté, ils désiraient sincèrement soigner les malades, afin de pouvoir les remettre au travail. De l'autre, ils n'avaient aucune envie d'encourager les « paresseux ». En pratique, cela amenait souvent l'administration des camps à fixer des limites — parfois très précises — quant au nombre des malades autorisés à un moment donné et sur les effectifs qu'on pouvait envoyer dans des *lagpounkts* de rétablissement[81]. Autrement dit, quel que fût le nombre réel des prisonniers souffrants, ils ne permettaient aux médecins d'accorder des jours de repos qu'à un petit pourcentage. Alexandrovitch, médecin de camp, se souvient que dans le sien « près de 10 % du *lagpounkt* », trente ou quarante personnes, se pointaient tous les soirs à l'heure de visite du médecin. Mais il était entendu qu'entre 3 et 5 % au plus pourraient être libérés du travail : « Plus, et on engageait une enquête[82]. »

S'il y avait plus de malades, il leur fallait attendre. Typique est cette histoire d'un prisonnier de l'Oustvymlag, qui se dit plusieurs fois malade et incapable de travailler. Suivant un rapport officiel rédigé par la suite, « les travailleurs médicaux ne prêtèrent aucune attention à sa protestation et il fut envoyé au travail. N'étant pas en état de travailler, il refusa de travailler, ce qui lui valut d'être envoyé au cachot. Il y resta quatre jours, à l'issue desquels il fut conduit en très mauvais état à l'hôpital, où il est mort ». Dans un autre camp, un tuberculeux fut envoyé au travail : d'après le rapport d'inspection, il « était si mal en point qu'il ne put retourner au camp sans aide[83] ».

Le faible contingent de malades « autorisés » soumettait le corps médical à des pressions terribles et contradictoires. Ils pouvaient recevoir un blâme ou même être condamnés si trop de malades mouraient après qu'on eut refusé de les hospitaliser[84]. Ils pouvaient aussi se faire menacer par les membres plus violents et agressifs de l'élite criminelle du camp, qui voulaient être dispensés de travail. Si le médecin du camp voulait donner des journées de repos aux vrais malades, il devait résister aux sollicitations de ces criminels. Chalamov, encore, a décrit le destin d'un certain docteur Sourovoï, envoyé dans le *lagpounkt* à forte présence criminelle de Spokoïny, dans la Kolyma. C'était un « jeune médecin » et surtout « un prisonnier de fraîche date » :

> Ses amis avaient essayé de le dissuader d'y aller : on avait le droit de refuser, d'aller aux travaux généraux et de ne pas prendre un travail dont le danger était évident. Mais Sourovoï était arrivé à l'hôpital après avoir goûté des travaux généraux, il avait peur d'y retourner et il accepta de partir pour le gisement et d'y exercer son métier. La direction lui donna des instructions, mais elle ne lui prodigua pas de conseils sur la conduite à tenir. On lui interdit formellement d'envoyer à l'hôpital des voleurs en bonne santé. Au bout d'un mois, il fut tué en pleine consultation : on dénombra cinquante-deux coups de couteau sur son corps[85].

Quand il arriva dans le *lagpounkt* de criminels où il devait travailler comme *feldcher*, Karol Colonna-Czosnowski fut lui aussi prévenu que son prédécesseur avait été « taillé en pièces » par ses patients. Dès sa première nuit au camp, il se retrouva face à un homme armé d'une hache, qui demanda à être dispensé de travail le lendemain. Karol réussit, affirme-t-il, à le surprendre et à le flanquer hors de sa cabane de *feldcher*. Le lendemain, il conclut un pacte avec Gricha, le caïd du camp : outre les vrais malades, celui-ci lui donnerait chaque jour le nom de deux autres détenus à dispenser de travail[86].

Alexander Dolgun raconte une expérience semblable. Un de ses premiers jours en tant que *feldcher*, un criminel se présenta à lui : affirmant avoir mal au ventre, il voulait de l'opium. « Il me fit signe d'approcher. “Ici”, murmura-t-il d'une voix cruelle en remontant sa chemise. La main droite était passée à l'intérieur de sa chemise où se cachait un méchant couteau incurvé, pareil à un cimeterre miniature. “Je veux de l’opium. Je suis toujours bien traité ici. Vous êtes nouveau. Autant que vous le sachiez : si je n’ai pas droit à mon opium, vous aurez droit au couteau.” » Dolgun parvint à s’en tirer avec de l’opium coupé. D’autres n’eurent pas l’esprit aussi prompt et restèrent indéfiniment à la merci des truands[87].

À supposer que le prisonnier fût enfin admis à l’hôpital, il s’apercevait souvent que la qualité des soins médicaux était très variable. Les grands camps avaient de vrais hôpitaux, avec du personnel et des médicaments. L’hôpital central du Dalstroï, à Magadan, était réputé pour son équipement dernier cri et ses médecins : les meilleurs parmi les praticiens détenus, souvent des spécialistes de Moscou. Tandis que la plupart de ses patients étaient des officiers du NKVD ou des employés du camp, là comme ailleurs certains détenus plus chanceux étaient aussi traités par des spécialistes : alors qu’il purgeait sa peine dans un camp, Lev Finkelstein fut même autorisé à consulter un dentiste[88]. Certains *lagpounkts* pour invalides étaient aussi bien installés et étaient en apparence réellement destinés à rendre leur santé aux prisonniers. Tatiana Okounevskaïa, qui fut envoyée dans l’un d’eux, s’émerveilla de l’espace, des grandes baraques, des arbres : « Il y avait si longtemps que je n’en avais vu ! Et c’était le printemps[89] ! »

Dans les hôpitaux des petits *lagpounkts*, la situation était bien plus sombre. Généralement, les médecins avaient le plus grand mal à imposer un minimum de stérilisation et de propreté[90]. Les hôpitaux n’étaient souvent que des baraquements ordinaires où l’on fourrait simplement les malades dans des lits ordinaires — parfois deux par lit — avec un minimum de médicaments. Dans son rapport sur un petit camp, un inspecteur déplora l’absence de bâtiment conçu comme un hôpital, le manque de draps et de sous-vêtements pour les patients, de médicaments et de personnel médical qualifié. Les taux de mortalité étaient en conséquence extrêmement élevés[91].

Les témoins oculaires en conviennent. Dans un petit hôpital, au sein d'un *lagpounkt* du Sevourallag, « traitement et documentation étaient pauvres », si l'on en croit Isaac Vogelfanger, qui en fut un temps le chirurgien-chef. Pire,

> les rations alimentaires étaient remarquablement insuffisantes et fort peu de médicaments étaient disponibles. Des problèmes chirurgicaux, comme les fractures ou les blessures graves touchant des tissus tendres, étaient mal traités et négligés. Comme je l'ai découvert plus tard, les patients en sortaient rarement pour reprendre le travail. Ayant été admis avec des signes avancés de malnutrition, la majorité mourait à l'hôpital[92].

Dans un *lagpounkt,* se souvient l'ex-prisonnier polonais Jerzy Gliksman, les détenus étaient « entassés » par terre : « Tous les passages étaient encombrés de corps allongés. Ce n'était partout que crasse et misère. Beaucoup de patients déliraient ou râlaient ; d'autres gisaient impassibles et pâles[93]. »

Pires encore étaient les baraquements, ou plutôt les morgues, pour patients à l'article de la mort. Dans une baraque de ce genre réservée aux malades de la dysenterie, « les patients restaient des semaines alités. S'ils avaient de la chance, ils se rétablissaient. Plus souvent, ils mouraient. Il n'y avait pas de traitements ni de médicaments. [...] Les patients s'efforçaient généralement de dissimuler un décès pendant trois ou quatre jours, histoire de s'accaparer les rations du mort[94] ».

La bureaucratie du Goulag aidant, la situation devait empirer. En 1940, un inspecteur du camp déplora qu'un camp n'eût pas assez de lits d'hôpital pour les malades. Et comme un prisonnier qui n'était pas effectivement hospitalisé n'avait pas droit à la ration de l'hôpital, cela signifiait que les malades restant à l'extérieur recevaient la ration réduite des « tire-au-flanc »[95].

Si l'on peut dire que beaucoup de médecins de camp ont sauvé de nombreuses vies, tous n'étaient pas non plus nécessairement secourables. Certains, de leur perspective privilégiée, sympathisaient davantage avec les patrons qu'avec les « ennemis » qu'ils étaient tenus de soigner. Elinor Lipper décrit le médecin-chef d'un hôpital accueillant cinq cents patients : « Elle se conduisait en *pomechtchitsa*, en grande dame et propriétaire terrienne de l'époque tsariste, et considérait tout le personnel de l'hôpital comme des serfs attachés à sa personne. De sa main charnue, elle saisit un jour un aide soignant par les cheveux et tira jusqu'à le faire hurler[96]. » Dans un autre camp, la femme du commandant, médecin de la section hospitalière, se fit réprimander par l'inspection parce qu'elle « tardait à hospitaliser les grands malades, refusait de dispenser les malades de travail, se montrait grossière et chassait de l'infirmerie les détenus malades[97] ».

On connaît aussi des cas de patients effectivement maltraités. Leonid Trous travaillait dans un camp minier, au début des années 1950, quand il eut une jambe écrasée. Le médecin la lui banda, mais il fallait faire plus. Trous avait déjà perdu beaucoup de sang et commençait à avoir très froid. Le camp n'étant pas équipé pour les transfusions sanguines, les autorités l'envoyèrent, dans la benne d'un camion, à l'hôpital le plus proche. À demi conscient, il entendit le médecin prier l'infirmière de commencer une transfusion. L'ami qui l'accompagnait donna les renseignements nécessaires : nom, âge, sexe, lieu de travail... et le médecin arrêta la transfusion. Pas question de prodiguer de tels soins à un détenu. Trous se souvient qu'on lui donna du glucose à boire — grâce à un ami, qui avait versé un pot-de-vin à cette fin — ainsi que de la morphine. Le lendemain, on l'amputa :

> Le chirurgien était tellement convaincu que je ne vivrais pas qu'il ne fit pas l'opération lui-même ; il laissa faire sa femme, une thérapeute qui essayait de se reconvertir en chirurgien. Plus tard, ils m'ont dit qu'elle avait tout fait comme il fallait, qu'elle savait ce qu'elle faisait, sauf qu'elle négligeait quelques détails. Ce n'était pas qu'elle les eût oubliés : elle ne pensait pas que je vivrais et il ne rimait donc à rien de se soucier de pareils détails. Et regardez ! Je suis encore en vie[98] !

De plus, bons ou indifférents, tous les médecins de camp n'étaient pas nécessairement qualifiés. Parmi ceux qui portaient ce titre on trouvait aussi bien des grands spécialistes de Moscou qui purgeaient une peine de prison que des charlatans qui ne connaissaient strictement rien à la médecine, mais qui étaient tout disposés à faire semblant pour obtenir un bon emploi. Dès 1932, l'OGPOU s'était plaint de la pénurie de personnel médical qualifié[99]. Autrement dit, les prisonniers titulaires d'un diplôme de médecine étaient l'exception à la règle régissant les emplois de planqués : de quelque acte terroriste contre-révolutionnaire qu'ils fussent accusés, ils étaient presque toujours autorisés à exercer la médecine[100].

La pénurie aidant, des prisonniers suivaient aussi une formation — souvent rudimentaire — d'infirmiers ou de *feldcher*. Evguénia Guinzbourg devint infirmière au bout de quelques jours à l'hôpital du camp où on lui enseigna l'art de poser des ventouses et de faire une injection[101]. Ayant appris dans un camp les rudiments du travail de *feldcher*, Alexander Dolgun fut testé après son transfert dans un autre camp. Un officier qui avait quelque doute quant à ses qualifications lui demanda de faire une autopsie : « Je fournis une prestation aussi bonne que possible. Je jouai mon rôle comme si je n'avais fait que cela ma vie durant[102]. » Pour devenir *feldcher*, Janusz Bardach mentit lui aussi : il prétendit être en troisième année de médecine alors même qu'il n'avait jamais mis les pieds à l'université[103].

Les résultats étaient prévisibles. Dès son arrivée à son premier poste de médecin condamné au Sevourallag, Isaac Vogelfanger, lui-même chirurgien qualifié, eut la surprise de voir le *feldcher* du coin traiter les furoncles du scorbut — liés à la malnutrition, non pas à une infection — avec de la teinture d'iode. Plus tard, il vit divers patients mourir parce qu'un médecin incompétent insistait pour leur injecter une solution de sucre ordinaire[104].

Rien de tout cela n'était fait pour surprendre les chefs du Goulag. Dans une lettre à son patron moscovite, l'un d'eux se plaint de la pénurie de médecins : « Dans plusieurs *lagpounkts*, les soins sont prodigués par des infirmiers autodidactes, des détenus qui n'ont strictement aucune formation médicale. » Un autre parle d'un système médical qui défie « tous les principes du système de santé soviétique[105] ». Les chefs savaient leurs failles, les détenus aussi, et pourtant les services médicaux du camp fonctionnaient tout de même.

Malgré tous leurs défauts — même quand les médecins étaient vénaux, les pavillons mal équipés, les médicaments rares —, la vie à l'hôpital ou à l'infirmerie paraissait tellement attrayante aux prisonniers que, pour y être admis, ils étaient prêts non seulement à agresser ou à menacer les médecins, mais aussi à se blesser eux-mêmes. Comme des soldats essayant d'échapper au champ de bataille, les *zeks* se livraient à l'automutilation (*samoroub*) et à la simulation (*mastyrka*) dans un effort désespéré pour sauver leur peau. D'aucuns étaient persuadés qu'ils finiraient par être amnistiés en tant qu'invalides. De fait, ils étaient si nombreux à le croire que le Goulag, au moins une fois, dut rappeler par un communiqué que les invalides ne seraient pas libérés (même s'il arriva qu'ils le fussent[106]).

L'automutilation était passible d'une punition particulièrement lourde : une peine de camp supplémentaire. Peut-être cela tenait-il au fait qu'un détenu invalide était un poids pour l'État et un frein pour le plan de production. « L'automutilation était très sévèrement punie, elle était considérée comme un sabotage », écrit Anatoli Jigouline[107]. Un détenu raconte l'histoire d'un voleur qui se coupa quatre doigts de la main gauche. Plutôt que d'être envoyé dans un camp pour invalides, il fut cependant obligé de s'asseoir dans la neige et de regarder les autres travailler, avec interdiction de se déplacer sous peine d'être abattu pour tentative d'évasion : « Très vite, il demanda lui-même une pelle ; s'en servant comme d'une béquille de sa main indemne, il la pointait vers la terre gelée, criant et jurant[108]. »

Beaucoup de détenus jugeaient néanmoins que les bienfaits potentiels valaient la peine de courir le risque. Certaines méthodes étaient sommaires. Les criminels, en particulier, étaient connus pour se couper tout simplement les trois doigts du milieu d'un coup de hache : ainsi ne pouvaient-ils plus couper des arbres ni tenir une brouette à la mine. D'autres se tranchaient une main ou un pied ou se frottaient les yeux avec de l'acide. D'autres encore, au moment de partir au travail, s'enroulaient un chiffon trempé autour d'un pied: le soir, au retour, ils souffraient d'une engelure au troisième degré. La même méthode valait pour les doigts. Dans les années 1960, Anatoli Martchenko vit un homme se clouer les testicules à un banc de prison[109]. Mais ce n'était pas le premier: Valeri Frid parle d'un homme qui se cloua le scrotum à une souche d'arbre[110].

Mais on recourait aussi à des méthodes plus subtiles. Le criminel le plus audacieux volait une seringue et s'injectait du «savon dissous dans le pénis; les écoulements qui s'ensuivaient simulaient une maladie vénérienne». Un autre trouva le moyen de simuler une silicose, une maladie pulmonaire. Il commença par limer une petite bague en argent qu'il avait réussi à conserver afin d'en obtenir un peu de poudre d'argent. Puis il mélangea celle-ci avec du tabac, et le fuma. Il ne ressentit rien, mais se rendit à l'hôpital en toussant comme il l'avait vu faire aux victimes de la silicose. La radio fit apparaître une ombre terrifiante sur ses poumons — assez pour le faire dispenser de travaux pénibles et être envoyé dans un camp pour malades incurables[111].

Les détenus tentaient aussi de contracter des infections ou des maladies de longue durée. Vadim Alexandrovitch traita un patient qui s'était infecté avec une aiguille à coudre sale[112]. Gustaw Herling vit un détenu plonger son bras dans le feu, imaginant que personne ne le voyait; il le faisait une fois par jour, afin de mieux entretenir une blessure mystérieusement persistante[113]. Jigouline se rendit malade en buvant de l'eau glacée puis en respirant de l'air froid. Sa température monta suffisamment pour qu'il fût exempté de travail: «Oh, cette dizaine de jours merveilleux que j'ai passés à l'hôpital[114]!»

Il en est aussi qui simulaient la folie. Au cours de

sa carrière de *feldcher*, Bardach travailla un temps au pavillon psychiatrique de l'hôpital central de Magadan. La principale méthode pour démasquer les faux schizophrènes était de les interner avec des vrais schizophrènes : « Au bout de quelques heures, beaucoup de prisonniers, même les plus déterminés, frappaient à la porte et demandaient à sortir. » Si ça ne marchait pas, le détenu recevait une injection de camphre, qui provoquait une attaque. Ceux qui survivaient avaient rarement envie de recommencer[115].

Si l'on en croit Elinor Lipper, il existait même une procédure consacrée pour les détenus qui tentaient de simuler une paralysie. Le patient était allongé sur une table d'opération et recevait un léger anesthésique. À son réveil, les médecins le mettaient debout. Inévitablement, quand ils l'appelaient par son nom, il faisait quelques pas avant de penser à s'effondrer par terre[116]. Dimitri Bystroletov vit aussi une femme guérie de sa « surdité » par sa propre mère. Ayant peine à croire la femme qui se disait dure d'oreille, l'administration eut l'idée d'inviter la mère à venir voir sa fille incarcérée, mais elle refusa de la laisser entrer dans la baraque. On la pria de rester à la porte, où elle se trouvait, et d'appeler sa fille par son nom. Naturellement, la fille réagit[117].

Mais il se trouvait aussi des médecins pour aider les patients à imaginer des méthodes d'automutilation. Quoique très faible et affligé d'une diarrhée incontrôlable, Alexander Dolgun n'avait pas assez de fièvre pour être exempté du travail. Néanmoins, quand il expliqua au médecin du camp, un Letton cultivé, qu'il était américain, l'homme s'illumina : « Je mourais d'envie de trouver quelqu'un avec qui parler anglais », dit-il, et il montra à Dolgun comment infecter une coupure. Il en résulta « une grosse infection pourpre » au bras droit, de quoi rassurer les gardes du MVD inspectant l'hôpital sur la gravité de la maladie[118].

Une fois encore, la morale ordinaire était renversée. Dans le monde libre, un médecin inoculant à dessein la maladie à un patient ne passerait jamais pour un brave homme. Dans les camps, en revanche, on le vénérait comme un saint.

« VERTUS QUOTIDIENNES »

Toutes les stratégies de survie dans les camps ne dérivaient pas nécessairement du système lui-même. Toutes ne passaient pas non plus par la collaboration, la cruauté ou l'automutilation. Si certains détenus — peut-être l'immense majorité — réussirent à rester en vie en manipulant les règles du camp à leur avantage, il y en eut qui tirèrent parti de ce que Tzvetan Todorov, dans son livre sur la morale dans les camps de concentration, a appelé les « vertus quotidiennes » : souci et amitié, dignité et activité de l'esprit[119].

Le souci prenait diverses formes. Il était des prisonniers, on l'a vu, qui créaient leurs propres réseaux de survie. Les groupes ethniques qui dominèrent certains camps à la fin des années 1940 — Ukrainiens, Baltes et Polonais — mirent en place des systèmes d'entraide. D'autres constituèrent au fil des ans des réseaux indépendants de connaissances au sein des camps. D'autres encore se firent simplement un ou deux amis très proches. La mieux connue de ces amitiés de Goulag est peut-être celle qui lia Ariane Efron, fille de la poétesse Marina Tsvetaïeva, et son amie Ada Federolf. Elles ne ménagèrent aucun effort pour rester ensemble, tant dans les camps qu'en exil, et publièrent ensuite leurs mémoires en un même volume. À un moment, dans sa moitié de l'histoire, Federolf raconte leurs retrouvailles après une longue séparation (Efron ayant été affectée dans un autre convoi) :

> C'était déjà l'été. Les premiers jours après notre arrivée furent horribles. Ils ne nous faisaient sortir pour prendre de l'exercice qu'une fois par jour. La chaleur était insupportable. Puis soudain, un nouveau transport de Riazan et… Alia. Je haletai de bonheur, la tirai vers les couchettes du haut, plus près de l'air frais. [...] Voilà le bonheur des détenus, le bonheur d'une simple rencontre[120].

D'autres abondent dans ce sens. « Il est très important d'avoir un ami, un visage de confiance, qui ne vous laissera pas tomber si vous avez des pépins », écrit Zoïa Martchenko[121]. « Il était impossible de survivre seul. Les gens s'organisaient en groupes de deux ou trois », écrit un autre[122]. Dimitri Panine attribue aussi sa capacité de résister aux attaques des criminels au pacte d'autodéfense qu'il avait conclu avec d'autres prisonniers[123]. Il y avait naturellement des limites. Janusz Bardach dit à propos de son meilleur ami de camp : « Jamais aucun de nous deux n'a demandé à l'autre à manger ni ne lui a rien offert. Nous savions tous deux qu'il ne fallait pas violer cette règle sacro-sainte si nous voulions rester amis[124]. »

Si le respect d'autrui en aidait certains à conserver leur humanité, le respect de soi-même aidait les autres. Beaucoup, notamment les femmes, parlent du besoin de rester propre, ou aussi propre que possible, afin de garder sa dignité. Olga Adamova-Sliozberg évoque une compagne de cellule qui, chaque matin, « lavait, séchait et recousait sur sa blouse un petit col blanc[125] ». Les prisonniers japonais de Magadan aménagèrent un « bain » japonais : un grand tonneau, auquel étaient attachés des bancs, près de la baie[126]. Au cours des seize mois qu'il passa à la prison Kresty de Leningrad, Boris Tchetverikov ne cessa de laver ses habits ainsi que les murs et le sol de sa cellule, avant de repasser dans sa tête tous les airs d'opéra qu'il connaissait[127]. D'autres faisaient de l'exercice ou se pliaient à des routines d'hygiène. Bardach, de nouveau :

> ... Malgré la fatigue et le froid, je m'astreignais à une routine éprouvée, comme à la maison et dans l'armée rouge, me lavant la figure et les mains à la pompe. Je voulais rester aussi fier de moi que possible, me distinguant des nombreux détenus que j'avais vus renoncer jour après jour. Ils cessaient de se préoccuper de leur hygiène ou de leur apparence, puis de leurs codétenus, et pour finir de leur vie. À défaut de contrôler autre chose, au moins avais-je la maîtrise de ce rituel qui, j'en étais convaincu, me préserverait de la dégradation et d'une mort certaine[128].

D'autres encore s'astreignaient à des disciplines intellectuelles. Beaucoup, beaucoup de prisonniers écrivaient ou apprenaient par cœur de la poésie, se répétant sans cesse leurs vers ou ceux des autres, pour les réciter ensuite à leurs amis. À Moscou, dans les années 1960, Evguénia Guinzbourg rencontra un jour un écrivain qui n'arrivait pas à croire que, dans de pareilles conditions, les détenus pouvaient réellement se répéter des poèmes et en tirer un soulagement. « Oui, oui, il savait bien que je n'étais pas seule à en témoigner, mais il avait toujours l'impression que cette idée nous était venue après coup. » L'homme, écrit-elle, ne comprenait pas sa génération, ces hommes et femmes qui appartenaient à un temps de « grandes illusions », qui s'étaient « précipités» vers le communisme «du haut des cieux de la poésie»[129].

Nina Gaguen-Torn, elle-même ethnographe, écrivit de la poésie, se chantant souvent ses propres vers:

> Dans les camps, je compris, à un niveau pratique, pourquoi les cultures prélittéraires transmettaient toujours les textes sous forme de chants: autrement, on ne se souvient pas, on n'est jamais sûr des mots exacts. Des livres apparaissaient parmi nous accidentellement, donnés puis retirés. Il était interdit d'écrire comme d'étudier en groupe: les autorités redoutaient que cela ne débouche sur une contre-révolution. Ainsi chacun se préparait-il, du mieux qu'il pouvait, de quoi nourrir ses méninges[130].

Chalamov a écrit que la poésie, au milieu du «faux-semblant et du mal, de la décomposition», l'avait empêché de devenir totalement insensible. Voici un [fragment d'un] poème qu'il écrivit, intitulé «Au poète»:

...
Je mangeais comme une bête, rugissant après la nourriture,
Ce m'était merveille des merveilles
Qu'une simple feuille de papier à écrire
Tombée des cieux dans notre triste forêt.

Je buvais comme une bête, lapant l'eau,
Je trempais mes lèvres enflées,
Ne vivais au mois ni à l'année
Et prenais mon parti des heures.

Chaque soir dans la surprise
De me savoir vivant,
Je me disais des poèmes,
J'entendais à nouveau ta voix.

Je les chuchotais comme des prières,
Les vénérais comme une eau vivante
Et dans cette lutte gardais leur image
Et leur fil conducteur.

> Ils étaient ce lien unique
> Avec l'autre vie, là-bas
> Où le monde nous étouffe sous son ordure,
> Où la mort se déplace sur nos talons[131]...

Soljenitsyne a « écrit » de la poésie dans les camps, la composant dans sa tête, puis se la récitant à l'aide d'une série d'allumettes brisées, raconte son biographe, Michael Scammel :

> Il disposait deux rangées de dix allumettes avec son étui à cigarettes, une rangée qui représentait les dizaines et l'autre les unités. Puis il se récitait ses vers en silence, déplaçant une « unité » pour chaque vers et une « dizaine » tous les dix vers. Chaque cinquantième et centième vers était mémorisé avec un soin particulier, et une fois par mois il récitait la totalité du poème. S'il avait oublié un vers, ou l'avait déplacé, il recommençait jusqu'à ce que tout fût dans l'ordre[132].

Pour des raisons similaires, peut-être, la prière en aidait certains. Un baptiste, qui connut les camps post-staliniens dans les années 1970, a écrit des souvenirs où il raconte presque uniquement où et quand il priait, où et comment il cachait sa bible[133]. De nombreux mémorialistes ont souligné l'importance des fêtes religieuses. Pâques pouvait être célébrée secrètement, dans une boulangerie de camp — comme cela se fit une année dans la prison du camp de transit de Solovetski —, ou au grand jour, dans les trains de transport : « Le wagon tanguait, les chants étaient discordants et stridents ; à chaque arrêt, les gardes tapaient sur les parois. Mais ils continuèrent de chanter[134]. » Noël pouvait être célébré dans une baraque. Iouri Zorine, ex-détenu russe, est encore ébahi quand il raconte comment les Lituaniens avaient organisé la fête, qu'ils avaient commencé à préparer un an à l'avance : « Vous imaginez un peu ? Dans les baraquements, une table avec tout : vodka, jambon, tout. » Quant à la vodka, pense-t-il, ils l'avaient apportée « par doigts » dans leurs chaussures[135].

Lui-même athée, Lev Kopelev assista à une cérémonie pascale secrète :

> Les lits avaient été poussés contre les murs. Dans le coin, une table de chevet, nappée d'un couvre-lit brodé. Dessus, une icône et quelques cierges fabriqués pour l'occasion. Le prêtre, avec une croix de fer-blanc par-dessus ses habits sacerdotaux confectionnés à l'aide de draps propres, usait en guise d'encens d'une résine odorante.
>
> ... De minces cierges dispensent une lumière tremblotante dans la pénombre de la petite pièce. Le vieux pope officie d'une voix douce, assourdie et chevrotante. Quelques femmes coiffées de foulards blancs entonnent un cantique à mi-voix, avec une radieuse ferveur. Le chœur reprend avec ardeur, mais pas trop fort[136].

Kazimierz Zarod était de ces Polonais qui, en 1940, fêtèrent Noël dans un camp de travail, sous la houlette d'un prêtre qui, ce soir-là, fit paisiblement le tour du camp pour dire la messe dans chaque baraque :

> Sans le secours d'une bible ou d'un missel, il se mit à prononcer les mots de la messe, le latin familier, dans un chuchotement à peine audible et répondit si paisiblement qu'on aurait dit un soupir — *Kyrie eleison, Christe eleison* — Seigneur, prends pitié, Christ, prends pitié de nous. *Gloria in excelsis Deo...*
>
> Les mots ruisselaient sur nous et l'atmosphère de la baraque, d'habitude si grossière et brutale, changea imperceptiblement, les visages tournés vers le prêtre s'adoucissant et se détendant tandis que les hommes s'efforçaient d'entendre le chuchotis à peine discernable.
>
> « Rien à signaler », dit l'homme posté à la fenêtre[137].

Plus généralement, la participation à quelque projet artistique ou intellectuel plus large en a maintenu plus d'un en vie, sur un plan spirituel ou physique, car ceux qui avaient des dons ou des talents leur trouvaient souvent des usages pratiques. Dans un monde de pénurie constante, par exemple, où les biens les plus élémentaires prenaient une importance considérable, ceux qui avaient à offrir quelque chose dont les autres avaient besoin étaient toujours sollicités. Ainsi le prince Cyril Golitsyne apprit-il à faire des aiguilles en arête de poisson pendant son incarcération à la Boutyrka[138]. De même, avant de trouver son travail de *feldcher*, Alexander Dolgun rechercha le moyen de « tirer quelques roubles ou quelques grammes de pain supplémentaires » :

> Les machines de soudure à l'arc utilisaient de l'aluminium en très grande quantité pour les câbles. Si je pouvais apprendre comment le faire fondre, je serais à même de modeler quelques cuillères. Je m'entretins en passant avec les prisonniers qui semblaient s'y connaître en métal et recueillis quelques idées sans leur livrer la mienne. Je découvris également quelques bonnes cachettes où passer une partie de la journée sans qu'on me fît déguerpir du travail que j'aurais en train, et d'autres cachettes où dissimuler des outils et des bouts de fil d'aluminium.
>
> Je construisis deux boîtes peu profondes pour constituer ma fonderie, dérobai quelques bouts de fil d'aluminium, façonnai un creuset grossier avec de l'acier mince provenant des ateliers à four, chapardai un peu de bon charbon de bois et du combustible pour diesel. J'étais prêt à passer à l'action.

Bientôt, ajoute Dolgun, il fut « capable de sortir deux cuillères par jour ». Il les échangea à d'autres prisonniers contre une gourde à eau et contre de l'huile de cuisine. Ainsi avait-il quelque chose dans quoi tremper son pain[139].

Tous les objets que les détenus fabriquaient pour d'autres n'étaient pas nécessairement utilitaires. Anna Andreïevna, une artiste, était sans cesse sollicitée, et pas uniquement par les prisonniers. Les autorités du camp lui demandèrent de décorer une pierre tombale à l'occasion d'obsèques, de réparer de la vaisselle ou des jouets cassés, voire de fabriquer des joujoux: «Nous faisions tout pour les chefs, tout ce dont ils avaient besoin ou ce qu'ils réclamaient[140].» Un autre prisonnier sculptait des petits «souvenirs» dans des défenses de mammouth pour ses codétenus: bracelets, petites figurines sur des thèmes «nordiques», bagues, médaillons, boutons. Parfois, il se sentait coupable de prendre de l'argent aux autres: «Mais quoi? Chacun est libre de penser par soi-même... Il n'y a pas de honte à se faire payer pour son travail[141].»

Le musée de la Société du Mémorial, à Moscou — créée par d'ex-prisonniers, elle a pour mission de raconter l'histoire des répressions staliniennes — regorge aujourd'hui d'objets de ce genre: dentelles brodées, petits bijoux sculptés à la main, cartes à jouer peintes, mais aussi petites œuvres d'art — peintures, dessins, sculptures — que des détenus ont conservées, ramenées chez eux puis données.

Les biens que les prisonniers apprenaient à fournir n'étaient pas toujours tangibles non plus. Aussi étrange que cela paraisse, au Goulag, il était possible de chanter, de danser ou de jouer pour sauver sa peau. C'était surtout vrai pour les prisonniers de talent des grands camps, avec des chefs qui voulaient en mettre plein la vue, qui brûlaient de faire étalage de leurs orchestres et de leurs troupes théâtrales. Si le commandant de l'Oukhtijemlag aspirait à entretenir une vraie troupe d'opéra — ce que fit l'un d'eux —, c'était *ipso facto* sauver la vie de douzaines de chanteurs ou de danseurs. À tout le moins, ils étaient déchargés des travaux forestiers le temps des répétitions. Qui plus est, ils pouvaient retrouver quelque sentiment d'humanité. « Quand les acteurs étaient sur scène, écrit Alexandre Klein, ils en oubliaient le tenaillement incessant de la faim, l'absence de droits, l'escorte qui attendait avec les chiens de garde à la porte[142]. » Quand il jouait dans l'orchestre du Dalstroï, l'ex-détenu et violoniste Gueorgui Feldgoun avait la sensation « de respirer le bon air de la liberté[143] ».

Les récompenses étaient parfois plus grandes. Un document du Dmitlag décrit les vêtements spéciaux distribués aux membres de l'orchestre du camp — dont des bottes d'officiers très convoitées — et ordonne au commandant d'un *lagpounkt* de leur réserver aussi des baraquements spéciaux[144]. Thomas Sgovio visita une de ces baraques de musiciens à Magadan : « À droite, en entrant, se trouvait un compartiment séparé avec un petit poêle. Des couvre-pieds et des bottes molletonnées étaient accrochés à des fils tendus d'un mur à l'autre. Des lits individuels étaient soigneusement recouverts de couvertures. Matelas et taies d'oreiller étaient bien garnis de paille. Des instruments étaient accrochés au mur : tuba, cor d'harmonie, trombone, trompette, etc. Près de la moitié des musiciens étaient des criminels. Tous avaient des boulots faciles : cuistot, coiffeur, directeur des bains, comptables, etc.[145]... »

Dans les petits camps également, cependant, et même dans quelques prisons, les interprètes avaient droit à de meilleures conditions. Gueorgui Feldgoun reçut du rabiot dans un camp de transit après avoir joué du violon pour un groupe de criminels.

L'expérience lui parut fort étrange « Nous sommes ici à la lisière du monde, le port de Vanino [...] et nous jouons une musique éternelle, composée il y a plus de deux cents ans. Nous jouons du Vivaldi pour cinquante gorilles [146]. »

Une autre détenue se retrouva dans la cellule de chanteuses et d'actrices qui, du fait de leurs talents, échappèrent aux convois vers les camps. Voyant qu'elles étaient mieux traitées, elle les persuada de la prendre avec elles, puis elle se mit à chanter faux en se moquant d'elle-même. Tout au long de son itinéraire concentrationnaire ultérieur, ses talents comiques jusque-là cachés lui valurent du rab et l'assistance de ses codétenues [147]. L'humour en aida d'autres à survivre. Dimitri Panine parle d'un clown professionnel, originaire d'Odessa, qui jouait pour sauver sa peau, sachant que s'il faisait rire les autorités du camp il échapperait au transfert vers un camp disciplinaire. « Les grands yeux noirs du clown qui suppliaient d'être gracié faisaient dissonance avec les mimiques et la gaieté du danseur. » Et Panine de conclure : « Je n'avais jamais vu auparavant une représentation aussi émouvante [148] [...]. »

Des multiples façons de survivre en collaborant avec les autorités, « se sauver » en jouant au théâtre du camp ou en prenant part à d'autres activités culturelles était la méthode qui paraissait moralement la moins problématique aux prisonniers. Sans doute était-ce parce que leurs codétenus en tiraient quelque bénéfice, eux aussi. Même pour ceux qui n'avaient pas droit à un traitement de faveur, le théâtre apportait un formidable soutien moral, quelque chose de nécessaire à la survie. « Pour les détenus, le théâtre était une source de bonheur, on aimait ça, on adorait », écrit l'un d'eux [149]. Gustaw Herling se souvient de concerts où, « à la porte, les prisonniers enlevaient leur coiffure, après avoir secoué la neige de leurs bottes dans le passage, et prenaient place sur les bancs avec une impatience digne et un respect presque religieux[150] ».

Peut-être est-ce pour cela que, loin de susciter envie et haine, ceux auxquels leurs talents artistiques permettaient de vivre mieux inspiraient l'admiration. Tatiana Okounevskaïa — la vedette de cinéma expédiée au camp pour avoir refusé de coucher avec Abakoumov, le chef du contre-espionnage soviétique — était partout reconnue, et tout le monde l'aidait. Au cours d'un concert, au camp, elle crut un instant qu'on lui lançait des cailloux sur les jambes; baissant les yeux, elle vit des conserves d'ananas mexicain, un mets inouï, que des voleurs s'étaient procurées pour elle[151].

Nikolaï Starostine, le joueur de football, était aussi très respecté des *ourki*, qui, écrit-il, se passaient le message les uns aux autres : pas touche à Starostine ! Le soir, quand il se mettait à raconter des histoires de foot, les « parties de cartes s'arrêtaient » ; tous les détenus s'attroupaient autour de lui. Quand il arrivait dans un nouveau camp, on lui offrait habituellement un lit propre à l'hôpital du camp. « C'était la première chose qu'on me proposait, chaque fois que j'arrivais, comme si se trouvait un fan parmi les médecins ou les chefs[152]. »

La question morale plus complexe de savoir s'il était « juste » de chanter ou de danser en prison n'en tracassa que quelques-uns. Nadejda Ioffé fut de ceux-là : « Quand je me retourne sur ces cinq années, je n'ai pas honte de me les rappeler et il n'y a rien dont j'aie à rougir. Il y a juste la question du théâtre amateur. [...] Au fond, il n'y avait rien de mal à ça, et pourtant [...] nos lointains ancêtres, dans des conditions à peu près analogues, raccrochèrent leurs luths et dirent qu'ils ne chanteraient pas dans la servitude[153].»

Certains détenus, surtout ceux d'origine non soviétique, avaient aussi des doutes quant aux productions. Un prisonnier polonais, arrêté au cours de la guerre, écrit que le théâtre du camp était fait «pour achever de détruire tout amour-propre. [...] Il y avait parfois des représentations "artistiques" ou quelque étrange orchestre, mais ce n'était pas pour la satisfaction de l'âme. C'était plutôt destiné à vous montrer leur "culture" soviétique, à vous déstabiliser un peu plus[154]».

Reste que rien n'obligeait ceux qui étaient mal à l'aise à participer aux représentations officielles. Un nombre frappant de détenus qui ont écrit des mémoires — et cela explique sans doute *pourquoi* ils en ont écrit — attribuent leur survie à leur capacité de «raconter des histoires»: de divertir les truands en leur racontant l'intrigue de romans ou de films. Dans le monde des camps et des prisons, où les livres étaient peu nombreux et les films rares, un bon conteur était très prisé. Lev Finkelstein dit qu'il sera «éternellement reconnaissant à un voleur qui, dès mon premier jour de prison, a reconnu en moi ce potentiel et m'a dit: "Probablement as-tu lu quantité de livres. Raconte-les, et tu t'en tireras très bien." De fait, je vivais mieux que les autres. J'avais une certaine notoriété, ma réputation... Je rencontrai des gens qui m'ont dit: "Tu es Levtchik-Romanist [Levtchik le conteur], j'ai entendu parler de toi à Taïchet."». Grâce à ce talent, Finkelstein était invité, deux fois par jour, dans la cabane du chef de brigade, où il recevait un quart d'eau chaude. Dans la carrière où il travaillait alors, «c'était synonyme de vie». Ce sont les classiques russes et étrangers qui marchaient le mieux, s'aperçut Finkelstein: il avait beaucoup moins de succès quand il racontait l'intrigue de romans soviétiques plus récents[155].

D'autres firent le même constat. Dans le train chaud et mal aéré de Vladivostok, Evguénia Guinzbourg apprit qu'il pouvait être profitable de réciter de la poésie : « Par exemple, je déclame *Le Malheur d'avoir trop d'esprit*, et après chaque acte, une de mes compagnes me verse un peu d'eau de son verre. C'est la récompense de mon travail pour la collectivité[156]. »

En prison, Alexandre Wat raconta *Le Rouge et le Noir* de Stendhal à un groupe de bandits[157] ; Alexander Dolgun, la trame des *Misérables*[158]. Racontant l'histoire des *Trois Mousquetaires*, rapporte Janusz Bardach, « j'avais l'impression que ma cote s'élevait à chaque rebondissement[159] ». En réponse aux voleurs qui traitaient les politiques faméliques de « vermine », Colonna-Czosnowski se défendit également en leur racontant « ma propre version d'un film que j'avais vu quelques années plus tôt en Pologne, l'embellissant à dessein pour obtenir un effet dramatique maximal. C'était une histoire de "flics et de truands", qui se déroulait à Chicago, avec Al Capone. Pour faire bonne mesure, j'y ajoutai Bugsy Malone, peut-être même Bonnie and Clyde. Je décidai d'y mettre tout ce dont je me souvenais, plus quelques raffinements supplémentaires que j'inventai dans le feu de l'inspiration ». L'histoire impressionna ses auditeurs, qui lui demandèrent maintes fois de la répéter : « Comme des enfants, ils tendaient l'oreille. Ils s'en fichaient, que ce soit toujours la même histoire. Comme des enfants, aussi, ils aimaient que j'emploie les mêmes mots à chaque fois. Ils remarquaient aussi le plus infime changement, la moindre omission [...]. Trois semaines après mon arrivée, j'étais un autre homme[160]. »

Mais il n'était pas nécessaire de posséder un don artistique pour gagner de l'argent ou du pain afin de sauver sa peau. Nina Gaguen-Torn parle d'une historienne de la musique, passionnée de Wagner, qui réussit à composer un opéra dans les camps. Elle se porta volontaire pour nettoyer les égouts et les toilettes du camp, parce que cette corvée par ailleurs déplaisante lui laissait assez de liberté pour réfléchir à sa musique[161]. Alexeï Smirnov, qui compte parmi les principaux partisans contemporains de la liberté de la presse en Russie, raconte l'histoire de deux spécialistes de littérature qui, dans les camps, créèrent un poète français du XVIIIe siècle fictif et composèrent un pastiche de la poésie française de cette époque[162]. Gustaw Herling tira lui aussi un immense profit des « leçons » d'histoire de la littérature qu'il reçut d'un ancien professeur : celui-ci, imagine-t-il, en a peut-être profité plus encore[163].

Irena Arginskaïa trouva quant à elle un soutien dans sa sensibilité esthétique. Des années après sa libération, elle parlait encore de l'« incroyable beauté » du Grand Nord, des couchers de soleil, des immenses espaces et des grandes forêts dont la vue lui coupait le souffle. Un jour, sa mère fit même le long et terrible voyage pour venir la voir au camp, à seule fin d'apprendre à son arrivée que sa fille avait été hospitalisée : elle s'était déplacée en vain. Elle n'en parla pas moins « jusqu'à la fin de sa vie », comme sa fille, de la beauté de la taïga[164].

Reste que la beauté ne pouvait aider tout le monde, et que sa perception était subjective. Dans la même taïga, le même grand air et les mêmes paysages à perte de vue, le panorama n'inspirait que dégoût à Nadejda Oulianovskaïa : « Presque malgré moi, je me souviens des aurores et crépuscules grandioses, des forêts de pins, des fleurs aux couleurs éclatantes qui pour je ne sais quelle raison n'avaient pas d'odeur[165]. »

Ces réflexions m'ont tellement marquée que, lorsque j'ai moi-même visité le Grand Nord en plein été, j'ai regardé avec des yeux différents les grands fleuves et les forêts sibériennes à perte de vue, ce paysage lunaire et vide qu'est la toundra arctique. Juste devant une mine de charbon, à l'emplacement d'un ancien *lagpounkt* de Vorkouta, j'ai même cueilli une poignée de fleurs sauvages pour voir si elles avaient une odeur. Elles en ont une. Peut-être Oulianovskaïa n'avait-elle simplement pas voulu la percevoir.

CHAPITRE 18

Rébellion et évasion

> Je crois que si, à ce moment, j'avais entendu les aboiements des chiens de traîneau marquant le départ d'une patrouille, je me serais trouvé mal.
>
> Nous parcourûmes au pas de course les quelques mètres nous séparant de la palissade extérieure [...]. Sans doute ne faisions-nous que fort peu de bruit, mais cela me semblait assourdissant. [...] Il fallut une nouvelle fois se jeter dans le vide pour parer le dernier rouleau de barbelés. Nous nous relevâmes et, le souffle court, après avoir vérifié que tout le monde était sain et sauf, nous nous mîmes à courir comme un seul homme.
>
> SLAVOMIR RAWICZ,
> *À marche forcée*[1].

Parmi les nombreux mythes du Goulag, celui de l'impossibilité de s'évader occupe une place de choix. S'enfuir des camps de Staline, écrit Soljenitsyne, était bon pour « les plus forts et les plus audacieux d'entre nous », mais c'était un « orgueilleux moyen de suicide »[2]. Si l'on en croit Anatoli Jigouline, « s'évader de la Kolyma relevait de l'impossible[3] ». Avec sa noirceur habituelle, Varlam Chalamov écrit que les fuyards « sont presque toujours des nouveaux de la première année dont la volonté et l'amour-propre sont encore vivaces[4] ». Nikolaï Abakoumov, l'ancien commandant adjoint de la garnison de Norilsk, rejette l'idée d'une évasion réussie : « Certains sont sortis des camps, mais personne n'a jamais réussi à atteindre le "continent" », par quoi il entendait la Russie centrale[5].

Gustaw Herling raconte l'histoire d'un codétenu qui essaya de s'évader et échoua : après des mois de préparation méticuleuse, une sortie réussie et sept jours d'errance, affamé, dans la forêt, il se retrouva à une douzaine de kilomètres du camp. Comme il mourait de faim, il décida de se rendre : « La liberté, ce n'est pas pour nous, disait-il chaque fois qu'il racontait l'histoire de sa tentative d'évasion à ses codétenus. Nous sommes enchaînés à ce coin pour le reste de notre existence, même si nous ne portons pas de chaînes. Nous pouvons nous échapper, nous pouvons errer de-ci de-là, mais à la fin nous revenons[6]. »

Les camps étaient naturellement construits pour empêcher toute sortie : les murs, les barbelés, les miradors et le no man's land soigneusement ratissé étaient faits pour cela. Dans bien des camps, cependant, les barbelés n'étaient guère nécessaires pour retenir les détenus. Le temps jouait contre l'évasion — il gelait dix mois par an —, de même que la géographie. C'est là un fait qu'on apprécie mal quand on n'a pas vu par soi-même l'emplacement de certains camps parmi les plus isolés.

Par exemple, il est légitime de décrire Vorkouta, la ville qui surgit à côté des mines de charbon du Vorkoutlag, comme une agglomération isolée, mais aussi quasiment inaccessible. Il n'est pas de route qui mène à Vorkouta, située au-delà du cercle arctique : on ne peut atteindre la ville et ses mines que par rail ou par avion. En hiver, qui essaierait de traverser la toundra à découvert, sans arbre, serait une cible ambulante. En été, le même paysage se transforme en un immense marécage totalement impénétrable.

Dans les camps plus méridionaux, les distances étaient aussi un problème. Même si un prisonnier escaladait les barbelés ou s'éclipsait de son travail dans la forêt — ce n'était pas si difficile étant donné l'incurie des gardes —, il se retrouvait alors à des kilomètres de toute route ou voie ferrée, et parfois même à des kilomètres de tout semblant de ville ou de village. Il n'y avait ni vivres ni abri, et parfois fort peu d'eau.

Et surtout, il y avait partout des gardes. toute la région de la Kolyma — des centaines et des centaines de kilomètres carrés de taïga — était en vérité une immense prison, tout comme la République des Komis, de vastes zones du désert kazakh et le nord de la Sibérie. Il n'y avait pas de villages ordinaires, et fort peu d'habitants ordinaires. Quiconque se promenait seul, sans papiers d'identité en bonne et due forme, eût été aussitôt identifié comme un fugitif et soit abattu, soit roué de coups et reconduit au camp. Pour cette raison, un prisonnier refusa de se joindre à un groupe de fugitifs : « Où pouvais-je aller sans papiers ni argent, dans un territoire truffé de camps de concentration et donc parsemé de points de contrôle[7] ? »

Le fugitif ne pouvait guère compter sur l'aide des habitants du pays — en dehors des gardes et des détenus — si jamais il croisait leur chemin. Dans la Russie tsariste existait une tradition de sympathie envers les forçats et les serfs en fuite, à l'intention desquels, la nuit, on plaçait sur le pas de sa porte des coupes de pain et de lait. Une vieille chanson de prisonniers d'avant la Révolution résume bien cette attitude :

> J'ai eu du pain des mains des villageoises
> Et les gars m'ont fourni en tabac[8].

Dans l'Union soviétique de Staline, l'état d'esprit était différent. La majorité eût été encline à livrer un « ennemi » en fuite, et plus encore un criminel « récidiviste » : parce que les gens croyaient, au moins à moitié, la propagande sur les prisonniers, mais aussi parce que ceux qui ne dénonçaient pas un fugitif risquaient eux-mêmes de longues peines de prison[9]. Mais, compte tenu du climat de paranoïa qui régnait dans la vie quotidienne, il ne s'agissait pas forcément de craintes spécifiques :

> Quant à la population locale, personne ne nous sauva ni ne nous cacha, comme d'autres sauvèrent et cachèrent les évadés de camps de concentration allemands. Et ce parce que depuis de longues années tous vivaient dans une peur et une méfiance de chaque instant, s'attendant toujours à quelque nouveau malheur d'une minute à l'autre, vivant même dans la peur les uns des autres. [...] Dans un pays où tout le monde, du plus modeste au plus important, vivait dans la terreur des mouchards, il était impossible de compter réussir une évasion[10].

Si ce n'était pas l'idéologie ou la peur qui poussaient les gens du coin à livrer les fugitifs, c'était la cupidité. À tort ou à raison, maints mémorialistes sont persuadés que les autochtones — Eskimos, dans le Grand Nord, Kazakhs, au sud — étaient constamment à l'affût des évadés. Certains devenaient même des chasseurs de prime professionnels, traquant les prisonniers pour un kilo de thé ou un sac de blé[11]. Dans la Kolyma, un habitant du pays qui rapportait la main droite d'un évadé — ou, suivant certains récits, la tête — touchait 250 roubles de récompense ; ailleurs, les primes étaient apparemment comparables[12]. Dans un cas dont le dossier a été conservé, un homme du pays démasqua un prisonnier évadé qui se faisait passer pour un homme libre et le dénonça à la police. Il reçut 250 roubles. Son fils, qui s'était rendu au poste, en toucha également 150. Dans une autre affaire, un homme qui déclara à un chef de camp où se cachait un fugitif reçut la somme princière de 300 roubles[13].

Ceux qui se faisaient prendre s'exposaient à des châtiments extrêmes. Beaucoup étaient exécutés sur-le-champ. Les cadavres des fuyards abattus servaient aussi à des fins de propagande :

> Alors que nous approchions du portail, je crus un instant avoir fait un mauvais rêve : un corps nu était accroché au poteau. Les mains et les pieds étaient noués avec du fil de fer, la tête s'était affaissée de côté, ses yeux rigides étaient restés à demi ouverts. Au-dessus de sa tête, un écriteau : « Tel est le sort de ceux qui tentent de s'évader de Norilsk. »[14].

Jigouline se souvient des cadavres d'hommes qui avaient tenté de s'évader, abandonnés au centre de son *lagpounkt* de la Kolyma, parfois tout un mois[15]. C'était en fait une pratique vénérable, qui remontait à Solovetski. Dans les années 1940, elle était quasiment universelle[16].

Et pourtant... des prisonniers essayaient de s'évader. En vérité, à en juger d'après les statistiques officielles, et la correspondance véhémente à ce sujet dans les archives du Goulag, les tentatives d'évasion qui réussissaient étaient plus fréquentes que ne le reconnaissent la plupart des mémorialistes. On trouve ainsi des traces de sanctions infligées à la suite d'évasions réussies. En 1945, après plusieurs évasions collectives des camps entourant le « Chantier 500 du NKVD » — voie ferrée à travers l'est de la Sibérie —, les officiers des gardes armés écopèrent de cinq à dix jours de prison, tandis que leur salaire fut amputé de 50 % pour chaque jour passé derrière les barreaux. Dans d'autres cas, des gardes furent jugés à la suite d'évasions spectaculaires, tandis que certains chefs de camp perdirent parfois leur place[17].

On trouve aussi des cas de gardes qui firent échouer des évasions. Un gardien de prison reçut 300 roubles pour avoir sonné l'alarme après que des prisonniers en fuite eurent étouffé un veilleur de nuit. Son patron reçut 200 roubles, de même qu'un autre chef de prison, et les soldats concernés touchèrent 100 roubles chacun[18].

Aucun camp n'était totalement sûr. Solovetski, compte tenu de son isolement, était réputé « imprenable ». Deux gardes blancs, S.A. Malsagov et Iouri Bessonov, réussirent pourtant à s'évader en mai 1925 d'un camp du SLON sur le continent. Après avoir attaqué leurs gardes, ils marchèrent trente-cinq jours durant vers la frontière de la Finlande. Tous deux relatèrent leurs expériences dans des livres — parmi les premiers à paraître à l'Ouest sur Solovetski[19]. Il y eut une autre évasion célèbre de Solovetski en 1928, quand une demi-douzaine de prisonniers agressèrent leurs gardes et s'enfuirent par les portes du camp. La plupart se volatilisèrent : probablement parvinrent-ils eux aussi à rejoindre la Finlande[20]. L'année 1934 connut deux évasions particulièrement spectaculaires, là encore de Solovetski. L'une concernait quatre « espions » ; l'autre, « un espion et deux bandits ». Les deux groupes avaient réussi à voler des bateaux et s'étaient enfuis ainsi, vraisemblablement, jusqu'en Finlande. En conséquence, le chef du camp fut limogé et d'autres reçurent des blâmes[21].

Avec l'expansion des camps du SLON sur la terre ferme de Carélie à la fin des années 1920, les occasions d'évasion se multiplièrent, et Vladimir Tchernavine en profita. Spécialiste des pêches, l'homme avait vaillamment tenté d'introduire quelque réalisme dans le plan quinquennal de la Société de pêcherie de Mourmansk. Sa critique du projet lui valut d'être condamné pour « sabotage ». Il écopa de cinq ans et fut envoyé à Solovetski. Le SLON finit par l'affecter comme expert en Carélie du Nord, où il était censé monter de nouvelles entreprises de pêche.

Tchernavine attendit le bon moment. Au fil des mois, il gagna la confiance de ses supérieurs, qui accordèrent même à sa femme et à Andreï, son fils de quinze ans, la permission de lui rendre visite. Un jour, au cours de leur visite, dans le courant de l'été 1933, la famille s'en alla « pique-niquer » de l'autre côté de la baie. Quand ils furent du côté ouest, Tchernavine et sa femme dirent à Andreï qu'ils quittaient l'URSS... à pied. « Sans compas ni carte, nous marchâmes à travers des montagnes sauvages, des forêts et des marais, en direction de la Finlande et de la liberté[22]. » Des décennies plus tard, Andreï se souvenait que son père avait cru pouvoir changer la vision du monde de la Russie soviétique s'il relatait ses expériences dans un livre. Ce qu'il fit. Rien ne changea[23].

Mais sans doute l'expérience de Tchernavine n'a-t-elle pas été unique : en fait, la première phase d'expansion du Goulag a bien pu être l'âge d'or des évasions. Le nombre des prisonniers se multipliait rapidement, le nombre des gardes était insuffisant, les camps étaient relativement proches de la Finlande. En 1930, 1 174 fugitifs se firent arrêter à la frontière finnoise. En 1932, 7 202, et il est fort possible que le nombre de tentatives réussies ait aussi augmenté en proportion[24]. D'après les propres statistiques du Goulag — qui ne sont pas forcément exactes, cela va de soi —, 45 755 personnes s'enfuirent des camps en 1933, et un peu plus de la moitié — 28 370 — se firent reprendre[25]. La population locale, disait-on, était terrorisée par la multitude de forçats en vadrouille, et les commandants de camp ne cessaient de réclamer des renforts, de même que les gardes-frontières et l'OGPOU locale[26].

En réaction, l'OGPOU institua des contrôles plus serrés. À peu près à cette époque, on mit activement à contribution la population locale : un arrêté de l'OGPOU demanda la création d'une ceinture de 25 à 30 kilomètres autour de chaque camp, à l'intérieur de laquelle la population « combattrait activement les évasions ». Les responsables des trains et des bateaux au voisinage des camps furent également mobilisés. Interdiction fut faite aux gardes de sortir les détenus de leurs cellules après la tombée du jour[27]. Les responsables locaux demandèrent davantage de ressources, et surtout plus de gardes pour prévenir les évasions[28]. De nouvelles lois infligèrent des peines de prison supplémentaires aux évadés. Et les gardes savaient qu'ils pouvaient toucher une récompense s'ils abattaient un détenu qui tentait de s'enfuir[29].

Néanmoins, les chiffres ne baissèrent pas si vite. Dans la Kolyma des années 1930, les évasions collectives étaient plus fréquentes qu'elles ne devaient l'être par la suite. Les criminels, campant en pleine forêt, s'organisaient en bandes, volaient des armes, voire attaquaient les habitants du coin, les équipes de géologues et les villages indigènes. Après pas moins de vingt-deux incidents de ce genre fut créée en 1936 une division spéciale pour 1 500 « éléments spécialement dangereux » — prisonniers susceptibles de s'évader[30]. Plus tard, en janvier 1938, au faîte de la Grande Terreur, un des chefs adjoints du NKVD envoya une circulaire à tous les camps d'Union soviétique, observant que, « malgré une série d'ordres relatifs à la conduite d'une guerre décisive contre les évasions de prisonniers des camps de sérieuses améliorations restent à faire en la matière[31] ».

Aux premiers jours de la Seconde Guerre mondiale, le nombre d'évasions augmenta de nouveau fortement à la faveur des opportunités créées par l'évacuation des camps de l'ouest du pays et du chaos général[32]. En juillet 1941, quinze prisonniers s'enfuirent du Petchorlag, un des camps les plus isolés de la République des Komis. En août de cette même année, huit anciens marins, menés par un ancien lieutenant de la flotte du Nord, réussirent à s'échapper d'un lointain avant-poste de Vorkouta[33].

Les chiffres commencèrent à diminuer dans le courant de la guerre, sans que le flux ne se tarisse jamais. En 1947, année d'évasions record pour l'après-guerre, on dénombra 10 440 tentatives d'évasion : 2 894 fugitifs seulement se firent reprendre[34]. Peut-être n'est-ce qu'un infime pourcentage des millions qui se trouvaient dans les camps à l'époque, mais cela suggère néanmoins que les évasions n'étaient pas aussi impossibles que d'aucuns croient s'en souvenir. Il se peut même que leur fréquence explique, pour une part, le durcissement des régimes concentrationnaires et les plus hauts niveaux de sécurité qui caractérisèrent la vie au Goulag dans la dernière demi-décennie de son existence.

D'une manière générale, les mémorialistes conviennent que l'écrasante majorité des candidats à l'évasion étaient des truands. L'argot du milieu en témoigne, qui parle de « procureur vert » pour désigner l'arrivée du printemps (« Vasia a été libéré par le procureur vert »), puisque c'est le plus souvent au printemps que se montaient les évasions de l'été : « On ne peut parcourir la taïga que l'été, lorsqu'il est possible, quand les vivres sont épuisés, de manger de l'herbe, des champignons, des baies et des racines, de faire des galettes avec du lichen réduit en farine, du lichen appelé mousse de rennes, et d'attraper des mulots, des écureuils rouges et striés, des casse-noix sibériens, des lièvres[35]... » Dans le Grand Nord, la meilleure période était l'hiver, le « procureur blanc » dans l'argot des criminels : c'est alors seulement qu'on pouvait franchir les marais et la boue de la toundra[36].

En fait, les truands réussissaient mieux leurs évasions puisque, une fois qu'ils étaient passés « sous le fil », ils avaient de bien meilleures chances de survie. S'ils rejoignaient une grande ville, ils pouvaient se fondre dans la pègre locale, se procurer de faux papiers et se trouver des planques. N'aspirant guère à retrouver le monde « libre », ils s'évadaient aussi simplement pour s'amuser, juste pour passer un peu de temps « dehors ». S'ils se faisaient pincer, et se débrouillaient pour survivre, qu'était-ce que dix années de plus pour quelqu'un qui avait déjà été condamné deux fois à vingt-cinq ans ou plus ? Un ex-*zek* se souvient d'une criminelle qui s'évada uniquement pour un rendez-vous galant. Elle était « ravie » quand elle revint, alors même qu'elle fut aussitôt jetée au cachot[37].

Les prisonniers politiques s'échappaient beaucoup moins souvent. Non seulement ils manquaient de réseaux et de savoir-faire, mais on mettait aussi plus d'acharnement à les traquer. Tchernavine, qui a beaucoup réfléchi à ces questions avant de s'évader, explique la différence :

> Les gardes ne prenaient pas très au sérieux l'évasion des criminels et ne se donnaient guère de peine pour les traquer : ils se feraient pincer lorsqu'ils s'approcheraient de la voie ferrée ou atteindraient une ville. Pour les politiques, en revanche, on organisait aussitôt des détachements : parfois, tous les villages voisins étaient mobilisés et les gardes-frontières appelés à la rescousse. Le politique essayait toujours de fuir à l'étranger : dans sa patrie, il n'avait pas de refuge[38].

La plupart des fugitifs étaient des hommes, mais pas tous. Margarete Buber-Neumann était dans un camp d'où une Tzigane s'enfuit avec le cuistot. Une vieille Gitane, entendant l'histoire, hocha la tête d'un air entendu : « Elle sent qu'il doit y avoir par ici, quelque part dans la steppe, un "tabor" [un campement tzigane]. Et si elle le trouve, elle sera sauvée[39]. » Habituellement, les évasions se préparaient à l'avance, mais elles pouvaient être aussi spontanées : Soljenitsyne raconte l'histoire d'un détenu qui passa par-dessus les barbelés au cours d'une tempête de poussière au Kazakhstan[40]. Les tentatives d'évasion se faisaient souvent de chantiers plus ou moins gardés, mais ce n'était pas non plus toujours le cas. Dans le mois de septembre 1945, pris au hasard, par exemple, 51 % des tentatives d'évasion enregistrées eurent lieu dans la zone de travail ; 27 % dans la zone de vie ; et 11 % au cours des transports[41]. Avec un groupe de jeunes Ukrainiens, Edward Buca planifia une évasion d'un train de prisonniers à destination de la Sibérie :

> Avec la lame de ma scie à métaux, nous essaierions de découper quatre ou cinq planches, ne travaillant que de

> nuit et dissimulant les traces avec un mélange de pain et de crottin de cheval ramassé dans la voiture. Quand l'ouverture serait prête, nous attendrions l'arrêt du train dans la forêt, pousserions les planches et sauterions du wagon — le plus possible, nous éparpillant dans toutes les directions pour dérouter le garde. Certains d'entre nous seraient abattus, mais la plupart d'entre nous réussiraient à s'enfuir[42].

Soupçonnés de vouloir s'évader, ils durent renoncer à leur projet. Mais d'autres essayèrent de s'échapper de trains : en juin 1940, deux truands s'éclipsèrent bel et bien par un trou percé dans un wagon[43]. Cette même année, Janusz Bardach se faufila à travers quelques planches pourries d'un wagon. Il négligea cependant de les remettre en place et se fit aussitôt reprendre, traqué par des chiens, et sérieusement tabasser, même s'il eut la vie sauve[44].

Certaines évasions, explique Soljenitsyne, n'avaient pour « point de départ : ni coup de tête ni accès de désespoir, mais calcul technique et doigts de fée[45] ». Des détenus fabriquèrent une fausse paroi intérieure pour wagon de marchandises afin de se dissimuler derrière[46]. Une fois, vingt-six criminels creusèrent un passage sous un mur. Tous réussirent à s'enfuir même si, à en croire l'officier qui mena la traque, ils se firent tous pincer dans l'année[47].

D'autres, tel Tchernavine, mirent à profit leur position particulière dans le camp pour organiser leur évasion. Les archives rapportent l'histoire d'un détenu qui provoqua délibérément un accident sur un train de marchandises et profita de la confusion pour s'évader[48]. Dans une autre affaire, des détenus chargés d'enterrer des morts dans le cimetière du camp tuèrent le garde qui les escortait et le jetèrent dans la fosse commune, histoire qu'on ne remarque pas tout de suite son cadavre[49]. L'évasion était aussi plus facile pour les prisonniers « sans escorte », munis d'un laissez-passer qui leur permettait de circuler d'un camp à l'autre.

Il en est aussi qui se déguisèrent. Varlam Chalamov raconte l'histoire d'un détenu qui s'enfuit et réussit à rester deux années en liberté, errant à travers la Sibérie en se faisant passer pour un géologue. Un beau jour, les autorités régionales, fières d'avoir un tel spécialiste en leur sein, lui demandèrent très respectueusement de donner une conférence : « Krivocheï, tout souriant, cita Shakespeare dans le texte, fit des schémas tout en énumérant des dizaines de noms étrangers. » Il finit par se faire prendre parce qu'il envoyait de l'argent à sa femme[50]. Peut-être est-ce une histoire apocryphe, mais on trouve des histoires semblables dans les archives. Dans un épisode de ce genre, un prisonnier vola des documents, se glissa à bord d'un avion et s'envola pour Iakoutsk. C'est là qu'on le retrouva, confortablement installé dans un hôtel, avec deux cents grammes d'or en poche[51].

Toutes les évasions n'étaient pas aussi inventives. Beaucoup, probablement la majorité, étaient violentes. Les fugitifs attaquaient, abattaient et étouffaient les gardes en armes, aussi bien que des travailleurs libres ou des gens du pays[52]. Ils n'épargnaient pas non plus leurs codétenus. Le cannibalisme avait sa place dans une des méthodes classiques des criminels. Deux convenaient au préalable de s'enfuir avec un troisième (la « viande »), qui était destiné à leur servir de pitance au cours du périple. Buca raconte aussi le jugement d'un voleur et meurtrier professionnel, qui, avec un compère, s'enfuit avec le cuistot, leur « provision ambulante » :

> Ils ne furent pas les premiers à avoir cette idée. Quand vous avez une immense communauté de gars qui ne rêvent que d'évasion, il est inévitable que soient envisagés tous les moyens possibles de le faire. Une « provision ambulante » est en fait un prisonnier enrobé. S'il le faut, vous pouvez le tuer et le manger. Et tant que vous n'en avez pas besoin, c'est lui qui porte la « bouffe ».

Les deux hommes firent comme prévu — ils tuèrent et mangèrent le cuistot —, mais c'était compter sans la longueur du voyage. De nouveau, la faim les tenailla :

> Tous deux savaient, en eux-mêmes, que le premier à s'endormir serait tué par l'autre. Tous deux firent semblant qu'ils n'étaient pas fatigués et passèrent la nuit à raconter des histoires en se tenant mutuellement à l'œil. Du fait de leur vieille amitié, il leur était impossible de s'agresser ouvertement ou de se confesser leurs soupçons mutuels.

L'un d'eux finit par s'endormir. L'autre lui trancha la gorge. Si l'on en croit Buca, il se fit arrêter deux jours plus tard : il avait encore des morceaux de chair crue dans son sac[53].

S'il n'y a pas moyen de se faire une idée de la fréquence des évasions de ce type, il est suffisamment d'histoires semblables, rapportées par un large éventail de prisonniers des camps du début des années 1930 à la fin des années 1940, pour être certains qu'il s'en produisit, au moins de temps à autre[54]. Alors qu'il se trouvait dans la Kolyma, Thomas Sgovio entendit parler de la condamnation à mort de deux évadés de ce genre, partis avec un jeune détenu dont ils avaient salé la chair[55]. Vatslav Dvorjetski entendit une histoire semblable en Carélie au milieu des années 1930[56].

La tradition orale du Goulag est aussi riche en extraordinaires histoires d'évasions et d'évadés — pour beaucoup, encore une fois, très possiblement apocryphes. Soljenitsyne rapporte la saga de Gueorgui Tenno, politique estonien qui ne cessa de s'évader et, une fois, parcourut près de cinq cents kilomètres à cheval, bateau et vélo pour se rapprocher de la ville d'Omsk, en Sibérie centrale[57]. Alors que certaines histoires de Tenno sont probablement vraies — il se lia d'amitié par la suite avec un autre survivant et mémorialiste du Goulag, Alexander Dolgun, qu'il présenta également à Soljenitsyne —, d'autres de ses récits, plus spectaculaires, sont plus difficilement vérifiables[58]. Une anthologie anglaise contient l'histoire d'un prédicateur estonien, qui réussit à s'évader d'un camp, à se faire des faux papiers et à se rendre en Afghanistan avec ses compagnons. Dans le même volume, il est question d'un prisonnier espagnol qui réussit à s'évader en feignant d'être mort après qu'un tremblement de terre eut dévasté son camp. Par la suite, assure-t-il, il parvint à rejoindre l'Iran[59].

Il y a, enfin, l'étrange cas de Slavomir Rawicz, dont les souvenirs, *À marche forcée*, contiennent le récit d'évasion le plus spectaculaire et touchant de toute la littérature sur le Goulag. D'après son récit, Rawicz fut arrêté après l'invasion de la Pologne et déporté dans un camp au nord de la Sibérie. Il affirme s'être évadé, avec la connivence de la femme d'un commandant de camp, en compagnie de six autres prisonniers, dont un Américain. Ils réussirent à sortir d'Union soviétique avec une jeune Polonaise déportée qu'ils recueillirent en chemin.

Au cours de ce qui aurait été un extraordinaire voyage — s'il eut jamais lieu —, ils contournèrent le lac Baïkal, passèrent la frontière pour entrer en

Mongolie, traversèrent le désert de Gobi, franchirent la chaîne de l'Himalaya et du Tibet pour arriver enfin en Inde. Quatre détenus moururent en cours de route ; les autres souffrirent de privations extrêmes. Malheureusement, plusieurs tentatives pour vérifier cette histoire — qui ressemble singulièrement à une nouvelle de Rudyard Kipling, « The Man Who Was » — n'ont rien donné[60]. Même si c'est une fiction, *À marche forcée* est un magnifique récit. Son réalisme convaincant peut servir de leçon à tous ceux qui écrivent une histoire factuelle des évasions du Goulag.

Car, en vérité, les rêves d'évasion ont joué un rôle important dans la vie de nombreux prisonniers. Même pour les milliers et les milliers d'entre eux qui ne devaient jamais s'y risquer, la seule idée — le rêve d'évasion — resta un soutien psychologique important. « S'évader, m'a dit un survivant de la Kolyma, était une des formes d'opposition les plus claires au régime. » Les jeunes hommes, en particulier, planifiaient et débattaient des meilleures manières de s'évader. Pour certains, cette discussion était elle-même, comme l'écrit Gustaw Herling, une façon de combattre le sentiment d'impuissance :

> Nous nous réunissions souvent exclusivement entre Polonais, pour discuter les détails de notre plan ; nous conservions les bouts de métal que nous trouvions au travail, les vieilles boîtes et les morceaux de verre, dans l'illusion de nous fabriquer une boussole, nous rassemblions des informations sur le pays environnant, sur les distances à parcourir, sur les conditions climatiques et les particularités géographiques du Nord [...]. Malgré tout, dans ce pays de cauchemar où nous avions été amenés de l'Ouest dans des centaines de trains de marchandise, tout ce qui pouvait alimenter ce rêve éveillé nous redonnait vie. Après tout, si l'appartenance à une organi-

> sation terroriste inexistante peut être un crime puni de dix ans en camp de travail, un clou aiguisé ne pourrait-il devenir l'aiguille d'un compas, un morceau de bois un ski et un bout de papier couvert de lignes gribouillées et de points une carte ?

Herling soupçonne que tous ceux qui étaient impliqués dans ces discussions pensaient, au fond, que leurs préparatifs étaient futiles. L'exercice n'en avait pas moins son utilité :

> Je me souviens d'un jeune officier de cavalerie polonais qui, durant les pires périodes de famine du camp, trouvait assez d'énergie et de volonté pour prélever une fine tranche de pain sur sa ration quotidienne, la sécher au-dessus du feu et mettre ces miettes de côté dans un sac qu'il déposait dans une mystérieuse cachette, quelque part dans le baraquement. Des années plus tard, nous nous retrouvâmes dans le désert irakien, et comme nous évoquions nos souvenirs d'internement autour d'une bouteille de vin, dans une tente de l'armée, je lui rappelai en me moquant son « plan » d'évasion. Mais il me répondit d'un ton grave : « Tu ne devrais pas en rire. J'ai survécu dans les camps grâce à l'espoir que j'avais de m'en évader et j'ai survécu à mon passage à la morgue grâce à ma provision de croûtes. Un homme ne peut pas vivre s'il ne sait pourquoi il vit. »[61]

Si, dans la mémoire collective de la plupart des survivants, il était impossible de s'évader des camps, la rébellion était impensable. La caricature du *zek* opprimé, défait et déshumanisé, empressé de collaborer avec les autorités, incapable même de penser du mal du régime soviétique — sans parler de s'organiser contre lui — se retrouve dans maints mémoires, à commencer par ceux de deux des plus grandes figures littéraires de la communauté russe des survivants : Soljenitsyne et Chalamov. Et il est fort possible que, pendant une bonne partie de l'histoire du Goulag, cette image ne soit pas bien loin de la réalité. Le système des mouchards poussait les détenus à se méfier les uns des autres. Avec le rouleau compresseur du travail et la domination des « voleurs dans la loi », du milieu, il était difficile aux autres détenus de penser à une opposition organisée. L'expérience humiliante de l'interrogatoire, de la prison et de la déportation en avait privé plus d'un de la volonté de vivre, *a fortiori* de la volonté de s'opposer aux autorités. Herling, qui organisa une grève de la faim avec un groupe d'autres Polonais, évoque la réaction de ses amis russes :

> Ils étaient excités et fascinés par le seul fait que nous ayons osé nous élever contre les lois intangibles de l'esclavage, qu'aucun geste de rébellion, jusqu'ici, n'avait défiées. Ils éprouvaient par ailleurs une peur instinctive, remontant probablement à leur ancienne existence, d'être mêlés à quelque chose de dangereux, une affaire risquant peut-être de se terminer devant une cour martiale. Qui pouvait dire si les auditions ne révéleraient pas les conversations des « rebelles » dans les baraquements juste après leur crime[62] ?

Une fois de plus, cependant, les archives racontent une histoire différente, révélant l'existence de multiples manifestations mineures et arrêts de travail dans les camps. Les caïds, en particulier, paraissent avoir mené de fréquentes grèves de travail, courtes et apolitiques, quand ils voulaient obtenir quelque chose des autorités du camp, pour qui les incidents de ce genre n'étaient qu'une contrariété. À la fin des années 1930 et au début de la décennie suivante, notamment, les truands avaient une position privilégiée au point qu'ils avaient moins peur des châtiments et auraient plus volontiers saisi les occasions d'organiser ces rébellions mineures[63].

Des protestations spontanées de truands se produisirent parfois aussi dans les longs voyages en train vers l'Est, quand il n'y avait ni eau ni autre chose à manger que du hareng salé. Pour obliger les gardes à leur donner de l'eau, les truands convenaient de « se mettre à crier et à protester ensemble » ; or les gardes, se souvient un détenu, détestaient ce tapage : « Autrefois, la légion romaine pleurait en entendant le cri perçant des anciens Germains tant il était terrifiant. Les sadiques du Goulag éprouvaient la même terreur[64]... » Cette tradition dura jusque dans les années 1980 où, rapporte la poétesse dissidente Irina Ratouchinskaïa, les prisonniers d'un convoi, s'ils étaient mécontents de leur traitement, poussaient la protestation un peu plus loin :

> — Les gars ! On fait la balance ! C'est une voix d'homme jeune. [...]
>
> Les *zeks* se mettent à faire osciller le wagon. Tous ensemble, en mesure, ils se lancent contre le mur opposé de la cage. Le wagon est à ce point bondé que le résultat est presque immédiat. De cette manière, on peut sans problème faire dérailler le wagon et par conséquent envoyer tout le train en bas du remblai[65].

Le surpeuplement et la mauvaise nourriture pouvaient aussi produire des explosions d'hystérie semi-organisée. Un témoin a décrit une scène de ce genre, menée par un groupe de criminelles :

> Quelque deux cents femmes, comme sur ordre, se dévêtirent subitement et se précipitèrent complètement nues dans la cour. Dans des positions obscènes, elles s'attroupèrent autour des gardes et hurlèrent, poussant des cris perçants, riant et jurant, tombant à terre dans des convulsions terrifiantes, s'arrachant les cheveux, se griffant le

visage jusqu'au sang, retombant à terre et se relevant pour courir jusqu'au portail.

« A-a-a-a-a-gy ! » hurlait la foule[66].

En dehors de ces moments de folie et de spontanéité existait une autre tradition de protestation, la grève de la faim, dont les objectifs et les méthodes étaient directement hérités des tout premiers « politiques » (qui les tenaient de la Russie prérévolutionnaire), les sociaux-démocrates, les anarchistes et les mencheviks emprisonnés au début des années 1920. Ce groupe de prisonniers perpétua la tradition des grèves de la faim après avoir été placés en « isolateurs », loin de Solovetski, en 1925. Jusqu'à son exécution, en 1937, Alexandre Fedodeïev, un des dirigeants socialistes révolutionnaires, continua de mener des grèves de la faim à la prison de Souzdal, exigeant le droit de correspondre avec ses parents[67].

Même après avoir été à nouveau déplacés, ramenés des prisons aux camps, d'aucuns essayèrent de perpétuer la tradition. Au milieu des années 1930, les socialistes furent rejoints dans leurs grèves de la faim par quelques authentiques trotskistes. En octobre 1936, des centaines de trotskistes, anarchistes et autres politiques d'un *lagpounkt* de Vorkouta entamèrent une grève de la faim qui, selon les archives, devait durer cent trente-deux jours. Leur but était sans conteste politique : les grévistes demandaient à être séparés des criminels, mais aussi que leur journée de travail fût limitée à huit heures, qu'ils fussent nourris quel que fût leur travail. Et surtout, ils demandaient l'annulation de leur condamnation. Dans un autre *lagpounkt* de Vorkouta, une grève plus grande encore — à laquelle se joignit, en l'occurrence, une poignée de truands — devait durer cent quinze jours. En mars 1937, l'administration du Goulag ordonna de satisfaire les revendications des grévistes. À la fin de 1938, cependant, la plupart avaient été massacrés dans le cadre des exécutions de masse de cette année-là[68].

À peu près à la même époque, un autre groupe de trotskistes se mit en grève dans le camp de transit de Vladivostok en attendant leur transfert vers la Kolyma. Au sein du camp, ils organisèrent des meetings et élirent un dirigeant. Celui-ci exigea le droit d'examiner le bateau dans lequel ils seraient transportés. Sa demande fut rejetée. Quand ils embarquèrent, cependant, ils entonnèrent des chants révolutionnaires et même, s'il faut en croire les rapports des informateurs du NKVD, déployèrent des affiches sur lesquelles on pouvait lire des slogans du style « Hourra Trotski, génie révolutionnaire ! » et « À bas Staline ! » Quand le vapeur atteignit la Kolyma, les détenus formulèrent de nouvelles revendications : chacun devait recevoir un travail conforme à sa spécialité et être payé pour son travail ; les conjoints ne devaient pas être séparés ; tous les détenus devaient pouvoir envoyer et recevoir du courrier sans restriction. Le moment venu, ils se lancèrent dans une série de grèves de la faim, dont une qui dura cent jours. « La direction des prisonniers trotskistes de la Kolyma, nota alors un observateur contemporain, était entrée dans un monde imaginaire et feignait de ne pas voir les véritables rapports de force. » Tous finirent par être condamnés et exécutés[69]. Leur souffrance n'en eut pas moins un impact. Des années plus tard, un ancien procureur de la Kolyma gardait un souvenir très vif des événements :

> Tout ce qui s'est produit par la suite nous a fait si forte impression, à moi et à mes camarades que, plusieurs jours durant, j'ai tourné en rond comme dans un brouillard et

> j'avais l'impression de voir marcher devant moi une rangée de fanatiques trotskistes condamnés, quittant cette vie sans crainte, leurs slogans sur les lèvres[70]...

En réponse, peut-être, à ces rébellions, le NKVD se mit à traiter plus sévèrement les grèves de la faim et les arrêts de travail. À compter de la fin des années 1930, les fauteurs de troubles reçurent des peines de prison supplémentaires, quand ils ne furent pas condamnés à mort. Si les grèves de la faim étaient prises au sérieux, les refus de travail l'étaient plus que tout : ils allaient contre tout l'ethos du camp. Le détenu qui ne travaillait pas n'était pas seulement un problème disciplinaire ; c'était aussi un sérieux obstacle aux objectifs économiques du camp. Après 1938, en particulier, comme le raconte un ancien détenu, les grévistes furent sévèrement châtiés :

> Des prisonniers avaient refusé de se rendre à leur travail, sous prétexte qu'on leur avait donné des aliments avariés. Bien entendu, l'administration réagit avec vigueur et quatorze des meneurs — douze hommes et deux femmes — furent passés par les armes. L'exécution eut lieu dans le camp, en présence de tous les autres prisonniers. Après quoi, des prisonniers désignés dans chaque baraquement creusèrent les tombes des suppliciés le long de la clôture de barbelés du camp. Il n'est guère probable qu'une nouvelle mutinerie éclate tant que les prisonniers garderont le souvenir de celle-là[71]...

Mais la perspective même d'un châtiment assuré — voire d'une mort certaine — ne pouvait éliminer totalement le besoin du prisonnier de se rebeller ; plus tard, à la suite de la mort de Staline, certains devaient le faire en masse. Reste que même du vivant de Staline, même dans les années de guerre les plus rudes et les plus difficiles, l'esprit de rébellion persista. La remarquable histoire de la rébellion d'Oust-Ousa, en janvier 1942, le montre bien.

Dans les annales du Goulag, la rébellion d'Oust-Ousa fut, pour autant que nous le sachions, unique. S'il y eut d'autres explosions massives du vivant de Staline, nous n'en savons encore rien. Sur Oust-Ousa, nous sommes fort bien renseignés : des versions altérées de l'histoire font de longue date partie de l'histoire orale du Goulag, mais l'épisode a aussi été étudié avec soin dans les années récentes[72].

Assez curieusement, cette rébellion ne fut pas conduite par un prisonnier, mais par un « libre ». Mark Retiounine était à l'époque administrateur en chef du *lagpounkt* de Lesoreid, petit camp forestier relevant du complexe du Vorkoutlag. Le *lagpounkt* comptait près de 200 détenus, dont plus de la moitié de politiques. En 1942, Retiounine avait déjà une grande expérience du système des camps : comme maint chef de petit camp, c'était un ancien prisonnier, ayant purgé dix ans pour avoir, prétendument, dévalisé une banque. Il n'en avait pas moins la confiance de l'administration concentrationnaire, qui le décrivait comme un homme « prêt à sacrifier sa vie pour les intérêts productifs du camp ». D'autres ont gardé de lui le souvenir d'un buveur et d'un joueur de cartes — témoignage, peut-être, de ses origines criminelles. D'autres encore le présentent comme un amateur de poésie et une « forte personnalité », volontiers hâbleur et bagarreur — témoignage, peut-être, de la légende laissée dans son sillage.

Les mobiles précis de Retiounine demeurent peu clairs. Il semble qu'il ait été profondément choqué quand, après le début de la guerre en juin 1941, le NKVD prit un arrêté interdisant à tous les politiques de quitter leur camp, même à l'expiration de leur peine. Afanassi Iachkine, le seul des premiers conjurés à avoir survécu à la rébellion, confia à ses interrogateurs du NKVD que Retiounine avait cru que tous les habitants du *lagpounkt*, détenus ou non, seraient exécutés dès que les Allemands commenceraient à s'enfoncer en Union soviétique. « Qu'avons-nous à perdre, même s'ils nous tuent ? leur avait-il expliqué d'un ton pressant. Quelle différence ? Nous tombons demain ou nous mourons aujourd'hui en rebelles. [...] Les autorités du camp vont abattre tous ceux qui ont été condamnés comme contre-révolutionnaires, même nous, les libres, qui sommes retenus ici jusqu'à la fin de la guerre. » Ce sentiment ne relevait pas totalement de la paranoïa : ayant été lui-même interné au Vorkoutlag en 1938, il était bien placé pour savoir que le meurtre collectif était parfaitement dans les capacités du NKVD. Et malgré son statut élevé de patron de tout un *lagpounkt*, on lui avait tout dernièrement refusé la permission de rentrer chez lui en vacances.

On ne sait aucun autre détail des préparatifs. Retiounine, cela n'a rien d'étonnant, n'a pas laissé de documents écrits derrière lui. Au vu des événements eux-mêmes, il n'en est pas moins clair que la rébellion fut soigneusement planifiée. Les rebelles passèrent à l'action dans l'après-midi du 24 janvier 1942. C'était un samedi, le jour où les gardes en armes du camp prévoyaient de se servir des bains. Ils s'y rendirent comme convenu. L'étuviste, un détenu chinois du nom de Lou Fa — qui était du complot —, s'empressa de fermer les portes derrière eux. Aussitôt, le reste des conjurés désarma les gardes restants, postés à la *vakhta*. Deux se défendirent. L'un d'eux fut tué, l'autre blessé. Toutes leurs armes tombèrent entre les mains des rebelles : au total, douze fusils-mitrailleurs et quatre revolvers.

Très vite, un groupe de rebelles ouvrit les entrepôts du camp et se mit à distribuer aux détenus des habits et des bottes d'excellente qualité. Ils avaient été spécialement amassés par Retiounine, qui invita les détenus à se joindre au soulèvement. Tous ne le firent pas. Certains prirent peur ; d'autres jugeaient la situation désespérée. Il en est même qui essayèrent de dissuader les rebelles de continuer. D'autres acceptèrent. Vers dix-sept heures, une heure environ après le début de la rébellion, un groupe de cent hommes marchait en colonne vers la ville voisine d'Oust-Ousa.

Au départ, les citadins, désarçonnés par les vêtements des détenus, ne comprirent pas ce qui était en train de se passer. Puis les rebelles, maintenant scindés en deux groupes, attaquèrent le bureau de poste et la prison. Les deux attaques réussirent. Les rebelles ouvrirent les cellules : douze autres prisonniers rejoignirent leurs rangs. À la poste, ils coupèrent toute communication avec le monde extérieur. Oust-Ousa était tombée sous la coupe des prisonniers.

C'est alors que les citadins commencèrent à réagir. Quelques-uns prirent les armes au siège de la milice municipale. Certains se précipitèrent pour défendre le petit aérodrome, où deux petits avions se trouvaient sur la piste. D'autres allèrent chercher de l'aide : un des policiers de la ville sauta sur son cheval pour se rendre au *lagpounkt* voisin de Polia-Kouria, où ce fut alors la panique. Persuadé que les Allemands étaient arrivés, le patron du camp ordonna à tous les détenus de retirer leurs chaussures, afin qu'ils ne puissent pas s'évader. Quinze gardes en armes se mirent en marche vers Oust-Ousa, imaginant qu'ils allaient défendre la patrie.

À ce moment-là, des combats avaient éclaté au centre de la ville. Les rebelles avaient désarmé quelques policiers municipaux et s'étaient procuré d'autres armes. Mais c'était compter sans les défenseurs acharnés du siège de la milice. La bataille fit rage toute la nuit. Au petit matin, les pertes étaient lourdes dans les rangs des rebelles : neuf morts et un blessé. Quarante avaient été capturés. Ceux qui restaient en vie changèrent de tactique : ils allaient quitter Oust-Ousa pour se diriger sur une autre ville, Kojva. Ce qu'ils ignoraient, cependant, c'est que les autorités d'Oust-Ousa avaient déjà télégraphié pour demander de l'aide en utilisant un émetteur radio caché dans la forêt. Toutes les routes, dans toutes les directions, s'emplirent peu à peu de miliciens en armes.

Dans un premier temps, pourtant, la chance leur sourit. Presque aussitôt, les rebelles tombèrent sur un village où ils ne rencontrèrent pas de véritable résistance. Ils haranguèrent vainement les paysans de la ferme collective locale pour les persuader de se joindre à eux. Au bureau de poste, ils écoutèrent les communications et se rendirent compte que les miliciens avançaient dans leur direction. Ils quittèrent la route principale pour entrer dans la toundra et se cachèrent d'abord dans un élevage de rennes. C'est là qu'on les découvrit le 28 janvier au matin : une nouvelle bataille éclata, avec de lourdes pertes de part et d'autre. À la tombée de la nuit, cependant, les derniers rebelles s'étaient échappés — une trentaine restaient en vie ; ils se terrèrent dans un abri de chasseur, sur une montagne voisine. Certains résolurent de rester là et de se battre, même si, étant à court de munitions, ils n'avaient plus aucune chance. D'autres s'enfoncèrent dans les bois où, au cœur de l'hiver, à découvert, ils n'avaient aucune chance non plus.

La dernière épreuve de force eut lieu le 31 janvier : l'affrontement dura un jour et une nuit. Les miliciens resserrant l'étau, une partie des rebelles, dont Retiounine, se donnèrent la mort. Le NKVD pourchassa les autres dans les bois, les raflant l'un après l'autre. Les corps furent entassés les uns sur les autres. Dans une frénésie de haine, les miliciens les mutilèrent puis les photographièrent. Les clichés, conservés aux archives régionales, montrent des corps suppliciés, déformés, couverts de neige et de sang. On ne sait où les cadavres furent inhumés. Suivant une légende locale, les miliciens les auraient brûlés sur place.

Par la suite, les rebelles capturés plus tôt furent expédiés à Syktyvkar, la capitale régionale, et firent aussitôt l'objet d'une enquête. Après plus de six mois d'interrogatoires et de torture, dix-neuf écopèrent de nouvelles peines de camps et quarante-neuf furent exécutés le 9 août 1942.

Du côté des défenseurs de l'ordre soviétique, le bilan était lourd. Mais ce n'est pas simplement la perte de quelques douzaines de gardes et de civils qui tracassa le NKVD. Suivant sa déposition, Iachkine « confessa » que l'objectif ultime de Retiounine était de renverser les autorités régionales, d'instaurer un régime fasciste et, naturellement, de passer une alliance avec l'Allemagne nazie. Sachant ce que nous savons des interrogatoires à la soviétique, on peut tranquillement écarter ces mobiles.

Reste que cette rébellion était bien autre chose qu'une rébellion criminelle typique : de toute évidence, ses motivations étaient politiques et franchement antisoviétiques. Les participants ne correspondent pas non plus au profil du fugitif criminel type : la majorité était faite de politiques. Les rumeurs de rébellion, le NKVD le savait, feraient vite le tour des nombreux camps voisins, qui comptaient un nombre exceptionnellement élevé de politiques au cours des années de guerre. Certains, alors et plus tard, soupçonnaient que les Allemands avaient connaissance des camps de Vorkouta et prévoyaient de les utiliser comme une cinquième colonne si jamais ils pénétraient aussi loin en Russie. Aujourd'hui encore persiste la rumeur d'espions allemands parachutés dans la région.

Redoutant une répétition, Moscou passa à l'action. Le 20 août 1942, tous les patrons de tous les camps du système reçurent une note « Sur la recrudescence des activités contre-révolutionnaires dans les camps de redressement par le travail du NKVD ». Elle leur donnait deux semaines pour éliminer les « éléments contre-révolutionnaires et antisoviétiques » de leurs camps. S'ensuivit à travers l'Union soviétique une série d'enquêtes qui permirent de « démasquer » un nombre massif de prétendues conspirations : d'un « Comité de libération du peuple » de Vorkouta à la « Société russe de vengeance contre les Bolcheviks » à Omsk. Un rapport de 1944 fait état de 603 groupes insurrectionnels découverts dans les camps entre 1941 et 1944 pour un total de 4 640 participants[73].

Dans leur immense majorité, ces groupes étaient sans nul doute fictifs et avaient été créés à seule fin de prouver que les réseaux de mouchards à l'intérieur des camps faisaient bel et bien quelque chose. Les autorités n'en avaient pas moins raison d'avoir peur : la rébellion d'Oust-Ousa devait apparaître comme un signe avant-coureur. Si elle fut écrasée, elle ne fut pas oubliée ; pas plus que ne furent oubliées les souffrances des socialistes et des trotskistes exécutés. Une décennie plus tard, une nouvelle génération de détenus réinventerait la grève politique, reprenant le flambeau où les rebelles et les grévistes de la faim l'avaient laissé, et adaptant leur tactique à l'ère nouvelle.

À proprement parler, cependant, leur histoire appartient aux chapitres suivants. Ils ne font pas partie de l'histoire de la vie dans les camps à l'apogée du Goulag, mais relèvent d'une saga ultérieure : celle de la façon dont le Goulag a pris fin.

TROISIÈME PARTIE

ESSOR ET CHUTE DU COMPLEXE INDUSTRIEL CONCENTRATIONNAIRE, 1940-1986

CHAPITRE 19

La guerre commence

J'étais soldat, me voici condamné
Mon âme est gelée, ma langue muette.
Quel artiste, quel poète,
Dépeindra ma terrible captivité ?

Et les mauvais corbeaux ne savaient pas
Quel genre de peine ils nous infligeaient
Quand ils nous torturaient, nous traquaient
De prison en exil, d'exil en camp.

Mais miracle ! Au-dessus de la carrière
Luit une étoile libre
Si mon âme est gelée, elle n'est pas brisée
Si ma langue est muette, elle parlera !

LEONID SITKO
1949[1].

En Occident, la mémoire collective se souvient généralement du 1er septembre 1939, date de l'invasion de la Pologne occidentale par les troupes allemandes, comme du début de la Seconde Guerre mondiale. Dans la conscience historique russe, cependant, ni ce jour-là ni le 15 septembre 1939 — date de l'invasion de l'Est polonais par les troupes soviétiques — ne marquent le début de la bataille. Si dramatique qu'elle fût, cette invasion conjointe, arrangée à l'avance dans le cadre des négociations qui aboutirent au pacte Hitler-Staline, ne devait pas directement affecter la plupart des citoyens soviétiques.

En revanche, aucun citoyen soviétique n'a jamais oublié le 22 juin 1941, le jour où Hitler lança l'opération Barbarossa, son attaque surprise contre ses alliés soviétiques. Karlo Stajner, alors détenu à Norilsk, l'apprit par la radio du camp :

> La musique [...] s'interrompit brusquement et nous entendîmes la voix de Molotov qui évoquait « l'attaque perfide » des nazis contre la Russie. Après quelques mots, l'émission fut coupée. Une centaine d'hommes se trouvaient dans la baraque et il régnait un silence de mort. Tous se regardaient, les yeux graves. Le voisin de Vassili murmura :
>
> — Cette fois, nous sommes foutus[2] !

Habitués à l'idée que tout événement politique majeur était mauvais pour eux, les politiques accueillirent la nouvelle de l'invasion avec une horreur particulière. Et ils avaient raison : les « ennemis du peuple » — désormais considérés comme une cinquième colonne en puissance — furent dans certains cas immédiatement voués à une répression accrue. Certains — on ne sait combien jusqu'ici — furent exécutés. Au deuxième jour de la guerre, se souvient Stajner, le ravitaillement fut coupé : « Le sucre fut totalement supprimé et on diminua de moitié notre ration de savon[3]. » Le troisième jour, tous les prisonniers étrangers furent rassemblés. Citoyen autrichien (même s'il se considérait comme un communiste yougoslave), Stajner fut à nouveau arrêté, retiré de son camp et jeté en prison. La procurature du camp rouvrit l'enquête sur son cas.

Le même schéma se reproduisit dans tout le système concentrationnaire. Dans l'Oustvymlag, au premier jour de guerre, la direction interdit toute correspondance, les journaux et les colis et fit enlever les haut-parleurs[4]. Les chefs de la Kolyma retirèrent aux politiques le droit de lire leur courrier et la presse et les privèrent aussi de radio. Partout, les fouilles s'intensifièrent, les appels du matin devinrent plus longs. Les commandants de *lagpounkt* organisèrent des baraques de sécurité renforcée pour les détenus d'origine allemande. « Tous ceux qui sont en BERG, en BOURG, en STEIN et le reste, sortez des rangs ! Tous ceux, là-dedans, qui ont des noms comme Hin-den-burg ou Deit-gen-stein ! », lancèrent les gardes, faisant signe à Evguénia Guinzbourg qu'elle devait se joindre à eux. Elle se débrouilla pour filer au bureau d'enregistrement et de distribution et persuada une inspectrice de certifier sa citoyenneté et sa nationalité. « C'était bien la première fois dans l'histoire du monde qu'on avait avantage à être Juif[5] ! »

L'administration du Karlag retira tous les prisonniers d'origine finnoise ou allemande de la menuiserie du camp pour les envoyer couper du bois. « Après cinq jours, se souvient un Finno-Américain, l'usine arrêta sa production parce que les Finnois et les Allemands étaient les seuls spécialistes à savoir faire le travail. Sans l'autorisation de Moscou, ils nous rapatrièrent à l'usine[6]. »

Pour toutes les personnes concernées, le changement le plus dramatique fut l'ordre — également promulgué le 22 juin 1941 — interdisant à tous les détenus convaincus de « trahison de la mère patrie, d'espionnage, de terreur, de diversion, de trotskisme, de tendances droitières et de banditisme » (autrement dit, tous les politiques), de quitter les camps. Les prisonniers parlèrent de ce décret comme d'une

« rallonge de peine », alors même qu'il s'agissait d'une mesure administrative, non pas d'une nouvelle condamnation. D'après les archives officielles, 17 000 prisonniers furent aussitôt affectés. D'autres le seraient par la suite[7]. Habituellement, il n'y avait pas de préavis : le jour où ils auraient dû être libérés, ceux qui tombaient sous le coup de cette mesure recevaient tout simplement un document ordonnant qu'ils fussent maintenus derrière les barbelés « jusqu'à la fin de la guerre[8] ». Pour beaucoup, cela voulait dire qu'ils resteraient éternellement en prison : « C'est alors seulement que j'ai compris toute la tragédie de ma situation », se souvient l'un d'eux[9].

La tragédie toucha plus que quiconque les femmes avec des enfants. Un Polonais a raconté l'histoire d'une femme contrainte d'abandonner son bébé dans une crèche hors du camp. Tous les jours de son emprisonnement, elle ne songea à rien d'autre qu'à récupérer son enfant. Puis, lorsque arriva la date de sa libération, on lui fit savoir qu'elle ne recouvrerait pas sa liberté à cause de la guerre : « Elle repoussa son travail et, s'effondrant sur la table, elle se mit non pas à sangloter, mais à hurler comme une bête sauvage[10]. »

Olga Adamova-Sliozberg raconte elle aussi l'histoire d'une femme, Nadia Fiodorovitch, qui devait être libérée le 25 juin 1941. Son fils, qui vivait alors chez des parents éloignés qui souhaitaient se débarrasser de lui, l'attendait. Elle lui avait écrit, lui demandant de patienter. Quand elle apprit qu'elle ne serait pas relâchée, elle lui écrivit de nouveau. Il ne répondit pas :

> Un beau jour de l'hiver 1942, une lettre lui arriva d'un inconnu. Dans une gare, quelque part près d'Irkoutsk, il avait ramassé Boria avec une pneumonie et l'avait pris

chez lui. Il reprochait à Nadia d'avoir, après sa libération, oublié son fils, d'être une mauvaise mère qui, sûrement, s'était mariée et vivait douillettement tandis que son gamin de quatorze ans avait couru « comme un petit lièvre » de Riazan à Irkoutsk, mourant de faim.

Nadia essaya d'entrer en contact avec l'inconnu, mais en vain : la censure ne laissait plus passer les lettres des politiques, surtout quand il y était question de la prolongation *sine die* des peines des prisonniers. Plus tard, Nadia apprit que son fils avait rejoint une bande. En 1947, il atterrit lui aussi à la Kolyma, avec une peine de cinq ans[11].

Pour tous ceux qui restèrent derrière les barbelés, la vie se fit plus dure au fil de la guerre. De nouvelles lois allongèrent la journée de travail. Le refus de travailler n'était plus simplement illégal : c'était un acte de trahison. En février 1941, Vassili Tchernychev, alors commandant de l'administration centrale du Goulag, adressa à tous les chefs de camp et de colonie une lettre décrivant le sort de vingt-six prisonniers. Le système judiciaire des camps les avait jugés et reconnus coupables de refus de travail puis avait infligé à cinq d'entre eux dix ans de camp supplémentaires. Les vingt et un restants furent condamnés à mort. Tchernychev invitait sèchement ses subordonnés à en « informer les prisonniers de tous les camps et colonies de redressement par le travail[12] ».

Le message filtra très vite. Tous les détenus, écrit Gustaw Herling, savaient très bien que, « parmi les délits les plus graves qui pussent être commis au camp après le 22 juin 1941, on comptait la propagande défaitiste et le refus de travailler, maintenant compris dans la catégorie de "sabotage de l'effort de guerre" par les nouveaux règlements[13] ».

Toutes ces mesures, s'ajoutant à la pénurie générale de nourriture, eurent des effets dramatiques. Bien que les exécutions de masse ne fussent pas aussi fréquentes qu'elles l'avaient été en 1937 et 1938, les taux de mortalité des détenus pour 1942 et 1943 n'en sont pas moins les plus élevés de toute l'histoire du Goulag. Suivant les statistiques officielles, très certainement en deçà de la réalité, 352 560 prisonniers moururent en 1942, soit un sur quatre ; en 1943, 267 826, soit un sur cinq[14]. Tout en étant officiellement établi à 22 % en 1943 et à 18 % en 1944, le nombre de malades était probablement bien supérieur, tandis que le typhus, la dysenterie et d'autres épidémies firent des ravages dans les camps[15].

En janvier 1943, la situation était devenue si dramatique que le gouvernement soviétique créa un « fonds » alimentaire spécial pour le Goulag : sans doute les prisonniers étaient-ils des « ennemis », mais ils restaient nécessaires à la production de guerre. La situation alimentaire s'améliora quand le cours de la guerre tourna en faveur de l'Union soviétique, mais même avec ces rations supplémentaires les normes alimentaires étaient d'un tiers plus pauvres en calories que les rations de la fin des années 1930[16]. Au total, c'est nettement plus de deux millions de détenus qui moururent dans les camps et colonies du Goulag au cours des années de guerre — et ce, sans tenir compte de ceux qui trouvèrent la mort en exil ou dans d'autres formes d'incarcération. Plus de 10 000 furent exécutés, pour trahison ou sabotage, sur ordre des procureurs des camps[17].

Pour situer ces chiffres et ces changements dans leur contexte, il faut également dire que la population libre de l'Union soviétique souffrit elle aussi de la guerre, et que les régimes plus stricts, les règles plus sévères touchèrent les travailleurs hors des camps comme à l'intérieur. Dès 1940, à la suite de l'invasion de la Pologne et des États baltes par les troupes soviétiques, le Soviet suprême instaura la journée de huit heures de travail sept jours sur sept dans toutes les usines et institutions. De manière plus draconienne encore, le régime interdit à tous les travailleurs de quitter leur lieu de travail. Le faire devint un crime, passible d'une peine de camp. La production de biens de « mauvaise qualité » (« sabotage ») devint également un crime, tandis que les peines pour les autres crimes se firent plus rudes. Les travailleurs accusés de faucher des pièces détachées, des outils, du papier ou de quoi écrire sur leurs lieux de travail pouvaient être condamnés à une année de camp ou plus[18].

On mourait de faim hors des camps presque aussi souvent qu'à l'intérieur. Au cours du blocus allemand de Leningrad, les rations de pain tombèrent à cent dix grammes par jour, ce qui était insuffisant pour survivre ; il n'y avait pas de carburant pour se chauffer, ce qui faisait de l'hiver dans le Nord un calvaire. La population attrapait des oiseaux et des rats, prenait leur nourriture aux enfants mourants, mangeait les cadavres ou tuait pour s'emparer de cartes de rationnement. « Dans les appartements, les gens se battaient pour la vie, tels des explorateurs polaires en perdition », se rappelle un survivant[19].

Et Leningrad ne fut pas la seule ville affamée. En avril 1945, des rapports du NKVD font état de famine et d'inanition massive en Asie centrale, en Ouzbékistan, en Mongolie et dans la République tatare. Ce sont les familles des soldats du front, privées de leur gagne-pain, qui souffraient le plus. La famine frappa aussi l'Ukraine : en 1947, on signalait encore des cas de cannibalisme[20]. Au total, l'Union soviétique aurait perdu vingt millions de ses citoyens au cours de la guerre. Entre 1941 et 1945, le Goulag ne fut pas la seule source de fosses communes en Union soviétique.

Si le renforcement de la discipline et des règles suivit de près la déclaration de guerre, le chaos aussi. L'invasion allemande progressa à une vitesse stupéfiante. Dans les quatre premières semaines de Barbarossa, les 319 unités soviétiques engagées dans la bataille furent presque toutes détruites[21]. À l'automne, les forces nazies occupaient Kiev, assiégeaient Leningrad et semblaient sur le point de prendre Moscou.

Les avant-postes occidentaux du Goulag furent emportés dès les tout premiers jours de la guerre. Les autorités avaient fermé les baraquements restants sur les îles Solovetski en 1939 et en avaient transféré tous les prisonniers vers des prisons du continent : les camps leur paraissaient trop proches de la frontière finlandaise[22]. (Les archives du camp disparurent au cours de l'évacuation, puis de l'occupation finlandaise ultérieure. Probablement furent-elles détruites, conformément aux procédures réglementaires, mais des rumeurs, jamais étayées, prétendent qu'elles auraient été volées par l'armée finlandaise et qu'elles seraient encore cachées dans les coffres ultra-secrets du gouvernement à Helsinki[23].) Les autorités donnèrent aussi pour consigne au Belbaltlag, le camp qui dirigeait le canal de la mer Blanche, d'évacuer ses détenus en juillet 1941, mais de laisser ses chevaux et son bétail pour l'armée rouge. On ne sait si celle-ci put en faire usage avant l'arrivée des Allemands[24].

Ailleurs, le NKVD céda purement et simplement à

la panique, nulle part ce ne fut plus clair que dans les territoires récemment occupés de la Pologne orientale et des États baltes, où les prisons débordaient de prisonniers politiques. Il n'avait pas le temps de les évacuer, mais il ne pouvait guère non plus abandonner entre les mains des Allemands des « terroristes antisoviétiques ». Le 22 juin, le jour même de l'invasion allemande, le NKVD se mit à fusiller les détenus des prisons de Lvov, ville polono-ukrainienne située près du front germano-soviétique. L'opération était en cours, cependant, quand la ville fut le théâtre d'un soulèvement ukrainien, obligeant le NKVD à abandonner complètement les prisons. Enhardis par l'absence soudaine de gardiens et l'écho des tirs d'artillerie, un groupe de détenus de la prison de Brygidka, au centre de Lvov, sortirent en force. D'autres refusèrent de s'en aller, redoutant que les gardiens ne fussent postés à l'extérieur, à l'affût d'un prétexte de ce genre pour les abattre.

Ceux qui restèrent allaient payer leur erreur. Le 25 juin, avec le renfort de gardes-frontières, le NKVD revint en effet à Brygidka, libéra les criminels « ordinaires » — et, d'une rafale de fusil-mitrailleur, abattit les politiques dans leurs cachots. Les voitures et camions de la rue, au-dessus, étouffèrent le bruit des tirs. Les pensionnaires des autres prisons de la ville connurent un semblable destin. Au total, le NKVD tua quelque 4 000 détenus à Lvov, les abandonnant dans des fosses communes qu'il eut à peine le temps de recouvrir d'une mince couche de sable[25].

De semblables atrocités eurent lieu dans la plupart des régions frontalières. Dans le sillage du retrait soviétique, le NKVD laissa derrière lui quelque 21 000 détenus et en libéra 7 000 autres. Dans une ultime explosion de violence, cependant, les troupes du NKVD sur le départ et les soldats de l'armée rouge en massacrèrent près de 10 000 dans des dizaines de villes et villages polonais et baltes — Wilno (Vilnius), Drohobycz et Pinsk[26]. Ils les tuèrent dans leurs cellules, dans les cours des prisons ou dans les forêts voisines. Battant en retraite, les troupes du NKVD brûlèrent aussi des bâtiments et fusillèrent des civils, massacrant parfois les propriétaires des maisons où leurs troupes avaient été logées[27].

Plus loin de la frontière, où il y avait plus de temps pour se préparer, le Goulag s'efforça d'organiser des évacuations. Trois ans plus tard, dans son long et pompeux bilan de l'effort de guerre du Goulag, Viktor Nasedkine, son patron au cours de la guerre, qualifia ces évacuations d'« ordonnées ». Les plans avaient été « mis en œuvre par le Goulag en coordination avec le déplacement de l'industrie », affirme-t-il, même si « en rapport avec les difficultés de transport bien connues, une forte proportion de détenus furent évacués à pied »[28].

En réalité, il n'y avait pas de plans, et les évacuations se firent dans la hâte et la panique, souvent sous une pluie de bombes allemandes. Quant aux « difficultés de transport bien connues », il faut comprendre que des gens moururent étouffés dans des wagons surpeuplés, ou que des bombes les anéantirent avant qu'ils ne parvinssent à destination. Janusz Puchinski, détenu polonais arrêté et déporté le 19 juin, s'enfuit d'un train de prisonniers en feu, avec sa mère et ses frères et sœurs :

> À un moment, il y a eu une forte explosion et le train s'est arrêté. Les gens ont commencé à s'échapper des wagons. [...] Le train se trouvait dans un profond ravin. Je me suis dit que jamais je ne me tirerais de là. Les

> avions hurlaient au-dessus de ma tête, j'avais les jambes cotonneuses. J'ai réussi tant bien que mal à grimper, et je me suis mis à courir vers les bois, à 200-250 mètres de la voie. Une fois là-bas, je me suis retourné et j'ai vu que derrière moi, à découvert, il y avait des foules de gens. À ce moment-là, le groupe d'avions suivant est arrivé et s'est mis à tirer sur la foule[29]...

Des bombes touchèrent aussi un train qui transportait les détenus de la prison de Kolornyja, tuant certains détenus, mais en laissant près de trois cents s'échapper. L'escorte du convoi en rattrapa la moitié, mais les remit plus tard en liberté. Ainsi qu'ils l'expliquèrent, ils n'avaient rien à leur donner à manger ni nulle part où les garder. Toutes les prisons de la région avaient été évacuées[30].

Se retrouver dans un train de prisonniers au cours d'un raid aérien était cependant une expérience relativement inhabituelle, ne serait-ce que parce qu'il y avait rarement de place pour les détenus dans les trains d'évacuation. À bord d'un train au départ d'un camp, les familles et les bagages des gardes et des administrateurs prenaient tant de place qu'il n'y avait plus le moindre recoin pour aucun prisonnier[31]. Ailleurs, l'équipement industriel était prioritaire sur les hommes, pour des raisons pratiques, mais aussi de propagande. Écrasés à l'Ouest, les dirigeants soviétiques promettaient de se refaire à l'est de l'Oural[32]. De ce fait, une « proportion significative » de prisonniers — en réalité, l'écrasante majorité — « évacués à pied », aux dires de Nasedkine, furent astreints à de longues marches forcées qui rappellent jusqu'à l'obsession les longues marches forcées infligées quatre ans plus tard aux prisonniers des camps de concentration nazis : « Nous n'avons pas de transport », annonça un garde à un convoi *(echelon)* de prisonniers alors que les bombes pleuvaient autour d'eux. « Ceux qui sont en état de marcher marcheront. Protestation ou pas, tous marcheront. Ceux qui ne peuvent pas marcher, nous les abattrons. Nous ne laisserons personne aux Allemands... À vous de choisir votre destin[33]. »

Et ils marchèrent, même si le voyage de beaucoup fut écourté. La progression rapide des Allemands rendait le NKVD nerveux — auquel cas, il se mettait à fusiller. Le 2 juillet, les 954 détenus de la prison de Czortków, en Ukraine occidentale, commencèrent leur marche vers l'est. En cours de route, l'officier qui établit le rapport ultérieur identifia parmi eux 123 nationalistes ukrainiens et les fusilla pour « tentative de rébellion et d'évasion ». Après plus de quinze jours de marche, alors que l'armée allemande n'était qu'à une trentaine de kilomètres, il exécuta ceux qui restaient en vie[34].

Quant au sort des évacués non exécutés, il ne valait guère mieux. « Dans les régions du front, écrivit Nasedkine, l'appareil du Goulag fut mobilisé pour s'assurer que les convois d'évacuation et les transports de prisonniers disposaient des services médico-sanitaires et du ravitaillement nécessaires[35]. » Et voici comment, à l'inverse, M. Chteinberg, prisonnière politique arrêtée pour la seconde fois en 1941, décrit son évacuation de la prison de Kirovograd :

> Tout baignait dans une lumière éclatante. À midi, ça devint insupportable. C'était l'Ukraine, en plein mois d'août. Tous les jours, il faisait autour de 35°. Une foule de gens marchaient et au-dessus de cette cohue était suspendu un vague nuage de poussière. Il n'y avait pas un souffle d'air, il était impossible de respirer. [...]
>
> Tout le monde avait un baluchon dans les bras. J'en avais un aussi. J'avais même emporté un manteau avec moi, puisque sans manteau il est dur de survivre à la pri-

son. C'est un oreiller, une couverture, un couvre-lit : tout. Dans la plupart des prisons, il n'y a ni lit, ni matelas, ni draps. Mais après une trentaine de kilomètres dans cette chaleur, j'ai laissé tranquillement mon baluchon sur le bord de la route. Je savais que je ne serais pas capable de le porter. L'immense majorité des femmes firent de même. Celles qui n'abandonnèrent pas leur baluchon après les trente premiers kilomètres le firent dix kilomètres plus loin. Personne ne le porta jusqu'au bout. Quinze kilomètres plus loin, j'ai retiré mes chaussures et je les ai abandonnées également. [...]

Passé Adjamka, j'ai dû traîner derrière moi ma compagne de cellule, Sokolovskaïa, sur une trentaine de kilomètres. C'était une vieille femme de soixante-dix ans, aux cheveux gris [...]. Elle avait le plus grand mal à marcher. Elle s'accrochait à moi, ne cessait de parler de son petit-fils de quinze ans, avec qui elle avait vécu. La dernière terreur de sa vie, c'est qu'il fût arrêté, lui aussi. Il m'était difficile de la traîner ; moi-même, je commençais à flancher. Elle m'a dit qu'elle « allait se reposer un instant, qu'elle se débrouillerait toute seule ». Et très vite elle s'est retrouvée à 1-2 kilomètres à la traîne. Nous étions les dernières du convoi. Je me suis dit qu'elle avait dû tomber et je me suis retournée pour aller la chercher, et je les ai vus la tuer. D'un coup de baïonnette. Dans le dos. Elle ne l'a même pas vu arriver. De toute évidence, ils savaient s'y prendre. Elle n'a même pas bougé. Plus tard, j'ai compris qu'elle avait eu une mort facile, plus facile que celle des autres. Elle n'a pas vu la baïonnette. Elle n'a pas eu le temps d'avoir peur[36].

Au total, le NKVD évacua 750 000 détenus de 27 camps et 210 colonies de travail[37]. À ces chiffres, il faut ajouter les 140 000 évacués de 272 prisons pour être incarcérés dans de nouveaux établissements à l'Est[38]. Une proportion significative — les vrais chiffres nous demeurent inconnus — n'y arriva jamais.

CHAPITRE 20

« Étrangers »

Partout un saule reste un saule

Que tu es beau, saule d'Alma Ata,
dans tes draps de gel blanc et chatoyants
Mais si je t'oublie, mon pauvre saule flétri
de la rue Rozbrat à Varsovie,
Que ma main dépérisse aussi !

Partout une montagne est une montagne
Tian Chan, sous mes yeux, fait voile dans un ciel pourpre...
Mais si je vous oublie, pics de Tatra que j'ai laissés si loin de moi, rives du Bialy où mon fils et moi rêvassions de périples en mer
Que je me transforme en pierre de Tian Chan.

Si je t'oublie
Si j'oublie ma ville natale..

ALEXANDRE WAT,
Saules d'Alma Ata,
janvier 1942 [1].

Dès la naissance du Goulag, les camps avaient toujours enfermé un fort contingent de prisonniers étrangers. Il s'agissait pour la plupart de communistes occidentaux et de membres du Komintern, même s'il y avait aussi une poignée de Britanniques ou de Françaises mariées à des citoyens soviétiques et le cas singulier de l'homme d'affaires expatrié. Ils étaient traités comme des raretés, des curiosités, mais leurs origines communistes et leur expérience antérieure de la vie soviétique paraissaient les aider à s'accorder avec les autres prisonniers. Ainsi que l'écrit Lev Razgon :

> Ils étaient proches, car ils étaient nés et avaient grandi chez nous, ou bien ils étaient venus vivre dans notre pays de leur propre gré. Même quand ils parlaient mal, ou pas du tout le russe, ils étaient des nôtres. Dans la marmite infernale du camp ils perdaient rapidement leur différence, devenaient comme tout le monde. Ceux qui avaient survécu à la première ou aux deux premières années ne se distinguaient plus de nous que par leur mauvais russe[2].

Très différents étaient les étrangers apparus après 1939. Sans prévenir, le NKVD avait arraché ces nouveaux venus — Polonais, Baltes, Ukrainiens, Biélorusses et Moldaves — à leur monde bourgeois ou paysan après l'invasion soviétique de l'Est polonais multi-ethnique, de la Bessarabie et des États baltes pour les fourrer ensuite, en masse, au Goulag et dans des villages d'exil. Les opposant aux «nôtres», ce sont eux que Razgon appelle les «étrangers». Ils avaient été «simplement emportés par le fleuve des événements» vers le Grand Nord soviétique, par «la force incompréhensible et hostile de l'histoire», et on les reconnaissait au premier coup d'œil à la qualité de leurs affaires : «Bien avant de les avoir vus dans notre zone n° 1, nous avions pu présumer de leur arrivée dans le camp, en voyant les droit commun en possession de vêtements exotiques : hauts bonnets moldaves poilus, ceintures décorées, gilets sans manches brodés à la manière bucovinienne, vestes serrées à la taille, aux épaules rembourrées, très mode[3]. »

Les arrestations dans les territoires occupés avaient commencé juste après l'invasion de la Pologne orientale par les Soviétiques en septembre 1939 et se poursuivirent après les invasions ultérieures de la Roumanie et des États baltes. L'objectif du NKVD était à la fois la sécurité — empêcher toute rébellion et l'émergence de cinquièmes colonnes — et la soviétisation, ce qui l'amena à cibler son action sur les populations les plus susceptibles de s'opposer au régime soviétique : membres de l'ancienne administration polonaise, commerçants et marchands, poètes et écrivains, paysans riches et fermiers. En un mot, tous ceux dont l'arrestation semblait être de nature à provoquer l'effondrement psychologique des habitants de la région[4]. Elle prit aussi pour cible les réfugiés de la Pologne occidentale sous occupation allemande — dont les milliers de Juifs qui fuyaient devant Hitler.

Plus tard, les critères d'arrestation se firent plus précis ou, tout au moins, aussi précis que le furent jamais les critères soviétiques en la matière. Un document de mai 1941, concernant l'expulsion des éléments « socialement étrangers » des États baltes mais aussi de la Roumanie et de la Pologne occupées, exigeait, entre autres choses, l'arrestation des « membres actifs des organisations contre-révolutionnaires », c'est-à-dire les militants des partis politiques ; les anciens policiers et membres du corps pénitentiaire ; les capitalistes et les bourgeois en vue ; les anciens officiers des armées nationales ; les familles de tous les membres des catégories précédentes ; tous les rapatriés d'Allemagne ; les réfugiés de l'« ancienne Pologne » ; et enfin les voleurs et les prostituées[5].

Suivant une autre série d'instructions émanant du commissaire de la Lituanie nouvellement soviétisée, en novembre 1940, les déportés devaient comprendre, outre les catégories ci-dessus :

> ceux qui voyagent souvent à l'étranger, qui entretiennent une correspondance outre-mer ou entrent en contact avec les représentants d'États étrangers ; les espérantistes ; les philatélistes ; ceux qui travaillent pour la Croix-Rouge ; les réfugiés ; les contrebandiers ; les exclus du parti communiste ; la noblesse, les propriétaires terriens, les marchands riches, les banquiers, les industriels, les hôteliers et les restaurateurs[6].

Quiconque enfreignait la loi soviétique, y compris les lois interdisant la « spéculation » — toute forme de commerce —, pouvait être arrêté, comme quiconque tentait de franchir la frontière soviétique pour s'enfuir en Hongrie ou en Roumanie.

Du fait de l'ampleur des arrestations, les autorités d'occupation soviétiques durent vite suspendre toute fiction de légalité. Parmi tous ceux sur qui le NKVD mit la main dans les nouveaux territoires occidentaux, très peu furent jugés, incarcérés ou même condamnés. Une fois de plus, la guerre provoqua un regain de « déportation administrative » : la même procédure, initiée par les tsars, qui avait été employée contre les koulaks. La « déportation administrative » est un nom fantaisiste qui recouvre une procédure simple. Concrètement, des troupes du NKVD ou des gardes frappaient à la porte d'une maison et disaient à ses habitants qu'ils devaient partir. Ils avaient tantôt un jour pour se préparer, tantôt quelques minutes. Puis arrivaient des camions qui les conduisaient à la gare, et ils partaient. Il n'y avait ni arrestation, ni jugement, ni aucune procédure.

Les effectifs concernés sont considérables. Suivant les estimations de l'historien Alexandre Gourjanow, 108 000 habitants de la Pologne orientale furent arrêtés et internés dans les camps du Goulag; et 320 000 déportés vers des villages d'exil — dont certains, fondés par des koulaks — dans le Grand Nord et au Kazakhstan[7]. À quoi il faut encore ajouter les 96 000 détenus arrêtés et les 160 000 déportés des États baltes, ainsi que 36 000 Moldaves[8]. L'effet combiné des déportations et de la guerre sur la démographie des États baltes fut spectaculaire: entre 1939 et 1945, la population estonienne déclina de 25 %[9].

L'histoire de ces déportations, comme celle des déportations des koulaks, est distincte de l'histoire du Goulag lui-même, et, comme je l'ai déjà dit, l'histoire complète de ce déplacement massif de familles n'a pas sa place dans ce livre. Mais elle n'est pas non plus un phénomène totalement séparé. Il est souvent difficile de comprendre pourquoi le NKVD choisissait de déporter une personne, de l'envoyer vivre dans un village d'exil, et d'arrêter telle autre, pour l'interner dans un camp, tant les origines des personnes arrêtées ou déportées étaient semblables. Parfois, si un homme était expédié dans un camp, sa femme et ses enfants étaient alors déportés. Si on arrêtait un fils, ce sont ses parents qui étaient déportés. Certaines personnes arrêtées purgeaient des peines de camp puis étaient reléguées dans un village d'exil, où elles retrouvaient parfois les membres de leur famille précédemment déportés.

En dehors de leur fonction punitive, les déportations s'inscrivaient parfaitement dans le grand projet, cher à Staline, de peupler les régions du nord de la Russie. Comme le Goulag, les villages d'exil étaient délibérément implantés dans des régions lointaines et paraissaient faits pour durer. Les officiers du NKVD déclarèrent effectivement à de nombreux exilés qu'ils ne reviendraient jamais, d'aucuns faisant même des discours alors que les exilés montaient dans les trains pour féliciter les «nouveaux citoyens» de leur émigration définitive en Union soviétique[10]. Dans les villages d'exil, les commandants de la place rappelaient souvent aux nouveaux arrivants que la Pologne, désormais partagée entre l'Allemagne et l'Union soviétique, n'existerait plus jamais. Un enseignant russe déclara à une écolière polonaise qu'il y avait autant de chances de voir la Pologne renaître que «de te voir pousser des poils dans la main[11]». Pendant ce temps, dans les villes et villages qu'ils avaient quittés, les nouvelles autorités soviétiques confisquaient et redistribuaient les biens des exilés. Ils transformaient les bâtiments en édifices publics — écoles, hôpitaux, maternités — et donnaient tous les articles ménagers (quand les voisins ou le NKVD ne les avaient pas volés) à des foyers pour enfants ou des crèches[12].

Les déportés souffraient tout autant que leurs compatriotes expédiés dans des camps de travail, sinon plus. Au moins dans les camps avaient-ils une ration quotidienne de pain et un endroit où dormir. Les exilés n'avaient souvent ni l'un ni l'autre. Les autorités les débarquaient dans une forêt vierge ou dans de minuscules villages — dans le nord de la Russie, au Kazakhstan, en Asie centrale — et les laissaient se débrouiller par eux-mêmes, parfois sans leur en donner les moyens. Lors de la première vague de déportation, les gardes des convois interdirent à beaucoup d'emporter quoi que ce soit: ni instruments de cuisine, ni vêtements, ni outils. C'est seulement en novembre 1940 que le corps administratif des escortes de convoi soviétiques se réunit et revint sur cette décision : les autorités soviétiques elles-mêmes comprirent que le dénuement des déportés se soldait par de forts taux de mortalité et ordonnèrent aux gardes de les prévenir d'emporter assez de vêtements chauds pour trois ans[13].

Malgré tout, maints déportés étaient tant mentalement que physiquement peu préparés à la vie de forestier ou de kolkhozien. Le paysage lui-même semblait étranger et terrifiant. Une femme l'a décrit dans son journal intime, tel qu'il lui apparut depuis le train : « On nous transporte à travers cet espace sans fin ; un pays si plat, si vaste, avec juste quelques peuplements humains ici et là. Invariablement, nous apercevons de sordides gourbis avec des toits de chaume et de petites fenêtres, sales et délabrés, sans clôtures ni arbres[14]... »

À l'arrivée, la situation ne faisait généralement qu'empirer. Parmi les exilés se trouvaient de nombreux avocats, médecins, boutiquiers et marchands, habitués à vivre dans des villes ou des agglomérations d'un relatif raffinement. Un rapport de décembre 1941 décrit à l'inverse des exilés venus des « nouveaux » territoires occidentaux qui s'entassent dans des baraques surpeuplées : « Les bâtiments sont crasseux, d'où la fréquence des maladies et des décès, surtout parmi les enfants [...]. La plupart des exilés n'ont pas d'habits chauds et ne sont pas aguerris au froid[15]. »

Au fil des mois et des années suivants, les souffrances allaient croissant, ainsi qu'en témoigne une série peu commune de rapports. Après la guerre, le gouvernement polonais en exil commanda et conserva toute une collection de « mémoires » d'enfants sur les déportations. Mieux qu'aucun témoignage d'adulte, ces documents illustrent le choc culturel et les privations physiques dont souffrirent les déportés. Un petit Polonais — âgé de treize ans au moment de son « arrestation » — fit le récit suivant de ses mois de déportation :

> Y avait rien à manger. Les gens mangeaient des orties, et ils enflaient et ils partaient pour l'autre monde. On nous a mis de force à l'école russe parce que pas d'école, pas de pain. On nous a enseigné qu'il fallait pas prier Dieu parce qu'y a pas de Dieu et quand, la leçon terminée, on s'est tous levés et on s'est mis à prier, le commandant de la colonie il m'a enfermé dans la *tiourma* [16] [prison].

Les récits d'autres enfants reflètent le traumatisme des parents : « Maman a voulu se tuer, et nous avec, pour pas vivre ce supplice, mais quand j'ai dit maman je veux voir papa, maman a retrouvé du courage », écrit un autre gamin, qui avait huit ans au moment de son arrestation [17]. Mais toutes les femmes ne reprenaient pas le dessus. Un autre enfant, âgé de quatorze ans au moment de sa déportation, a raconté la tentative de suicide de sa mère :

> Maman est entrée dans les baraquements, a pris une corde, un bout de pain et s'est dirigée vers les bois. Je retenais ma maman ; dans sa souffrance elle m'a frappé avec la corde et s'en est allée. Quelques heures plus tard, ils l'ont trouvée sur un épicéa. Maman avait une corde autour du cou. Sous l'arbre se tenaient quelques filles, maman a cru que c'étaient mes sœurs et a voulu dire quelque chose mais les filles s'en sont pris au commandant qui avait une hache dans sa ceinture et il a abattu l'arbre. [...] Maman déjà folle a saisi la hache du commandant et l'a frappé dans le dos, le commandant, il est tombé par terre.
>
> Le lendemain, ils ont emmené maman en prison, à trois cents kilomètres de moi. J'ai compris que je devais

travailler et j'ai continué à tirer du bois. J'avais un cheval qui s'effondrait avec moi. J'ai traîné du bois pendant un mois, puis je suis tombé malade, incapable de travailler. Le commandant a dit au vendeur de pas nous donner du pain, mais le vendeur il aimait bien les enfants et il nous a donné du pain en cachette [...]. Bientôt maman est sortie de prison les pieds gelés le visage ridé[18]...

Mais toutes les mères n'ont pas survécu. Voici ce qu'écrit un autre enfant :

On est arrivés à la colonie et le deuxième jour ils nous ont conduits au travail on devait travailler de l'aube à la nuit. Quand le jour de paye est arrivé 15 jours dix roubles c'était le plus alors deux jours c'était même pas assez pour le pain. Les gens ils mouraient de faim. Ils mangeaient les chevaux morts. C'est comme ça que ma maman elle travaillait et qu'elle a pris froid parce qu'elle avait pas de vêtements chauds elle a attrapé la pneumonie et a été malade cinq mois le 3 décembre qu'elle est tombée malade. Le 3 avril elle est allée à l'hôpital. À l'hôpital ils l'ont pas soignée du tout si elle était pas allée à l'hôpital peut-être qu'elle serait encore en vie elle est allée dans les baraquements et elle est morte y avait rien à manger alors elle est morte de faim le 30 avril 1941. Ma maman elle mourait et moi et ma sœur on était à la maison. Papa il était pas là il était au travail et ma maman elle est morte quand papa y rentrait à la maison puis ma maman est morte et alors ma maman elle est morte de faim. Et puis y a eu l'amnistie et on est sortis de cet enfer[19].

Commentant ce recueil bien particulier de récits, inhabituels par leur nombre et leur nature, Bruno Bettelheim s'est efforcé de décrire le désespoir qu'ils expriment :

Ces textes ayant été écrits peu après que les enfants eurent retrouvé la liberté et la sécurité, on se serait attendu à ce qu'ils parlent de leur espoir de libération,

> s'ils en avaient le moindre. L'absence de telles déclarations suggère qu'ils n'en avaient aucun. Ces enfants ont été floués de la liberté d'évacuer des sentiments forts et normaux, ils ont été forcés de les réprimer pour survivre un petit jour de plus. Un enfant qu'on a privé de tout espoir d'avenir est un enfant qui vit en enfer[20].

Non moins cruel fut le destin d'un autre groupe d'exilés, qui devaient rejoindre les Polonais et les Baltes au cours de la guerre. Il s'agit des minorités soviétiques, en qui Staline avait vu dès le début de la guerre une cinquième colonne en puissance ou qu'il pointa du doigt par la suite comme des «collaborateurs» des Allemands. Cette «cinquième colonne», c'étaient les Allemands de la Volga, une population dont les aïeux allemands avaient été invités à vivre en Russie au temps de Catherine II (autre maître de la Russie très soucieux de peupler les grands espaces vides de sa nation) et la minorité de langue finnoise implantée dans la République soviétique de Carélie. Même si tous les Allemands de la Volga ne parlaient plus allemand, ni les Finnois de Carélie le finlandais, ils formaient des communautés à part, avec des usages différents de leurs voisins russes. Dans un contexte de guerre avec la Finlande et l'Allemagne, c'était suffisant pour éveiller les soupçons. Au terme d'un raisonnement sinueux, même au regard des normes soviétiques, toute la population allemande de la Volga se trouva condamnée en septembre 1941 sous prétexte de «dissimuler des ennemis»:

> D'après les informations dignes de foi reçues par les autorités militaires, il y a, dans la population allemande de la Volga, des milliers et des dizaines de milliers de diversionnistes et d'espions qui, sur un signal venu d'Allemagne, mèneront des opérations de sabotage dans la

> région peuplée par les Allemands de la Volga. [Cependant] aucun des Allemands de la Volga n'a fait part aux autorités soviétiques de l'existence d'un aussi grand nombre de diversionnistes et d'espions parmi eux ; par voie de conséquence, la population allemande de la Volga a caché en son sein des ennemis du peuple et de l'autorité soviétiques[21].

Les autorités soviétiques tenaient de source sûre qu'il y avait des milliers d'espions, sans qu'aucun espion n'eût encore été dénoncé. Donc, tout le monde était coupable de cacher l'ennemi.

Parmi les « collaborateurs » figuraient diverses petites nations caucasiennes — les Karatchaïs, les Balkars, les Kalmouks, les Tchétchènes et les Ingouches — ainsi que les Tatars de Crimée et quelques autres groupes minoritaires : les Turcs Meskhètes, les Kurdes et les Khemshils, sans oublier des groupes encore plus petits de Grecs, de Bulgares et d'Arméniens[22]. De toutes ces déportations, seules celles des Tchétchènes et des Tatars furent rendues publiques du vivant de Staline. Quoique exécutées en 1944, les *Izvestia* prétendirent qu'elles avaient eu lieu en juin 1946 :

> Au cours de la Grande Guerre patriotique, tandis que les peuples de l'URSS défendaient héroïquement l'honneur et l'indépendance de la Mère patrie dans le combat contre les envahisseurs fascistes allemands, beaucoup de Tchétchènes et de Tatars de Crimée, à l'instigation d'agents allemands, rejoignirent des unités de volontaires organisées par les Allemands. [...] En rapport avec cela, les Tchétchènes et les Tatars de Crimée ont été réinstallés dans d'autres régions de l'URSS[23].

En vérité, il n'existe aucune preuve de collaboration massive des Tchétchènes et des Tatars, même si les Allemands se sont activement employés à en recruter — ce qu'ils n'ont pas fait auprès des Russes. Les forces allemandes s'arrêtèrent à l'ouest de Grozny, la capitale de la Tchétchénie, et au plus quelques centaines de Tchétchènes franchirent la ligne du front[24]. Un rapport du NKVD de l'époque parle de 335 « bandits » seulement dans la république[25]. De même, si les Allemands occupèrent la Crimée, associèrent des Tatars au régime d'occupation et en enrôlèrent dans la Wehrmacht — comme ils le firent avec les Français et les Hollandais —, rien n'indique que les Tatars aient collaboré davantage, ou moins, que les populations d'autres régions occupées d'Union soviétique (ou d'Europe), ni qu'ils aient pris part à l'extermination des Juifs de Crimée. De fait, un historien a démontré que les Tatars furent plus nombreux à combattre l'Allemagne nazie dans les rangs de l'armée rouge qu'à se battre aux côtés de la Wehrmacht[26].

En fait, le but de Staline, tout au moins en déportant les Caucasiens et les Tatars, n'était probablement pas de se venger de la collaboration. La guerre paraît plutôt lui avoir servi de couverture, de prétexte pour accomplir des opérations de purification ethnique prévues de longue date. Les tsars avaient rêvé d'une Crimée débarrassée des Tatars depuis que Catherine la Grande avait intégré la péninsule de Crimée à l'Empire russe. Les Tchétchènes avaient aussi tourmenté les tsars, puis causé des soucis pires encore à l'Union soviétique. La Tchétchénie avait été le théâtre d'une série de soulèvements antirusses et antisoviétiques, certains après la Révolution, d'autres après la collectivisation, en 1929. Une nouvelle rébellion s'était produite encore en 1940. Tout paraît indiquer que Staline voulait simplement se débarrasser de ce peuple fauteur de troubles et profondément antisoviétique[27]

Comme les déportations depuis la Pologne, les déportations des Allemands de la Volga, et des peuples du Caucase et de Crimée furent massives. À la fin de la guerre, le nombre de déportés s'élevait à 1,2 million d'Allemands, 90 000 Kalmouks, 70 000 Karatchaïs, 390 000 Tchétchènes, 90 000 Ingouches, 40 000 Balkars et 180 000 Tatars de Crimée ainsi que 9 000 Finlandais et autres[28].

Compte tenu des effectifs, la vitesse des déportations est remarquable, dépassant même en rapidité celle des Polonais et des Baltes. Peut-être était-ce que le NKVD avait désormais acquis une grande expérience : il n'y eut cette fois aucune indécision quant au choix des personnes arrêtées, à la procédure à suivre et à ce qu'ils pouvaient emporter. En mai 1944, 31 000 officiers, soldats et agents du NKVD menèrent à bien en trois jours la déportation de 200 000 Tatars, avec 100 jeeps, 250 camions et 67 trains. Des ordres spéciaux, préparés à l'avance, limitaient la quantité de bagages que chaque famille pouvait emporter. Comme ils n'avaient droit qu'à quinze ou vingt minutes pour faire leurs valises, la plupart n'en emportèrent même pas la moitié. L'immense majorité des Tatars furent chargés dans des trains à destination de l'Ouzbékistan — hommes, femmes, enfants et vieillards. Entre 6 et 8 000 moururent avant d'arriver[29].

L'opération tchétchène fut, si possible, plus cruelle encore. Maints observateurs rappellent que le NKVD se servit dans ces déportations de Studebaker de fabrication américaine, récemment acquis à travers le programme de Prêt-Bail et acheminés depuis la frontière iranienne. Beaucoup ont aussi raconté comment on fit descendre les Tchétchènes des Studebaker pour les placer dans des trains scellés : ils furent non seulement privés d'eau, comme les prisonniers « ordinaires », mais aussi de nourriture. Jusqu'à 78 000 ont sans doute trouvé la mort rien qu'au cours du transport[30].

À leur arrivée sur leur lieu d'exil désigné — Kazakhstan, Asie centrale, nord de la Russie —, les déportés qui n'avaient pas été arrêtés séparément et expédiés au Goulag furent placés dans des villages spéciaux, comme ceux des Polonais ou des Baltes, et prévenus que toute tentative d'évasion leur vaudrait vingt ans de camp. Leurs expériences furent les mêmes. Désorientés, arrachés à leurs communautés tribales ou villageoises, beaucoup ne purent s'adapter. Généralement méprisés par la population locale, souvent sans travail, ils s'affaiblirent à vue d'œil et tombèrent malades. Le choc du nouveau climat fut peut-être plus grand : « Lorsque nous sommes arrivés au Kazakhstan, se souvient un déporté tchétchène, le sol était dur, gelé, et on a cru qu'on allait tous mourir[31]. » En 1949, des centaines de milliers de Caucasiens et entre un tiers et la moitié des Tatars de Crimée étaient morts[32].

Du point de vue de Moscou, cependant, il y avait une différence de taille entre les vagues d'arrestations et de déportations du temps de guerre et celles menées plus tôt : le choix de la cible était nouveau. Pour la première fois, Staline avait décidé d'éliminer non pas simplement les membres de nationalités suspectes, particulières, ou des catégories d'« ennemis » politiques, mais des nations entières — hommes, femmes, enfants et grands-parents — pour les effacer de la carte.

Peut-être « génocide » n'est-il pas le mot qui convient à ces déportations, puisqu'il n'y eut pas d'exécutions de masse. Dans les années suivantes, Staline allait aussi chercher des collaborateurs et des alliés dans ces groupes « ennemis » : ce n'était donc pas une haine purement raciale. «Génocide culturel» en revanche, n'est pas déplacé. Après leur départ, les noms de tous les peuples déportés furent éliminés des documents officiels, y compris de la *Grande Encyclopédie soviétique*. Les autorités effacèrent leurs pays de la carte, abolissant la République autonome tchétchéno-ingouche, la République autonome des Allemands de la Volga, la République autonome de Kabardino-Balkarie et la Province autonome des Karatchaïs. La République autonome de Crimée fut elle aussi liquidée tandis que la Crimée devint purement et simplement une province soviétique de plus. Les autorités régionales détruisirent les cimetières, rebaptisèrent villes et villages et effacèrent toute trace des anciens habitants des livres d'histoire[33].

Dans leurs nouveaux foyers, tous les déportés musulmans — Tchétchènes, Ingouches, Balkars, Karatchaïs et Tatars — furent contraints d'envoyer leurs enfants dans des écoles primaires de langue russe. Tous furent découragés d'employer leur propre langue, de pratiquer leurs religion ou de se remémorer leur passé. Sans nul doute les Tchétchènes, les Tatars, les Allemands de la Volga et les petites nations du Caucase — de même qu'à plus long terme les Baltes et les Polonais — étaient-ils voués à disparaître, à être absorbés dans le monde soviétique russophone. Finalement, ces nations «resurgirent» après la mort de Staline, quoique lentement. Si les Tchétchènes furent autorisés à rentrer chez eux en 1957, les Tatars ne purent le faire avant l'ère Gorbatchev. Et ils durent attendre 1994 pour recevoir la «citoyenneté» de Crimée, c'est-à-dire leur droit de résidence officiel.

Compte tenu du climat de l'époque, de la cruauté de la guerre et de la présence, à quelques milliers de kilomètres plus à l'ouest, d'un autre génocide planifié, d'aucuns se sont demandé pourquoi Staline n'avait pas purement et simplement massacré les groupes ethniques qu'il méprisait tant. Mon idée est que la destruction des cultures, plutôt que des peuples, convenait mieux à ses fins. L'opération débarrassa l'URSS de ce qu'il tenait pour des structures sociales « ennemies » : des institutions bourgeoises, religieuses et nationales susceptibles de lui résister ; des gens éduqués qui pouvaient s'opposer à lui. Dans le même temps, elle préserva aussi pour un usage futur d'autres « unités de travail ».

L'histoire des étrangers dans les camps ne s'arrête pas, cependant, avec les Tchétchènes et les Polonais. D'autres voies menaient au système des camps soviétiques : la plupart y entrèrent comme prisonniers de guerre.

Techniquement, l'armée rouge ouvrit les premiers camps soviétiques de prisonniers de guerre en 1939, à la suite de l'occupation de la Pologne orientale. Le premier décret, en temps de guerre, sur ces camps, date du 19 septembre de cette année-là, soit un jour après que les chars soviétiques ne franchissent la frontière[34]. À la fin du mois, l'armée rouge détenait en captivité 230 000 soldats et officiers polonais[35]. Beaucoup furent libérés, notamment les jeunes soldats du rang, même si certains, considérés comme des partisans en puissance, finirent au Goulag ou dans un des quelque cent camps de prisonniers de guerre en URSS. À la suite de l'invasion allemande, ces camps furent évacués, en même temps que les autres prisons, vers des camps plus à l'est[36].

Tous les prisonniers de guerre polonais, on le sait, ne finirent pas dans ces camps. En avril 1940, le NKVD massacra discrètement plus de 20 000 officiers polonais tombés entre ses mains — les abattant d'une balle dans la nuque, conformément aux ordres directs de Staline[37]. Ce dernier assassina les officiers pour la même raison qu'il avait ordonné l'arrestation des prêtres et des enseignants polonais — son intention était d'éliminer l'élite polonaise —, puis il dissimula ses agissements. Malgré des efforts considérables, le gouvernement polonais en exil fut incapable de découvrir ce qu'il était advenu des officiers — jusqu'au jour où les Allemands les trouvèrent. Au printemps de 1943, le régime d'occupation allemand découvrit en effet 4 000 corps dans la forêt de Katyn[38]. Alors que l'Union soviétique nia toute responsabilité dans ce massacre, celle-ci fut par la suite établie ; et alors même que les Alliés se rangèrent à cette interprétation — allant jusqu'à inscrire le massacre de Katyn au nombre des crimes allemands dans l'acte d'accusation du tribunal de Nuremberg —, les Polonais savaient par leurs propres sources que la responsabilité en incombait au NKVD. L'affaire devait miner « l'alliance » soviéto-polonaise non seulement au cours de la guerre, mais pendant le demi-siècle qui suivit. C'est seulement en 1991 que le président russe Boris Eltsine reconnut la responsabilité soviétique dans le massacre[39].

Si les prisonniers de guerre polonais continuèrent à affluer dans les bataillons de travail forcé et dans les camps du Goulag tout au long de la guerre, les premiers camps de travail à grande échelle ne furent pas construits pour eux. Le cours de la guerre commençant à tourner à l'avantage de l'Union soviétique, l'armée rouge commença soudain, et de façon apparemment inattendue, à capturer en masse des Allemands et des soldats de l'Axe. Tragiquement, les autorités n'y étaient absolument pas préparées. Après la reddition allemande à la suite de la bataille de

Stalingrad — souvent considérée comme le tournant de la guerre —, l'armée rouge captura 91 000 soldats ennemis, pour lesquels elle n'avait ni installations ni rations. La nourriture qui arriva au bout de trois ou quatre jours était très insuffisante: «une miche de pain pour dix hommes, et de la soupe avec quelques grains de millet et du poisson salé[40]».

Les conditions ne furent guère meilleures au cours des premières semaines de captivité, et pas simplement pour les survivants de Stalingrad. Tandis que l'armée rouge progressait vers l'ouest, les captifs étaient habituellement parqués dans des champs et laissés là avec un minimum de nourriture et sans médicaments, quand ils n'étaient pas carrément fusillés. Faute d'abri, les prisonniers dormaient dans les bras les uns des autres, pelotonnés dans la neige, pour se retrouver, au réveil, agrippés à des cadavres[41]. Dans les premiers mois de 1943, les taux de mortalité chez les prisonniers de guerre approchaient des 60 %; officiellement, près de 570 000 sont morts en captivité — de faim, de maladies et de blessures non soignées[42]. Le bilan véritable pourrait bien être supérieur, car quantité de prisonniers ont dû mourir avant que quiconque ne parvienne à les compter. On devait déplorer des taux de mortalité analogues chez les soldats soviétiques tombés entre les mains des Allemands: la guerre soviéto-nazie fut vraiment une lutte à mort.

À compter de mars 1944, cependant, le NKVD entreprit d'«améliorer» la situation et créa un nouveau département des camps de travail forcé, spécialement destinés aux prisonniers de guerre. Quoique relevant de la police secrète, ces camps ne faisaient pas techniquement partie du Goulag: ils dépendirent d'abord du NKVD et de son Administration des prisonniers de guerre (OUPV), puis, après 1945, de son Administration centrale des prisonniers de guerre et des internés (GOUPVI)[43].

La nouvelle bureaucratie n'apporta pas nécessairement un meilleur traitement. Les autorités japonaises, par exemple, estiment que l'hiver 1945-1946 fut le plus rude pour les prisonniers japonais, dont un sur dix mourut entre les mains des Soviétiques. Alors qu'ils n'étaient guère en position de transmettre des informations militaires utiles, les lettres à leurs parents restèrent soumises à des restrictions draconiennes : les prisonniers de guerre ne furent autorisés à écrire aux leurs qu'après 1946, et encore uniquement en employant des formulaires spéciaux portant la mention « lettre de prisonnier de guerre ». Un bureau de censure spécial, avec des censeurs maîtrisant les langues étrangères, était chargé de lire leur courrier[44].

La surpopulation ne cessa pas. Tout au long de la dernière année de la guerre, et encore après, le nombre des personnes internées dans ces nouveaux camps continua de croître pour atteindre des niveaux incroyables. D'après les statistiques officielles, l'Union soviétique fit 2 388 000 prisonniers de guerre allemands entre 1941 et 1945, auxquels il faut ajouter 1 097 000 autres soldats européens combattant pour l'Axe — essentiellement des Italiens, des Hongrois, des Roumains et des Autrichiens, mais aussi des Français, des Hollandais et des Belges — et autour de 600 000 Japonais : ce chiffre est sidérant quand on sait que l'Union soviétique ne fut en guerre qu'assez brièvement contre le Japon. À l'heure de l'armistice, le nombre total des soldats capturés avait dépassé les quatre millions[45].

Si important soit-il, ce chiffre n'inclut pas tous les étrangers balayés dans les camps soviétiques au cours de la marche de l'armée rouge à travers l'Europe. Le NKVD, progressant dans le sillage de l'armée, était aussi à l'affût d'autres types de prisonniers: quiconque était accusé de crimes de guerre, était présumé espion (fût-ce au profit d'un gouvernement allié) ou antisoviétique pour une raison ou pour une autre, ou quiconque déplaisait à la police secrète. Son terrain était particulièrement vaste dans les pays d'Europe centrale où elle comptait bien rester après la fin de la guerre. À Budapest, par exemple, ses forces s'empressèrent de rafler quelque 75 000 civils hongrois, pour les expédier d'abord dans des camps temporaires en Hongrie, puis au Goulag — auprès des centaines de milliers de prisonniers de guerre hongrois qui étaient déjà là-bas[46].

Tout le monde ou presque pouvait se faire arrêter. George Bien, seize ans, compta par exemple au nombre des Hongrois raflés à Budapest. Il fut arrêté en même temps que son père parce qu'ils possédaient une radio[47]. À l'autre extrémité du spectre social, les officiers du NKVD arrêtèrent aussi Raul Wallenberg, diplomate suédois qui avait, à lui seul, sauvé des milliers de Juifs hongrois de la déportation vers des camps de concentration nazis. Au fil de ses négociations, Wallenberg avait eu maintes tractations avec des autorités fascistes comme avec les dirigeants occidentaux. Il était aussi issu d'une riche famille suédoise, très en vue. Pour le NKVD, c'était assez pour éveiller le soupçon. Il fut arrêté à Budapest en janvier 1945, en même temps que son chauffeur. Les deux hommes disparurent dans les prisons soviétiques — Wallenberg y fut enregistré comme «prisonnier de guerre» — et on ne devait plus jamais entendre parler d'eux. Tout au long des années 1990, le gouvernement suédois rechercha des traces du sort ultime de Wallenberg: en vain. On s'accorde généralement à penser aujourd'hui qu'il est mort au cours de l'interrogatoire ou qu'il a été exécuté peu après[48].

En Pologne, le NKVD se concentra sur les dirigeants restants de l'armée intérieure polonaise. Jusqu'en 1944, cette armée de partisans avait bel et bien combattu aux côtés des troupes soviétiques contre les Allemands. Sitôt que l'armée rouge franchit l'ancienne frontière polonaise, cependant, les troupes du NKVD capturèrent et désarmèrent les unités de partisans de l'armée intérieure et en arrêtèrent les chefs. Certains se cachèrent dans les forêts polonaises, où ils continuèrent à se battre jusqu'au milieu des années 1940. D'autres furent exécutés. Le reste fut déporté. Par dizaines de milliers, des citoyens polonais, tant partisans que civils suspects, finirent *après* la guerre au Goulag ou dans des villages d'exil[49].

Mais aucun pays occupé n'y coupa. Les États baltes et l'Ukraine firent l'objet d'une immense vague de répression après la guerre, tout comme la Tchécoslovaquie, la Bulgarie, la Roumanie et, par-dessus tout, l'Allemagne et l'Autriche. Le NKVD transporta à Moscou, à des fins d'interrogatoire, tous ceux qu'elle découvrit dans le bunker de Hitler, lors de l'avancée de l'armée rouge dans Berlin. Il rafla aussi plusieurs lointains parents de Hitler en Autriche, dont une cousine, Maria Koopensteiner, à qui Hitler avait autrefois envoyé de l'argent, ainsi que son mari, ses frères et un des fils de son frère. Aucun, pas même Maria, n'avait revu Hitler depuis 1906. Tous devaient périr en URSS[50].

À Dresde, le NKVD rafla aussi un Américain, John Noble, qui avait échoué dans l'Allemagne nazie et avait été placé en résidence surveillée tout au long de la guerre, en même temps que son père, né en Allemagne mais naturalisé américain. Noble put finalement regagner les États-Unis plus de neuf ans après, moyennant un long séjour à Vorkouta où ses codétenus l'avaient surnommé «Amerikanets»[51].

L'immense majorité des personnes ainsi raflées finirent dans des camps, soit dans des camps de travail pour prisonniers de guerre, soit au Goulag. La distinction entre ces deux types de camps n'a jamais été bien claire. Alors qu'ils relevaient, techniquement, de bureaucraties différentes, l'administration des camps de prisonniers de guerre se rapprocha bientôt de celle des camps de travaux forcés à tel point que, en retraçant l'histoire des camps de prisonniers de guerre et celle du Goulag, il devient difficile de tenir les deux séparés. À l'occasion, les camps du Goulag créèrent des *lagpounkts* spéciaux juste pour les prisonniers de guerre et les deux catégories de détenus travaillèrent côte à côte[52]. Sans raison clairement discernable, le NKVD envoya aussi parfois des prisonniers de guerre directement dans le système du Goulag[53].

À la fin de la guerre, les rations alimentaires des prisonniers de guerre et celles des criminels étaient quasiment identiques, tout comme leurs baraquements et leur travail. Comme les *zeks*, les prisonniers de guerre travaillaient dans la construction, les mines, l'industrie de transformation, la construction de routes et de voies ferrées[54]. Comme les *zeks*, quelques prisonniers de guerre parmi les plus pointus se retrouvèrent dans des *charachki*, où ils mirent au point un nouvel avion militaire pour l'armée rouge[55]. Aujourd'hui encore, les locataires de certains quartiers de Moscou parlent avec fierté de leurs immeubles, prétendument construits avec le plus grand soin par de méticuleux prisonniers de guerre allemands.

Toujours comme les *zeks*, les prisonniers de guerre

eurent finalement droit eux aussi à une « éducation politique » à la soviétique. En 1943, le NKVD se mit à organiser des écoles et des cours « antifascistes » dans les camps de prisonniers de guerre. Il s'agissait de persuader les auditeurs de « mener la bataille pour la reconstruction "démocratique" de leurs pays et d'extirper les restes de fascisme » lorsqu'ils retourneraient chez eux en Allemagne, en Roumanie et en Hongrie — et bien entendu, afin de préparer la voie à la domination soviétique[56]. De nombreux anciens prisonniers de guerre allemands finirent effectivement par travailler pour la nouvelle police de l'Allemagne de l'Est[57].

Cependant, même pour ceux qui affichèrent leur loyauté, le retour au pays ne se fit pas rapidement. Alors que l'URSS rapatria un groupe de 225 000 détenus, pour la plupart de simples soldats malades ou blessés, dès juin 1945, et qu'il y eut par la suite un flux régulier de retours, le rapatriement complet des prisonniers de guerre d'Union soviétique demanda plus d'une décennie : 20 000 restaient en URSS en 1953, à la mort de Staline[58]. Toujours convaincu de l'efficacité de l'esclavage étatique, Staline voyait dans le travail des prisonniers une forme de réparation et jugeait totalement justifiée leur longue captivité. Tout au long des années 1940 et 1950 — et même après, comme l'illustre le cas de Wallenberg —, les autorités soviétiques persistèrent à entretenir la confusion autour du problème des étrangers captifs, usant de propagande et de contre-propagande pour libérer les gens à leur convenance ou nier toute connaissance de leur existence quand ça les arrangeait. En octobre 1945, par exemple, Beria écrivit à Staline pour lui demander d'autoriser la libération de prisonniers de guerre magyars à la veille des élections en Hongrie : les Américains et les Britanniques avaient libéré leurs prisonniers de guerre, ajouta-t-il, laissant entendre que ce n'était pas bon pour l'image de l'Union soviétique de ne pas le faire[59].

Le brouillard persista des décennies durant. Dans l'immédiat après-guerre, des émissaires du monde entier ne cessèrent de soumettre à Moscou des listes de leurs citoyens qui avaient disparu au cours de l'occupation de l'Europe par l'armée rouge ou qui, pour une raison ou pour une autre, avaient atterri dans les camps de prisonniers de guerre ou du Goulag. Il n'était pas toujours facile d'obtenir des réponses, puisque le NKVD lui-même ne savait pas nécessairement ce qu'ils étaient devenus. Finalement, les autorités soviétiques mirent en place des commissions spéciales pour établir combien d'étrangers étaient encore en captivité en URSS et se pencher sur leur éventuel élargissement[60].

Il fallait parfois des années pour résoudre des cas complexes. Jacques Rossi, communiste français né à Lyon, envoyé au camp après quelques années d'enseignement à Moscou, essayait toujours de rentrer chez lui en 1958. Après qu'on lui eut refusé un visa de sortie pour la France, il essaya d'en obtenir un pour la Pologne, où, expliqua-t-il aux autorités, vivaient son frère et sa sœur. Il essuya un nouveau refus[61]. À l'opposé, les autorités levèrent parfois brusquement toutes leurs objections et, contre toute attente, laissèrent les étrangers rentrer au pays. En 1947, par exemple, au faîte de la famine de l'après-guerre, le NKVD libéra inopinément plusieurs centaines de milliers de prisonniers de guerre. Il n'y avait pas d'explication politique: les dirigeants soviétiques estimèrent simplement qu'il manquait de nourriture pour les garder en vie[62].

Le rapatriement ne fut pas à sens unique. Si bon nombre d'Européens de l'Ouest échouèrent en Russie à la fin de la guerre, des nombres tout aussi importants de Russes se retrouvèrent en Europe occidentale. Au printemps de 1945, plus de 5,5 millions de citoyens soviétiques se trouvaient hors des frontières de leur pays. Certains étaient des soldats, capturés et internés dans des camps de prisonniers de guerre nazis. D'autres avaient été drainés vers des camps de travail servile en Allemagne et en Autriche. Quelques-uns avaient collaboré au cours de l'occupation allemande, et avaient battu en retraite avec l'armée allemande. Jusqu'à 150 000 étaient des « vlassoviens » qui avaient combattu — ou, plus souvent, été forcés de combattre — contre l'armée rouge sous le commandement du général Andrei Vlassov, officier russe capturé qui s'était retourné contre Staline et s'était mis au service de Hitler, ou dans d'autres brigades de la Wehrmacht pro-hitlériennes et antistaliniennes. Si étrange que cela paraisse, certains n'étaient pas du tout des citoyens soviétiques. Dispersés à travers l'Europe, notamment en Yougoslavie, il y avait aussi des émigrés anticommunistes : des Russes blancs qui avaient perdu leur bataille contre les bolcheviks et s'étaient établis en Occident. Staline les revendiqua également : nul ne devait échapper à la vengeance bolchevique.

Finalement, il eut gain de cause. Parmi les nombreuses décisions controversées qu'ils prirent à la conférence de Yalta en février 1945, Roosevelt, Churchill et Staline décidèrent que tous les citoyens soviétiques, quel que fût leur itinéraire personnel, devraient retourner en URSS. Alors que les protocoles signés à Yalta ne faisaient pas explicitement obligation aux Alliés de livrer les citoyens soviétiques contre leur volonté, c'est bel et bien ce qui arriva.

D'aucuns demandèrent à rentrer. Leonid Sitko, soldat de l'armée rouge qui avait séjourné dans un camp nazi, et devait croupir encore plus longtemps dans un camp soviétique, se souvient d'avoir fait le choix de rentrer. Plus tard, il composa quelques vers autour des sentiments que lui inspirait sa décision :

Il y avait quatre routes, il y avait quatre pays
Dans trois, la paix et le confort
Dans le quatrième, je le savais, ils détruisent la lyre du poète
Et moi, sans aucun doute, ils vont me tuer

Et qu'est-il arrivé ? Aux trois pays, j'ai dit : au diable !
Et j'ai choisi ma patrie[63].

D'autres, effrayés par ce qui pouvait les attendre, se laissèrent néanmoins convaincre de rentrer par les officiers du NKVD qui visitèrent les camps de prisonniers de guerre et de personnes déplacées à travers l'Europe entière. Les officiers écumaient les camps, à la recherche de Russes auxquels ils faisaient miroiter un avenir radieux. Tous seraient pardonnés, assuraient-ils : « Nous vous considérons désormais comme des citoyens soviétiques à part entière, sans tenir compte du fait qu'on vous a contraints à vous engager dans l'armée allemande[64]. »

Certains, notamment ceux qui étaient tombés du mauvais côté de la justice soviétique, n'avaient naturellement aucune envie de rentrer. « Il y a assez de place pour tout le monde dans la patrie soviétique », déclara l'attaché militaire soviétique en Grande-Bretagne à un groupe de soldats soviétiques internés dans des camps de prisonniers de guerre du Yorkshire : « On sait où il y a de la place qui nous attend », répondit un prisonnier[65]. Les officiers alliés n'en avaient pas moins reçu l'ordre de les envoyer : ce qu'ils firent. À Fort Dix, dans le New Jersey, 145 Soviétiques capturés sous l'uniforme allemand se barricadèrent dans leur baraquement pour éviter d'être renvoyés au pays. Quand les soldats américains lancèrent des gaz lacrymogènes à l'intérieur, ceux qui ne s'étaient pas déjà suicidés se ruèrent dehors avec des couteaux de cuisine et des gourdins, blessant quelques Américains. Par la suite, ils auraient incité ces derniers à les abattre[66].

Les incidents les pires concernaient des femmes et des enfants. En mai 1945, les troupes britanniques, obéissant à des ordres censés venir directement de Churchill, entreprirent de rapatrier plus de 20 000 Cosaques qui vivaient alors en Autriche. Il s'agissait d'anciens partisans antibolcheviques, dont certains avaient rejoint Hitler pour combattre Staline ; beaucoup avaient quitté l'URSS après la Révolution et la plupart n'avaient plus de passeports soviétiques. Après leur avoir promis des jours durant un bon traitement, les Britanniques les dupèrent. Ils invitèrent les officiers cosaques à une « conférence » et les livrèrent aux troupes soviétiques avant de rafler leurs familles le lendemain. Lors d'un incident particulièrement affreux dans un camp des environs de Lienz, en Autriche, des soldats britanniques se servirent de leurs baïonnettes et de leurs crosses pour forcer des milliers de femmes et d'enfants à grimper dans les trains qui devaient les conduire en URSS. Plutôt que de rentrer, des femmes jetèrent leurs bébés par-dessus les ponts avant de sauter à leur tour. Un homme tua sa femme et ses enfants, les allongea soigneusement dans l'herbe, puis se donna la mort. Les Cosaques savaient, naturellement, ce qui les attendait à leur retour en Union soviétique : des pelotons d'exécution ou le Goulag[67].

Même ceux qui retournèrent au pays de leur plein gré pouvaient éveiller le soupçon. Qu'ils eussent quitté l'Union soviétique volontairement ou forcés, qu'ils eussent collaboré ou été faits prisonniers, qu'ils fussent rentrés de leur propre chef ou sous la contrainte, dans des wagons à bestiaux, tous, à la frontière, durent remplir un formulaire leur demandant s'ils avaient jamais collaboré. Ceux qui confessaient (certains le firent) et ceux qui paraissaient suspects — dont nombre de prisonniers de guerre, malgré les tourments endurés dans les camps allemands — étaient gardés pour interrogatoires supplémentaires dans des camps de filtrage. Créés au début de la guerre, ces camps ressemblaient beaucoup à ceux du Goulag : encerclés de barbelés, enfermant des pensionnaires qui avaient tout de forçats, sauf le nom.

En réalité, le NKVD mit en place à dessein de nombreux camps de filtrage à proximité des centres industriels, en sorte que les « suspects » puissent travailler gratuitement pour le pays le temps que les autorités se penchent sur leurs dossiers[68]. Entre le 27 décembre 1941 et le 1er octobre 1944, le NKVD examina le dossier de 421 199 détenus des camps de filtrage. En mai 1945, plus de 160 000 y vivaient encore, astreints aux travaux forcés. Plus de la moitié extrayaient du charbon[69]. En janvier 1946, le NKVD supprima les camps et en rapatria 228 000 autres en URSS pour complément d'enquête[70]. Beaucoup, pense-t-on, finirent au Goulag.

Même parmi les prisonniers de guerre se trouvaient des cas particuliers. Peut-être parce que le NKVD distribuait des peines aux forçats et prisonniers de guerre soviétiques — à des gens qui, en vérité, n'avaient pas commis le moindre crime —, les autorités inventèrent un nouveau type de condamnation pour les vrais criminels de guerre : ceux qu'on accusait d'avoir commis de vrais crimes. Dès avril 1943, le Soviet suprême déclara que l'armée rouge, au cours de la libération du territoire soviétique, avait découvert « des actes d'une violence bestiale et horrible inouïe, accomplis par des monstres fascistes allemands, italiens, roumains, hongrois et finlandais, des agents hitlériens aussi bien que des espions et des traîtres parmi les citoyens soviétiques[71] ». En réaction, le NKVD décréta que les criminels de guerre condamnés recevraient des peines de quinze ou vingt, voire vingt-cinq ans, à passer dans des *lagpounkts* spécialement conçus. Les *lagpounkts* furent dûment construits à Norilsk, à Vorkouta et dans la Kolyma, les trois camps les plus durs du Nord[72].

Au prix d'une étrange fioriture linguistique et d'une ironie de l'histoire qui peut bien trahir la main de Staline en personne, le NKVD choisit de désigner ces *lagpounkts* d'un terme emprunté à l'histoire pénale de la Russie tsariste : les *katorga*. L'emploi de ce mot ne saurait être le fruit du hasard. Sa résurgence, en écho à la résurrection de la terminologie tsariste dans d'autres sphères de la vie soviétique (écoles militaires pour enfants d'officiers, par exemple), répondait sans doute au souci de distinguer un châtiment d'un nouveau genre pour une nouvelle espèce de détenu dangereux et irrécupérable. À la différence des criminels ordinaires condamnés à un châtiment ordinaire dans les camps de redressement par le travail du Goulag, les détenus astreints aux *katorga* ne pouvaient espérer, même en théorie, se réformer ou se racheter.

La reprise de ce mot semble assurément avoir causé quelque consternation. Les bolcheviks avaient combattu les *katorga*, mais voici qu'ils les rétablissaient comme les cochons de *La Ferme des animaux* de George Orwell, qui interdisent aux animaux de boire de l'alcool, pour ensuite se mettre à boire du whisky ensemble. Les *katorga* furent aussi réinventées alors que le monde commençait à découvrir la vérité sur les camps de concentration nazis. L'usage du mot suggérait étrangement que les camps soviétiques ressemblaient plus aux camps « capitalistes » que les autorités soviétiques ne voulaient bien l'admettre.

Peut-être est-ce pour cela que le général Nasedkine, le patron du Goulag pendant la guerre, commanda à cette époque une histoire des *katorga* tsaristes, qu'il transmit à Beria, à sa demande. Entre autres « notes explicatives », l'histoire en question s'efforce laborieusement d'expliquer la différence entre les *katorga* bolcheviques, les *katorga* tsaristes et d'autres formes de châtiments en Occident :

> Dans les conditions de l'État socialiste soviétique, les *katorga* — exil avec travaux forcés — en tant que méthode de châtiment ne reposent pas sur le même principe que dans le passé. Dans la Russie tsariste et dans les pays bourgeois, ce rude châtiment criminel était infligé aux éléments les plus progressistes de la société. [...] Dans nos conditions, les *katorga* nous permettent de réduire le nombre élevé des condamnations à mort et se concentrent sur les ennemis particulièrement dangereux[73][...].

Quand on lit les instructions données pour décrire le nouveau régime, on se demande si certains des condamnés aux *katorga* n'auraient pas, tout compte fait, préféré la mort. Ils étaient séparés des autres détenus par de hautes clôtures. Ils recevaient des uniformes distincts, à rayures, avec des matricules cousus sur le dos. De nuit, ils étaient enfermés à clé dans leurs baraquements, avec des barreaux aux fenêtres. Ils avaient des journées de travail plus longues que les prisonniers ordinaires, mais aussi moins de jours de repos ; et interdiction leur était faite d'accomplir autre chose que les travaux les plus durs, au moins pendant les deux premières années d'incarcération. Ils étaient surveillés de très près : chaque groupe de dix détenus avait une escorte de deux gardes, et chaque camp devait déployer un minimum de cinq chiens. Enfin, les prisonniers astreints aux *katorga* ne pouvaient être déplacés d'un camp à l'autre sans l'accord spécifique de l'administration centrale du Goulag, à Moscou[74].

Ces détenus semblent être aussi devenus le pivot d'une toute nouvelle industrie soviétique. En 1944, le NKVD affirma, entre autres réalisations économiques, avoir produit 100 % de l'uranium soviétique. « Il n'est pas difficile, écrit l'historienne Galina Ivanova, d'en déduire qui a extrait et transformé le minerai radioactif[75]. » Des prisonniers et des soldats devaient aussi construire le premier réacteur nucléaire soviétique de Tcheliabinsk, après la guerre. « À cette époque, le chantier tout entier était une sorte de camp », se souvient un prisonnier. On y avait aménagé des petites villas « finlandaises » pour les spécialistes allemands affectés au projet[76].

Parmi les détenus astreints aux *katorga*, sans doute y avait-il beaucoup d'authentiques collaborateurs des nazis et criminels de guerre, dont les responsables de l'extermination de centaines de milliers de Juifs soviétiques. C'est en pensant à eux que Simeon Vilenski, survivant de la Kolyma, m'a un jour prévenue de ne pas être trop convaincue de l'innocence de tous ceux qui étaient au Goulag : « C'étaient des gens qui auraient été en prison, qui auraient dû l'être, dans n'importe quel régime. » En règle générale, les autres prisonniers fuyaient les criminels de guerre ; à l'occasion, ils les agressaient et les frappaient[77].

Néanmoins, sur les 60 000 prisonniers condamnés aux *katorga* en 1947, bon nombre avaient été condamnés pour des raisons plus ambiguës[78]. Parmi eux, par exemple, se trouvaient des milliers de partisans antisoviétiques polonais, baltes et ukrainiens, dont beaucoup avaient combattu contre les nazis avant de se retourner contre l'armée rouge. Ce faisant, tous croyaient combattre pour leur propre libération nationale. Selon un document adressé en 1945 à Beria, et portant sur les détenus mineurs astreints aux *katorga*, il y avait parmi eux un dénommé Andréï Levtchouk, accusé d'avoir rejoint l'Organisation des nationalistes ukrainiens (OUN), un des deux principaux groupes de partisans antisoviétiques d'Ukraine. À leur service, il aurait pris « part au meurtre de citoyens innocents ainsi qu'au désarmement de soldats de l'armée rouge et à l'appropriation de leurs biens ». Au moment de son arrestation, en 1945, il avait quinze ans.

Iaroslava Kroutigolova était elle aussi une de ces « criminelles de guerre ». Également membre d'un groupe de partisans de l'OUN — en tant qu'infirmière —, elle avait été arrêtée à seize ans[79]. Le NKVD arrêta aussi une femme d'origine allemande qui avait officié comme traductrice de l'allemand pour les partisans soviétiques. Apprenant qu'elle avait été arrêtée pour avoir « aidé et encouragé l'ennemi », le chef de sa brigade fit spécialement le voyage, loin du front, afin de témoigner en sa faveur. Grâce à lui, elle écopa de dix ans de *katorga*, au lieu de vingt-cinq[80].

Dans les rangs de ces bagnards, on trouvait enfin un homme comme Alexandre Klein, officier de l'armée rouge qui était tombé entre les mains des Allemands, mais qui avait réussi à s'évader et à regagner l'Union soviétique. À son retour, il fut soumis à un interrogatoire :

Soudain, le commandant se leva brusquement : « Vous pouvez prouver que vous êtes Juif ? »

Je souris, gêné, et je dis que je le pouvais : en baissant mon pantalon.

Le commandant regarda Sorokine, puis se retourna vers moi.

« Et vous dites que les Allemands ne savaient pas que vous êtes Juif ?

— S'ils l'avaient su, croyez-moi, je ne serais pas là.

— Ferme ta sale gueule de youpin ! » s'exclama le dandy en me flanquant un tel coup de pied dans le bas-ventre que j'en ai eu le souffle coupé et me suis effondré. « Qu'est-ce que c'est ces bobards ? Allez, fumier, dis-nous pour quelle mission t'es ici ? Avec qui t'es de mèche ? Quand tu t'es vendu ? Pour combien ? Pour combien tu t'es donné, vendu ? Et c'est quoi, ton nom de code ?

À la suite de cet interrogatoire, Klein fut d'abord condamné à mort, puis sa peine fut commuée en vingt ans de *katorga*[81].

« Il y avait de tout là-bas, particulièrement dans le lot d'après-guerre, écrit Khava Volovitch. Mais on tourmentait également les bons et les méchants, les justes et les coupables[82]. »

Si, au cours de la guerre, des millions d'étrangers entrèrent au Goulag contre leur volonté, il est au moins un étranger qui y vint de son plein gré. La guerre a sans doute provoqué de nouveaux paroxysmes de paranoïa contre les étrangers dans la direction soviétique, mais c'est aussi grâce à la guerre qu'un haut responsable américain visita le Goulag pour la première et unique fois. Henry Wallace, alors vice-président des États-Unis, fit un voyage dans la Kolyma en mai 1944 — sans même jamais soupçonner qu'il visitait une prison.

Sa visite eut lieu alors que l'amitié soviéto-américaine en temps de guerre était à son zénith, que l'alliance n'avait jamais été aussi chaleureuse, et que la presse américaine avait pris l'habitude d'appeler Staline «Oncle Joe». Peut-être est-ce pour cette raison que Wallace était enclin à porter un regard bienveillant sur l'Union soviétique dès avant son arrivée. À la Kolyma, il trouva confirmation de tous ses préjugés. À peine arrivé, il perçut de nombreux parallèles entre la Russie et les États-Unis: tous deux étaient de grands pays «neufs», qui s'étaient délestés du bagage aristocratique du passé européen. L'«Asie soviétique», ainsi qu'il le confia à ses hôtes, lui apparut comme l'«Ouest sauvage», le Wild West de la Russie. Dans son idée, il n'y avait pas de pays qui se ressemblaient davantage que l'URSS et les États-Unis: «Les vastes étendues de votre pays, ses forêts vierges, ses grands fleuves et ses immenses lacs, tous ses types de climat — du tropical au polaire —, son inépuisable richesse, me rappellent ma patrie[83].»

Si le paysage lui plut, tel fut aussi le cas de ce qu'il prit pour la force industrielle de la nation. Nikichov, le patron notoirement corrompu du Dalstroï, qui menait grand train, l'accompagna dans la visite de Magadan, la principale ville de la Kolyma. Wallace, à son tour, imagina cet officier supérieur du NKVD comme l'équivalent, en son genre, d'un capitaliste américain: «Il régente tout autour de lui. Avec les ressources du Dalstroï à sa disposition, il est millionnaire.» Wallace se plut en compagnie de son nouvel ami «Ivan», qu'il observa «gambader» dans la taïga, «prenant un immense plaisir à respirer un air merveilleux». Il l'écouta aussi d'une oreille attentive raconter les origines du Dalstroï: «Il nous a fallu beaucoup d'obstination pour y parvenir. Il y a douze ans sont arrivés les premiers colons, qui ont monté huit maisons préfabriquées. Aujourd'hui, Magadan compte 40 000 habitants et ils sont tous bien logés. »

Nikichov omit de mentionner, naturellement, que les « premiers colons » étaient des prisonniers et que, dans leur grande majorité, ces 40 000 habitants étaient des exilés, qui n'avaient pas le droit de partir. Tout aussi ignorant du statut des travailleurs contemporains — quasiment tous des détenus —, Wallace évoque les mineurs d'or de la Kolyma avec enthousiasme. « De jeunes et robustes gaillards », des ouvriers libres qui travaillaient bien plus dur que les prisonniers politiques qui, dans son idée, habitaient le Grand Nord à l'époque tsariste : « La population de la Sibérie est une race rude et vigoureuse, mais pas parce qu'on la soumet à coups de trique[84]. »

C'est, bien entendu, précisément ce que les chefs du Dalstroï voulaient lui faire croire. D'après le compte rendu que Nikichov en personne en fit par la suite à Beria, Wallace demanda à voir un camp de prisonniers, mais on prit soin de l'en écarter. Nikichov confirma aussi à ses chefs que Wallace n'avait rencontré que des travailleurs libres, plutôt que des prisonniers. En fait, beaucoup étaient sans doute des membres du Komsomol, des Jeunesses communistes, auxquels on avait distribué des habits et des bottes en caoutchouc de mineurs quelques minutes avant l'arrivée de Wallace et qui savaient que répondre si on leur posait des questions. « J'ai parlé avec certains d'entre eux, observa plus tard Wallace. Ils étaient impatients de gagner la guerre[85]. »

Par la suite, le vice-président rencontra de véritables détenus, même s'il n'en sut rien : les chanteurs et musiciens, pour beaucoup venant de Moscou ou de Leningrad, qui jouèrent pour lui au théâtre de Magadan. Quand on lui expliqua qu'ils étaient membres d'un «chœur non professionnel de l'armée rouge» en garnison dans la ville, il s'émerveilla que des amateurs pussent atteindre de tels sommets artistiques. En fait, chacun avait été prévenu: «Un mot, un signe que nous étions des prisonniers serait considéré comme un acte de trahison[86].»

Wallace vit aussi des produits artisanaux, là encore réalisés par des détenus, même s'il n'en sut rien. Nikichov lui fit visiter une exposition de broderie et lui expliqua que les pièces exposées étaient l'œuvre d'un groupe de «femmes du pays qui se réunissaient régulièrement au cœur de l'hiver pour étudier les travaux d'aiguille». Naturellement, les détenues avaient fait ces pièces en prévision de la visite de Wallace. Lorsque celui-ci s'arrêta devant une des pièces, visiblement admiratif, Nikichov s'en saisit et la lui tendit. À sa grande surprise (et pour son plus grand plaisir), l'épouse de Nikichov, la très redoutée Gridassova, lui fit modestement savoir qu'elle en était l'auteur. Plus tard, une prisonnière, Vera Oustieva, apprit que son tableau était l'une des deux pièces offertes au vice-président en souvenir de son voyage. «Notre chef a reçu une lettre de la femme du vice-président, la remerciant du cadeau et ajoutant qu'elle l'avait accroché au mur», raconte-t-elle[87]. Dans ses mémoires, Wallace décrit lui aussi ces présents: «Ces deux peintures donnent à mes visiteurs à Washington une riche impression de la beauté du paysage rural russe[88].»

La visite de Wallace coïncida, à peu près, avec l'arrivée des «cadeaux américains» dans la Kolyma. Le programme américain de Prêt-Bail, destiné à envoyer des armes et du matériel militaire pour aider les alliés des États-Unis dans leur défense contre l'Allemagne, valut à la Kolyma de recevoir des tracteurs, des camions, des pelleteuses et des outils, ce qui n'était pas vraiment dans les intentions du gouvernement américain. Mais il apporta aussi une bouffée d'air du monde extérieur. Les pièces de machines arrivaient emballées dans de vieux journaux ; c'est par eux que Sgovio apprit l'existence de la guerre dans le Pacifique. Jusque-là, lui-même, comme la plupart des détenus, avait cru que l'armée soviétique se battait toute seule, l'Amérique se contentant d'assurer le ravitaillement[89]. Wallace lui-même avait remarqué que les mineurs de la Kolyma (ou les membres du Komsomol accoutrés en mineurs) portaient des bottes américaines, également arrivées dans ce cadre. Quand il s'en étonna — les cadeaux du Prêt-Bail n'étaient pas destinés aux mines d'or —, ses hôtes prétendirent les avoir payées argent comptant[90].

L'immense majorité des vêtements envoyés des États-Unis finissaient sur le dos des cadres du camp et de leurs épouses, même si quelques-uns devaient être également utilisés par les troupes de théâtre du camp et que les détenus eurent aussi droit à quelques boîtes de « singe » : du porc en conserve. Ils s'en régalèrent : beaucoup n'avaient encore jamais vu de viande en conserve. Mieux encore, ils se servirent des boîtes vides comme de tasses, de lampes à pétrole, de pots, de casseroles, de tuyaux de poêle et même de boutons — ne soupçonnant guère la surprise qu'une telle ingéniosité eût provoquée dans le pays d'origine de ces conserves[91].

Avant le départ de Wallace, Nikichov offrit en son honneur un banquet où l'on servit des plats extravagants, avec des ingrédients prélevés sur les rations des prisonniers, et porta des toasts à la santé de Roosevelt, de Churchill et de Staline. Wallace lui-même fit un discours, d'où sont tirées ces paroles mémorables :

> Les Russes et les Américains, de manières différentes, avancent les uns et les autres à tâtons vers un nouveau mode de vie qui permettra à l'homme ordinaire, partout dans le monde, d'obtenir ce que la technologie moderne peut donner de meilleur. Il n'y a rien d'inconciliable dans nos objectifs ni dans nos fins. Ceux qui le prétendent recherchent, intentionnellement ou non, la guerre. De mon point de vue, c'est criminel[92].

CHAPITRE 21

L'amnistie et après

Aujourd'hui je fais mes adieux au camp d'un sourire enjoué
Aux barbelés qui une année durant ont éloigné la liberté... Ne restera-t-il rien de moi ici,
Rien ne retiendra-t-il mes pas pressés aujourd'hui ?

Non ! Derrière les barbelés, je laisse un Golgotha de douleur
Essayant encore de me tirer aux extrêmes de la misère.
Je laisse des tombes d'angoisse et les restes de désir
Et les larmes secrètement versées, perles de notre rosaire...

Tout cela semble s'en être allé, comme feuille d'arbre au vent
Enfin, voici rompus les liens de notre servitude
Et mon cœur n'est plus empli de haine

Car aujourd'hui les arcs-en-ciel percent les nuages de mes yeux !

JANUSZ WEDÓW,
Au revoir au camp[1].

Nombre des métaphores qui ont été employées pour décrire le système répressif soviétique — le «hachoir à viande», le «tapis roulant» — donnent l'impression d'une mécanique implacable, inexorable, intransigeante. En même temps, cependant, le système n'était pas statique: il ne cessa de tourner, de bouillonner et de produire de nouvelles surprises. S'il est vrai que les années 1941 à 1943 apportèrent la mort, la maladie et la tragédie à des millions de prisonniers soviétiques, il est également vrai que la guerre valut la liberté à des millions d'autres.

Quelques jours à peine après le début des hostilités, il y eut des amnisties au profit des hommes en bonne santé et en âge de combattre. Dès le 12 juillet 1941, le Soviet suprême ordonna au Goulag de libérer certaines catégories de détenus pour les incorporer directement dans les rangs de l'armée rouge — «ceux qui ont été condamnés pour absentéisme et pour des crimes administratifs et économiques ordinaires et insignifiants». L'ordre fut répété à plusieurs reprises. Au total, le NKVD libéra 975 000 détenus au cours des trois premières années de la guerre, avec plusieurs centaines de milliers d'ex-koulaks «exilés spéciaux». Les amnisties continuèrent jusques et y compris pendant l'ultime assaut sur Berlin[2]. Le 21 février 1945, trois mois avant la fin de la guerre, de nouveaux ordres furent donnés pour libérer des prisonniers: le Goulag reçut l'ordre de les préparer à leur enrôlement d'ici le 15 mars[3].

L'ampleur de ces amnisties eut un impact considérable sur la démographie des camps au cours de la guerre et, par voie de conséquence, sur la vie de ceux qui restèrent derrière. De nouveaux détenus affluèrent dans les camps, des amnisties de masse en libérèrent d'autres, et des millions moururent, rendant les statistiques des années de guerre terriblement trompeuses. Les chiffres de l'année 1943 font apparaître un déclin apparent de la population carcérale de 1,5 à 1,2 million. Cette année-là, cependant, un autre chiffre nous apprend que 2 421 000 prisonniers passèrent par le Goulag : arrêtés ou libérés depuis peu, transférés d'un camp à l'autre, et de nombreux morts[4]. Toujours est-il que, malgré les centaines de milliers de nouveaux détenus arrivant chaque mois, le nombre total des détenus du Goulag a très nettement diminué entre juin 1941 et juillet 1944. Plusieurs camps forestiers, montés à la hâte pour faire face à la surabondance de nouveaux prisonniers en 1938, disparurent tout aussi rapidement[5]. Les prisonniers restants furent astreints à des journées de travail toujours plus longues, alors même que les pénuries de main-d'œuvre restèrent endémiques. Dans la Kolyma, au cours des années de guerre, des citoyens libres durent ramasser de l'or à la batée après leur temps de travail réglementaire[6].

Tous les détenus n'étaient pas libérables : les ordres d'amnistie excluaient explicitement les « récidivistes » — les truands — et les politiques. Des exceptions concernaient un tout petit nombre. Reconnaissant, peut-être, combien l'armée rouge avait souffert de l'arrestation de ses chefs à la fin des années 1930, quelques officiers condamnés comme politiques avaient été discrètement libérés après l'invasion soviétique de la Pologne. Parmi eux se trouvait le général Alexandre Gorbatov, rappelé à Moscou d'un lointain *lagpounkt* de la Kolyma dans le courant de l'hiver 1940. Voyant Gorbatov, l'instructeur chargé de se pencher à nouveau sur son dossier réexamina la photographie prise avant son arrestation, et se mit aussitôt à poser des questions. Il essayait d'établir si le squelette qu'il avait devant lui pouvait véritablement être un des jeunes officiers les plus doués de l'armée de terre : « Mes pantalons matelassés étaient rapiécés, mes jambes étaient enveloppées de chiffons et je portais des chaussures montantes de mineur. J'avais aussi un blouson rembourré qui était lisse et luisant de crasse. Je portais une casquette sale et en loques avec des oreillettes[7]... » Gorbatov fut finalement libéré en mars 1941, juste avant l'offensive allemande. Au printemps de 1945, il conduisit l'une des offensives sur Berlin.

Pour les soldats ordinaires, l'amnistie n'était pas une garantie de survie. Beaucoup spéculent — même si on n'en a pas encore trouvé confirmation dans les archives — que les détenus libérés du Goulag dans l'armée rouge furent affectés à des « bataillons disciplinaires » et directement envoyés sur les sections les plus dangereuses du front. L'armée rouge était réputée pour son empressement à sacrifier des hommes, et il n'est pas difficile d'imaginer que ses chefs étaient plus disposés encore à sacrifier d'anciens détenus. Un ex-prisonnier, le dissident Avraham Chifrin, assure avoir été affecté dans un bataillon disciplinaire parce qu'il était le fils d'un « ennemi du peuple ». Suivant son récit, ses camarades et lui furent directement envoyés sur le front malgré la pénurie d'armes : 100 fusils pour 500 hommes. « Vos armes sont entre les mains des nazis, leur dirent les officiers. Allez les chercher. » Chifrin a survécu, quoique blessé par deux fois[8].

Néanmoins, les prisonniers soviétiques qui rejoignirent l'armée rouge se distinguèrent souvent. On s'en étonnera peut-être, mais apparemment peu virent des objections à se battre pour Staline. Du moins si l'on s'en tient à son récit, le général Gorbatov n'hésita pas un instant à rejoindre l'armée soviétique ni à se battre au nom du parti communiste qui l'avait arrêté sans motif. Apprenant l'invasion soviétique, sa première réaction fut de se dire qu'il avait eu bien de la chance d'être libéré : il pourrait employer ses forces retrouvées au bénéfice de sa patrie. Il évoque aussi avec orgueil les « armes soviétiques » que ses soldats pouvaient utiliser « grâce a l'industrialisation de notre pays », sans commentaire sur la façon dont l'industrialisation s'était faite. Certes, à diverses reprises, il accable de son mépris les « officiers politiques » de l'armée rouge — la police secrète militaire — qui se mêlent outre mesure du travail des soldats et, une ou deux fois, il se fit rudoyer par des officiers du NKVD, qui marmonnèrent d'un air sombre que « la Kolyma ne lui avait pas appris grand-chose ». Reste que la sincérité de son patriotisme ne fait pas l'ombre d'un doute[9].

Il semble en aller pareillement pour maint autre prisonnier libéré, tout au moins si l'on se fie au contenu des dossiers du NKVD. En mai 1945, le patron du Goulag, Viktor Nasedkine, composa un rapport élaboré, presque exubérant sur le patriotisme et l'esprit combatif des ex-détenus entrés dans l'armée rouge en citant amplement des lettres adressées à leurs anciens camps. « Avant tout, je dois vous signaler que je suis hospitalisé, blessé, à Kharkov, écrit l'un. J'ai défendu ma chère Patrie, au mépris de ma vie. J'ai aussi été condamné pour mauvais travail, mais notre Parti bien-aimé m'a donné la chance de m'acquitter de mes dettes envers la société en remportant une victoire sur le front. Suivant mes propres calculs, j'ai tué cinquante-trois fascistes avec mes balles en acier. »

Un autre écrit pour remercier :

> Avant tout, je vous écris pour vous remercier sincèrement de m'avoir rééduqué. Dans le passé, j'étais un récidiviste, réputé dangereux pour la société, et j'ai donc été placé plus d'une fois en prison, où j'ai appris à travailler. Aujourd'hui, l'armée rouge m'a fait plus que jamais confiance, elle m'a appris à être un bon commandant et m'a confié des camarades combattants. Avec eux, je vais vaillamment au combat, ils me respectent parce que je prends soin d'eux et pour la justesse avec laquelle nous accomplissons les tâches militaires qui nous sont assignées.

À l'occasion, des officiers écrivaient aussi aux chefs des camps. « Au cours de la prise de Tchernigov, le camarade Kolesnitchenko commandait une compagnie, écrit un capitaine. L'ancien prisonnier s'est transformé en un commandant cultivé, ferme et militant. »

À l'exception de cinq ex-*zeks* devenus Héros de l'Union soviétique, et décorés de la plus haute distinction militaire de l'armée rouge, il n'existe apparemment pas de registres spéciaux pour les ex-prisonniers médaillés. Mais les dossiers des 1 000 *zeks* et plus qui écrivirent à leurs anciens camps sont instructifs : 85 étaient devenus des officiers, 34 avaient rejoint le parti communiste et 261 avaient été décorés [10]. Probablement n'est-ce pas là un échantillon représentatif d'ex-prisonniers, mais on n'a aucune raison de croire non plus qu'il était très inhabituel. La guerre produisit une vague de patriotisme à travers l'Union soviétique et d'anciens prisonniers furent autorisés à y prendre part [11].

Le plus étonnant, peut-être, c'est de voir des détenus purgeant encore leur peine de camp se laisser emporter à leur tour par des sentiments patriotiques. Même les nouvelles règles draconiennes et l'amputation du ravitaillement ne transformèrent pas nécessairement tous les *zeks* du Goulag en opposants endurcis au régime soviétique. Bien au contraire, beaucoup écrivirent par la suite que le pire, quand on se trouvait dans un camp de concentration en juin 1941, c'était de ne pouvoir aller se battre sur le front. La guerre faisait rage, leurs camarades se battaient, et ils étaient loin à l'arrière, brûlant de patriotisme. Aussitôt ils traitèrent tous les prisonniers allemands de fascistes, insultèrent les gardes parce qu'ils n'étaient pas au front et ne cessèrent d'échanger rumeurs et commentaires sur la guerre. Evguénia Guinzbourg se souvient : « Nous : devant le malheur qui frappe notre peuple, nous sommes prêtes à tout oublier et à tout pardonner. Nous ferons comme si aucune injustice n'avait été commise à notre égard[12]. »

À de rares occasions, les prisonniers de camps proches du front eurent la possibilité de montrer concrètement leur patriotisme. Dans un rapport conçu comme une contribution à l'histoire de la Grande Guerre patriotique, Pokrovski, ex-employé du Soroklag, camp de la République de Carélie, près de la frontière finlandaise, raconte un incident survenu lors de l'évacuation précipitée du camp :

> La colonne de chars se rapprochait, la situation devenait critique, quand un des prisonniers [...] grimpa dans la cabine d'un camion et fonça aussi vite que possible sur le char. En heurtant le char, le détenu-héros fut écrasé en même temps que son camion, mais le char aussi s'arrêta et s'embrasa. La route fut bloquée, obligeant les chars à faire demi-tour. Cela sauva la situation et permit l'évacuation du reste de la colonie.

Pokrovski raconte également comment un groupe de plus de six cents détenus libérés, en rade dans le camp faute de train, se lancèrent volontairement dans la construction des défenses de la ville de Belomorsk :

> Tous acceptèrent d'une même voix. Aussitôt, ils se déployèrent en brigades de travail, désignant des chefs de brigade et des contre-maîtres. Ce groupe de prisonniers libérés travailla aux défenses plus d'une semaine, avec un zèle exceptionnel, du matin de bonne heure jusque tard le soir, de treize à quatorze heures par jour. La seule chose qu'ils exigèrent en retour, c'est qu'on mène des discussions politiques avec eux, qu'on les informe de la situation sur le front. Je me suis scrupuleusement acquitté de cette tâche[13].

À l'intérieur des camps, la propagande encourageait ce patriotisme et, d'une manière générale, elle s'intensifia au cours de la guerre. Comme ailleurs en Union soviétique, il y eut des campagnes d'affichage, des films de guerre et des conférences. « Nous allons devoir travailler plus dur encore, disait-on aux prisonniers, puisque chaque gramme d'or extrait sera un coup porté au fascisme[14]. » Il est bien entendu impossible de savoir si ce genre de propagande a opéré, de même qu'il est impossible d'apprécier l'efficacité de toute propagande. Mais l'administration du Goulag prit peut-être ce message plus au sérieux quand sa capacité de production devint soudain vitale pour l'effort de guerre soviétique. Dans sa brochure sur la rééducation, « Retour à la vie », l'officier du KVTCh Loginov écrit que le slogan « Tout pour le front, tout pour la victoire » trouva un « écho chaleureux » dans le cœur de ceux qui travaillaient derrière le front, dans les camps du Goulag : « Temporairement isolés de la société, les détenus ont doublé, voire triplé leur rythme de travail. Travaillant de manière désintéressée dans les usines, sur les chantiers, dans les bois et les champs, ils se sont lancés dans leur travail très productif pour accélérer la défaite de l'ennemi sur le front[15]. »

Le Goulag apporta un concours industriel à l'effort de guerre, c'est incontestable. Au cours des dix-huit premiers mois de la guerre, trente-cinq « colonies » du Goulag se convertirent à la production de munitions. Beaucoup de camps d'abattage du bois furent chargés de produire des caisses pour munitions. Au moins vingt camps confectionnèrent des uniformes pour l'armée rouge, tandis que d'autres fabriquèrent des téléphones de campagne, plus de 1,7 million de masques à gaz et 24 000 porte-mortiers. Plus d'un million de détenus furent affectés à la construction de chemins de fer, de routes et de terrains d'aviation. Chaque fois qu'il y avait un besoin soudain et pressant de main-d'œuvre — qu'un pipe-line cédait ou qu'il fallait une nouvelle voie ferrée —, on appelait généralement le Goulag à la rescousse. Comme par le passé, le Dalstroï produisit quasiment tout l'or de l'Union soviétique[16].

Mais, de même qu'en temps de paix, ces informations et l'efficacité qu'elles paraissent suggérer sont trompeuses. « Dès les premiers jours de la guerre, le Goulag organisa ses industries afin de satisfaire les besoins des combattants sur le front », écrit Nasedkine. Ces besoins n'auraient-ils sans doute pas été mieux satisfaits par des travailleurs libres ? Ailleurs, il note que la production de certains types de munitions quadrupla[17]. Si les détenus patriotes avaient pu travailler dans des usines ordinaires, n'aurait-on pu en produire beaucoup plus ? Des milliers de soldats qui auraient pu être sur le front étaient maintenant derrière les lignes, pour garder la population concentrationnaire. Des milliers d'hommes du NKVD furent déployés pour arrêter puis libérer des Polonais. Eux aussi auraient pu être employés à meilleur escient. Si le Goulag contribua donc à l'effort de guerre, probablement aida-t-il aussi à le saper.

En dehors du général Gorbatov et de quelques autres militaires, il y eut une autre exception, plus importante, à la règle excluant généralement les politiques des amnisties. Malgré ce que leur avait dit le NKVD, l'exil des Polonais à la périphérie de l'URSS ne devait finalement pas s'éterniser. Le 30 juillet 1941, un mois après le lancement de Barbarossa, le général Sikorski, chef du gouvernement polonais en exil à Londres, et l'ambassadeur Maiski, émissaire soviétique en Grande-Bretagne, signèrent une trêve. Le pacte Sikorski-Maiski, pour reprendre le nom donné à ce traité, restaura un État polonais — dont les frontières restaient à déterminer — et accorda une amnistie à « tous les citoyens polonais actuellement privés de leur liberté sur le territoire de l'URSS ».

Les prisonniers du Goulag et les exilés déportés furent officiellement libérés et autorisés à rejoindre une nouvelle division de l'armée polonaise qui devait se former sur le sol soviétique. À Moscou, le général Wladyslaw Anders, officier polonais incarcéré à la Loubianka depuis douze mois, apprit qu'il avait été désigné commandant de la nouvelle armée au cours d'une entrevue surprise avec Beria lui-même. Juste après, il quitta la prison dans une voiture du NKVD avec chauffeur : pour tous vêtements, il avait une chemise et des pantalons, mais pas de chaussures[18].

Du côté polonais, beaucoup critiquèrent l'emploi par les Soviétiques du mot « amnistie » pour décrire la libération d'innocents, mais l'heure n'était pas aux chamailleries : les relations entre les deux nouveaux « alliés » étaient ténues. Les autorités soviétiques refusèrent d'accepter la moindre responsabilité morale pour les « soldats » de la nouvelle armée — tous dans un état de santé pitoyable ; et il n'était pas question non plus pour elles de fournir vivres ou ravitaillement au général Anders. « Vous êtes polonais, que la Pologne vous nourrisse », s'entendirent répondre les officiers[19]. Certains commandants de camp refusèrent même de laisser sortir leurs prisonniers polonais. Gustaw Herling, toujours emprisonné en novembre 1941, comprit qu'il ne passerait pas le printemps s'il n'était pas libéré et dut faire une grève de la faim pour qu'on consentît à le laisser sortir[20].

Les autorités soviétiques compliquèrent encore les choses, quelques mois après l'amnistie, en déclarant qu'elle ne s'appliquait pas à tous les anciens citoyens polonais, mais uniquement aux Polonais de souche : les Ukrainiens, Biélorusses et Juifs de souche devaient rester en URSS. Cette décision provoqua de terribles tensions. Beaucoup de membres de ces minorités essayèrent de se faire passer pour Polonais, à seule fin d'être démasqués par d'authentiques Polonais qui craignaient d'être à nouveau arrêtés si l'identité de leurs « faux » camarades s'ébruitait. Plus tard, les passagers d'un train d'évacuation polonais, à destination de l'Iran, essayèrent de chasser un groupe de Juifs : ils redoutaient que le convoi ne fût pas autorisé à quitter l'URSS si se trouvaient à bord des passagers « non polonais »[21].

D'autres prisonniers polonais furent libérés des camps ou des colonies d'exil, mais ne reçurent ni argent ni indications sur l'endroit où ils devaient se rendre. « Les autorités soviétiques d'Omsk, se souvient un ex-détenu, ne voulaient pas nous aider, expliquant qu'elles ne savaient rien d'une quelconque année polonaise et proposèrent plutôt de nous trouver du travail près d'Omsk[22]. » Un officier du NKVD donna à Herling une liste des endroits où se procurer un permis de séjour, mais nia savoir quoi que ce fût d'une quelconque armée polonaise[23]. Se fiant à des rumeurs, les prisonniers polonais libérés firent du stop et circulèrent en train à travers l'Union soviétique à la recherche de l'armée polonaise.

La famille de Stefan Waydenfeld, exilée en Russie du Nord, ne fut pas informée de l'existence de l'armée polonaise ; on ne leur proposa non plus aucun moyen de transport : on leur dit simplement qu'ils pouvaient filer. Afin de quitter leur lointain village d'exil, ils construisirent un radeau pour descendre la rivière en direction de la « civilisation » : une ville avec une gare de chemins de fer. Des mois passèrent avant qu'ils ne fussent enfin sauvés de leurs errances quand, dans un café de la ville de Tchimkent, dans le sud du Kazakhstan, Stefan reconnut une camarade d'école. Elle leur dit, enfin, où trouver l'armée polonaise[24].

Néanmoins, les ex-*zeks* ainsi que leurs femmes et enfants déportés rejoignirent lentement Kouïbychev, le camp de base de l'armée polonaise, ainsi que les autres avant-postes de l'armée à travers le pays. À l'arrivée, tous exultèrent de retrouver la « Pologne », comme dit Kazimierz Zarod : « Tout autour de nous, de tous côtés, du polonais, des visages polonais familiers ! Je retrouvai moi-même de vieilles connaissances, et il y eut des scènes de jubilation et d'allégresse tandis qu'hommes et femmes s'étreignaient et s'embrassaient[25]. » Le jour de l'arrivée du général Anders, un autre ex-*zek*, Janusz Wedów, composa un poème intitulé « Bienvenue au chef » :

Ô mon cœur ! À nouveau tu bats si fort, si joyeux
Et moi qui t'avais cru endurci, mort au-dedans de moi[26]...

Au bout de quelques mois, cependant, l'optimisme était retombé. L'armée manquait de tout : vivres, médicaments, matériel... Ses soldats étaient pour la plupart malades, épuisés, quasi affamés ; ils auraient eu besoin d'une aide professionnelle et de soins médicaux. Un officier se souvient de l'horreur qu'il éprouva au spectacle de ce « flot de Polonais qui tel un torrent roulait du nord au sud, venant des camps et des kolkhozes les plus éloignés » et affluant désormais dans ces « régions faméliques » d'Ouzbékistan, déferlant autour d'une organisation militaire elle-même sous-nourrie et décimée par la maladie[27].

En outre, les relations avec les autorités soviétiques restaient médiocres. Les employés de l'ambassade de Pologne, déployés autour du pays, restaient sujets à des arrestations inexpliquées. Redoutant que la situation n'empirât, le général Anders révisa ses plans en mars 1942. Au lieu de conduire son armée à l'ouest, en direction du front, il obtint la permission d'évacuer carrément ses troupes du territoire soviétique. Ce fut une vaste opération : 74 000 soldats polonais et 41 000 civils, dont quantité d'enfants, furent embarqués dans des trains à destination de l'Iran.

Le général Anders avait tellement hâte de partir qu'il laissa derrière des milliers de Polonais avec leurs anciens concitoyens juifs, ukrainiens et biélorusses. Certains finirent par rejoindre la division Kosciuszko — une division polonaise de l'armée rouge. D'autres, en revanche, durent attendre la fin de la guerre pour être rapatriés. D'autres encore ne partirent jamais. Aujourd'hui encore, leurs descendants vivent dans des communautés polonaises au Kazakhstan ou dans le nord de la Russie.

Ceux qui partirent continuèrent le combat. Après s'être reconstituée en Iran, l'armée Anders parvint à rejoindre les forces alliées en Europe. *Via* la Palestine et, dans certains cas, l'Afrique du Sud, certains combattirent plus tard pour la libération de l'Italie, à la bataille du mont Cassin. Au fil de la guerre, les civils polonais furent dispersés à travers l'Empire britannique. Des petits Polonais se retrouvèrent dans des orphelinats en Inde, en Palestine et même en Afrique de l'Est. Après la guerre, la plupart ne devaient jamais retrouver une Pologne sous occupation soviétique. Les clubs, les sociétés d'histoire et les restaurants polonais qu'on trouve encore dans l'ouest de Londres témoignent de leur exil après la guerre[28].

Après qu'ils eurent quitté l'URSS, les Polonais rendirent un inestimable service à leurs ex-codétenus moins heureux. En Iran et en Palestine, l'armée et le gouvernement polonais en exil menèrent des enquêtes auprès des soldats et de leurs familles pour déterminer ce qu'il était advenu au juste des Polonais déportés en Union soviétique. Parce que l'armée Anders fut le seul groupe de détenus jamais autorisé à quitter l'URSS, les matériaux produits par ces questionnaires et recherches historiques un peu précipités sont restés pendant un demi-siècle la seule preuve substantielle de l'existence du Goulag. Dans certaines limites, ils étaient d'une étonnante exactitude : si l'histoire du Goulag leur échappait, les prisonniers polonais surent donner une idée de la taille renversante du système concentrationnaire, de son étendue géographique — il leur suffisait de dresser la liste des endroits les plus divers par où ils étaient passés — et de ses épouvantables conditions de vie en temps de guerre.

Après la guerre, les descriptions qu'ils firent de leurs expériences servirent de base aux rapports sur les camps de travaux forcés soviétiques réalisés par la Bibliothèque du Congrès et l'American Federation of Labor (AFL). Leur tableau sans fard du système soviétique de travail servile fut un choc pour de nombreux Américains, qui avaient un peu perdu de vue le problème des camps depuis les années 1929 et le boycott des importations de bois d'œuvre soviétique. Ces rapports furent largement diffusés. En 1949, afin de persuader les Nations unies d'enquêter sur le travail forcé dans les pays membres, l'AFL présenta à l'ONU une masse de preuves de son existence en Union soviétique :

> Voici moins de quatre ans, les travailleurs du monde ont remporté leur première victoire, la victoire contre le totalitarisme nazi, après une guerre qui fut livrée au prix des plus grands sacrifices — menée contre la politique nazie d'asservissement de toute la population dont ils avaient envahi les pays. [...]
>
> Malgré la victoire alliée, cependant, le monde est troublé au plus haut point par des communications qui semblent indiquer que les fléaux pour l'élimination desquels nous avons combattu, et pour la défaite desquels beaucoup sont morts, continuent de sévir dans diverses parties du monde[29].

La guerre froide avait commencé

La vie au sein du système concentrationnaire a souvent reflété et fait écho à la vie en Union soviétique, et jamais ce ne fut plus vrai que dans les dernières années de la Seconde Guerre mondiale. Alors que l'Allemagne s'effondrait, Staline se mit à penser à l'après-guerre. Ses projets pour attirer l'Europe centrale dans la sphère d'influence soviétique se précisèrent. Le NKVD, ce n'est pas un hasard, entra aussi dans ce qu'on pourrait appeler une phase d'expansion, « internationaliste ». « Cette guerre ne ressemble pas à celles du passé, observa Staline au cours d'une conversation avec Tito rapportée par le communiste yougoslave Milovan Djilas ; quiconque occupe un territoire y impose son propre système social. Tout le monde impose son système aussi loin que son armée peut avancer[30]. » Les camps de concentration étaient un élément fondamental du « système social » soviétique, et, la guerre touchant à sa fin, la police secrète soviétique entreprit d'exporter ses méthodes et son personnel vers l'Europe sous occupation soviétique, apprenant à ses anciens clients étrangers les régimes et méthodes concentrationnaires qu'elle avait désormais peaufinés au pays.

Parmi les camps créés dans ce qui allait devenir le « bloc soviétique » d'Europe de l'Est, les plus brutaux furent peut-être ceux d'Allemagne de l'Est. À mesure que l'armée rouge progressa en Allemagne en 1945, l'administration militaire soviétique se mit aussitôt à en construire : au total, le pays devait compter onze camps de concentration spéciaux *(spetslagueria)*. Deux d'entre eux, Sachsenhausen et Buchenwald, ouvrirent sur le site d'anciens camps de concentration nazis. Tous étaient placés sous le contrôle direct du NKVD, qui les organisa et les dirigea comme il gérait les camps du Goulag en URSS, avec des normes de travail, des rations minimales et des baraquements surpeuplés. Dans les années faméliques de l'après-guerre, ces camps allemands paraissent avoir été plus meurtriers que leurs homologues soviétiques. Au cours de leurs cinq années d'existence, ces camps virent passer près de 240 000 prisonniers, pour la plupart politiques. Plus d'un tiers — 95 000 — y seraient morts. Si la vie des détenus soviétiques n'a jamais beaucoup compté pour les autorités de l'URSS, celle des « fascistes » allemands comptait encore moins.

Dans leur grande majorité, les détenus des camps est-allemands n'étaient pas des dignitaires nazis ni des criminels de guerre avérés. Les prisonniers de ce type étaient généralement rapatriés à Moscou, interrogés et directement internés dans des camps de prisonniers de guerre ou au Goulag. Les *spetslagueria* remplissaient plutôt la même fonction que les déportations polonaises et baltes : il s'agissait de briser l'épine dorsale de la bourgeoisie allemande. Aussi y trouvait-on, non pas les dirigeants nazis ou les criminels de guerre, mais des juges, des avocats, des entrepreneurs, des hommes d'affaires, des médecins et des journalistes. Parmi eux figuraient même quelques-uns des très rares Allemands qui s'étaient opposés à Hitler — et que l'Union soviétique, paradoxalement, redoutait elle aussi. Après tout, qui avait eu assez d'audace pour combattre les nazis pouvait aussi oser combattre l'armée rouge[31].

Le NKVD interna la même catégorie de gens dans les camps hongrois et tchécoslovaques, mis en place par la police secrète locale, sur les conseils des Soviétiques, après que le parti communiste eut consolidé son pouvoir à Prague en 1948 et Budapest en 1949. Les arrestations obéirent à ce qu'on a appelé une « caricature » de la logique soviétique : un météorologue hongrois fut arrêté pour avoir annoncé un « influx d'air glacé en provenance du nord-est, venant de l'Union soviétique », le jour même de l'arrivée d'une division soviétique dans le pays ; un homme d'affaires tchèque se retrouva dans un camp après qu'un voisin l'eut accusé d'avoir évoqué « cet imbécile de Staline »[32].

Les camps eux-mêmes, en revanche, n'avaient rien d'une caricature. Dans ses souvenirs de Reczk, le plus sinistre des camps hongrois, le poète György Faludy brosse le portrait d'un système qui semble presque être l'exacte réplique du Goulag, jusqu'à la pratique de la *toufta* et aux prisonniers hongrois affamés à l'affût de baies sauvages et de champignons dans les bois[33]. Le système tchèque avait aussi un trait particulier : un ensemble de dix-huit *lagpounkts*, regroupés autour des mines d'uranium de Yachimov. Avec le recul, il est clair que les prisonniers politiques purgeant de longues peines — l'équivalent des détenus soviétiques astreints aux *katorga* — étaient envoyés dans ces camps miniers pour y mourir. Chargés d'extraire l'uranium pour le nouveau projet soviétique de bombe atomique, ils n'avaient aucun vêtement spécial ni aucune forme de protection. Les taux de mortalité y furent notoirement élevés, même si l'on ignore à quel point[34].

En Pologne, la situation était plus compliquée. À la fin de la guerre, une proportion significative de la population polonaise vivait dans un camp d'une espèce ou d'une autre : camp de personnes déplacées (Juifs, Ukrainiens, anciens travailleurs serviles au service des nazis), camp de détention (Allemands et *Volksdeutsche,* Polonais ayant fait valoir des origines allemandes) ou camp de prisonniers. L'armée rouge installa quelques camps de prisonniers de guerre en Pologne, pour les remplir non seulement de prisonniers allemands, mais aussi de membres de l'armée nationale polonaise avant de les déporter en Union soviétique. En 1954, 84 200 prisonniers politiques restaient incarcérés en Pologne[35].

Il y eut aussi des camps en Roumanie, en Bulgarie et, malgré sa réputation « antisoviétique », dans la Yougoslavie de Tito. De même que les camps centre-européens, les camps des Balkans commencèrent par ressembler au Goulag, avant d'en différer au fil du temps. La plupart avaient été mis en place par la police locale, conseillée et plus ou moins inspirée par les Soviétiques. La police secrète roumaine, la *Securitate*, semble avoir travaillé sous les ordres directs de ses homologues soviétiques. Pour cette raison, peut-être, ce sont les camps roumains qui ressemblent le plus au Goulag, jusque dans leur accomplissement du genre de projets absurdes et démesurément ambitieux qui avaient les faveurs de Staline en Union soviétique. Le mieux connu, le canal Danube-mer Noire, paraît n'avoir rempli aucune fonction économique. À ce jour, il est tout aussi vide et désert que le canal de la mer Blanche, auquel il ressemble si étrangement : « Le canal Danube-mer Noire est le tombeau de la bourgeoisie roumaine ! » proclamait un slogan. Quand on sait que le chantier aurait fait jusqu'à 200 000 morts, peut-être était-ce là effectivement la vraie fin du canal[36].

Les camps bulgares et yougoslaves avaient un ethos différent. La police bulgare se souciait apparemment moins de réaliser le plan que de punir les détenus. Une actrice bulgare qui survécut à l'un des camps raconta par la suite qu'elle avait été presque battue à mort après qu'elle s'était effondrée sous l'effet de la chaleur :

> Elles me recouvrent de hardes quelconques et me laissent en paix. Le lendemain, le travail continue, et moi, je suis enfermée, sans eau, toute la journée, sans nourriture, sans médicaments, bien sûr, parce que je n'avais pas la force de me lever, à cause des coups et de tout ce que j'avais vécu. J'avais été frappée, rouée de coups. Je suis restée quatorze heures dans le coma et j'ai survécu par miracle[37].

Elle vit aussi un père et son fils battus à mort sous les yeux l'un de l'autre, à seule fin de satisfaire les plaisirs sadiques des bourreaux. D'autres survivants des camps bulgares parlent des souffrances qui leur ont été infligées par la chaleur et le froid, la faim et les violences physiques[38]. L'emplacement de ces camps méridionaux provoqua aussi des souffrances supplémentaires : parmi les camps yougoslaves à la réputation la plus sinistre, il faut mentionner celui de l'île Saint-Grégoire, dans l'Adriatique, où l'eau était rare, et la soif, le principal tourment[39].

Contrairement au Goulag, la majorité de ces camps ne devaient pas durer. Beaucoup avaient fermé dès avant la mort de Staline. Les *spetslagueria* est-allemands furent en fait démantelés en 1950, essentiellement parce qu'ils contribuaient à la forte impopularité du parti communiste est-allemand. Afin d'améliorer l'image du nouveau régime — et d'empêcher d'autres Allemands de fuir vers l'Ouest, puisque c'était encore possible —, la police secrète allemande s'efforça de rétablir la santé des détenus avant de les libérer et de leur donner de nouveaux habits. Mais tous ne furent pas relâchés : ceux qui passaient pour les adversaires politiques les plus sérieux du nouveau régime furent, comme les Polonais arrêtés à cette époque, déportés en Union soviétique. Les membres des bataillons d'inhumation des *spetslagueria* semblent avoir été également déportés. Sans doute craignait-on qu'ils ne révèlent l'existence des fosses communes des camps, qui ne furent localisées et exhumées que dans les années 1990[40].

Les camps tchèques ne devaient pas durer non plus : après avoir atteint leur apogée en 1949, ils amorcèrent un reflux pour disparaître ensuite totalement. En Hongrie, Imre Nagy liquida les camps du pays juste après la mort de Staline, en juillet 1953. Les communistes bulgares, en revanche, conservèrent divers camps de travaux forcés jusque dans les années 1970, bien après le démantèlement du vaste système des camps soviétiques. Lovech, l'un des camps bulgares les plus cruels, resta en activité de 1959 à 1962[41].

De manière peut-être inattendue, la politique d'exportation du Goulag eut son impact le plus durable hors d'Europe. Au début des années 1950, au faîte de la période de collaboration sino-soviétique, des « experts » soviétiques aidèrent à installer divers camps chinois et organisèrent des brigades de travaux forcés dans une mine de charbon près de Fushun. Les camps chinois — le *laogai* — existent toujours, même s'ils ne ressemblent guère aux camps staliniens dont ils se sont inspirés. Ce sont encore des camps de travail — et comme dans le système stalinien, le détenu qui a purgé sa peine est généralement exilé —, mais leurs commandants paraissent moins obsédés par les normes et plans de travail centraux. Ils se focalisent plutôt sur une forme de « rééducation » rigide. L'expiation des prisonniers et leur abaissement rituel devant le Parti semblent importer autant, voire davantage, aux autorités que les biens que les détenus réussissent à produire[42].

En fin de compte, les détails de la vie quotidienne dans les camps des États satellites et des alliés de l'Union soviétique — leur utilisation, leur durée, leur rigidité ou leur désorganisation progressive, leur cruauté ou leur libéralisme — dépendaient de chaque pays et de sa culture. Il fut, au fond, relativement facile aux autres nations d'adapter le modèle soviétique à leurs besoins. Ou peut-être devrais-je dire qu'il *est* relativement facile. La citation suivante, d'un recueil publié en 1998, décrit une expérience concentrationnaire encore plus récente, dans le dernier pays communiste d'Eurasie :

Dès mon premier jour — à l'âge de neuf ans — j'ai reçu un quota. Le premier travail que j'ai dû accomplir consistait à me rendre jusqu'à la montagne pour y ramasser du bois et en rapporter un gros fagot à l'école. J'ai dû répéter l'opération dix fois. De la montagne à l'école chargé d'un gros fagot, il fallait de deux à trois heures. Si l'on n'avait pas fini, pas question de rentrer. J'ai travaillé après la tombée du jour et quand j'ai eu fini, il était minuit passé. Je me suis effondré par terre. Bien entendu, les autres enfants qui étaient là depuis plus longtemps pouvaient le faire plus vite. [...]

Parmi les autres travaux, il y avait le ramassage d'or à la batée en utilisant un tamis dans la rivière (qu'on secouait et rinçait dans l'eau). C'était beaucoup plus facile; parfois, si l'on avait de la chance et qu'on atteignait le quota avant l'heure, on pouvait s'amuser un peu au lieu d'aller dire au maître qu'on avait fini[43]...

L'écrivain Kang Chol-Hwan a quitté la Corée du Nord en 1992. Il avait précédemment passé dix ans, avec toute sa famille, dans le camp disciplinaire de Yodok[44]. Un groupe de défense des droits de l'homme, à Séoul, estime que près de 200 000 Nord-Coréens sont encore retenus dans des camps de prisonniers semblables pour « crimes » divers : lecture d'un journal étranger, écoute de radios étrangères, conversation avec un étranger, ou « insulte visant l'autorité » des dirigeants du pays. Près de 400 000 seraient morts dans ces camps[45].

Les camps nord-coréens ne sont pas non plus confinés à la Corée du Nord. En 2001, le *Moscow Times* rapportait que le gouvernement nord-coréen réglait ses dettes à la Russie en envoyant des équipes travailler dans des camps miniers et forestiers étroitement surveillés dans des coins isolés de Sibérie. Ces camps — « un État dans l'État » — possèdent leurs propres réseaux de distribution de vivres, leur propre prison intérieure et leurs gardes. L'opération aurait concerné 6 000 travailleurs. On ne sait trop s'ils étaient payés ou non, mais ils n'étaient certainement pas libres de partir[46].

Autrement dit, l'idée de camp de concentration n'était pas seulement assez générale pour durer ; elle s'est révélée assez durable pour tenir jusqu'à aujourd'hui.

CHAPITRE 22

Le complexe industriel concentrationnaire à son zénith

À dix-sept ans, nous aimions étudier
À vingt ans, nous avons appris à crever.
À savoir que si nous sommes autorisés à vivre
Cela veut dire que rien n'est arrivé, pas encore.

À vingt-cinq ans, nous avons appris à échanger
La vie contre du poisson séché, du bois et des patates...

Que restait-il à apprendre à quarante ?
Nous avons sauté tant de pages
Peut-être avons-nous appris que la vie est brève —
Mais cela, nous le savions déjà à vingt ans...

MIKHAÏL FROLOVSKI,
Ma génération[1].

... Cependant l'an 1949, frère jumeau de 1937, s'apprêtait à s'abattre sur notre pays, sur toute l'Europe orientale, et en premier lieu sur nos régions peuplées de bagnes.

EVGUÉNIA GUINZBOURG,
Le Ciel de la Kolyma[2].

Avec la fin de la guerre, ce furent les défilés de la victoire, les retrouvailles émues, et la conviction générale que la vie allait, devait devenir plus facile.

Des millions d'hommes et de femmes avaient enduré des privations terribles pour gagner la guerre. Ils aspiraient maintenant à une vie plus facile. Dans les campagnes, les rumeurs d'abolition des fermes collectives se propagèrent rapidement. En ville, on se plaignait ouvertement de la cherté des produits alimentaires rationnés. La guerre avait aussi révélé à des millions de citoyens soviétiques, tant soldats que travailleurs serviles, le luxe relatif de la vie à l'Ouest, et le régime soviétique ne pouvait plus raisonnablement prétendre, comme il l'avait fait naguère, que le travailleur occidental était beaucoup plus pauvre que son équivalent soviétique[3].

Même parmi les dirigeants, beaucoup avaient aussi le sentiment qu'il était temps de réorienter la production soviétique de l'industrie des armements au profit des biens de consommation dont les gens avaient désespérément besoin. Dans une conversation téléphonique privée, que la police secrète écouta et enregistra pour la postérité, un général soviétique dit à un autre : « Absolument tout le monde dit franchement à quel point tout le monde est mécontent. Dans les trains, en fait partout, c'est ce que tout le monde dit[4]. » Staline devait certainement le savoir, imaginait le général, et il ne tarderait pas à prendre des mesures.

Au printemps de 1945, les détenus aussi avaient de grandes espérances. En janvier de cette année-là, les autorités avaient proclamé une autre amnistie générale pour les femmes enceintes ou celles qui avaient des enfants en bas âge, et il y avait eu des libérations massives : 734 785 en juillet, pour être précis[5]. Les restrictions du temps de guerre avaient été assouplies, et les prisonniers furent à nouveau autorisés à recevoir des vêtements et des vivres de leur famille. Pour l'essentiel, ce n'était pas la compassion qui avait dicté ces nouvelles règles. Loin de traduire un changement d'état d'esprit, l'amnistie des femmes — qui excluait les politiques, naturellement — était plutôt une réponse à l'augmentation choquante du nombre des orphelins et aux problèmes qui en résultaient : enfants sans foyer, hooliganisme, et bandes de jeunes délinquants à travers l'URSS. À contrecœur, les autorités reconnurent que les mères faisaient partie de la solution. La levée des restrictions sur les colis n'était pas davantage un effet de leur bonté, mais un effort pour amoindrir l'impact des famines de l'après-guerre : les camps ne pouvaient nourrir les prisonniers ? Que leurs familles les aident. Une directive centrale déclara sèchement que, « pour ce qui est de la nourriture et des vêtements des prisonniers, les colis et les mandats doivent être considérés comme un complément important[6] ». Beaucoup trouvèrent néanmoins des raisons d'espérer dans ces décrets, y voyant les signes avant-coureurs d'une ère nouvelle, plus libérale.

Il n'en fut rien. Moins d'un an après la victoire, la guerre froide avait commencé. Les bombes atomiques américaines larguées sur Hiroshima et Nagasaki persuadèrent les dirigeants soviétiques que l'économie devait se consacrer sans réserve à la production militaire et industrielle, plutôt qu'à fabriquer des réfrigérateurs et des chaussures pour enfants. Malgré les ravages de cinq années et demie de combat, les planificateurs soviétiques s'évertuèrent plus que jamais à brusquer le cours des choses, à construire rapidement et à utiliser autant que possible le travail forcé[7].

En fait, l'émergence d'une nouvelle menace pesant sur l'Union soviétique convenait aux desseins de Staline : c'était précisément l'excuse dont il avait besoin pour resserrer, une fois de plus, son contrôle sur son peuple après qu'il avait été exposé à l'influence corruptrice du monde extérieur. Il ordonna donc à ses subalternes de « porter un coup de massue » à tous les bavardages autour de la démocratie, avant même que la discussion ne s'élargît[8]. Il renforça et réorganisa également le NKVD, qui fut scindé en deux administrations en mars 1946. Le ministère des Affaires intérieures — ou MVD — continua de contrôler le Goulag et les villages d'exil pour devenir en fait le ministère des travaux forcés. L'autre bureaucratie, plus prestigieuse — le MGB, plus tard rebaptisé en KGB —, devait contrôler le contre-espionnage et le renseignement à l'étranger, les gardes-frontières et, en fin de compte, la surveillance des opposants au régime[9].

Enfin, loin de relâcher la répression après la guerre, la direction soviétique se lança dans une nouvelle série d'arrestations pour s'en prendre de nouveau à l'armée ainsi qu'à des minorités ethniques choisies, dont les Juifs soviétiques. L'une après l'autre, la police secrète « découvrit » des conjurations de jeunes antistaliniens dans presque chaque ville du pays[10]. En 1947, de nouvelles lois interdirent tout mariage — de même que toute idylle — entre citoyens soviétiques et étrangers. Les universitaires soviétiques qui partageaient des informations scientifiques avec des collègues à l'étranger pouvaient être eux aussi soumis à des poursuites criminelles. En 1948, les autorités raflèrent quelque 23 000 kolkhoziens. Tous étaient accusés de n'avoir pas travaillé le nombre de jours obligatoires l'année précédente et furent exilés dans des zones reculées, sans jugement ni même enquête[11].

On connaît par des anecdotes certaines arrestations plus inhabituelles effectuées à la fin des années 1940. Selon le dossier de débriefing récemment déclassifié d'un prisonnier de guerre allemand, deux aviateurs américains se seraient retrouvés au Goulag après la guerre. En 1954, l'ex-prisonnier allemand raconta aux enquêteurs américains avoir rencontré deux membres de l'US Air Force dans un camp de prisonniers de guerre de la région des Komis, près d'Oukhta, en 1949 : les pilotes d'un avion qui s'était écrasé près de Kharkov, en Ukraine. Accusés d'espionnage, ils avaient été affectés à ce qui, dans la description de l'Allemand, ressemble fort à une brigade de *katorga*. L'un d'eux serait mort au camp, assassiné par un criminel. L'autre en aurait été retiré à une date ultérieure et, on le suppose, conduit à Moscou[12].

Des rumeurs plus vagues, plus excitantes encore, tournent également autour de la région des Komis. Suivant une légende locale, un autre groupe d'Anglais, ou tout au moins d'anglophones, se retrouvèrent incarcérés dans un autre *lagpounkt* — Sedvoj, là encore près d'Oukhta — dans les années 1940. Dans cette histoire telle que la raconte un homme du pays, les Anglais étaient des espions parachutés en Allemagne à la fin de la guerre. L'armée rouge les captura, les interrogea et les déporta au Goulag dans le plus grand secret, puisque la Grande-Bretagne et l'URSS avaient tout de même été alliées pendant la guerre. Les preuves de leur présence sont minces : un *lagpounkt* surnommé localement « Angliskaïa Koloniya », la « colonie anglaise », et une seule et unique allusion dans les archives militaires moscovites à « dix Écossais » — dont on ne sait rien de plus — dans un camp de prisonniers de guerre de la région[13].

Du fait de toutes ces nouvelles entrées, le Goulag ne devait pas se contracter après la guerre. Il amorça au contraire une phase d'expansion pour atteindre son plus haut niveau au début des années 1950. D'après les statistiques officielles, au 1er janvier 1950, le Goulag enfermait 2 561 351 prisonniers dans les camps et colonies du système — un million de plus que cinq années plus tôt, en 1945[14]. Le nombre des exilés spéciaux s'accrut également, en raison des opérations de déportation massive dans les États baltes, en Moldavie et en Ukraine, conçues à dessein pour achever la « soviétisation » de ces populations. Et à peu près à la même époque, le NKVD trancha une fois pour toutes l'épineuse question de l'avenir des exilés, décrétant que tous les déportés avaient été exilés « à perpétuité » — avec leurs enfants. Dans les années 1950, le nombre des exilés correspondait grosso modo à celui des prisonniers des camps[15].

La seconde moitié de 1948 et le premier semestre de 1949 réservaient une autre tragédie inattendue aux anciens pensionnaires du Goulag : une série d'arrestations, ou plutôt de ré-arrestations, des anciens prisonniers, essentiellement ceux qui avaient été arrêtés en 1937-1938 et n'avaient été libérés que dernièrement après avoir purgé leurs dix ans. Ces ré-arrestations furent systématiques et étrangement sans violences. Rares furent les nouvelles enquêtes, et la plupart des détenus ne furent soumis qu'à des interrogatoires de pure forme[16]. La communauté des exilés de Magadan et de la Kolyma sut que quelque chose n'allait pas en entendant parler de l'arrestation d'anciens « politiques », dont les noms commençaient tous par les trois premières lettres de l'alphabet cyrillique : la police secrète arrêtait les gens dans l'ordre alphabétique[17]. Nul ne pouvait se résoudre : fallait-il en rire ou en pleurer ? Alors qu'en 1937, écrit Evguénia Guinzbourg, nous avions vu le mal « se manifester dans un style tragique [...], en

1949, le même dragon dressait sans hâte, en bâillant de satiété et d'ennui, des listes de personnes à exterminer[18] ».

Par-dessus tout, les victimes ré-arrêtées décrivent des sentiments d'indifférence. La première fois, l'expérience avait été un choc, mais elle avait été aussi enrichissante : beaucoup avaient été contraints de regarder en face pour la première fois la vérité de leur système politique. La seconde arrestation n'apporta aucune connaissance nouvelle de ce type : « Maintenant, en 1949, je savais que la souffrance ne purifie qu'en deçà d'une certaine dose. Lorsqu'elle s'étire sur des dizaines d'années et devient partie intégrante de votre vie, elle ne vous purifie plus. Elle vous transforme en un bout de bois. [...] Cette seconde arrestation allait inéluctablement faire de moi un morceau de bois[19]. »

Quand la police vint la chercher pour la seconde fois, Olga Adamova-Sliozberg se dirigea vers son armoire, puis s'arrêta : « Pourquoi prendre des affaires ? Elles serviront aux enfants. Il est bien clair que je ne resterai pas en vie. Une deuxième fois traverser "ça" ? Non », se dit-elle[20]. Quand sa femme fut de nouveau arrêtée, Lev Razgon voulut savoir pourquoi. Quand on lui signifia qu'elle avait été de nouveau condamnée pour les mêmes crimes qu'auparavant, il exigea d'autres explications :

> — Comment est-ce possible ? Elle a déjà purgé sa peine pour cette affaire-là. La loi permet donc qu'on soit puni deux fois pour le même crime ?
>
> Le colonel me regarda d'un air étonné.
>
> — La loi ? Bien sûr que non. Mais qu'est-ce que la loi vient faire là-dedans[21] ?

La majorité des personnes ré-arrêtées ne furent pas internées dans des camps, mais exilées, habituellement dans des régions particulièrement isolées et sous-peuplées : Kolyma, Krasnoïarsk, Novossibirsk, Kazakhstan[22]. La plupart devaient y périr d'ennui. Rejetés comme « ennemis » par les autochtones, ils avaient du mal à trouver un logement et un travail. Personne ne voulait frayer avec un espion ou avec un saboteur.

Pour les victimes, les plans de Staline étaient assez clairs : il n'était pas question qu'un condamné pour espionnage, sabotage ou quelque forme d'opposition politique rentre jamais chez lui. S'ils étaient libérés, ils recevaient des « passeports de loups », qui leur interdisaient de vivre aux abords d'une grande ville, et restaient sous la menace constante d'une nouvelle arrestation[23]. Le Goulag et le système d'exil qui le complétait n'étaient plus des châtiments temporaires. Pour ceux qui y étaient condamnés, ils étaient devenus un mode de vie.

La guerre eut pourtant un effet durable sur le système concentrationnaire, même s'il est difficile à quantifier. La loi et le règlement des camps ne furent pas libéralisés à la suite de la victoire, mais les détenus eux-mêmes avaient changé, les politiques en particulier.

Pour commencer, ils étaient plus nombreux. Le bouleversement démographique des années de guerre et les amnisties qui les avaient exclus à dessein avaient laissé dans les camps un pourcentage de politiques bien plus élevé. Au 1er juillet 1946, plus de 35 % des détenus de tout le système avaient été condamnés pour crimes « contre-révolutionnaires ». Dans certains camps, ces effectifs étaient beaucoup plus élevés — nettement plus de la moitié[24].

Alors que le chiffre global devait rechuter, la situation des politiques avait changé, elle aussi. C'était une nouvelle génération, avec des expériences différentes. Les politiques arrêtés dans les années 1930 — et surtout en 1937-1938 — étaient des intellectuels, des membres du Parti et des travailleurs ordinaires. La plupart avaient été choqués par l'arrestation : ils n'étaient ni psychologiquement préparés à la vie carcérale ni physiquement prêts aux travaux forcés. Dans l'immédiat après-guerre, cependant, les politiques inclurent d'anciens soldats de l'armée rouge, des officiers de l'armée nationale polonaise, des partisans baltes et ukrainiens ainsi que des prisonniers de guerre allemands et japonais. Ces hommes et ces femmes s'étaient battus dans des tranchées, avaient mené des complots, commandé des troupes. D'aucuns avaient survécu à des camps de prisonniers allemands ; d'autres avaient conduit des bandes de partisans. Beaucoup étaient franchement antisoviétiques ou anticommunistes et ne furent pas surpris le moins du monde de se retrouver derrière des barbelés : « Ayant regardé la mort dans les yeux, se souvient l'un d'eux, ayant essuyé le feu et traversé l'enfer de la guerre, ayant survécu à la faim et à mainte tragédie, ils formaient une génération de détenus très différente de celle de l'avant-guerre[25]. »

Presque dès leur apparition dans les camps, vers la fin de la guerre, ces prisonniers d'un nouveau genre créèrent des soucis aux autorités. En 1947, il n'était plus aussi facile aux truands de les dominer. Parmi les diverses tribus nationales et criminelles qui dominaient la vie des camps apparut un nouveau clan : les *krasnie chapotchki* ou « bonnets rouges ». Il s'agissait généralement d'ex-soldats ou d'ex-partisans réunis pour combattre l'influence des voleurs — et, par extension, celle de l'administration qui les tolérait. Ces groupes agirent jusqu'au cœur de la décennie suivante, malgré les efforts déployés pour les briser. Dans le courant de l'hiver 1954-1955, Viktor Boulgakov, alors détenu à Inta, camp minier de la région de Vorkouta, dans le Grand Nord, fut témoin d'un effort de l'administration pour «casser» un groupe de politiques en important un contingent de soixante truands dans le camp. Les voleurs s'armèrent et se préparèrent à attaquer les politiques.

> Ils ont soudain mis la main sur des «armes froides» [couteaux], comme on pourrait s'y attendre dans une situation de ce genre. [...] Nous avons appris qu'ils avaient volé l'argent et les affaires d'un vieil homme. Nous leur avons demandé de les rendre, mais ce n'était pas dans leur habitude de rendre quoi que ce soit. Alors vers deux heures du matin, tandis que le jour se levait, on a entouré leur baraque de tous côtés et on est passés à l'attaque. On s'est mis à les tabasser, jusqu'à ce qu'ils ne puissent plus se lever. L'un d'eux a sauté par la fenêtre, [...] a couru jusqu'à la *vakhta* et s'est effondré sur le seuil. Mais quand les gardes sont arrivés, il n'y avait plus personne. Ils ont retiré les voleurs de la zone[26].

Norilsk fut le théâtre d'un incident semblable. Un prisonnier se rappelle :

> Un groupe de voleurs est arrivé dans un *lagpounkt*, où tous les détenus étaient des politiques, et ils ont voulu imposer leur système à eux. Les prisonniers, tous d'anciens officiers de l'armée rouge, les ont taillés en pièces alors même qu'ils n'avaient pas d'armes. Poussant des hurlements, les voleurs restants ont couru vers les gardes et les officiers, implorant leur aide[27].

Même les femmes avaient changé. Lasse de subir des intimidations, une politique dit à un groupe de voleuses que si elles ne rendaient pas l'argent qu'elles avaient volé, «nous allons vous jeter, vous et vos haillons, et vous serez bonnes pour passer la nuit dehors». Les criminelles restituèrent l'argent[28].

Les voleurs ne perdaient pas toujours, bien entendu. Dans un incident survenu au Viatlag, l'affrontement de criminels et de politiques fit neuf morts parmi ceux-ci. Les voleurs avaient exigé une rançon de vingt-cinq roubles de tous les prisonniers et avaient purement et simplement tué ceux qui ne voulaient pas payer[29].

Les autorités en tirèrent les conséquences. Si les politiques pouvaient se serrer les coudes afin de tenir tête aux truands, ils pouvaient aussi se liguer contre l'administration du camp. En 1948, anticipant une rébellion, les patrons du Goulag, à Moscou, ordonnèrent que les politiques les «plus dangereux» fussent internés dans un nouveau groupe de «camps spéciaux» *(ossobye lagueria)*. Précisément destinés aux «espions, diversionnistes, terroristes, trotskistes, droitiers, mencheviks, socialistes révolutionnaires, anarchistes, nationalistes, émigrés blancs et adhérents d'autres organisations antisoviétiques», il s'agissait en fait d'une extension du régime des *katorga*. On y retrouvait en effet nombre des mêmes traits: uniformes à rayures; matricules sur le front, le dos et la poitrine; barreaux aux fenêtres; baraques verrouillées de nuit. Les contacts des prisonniers avec le monde extérieur étaient réduits au minimum: dans certains cas, une ou deux lettres par an. Il était formellement interdit de correspondre avec d'autres que des parents. La journée de travail était de dix heures et les prisonniers ne pouvaient être affectés qu'à des tâches manuelles. Les installations médicales étaient réduites au minimum: il n'y avait pas de «camps pour invalides» dans ces complexes spéciaux[30].

Comme les *lagpounkts* de *katorga* — il devait bientôt y avoir des chevauchements —, les camps spéciaux se trouvaient exclusivement dans les régions les plus rudes du pays : Inta, Vorkouta, Norilsk, Kolyma — camps miniers à proximité, voire au-dessus du cercle arctique — ou encore dans le désert kazakh et les forêts lugubres de la Mordovie. En fait, il s'agissait de camps à l'intérieur des camps, car la plupart se trouvaient au sein de complexes de travaux forcés existants. Ils ne se distinguaient que par une chose. Introduisant une étonnante touche de poésie, les autorités du Goulag leur donnèrent à tous des noms empruntés au paysage : entre autres, Minéral, Montagne, Chêne, Steppe, Rivage, Fleuve, Lac, Sable, Prairie. Probablement s'agissait-il d'une couverture, d'une manière de cacher la nature des camps, puisqu'il n'y avait pas de chênes au Chêne, et certainement pas de rivage au Rivage. Très vite, bien entendu, les noms furent abrégés suivant la coutume soviétique en Minlag, Gorlag, Doubravlag, Steplag, etc. Au début de 1953, les dix camps spéciaux comptaient 210 000 détenus[31].

Toutefois, l'isolement des prisonniers politiques les « plus dangereux » ne les rendit pas plus dociles. Bien au contraire, les camps spéciaux délivrèrent les politiques de leurs conflits incessants avec les criminels et de l'influence modératrice des autres détenus. Livrés à eux-mêmes, leur opposition au système ne fit que croître : on était en 1948, non pas en 1937. En fin de compte, ils devaient se lancer dans un long affrontement, résolu et sans précédent, avec les autorités.

Avec le renforcement des mécanismes répressifs, les politiques ne furent pas les seuls pris au collet. Les résultats important plus que jamais, les patrons du Goulag se mirent à réexaminer leurs attitudes envers les truands. Leur corruption, leur paresse et leur comportement menaçant envers les gardes nuisaient à la productivité des camps. Dès lors qu'ils ne contrôlaient plus les politiques, ils ne présentaient plus guère d'avantages. Alors même que les criminels ne devaient jamais inspirer la même hostilité que les politiques, ni susciter le même traitement haineux de la part des gardes, les dirigeants du Goulag d'après-guerre décidèrent néanmoins de mettre fin à leur domination sur le camp et d'éliminer une fois pour toutes les « voleurs dans la loi » qui refusaient de travailler.

En pratique, cette guerre du Goulag contre les truands prit des formes tant directes que voilées. Pour commencer, les criminels les plus dangereux et endurcis furent tout simplement séparés des autres détenus et écopèrent de peines plus longues : dix, quinze ou vingt-cinq ans[32]. Dans l'hiver 1948, le Goulag demanda aussi la création d'un groupe de *lagpounkts* criminels à régime strict pour les récidivistes. Suivant les instructions émanant de Moscou, seuls étaient autorisés à y travailler les gardes les plus disciplinés et les plus « robustes physiquement », tandis que ces camps devaient être entourés de clôtures particulièrement hautes et renforcées. Des instructions distinctes devaient préciser les détails. Le Goulag ordonna la création immédiate de vingt-sept camps de ce type, avec une capacité d'accueil de plus de 115 000 prisonniers[33].

Malheureusement, on ne sait pas grand-chose de la vie quotidienne de ces *lagpounkts* disciplinaires. On ne sait même pas s'ils furent tous créés : s'ils survécurent, ces criminels étaient moins susceptibles encore d'écrire leurs mémoires que les criminels des camps ordinaires. Dans les faits, cependant, la plupart des camps avaient une forme d'incarcération séparée pour les criminels endurcis. Par une singulière malchance, Evguénia Guinzbourg se retrouva, pour une courte période, dans l'un d'eux : Izvestkovaïa, un *lagpounkt* disciplinaire de la Kolyma. Elle était la seule politique dans un groupe de criminelles.

Au cours de son séjour à Izvestkovaïa (les « Pierres-à-Chaux »), elle passa ses jours à travailler dans une carrière de calcaire, où, incapable d'atteindre la norme, elle ne reçut aucune nourriture. Les premières soirées, elle les passa « assise sur son baluchon » dans un coin de la baraque, puisqu'il n'y avait pas de place libre sur les châlits, observant les femmes dépenaillées boire un ersatz d'alcool dans une baraque affreusement surchauffée. Plus tard, une des femmes, syphilitique au dernier degré, lui fit une place, mais ce n'était guère confortable. Étouffée par la « lourde odeur de pourriture » qui émane du nez en putréfaction de la femme, elle a le plus grand mal à retenir sa « nausée convulsive ». « Les Pierres-à-Chaux sont un enfer parfaitement conforme : non seulement on n'y connaît ni jour ni nuit, mais jamais il n'y règne une température moyenne, adaptée à la vie humaine. Ou bien c'est le froid glacial de la mine, ou bien c'est la chaleur de fournaise de la baraque. »

Dans ce camp, Guinzbourg faillit se faire violer. Un soir, les gardes du camp, « loin des chefs », firent irruption dans la baraque et se mirent à attaquer les femmes. Une autre fois, l'un d'eux lui lança une miche de pain inattendue. La direction du camp, prévoyant une inspection, craignait qu'elle ne meure. « Or nos vaillants guerriers, abrutis par l'isolement, la boustifaille et l'alcool, ainsi que par leurs continuelles prises de bec avec les détenues, étaient complètement déboussolés et ne savaient plus trop ce qui pouvait leur attirer les foudres. En tout cas, ils ne tenaient pas à accueillir les autorités avec un constat de décès[34]. »

Mais elle s'en sortit. Avec l'aide d'amis, elle réussit à se faire transférer dans un autre camp, grâce à l'influence de l'homme à tout faire du chef du Sevvostlag lui-même. D'autres n'auraient pas eu tant de chance.

Les régimes plus sévères et les peines plus longues n'étaient pas, cependant, la seule arme de l'administration contre les chefs de la pègre. À travers toute l'Europe centrale, la grande force de l'Union soviétique, en tant que puissance d'occupation, fut sa capacité de corrompre les élites locales, de les transformer en collaborateurs empressés d'opprimer leur peuple. Ce sont précisément les mêmes techniques qui servirent à contrôler les élites criminelles des camps. La méthode était simple : elle consistait à offrir des privilèges et un traitement de faveur aux professionnels du crime — les « voleurs dans la loi » — qui abandonnaient leur « loi » pour collaborer avec les autorités. Ceux qui acceptaient avaient carte blanche pour brutaliser leurs anciens camarades, voire les torturer et les assassiner, pendant que les gardes détourneraient les yeux. Ces collaborateurs criminels corrompus jusqu'à la moelle étaient connus sous le nom de « chiennes » — *souki* — et les batailles violentes qui éclataient entre eux et le reste des criminels devaient être connues sous le nom de « guerre des chiennes et des voleurs ».

Tout comme la bataille des politiques pour leur survie, la guerre des voleurs n'était qu'un des éléments propres à la vie des camps de l'après-guerre. Certes on avait déjà vu des conflits entre bandes criminelles, mais jamais ils n'avaient été si hargneux, ni si délibérément et clairement provoqués : des batailles rangées éclatèrent simultanément, à travers tout le système des camps, en 1948, ne laissant guère de doute quant au rôle des autorités[35]. De très, très nombreux mémorialistes ont évoqué des aspects de cette lutte comme si, là encore, la plupart de ceux qui le firent n'étaient pas partie prenante. Ils se contentaient de regarder, tantôt en observateurs horrifiés, tantôt en victimes. « Voleurs et chiennes se battaient à mort », écrit Anatoli Jigouline :

> Les voleurs qui atterrissaient dans un *lagpounkt* de chiennes, s'ils n'avaient pas réussi à se cacher dans une baraque disciplinaire, se retrouvaient souvent face à un dilemme : mourir ou devenir chienne. De même, si un fort groupe de voleurs débarquaient dans un *lagpounkt*, toutes les chiennes se planquaient dans la baraque disciplinaire, car le pouvoir avait changé [...]. Quand le régime changeait, les résultats étaient souvent sanglants[36].

Toutes les chiennes, confia un voleur à un prisonnier, sont « déjà des hommes morts ; c'est nous qui les avons condamnés, et à la première occasion des *blatnoï* [voleurs dans la loi] vont les tuer[37] ». Un autre vit les suites d'une bataille :

> Au bout d'une heure et demie, les voleurs de notre groupe furent ramenés et jetés par terre. Ils étaient méconnaissables. Tous leurs beaux habits avaient été lacérés et retirés. En échange, ils avaient reçu des vestons de camp en loques et, à la place des bottes, de quoi envelopper leurs pieds. Ils avaient été rossés comme des bêtes, beaucoup y avaient perdu des dents. L'un d'eux ne pouvait lever le bras : on le lui avait cassé avec un tuyau en fer[38].

Leonid Sitko fut témoin d'une bataille particulièrement acharnée :

> Un garde parcourut le couloir en criant : « La guerre ! La guerre ! » Aussitôt, tous les voleurs, qui étaient moins nombreux que les chiennes, coururent se planquer au cachot. Les chiennes les y suivirent et en tuèrent plu-

> sieurs. Les gardes aidèrent alors les autres à se cacher; ils ne tenaient pas à les voir mourir tous, et, le lendemain, ils les firent sortir discrètement du camp[39].

Les non-criminels se trouvaient parfois impliqués dans ces batailles, surtout quand les commandants de camp accordaient de larges pouvoirs aux chiennes. «Je ne tiens pas à idéaliser les voleurs et leur loi, comme ils l'ont fait eux-mêmes dans la vie et dans leur folklore», poursuit Jigouline, avant d'ajouter:

> Dans les prisons et les camps, les chiennes étaient vraiment terribles pour les prisonniers ordinaires. Ils étaient les suppôts de la direction du camp, faisaient souvent office de contremaîtres, de commandants et de chefs de brigade. Ils se conduisaient comme des bêtes envers les détenus ordinaires, les plumaient jusqu'à la dernière miette, les déshabillaient jusqu'au dernier fil. Les chiennes n'étaient pas simplement des mouchards: en accord avec la direction du camp, ils pouvaient tuer n'importe qui. La vie des détenus qui vivaient dans les camps dominés par les chiennes était très difficile.

C'était cependant l'après-guerre et les politiques n'étaient plus sans défense face à un tel harcèlement. Dans le camp de Jigouline, un groupe d'ex-soldats de l'armée rouge réussit d'abord à massacrer la suite du chef honni des chiennes d'un *lagounkt* puis à se débarrasser du chef lui-même en l'attachant à une poutre placée dans une machine à débiter des troncs. Quand le reste des chiennes se réfugia dans une baraque, les politiques leur firent passer un message: décapitez le second du groupe et montrez-nous sa tête par la fenêtre et vous aurez la vie sauve. Ce qu'ils firent: «Leur vie leur était sans doute plus chère que la tête de leur chef[40].»

La guerre ouverte prit un tour si hargneux que

même les autorités finirent par s'en lasser. En 1954, le MVD proposa que les commandants de camp aménagent des « camps séparés pour incarcérer les récidivistes de types spécifiques » et veillent à « l'incarcération séparée des détenus » menacés par d'autres. L'« isolement des groupes hostiles » était la seule façon d'éviter un bain de sang général. La guerre avait été lancée parce que les autorités voulaient prendre le contrôle des voleurs... et on y mit un terme parce que les autorités perdirent le contrôle de la guerre[41].

Au début des années 1950, les maîtres du Goulag se retrouvèrent dans une situation paradoxale. Ils avaient voulu sévir contre les criminels endurcis pour accroître la production et assurer le fonctionnement régulier des entreprises concentrationnaires. Ils avaient voulu isoler les contre-révolutionnaires afin de les empêcher de contaminer les autres prisonniers par leurs vues dangereuses. En renforçant la répression, ils s'étaient cependant rendu la tâche plus difficile. L'esprit de rébellion des politiques et les guerres de truands hâtèrent le déclenchement d'une crise encore plus profonde : les autorités allaient finir par comprendre que les camps étaient dispendieux, corrompus et, surtout, peu rentables.

Ou plutôt, la chose devenait claire aux yeux de tous, sauf à Staline. Une fois encore, sa manie de la répression et son attachement à l'économie du travail servile s'accordaient si bien qu'il était difficile aux observateurs contemporains de dire s'il augmentait le nombre des arrestations pour construire davantage de camps ou s'il construisit davantage de camps pour faire face à la masse des arrestations[42]. Tout au long des années 1940, Staline insista pour donner plus de pouvoir économique au MVD, au point qu'en 1952, un an avant sa mort, cet organe contrôlait 9 % des capitaux engagés en Russie, plus que tout autre ministère. Dans le plan quinquennal des années 1951-1955, ces investissements devaient plus que doubler[43].

Une fois encore, Staline assigna au Goulag une série de projets de construction spectaculaires, tapageurs, rappelant ceux qu'il avait soutenus dans les années 1930. Sur son insistance personnelle, le MVD construisit une nouvelle usine de production d'amiante, un projet qui nécessitait un fort degré de spécialisation technique, précisément le terrain sur lequel le Goulag était mal placé. Staline prôna aussi personnellement la construction d'une autre voie ferrée à travers la toundra arctique, de Salekhard à Igarka — projet connu sous le nom de « Route de la Mort[44] ». La fin des années 1940 fut aussi l'ère des canaux Volga-Don, Volga-Baltique et du Grand Canal turkmène, aussi bien que des centrales électriques de Stalingrad et de Kouïbychev — cette dernière étant alors la plus grande du monde. En 1950, le MVD entreprit aussi la construction d'un tunnel et d'une voie ferrée jusqu'à l'île de Sakhaline — projet nécessitant plusieurs dizaines de milliers de détenus[45].

Cette fois, il n'y eut pas de Gorki pour chanter les louanges des nouvelles constructions staliniennes. Bien au contraire, on s'accorda largement à juger ces nouveaux chantiers dilapidateurs et pharaoniques. Si personne n'éleva publiquement d'objections à ces projets du vivant de Staline, plusieurs, dont la « Route de la Mort » et le tunnel vers Sakhaline, tournèrent court dans les jours qui suivirent sa mort. Comme les dossiers mêmes du Goulag le prouvent, la franche absurdité de ces tours de force à base de travail brut n'avait échappé à personne.

Une inspection accomplie en 1951 montra que les quelque quatre-vingts kilomètres de voies ferrées du Grand Nord, construites à grands frais et au prix de nombreuses vies, ne servaient pas depuis trois ans. Une autre grand-route de 370 kilomètres, tout aussi coûteuse, ne servait plus depuis dix-huit mois[46].

En 1953, une autre inspection, menée sur les ordres du Comité central, montra que l'entretien des camps dépassait de beaucoup les profits obtenus par le travail des prisonniers. En 1952, l'État avait subventionné le Goulag à hauteur de 2,3 milliards de roubles, soit plus de 16 % de l'allocation budgétaire totale de l'État[47]. Une historienne russe a observé que les notes du MVD à Staline concernant l'expansion des camps commençaient souvent par la formule « conformément à vos souhaits », comme pour souligner les subtiles objections de l'auteur[48].

À Moscou, les patrons du Goulag n'avaient que trop conscience de la vague de mécontentement et de troubles qui balayait aussi les camps. En 1951, les refus de travail en masse, de la part des criminels comme des politiques, avaient atteint des niveaux de crise : cette même année, le MVD calcula qu'il avait perdu plus d'un million de journées de travail en raison de grèves et de manifestations. En 1952, ce nombre doubla. D'après les statistiques du Goulag, 32 % des détenus n'avaient pas atteint cette année-là leur norme de travail[49]. Tenue par les autorités elles-mêmes, la liste des grandes grèves et actions de protestation des années 1950 à 1952 est étonnamment longue. Il y eut, entre autres, un soulèvement armé dans la Kolyma au cours de l'hiver 1949-1950 ; une évasion armée du Kraslag en mars 1951 ; des grèves de la faim massives à l'Oukhtijemlag et à l'Ekibastouzlag, à Karaganda, en 1951 ; ainsi qu'une grève à l'Ozerlag, en 1952[50].

La situation était devenue si mauvaise qu'en janvier 1952 le commandant de Norilsk adressa une lettre au général Ivan Dolguikh, alors commandant en chef du Goulag, énumérant toutes les mesures qu'il avait prises pour empêcher une rébellion. Il suggérait d'abandonner les grandes zones de production où les détenus ne pourraient être correctement surveillés, de doubler le nombre de gardes (ce qui serait difficile, il le reconnaissait) et d'isoler les diverses factions de prisonniers les unes des autres. Là encore, ce ne serait pas facile : « Compte tenu du grand nombre de prisonniers qui appartiennent à l'une ou l'autre des factions rivales, nous aurions bien de la chance si nous pouvions simplement isoler les dirigeants. » Il proposait encore d'isoler les travailleurs libres des prisonniers sur les chantiers — et ajouta, pour finir, qu'il serait très utile de libérer tout de suite 15 000 prisonniers, puisqu'ils seraient plus productifs en tant que travailleurs libres. Cette suggestion, cela va sans dire, jetait implicitement le doute sur toute la logique du travail forcé[51].

Plus haut placés encore dans la hiérarchie soviétique, d'autres en convenaient. « Nous avons maintenant besoin de technologie de première classe », reconnaît Krouglov, alors patron du MVD : de toute évidence, celle de troisième classe qu'on trouvait au Goulag n'était plus suffisante. Le 25 août 1949, le Comité central se réunit même pour discuter d'une lettre reçue d'un dénommé Jdanov, un détenu qui avait de l'instruction. « Le principal déficit du système des camps, écrivait-il, vient de ce qu'il repose sur le travail forcé. La productivité réelle du travail carcéral est extrêmement faible. Dans des conditions de travail différentes, moitié moins de gens suffiraient à doubler la production actuelle des prisonniers[52]. »

En réponse à cette lettre, Krouglov promit d'augmenter la productivité des détenus, essentiellement en rétablissant les salaires des prisonniers qui travaillaient bien et en renouant avec la politique des remises de peine. Nul ne semble avoir fait remarquer que ces deux formes de « stimulation » avaient été supprimées à la fin des années 1930 — la seconde par Staline lui-même —, sous prétexte, précisément, qu'elles réduisaient la rentabilité des camps.

Cela n'importait guère, puisque les changements faisaient peu de différence. Une infime partie de l'argent des détenus allait dans leur poche : une enquête menée après la mort de Staline montra que le Goulag et les autres institutions avaient illégalement confisqué 126 millions de roubles sur les comptes personnels des détenus[53]. Quant aux infimes sommes d'argent que recevaient effectivement les détenus, sans doute étaient-elles plus une source d'ennuis qu'autre chose. Dans bien des camps, les caïds mirent en place des systèmes de collecte et de protection, obligeant les prisonniers moins bien placés dans la hiérarchie à payer le privilège de ne pas être rossé ni assassiné. Il devint aussi possible d'« acheter » comptant des postes de planqués[54]. Dans les camps politiques, les prisonniers se servirent de leur nouveau salaire pour graisser la patte des gardes. L'argent permit aussi d'introduire la vodka dans les camps et, par la suite, la drogue[55].

La promesse d'une remise de peine en échange d'un travail plus assidu a bien pu soutenir un peu l'enthousiasme des travailleurs. Le MVD appuya sans conteste vigoureusement cette politique et, en 1952, proposa même de libérer de forts contingents de prisonniers des trois plus grandes entreprises du Nord — la mine de charbon de Vorkouta, celle d'Inta et la raffinerie de pétrole d'Oukhtinski — pour les employer comme travailleurs libres. Apparemment, même les chefs d'entreprise du MVD préféraient avoir affaire à des «libres» plutôt qu'à des prisonniers[56].

L'économie des camps suscitait de telles inquiétudes que, dans le courant de l'automne 1950, Beria ordonna à Krouglov de mener une enquête sur le Goulag afin d'établir la vérité. Dans son rapport, Krouglov prétendit que les prisonniers «employés» par le MVD n'étaient pas moins productifs que les travailleurs ordinaires. Il reconnut cependant que le prix de l'entretien des détenus — le coût de la nourriture, de l'habillement, des baraquements et surtout des gardes, désormais nécessaires en plus grand nombre que jamais — dépassait de beaucoup celui de la rémunération de travailleurs libres ordinaires[57].

Autrement dit, les camps n'étaient pas rentables et beaucoup de gens le savaient maintenant. Reste que personne, pas même Beria, n'eut l'audace de prendre la moindre initiative du vivant de Staline, ce qui n'est peut-être pas très surprenant. Pour qui appartenait à l'entourage immédiat de Staline, les années 1950 à 1952 eussent été une période particulièrement dangereuse pour dire au dictateur que ses marottes étaient des fiascos économiques. Quoique périclitant, Staline ne devait pas s'amadouer avec l'âge. Bien au contraire, il devenait plus paranoïaque que jamais et était enclin à voir des conjurés et des comploteurs partout autour de lui. En juin 1951, il ordonna contre toute attente l'arrestation d'Abakoumov, le patron du contre-espionnage soviétique. À l'automne, sans consultation préalable, il dicta personnellement une résolution du Comité central décrivant une « conspiration nationaliste mingrelienne » — les Mingreliens étant un groupe ethnique géorgien, dont le membre le plus éminent n'était autre que Beria lui-même. Tout au long de 1952, une vague d'arrestations, de limogeages et d'exécutions balaya l'élite communiste géorgienne, touchant de nombreux proches et protégés de Beria. Dans l'esprit de Staline, celui-ci devait très certainement être la cible ultime de la purge[58].

Mais il n'aurait certainement pas été la seule victime de la folie finale de Staline. En 1952, ce dernier s'était mis en tête de poursuivre un autre groupe ethnique. En novembre 1952, le parti communiste tchèque, désormais à la tête de la Tchécoslovaquie, traduisit en justice quatorze de ses dirigeants — dont onze Juifs — et dénonça en eux des « aventuriers sionistes ». Un mois plus tard, Staline déclara lors d'un rassemblement du Parti que « tout Juif est un nationaliste et un agent des services secrets américains ». Puis, le 13 janvier 1953, la *Pravda*, le journal du parti communiste, révéla l'existence du complot des Blouses blanches : « Des groupes terroristes de médecins, affirmait-elle, s'étaient donné pour objectif d'abréger la vie de personnalités soviétiques en sabotant leur traitement médical. » Six des neuf « médecins terroristes » étaient juifs. Tous furent dénoncés en raison de leurs liens supposés avec le Comité juif antifasciste, dont les dirigeants du temps de guerre — d'éminents intellectuels et écrivains juifs — avaient été condamnés quelques mois auparavant pour avoir commis le crime d'encourager le « cosmopolitisme »[59].

Le complot des médecins fut une ironie de l'histoire aussi terrible que tragique. Dix années plus tôt, seulement, Hitler avait massacré des centaines de milliers de Juifs soviétiques de la partie occidentale du pays. Par centaines de milliers, d'autres avaient fui la Pologne pour l'Union soviétique, y cherchant un refuge contre les nazis. Staline n'en consacra pas moins ses dernières années de moribond à préparer une nouvelle série de grands procès, une nouvelle vague d'exécutions massives et de déportations. Peut-être avait-il même prévu, en définitive, de déporter tous les Juifs résidant dans les grandes villes du pays vers l'Asie centrale et la Sibérie[60].

La peur et la paranoïa balayèrent une fois encore le pays. Des intellectuels juifs terrifiés signèrent une pétition pour condamner les médecins. Les médecins juifs furent arrêtés par centaines. D'autres Juifs perdirent leur travail, tandis qu'un antisémitisme virulent se déchaînait à travers le pays. Dans son lointain exil de Karaganda, Olga Adamova-Sliozberg entendit des femmes du pays parler de colis envoyés au bureau de poste par des gens aux noms juifs. On y avait prétendument trouvé du coton grouillant de poux, porteurs du typhus[61]. Au Kargopollag, dans son camp au nord d'Arkhangelsk, Isaak Filchtinski entendit lui aussi des rumeurs suivant lesquelles des détenus juifs devaient être expédiés dans les camps spéciaux du Grand Nord[62].

Puis, alors même que le complot des médecins paraissait devoir envoyer des dizaines de milliers de nouveaux prisonniers dans des camps et en exil, alors même que l'étau se resserrait autour de Beria et de ses séides, et que le Goulag s'était enfoncé dans ce qui ressemblait fort à une crise économique insurmontable, Staline mourut.

CHAPITRE 23

La mort de Staline

Dans les douze dernières heures, le manque d'oxygène devint critique. Son visage et ses lèvres noircirent comme sous l'effet d'une lente strangulation. L'agonie fut terrible. Il suffoqua littéralement sous nos yeux. À ce qui semblait être le tout dernier moment, il ouvrit les yeux et jeta un regard sur tous ceux qui se trouvaient dans la chambre. Un regard terrible, de démence ou peut-être de colère, où l'on lisait la peur de la mort...

SVETLANA,
la fille de Staline, racontant les derniers instants de son père[1].

Si, dans les années 1930, de nombreux détenus soviétiques croyaient que le Goulag était une grande méprise, une gigantesque erreur tant bien que mal cachée au regard bienveillant du camarade Staline, rares étaient ceux qui conservaient de telles illusions dans les années 1950. On savait parfaitement à quoi s'en tenir, rappelle un médecin de camp : « L'immense majorité savait qui était l'homme. Elle savait que c'était un tyran, qu'il tenait un grand pays au bout de son doigt et que le destin de chaque prisonnier était plus ou moins lié au sort de Staline[2]. »

Tout au long des dernières années de sa vie, les prisonniers politiques espérèrent la disparition de Staline, l'appelant de leurs vœux dans leurs prières, discutant sans cesse de sa mort, quoique discrètement, histoire de ne pas alerter les mouchards. « Ah que les Géorgiens vivent longtemps ! » soupirait-on, comme pour exprimer le désir de le voir mourir sans se rendre effectivement coupable de trahison. Même lorsqu'il tomba malade, on resta circonspect. Maya Oulianovskaïa apprit son ultime maladie par une femme qu'elle savait moucharde. Elle répondit prudemment : « Vraiment ? Tout le monde tombe malade. Il a de bons médecins, ils vont le guérir[3]. »

Lorsque sa mort fut enfin annoncée, le 5 mars 1953, certains conservèrent leur réserve. En Mordovie, les politiques prirent grand soin de dissimuler leur excitation, redoutant d'écoper d'une seconde condamnation[4]. Dans la Kolyma, les « femmes pleuraient le défunt selon les meilleures traditions[5] ». Dans un *lagpounkt* de Vorkouta, Pavel Negretov entendit lire l'annonce à voix haute dans le réfectoire du camp. Ni le commandant qui lut le communiqué ni aucun des prisonniers ne pipa mot : « La nouvelle fut accueillie par un silence sépulcral. Personne ne dit rien[6]. »

Dans un *lagpounkt* de Norilsk, les prisonniers se réunirent dans la cour pour entendre parler de la mort du « grand dirigeant du peuple soviétique et de toute l'humanité éprise de liberté [...]. Une longue pause suivit. Tout à coup, un détenu prit la parole :
— Camarade commandant, j'ai à mon compte un peu d'argent envoyé par ma femme, je n'ai pas pu le dépenser. J'aimerais offrir une couronne à notre guide. Est-ce possible[7] ? »

D'autres, en revanche, ne cachèrent pas leur joie. Au Steplag s'élevèrent des cris d'allégresse. Au Viatlag, des détenus lancèrent leurs casquettes en l'air en poussant des « Hourra ! »[8]. Dans les rues de Magadan, un détenu en salua un autre par : « Je vous souhaite une bonne fête ! Une bonne fête de la Résurrection[9] ! » Il ne fut pas le seul submergé par un sentiment religieux : « Il gelait un peu et tout était calme, très calme. Bientôt le ciel serait bleu. Iouri Nikolaïevitch leva les bras et déclara avec flamme : "Que les coqs chantent à la Sainte Russie ! Bientôt il fera jour dans la Sainte Russie !"[10]. »

Quoi qu'ils ressentissent, et qu'ils eussent ou non l'audace de laisser paraître leurs sentiments, la plupart des détenus et des exilés eurent aussitôt la conviction que les choses allaient changer. En exil à Karaganda, Olga Adamova-Sliozberg se mit à trembler quand elle apprit la nouvelle, puis se prit le visage entre les mains, afin que ses camarades de travail ne vissent pas sa joie : « Ou tout de suite ou jamais. Tout doit changer. Ou tout de suite ou jamais[11]. »

Dans un autre *lagpounkt* de Vorkouta, Bernhard Roeder entendit le communiqué à la radio du camp alors qu'il enfilait son attirail de mineur :

> Il y eut des échanges de regards furtifs, des flambées de haine triomphale, des mots chuchotés à la va-vite, des gestes d'excitation... bientôt, la salle fut vide. Tout le monde se précipita pour transmettre la bonne nouvelle. [...] Ce jour-là, personne ne travailla à Vorkouta. Des groupes se formèrent, bavardant tout excités. [...] On entendit les gardes des miradors se téléphoner les uns aux autres, tout agités, et peu après, ce furent les premières rixes d'ivrognes[12].

Parmi les administrateurs de camp, on nageait en pleine confusion. Olga Vassileïevna, qui travaillait alors au QG du Goulag, à Moscou, se souvient d'avoir éclaté en sanglots : « Je pleurai, nous étions nombreux à pleurer, des femmes et des hommes aussi, ils ne se cachaient pas pour pleurer[13]. » Tout comme des millions de leurs compatriotes, les employés du Goulag ne pleuraient pas seulement leur défunt chef, mais aussi par peur pour eux-mêmes et pour leur carrière. « Je ne pleurais pas simplement Staline, écrivit plus tard Khrouchtchev lui-même. Je m'inquiétais terriblement de l'avenir du pays. Je pressentais déjà que Beria allait donner des ordres à tout le monde et que ce serait le début de la fin[14]. »

Par « fin », il entendait, bien entendu, la fin pour lui ; la mort de Staline ne manquerait pas de provoquer une nouvelle effusion de sang. Redoutant la même chose, de nombreux gros bonnets du Goulag auraient eu des crises cardiaques, des crises d'hypertension ou encore de fortes fièvres ou des grippes carabinées. Leur désarroi, la confusion émotionnelle absolue dans laquelle ils se retrouvèrent les rendit authentiquement malades. Ils étaient littéralement malades de peur[15].

Si la confusion régnait chez les gardiens de prison, les nouveaux occupants du Kremlin n'avaient pas les idées beaucoup plus claires sur l'avenir. Comme l'avait craint Khrouchtchev, Beria, qui eut beaucoup de mal à contenir sa joie devant la dépouille de Staline, prit effectivement le pouvoir et procéda à des changements avec une étonnante rapidité. Le 6 mars, avant même l'inhumation de Staline, il annonça une réorganisation de la police secrète. Il donna pour consigne à son chef de transmettre la responsabilité du Goulag au ministère de la Justice, pour ne garder sous la juridiction du MVD que les camps pour politiques. Il céda aussi maintes entreprises du Goulag à d'autres ministères : aussi bien exploitation forestière que mines et industrie de transformation[16]. Le 12, il mit fin à plus de vingt projets qui comptaient parmi les fleurons du Goulag, sous prétexte qu'ils ne « répondaient pas aux besoins de l'économie nationale ». Le chantier du Grand Canal turkmène s'arrêta, tout comme les chantiers des canaux Volga-Oural et Volga-Baltique, du barrage sur le Don inférieur, du port de Donetsk et du tunnel vers Sakhaline. La Route de la Mort, la ligne de chemins de fer Salekhard-Igarka, fut aussi abandonnée ; elle ne devait jamais être terminée[17].

Deux semaines plus tard, Beria adressa une note au Présidium du Comité central, exposant à grands traits l'état des camps de travail avec une étonnante clarté. Affirmant qu'ils comptaient 2 526 402 détenus, dont seulement 221 435 « dangereux criminels d'État », il prônait la libération d'une bonne partie des autres :

> Parmi les prisonniers, il y a 438 788 femmes, dont 6 286 sont enceintes et 35 505 accompagnées d'enfants de moins de deux ans. Beaucoup de femmes ont des enfants de moins de dix ans, élevés par des parents ou dans des foyers pour enfants.
>
> Parmi les prisonniers, on compte 238 000 personnes âgées — hommes et femmes de plus de cinquante ans — et 31 181 jeunes de moins de dix-huit ans, la plupart condamnés pour petits larcins et hooliganisme.
>
> Près de 198 000 prisonniers internés dans les camps souffrent de maladies graves, incurables, et sont totalement incapables de travailler.
>
> Il est bien connu que les prisonniers des camps laissent leurs parents et intimes dans des situations très difficiles ; leurs familles s'en trouvent disloquées, avec des effets gravement négatifs qui durent le restant de leur vie[18].

Invoquant ces raisons apparemment humanitaires, Beria demandait une amnistie bénéficiant à tous les détenus purgeant des peines de cinq ans ou moins, aux femmes enceintes, aux femmes avec des enfants en bas âge et à tous les détenus de moins de dix-huit ans : au total, un million de gens. L'amnistie fut annoncée le 27 mars. Les libérations commencèrent aussitôt[19].

Une semaine plus tard, le 4 avril, Beria annula aussi l'enquête sur le complot des Blouses blanches. Ce fut le premier changement visible du grand public. Là encore, c'est la *Pravda* qui l'annonça : « Les personnes accusées de mauvaise conduite de l'enquête ont été arrêtées et devront rendre compte de leurs crimes[20]. »

Le sous-entendu était clair : la justice stalinienne laissait à désirer. Secrètement, Beria procéda à d'autres changements. Il interdit à tous les agents de la police secrète de recourir à la force physique contre les personnes arrêtées, mettant effectivement fin à la torture[21]. Il tenta de libéraliser la politique envers l'Ukraine occidentale, les États baltes et même l'Allemagne de l'Est, revenant sur les politiques de soviétisation et de russification mises en œuvre par Nikita Khrouchtchev lui-même dans le cas de l'Ukraine[22]. Quant au Goulag, il mit cartes sur table le 16 juin, déclarant ouvertement son intention de « liquider le système des travaux forcés, en raison de son inefficacité économique et de son manque de perspective[23] ».

Les motifs qui poussèrent Beria à procéder à ces changements rapides demeurent à ce jour mystérieux. Certains ont essayé de le peindre sous les traits d'un libéral secret qui aurait rongé son frein sous le système stalinien en brûlant d'accomplir des réformes. Ses collègues du Parti le soupçonnaient de vouloir donner plus de pouvoir à la police secrète aux dépens du parti communiste lui-même : débarrasser le MVD du fardeau encombrant et onéreux des camps n'était qu'une façon de renforcer l'institution. Peut-être Beria essayait-il aussi de se rendre populaire auprès du grand public comme de nombreux anciens de la police secrète qui allaient maintenant rentrer de camps lointains. À la fin des années 1940, il avait pris l'habitude de réembaucher ces anciens détenus — ce qui garantissait quasiment leur loyauté. Mais l'explication la plus probable de sa conduite est qu'il savait mieux que quiconque peut-être en URSS à quoi s'en tenir : il savait à quel point les camps étaient peu rentables et que la plupart des prisonniers étaient innocents. Après tout, cela faisait près de dix ans qu'il supervisait les premiers et arrêtait les seconds[24].

Quels que fussent ses mobiles, Beria agit trop vite. Ses réformes troublèrent et dérangèrent ses collègues. Khrouchtchev, que Beria sous-estima grandement, en fut le plus ébranlé, peut-être parce qu'il avait sans doute contribué à mener les enquêtes sur le complot des Blouses blanches, mais peut-être aussi à cause de ses positions tranchées sur l'Ukraine. Sans doute craignait-il aussi de se retrouver tôt ou tard sur la nouvelle liste d'ennemis de Beria. Lentement, en menant une campagne de diffamation intensive, il retourna les autres dirigeants du Parti contre Beria. À la fin du mois de juin, tous lui étaient acquis. Lors d'une réunion du Parti, il fit cerner le bâtiment de troupes à sa dévotion. L'effet de surprise joua. En état de choc, bégayant et balbutiant, l'homme qui avait été le second personnage le plus puissant de l'URSS fut arrêté et jeté en prison.

Il allait y passer les quelques mois qui lui restaient à vivre. Comme Iagoda et Iejov avant lui, il s'occupa à écrire des lettres, implorant miséricorde. Son procès eut lieu en décembre. On ignore s'il fut exécuté alors ou plus tôt, mais à la fin de 1953 il était mort[25]

Les dirigeants soviétiques abandonnèrent certaines politiques de Beria aussi vite qu'il les avait adoptées. En revanche, ni Khrouchtchev ni aucun autre ne relança jamais les grands chantiers du Goulag. Pas plus qu'ils ne revinrent sur l'amnistie de Beria. Les libérations se poursuivirent, preuve que les doutes quant à l'efficacité du Goulag n'avaient pas effleuré l'esprit du seul Beria — quoi qu'il en fût de sa disgrâce. Les nouveaux dirigeants savaient parfaitement que les camps étaient un poids mort pour l'économie, de même qu'ils savaient l'innocence de millions de prisonniers. Le temps suivait son cours : l'ère du Goulag touchait à sa fin.

Peut-être en se réglant sur les rumeurs venant de Moscou, les administrateurs et gardes du Goulag s'adaptèrent-ils eux aussi à la nouvelle situation. Une fois remis de leurs peurs, et de leurs maladies, maints gardes changèrent de comportement presque du jour au lendemain, assouplissant le règlement avant même d'en recevoir l'ordre. Un des commandants du *lagpounkt* d'Alexander Dolgun, dans la Kolyma, se mit à donner des poignées de main aux prisonniers et à les appeler « camarades » dès qu'on sut que Staline était malade, mais avant même que la mort du dictateur ne fût officiellement annoncée[26]. « Le régime du camp se relâcha, se fit plus humain », rapporte un détenu[27]. Un autre présente les choses un peu différemment : « Les gardes cessèrent d'afficher le patriotisme dont ils avaient fait montre du vivant de Staline[28]. » Les prisonniers qui refusaient d'accomplir une tâche exténuante, désagréable ou inique n'étaient plus châtiés[29]. Des protestations spontanées s'organisèrent, sans que les protestataires fussent punis. Barbara Armonas se souvient :

> D'une manière ou d'une autre, cette amnistie a changé la discipline de base du camp. [...] Un jour, nous sommes rentrées des champs sous des trombes d'eau ; nous étions trempées jusqu'à l'os. L'administration nous a envoyées aux bains sans nous autoriser à passer par nos chambrées. Ça ne nous a pas plu, parce que nous voulions pouvoir changer nos habits trempés contre des vêtements secs. La longue file des détenues s'est mise à protester en hurlant et en criant des insultes, traitant l'administration de « tchékistes » et de « fascistes ». Puis nous avons tout simplement refusé de bouger. Ni les efforts de persuasion ni les menaces, rien n'y fit. Au bout d'une heure de bataille silencieuse, l'administration a cédé et nous sommes allées chercher des tenues sèches[30].

Le changement affecta aussi les prisons. Dans les mois qui suivirent la mort de Staline, Susanna Petchora était en cellule d'isolement. Elle subissait un second interrogatoire : « contre-révolutionnaire » juive, elle avait été rappelée de son camp à Moscou en rapport avec le complot des Blouses blanches. Puis, soudain, l'interrogatoire s'arrêta. Son instructeur la reçut en tête à tête : « Vous comprenez, je ne suis coupable de rien envers vous, je ne vous frappe pas, je ne vous fais aucun mal », lui dit-il. Il la plaça dans une nouvelle cellule où, pour la première fois, elle entendit une des femmes parler de la mort de Staline. « Quoi ? » fit-elle. Ses camarades de cellule gardèrent le silence : comme tout le monde savait que Staline était mort, elles imaginèrent qu'elle était une moucharde qui essayait de les sonder. Elle mit une journée entière à les convaincre de son ignorance. Après quoi, raconte-t-elle, les changements furent spectaculaires.

> Les gardiens avaient peur de nous, nous faisions ce que nous voulions, nous criions pendant les exercices, nous faisions des discours, nous nous glissions par les fenêtres. Nous refusions de nous lever quand ils entraient dans nos cellules et nous disaient de ne pas rester allongées sur nos lits. Six mois plus tôt seulement, on nous aurait fusillées pour des choses pareilles[31]

Tout ne changea pas. Leonid Trous était lui aussi en plein interrogatoire en mars 1953. Si la mort de Staline l'a sans doute sauvé du peloton d'exécution, il n'en écopa pas moins d'une peine de vingt-cinq ans. Un de ses compagnons de cellule reçut dix ans pour avoir tenu des propos indélicats sur la mort de Staline[32]. Et tout le monde ne fut pas libéré. Somme toute, l'amnistie avait été limitée aux tout petits, ou très vieux, aux femmes et aux enfants, et aux détenus purgeant des peines de cinq ans ou moins. Dans leur écrasante majorité, les « courtes peines » étaient des criminels ou des politiques dont le dossier était mince. Restait donc plus d'un million de prisonniers au Goulag, dont plusieurs centaines de milliers de politiques condamnés à de longues peines.

Dans certains camps, ceux qui devaient être libérés furent inondés de cadeaux, d'attentions et de lettres à rapporter aux amis et aux familles[33]. Tout aussi souvent, de terribles rivalités surgirent entre les détenus qui devaient être libérés et ceux qui ne le seraient pas. Quarante ans plus tard, un détenu qui ne bénéficia pas de l'amnistie initiale s'en souvient avec aigreur comme d'une « amnistie pour pickpockets », d'une liberté pour petits malfrats : « Les criminels étaient ravis, ils furent tous libérés[34]. » Dans un camp, une bande de détenues purgeant de longues peines tabassèrent une femme qui purgeait une peine de courte durée — par dépit. Celles qui allaient être libérées provoquaient aussi la colère, en se tenant à part et en regardant de haut les autres «criminelles» qui resteraient[35].

Il y eut aussi d'autres types de violence. Certains qui purgeaient de longues peines allèrent voir les médecins du camp pour exiger le certificat tant convoité d'«invalidité», qui impliquait une libération immédiate. Les médecins qui refusaient étaient frappés ou menacés. Au Petchorlag, on dénombra six incidents de ce genre: les médecins y furent «systématiquement terrorisés», frappés, voire poignardés. Au Ioujkouzbasslag, quatre détenus menacèrent de mort le médecin du camp. Ailleurs, le nombre de prisonniers libérés comme «invalides» dépassait le nombre des invalides précédemment enregistrés dans les camps[36].

Il est cependant un groupe de détenus particulier, dans un ensemble de camps particulier, qui connurent des émotions très différentes. Les prisonniers des «camps spéciaux» étaient effectivement un cas à part: la plupart purgeaient des peines de dix, quinze ou vingt-cinq ans et n'avaient aucun espoir de retrouver la liberté avec l'amnistie de Beria. Dans les premiers mois qui suivirent la mort de Staline, seuls des changements mineurs avaient été apportés à leur régime. Par exemple, ils avaient désormais droit à des colis, mais juste un par an. À contrecœur, l'administration permit aux équipes de disputer des matchs de football entre elles. Mais ils portaient encore des uniformes avec des matricules, les fenêtres de leurs baraques étaient encore munies de barreaux, et les baraques restaient verrouillées la nuit. Et les contacts avec le monde extérieur étaient réduits au minimum[37].

La situation était mûre pour la rébellion. En 1953, les pensionnaires des camps spéciaux étaient isolés des criminels et des détenus « ordinaires » depuis 1948 — depuis plus de cinq ans. Livrés à eux-mêmes, ils avaient élaboré des systèmes d'organisation interne et de résistance sans équivalent dans l'histoire du Goulag. Depuis des années, ils étaient au bord du soulèvement organisé, complotant et se préparant : seul les avait retenus l'espoir que la mort de Staline leur vaudrait d'être libérés. La mort de Staline ne changeant rien à leur situation, l'espoir s'éteignit, laissant place à la colère.

CHAPITRE 24

La révolution des zeks

Dans la nuit, éveillée. Vent de neige hurlant,
Échappé de temps abolis, ignorés.
Loin là-bas sur la steppe les tentes chatoyantes
De Tamerlan... Feux de camp embrasés.

En tsarine tatare je voudrais
Regagner le tréfonds des siècles ensevelis.
À la queue de mon cheval ligoter
Mes amis adorés, mes ennemis haïs. [...]

Viendra une bataille entre toutes battante,
Livrée dans un orgiaque et grandiose combat.
Là, à l'heure écrite de mon trépas
Sur mon épée je me jetterai haletante.

ANNA BARKOVA,
La baraque[1].

À la suite de la mort de Staline, les rumeurs allèrent bon train dans les camps spéciaux, comme dans le reste du pays. Beria prenait le pouvoir ; Beria était mort. Le maréchal Joukov et l'amiral Kouznetsov étaient entrés dans Moscou et attaquaient le Kremlin avec leurs chars ; Khrouchtchev et Molotov avaient été assassinés. Tous les prisonniers seraient libérés ; ils seraient tous exécutés ; les troupes en armes du MVD encerclaient les camps, prêtes à écraser la moindre velléité de rébellion. Les prisonniers se répétaient ces histoires avec force chuchotis et cris, partagés entre l'espoir et la spéculation[2].

Dans le même temps, les organisations nationales des camps spéciaux se renforçaient, nouaient des liens plus réguliers. Typiques de cette époque sont les expériences de Viktor Boulgakov, qui fut arrêté au printemps de 1953 — en fait, la nuit de la mort de Staline — et accusé de participer à un cercle politique d'étudiants antistaliniens. Peu après, il arriva au Minlag, camp spécial du complexe minier d'Inta, au nord du cercle arctique.

La description qu'il brosse de l'atmosphère qui régnait au Minlag tranche nettement avec les souvenirs des détenus d'une époque antérieure. Encore adolescent au moment de son arrestation, il entra dans une communauté anticommuniste et antistalinienne bien organisée. « Régulièrement », se produisaient des grèves et des protestations. Les prisonniers s'étaient dispersés en groupes nationaux très distincts, chacun avec son caractère à lui. Les Baltes avaient une « organisation soudée, mais sans hiérarchie bien instituée ». Les Ukrainiens, d'anciens partisans pour la plupart, étaient « fort bien organisés, car leurs dirigeants avaient été des chefs de partisans avant la captivité, ils se connaissaient tous, et leur structure s'est formée presque automatiquement ».

Le camp enfermait aussi des prisonniers qui croyaient au communisme, même s'ils s'étaient répartis en deux groupes : ceux qui s'alignaient purement et simplement sur la ligne du Parti ; et ceux qui se disaient communistes de foi ou de conviction, croyant à la possibilité de réformer l'Union soviétique. Il était enfin devenu possible d'être marxiste antisoviétique — chose impensable dans les années antérieures. Boulgakov lui-même appartenait à l'Union des Travailleurs du Peuple — « Narodno-Troudovoï Soyouz », ou NTS —, mouvement d'opposition antistalinien, qui allait acquérir une grande notoriété une ou deux décennies plus tard, lorsque les autorités paranoïaques se mirent à voir partout des signes de son influence.

Les préoccupations de Boulgakov au camp eussent stupéfié également une génération antérieure de prisonniers. Au Minlag, les détenus réussirent à sortir un journal clandestin, manuscrit et distribué dans les camps. Ils intimidaient les *pridourki*, qui « finirent par redouter les prisonniers ». Ils tenaient à l'œil les mouchards, comme le faisaient d'autres détenus dans les camps spéciaux. Dimitri Panine a aussi décrit la guerre toujours plus meurtrière livrée aux mouchards :

> Ces règlements de comptes systématiques durèrent pendant huit mois. On extermina quarante-cinq personnes. Les opérations étaient dirigées à partir d'un centre de conspirateurs [...]. Nous fûmes les témoins du fait suivant : un certain nombre de traîtres ne purent supporter les menaces de liquidation qui pesaient sur eux et, pour échapper à leur sort, ils se réfugièrent à la prison du camp où on les cachait de l'expiation inévitable. On gardait tous les mouchards évadés dans la même cellule qui fut baptisée *J'aurais la trouille*[3].

Le meurtre des mouchards, écrit un historien des camps, était devenu un « fait si courant que personne ne s'en étonnait ni ne s'y intéressait » : ils « mouraient vite », conclut-il[4]. Une fois encore, la vie dans les camps reflétait la vie à l'extérieur en même temps qu'elle l'amplifiait. Les organisations antisoviétiques de partisans, en Ukraine occidentale, avaient aussi tout fait pour détruire les mouchards, et leurs chefs arrivèrent dans les camps porteurs de cette obsession[5]. C'est peut-être pour cette raison que les autorités du camp de Dimitri Panine séparèrent les détenus ukrainiens des autres, puisque, dès qu'un mouchard trouvait la mort, c'était toujours aux Ukrainiens qu'on en attribuait la responsabilité. Cela ne fit qu'accroître leur solidarité et leur colère[6].

En 1953, les camarades de Boulgakov, au Minlag, faisaient aussi tout leur possible pour garder trace de leurs effectifs et de leurs conditions de vie, et transmettre ces renseignements à l'Ouest, en passant par des gardes coopératifs ou en employant d'autres techniques que les dissidents internés dans des camps allaient perfectionner au fil des années 1970 et 1980. Boulgakov lui-même se chargea de cacher ces documents, ainsi que des copies de chants et de poèmes composés par les détenus. Leonid Sitko fit le même travail au Steplag, planquant les documents dans le sous-sol d'un bâtiment que construisaient les ouvriers. S'y trouvaient entre autres de « brefs récits d'itinéraires individuels, les lettres de détenus morts, un court document signé d'une doctoresse, Gahna Michkina, sur les conditions inhumaines dans les camps (dont des statistiques de décès, des chiffres sur la sous-alimentation, etc.) ainsi qu'un tableau de l'organisation et de l'expansion des camps du Kazakhstan, une chronique plus détaillée de l'histoire du Steplag — et des poèmes[7] ».

Sitko et Boulgakov croyaient tous deux, simplement, que les camps seraient fermés un jour, que les baraques seraient brûlées et qu'on récupérerait alors tous ces documents. Vingt ans plus tôt, personne n'aurait osé penser une chose pareille, encore moins agir en conséquence.

Très vite, la tactique et la stratégie de la conspiration se propagèrent à travers le système des camps spéciaux, grâce à l'administration même du Goulag.

Dans le passé, les détenus soupçonnés de tramer des complots étaient purement et simplement isolés. Les autorités centrales les déplaçaient d'un camp à l'autre, détruisant les réseaux de rebelles avant même qu'ils ne se formassent. Dans le climat plus spécifique des camps spéciaux, cependant, cette tactique se retourna contre elles et les fréquents déplacements de détenus devinrent un excellent moyen de semer la rébellion[8].

Au nord du cercle arctique, les étés sont très brefs et très chauds. Vers la fin du mois de mai, la glace qui recouvre les cours d'eau commence à craquer. Les jours s'allongent, jusqu'à ce que la nuit finisse par disparaître. En juin, mais certaines années en juillet, le soleil se met soudain à briller avec une réelle férocité : tantôt un mois durant, tantôt deux. D'un jour à l'autre, les fleurs sauvages de l'Arctique s'épanouissent. L'espace de quelques courtes semaines, la toundra est inondée de couleurs. Pour des êtres humains qui ont vécu enfermés neuf mois durant, l'été charrie avec lui un irrépressible désir de sortir, d'être libre. Au cours des quelques jours d'été chauds que j'ai passés à Vorkouta, les citadins m'ont paru passer la quasi-totalité de leurs jours et de leurs nuits dehors, flânant dans les rues, s'installant dans les parcs ou se parlant les uns aux autres sur le pas de leur porte. Le printemps, ce n'est pas étonnant, est aussi, pour les détenus, la saison des tentatives d'évasion. Ce n'est pas non plus un hasard si les trois soulèvements les plus importants, les plus dangereux et les plus célèbres du Goulag ont eu lieu au printemps, dans les camps du Nord.

Au Gorlag, camp spécial du complexe de Norilsk, l'état d'esprit était particulièrement vindicatif en ce printemps 1953. L'automne précédent, un fort contingent de détenus, quelque 1 200 au total, y avaient été transférés de Karaganda, où beaucoup avaient été apparemment impliqués dans des tentatives d'évasion en armes et des protestations survenues quelques mois auparavant. Tous avaient été jetés en prison pour « activité révolutionnaire en Ukraine occidentale et dans les États baltes ». Suivant les archives du MVD, ils avaient commencé à organiser un « comité révolutionnaire » alors même qu'ils étaient en transit vers Norilsk.

Si l'on en croit les récits de prisonniers, ils tuèrent aussi quatre mouchards — avec des pics — dans les jours qui suivirent leur arrivée[9]. Au printemps de 1953, ulcérés d'être des laissés-pour-compte de l'amnistie, les membres de ce groupe avaient créé ce que le MVD appela une « organisation antisoviétique » au sein du camp, ce qui veut probablement dire qu'ils avaient renforcé les organisations nationales déjà en place.

Les troubles firent tache d'huile tout au long du mois de mai. Le 25, une escorte abattit un détenu sur le chemin du travail. Le lendemain matin, deux divisions du camp se mirent en grève en signe de protestation. Quelques jours plus tard, des gardes ouvrirent le feu sur des prisonniers qui lançaient des messages par-dessus le mur qui séparait les camps d'hommes et de femmes. Il y eut quelques blessés. Puis, le 4 juin, un groupe de détenus brisa la barrière de bois qui séparait la baraque disciplinaire du camp du reste de la zone et libéra vingt-quatre détenus. Ils capturèrent également un membre de l'administration du camp qu'ils emmenèrent en otage dans la zone. Les gardes ouvrirent le feu, tuant cinq détenus et en blessant quatorze. Quatre autres divisions du camp se joignirent à la protestation. Le 5,

16 379 prisonniers étaient en grève. La troupe encercla le camp ; toutes les issues furent bloquées [10].

À peu près au même moment, un processus analogue se déroulait au Retchlag, le camp spécial du complexe minier de Vorkouta. Des prisonniers avaient tenté d'organiser des grèves massives au Retchlag dès 1951, et l'administration devait plus tard prétendre avoir démasqué pas moins de cinq « organisations révolutionnaires » dans le camp en 1951 et 1952 [11]. À la mort de Staline, les détenus du Retchlag étaient aussi particulièrement bien équipés pour suivre l'actualité mondiale. Non contents de s'être organisés en groupes nationaux, comme au Minlag et ailleurs, ils avaient aussi désigné des détenus pour suivre les émissions de radio occidentales sur des postes volés ou empruntés, et diffuser les informations sous la forme de bulletins, accompagnés de commentaires, qu'ils distribuaient ensuite soigneusement aux autres prisonniers. Ainsi apprirent-ils non seulement la mort de Staline et l'arrestation de Beria, mais aussi les grèves massives du 17 juin 1953, à Berlin-Est, écrasées par les chars soviétiques [12].

Il semble que ce soit cette information qui ait galvanisé les prisonniers : si les Berlinois pouvaient se mettre en grève, eux aussi. John Noble, l'Américain arrêté à Dresde juste après la guerre, se souvient que « leur ardeur nous inspira ; des jours durant, nous n'avons parlé que de ça. [...] Le mois suivant, nous étions des esclaves effrontés. Le long soleil d'été avait fait fondre la neige et sa chaleur nous redonnait énergie et courage. Nous discutions de l'occasion de faire la grève pour notre liberté, mais nul ne savait que faire [13] ».

Le 30 juin, les détenus de la mine de Kapitalnaïa distribuaient des tracts, appelant les prisonniers à

« cesser les livraisons de charbon ». Le même jour, quelqu'un écrivit un slogan sur les murs de la mine nº 40 : « Plus de livraisons de charbon jusqu'à l'amnistie ». Les chariots eux-mêmes étaient vides : les prisonniers avaient cessé d'extraire du charbon[14]. Le 17, les autorités de la mine eurent des raisons plus grandes encore de s'alarmer : ce jour-là, un groupe de détenus tabassa un contremaître qui leur aurait dit d'« arrêter le sabotage ». Quand vint le tour de la deuxième équipe, le contremaître suivant refusa de descendre dans le puits.

Alors que les détenus du Retchlag absorbaient ces nouvelles, arriva un fort contingent de prisonniers, encore une fois de Karaganda. À tous avaient été promis de meilleures conditions de vie et un réexamen de leur dossier. Quand ils allèrent travailler dans la mine nº 7 de Vorkouta, ils ne trouvèrent aucune amélioration, mais les conditions les plus rudes de tout le système concentrationnaire. Le lendemain, 19 juillet, ils furent 350 à se mettre en grève[15].

D'autres grèves suivirent, en partie grâce à la géographie même de Vorkouta. Le Vorkoutlag se situe au cœur d'un vaste bassin charbonnier — un des plus grands du monde. Pour l'exploiter, toute une série de mines furent ouvertes, décrivant un large cercle autour du bassin. Entre les mines se trouvaient d'autres entreprises — centrales électriques, briqueteries, cimenteries —, toutes rattachées à un camp aussi bien qu'à la ville de Vorkouta et à la petite colonie de Iour-Chor. Une ligne de chemins de fer reliait tous ces sites les uns aux autres. Les trains, comme tout le reste à Vorkouta, étaient conduits par des prisonniers. C'est ainsi que la rébellion se propagea : avec le charbon et autres cargaisons qu'ils transportaient d'un *lagpounkt* à l'autre, les détenus aux commandes répandirent la nouvelle de la grève au camp nº 7. Les trains parcourant le grand cercle, des milliers de détenus finirent par être au courant du récit des événements colporté à mi-voix, des milliers d'autres virent les slogans peints au flanc des trains: «Au diable votre charbon. Nous voulons la liberté[16]». L'un après l'autre, les camps se joignirent à la grève. Au 29 juillet 1953, six des dix-sept divisions du Retchlag — 15 604 détenus — étaient en grève[17].

Dans la plupart des *lagpounkts* grévistes de Vorkouta et de Norilsk, des comités de grève prirent en main ce qui était clairement une situation dangereuse. Les administrateurs terrifiés avaient quitté les camps et les risques d'anarchie étaient grands. Dans certains cas, ces comités se chargèrent de la nourriture. Ailleurs, ils s'efforcèrent de persuader leurs camarades de ne pas se défouler sur des mouchards désormais totalement sans défense. Dans le cas du Retchlag et du Gorlag, les mémoires et les archives concordent: les responsables — pour autant qu'il y en eut — étaient presque toujours des Ukrainiens de l'Ouest, des Polonais et des Baltes. Le MVD présenta par la suite un Ukrainien du nom de Herman Stepaniouk comme le meneur de Norilsk, et un Polonais du nom de Kendzerski — «ancien capitaine de l'armée polonaise» — comme un des leaders de Vorkouta. Dans son récit de la rébellion, Edward Buca, lui aussi polonais, affirma également avoir conduit la grève dans la mine nº 29 de Vorkouta. Même s'il était réellement dans ce camp à cette date, nous avons des raisons de douter de son récit, notamment parce que nombre des véritables meneurs furent ensuite exécutés[18].

Des années après, les nationalistes ukrainiens devaient soutenir que toutes les grandes grèves du

Goulag avaient été préparées et exécutées par leurs organisations secrètes, qui se cachaient derrière des comités de grève multinationaux : « Le détenu moyen, et nous pensons en particulier aux prisonniers de l'Ouest et aux prisonniers russes, était incapable de participer aux décisions ou de comprendre le mécanisme du mouvement. » Ils n'en voulaient pour preuve que les deux « *etaps* de Karaganda », les contingents d'Ukrainiens arrivés dans les deux camps, juste avant les grèves[19].

Le même fait en a conduit d'autres à conclure que les grèves étaient provoquées par des éléments du MVD lui-même. Peut-être des membres des services de sécurité craignaient-ils que Khrouchtchev ne s'apprêtât à fermer complètement les camps — et à se défaire de toutes les autorités concentrationnaires. Ils auraient alors fomenté des rébellions pour mieux les écraser et ainsi démontré combien leur présence restait nécessaire. Simeon Vilenski, ancien *zek* et éditeur, qui a organisé par la suite deux conférences sur la question de l'opposition dans les camps, résume parfaitement ce point de vue : « Qui dirigeait les camps ? Des milliers de gens, qui n'ont pas de profession dans le civil, des gens qui ont l'habitude d'agir en toute illégalité, de traiter les détenus comme s'ils leur appartenaient, qui sont capables d'en faire ce que bon leur semble. Des gens qui, en comparaison des autres citoyens qui travaillent, sont plutôt bien payés. »

Vilenski demeure convaincu d'avoir été témoin d'une provocation en 1953, dans son camp spécial de la Kolyma. Soudain, raconte-t-il, arriva dans le camp un groupe de nouveaux. L'un d'eux entreprit ouvertement d'organiser les jeunes du camp en un groupe rebelle. Ils parlèrent de grèves, rédigèrent des tracts, recrutèrent d'autres détenus. Ils se servirent même de l'atelier de métallurgie du camp pour fabriquer des couteaux. Ils agissaient au grand jour, de manière si provocante que Vilenski trouva la chose suspecte : l'administration du camp ne pouvait tolérer une chose pareille par accident. Il conduisit l'opposition aux nouveaux venus jusqu'au jour où l'on finit par l'envoyer dans un autre camp[20].

En principe, ces thèses sont compatibles. Il est possible que des éléments du MVD aient introduit des Ukrainiens rebelles dans les camps afin de fomenter des troubles. Il est aussi possible que les leaders ukrainiens de ces grèves aient cru agir de leur propre chef. D'après les récits officiels comme d'après les témoins, cependant, il est probable que les grèves n'ont pris de l'élan que grâce au concours des différents groupes nationaux. Quand ceux-ci rivalisaient plus ouvertement, ou n'avaient pas de relations très chaleureuses, comme au Minlag, il était beaucoup plus difficile d'organiser des grèves[21].

Hors des camps, les grèves ne reçurent aucune espèce de soutien. Les grévistes du Gorlag, dont les camps se trouvaient tout près de la ville de Norilsk, essayèrent d'attirer l'attention sur leur cause avec un étendard : « Camarades, habitants de Norilsk ! Aidez-nous dans notre lutte[22]. » La population de la ville se composant pour l'essentiel d'anciens prisonniers, très certainement avaient-ils trop peur pour réagir. Malgré leur style bureaucratique, les rapports du MVD rédigés quelques semaines après les événements expriment fort bien la terreur que les grèves suscitèrent chez les détenus comme chez les travailleurs libres. « Si les grévistes sortent de la *zone*, jura un comptable du Gorlag au MVD, nous les combattrons, comme nous combattrions des ennemis. »

Un autre travailleur libre fit part au MVD de sa rencontre de hasard avec les grévistes : « Je me trouvais au bout du puits, pour finir de forer sur le front de taille. Un groupe de prisonniers s'est approché de moi. S'emparant de ma foreuse électrique, ils m'ont ordonné de cesser le travail, sous peine de châtiment. J'ai pris peur et j'ai cessé le travail... » Heureusement pour lui, les détenus braquèrent une torche sur son visage, reconnurent en lui un travailleur libre et le laissèrent tranquille[23]. Seul, dans l'obscurité de la mine, entouré de grévistes hostiles, remontés et au visage noir de suie, il dut avoir effectivement une peur bleue.

Sur place, les chefs de camp étaient eux aussi intimidés. Parce qu'ils le sentaient bien, les grévistes du Gorlag et du Retchlag exigèrent d'être reçus par des représentants du gouvernement soviétique et du parti communiste — de Moscou. Ils plaidèrent que les commandants locaux ne pouvaient de toute façon rien décider sans l'aval de Moscou, ce qui était parfaitement exact.

Et Moscou vint. À plusieurs reprises, en effet, des représentants des « commissions de Moscou » rencontrèrent des comités de prisonniers au Gorlag et au Retchlag afin d'écouter leurs revendications et d'en discuter. On pourrait parler de ces réunions comme d'une rupture avec la pratique précédente, mais cela ne rend guère compte de toute leur nouveauté. Jamais auparavant les exigences des prisonniers n'avaient suscité autre chose qu'une répression brutale. Dans cette nouvelle ère post-stalinienne, Khrouchtchev parut prêt à essayer d'apaiser les prisonniers par d'authentiques concessions.

Il n'y réussit pas. Ou plutôt, ses représentants échouèrent. Après quatre jours de grève à Vorkouta, une commission moscovite, conduite par un officier supérieur, le général I.I. Maslennikov, présenta aux détenus une nouvelle liste de privilèges : journée de travail de neuf heures, suppression des matricules des uniformes, permission de recevoir la visite de parents, mais aussi des lettres et de l'argent des siens. Comme l'indique le rapport officiel, beaucoup de leaders de la grève réagirent avec « hostilité » et continuèrent le mouvement. Au Gorlag, une offre semblable suscita une réaction identique. Les prisonniers, apparemment, voulaient une amnistie, et pas simplement une amélioration de leurs conditions de vie.

Or, si l'on n'était pas en 1938, on n'était pas non plus en 1989. Staline était mort, mais son héritage perdurait. La première étape avait bien pu être celle des négociations, la seconde fut celle de la force brute.

À Norilsk, les autorités commencèrent par promettre d'« examiner les revendications des prisonniers ». Au lieu de quoi, explique le rapport du MVD, la « commission du MVD de l'URSS décida de liquider les grèves ». Cette décision, très certainement prise par Khrouchtchev lui-même, eut sur le terrain des effets immédiats et dramatiques. La troupe entoura les camps en grève. *Lagpounkt* après *lagpounkt*, les soldats vidèrent les camps, arrêtèrent les meneurs et évacuèrent les autres prisonniers.

Dans quelques cas, cette « liquidation » se fit relativement en douceur. Arrivant dans la première division du camp, les troupes prirent les détenus par surprise. *Via* les haut-parleurs du camp, le procureur en chef de Norilsk, Babilov, pria les prisonniers de quitter la *zone* en promettant que ceux qui s'en iraient pacifiquement ne seraient pas sanctionnés pour leur participation au « sabotage ». Suivant le rapport officiel, la plupart des détenus obtempérèrent. Se voyant isolés, les meneurs sortirent également. À l'extérieur, dans la taïga, soldats et patrons du camp répartirent les détenus en plusieurs groupes. Des camions attendaient pour emmener ceux qu'on soupçonnait d'être les instigateurs de la grève, tandis que les « innocents » étaient autorisés à retourner au camp.

Certaines « liquidations » ultérieures furent plus mouvementées. Le lendemain, quand les autorités suivirent la même procédure dans un autre *lagpounkt*, les meneurs commencèrent par menacer ceux qui voulaient sortir, puis les enfermèrent dans un des baraquements, d'où il fallut les extirper par la force. Dans le camp des femmes, les prisonnières formèrent un cercle humain et installèrent au centre un drapeau noir — symbole de camarades injustement assassinés —, puis se mirent à scander des slogans. Au bout de cinq heures, les soldats commencèrent à les asperger avec de puissantes lances à eau. C'est alors seulement que le cercle se disloqua suffisamment pour que les gardes pussent entraîner les femmes hors du camp.

Au *lagpounkt* n° 5, quelque 1 400 détenus, pour la plupart ukrainiens et baltes, refusèrent de quitter la *zone* et accrochèrent des drapeaux noirs aux baraques. Pour reprendre les mots d'un bureaucrate du MVD, ils firent montre d'une « agression extrême ». Puis quand les gardes du camp, aidés de quarante soldats, tentèrent d'interdire l'accès des baraques et de protéger les réserves alimentaires du camp, une foule de 500 détenus passèrent à l'attaque. Criant des injures et poussant des hourras, ils se mirent à lancer des cailloux, à frapper les soldats à coups de pioche et de gourdin tout en essayant de leur arracher leurs armes. Le rapport officiel décrit la suite des événements : « Au moment le plus critique de leur attaque contre les gardes, les soldats ont ouvert le feu sur les prisonniers. Quand le tir cessa, les prisonniers furent contraints de se coucher par terre. Après quoi, ils exécutèrent tous les ordres des gardes et de l'administration du camp[24]. »

Selon le même rapport, vingt-trois détenus trouvèrent la mort ce jour-là. D'après des témoins, plusieurs centaines moururent sur plusieurs jours, à Norilsk, dans une série d'incidents semblables.

Les autorités réprimèrent la grève de Vorkouta de la même manière. *Lagpounkt* après *lagpounkt*, la troupe et la police obligèrent les détenus à sortir des camps, formèrent des groupes de cent, puis les soumirent à un « filtrage » afin de séparer les meneurs des autres. Afin d'amener les détenus à sortir pacifiquement, la commission de Moscou promit aussi haut et fort à tous les détenus que leur dossier serait réexaminé et que les meneurs ne seraient pas exécutés. La ruse marcha : du fait de l'attitude « paternelle » du général Maslennikov, raconta ensuite un des participants, « nous l'avons cru »[25].

Dans un camp, cependant, le *lagpounkt* situé à côté de la mine n° 29, les détenus ne crurent pas le général, et quand Maslennikov les invita à reprendre le travail, ils refusèrent. Les soldats arrivèrent avec un camion de pompiers, dans l'idée de disperser la foule avec une lance à eau :

> Mais avant même qu'ils aient eu le temps de dérouler leurs tuyaux et de les braquer sur nous, Ripetski a fait signe aux autres prisonniers qui ont avancé comme un mur, obligeant le véhicule à reculer comme un jouet. [...] Les gardes ont tiré deux salves, droit sur les détenus. Mais nous nous tenions par les bras, si bien qu'au début personne n'est tombé alors même qu'il y avait beaucoup de morts et de blessés. Seul était isolé Ihnatowicz, légèrement en avant de la ligne. Un instant, il a paru stupéfait, puis il s'est retourné vers nous. Ses lèvres remuaient, mais il n'en sortait aucun mot. Il tendit un bras, puis s'affala

Comme il tombait, retentit une deuxième salve, puis une troisième, puis une quatrième. Et ce fut alors aux mitrailleuses lourdes d'ouvrir le feu.

Là encore, les estimations des morts de la mine nº 29 sont très variables. Les documents officiels parlent de 42 morts et de 135 blessés. Des témoins parlent encore de « centaines » de victimes[26].

Les grèves étaient terminées, sans qu'aucun camp ne fût véritablement pacifié. Dans le restant de l'année 1953 et en 1954, des protestations éclatèrent sporadiquement à Vorkouta et à Norilsk, dans les autres camps spéciaux aussi bien que dans les camps ordinaires. « Le bilan de la grève, ce fut un moral triomphant, soutenu par l'augmentation de salaire que nous avions obtenue », écrit Noble. Quand il fut transféré dans la mine 29, théâtre du carnage, les survivants lui montrèrent fièrement leurs balafres[27].

Les détenus s'enhardissant, pratiquement aucun camp ne fut épargné. En novembre 1953, par exemple, 530 détenus refusèrent de travailler au Viatlag. Ils voulaient une meilleure paie et la fin des « anomalies » dans la distribution des vêtements et les conditions de vie. L'administration accepta de satisfaire leurs revendications, mais dès le lendemain les prisonniers se remettaient en grève. Cette fois, ils demandèrent à bénéficier de l'amnistie Beria. La grève prit fin avec l'arrestation et l'emprisonnement des meneurs[28]. En mars 1954, un groupe de « bandits » investit un *lagpounkt* du Kargopollag, menaçant de fomenter une émeute si on ne leur donnait une meilleure alimentation — et de la vodka[29]. En juillet 1954, 900 prisonniers du Minlag firent une semaine de grève de la faim pour protester contre la mort d'un détenu brûlé vif dans l'incendie d'un bloc disciplinaire. Ils distribuèrent des tracts dans le camp et le village voisin pour expliquer les raisons de leur mouvement. Ils ne cessèrent qu'à l'arrivée d'une commission de Moscou qui accéda à leurs revendications d'un meilleur traitement. Ailleurs, au Minlag, les grèves — tantôt de simples brigades, tantôt de mines entières — devinrent un trait permanent de la vie[30].

D'autres troubles se préparaient. Les autorités le surent. En juin 1954, le MVD transmit directement au ministre de l'Intérieur, Krouglov, le rapport d'un mouchard. Il y était question d'une conversation entre un groupe de prisonniers ukrainiens que l'indic avait rencontrés dans la prison de transit de Sverdlovsk. Ces prisonniers venaient du Gorlag, où ils avaient pris part à la grève. Maintenant qu'ils étaient transportés ailleurs, ils se préparaient à la prochaine :

> Chacun, dans la cellule, dut expliquer à Pavlichine et Stepaniouk ce qu'il a fait durant la grève, moi compris. [...] En ma présence, Morouchko a rapporté à Stepaniouk un incident survenu sur la péniche de Norilsk à Krasnoïarsk. Il a procédé au tri des prisonniers, et ceux qui n'étaient pas utiles, il les a détruits. « Tu as accompli la mission qui t'avait été confiée, a dit Stepaniouk à Pavlichine. Désormais, nos actes feront partie de l'histoire de l'Ukraine. » Sur ce, il a serré Morouchko dans ses bras et a dit :
>
> « Pan Morouchko, tu as rendu un fier service à notre organisation. [...] Cela te vaudra une médaille et, après l'effondrement du pouvoir soviétique, tu occuperas un poste important[31]. »

Il est parfaitement possible que le mouchard auteur du rapport ait entendu une conversation proche de celle-ci, mais il y ajouta aussi du sien : plus loin, par exemple, il accuse les Ukrainiens de tramer un invraisemblable complot visant à tuer

Khrouchtchev. Le fait qu'un document aussi douteux ait été directement envoyé à Krouglov en personne montre cependant avec quel sérieux les autorités prenaient désormais toute menace de rébellion. Les commissions chargées d'enquêter sur la situation au Retchlag et au Gorlag avaient toutes deux conclu qu'il fallait augmenter le nombre de gardes, renforcer le régime et, par-dessus tout, recruter plus de mouchards[32].

De fait, elles avaient raison de s'inquiéter. Le soulèvement le plus dangereux restait à venir.

Comme les deux précédents, le soulèvement que Soljenitsyne a baptisé les « quarante jours de Kenguir » ne fut ni brusque ni inattendu[33]. La révolte couva lentement, au printemps de 1954, à partir d'une série d'incidents au camp spécial du Steplag, situé à côté du village de Kenguir, au Kazakhstan.

De même que leurs homologues du Retchlag et du Gorlag, les commandants du Steplag, après la mort de Staline, furent incapables de venir à bout de leurs prisonniers. Une historienne de la grève, qui a épluché les archives du camp à partir de 1953, conclut que l'administration avait « totalement perdu le contrôle de la situation ». Avant la grève, les commandants du Steplag envoyèrent périodiquement des rapports à Moscou pour décrire les organisations clandestines du camp, les incidents et la « crise » affectant le système des mouchards, désormais presque totalement hors course. Moscou répondit, ordonnant au camp d'isoler les Ukrainiens et les Baltes des autres prisonniers. Ce que l'administration ne voulait ou ne pouvait pas faire. À cette époque, près de la moitié des 20 000 détenus du camp étaient des Ukrainiens, et un quart des Baltes ou des Polonais ; peut-être les installations ne permettaientelles pas de les séparer. De ce fait, les détenus continuèrent d'enfreindre le règlement et d'organiser des grèves et des protestations intermittentes[34].

À défaut de parvenir à les intimider par des menaces de châtiments, les gardes usèrent de violences. Certains, dont Soljenitsyne, pensent que ces incidents étaient aussi des provocations destinées à déclencher la révolte qui suivit. Que ce soit vrai ou non — jusqu'ici, les archives ne permettent pas de trancher dans un sens ou dans un autre —, les gardes du camp ouvrirent à plusieurs reprises le feu sur des détenus récalcitrants au cours de l'hiver 1953 et du printemps 1954, faisant plusieurs morts.

Puis, peut-être dans un effort désespéré pour reprendre les choses en main, l'administration introduisit dans les camps un groupe de criminels en leur donnant pour consigne de provoquer des bagarres avec les politiques du *lagpounkt* n° 3, le plus rebelle du Steplag. Le plan se retourna contre elle. « Le voilà bien, le cours imprévisible des sentiments humains et des mouvements collectifs ! Ayant injecté dans le camp 3 de Kenguir une dose de cheval de ce poison cadavérique éprouvé, les patrons en retour récoltèrent non point un camp enfin mis au pas, mais la plus importante révolte de toute l'histoire de l'Archipel du Goulag[35]. » Au lieu de s'entre-tuer, les deux groupes acceptèrent de coopérer.

Comme dans les autres camps, les détenus du Steplag étaient organisés par nationalité. Apparemment, toutefois, les Ukrainiens s'étaient engagés un peu plus loin sur la voie de la conspiration. Au lieu de choisir ouvertement des leaders, ils formèrent un « centre » de conjurés, un groupe secret dont les membres ne se firent jamais connaître et qui comptait probablement des représentants de toutes les nationalités du camp. Lorsque les truands débarquèrent, le centre avait déjà commencé à produire des armes — couteaux de fortune, gourdins et pioches — dans les ateliers du camp et était en contact avec les détenus de deux *lagpounkts* voisins : le nº 1 — une *zone* pour femmes — et le nº 2. Peut-être ces politiques durs à cuire impressionnèrent-ils les truands avec leur production artisanale, à moins qu'ils ne les aient terrifiés. Quoi qu'il en soit, tout le monde est d'accord là-dessus : lors d'une réunion nocturne, des représentants des deux groupes, criminel et politique, se serrèrent la main et acceptèrent de s'unir.

Le 16 mai, la coopération porta ses premiers fruits. Dans l'après-midi, un fort contingent de détenus du *lagpounkt* nº 3 se mit à détruire le mur de pierre qui séparait leur camp des deux camps voisins et de la cour de service, où se trouvaient à la fois les ateliers du camp et les dépôts. En d'autres temps, leur objectif eût été le viol. Cette fois, avec des partisans nationalistes ukrainiens, hommes et femmes, de part et d'autre du mur, les hommes avaient dans l'idée de venir à la rescousse de leurs femmes : parentes, amies, voire épouses.

La destruction du mur se poursuivit tout au long de la nuit. Les gardes du camp ouvrirent le feu, faisant treize morts et quarante-trois blessés parmi les prisonniers, et en passèrent d'autres à tabac, y compris des femmes. Le lendemain, révoltés par la tuerie, les détenus du *lagpounkt* nº 3 organisèrent une protestation de masse et badigeonnèrent des slogans antisoviétiques sur les murs de leur réfectoire. Dans la nuit, des commandos firent irruption dans l'isolateur — le forçant littéralement à mains nues — et délivrèrent les 252 prisonniers qui y avaient été enfermés. Ils prirent ensuite le contrôle des entrepôts du camp, des cuisines et de la boulangerie, mais aussi des ateliers qu'ils consacrèrent aussitôt à la production de couteaux et de matraques. Le 19 mai au matin, la plupart des détenus étaient en grève.

Ni Moscou ni la direction locale du camp ne semblaient savoir que faire. Le commandant du camp s'empressa d'informer Krouglov, le chef du MVD, de ce qui se passait. Tout aussi promptement, celui-ci ordonna à Goubine, le patron du MVD kazakh, de faire une enquête. Mais ce dernier se défaussa en demandant au Goulag d'envoyer une commission de Moscou. Une commission arriva. S'ensuivirent des négociations, et la commission, jouant la montre, promit aux prisonniers d'enquêter sur les fusillades illégales, de laisser ouverts les murs entre les camps et même d'accélérer le réexamen de leurs dossiers.

Les détenus y crurent. Le 23 mai ils reprenaient le travail. Quand l'équipe de jour regagna les baraquements, les hommes virent qu'au moins une des promesses n'avait pas été tenue : les murs entre les *lagpounkts* avaient été reconstruits. Le 25 mai, le patron du Kenguir, V.M. Botchkov, réclamait frénétiquement par télégramme l'autorisation d'imposer un « régime strict » aux prisonniers : ni lettres ni visites, ni mandats ni réexamen des dossiers. En outre, il retira quelque 420 criminels du camp pour les envoyer dans un autre *lagpounkt*, où ils se mirent en grève.

Résultat : en l'espace de quarante-huit heures, les prisonniers avaient chassé toutes les autorités du camp de la *zone*, les menaçant avec leurs nouvelles armes. Certes les gardes avaient des fusils, mais ils étaient numériquement submergés. Les trois divisions du camp hébergeaient 5 000 détenus, et la plupart s'étaient joints au soulèvement. Les autres étaient trop intimidés pour protester. Et les neutres se laissèrent vite gagner par la ferveur de cette révolte de quarante jours. Au premier matin de la grève, se souvient un détenu émerveillé, « nous n'avons pas été réveillés par les gardes, ni salués par des hurlements et des cris ».

Au départ, les autorités du camp semblent avoir cru que la grève retomberait d'elle-même. Tôt ou tard, les truands et les politiques se brouilleraient. Les détenus se vautreraient dans l'anarchie et la débauche, les femmes seraient violées, les vivres volés. Or, s'il faut se garder d'idéaliser la conduite des prisonniers au cours du mouvement, c'est presque le contraire qui se produisit : le camp commença à s'autogérer avec une surprenante harmonie.

Très vite, les détenus choisirent de former un comité de grève, chargé de mener les négociations et d'organiser la vie quotidienne du camp. Pour ce qui est des origines de ce comité, les récits divergent du tout au tout. Suivant la version officielle, les autorités avaient engagé des négociations générales avec des groupes de prisonniers quand soudain un groupe se présentant comme le comité de grève fit irruption et interdit à tout autre détenu le droit de parler. Divers témoins, cependant, ont affirmé que ce sont les autorités elles-mêmes qui suggérèrent aux prisonniers de constituer un comité de grève, lequel fut donc ensuite constitué par un vote démocratique.

La nature des relations entre le comité en question et la « vraie » direction du soulèvement demeure aussi nébuleuse, comme elle le fut sans doute à l'époque. Même s'il n'en avait pas exactement préparé chaque étape, le centre dirigé par les Ukrainiens tirait manifestement les ficelles de la grève et joua un rôle décisif dans l'élection « démocratique » du comité. Les Ukrainiens paraissent avoir insisté sur un comité multinational : ils ne souhaitaient pas que la grève parût trop antirusse ou antisoviétique et tenaient donc à ce que le meneur fût russe.

Ce Russe fut le colonel Kapitone Kouznetsov, qui, dans l'histoire ténébreuse de Kenguir, apparaît comme un personnage pour le moins ambigu. Ex-officier de l'armée rouge tombé entre les mains des nazis au cours de la guerre et interné dans un camp de prisonniers de guerre, il avait été arrêté en 1948 : on l'accusait d'avoir collaboré avec l'administration nazie du camp et même d'avoir rejoint la bataille contre les partisans soviétiques. Si ces accusations sont fondées, elles aident à expliquer sa conduite au cours de la grève. Ayant déjà joué les renégats, il devait être bien placé pour jouer une fois de plus un double rôle.

Visiblement, les Ukrainiens jetèrent leur dévolu sur lui dans l'espoir qu'il donnerait un visage « soviétique » au soulèvement, privant ainsi les autorités d'un prétexte pour écraser les détenus. Et il remplit son office, allant même probablement jusqu'à des extrêmes. Sur les instances de Kouznetsov, les grévistes accrochèrent des slogans partout dans le camp : « Vive la constitution soviétique ! » « Vive le régime soviétique ! » « À bas les assassins bérianistes ! » Il harangua les prisonniers, soutenant qu'ils devaient cesser d'écrire des tracts, que l'agitation « contre-révolutionnaire » ne pouvait que faire du tort à leur cause. Il courtisa assidûment les prisonniers « soviétiques », ceux qui avaient gardé foi dans le Parti, et les persuada de participer au maintien de l'ordre.

Si les Ukrainiens étaient pour quelque chose dans son élection, on ne peut pas dire qu'il les récompensa de leur confiance. Dans la longue confession, très minutieuse, qu'il composa après l'inévitable bain de sang qui mit fin à la grève, il prétendit avoir toujours jugé le centre illégitime et n'avoir cessé de combattre ses directives secrètes tout au long du mouvement. Mais les Ukrainiens eux-mêmes ne lui firent jamais totalement confiance. Où qu'il se rendît, il était toujours escorté de deux gardes ukrainiens en armes, soi-disant chargés de sa protection. En vérité, leur mission était probablement de veiller à ce qu'il ne s'éclipsât point du camp à la faveur de la nuit pour trahir la cause.

Sans doute avaient-ils raison de craindre sa fuite, car un autre membre du comité de grève, Alexeï Makeïev, finit par quitter le camp après quelques semaines. Plus tard, la radio du camp diffusa des discours où il pressait les détenus de reprendre le travail. Peut-être avait-il compris très tôt que la grève était vouée à l'échec... à moins qu'il n'ait été dès le début un pion de l'administration.

Pour autant, l'engagement de tous les membres du comité de grève n'était pas douteux. Kouznetsov devait lui-même soutenir plus tard qu'au moins trois d'entre eux — « Gleb » Sloutchenkov, Gerch Keller et Iouri Knopmus — étaient en vérité des représentants du centre secret. Les autorités concentrationnaires décrivirent aussi plus tard l'un d'eux, Gerch Keller, comme un représentant de la conjuration ukrainienne et, de fait, sa biographie semblerait correspondre avec ce portrait. Classé comme Juif dans les dossiers du camp, Keller était en fait de souche ukrainienne — il s'appelait Pendrak, de son vrai nom — et avait réussi à cacher ses origines ethniques au MVD au cours de son arrestation. Keller se chargea personnellement de la division « militaire » de la grève, organisant la riposte des détenus au cas où les gardes attaqueraient le camp. C'est lui qui avait commencé la production en masse des armes — couteaux, gourdins, pics et matraques — dans les ateliers du camp, et lui qui avait monté un « laboratoire » pour fabriquer des grenades artisanales, des cocktails Molotov et autres armes « chaudes ». Keller supervisa également l'édification des barricades et s'arrangea pour que chaque baraque conservât un tonneau de verre pilé à sa porte — pour le lancer aux yeux des soldats si jamais ils approchaient.

Si Keller représentait les Ukrainiens, Gleb Sloutchenkov était plutôt de mèche, quant à lui, avec les criminels du camp. Kouznetsov lui-même le décrivit comme un « représentant du monde criminel » et les sources nationalistes ukrainiennes le présentent aussi comme le chef des truands. Au cours de la révolte, il dirigea les activités de « contre-espionnage » du comité de grève. Il avait sa « police » à lui, qui patrouillait dans le camp, maintenait la paix et emprisonnait les renégats potentiels et les mouchards. Il organisa tous les camps en divisions et plaça un « commandant » à la tête de chacune d'elles. Plus tard, Kouznetsov devait se plaindre que le nom de ces commandants fût tenu secret et ne fût connu que des seuls Sloutchenkov et Keller.

Kouznetsov fut moins venimeux au sujet de Knopmus, natif de Saint-Pétersbourg mais d'origine allemande, qui dirigea la division de « propagande » du soulèvement. Avec le recul, cependant, ses activités au cours des événements apparaissent comme les plus révolutionnaires et les plus antisoviétiques. Au nombre de ces activités de « propagande » figuraient l'impression de tracts — distribués à la population locale hors du camp —, celle d'un « journal mural » du camp au bénéfice des travailleurs en grève et, chose la plus extraordinaire, la construction d'une station de radio de fortune.

Quand on sait que les autorités avaient coupé l'électricité du camp dans les premiers jours de la grève, c'était plus qu'une bravade, un tour de force technique. Les *zeks* commencèrent par monter une centrale « hydroélectrique » en utilisant un robinet d'eau. Un moteur fut transformé en générateur, permettant de produire suffisamment d'électricité pour alimenter le réseau téléphonique du camp aussi bien que la radio. Quant à celle-ci, ils la fabriquèrent avec les pièces des appareils de projection cinématographiques portables du camp.

En l'espace de quelques jours, le camp eut des présentateurs et des bulletins d'information réguliers destinés aux prisonniers aussi bien qu'à la population locale hors du camp, dont les gardes et les soldats. Des sténographes du camp enregistrèrent le texte d'un discours radiodiffusé, alors que le soulèvement durait depuis un mois et que les réserves de vivres commençaient à s'épuiser. S'adressant aux soldats qui montaient désormais la garde à l'extérieur du camp, le document a fini dans les dossiers du MVD :

> Camarades soldats ! Nous n'avons pas peur de vous et nous vous demandons de ne pas entrer dans notre zone. Ne tirez pas sur nous, ne vous inclinez pas devant la volonté des bérianistes. Nous n'avons pas peur d'eux, de même que nous n'avons pas peur de la mort. Nous mourrons plutôt de faim dans ce camp que de nous livrer à la bande bérianiste. Ne vous salissez pas les mains du même sang sale dont vos officiers ont les mains couvertes[36]...

Pendant ce temps, Kouznetsov organisa la distribution de nourriture, que les femmes du camp se chargeaient de préparer et de cuisiner. Chaque détenu recevait la même ration — les *pridourki* n'avaient pas droit à des portions supplémentaires. Les réserves se tarissant, la ration individuelle diminua progressivement au fil des semaines. Des détachements de volontaires faisaient le ménage dans les baraques et la lessive ou montaient la garde. « L'ordre et la propreté » régnaient au réfectoire trop souvent crasseux et désordonné, se souvient un détenu. Les bains du camp fonctionnaient comme à l'ordinaire, tout comme l'hôpital, alors que les autorités refusaient de livrer les médicaments et les fournitures nécessaires.

Les détenus organisaient aussi leurs propres « divertissements ». D'après des souvenirs, un aristocrate polonais répondant au nom de comte Bobrinski ouvrit un « café ». « Il mettait quelque chose dans de l'eau qu'il faisait bouillir, et par temps chaud les détenus sirotaient le breuvage d'un air satisfait et riaient. » Le comte lui-même s'asseyait dans un angle du café, jouait de la guitare et entonnait de vieilles chansons romantiques[37]. D'autres détenus organisèrent un cycle de conférences et des concerts. Un groupe de comédiens très motivés répétèrent et jouèrent une pièce. Une secte religieuse dont les membres, hommes et femmes, se trouvaient réunis par la destruction des murs prétendit qu'ils allaient tous être transportés vivants au ciel : leur prophète l'avait prédit. Plusieurs jours durant, ils s'assirent sur leurs matelas au centre de la *zone*, attendant d'être emportés au ciel. Hélas, il ne se produisit rien.

On vit aussi se multiplier les jeunes mariés, unis par les nombreux prêtres emprisonnés qui avaient été arrêtés en même temps que leurs ouailles baltes ou ukrainiennes. Parmi eux se trouvaient quelques-uns de ceux qui s'étaient mariés du temps que les murs étaient encore debout et de ceux qui se retrouvaient maintenant pour la première fois. Alors même que les hommes et les femmes se mêlaient librement, tous les témoins de la grève s'accordent pour dire que les femmes ne furent pas molestées, et certainement pas agressées ni violées, comme cela arrivait souvent dans les camps ordinaires.

Et l'on écrivit des chansons, bien entendu. Quelqu'un composa un hymne ukrainien, que les 13 500 grévistes chantèrent plusieurs fois à l'unisson. En voici le refrain :

Nous ne serons plus, nous ne serons plus des esclaves
Nous ne porterons pas le joug plus longtemps...

Et un autre vers proclamait :

Frères de sang de Vorkouta et de Norilsk, de la Kolyma et de Kenguir...

« Ce fut un temps merveilleux, se souvient Irena Arginskaïa quarante-cinq ans plus tard. Je n'avais encore jamais éprouvé un tel sentiment de liberté et je ne l'ai jamais retrouvé depuis. » D'autres avaient des pressentiments. « Nous étions totalement inconscients, rapporte Liouba Berchadskaïa : aucun de nous ne savait ni même ne pensait à ce qui nous attendait. »

Les négociations avec les autorités se poursuivirent. Le 27 mai, la commission du MVD déléguée pour s'occuper de la grève avait eu sa première entrevue avec les prisonniers. Parmi les « personnages aux épaulettes dorées » de la commission, comme dit Soljenitsyne, se trouvaient Sergueï Iegorov, chef adjoint du MVD ; Ivan Dolguikh, alors patron du Goulag ; et Vavilov, procureur d'État adjoint responsable de la supervision du Goulag. Ils furent accueillis par un rassemblement de 2 000 prisonniers, conduits par Kouznetsov, qui leur présenta une liste de requêtes.

Au plus fort de la grève, ces revendications comprenaient le châtiment des gardes qui avaient abattu des détenus — ce que ces derniers avaient demandé depuis le début — aussi bien que des exigences plus clairement politiques : réduction de toutes les peines de vingt-cinq ans ; révision du dossier de tous les politiques ; liquidation des mitards et des baraques disciplinaires ; davantage de liberté pour les détenus de communiquer avec les parents ; fin de l'exil forcé pour les prisonniers libérés ; amélioration des conditions de vie pour les femmes ; et réunion définitive des camps d'hommes et de femmes.

Les détenus exigèrent aussi d'être reçus par un membre du Comité central du parti communiste. Ils continuèrent de le réclamer jusqu'au bout, arguant qu'ils ne pouvaient compter sur les autorités du Steplag ni sur le MVD pour tenir les promesses faites. « Mais qui donc a bien pu vous inspirer une telle haine du MVD ? » aurait répondu le chef adjoint de celui-ci.

Si la grève avait eu lieu quelques années plus tôt, il n'y aurait, bien entendu, jamais eu de négociations. En 1954, cependant, le réexamen des dossiers des politiques avait effectivement commencé, quoique lentement. Au cours de la grève, il arriva même que tel ou tel fût appelé aux audiences du tribunal chargé de réexaminer son affaire. Sachant que de nombreux prisonniers étaient déjà morts, et souhaitant apparemment que les événements trouvent une conclusion rapide et pacifique, Dolguikh décida presque tout de suite de satisfaire quelques revendications mineures des détenus, demandant ainsi la suppression des barreaux aux fenêtres, le rétablissement de la journée de huit heures, et même le retrait de Kenguir de certains gardes et responsables du camp particulièrement détestés. Sous les ordres directs de Moscou, Dolguikh refusa dans un premier temps de recourir à la force. Il essaya de briser la résistance des prisonniers, cependant, en les exhortant activement à quitter le camp et en interdisant toute nouvelle livraison de vivres et de médicaments.

Avec le temps, toutefois, Moscou finit par perdre patience. Dans un télégramme du 15 juin, Krouglov reprocha vivement à son adjoint, Iegorov, de remplir ses rapports de statistiques absurdes — tels que le nombre de pigeons lâchés du camp avec des tracts — et lui fit savoir que des troupes étaient en route, avec cinq chars T-34.

Les dix derniers jours de la grève furent réellement très tendus. La commission du MVD lança, *via* les haut-parleurs du camp, des avertissements sévères auxquels les prisonniers répondirent par des messages diffusés sur les ondes de leur radio, expliquant au monde qu'ils étaient en train de mourir de faim. Kouznetsov fit un discours dans lequel il évoque le destin de sa famille, détruite par son arrestation. « Beaucoup d'entre nous avaient aussi perdu des parents, et le simple fait de l'entendre nous renforça dans notre résolution, nous décidant à tenir jusqu'au bout », se souvient un prisonnier.

Le 26 juin à trois heures et demie du matin, juste avant l'aube, le MVD frappa. La veille, Krouglov avait adressé un télégramme à Iegorov, lui conseillant d'utiliser « toutes les ressources possibles ». Il s'exécuta : pas moins de 1 700 soldats, quatre-vingt-dix-huit chiens et cinq T-34 encerclèrent le camp. Les soldats commencèrent par envoyer des fusées éclairantes au-dessus des baraquements et tirèrent des balles à blanc. Puis les haut-parleurs du camp diffusèrent des avertissements pressants : « Les soldats entrent dans les camps. Les prisonniers qui souhaitent coopérer sont invités à quitter le camp calmement. Ceux qui résistent seront abattus... »

Alors que les prisonniers désorientés couraient dans tous les sens, les chars franchirent les portes. Derrière eux suivaient des troupes armées, en tenue de combat. Selon certains récits, les soldats qui conduisaient les chars et les fantassins étaient ivres. Peut-être est-ce une légende qui s'amplifia dans le sillage de l'opération, mais il est exact que l'armée rouge comme la police secrète avaient pour habitude de donner de la vodka aux soldats chargés d'accomplir un sale boulot : dans les fosses communes, on trouve presque toujours des bouteilles vides.

Ivres ou non, les tankistes n'eurent aucun scrupule à foncer sur les détenus qui avançaient à leur rencontre. « Je me tenais au milieu, raconte Lioubov Berchadskaïa, et tout autour de moi les chars écrasaient des êtres vivants. » Ils se dirigèrent droit sur un groupe de femmes qui se tenaient par le bras et leur barraient le passage, n'imaginant pas que les chars oseraient les tuer. Ils roulèrent sur un couple de jeunes mariés qui, se tenant étroitement serrés, se lança à leur rencontre. Ils détruisirent les baraquements, avec les gens qui dormaient à l'intérieur. Ils résistèrent aux grenades, aux cailloux, aux piques et autres objets métalliques que les détenus leur lancèrent. Étonnamment vite — en une heure et demie, d'après le rapport rédigé ultérieurement —, les soldats pacifièrent le camp, évacuèrent les prisonniers qui avaient accepté de sortir tranquillement et passèrent les menottes aux autres.

D'après les documents officiels, trente-sept détenus trouvèrent la mort ce jour-là. Neuf devaient mourir plus tard des suites de leurs blessures. On compta en outre 106 blessés du côté des prisonniers et 40 dans les rangs des soldats. Là encore, ces chiffres sont beaucoup plus bas que ceux que donnent les prisonniers eux-mêmes. Berchadskaïa, qui aida le médecin du camp, Julian Fuster, à soigner les blessés, parle de cinq cents morts :

> Fuster m'a dit de mettre un bonnet blanc et un masque de chirurgien (que j'ai toujours) et m'a demandé de me placer à côté de la table d'opération pour noter l'identité de ceux qui pouvaient encore donner leur nom. Malheureusement, presque personne ne le pouvait. La plupart des blessés moururent sur la table d'opération, et nous regardant de leurs yeux de moribonds, disaient : « Ecrivez à ma mère... à mon mari... à mes enfants », etc.
>
> L'air étant devenu trop chaud et suffocant, j'ai retiré mon bonnet et me suis regardé dans la glace. J'avais une tête toute blanche. Au début, j'ai cru qu'il devait y avoir de la poudre à l'intérieur du bonnet pour je ne sais quelle raison. Je n'ai pas compris que, du seul fait de me retrouver au centre de cet incroyable carnage, à observer tout ce qui se passait, tous mes cheveux étaient devenus gris en l'espace de quinze minutes.
>
> Fuster a passé treize heures debout, sauvant qui pouvait être sauvé. Mais ce résistant et talentueux chirurgien a fini par être à bout de forces. Il a perdu connaissance et s'est effondré ; les opérations ont cessé[38]...

Après la bataille, tous les vivants qui n'étaient pas hospitalisés furent évacués du camp et conduits dans la taïga. Des soldats armés de fusils-mitrailleurs les obligèrent à s'allonger face contre terre, bras écartés, comme crucifiés, pendant plusieurs heures. Sur la base des photographies prises au cours des rassemblements publics et des rapports de quelques mouchards, les autorités du camp passèrent au crible les détenus et en arrêtèrent 436, dont tous les membres du comité de grève. Six d'entre eux devaient être exécutés, dont Keller, Sloutchenkov et Knopmus. Kouznetsov, qui présenta aux autorités une confession écrite longue et circonstanciée dans les quarante-huit heures suivant son arrestation, fut condamné à mort — puis gracié. Il fut interné au Karlag, et libéré en 1960. Un millier d'autres détenus — 500 hommes et 500 femmes —, accusés d'avoir soutenu la rébellion, furent expédiés dans d'autres camps, à l'Ozerlag et dans la Kolyma. Apparemment, la plupart avaient été libérés à la fin de la décennie.

Au cours de la révolte, il semble que les autorités n'aient jamais soupçonné un instant qu'existait à l'intérieur du camp une force d'organisation autre que le comité de grève officiel. Par la suite, elles entreprirent de reconstituer toute l'histoire, probablement grâce au récit minutieux de Kouznetsov. Elles identifièrent cinq représentants du centre — le Lituanien Kondratas ; les Ukrainiens Keller, Sounitchouk et Vakhaïev ; et un truand connu dans le milieu sous le nom de « Moustache ». Elles établirent même un organigramme, indiquant la structure du commandement, avec le centre, au sommet, puis le comité de grève, et les départements de la propagande, de la défense et du contre-espionnage. Elles eurent également connaissance des brigades organisées pour défendre chaque baraque, de la station de radio et du générateur improvisé.

En revanche, jamais elles n'identifièrent tous les membres du centre, les véritables organisateurs du soulèvement. D'après un récit, nombre des vrais « activistes » restèrent dans le camp, y purgeant tranquillement leurs peines en attendant l'amnistie. Leurs noms sont inconnus. Probablement le resteront-ils.

CHAPITRE 25

Dégel et libération

Ne tournons pas autour du pot
Finies les sottises.
Nous sommes les enfants du culte,
Nous en sommes la chair et le sang

Nous avons été élevés
dans la brume de l'ambiguïté
Dans la gigantomanie
et la pauvreté d'esprit..

ANDRÉÏ VOZNESSENSKI,
Enfants du culte, 1967[1].

S'ils avaient perdu une bataille, les grévistes de Kenguir gagnèrent la guerre. À la suite de la rébellion du Steplag, les dirigeants de l'Union soviétique perdirent bel et bien leur appétit de camps de travaux forcés — et ce, à une vitesse foudroyante.

À l'été 1954, on s'accordait généralement à reconnaître que les camps n'étaient pas rentables. Une nouvelle étude des finances du Goulag, menée en juin 1954, avait de nouveau montré qu'il était lourdement subventionné et que le coût des gardes, notamment, les rendait déficitaires[2]. Lors d'une réunion des commandants de camp et des hauts responsables du Goulag qui se tint peu après Kenguir, maints administrateurs se plaignirent ouvertement de la mauvaise organisation du ravitaillement, d'une bureaucratie incontrôlable — il existait alors dix-sept normes alimentaires séparées — et de la piètre organisation des camps. Certains restaient en place, mais avec fort peu de détenus. Les grèves et les troubles se poursuivaient. En 1955, des détenus organisèrent une nouvelle grève générale à Vorkouta[3]. L'incitation au changement était devenue irrépressible. Et changement il y eut.

Le 10 juillet 1954, le Comité central promulgua une résolution ramenant la journée de travail à huit heures, simplifiant les régimes concentrationnaires et facilitant la libération anticipée des détenus travaillant avec assiduité. Les camps spéciaux furent abolis ; les prisonniers, autorisés à écrire des lettres et à recevoir des colis, souvent sans restriction. Dans certains camps, les prisonniers reçurent l'autorisation de se marier et même de vivre avec leur conjoint. Les chiens de garde et les escortes appartenaient désormais au passé. Il devint désormais possible aux détenus d'acheter de nouveaux articles : des vêtements, jusque-là indisponibles, et des oranges[4]. Les détenus de l'Ozerlag furent même autorisés à planter des fleurs[5].

À cette date, un débat plus vaste sur la justice stalinienne s'était aussi engagé dans les échelons supérieurs de l'élite soviétique. Au début de 1954, Khrouchtchev avait demandé et reçu un rapport détaillant combien de détenus avaient été accusés de crimes contre-révolutionnaires depuis 1921, ainsi qu'un état du nombre des personnes encore emprisonnées. Ces chiffres étaient par définition incomplets, puisqu'ils ne comprenaient pas les millions d'exilés, ceux qui avaient été injustement accusés de crimes techniquement non politiques, ceux qui avaient été jugés par des tribunaux ordinaires et ceux qui n'avaient jamais été jugés. Pourtant ces chiffres sont hallucinants quand on se rend compte qu'ils indiquent le nombre de gens tués ou incarcérés sans la moindre raison. Suivant les comptes du MVD, 3 777 380 personnes avaient été reconnues «coupables» de fomenter la contre-révolution par les collèges de l'OGPOU, les troïkas du NKVD, les commissions spéciales et tous les collèges et tribunaux militaires qui avaient massivement infligé des condamnations tout au long des trois décennies précédentes. Sur celles-ci, 2 369 220 avaient été internées dans des camps, 765 180 exilées et 642 980 exécutées[6].

Quelques jours plus tard, le Comité central entreprit de réexaminer la totalité de ces cas, mais aussi ceux des «redoublants[7]», des détenus qui avaient été condamnés à une seconde peine d'exil en 1948. Khrouchtchev mit en place à cette fin une commission nationale placée sous la houlette du procureur général de l'Union soviétique. Il institua aussi dans chaque république et région du pays des conseils locaux chargés de réexaminer les condamnations des prisonniers. Certains politiques furent libérés à cette époque, même si leur condamnation initiale n'était pas encore annulée: la véritable réhabilitation — la reconnaissance par l'État de l'erreur commise — serait pour plus tard[8].

Si les libérations commencèrent, elles progressèrent à un rythme affreusement lent au cours des dix-huit mois suivants. Ceux qui avaient purgé les deux tiers de leur peine furent parfois libérés, sans explication ni réhabilitation. D'autres furent maintenus dans les camps, sans aucune raison. Malgré tout ce qu'ils savaient du manque de rentabilité des camps, les responsables du Goulag n'étaient pas prêts à les fermer. Apparemment, ils avaient besoin d'une impulsion supplémentaire du sommet.

Celle-ci arriva en février 1956, quand Khrouchtchev prononça ce qu'on devait appeler son « rapport secret », à huis clos, lors d'une réunion du XXe Congrès du Parti communiste. Pour la première fois, il s'en prit ouvertement à Staline et au « culte de la personnalité » qui l'avait entouré :

> [...] Il était intolérable et étranger à l'esprit du marxisme-léninisme d'exalter une personne et d'en faire un surhomme doté de qualités surnaturelles à l'égal d'un dieu. Un tel homme est supposé tout savoir, penser pour tout le monde, tout faire et être infaillible.
>
> Ce sentiment à l'égard d'un homme, et singulièrement à l'égard de Staline, a été entretenu parmi nous pendant de nombreuses années[9].

Le reste du discours est largement tendancieux. Énumérant les crimes de Staline, il se focalisa presque exclusivement sur les victimes de 1937 et 1938, insistant sur les quatre-vingt-dix-huit membres du Comité central exécutés et sur une poignée de « vieux bolcheviks ». « La vague d'arrestations massives, déclara-t-il, a reflué en 1939 », ce qui est un mensonge flagrant : en réalité, le nombre des détenus s'accrut au cours des années 1940. Il fit état de la déportation des Tchétchènes et de celle des Balkans — peut-être parce qu'il n'y avait pas mis la main. Il ne dit mot de la collectivisation ni de la famine en Ukraine, ni des répressions massives en Ukraine occidentale et dans les États baltes, peut-être parce qu'il avait personnellement trempé dans ces opérations. Il parla de 7 679 réhabilitations et, même s'il eut droit aux applaudissements de la salle, c'était un tout petit pourcentage des millions de gens dont il savait fort bien qu'ils avaient été arrêtés à tort[10].

Si lacunaire qu'il pût être, le discours — bientôt transmis, également en secret, aux cellules du Parti à travers le pays tout entier — secoua l'Union soviétique en son cœur. Jamais encore la direction soviétique n'avait confessé le moindre crime, encore moins un aussi large éventail. Khrouchtchev lui-même ne savait trop quelle serait la réaction. « Nous sortions juste d'un état de choc, écrivit-il plus tard. Il y avait encore des gens en prison et dans les camps, et nous ne savions pas comment expliquer ce qui leur était arrivé ni que faire d'eux une fois qu'ils étaient libérés[11]. »

Le discours galvanisa le MVD, le KGB et les administrateurs des camps. Dans les semaines qui suivirent, l'atmosphère des camps se détendit un peu plus, et le processus de libération et de réhabilitation commença enfin à s'accélérer. Si quelque 7 000 personnes avaient été réhabilitées dans les trois années précédant le rapport secret, 617 000 furent réhabilitées dans les dix mois qui suivirent. De nouveaux mécanismes furent créés pour aller encore plus vite. Paradoxalement, maint prisonnier condamné jadis par une troïka dut aussi sa libération à une troïka. Des commissions composées de trois personnes — un procureur, un membre du Comité central et un membre du Parti réhabilité, souvent un ex-détenu — firent le tour des camps et des lieux d'exil du pays. Elles étaient habilitées à mener des enquêtes rapides sur les cas particuliers, à mener des entretiens avec les détenus et à les libérer sur-le-champ[12].

Dans les mois qui suivirent le rapport secret, le MVD prépara aussi des changements beaucoup plus profonds touchant la structure même des camps. En avril, le nouveau ministre de l'Intérieur, N.P. Doudorov, adressa au Comité central une proposition de réorganisation des camps. « Voici de longues années, maintenant, que la situation des camps est catastrophique », écrivit-il. Il conviendrait de les fermer et d'envoyer les criminels les plus dangereux dans des prisons spéciales, isolées, dans des régions reculées, en indiquant nommément la possibilité d'utiliser à cette fin le chantier de la ligne de chemin de fer inachevée Salekhard-Igarka. Les petits criminels, en revanche, devaient être internés dans leur région natale, pour purger leur peine dans des « colonies » pénitentiaires en travaillant dans l'industrie légère ou sur des fermes collectives. Nul ne devrait être contraint à travailler comme bûcheron, mineur ou maçon, ni à accomplir quelque autre type de travail exténuant et non qualifié[13].

En l'occurrence, le choix des mots importe davantage que ses suggestions spécifiques. Il ne se bornait pas à proposer la création d'un système concentrationnaire plus modeste; il proposait de créer un système qualitativement différent, de revenir à un système carcéral « normal », ou tout au moins qui fût reconnaissable comme tel dans d'autres pays européens. Les nouvelles colonies pénitentiaires cesseraient de prétendre à une autonomie financière. Les prisonniers travailleraient pour apprendre des compétences utiles, non pas afin d'enrichir l'État. Leur objectif serait la réhabilitation, non pas le profit[14].

Ces suggestions suscitèrent des objections étonnamment véhémentes. Alors que les représentants des ministères économiques marquèrent leur soutien, I.A. Serov, le patron du KGB, se déchaîna contre les propositions du ministre de l'Intérieur, les qualifiant d'« incorrectes » et d'« inacceptables », pour ne pas dire onéreuses. Il s'opposa à la construction de nouvelles colonies pénitentiaires, sous prétexte qu'une telle politique « donnerait l'impression de la présence en URSS d'un nombre considérable de lieux d'incarcération ». Il s'opposa à la liquidation des camps, affirmant ne pas arriver à comprendre pourquoi les *zeks* ne devraient pas travailler comme forestiers ou mineurs. Après tout, le dur labeur aiderait « à les rééduquer dans l'esprit d'une honnête vie de travail dans la société soviétique[15] ».

De ce heurt entre les deux branches des services de sécurité sortit une réforme pour le moins mélangée. D'un côté, le Goulag lui-même — la *Glavnoe Oupravlenie Laguereï*, la Direction générale des camps — fut dissous. En 1957 furent démantelés le Dalstroï et Norilsk, deux des complexes concentrationnaires les plus grands et les plus puissants. D'autres camps suivirent. Les ministères appropriés — mines, mécanique, forêts ou transports routiers — héritèrent de larges pans de l'ancien complexe industriel concentrationnaire[16]. Le travail servile cessa définitivement d'être un aspect important de l'économie soviétique.

Dans le même temps, cependant, le système judiciaire resta en l'état. Les juges étaient tout aussi politisés, tout autant de parti pris et iniques. Le système carcéral demeura quasiment tel quel. Les mêmes matons continuèrent d'appliquer le même régime dans les mêmes cellules aux peintures défraîchies. Quand, le temps passant, le système carcéral reprit son expansion, même les programmes de réhabilitation et de rééducation, au centre des préoccupations et des intérêts, allaient rester tout aussi légers et fictifs que par le passé.

Le débat étonnamment véhément qui opposa le chef du MVD, Doudorov, au patron du KGB, Serov, préfigurait aussi d'autres débats, plus amples, à venir. Pensant marcher sur les brisées de Khrouchtchev, les libéraux souhaitaient procéder à des changements rapides dans toutes les sphères ou presque de la vie soviétique. Simultanément, les défenseurs de l'ancien système voulaient arrêter ces changements, voire revenir sur eux ou les corriger, en particulier quand ils affectaient la vie de puissants groupes de gens. Le résultat de cet affrontement était prévisible : des cellules inchangées dans les prisons, mais aussi des réformes qui ne tenaient pas debout, de nouveaux privilèges rapidement révoqués, et des discussions publiques qui n'avaient pas plutôt commencé qu'elles furent étouffées. L'ère dite du « Dégel » fut bel et bien une ère de changement, mais ce fut un changement d'une nature bien particulière : les réformes se poursuivirent sur le mode deux pas en avant, un pas, voire trois, en arrière.

La libération, que ce fût en 1926 ou en 1956, avait toujours laissé aux prisonniers des sentiments mélangés. Guennady Andréïev-Khomiakov, libéré dans les années 1930, s'étonna de sa propre réaction :

> J'imaginais que je danserais, plutôt que je ne marcherais, que lorsque j'aurais enfin ma liberté je m'en griserais. Or, quand je fus effectivement libéré, je n'ai rien ressenti de tout cela. J'ai franchi la porte et dépassé le dernier garde, sans connaître de bonheur ni la moindre exaltation. [...] Là, sur le quai inondé de soleil, couraient deux jeunes filles en robes légères, riant allégrement de je ne sais quoi. Je les ai dévisagées, ébahi. Comment pouvaient-elles rire ? Comment tous ces gens pouvaient-ils se promener en conversant et en riant, comme si rien d'inhabituel ne se passait dans le monde, comme s'il n'était rien en leur sein de cauchemardesque et d'inoubliable[17]...

Après la mort de Staline et le discours de Khrouchtchev, les libérations s'accélérèrent, et les réactions se firent plus brouillées encore. Des détenus qui s'étaient attendus à passer une décennie de plus derrière les barbelés furent libérés du jour au lendemain. Pendant les heures de travail, un groupe d'exilés fut appelé aux bureaux de la mine : on les pria tout simplement de rentrer chez eux. Le *spetskomandant*, le lieutenant Isaïev, raconte l'un d'eux, « a ouvert un coffre-fort, en a retiré nos papiers et a fait la distribution[18] ». Les détenus qui avaient rédigé requête sur requête, pour exiger le réexamen de leurs dossiers, découvrirent soudain qu'il n'était plus nécessaire de faire des lettres. Il ne leur restait plus qu'à s'en aller.

Des prisonniers qui n'avaient aucune autre pensée à l'esprit que la liberté éprouvèrent une étrange réticence au moment d'en faire l'expérience : « [...] J'eus du mal à croire que j'étais vraiment en train de pleurer alors que je retrouvais la liberté. Pourquoi ces larmes ?... Eh bien, j'avais le sentiment que je venais d'arracher mon cœur à ce que j'avais de plus cher et de plus précieux, mes camarades d'infortune. Les portes s'étaient refermées — et tout était fini[19]. »

Beaucoup n'étaient tout simplement pas prêts. Iouri Zorine, monté dans un train bondé de prisonniers parti de Kotlas en 1954, ne laissa passer que deux gares. « Pourquoi aller à Moscou ? » se demanda-t-il. Sur ce, il fit demi-tour et regagna son ancien camp, où son ex-commandant l'aida à dégotter un poste de travailleur libre. Il resta sur place encore seize ans[20]. Evguénia Guinzbourg connut une femme qui ne voulait vraiment pas quitter son baraquement : « C'est affreux, mais c'est un fait... Je... Je ne pourrai jamais vivre en liberté. Je... J'aurais voulu rester au camp! » confia-t-elle à ses amies[21]. « Au fond, je ne la veux pas, cette liberté, écrivit un autre dans son journal. Qu'est-ce qui m'attire vers la liberté ? Il me semble que là-dehors... c'est le règne des mensonges, de l'hypocrisie, du manque d'égards. Dehors, tout est fantastiquement irréel, alors qu'ici, tout est réel[22]. » Beaucoup ne faisaient pas confiance à Khrouchtchev. Ils s'attendaient à voir la situation de nouveau empirer et acceptèrent des emplois de « libres » à Vorkouta ou à Norilsk. Ils préféraient ne pas connaître les émotions ni subir la pagaille du retour si c'était pour être finalement, de toute façon, à nouveau arrêtés.

Mais même ceux qui voulaient rentrer s'aperçurent souvent que c'était quasiment impossible. Ils n'avaient pas d'argent, et fort peu de vivres. Les camps leur rendaient la liberté avec l'équivalent de 500 grammes de pain par jour de route présumé : une ration de famine[23]. D'autant qu'ils étaient souvent sur la route beaucoup plus longtemps que prévu, car il était quasiment impossible d'obtenir des billets sur les rares avions ou trains en partance vers le sud. Arrivant à la gare de Krasnoïarsk, Ariane Efron trouva « une foule telle que partir était impossible, tout simplement impossible. Il y avait là des gens de tous les camps, de tout Norilsk ». Elle finit par recevoir un billet de la manière la plus inattendue, de la main d'un « ange » : d'une femme qui, par hasard, en avait deux. Sans quoi elle aurait dû attendre des mois[24].

Face à un train pareillement bondé, Galina Oussakova, comme beaucoup d'autres, imagine une solution en voyageant dans les casiers à bagages[25]. Mais d'autres encore ne trouvèrent pas d'issue : il n'était pas rare que des prisonniers meurent au cours de voyages difficiles, sinon dans les semaines ou les mois suivant leur arrivée. Affaiblis par leurs années de travaux forcés, épuisés par des voyages éreintants, les émotions entourant leur retour les terrassaient : une crise cardiaque ou une attaque les emportait. « Combien de gens sont morts de cette liberté ! » s'étonna un détenu[26].

D'aucuns finirent en prison. Le MVD lui-même établit un rapport révélant que les prisonniers libérés sortant des camps de Vorkouta, de Petchora et d'Inta ne pouvaient acheter d'habits, de souliers ou de matériel de couchage puisque les « villes au-dessus du cercle arctique n'ont pas de marchés ». Par désespoir, certains commirent de menus larcins afin de se faire ré-arrêter. Au moins, en prison, la ration de pain était-elle garantie[27]. Tous les responsables des camps ne s'en tracassaient pas nécessairement : face à la crise de l'emploi, l'administration de Vorkouta désobéit aux ordres de sa hiérarchie et s'efforça bel et bien d'empêcher certaines catégories de détenus de quitter les mines[28].

S'ils parvenaient à regagner Moscou, Leningrad ou leur village d'origine, les anciens détenus des camps découvraient souvent une vie qui n'était pas plus facile. En fin de compte, une simple libération ne suffisait pas à rétablir une vie « normale ». Sans les documents attestant une authentique réhabilitation — et annulant donc la condamnation initiale des détenus —, les anciens politiques restaient suspects.

Certes, quelques années auparavant, ils auraient eu droit aux redoutables « passeports de loups », qui interdisaient aux ex-détenus politiques de vivre dans les grandes villes de l'Union soviétique ou à proximité. Si ces passeports avaient été supprimés, il restait difficile de trouver des lieux de vie, du travail et, à Moscou, d'obtenir l'autorisation de rester dans la capitale. Les détenus rentrant chez eux découvraient que leur domicile avait de longue date été réquisitionné et leurs affaires enlevées. Nombre de leurs parents, également « ennemis » par association, étaient morts ou appauvris : longtemps après qu'ils avaient été élargis, les familles d'« ennemis » demeuraient stigmatisées, soumises à des formes de discrimination officielles et interdites de travail dans certaines catégories de postes. Les autorités locales persistaient à se méfier des anciens prisonniers. Thomas Sgovio passa une année à « revendiquer et à se bagarrer » avant d'être autorisé à habiter légalement chez sa mère[29]. Des prisonniers plus âgés ne purent obtenir une pension de retraite convenable[30].

Ces difficultés personnelles, s'ajoutant à leur sentiment d'une justice bafouée, en persuadèrent plus d'un de rechercher une réhabilitation totale, mais ce n'était pas non plus un processus simple ni direct. Pour beaucoup, au demeurant, l'option n'existait même pas. Par exemple, le MVD refusa catégoriquement de revoir le dossier de quiconque avait été condamné avant 1935[31]. Ceux qui avaient écopé d'une peine supplémentaire au camp, que ce fût pour insubordination, dissidence ou vol, ne recevaient jamais non plus les certificats de réhabilitation tant convoités[32]. Le cas des hauts dirigeants bolcheviques — Boukharine, Zinoviev et Kamenev — restait tabou ; et ceux qui avaient été condamnés dans le cadre des mêmes enquêtes qu'eux ne furent réhabilités que dans les années 1980.

Pour ceux qui pouvaient s'y aventurer, la réhabilitation était un long processus. Les appels en ce sens devaient venir des prisonniers ou de leurs familles, qui furent souvent obligés d'écrire deux ou trois lettres, sinon beaucoup plus, avant d'obtenir gain de cause. Et quand bien même ils réussissaient, rien n'était jamais acquis : Anton Antonov-Ovseenko reçut pour son père un certificat de réhabilitation posthume, qui fut ensuite révoqué en 1963[33]. Beaucoup d'anciens détenus restaient méfiants. Ceux qui recevaient une invitation à se présenter lors d'une réunion de la commission de réhabilitation, généralement dans les bureaux du MVD ou du ministère de la Justice, s'y rendaient souvent emmitouflés dans plusieurs couches de vêtements, s'agrippant à des paquets de vivres, accompagnés de parents en larmes, tellement ils étaient certains d'être à nouveau éloignés[34].

Aux plus hauts niveaux, beaucoup redoutaient que la réhabilitation n'allât trop loin et trop vite. « Nous étions effrayés, réellement effrayés, écrivit plus tard Khrouchtchev. Nous avions peur que le dégel ne provoquât une inondation, que nous ne serions pas capables de contenir et qui nous engloutirait[35]. » Un ancien haut agent du KGB, Anatoli Spragovski, raconta par la suite qu'entre 1955 et 1960 il avait parcouru en long et en large la région de Tomsk, interrogeant des témoins et visitant les théâtres des prétendus crimes. Ainsi apprit-il, entre autres choses, que des ex-détenus avaient été accusés de comploter de faire sauter des usines ou des ponts qui n'avaient jamais existé. Mais quand Spragovski écrivit à Khrouchtchev, lui proposant de simplifier le processus de réhabilitation et de l'accélérer, il essuya un refus : à Moscou, semblait-il, des dignitaires ne voulaient pas que les erreurs des années staliniennes parussent trop répandues, ou trop absurdes, et ils ne souhaitaient pas que l'étude des anciens dossiers avançât trop vite. Anastase Mikoyan, membre du Politburo stalinien qui survécut dans l'ère Khrouchtchev, expliqua un jour pourquoi il était impossible de réhabiliter les gens trop rapidement. Si on les déclarait tous innocents tout de suite, « il apparaîtrait clairement que le pays n'était pas dirigé par un gouvernement légal, mais par un groupe de gangsters[36] ».

Le parti communiste hésitait aussi à reconnaître tant d'erreurs. S'il eut à examiner plus de 70 000 demandes d'ex-membres, réclamant qu'on leur restituât leur carte d'adhérent, moins de la moitié des requérants reçurent satisfaction[37]. Aussi la réhabilitation sociale totale — avec rétablissement complet de ses droits : appartement, travail et pension — demeura-t-elle très rare.

L'expérience mélangée — et les sentiments mêlés — d'Olga Adamova-Sliozberg, qui remplit une demande de réhabilitation pour elle et son mari en 1954, est bien plus commune que la réhabilitation pleine et entière. Elle attendit deux ans. Puis, après le rapport secret de Khrouchtchev en 1956, elle reçut son certificat. Il précisait que son dossier avait été réexaminé et clos faute de preuves. « J'avais été arrêtée le 27 avril 1936. Ce qui veut dire que j'avais payé cette petite erreur de vingt années et quarante et un jours de ma vie. » À titre de dédommagement, précisait le certificat, il lui était alloué deux mois d'appointements pour elle et son mari, « plus onze roubles cinquante kopecks », somme correspondant à l'argent que possédait son mari au moment de sa mort. Et c'est tout.

Comme elle se trouvait dans la salle d'attente d'un service de la Cour suprême, à Moscou, digérant la nouvelle, elle entendit des cris. C'était une vieille Ukrainienne à qui on venait de remettre son certificat :

> La vieille Ukrainienne, lorsqu'on lui remit son certificat, s'écria d'une voix sauvage :

— Je n'ai pas besoin de cet argent contre le sang de mon fils, gardez-le, assassins !

Elle déchira le certificat et le jeta par terre.

Le militaire qui lui avait remis le certificat s'avança vers elle :

— Calmez-vous, citoyenne, essaya-t-il de dire.

Mais la vieille femme cria à nouveau :

— Assassins !

Elle lui cracha au visage et fut frappée par une attaque.

Tous restaient silencieux, accablés. Çà et là résonnaient des sanglots, un pleur sonore.

Je revins à mon appartement, d'où ne me chasseraient plus les miliciens. Personne n'était là et je pus pleurer sans retenue.

Pleurer sur mon mari qui avait péri à trente-sept ans dans une cave de la Loubianka, dans le plein épanouissement de ses forces et de son talent ; de mes enfants qui avaient grandi orphelins sous l'étiquette infamante d'enfants d'« ennemis du peuple » ; sur mes parents morts de chagrin ; sur Nicolas, torturé dans les camps ; sur mes amis qui n'avaient pas survécu jusqu'à la réhabilitation et qui sont enterrés dans la terre gelée de la Kolyma[38].

Bien que souvent passé sous silence dans les histoires classiques de l'Union soviétique, le retour des camps ou d'exil de millions de gens a dû stupéfier les millions d'autres citoyens soviétiques qu'ils rencontrèrent à leur arrivée. Le rapport secret de Khrouchtchev avait été un choc, mais c'était un événement lointain, dirigé contre la hiérarchie du Parti. En revanche, la réapparition de gens qu'on tenait pour morts depuis longtemps porta le message de manière bien plus directe, à un public beaucoup plus large. L'ère stalinienne avait été marquée par les tortures secrètes et la violence cachée. Soudain, les anciens des camps étaient la preuve vivante de ce qui s'était passé.

Ils étaient aussi là pour apporter des nouvelles, bonnes ou mauvaises, des disparus. Dans les années

1950, les prisonniers libérés avaient l'habitude de visiter les foyers de leurs camarades morts ou vivants, de transmettre des messages oraux ou de rapporter les derniers mots. M.S. Rotfort regagna Kharkov *via* Tchita et Irkoutsk, afin de voir les familles de ses amis[39]. Gustaw Herling rendit une visite malencontreuse à la famille de son ancien camarade de camp, le général Krouglov : sa femme le supplia de ne pas dire à leur fille que son père avait écopé d'une nouvelle peine de camp ; ne cessant de regarder sa montre, elle l'implora de partir sans délai[40].

Le retour des prisonniers était aussi une source de terreur : pour les patrons, pour les collègues, les gens qui les avaient expédiés en prison. Dans l'été 1956, se souvient Anna Andreïevna, tous les trains de Karaganda et de Potma à destination de Moscou grouillaient de prisonniers : « Tout débordait de joie et de son contraire, parce que les gens rencontraient ceux qui les avaient condamnés, qui en avaient condamné d'autres. C'était heureux et tragique, et Moscou allait bientôt en être saturée[41]. » Dans son roman *Le Pavillon des cancéreux*, Soljenitsyne imagine la réaction d'un chef du Parti, souffrant du cancer, après que sa femme lui a appris qu'un ancien ami — un homme qu'il avait personnellement dénoncé afin de prendre possession de son appartement — allait être réhabilité :

> [...] Il se sentait tout faible — dans les reins, les épaules ; ses mains aussi flageolaient ; quant à sa tête, elle était toute déjetée sur le côté par la tumeur.
>
> — Pourquoi me l'as-tu dit ? souffla-t-il d'une voix mourante. Est-ce que je ne suis pas assez malheureux comme ça ?... Est-ce que je ne suis pas assez malheureux ?... (et deux fois le même sanglot sans larmes secoua sa poitrine et sa tête). [...]
>
> — Quel droit ont-ils de laisser sortir ces gens ? Ils

n'ont aucune pitié ? Comment osent-ils causer de pareils traumas[42] ! ?

Les sentiments de culpabilité pouvaient être insupportables. Après le rapport secret de Khrouchtchev, Alexandre Fadeïev, stalinien endurci et bureaucrate très craint de la littérature, alla se soûler la gueule. Ivre, il confessa à un ami que, en tant que patron de l'Union des écrivains, il avait approuvé l'arrestation de maints écrivains qu'il savait innocents. Le lendemain, Fadeïev se suicidait. Il aurait laissé un billet d'une seule phrase pour expliquer son geste, à l'adresse du Comité central : « La balle était destinée à la politique de Staline, l'esthétique de Jdanov et la génétique de Lyssenko[43]. »

D'autres perdirent la tête. Olga Michakova, employée du Komsomol, avait dénoncé Kosarev, le chef de l'organisation de la jeunesse. Celui-ci fut réhabilité après 1956, et le Comité central du Komsomol prononça l'exclusion de Michakova. Au cours de l'année suivante, cependant, elle continua de se rendre au siège du Komsomol, passant la journée assise dans son bureau vide, s'arrêtant même pour le déjeuner. Quand le Komsomol lui retira son passe, elle continua de venir pour se poster dans l'entrée pendant ses anciennes heures de bureau. Quand son mari fut affecté à Riazan, elle continua de prendre tous les jours le train de quatre heures pour Moscou : elle passait la journée devant ses anciens bureaux, puis rentrait le soir. Elle finit par être placée dans un asile psychiatrique[44].

Quand bien même elles ne conduisaient ni à la folie ni au suicide, les fâcheuses rencontres qui infestèrent la vie sociale de Moscou après 1956 pouvaient être un véritable supplice : « Les deux Russies sont nez à nez, écrivit Anna Akhmatova, ceux qui ont été en prison, et ceux qui les y ont mis[45]. » Beaucoup de dirigeants du pays, à commencer par Khrouchtchev, connaissaient personnellement de nombreux revenants. Si l'on en croit Antonov-Ovseenko, un « vieil ami » de ce genre se présenta en 1956 à la porte de Khrouchtchev et le persuada d'accélérer le processus de réhabilitation[46]. Pires étaient les rencontres entre les anciens détenus et ceux qui avaient été leurs geôliers ou les avaient interrogés. En 1964, la revue politique clandestine de Roy Medvedev publia, sous pseudonyme, le récit d'un homme qui se retrouva face à son ancien interrogateur, lequel lui demanda quelques roubles pour boire un coup : « Je lui ai donné tout ce qu'il me restait de mon voyage, et c'était pas mal. Je le lui ai donné afin qu'il déguerpisse au plus vite. J'avais peur de ne pas arriver à me contenir. J'éprouvais un désir irrépressible de lâcher la bride à ma haine, si longtemps retenue, contre lui et son engeance[47]. »

Il pouvait être aussi fort désagréable de croiser d'anciens amis, désormais citoyens soviétiques prospères. Lev Razgon retrouva un proche en 1968, plus de dix ans après son retour : « Il est venu vers moi [...] comme si nous nous étions quittés la veille. Il exprima ses condoléances, bien entendu, pour la mort d'Oxana, et s'enquit d'Helena. Mais tout ceci se déroula très vite, comme par routine... et ce fut tout[48]. » Dans un poème intitulé « À un poète célèbre », Iouri Dombrovski a résumé ses sentiments sur un ami qui lui exprima trop tard ses condoléances :

> Même nos enfants ne nous plaignaient pas
> Même nos femmes ne voulaient pas de nous
> Seule une sentinelle nous visa, prenant
> Habilement pour cible nos matricules.

Vous vous laissiez aller au restaurant
Colportant des blagues autour d'un verre
Vous compreniez tout. Bienvenue à tous !
Mais ça vous aura échappé, nous étions morts.

Alors expliquez-moi maintenant pourquoi
Comme ils revoient l'ordre de bataille
Et que je surgis d'une tombe septentrionale
Vous m'approchez comme un héros ?

Des femmes vous léchaient les mains —
Était-ce pour votre courage ? Pour les tortures subies[49] ?

Lev Kopelev a écrit qu'à son retour il ne supportait plus la compagnie des gens sans histoires, auxquels il préférait les ratés[50]

Comment parler des camps — et jusqu'où parler des camps — avec ses amis et sa famille était une autre source de tourment pour les anciens détenus. Beaucoup essayèrent de protéger leurs enfants de la vérité. La fille de Sergueï Korolev, le spécialiste des fusées, ne sut que son père avait été en prison qu'à la fin de l'adolescence, quand elle dut remplir un formulaire où elle devait indiquer si un parent avait jamais été arrêté[51]. Au moment de quitter le camp, beaucoup de prisonniers furent priés de signer des documents leur interdisant d'en dire le moindre mot. Certains en furent effrayés au point de se taire, mais d'autres ne se laissèrent pas intimider. Susanna Petchora refusa carrément de signer ces papiers à son départ du camp, et, comme elle le dit elle-même, « elle n'a cessé de parler depuis[52] ».

D'autres s'aperçurent que leurs amis et leur famille, s'ils ne s'en désintéressaient pas vraiment, n'avaient aucune envie d'en savoir trop long sur où ils avaient été et ce qui leur était arrivé. Ils avaient trop peur : pas simplement de la toujours présente police secrète, mais aussi de ce qu'ils pouvaient apprendre de la bouche de leurs aimés. Le romancier Vassili Axionov — fils d'Evguénia Guinzbourg — a croqué une scène tragique, mais affreusement plausible dans sa trilogie, *Une saga moscovite*, en racontant les retrouvailles d'un homme et de sa femme après que tous deux ont passé des années en camp de concentration. Il remarque aussitôt qu'elle a l'air en bonne santé : « Non, attends ! Dis-moi d'abord comment tu as fait pour rester si belle. [...] Tu n'as même pas maigri », lâche-t-il, ne sachant que trop comment une femme pouvait survivre dans le Goulag. Cette nuit-là, au lit, ils restèrent bien à l'écart l'un de l'autre, incapables de dire un mot : « L'angoisse et l'amertume les brûlaient jusqu'au bout[53]. »

L'écrivain et poète populaire Boulat Okoudjava a aussi écrit l'histoire d'un homme retrouvant sa mère qui a passé dix années en camp. L'homme attendait avec plaisir le retour de sa mère, pensant la cueillir à la gare et lui préparer à dîner après des retrouvailles larmoyantes mais joyeuses, lui raconter sa vie, et peut-être même aller au cinéma. Au lieu de quoi il trouva une femme aux yeux secs, à l'air détaché : « Elle me regarda sans me voir, son visage était durci, pétrifié. » Il s'était attendu à la voir physiquement fragile, mais il n'était absolument pas préparé aux dommages émotionnels : par millions, ils durent partager cette expérience[54].

Les histoires vraies étaient souvent aussi lugubres. Nadejda Kapralova a raconté ses retrouvailles avec sa mère après treize ans. Elle avait huit ans au moment de leur séparation : « Il ne pouvait pas y avoir plus proches, la mère et la fille, et nous étions pourtant étrangères, nous parlions de riens, le plus souvent nous pleurions et gardions le silence[55]. » Un autre prisonnier, Evgueni Guaguen, retrouva sa femme au bout de quatorze ans, mais il s'aperçut qu'ils n'avaient rien en commun. Il avait le sentiment d'avoir « mûri » au cours de ces années-là, mais elle était restée la même[56]. Olga Adamova-Sliozberg dut faire preuve de beaucoup de doigté lorsqu'elle retrouva son fils en 1948 : « Je craignais de lui raconter ce que j'avais découvert "de l'autre côté". Je serais sûrement parvenue à lui faire admettre que beaucoup de choses dans le pays n'allaient pas, que son idole Staline était très loin d'être parfait, mais il n'avait que dix-sept ans. » Bref, elle avait peur d'être totalement franche avec lui[57].

Pourtant, tous ne se sentaient pas décalés par rapport à la société soviétique. Étonnamment, peut-être, beaucoup n'avaient qu'une hâte : rejoindre le parti communiste, pas simplement pour les privilèges et le statut, mais pour se sentir, de nouveau, membres à part entière du projet communiste, pour ainsi dire. « L'allégeance à un système de croyance peut avoir de profondes racines non rationnelles », observe l'historienne Nanci Adler en tâchant d'expliquer les sentiments d'un détenu au moment d'être réintégré au sein du Parti :

> Le facteur qui, de loin, m'a le plus aidé à survivre dans ces rudes conditions, c'est ma croyance indéfectible, inextirpable en notre Parti léniniste, dans ses principes humanistes. C'est le Parti qui m'a donné la force de résister à leurs procès. [...] Réintégrer les rangs de mon Parti communiste natal a été le plus grand bonheur de toute ma vie[58]

L'historienne Catherine Merridale va encore plus loin en soutenant que le Parti et l'idéologie collective de l'Union soviétique aidèrent véritablement les gens à se remettre du traumatisme subi. « Les Russes paraissent réellement avoir vécu avec leurs histoires de perte indicible en travaillant, en chantant et en agitant le drapeau rouge. D'aucuns en rient aujourd'hui, mais presque tout le monde est nostalgique d'un collectivisme et d'un dessein commun qui ont été perdus. Jusqu'à un certain point, le totalitarisme a marché[59]. »

Même si, à un certain niveau, elles savaient cette lutte fausse ; même si elles savaient que la nation n'était pas aussi glorieuse que ses dirigeants le prétendaient, même si elles savaient que des villes soviétiques entières avaient été bâties sur les ossements de gens injustement condamnés aux travaux forcés, certaines victimes des camps se trouvaient tout de même mieux en ayant le sentiment d'être associées à l'effort collectif, de ne plus en être exclues.

En tout état de cause, la tension considérable entre ceux qui avaient été « là-bas » et ceux qui étaient restés chez eux ne pouvait demeurer à jamais confinée dans les chambres à coucher ni recluse derrière des portes fermées. Les responsables étaient encore en vie. Finalement, au XXIIe Congrès du Parti, en octobre 1961, Khrouchtchev, luttant désormais pour asseoir son influence au sein du Parti, se mit à les nommer. Il annonça que Molotov, Kaganovitch, Vorochilov et Malenkov étaient tous « coupables de répressions massives illégales contre de nombreux responsables du Parti, du système soviétique, de l'armée et du Komsomol, et portaient une responsabilité directe dans leur destruction physique ». Sur un ton plus menaçant, il fit aussi énigmatiquement allusion aux « documents en notre possession » qui prouvaient cette culpabilité[60].

En fin de compte, pourtant, Khrouchtchev ne publia aucun de ces documents au cours de sa lutte contre les staliniens hostiles à ses réformes. Peut-être n'était-il pas assez puissant pour le faire... à moins que les documents en question n'eussent par la même occasion révélé son propre rôle dans les répressions staliniennes. Khrouchtchev choisit plutôt une nouvelle tactique : il élargit davantage encore la discussion publique du stalinisme, l'arrachant aux cénacles du Parti pour l'étendre au monde de la littérature. Si les poètes et romanciers soviétiques en eux-mêmes ne l'intéressaient probablement pas beaucoup, il avait perçu, au début des années 1960, le rôle qu'ils pouvaient jouer dans sa quête du pouvoir. Lentement, des noms disparus resurgirent dans des publications officielles, sans que jamais ne fût dit où ils étaient passés ni pourquoi ils étaient autorisés à revenir. Des personnages jusqu'ici inacceptables dans la fiction soviétique — bureaucrates cupides, revenants des camps — firent leur apparition dans les romans[61].

Khrouchtchev vit que ces publications pouvaient mener sa propagande pour lui : des écrivains pouvaient discréditer ses ennemis en leur imputant les crimes du passé. En tout état de cause, tel est, apparemment, le raisonnement qui l'amena à autoriser la publication d'*Une journée d'Ivan Denissovitch* d'Alexandre Soljenitsyne, le plus célèbre de tous les romans du Goulag.

En raison de sa valeur littéraire, mais aussi du rôle qu'il a joué pour faire connaître l'existence du Goulag en Occident, Alexandre Soljenitsyne mériterait certainement une mention spéciale dans toute histoire du système concentrationnaire soviétique. Mais sa brève carrière d'auteur soviétique « officiel » célèbre et largement publié vaut la peine d'être racontée parce qu'elle marque un moment de transition important. Lorsque *Ivan Denissovitch* fut pour la première fois imprimé, en 1962, le Dégel était à son apogée, les prisonniers politiques étaient peu nombreux et le Goulag paraissait appartenir au passé. Au cours de l'été 1965, lorsqu'un journal du Parti le qualifia d'ouvrage « sans conteste discutable, d'un point de vue tant idéologique qu'artistique », Khrouchtchev avait été écarté ; la réaction avait commencé et le nombre des prisonniers politiques augmentait à une vitesse alarmante. En 1974, quand *L'Archipel du Goulag* — sa monumentale histoire des camps soviétiques — parut en Occident, son auteur avait été banni et ses livres ne pouvaient paraître qu'à l'étranger. L'institution soviétique du camp de prisonniers avait été bel et bien rétablie ; le mouvement dissident était en plein essor[62].

L'itinéraire carcéral de Soljenitsyne avait débuté de manière typique pour les *zeks* de sa génération. Après son entrée à l'école de formation des officiers, en 1941, il combattit sur le front occidental tout au long de l'automne et de l'hiver 1943, se risqua à une critique mal dissimulée de Staline dans une lettre à un ami en 1945 et se fit arrêter peu après. Jusque-là croyant communiste plus ou moins sincère, le jeune officier fut stupéfait de la brutalité et de la grossièreté du traitement qui lui fut réservé. Plus tard, il devait être plus choqué encore par la rudesse du traitement infligé aux soldats de l'armée rouge tombés entre les mains des nazis, alors que, dans son esprit, on aurait dû les accueillir en héros.

Son itinéraire concentrationnaire ultérieur est peut-être légèrement moins typique, ne serait-ce qu'en raison de ses études de mathématiques et de physique, qui lui permirent de servir un temps dans une *charachka* : l'expérience qu'il relate dans *Le Premier Cercle*. En outre, on doit à la justice de dire qu'il purgea sa peine dans une série de *lagpounkts* plutôt ordinaires, dont un à Moscou et un dans un complexe concentrationnaire spécial de Karaganda. Il fut aussi un détenu peu remarquable. Il flirta avec les autorités, fit office de mouchard avant d'y voir clair et de se retrouver briqueteur. Telle est, d'ailleurs, la tâche qu'il donna par la suite à son Ivan Denissovitch, le *zek* « Monsieur tout le monde » qui est le héros de son premier roman. À sa libération, il alla enseigner dans une école de Riazan et se mit à écrire sur ses expériences. Cela non plus n'était pas inhabituel : les centaines de souvenirs du Goulag qui ont paru depuis les années 1980 témoignent amplement de l'éloquence et du talent des ex-prisonniers soviétiques, dont beaucoup écrivirent secrètement des années durant. Ce qui fait de Soljenitsyne un cas véritablement unique, au fond, c'est le simple fait que son travail fut imprimé en Union soviétique, du temps que Khrouchtchev était encore au pouvoir.

Tant de légendes entourent la publication d'*Une journée d'Ivan Denissovitch* que Michael Scammel, le biographe de Soljenitsyne, écrit que l'épisode « a acquis tant de fioritures en cours de route qu'il est parfois difficile de démêler le fait de la fiction ». Le cheminement du livre vers la gloire littéraire fut lent. Avant qu'il ne devînt célèbre, le manuscrit d'*Ivan Denissovitch* passa entre les mains de Lev Kopelev — figure de la vie littéraire moscovite et ancien camarade de camp de l'auteur — et d'une préparatrice de *Novyi Mir*. Excitée par sa trouvaille, celle-ci le transmit à Alexandre Tvardovski, le rédacteur en chef de cette revue.

Tvardovski, dit-on, commença de lire *Ivan Denissovitch* après s'être mis au lit. Au bout de quelques pages, cependant, il fut tellement impressionné qu'il dut se relever et se rhabiller pour lire le livre à sa table de travail. Il y passa la nuit. À l'aube, il se précipita à son bureau, criant aux dactylos d'en faire d'autres copies, qu'il puisse distribuer le livre à ses amis tout en saluant la naissance d'un nouveau génie littéraire. Que les choses se fussent ou non passées ainsi, c'est certainement ainsi que Tvardovski le raconta par la suite. Plus tard, Soljenitsyne lui écrivit pour lui dire combien il avait été heureux d'apprendre qu'il avait trouvé que son roman « valait de ne pas fermer l'œil de la nuit[63] ».

Le roman lui-même est assez simple : il retrace une journée dans la vie d'un prisonnier ordinaire. Aujourd'hui, il est difficile aux lecteurs contemporains, même en Russie, de comprendre la fureur qu'il a provoquée dans le monde des lettres soviétique. Pour ceux qui le lurent en 1962, en revanche, le roman fut une révélation. Au lieu de parler vaguement de « revenants » et de « répressions », comme d'autres livres à l'époque, *Ivan Denissovitch* décrit sans fard la vie des camps — sujet dont on n'avait jamais débattu en public jusque-là.

Dans le même temps, le style de Soljenitsyne, en particulier l'emploi qu'il fait de l'argot concentrationnaire, contraste avec la fiction creuse et factice qui se publiait alors. Le credo littéraire soviétique officiel de l'époque, le « réalisme socialiste », n'était aucunement réaliste : c'était plutôt la version littéraire de la doctrine politique stalinienne. La littérature de prison, en fait, n'avait pas changé depuis le temps de Gorki. S'il y avait un personnage de voleur dans un roman soviétique, il voyait la lumière et se convertissait à la vraie foi soviétique. Le héros pouvait bien souffrir, mais le Parti finissait par lui montrer la lumière. L'héroïne pouvait bien verser des larmes, mais sitôt qu'elle avait appris la valeur du Travail, elle trouvait sa place dans la société.

Ivan Denissovitch, en revanche, est vraiment réaliste : il n'est nullement optimiste et n'a rien d'un conte moral. Les souffrances de ses héros sont absurdes. Leur travail est épuisant et exténuant, et ils font tout pour s'y soustraire. Le Parti ne finit pas par triompher et le communisme n'en sort pas vainqueur. Cette franchise, si rare de la part d'un écrivain soviétique, est précisément ce qu'admira Tvardovski : l'histoire n'avait pas « une once de mensonge », confia-t-il à Lev Kopelev, l'ami de Soljenitsyne. C'est précisément ce qui bouleversa tant de lecteurs, en particulier au sein de l'establishment soviétique. Il y eut même un des rédacteurs de *Novyi Mir* pour s'émouvoir de la franchise du récit. Commentant le roman, il lui reprocha de montrer la « vie de manière trop unilatérale, de dénaturer et de perturber involontairement les proportions ». Quant aux habitués des conclusions simplistes, ils s'horrifièrent du côté amoral et ouvert du livre.

Tvardovski souhaitait le publier, mais il savait que s'il faisait simplement dactylographier le manuscrit et l'envoyait à la censure, il serait aussitôt interdit. Il choisit plutôt d'offrir *Ivan Denissovitch* à Khrouchtchev, afin qu'il s'en servît comme d'une arme contre ses ennemis. Selon Michael Scammel, Tvardovski écrivit une préface où il présentait précisément sous ce jour l'utilité du roman, puis il le transmit à des gens qui, espérait-il, le donneraient à Khrouchtchev lui-même[64].

Après de multiples va-et-vient, beaucoup de débats, et quelques changements apportés au manuscrit, Soljenitsyne se laissa convaincre d'introduire au moins un « héros positif » et d'y inclure une condamnation symbolique du nationalisme ukrainien : le roman finit par arriver jusqu'à Khrouchtchev. Qui l'approuva. Il se félicita même de voir le livre écrit « dans l'esprit du XXIIe Congrès du Parti », par quoi il voulait dire, probablement, qu'il contrarierait ses ennemis. Le roman sortit finalement en novembre 1962, dans *Novyi Mir.* « L'oiseau est libre ! l'oiseau est libre ! » se serait exclamé Tvardovski en tenant le premier exemplaire entre ses mains.

Dans un premier temps, la critique ne tarit pas d'éloges, ne serait-ce que parce que l'histoire cadrait avec la ligne officielle du moment. Le critique littéraire de la *Pravda* espéra que la « lutte contre le culte de la personnalité » allait désormais « continuer de faciliter la parution d'œuvres d'art remarquables par leur valeur artistique toujours plus grande ». Celui des *Izvestia* affirma que Soljenitsyne avait « vraiment aidé le Parti dans une cause vitale et sacrée : la lutte contre le culte de la personnalité et ses conséquences »[65].

Telles ne furent pas tout à fait, cependant, les réactions des lecteurs ordinaires qui inondèrent Soljenitsyne de courriers au fil des mois qui suivirent la publication dans *Novyi Mir.* Les parallèles de l'histoire avec la nouvelle ligne du Parti ne firent guère impression aux anciens détenus qui lui écrivirent de tout le pays. En revanche, ils exultèrent de lire quelque chose qui reflétât véritablement leurs sentiments et leur expérience. Ceux qui redoutaient de lâcher un traître mot sur leurs expériences passées à leurs plus proches amis en éprouvèrent soudain un sentiment de libération. Une femme lui écrivit pour lui faire part de sa réaction : « Mon visage était inondé de larmes. Je ne les ai pas essuyées parce que tout cela, concentré dans un petit nombre de pages de la revue, fut mien, intimement mien, chaque jour des quinze années que j'ai passées au camp. »

« Cher ami, camarade et frère, disait un autre, à lire votre histoire je me suis souvenu de Sivaya Maska et Vorkouta [...], du gel et du blizzard, des insultes et des humiliations. [...] J'ai pleuré en lisant : tous ces personnages m'étaient familiers, comme venant de ma propre brigade. Encore merci ! Je vous en prie, continuez dans le même esprit, écrivez, écrivez[66]... »

Les réactions les plus fortes furent celles de gens encore emprisonnés. Leonid Sitko, qui purgeait alors une seconde peine, entendit parler de cette publication dans son lointain Doubravlag. Quand *Novyi Mir* arriva dans la bibliothèque du camp, les commandants du camp le gardèrent par-devers eux deux mois durant. Les *zeks* finirent par mettre la main sur un exemplaire et formèrent un groupe de lecture. Les prisonniers, se souvient Sitko, l'écoutèrent « sans respirer » :

> Après le dernier mot, se fit un silence de mort. Puis, au bout de deux, trois minutes, ce fut la détonation. Chacun avait vécu l'histoire à sa façon, dans la douleur. [...] Dans un nuage de fumée de tabac, ils discutèrent inlassablement.
>
> Et souvent, de plus en plus fréquemment, ils demandèrent : « Pourquoi l'ont-ils publié[67] ? »

Pourquoi, en effet ? Apparemment, les chefs du Parti eux-mêmes commencèrent à s'interroger. Peut-être le tableau honnête que brosse Soljenitsyne de la vie carcérale était-il excessif pour eux : le changement était trop fort, tout cela allait trop vite au goût d'hommes qui redoutaient encore que leur tête fût la prochaine à tomber. Ou peut-être en avaient-ils déjà assez de Khrouchtchev et craignaient-ils qu'il ne fût allé trop loin : le roman de Soljenitsyne leur servit de prétexte. De fait, Khrouchtchev fut déposé peu après, en octobre 1964. Son successeur, Leonid Brejnev, était le chef de file des néo-staliniens, de l'aile réactionnaire du Parti, hostile au changement et au Dégel.

Quoi qu'il en soit, après la publication du roman, les conservateurs se rassemblèrent avec une stupéfiante rapidité. *Ivan Denisso*vitch sortit en novembre. Au mois de décembre, quelques jours après que Khrouchtchev eut rencontré Soljenitsyne pour le féliciter en personne, Leonid Illitchev, président de la nouvelle commission idéologique du Comité central, prit la parole devant un groupe de quatre cents écrivains et artistes réunis à l'Union des écrivains. La société soviétique, leur dit-il, ne doit pas être « ébranlée ni affaiblie sous prétexte de lutter contre le culte de l'individu[68]... »

La rapidité du changement reflétait l'ambivalence de l'Union soviétique envers sa propre histoire : une ambivalence qui n'a jamais disparu, aujourd'hui encore. Pour l'élite soviétique, accepter que le portrait d'Ivan Denissovitch était authentique, c'était admettre que des innocents avaient enduré des souffrances gratuites. Si les camps avaient été réellement un gaspillage stupide et tragique, c'est que l'Union soviétique était elle-même prodigue, stupide et tragique. Il était difficile, et il resterait difficile, pour tout citoyen soviétique, qu'il fût membre de l'élite ou simple paysan, d'accepter que sa vie avait été gouvernée par une série de mensonges.

Après une période d'hésitation — quelques arguments pour, quelques arguments contre —, les attaques contre Soljenitsyne se transformèrent bientôt en tir nourri. J'ai déjà eu l'occasion d'évoquer le courroux de détenus aussi bien que de gardes devant les multiples efforts d'Ivan Denissovitch pour se soustraire aux travaux pénibles. Mais il y eut aussi des critiques plus élevées. Lydia Fomenko, la critique de *Literatournaïa Rossiya*, reprocha à Soljenitsyne de ne pas « exposer toute la dialectique de cette époque ». Autrement dit, il avait condamné le « culte de la personnalité », mais n'avait pas indiqué le chemin de l'avenir radieux ni inclus des personnages de « bons » communistes qui finiraient par triompher. D'autres firent écho à ce type de critique, et d'aucuns essayèrent même de corriger les erreurs de Soljenitsyne sous une forme littéraire. « Une histoire de survie », de Boris Diakov — récit « loyal » sur les camps paru en 1964 — met explicitement en scène des détenus soviétiques loyaux, qui travaillent avec acharnement[69].

Lorsqu'il fut envisagé de décerner le prix Lénine — la plus haute distinction littéraire soviétique — au roman de Soljenitsyne, la campagne se fit plus hargneuse. Finalement, suivant une tactique qui devait être reprise au cours des années ultérieures, l'establishment eut recours aux insultes personnelles. Lors d'une réunion du Comité du prix Lénine, le chef du Komsomol, Sergueï Pavlov, se leva pour accuser Soljenitsyne de s'être livré aux Allemands au cours de la guerre, puis d'avoir été condamné en tant que criminel. Tvardovski poussa Soljenitsyne à produire son certificat de réhabilitation, mais il était trop tard. Le prix Lénine alla aux *Sonnailles des moutons*, un ouvrage dont le mieux qu'on puisse dire est qu'il a sombré dans l'oubli. La carrière littéraire officielle de Soljenitsyne était terminée.

Il continua d'écrire, mais aucun de ses romans suivants ne sortit en Union soviétique, tout au moins légalement, avant 1989. En 1974, il fut expulsé d'Union soviétique et finit par s'installer dans le Vermont. Avant l'ère Gorbatchev, seul un infime groupe de citoyens soviétiques — ceux qui avaient accès aux tapuscrits clandestins ou à des tirages acheminés en fraude depuis l'étranger — avait lu *L'Archipel du Goulag*, son histoire du système concentrationnaire.

Reste que Soljenitsyne ne fut pas la seule victime de cette réaction conservatrice. Car alors même que le débat autour d'*Ivan Denissovitch* se faisait plus acerbe, se déroulait un autre drame littéraire : le 18 février 1964, le jeune poète Joseph Brodski était jugé pour « parasitisme ». L'ère des dissidents était sur le point de commencer.

CHAPITRE 26

L'ère des dissidents

Ne nous réjouissons pas trop tôt
Ne laissons pas un oracle proclamer
Que blessures ne se rouvrent
Ni populaces ne se relèvent encore.
Au risque de paraître demeuré.
Qu'il pérore.
Je sais bien, moi,
Que Staline n'est pas mort.

Et si seuls avaient compté les morts,
Et les anonymes évanouis dans le Nord
Le mal qu'il a inoculé dans nos cœurs,
N'avait-il vraiment fait des malheurs ?
Tant que la pauvreté sépare de la richesse
Tant que nous débitons des mensonges
Et ne désapprenons pas la peur
Staline n'est pas mort.

BORIS TCHITCHIBADINE,
Staline n'est pas mort,
1967[1].

La mort de Staline marqua réellement la fin du travail servile massif en URSS. Alors même que la politique répressive de l'Union soviétique devait prendre des formes extrêmement rudes au cours des quarante années suivantes, plus personne ne proposa jamais de ressusciter les camps de concentration sur une grande échelle. Nul ne tenta d'en faire à nouveau un pilier de l'économie ou d'y recourir pour incarcérer des millions de gens. Jamais plus la police secrète ne devait contrôler une aussi large tranche des capacités de production du pays, ni les commandants des camps se retrouver dans la peau de patrons d'immenses entreprises industrielles. La Loubianka elle-même, siège du KGB après la guerre, cessa d'être une prison : Gary Powers, le pilote américain dont l'avion espion (U-2) fut abattu au-dessus de l'URSS en 1960, fut le dernier à séjourner dans ses cellules[2].

Pour autant, les camps ne disparurent pas complètement. Pas plus que les prisons soviétiques ne devaient relever d'un système pénal « ordinaire », organisé pour les seuls criminels. Il faut plutôt parler d'évolution.

Pour commencer, c'est la nature des détenus politiques qui évolua. À l'époque de Staline, le système répressif avait ressemblé à une immense partie de roulette russe : n'importe qui pouvait être arrêté pour n'importe quelle raison à tout moment : paysans, ouvriers et bureaucrates du Parti. Après Khrouchtchev, la police secrète continua à l'occasion d'arrêter des gens « pour rien », suivant le mot d'Anna Akhmatova[3]. Mais le plus souvent, le KGB de Brejnev arrêtait les gens pour quelque chose : sinon pour un véritable crime, du moins pour leur opposition littéraire, religieuse ou politique au système soviétique. Habituellement qualifiés de « dissidents » ou, parfois, de « prisonniers de conscience », cette nouvelle génération de politiques savaient le pourquoi de leur arrestation : ils se considéraient comme des prisonniers politiques et étaient traités comme tels. Ils étaient isolés des criminels, avaient droit à des tenues différentes et étaient astreints à d'autres régimes. Ils devaient être aussi marqués comme dissidents pour le restant de leurs jours, victimes de discriminations au travail et suscitant la méfiance de leurs parents et voisins.

Les politiques étaient aussi beaucoup moins nombreux que du temps de Staline. Au milieu des années 1970, Amnesty International estima que, sur un million de détenus, pas plus de 10 000 étaient des politiques, la plupart d'entre eux étant incarcérés dans deux complexes concentrationnaires « politiques » : un en Mordovie, au sud de Moscou, et un à Perm, à la frange occidentale de l'Oural[4]. Les arrestations ouvertement politiques ne dépassaient probablement pas plus de quelques milliers chaque année. Pareil chiffre eût sans conteste été élevé dans tout autre pays, mais il était certainement faible eu égard aux normes de l'Union soviétique stalinienne.

Si l'on en croit les récits d'anciens détenus, ce prisonnier d'un nouveau genre commença de faire son apparition dans les camps dès 1957, à la suite de la révolution hongroise d'octobre 1956, après l'arrestation de soldats et de citoyens soviétiques sympathisants de la rébellion[5]. À peu près à la même époque apparut également dans les prisons la première toute petite vague de « refuzniks » — ces Juifs auxquels était refusée l'autorisation d'émigrer en Israël. En 1958, Bym Gindler, Juif polonais qui s'était retrouvé du côté soviétique de la frontière après la guerre, se vit refuser le droit d'être rapatrié en Pologne sous prétexte qu'il en profiterait pour émigrer en Israël[6].

La fin des années 1950 vit aussi l'arrestation des premiers groupes de baptistes soviétiques, qui allaient rapidement devenir le premier groupe de dissidents derrière les barbelés, mais aussi d'autres sectes religieuses. En 1960, le dissident Avraham Chifrin rencontra même un groupe de vieux-croyants, restés fidèles aux anciens rites de l'Église orthodoxe, dans un cachot du camp politique de Potma. Leur communauté avait émigré en 1919 vers les forêts vierges du nord de l'Oural, où elle vivait dans le plus grand secret jusqu'au jour où, cinquante ans plus tard, un hélicoptère du KGB les découvrit. Lorsque Chifrin fit leur connaissance, ils étaient devenus les locataires permanents des cachots du camp pour avoir refusé catégoriquement de travailler pour l'Antéchrist soviétique[7].

Chifrin lui-même représentait une nouvelle catégorie de prisonniers : les fils et filles d'« ennemis du peuple », qui, à la fin des années 1950, eurent beaucoup de mal à se plier aux routines de la vie soviétique. Les années suivantes, un nombre frappant de membres de la génération dissidente, en particulier les militants des droits de l'homme, allait se recruter parmi les enfants ou parents des victimes de Staline. Les frères jumeaux Medvedev, Jaurès et Roy, en sont les exemples les plus célèbres. Roy, historien, devint l'un des publicistes clandestins les plus connus de l'Union soviétique ; Jaurès, homme de science dissident, devait être interné en conséquence dans un hôpital psychiatrique. Fils d'un « ennemi du peuple », ils étaient encore enfants quand leur père avait été arrêté[8].

Ils ne furent pas les seuls. En 1967, quarante-trois enfants de communistes, tous victimes de la répression stalinienne, adressèrent une lettre ouverte au Comité central, pour mettre en garde contre la menace du néo-stalinisme. La lettre, l'une des premières des nombreuses lettres ouvertes de protestation adressées aux autorités, contenait plusieurs noms d'éditeurs clandestins et de chefs de file de la dissidence, dont beaucoup devaient bientôt se retrouver en prison : Piotr Iakir, le fils du général ; Anton Antonov-Ovseenko, fils du révolutionnaire bolchevique ; et Larissa Bogoraz, dont le père fut arrêté pour activités trotskistes en 1936. Apparemment, l'expérience familiale des camps pouvait suffire à radicaliser les plus jeunes[9].

Si les détenus avaient changé, tel était aussi le cas de certains aspects du système légal. En 1960 — année généralement considérée comme le faîte du Dégel — sortit un nouveau code criminel, sans conteste plus libéral. Il mit spécifiquement fin aux interrogatoires nocturnes et limita les pouvoirs du KGB (qui menait les enquêtes politiques) et du MVD (qui dirigeait le système carcéral). Il donna une plus grande indépendance aux procureurs et, par-dessus tout, supprima l'article 58 tellement honni[10].

Une partie de ces changements furent à juste titre récusés comme du camouflage pur et simple : un changement plus linguistique que réel. « Vous faites erreur, écrivit le romancier Iouli Daniel quelques années plus tard dans une lettre qu'un ami sortit en fraude de prison. Vous faites erreur si vous pensez que je croupissais en prison. J'étais "maintenu dans un isolateur d'enquête", d'où j'ai été mis non pas au frais, mais "installé dans un isolateur disciplinaire". Et ce ne fut pas le fait de "matons", mais de "contrôleurs", et cette lettre n'est pas envoyée d'un camp de concentration, mais d'une "institution"[11]. »

Daniel avait également raison en un autre sens : si les autorités étatiques désiraient arrêter quelqu'un soupçonné de penser différemment, elles le pouvaient encore. À la place de l'article 58, le code créa l'article 70, sur l'« Agitation et la propagande antisoviétiques », et l'article 72, sur la « Préparation en réunion de crimes particulièrement dangereux contre l'État et la participation à des organisations antisoviétiques». Les autorités y ajoutèrent en outre l'article 142, sur les «Violations de la loi de séparation de l'Église et de l'État»: autrement dit, si le KGB désirait arrêter quelqu'un pour sa religion, il le pouvait encore[12].

En même temps, tout n'était pas exactement pareil non plus. A l'ère post-stalinienne, les autorités — procureurs, détenus, gardes de camp et matons — se montrèrent beaucoup plus sensibles aux apparences et s'efforcèrent réellement de maintenir un semblant de légalité. Quand, par exemple, la formulation de l'article 70 s'avéra trop vague pour condamner quelqu'un dont elles jugeaient nécessaire qu'il fût mis derrière les barreaux, les autorités ajoutèrent l'article 190-1 du code criminel interdisant de «propager par voie orale des mensonges délibérés discréditant le système politique et social soviétique». Même si tout le monde en savait l'imposture, le système judiciaire devait ressembler à un système judiciaire[13].

Là encore en réaction évidente contre l'ancien système des troïkas et des commissions spéciales, la nouvelle loi stipulait que les prévenus devaient être jugés par un tribunal. Cela devait finalement gêner les autorités soviétiques bien plus qu'elles n'auraient pu le prévoir.

Bien que Joseph Brodski n'eût pas été condamné au nom d'une quelconque loi nouvelle contre les dissidents, son procès fut à bien des égards un signe avant-coureur de l'ère nouvelle. Qu'il fût arrêté n'avait rien d'une nouveauté: par le passé, les gens qui irritaient l'État n'avaient pas été jugés en public, si ce n'est dans le cadre de procès-spectacles préarrangés — quand ils étaient jugés. Mais surtout le procès de Brodski suffit à prouver qu'il appartenait déjà à une autre génération que celle de Soljenitsyne et des prisonniers politiques du passé récent.

Joseph Brodski écrivit naguère que sa génération avait été « préservée », que lui avait été épargnée l'expérience de l'endoctrinement subie par ceux qui avaient juste quelques années de plus. « Nous sortions de dessous les décombres de l'après-guerre, à un moment où l'État, trop occupé à rapiécer sa propre peau, ne pouvait nous avoir à l'œil comme il l'aurait dû. Nous allions à l'école, et si sublimes que fussent les inepties qu'on nous y enseignait, la souffrance et la pauvreté étaient criantes autour de nous. Vous ne pouvez recouvrir des ruines avec une page de la *Pravda*[14]. »

S'il s'agissait de Russes, les membres de sa génération en arrivèrent à critiquer le *statu quo* soviétique *via* leurs goûts littéraires ou artistiques, qu'il leur était impossible d'exprimer dans l'Union soviétique brejnévienne. Baltes, Caucasiens ou Ukrainiens, ils en étaient plus probablement arrivés là par des sentiments nationalistes hérités de leurs parents. Brodski est le dissident classique de Leningrad. Il rejeta la propagande soviétique dès son plus jeune âge et quitta l'école à quinze ans. Il exerça une série d'emplois temporaires, et se mit à la poésie. À vingt et quelques années, il était connu dans le monde des lettres de Leningrad. Une Akhmatova vieillissante en fit son protégé. Ses poèmes circulaient entre amis ; on les lisait à voix haute lors de réunions littéraires secrètes — autre trait caractéristique de l'époque.

Comme il était à prévoir, toutes ces activités officieuses attirèrent l'attention de la police secrète sur Brodski, qui fut d'abord harcelé, puis arrêté. On l'accusa de « parasitisme » : comme il n'avait pas sa carte de l'Union des écrivains, c'est donc qu'il était un vagabond. Lors de son procès de février 1964, l'État produisit des témoins, pour la plupart inconnus de Brodski, qui firent état de sa dépravation et de son « parasitisme militant » et dénoncèrent en lui l'auteur de « vers antisoviétiques ». Pour sa défense, il eut droit aux lettres ou interventions de poètes et d'écrivains célèbres, dont Akhmatova. À quoi les témoins de l'accusation répondirent avec colère :

> Ses brillants amis se sont mis à agiter des sonnettes de tous les côtés : « Ah ! Sauvez ce malheureux jeune homme ! » Il a besoin d'être soigné aux travaux forcés, d'où personne, aucun de ses brillants amis ne pourra le tirer. Je ne le connais pas personnellement. Je ne connais que ce que j'ai lu sur lui dans la presse, et ses attestations. J'élève des doutes au sujet du certificat médical qui l'a dispensé du service militaire. Je ne fais pas partie du corps médical, mais j'élève des doutes[15].

De toute évidence, le procès n'était pas simplement dirigé contre lui, mais aussi contre ce qu'il restait de la classe intellectuelle indépendante, avec ses relations, son opposition présumée à l'autorité soviétique et son mépris du « travail ». Et, en un sens, les organisateurs du procès avaient bien visé : Brodski s'opposait en effet à l'autorité soviétique ; il n'avait que mépris pour le travail absurde et stérile ; et il représentait une classe aliénée, un groupe de gens profondément ulcérés par la répression qui suivit le Dégel. Le sachant pertinemment, Brodski ne fut aucunement surpris de son arrestation ni démonté par son procès. Bien au contraire, il croisa le fer avec le juge :

> *Le juge :* Quelle est votre profession ?
> *Brodski :* J'écris des poèmes. Je fais des traductions. Je suppose...

[...]

Le juge : Qui a décidé que vous étiez poète ? Qui vous a classé parmi les poètes ?

Brodski : Personne. *(Sans aucun défi.)* Et qui m'a classé dans le genre humain ?

Le juge : Et vous avez étudié à cette fin ?

Brodski : À quelle fin ?

Le juge : Pour devenir poète. Vous n'avez pas essayé de faire des études supérieures pour vous préparer... pour apprendre...

Brodski : Je ne pensais pas que cela pouvait s'apprendre.

Le juge : Comment devenir poète, alors ?

Brodski : Je pense que... *(Déconcerté)*... c'est un don de Dieu...

Puis, alors qu'on lui demandait s'il avait des requêtes à présenter au tribunal, il répondit : « J'aimerais savoir pourquoi on m'a arrêté. » Et le juge de répliquer : « C'est une question, ce n'est pas une requête. — Dans ce cas, trancha Brodski, je n'ai pas de requête à formuler[16]. »

Techniquement, Brodski eut le dessous : le juge le condamna à cinq années de travaux forcés dans une colonie pénitentiaire d'Arkhangelsk, en concluant que, « comme le prouvent ses fréquents changements de travail, Brodski s'est systématiquement dérobé à son devoir de citoyen soviétique, lequel doit produire des biens matériels et assurer personnellement sa subsistance ». Citant les déclarations d'une « commission de travail avec les jeunes auteurs », le juge décréta également que Brodski — qui serait plus tard couronné par le Nobel de littérature — « n'est pas un poète[17] ».

En un autre sens, cependant, Brodski « gagna », comme aucun membre des précédentes générations de prisonniers soviétiques n'aurait pu le faire. Non content de défier publiquement la logique du système légal soviétique, son défi fut aussi une manière de prendre date pour la postérité. Lors de son procès, une journaliste prit subrepticement des notes qui finirent par aboutir en Occident. De ce fait, Brodski devint aussitôt célèbre en Russie et à l'étranger. Sa conduite lors du procès devait non seulement servir de modèle à d'autres, mais aussi conduire des écrivains russes et étrangers à réclamer sa libération au gouvernement. Celle-ci intervint au bout de deux ans, après quoi Brodski finit par être expulsé du pays.

Rien de semblable ne s'était passé du vivant de Staline. « Comme toujours on met des gens derrière les barreaux, comme toujours on les transporte à l'Est, écrivit peu après l'historien ukrainien dissident Valentin Moroz. Mais cette fois, ils n'ont pas sombré dans l'inconnu[18]. » Telle était au fond la différence majeure entre les prisonniers de Staline et ceux de Brejnev et Andropov : le monde extérieur avait entendu parler d'eux, s'intéressait à eux, et surtout était en mesure de peser sur leur sort. Pour autant, le régime soviétique n'en devenait pas plus libéral, et les événements devaient se précipiter à la suite du procès Brodski.

De même que 1937 se distingue comme une année de persécution toute particulière pour l'intelligentsia de l'ère stalinienne, 1966 marque un jalon dans l'histoire de la génération du Dégel. En 1966, il était clair que les néo-staliniens avaient triomphé. On avait officiellement rendu à Staline sa réputation de dirigeant admirable, malgré ses défauts. Joseph Brodski était dans un camp de travail. Soljenitsyne était interdit. Khrouchtchev avait été évincé et remplacé par Leonid Brejnev, qui tint ouvertement des propos destinés à redorer le blason de Staline[19].

Moins d'un an après, Iouri Andropov, qui venait d'être nommé à la tête du KGB, prononcerait un discours pour marquer le cinquantième anniversaire de la fondation de la Tchéka. Il féliciterait la police secrète soviétique, pour, entre autres choses, sa « lutte implacable contre les ennemis de l'État[20] ».

En février 1966, ce fut au tour d'Andreï Siniavski et de Iouli Daniel d'être jugés. Tous deux étaient des écrivains de renom, qui avaient publié leur œuvre à l'étranger et qui furent reconnus coupables, en vertu de l'article 70, d'« Agitation et propagande antisoviétiques ». Siniavski écopa de sept années de travaux forcés ; Daniel, de cinq[21]. C'était la première fois qu'on jugeait quelqu'un non pas simplement pour vagabondage, mais pour la teneur réelle de son travail littéraire. Un mois plus tard, dans un secret sensiblement plus grand, étaient jugés à Kiev plus d'une vingtaine d'intellectuels ukrainiens. L'un d'eux fut accusé, entre autres choses, de posséder la copie d'un poème de l'Ukrainien du XIXe siècle Taras Chevtchenko, dont des rues portaient le nom à Moscou et à Kiev. Le poème ayant été imprimé sans le nom de son auteur, des « experts » soviétiques y virent le poème antisoviétique d'un auteur inconnu[22].

Suivant un schéma qui allait bientôt devenir familier, ces procès en produisirent d'autres, tandis que d'autres intellectuels révoltés se mirent à utiliser le langage du système juridique et la constitution soviétique afin de critiquer la justice et la police soviétiques. L'affaire Siniavski et Daniel, par exemple, fit grande impression sur un autre jeune Moscovite, Alexandre Guinzbourg, déjà actif dans des cercles culturels « officieux ». Il transcrivit le procès Siniavski-Daniel, le « Livre blanc », qu'il distribua à travers Moscou. Lui-même et trois collaborateurs prétendus furent arrêtés peu après[23].

À peu près à la même époque, les procès de Kiev firent grande impression sur un jeune juriste ukrainien, Viatcheslav Tchornovil. Il constitua un dossier sur le système judiciaire de son pays, mettant en évidence ses contradictions internes et établissant l'illégalité et l'absurdité des arrestations ukrainiennes[24]. Il se fit arrêter peu après[25]. Et c'est ainsi qu'un mouvement intellectuel et culturel, initié par des écrivains et des poètes, devint un mouvement des droits de l'homme.

Pour situer dans son contexte le mouvement soviétique des droits de l'homme, il importe d'observer que les dissidents soviétiques ne lancèrent jamais une organisation de masse, comme le firent leurs homologues polonais, et qu'on ne saurait les créditer pleinement d'avoir abattu le régime soviétique : la course aux armements, la guerre en Afghanistan et la catastrophe économique produite par la planification centrale y ont également leur part. Pas davantage ils ne réussirent à organiser plus d'une poignée de manifestations publiques. Une des plus célèbres — organisée le 25 août 1968 afin de protester contre l'invasion soviétique de la Tchécoslovaquie — ne réunit que sept personnes. Les sept se retrouvèrent à midi devant la cathédrale Saint-Basile, sur la place Rouge, et déployèrent des drapeaux tchèques et des banderoles où l'on pouvait lire : « Vive la Tchécoslovaquie libre et indépendante ! » « Touchez pas à la Tchécoslovaquie, pour votre liberté et la nôtre ». Quelques minutes plus tard retentit un coup de sifflet : des agents du KGB en civil se ruèrent sur les manifestants, qu'ils guettaient visiblement, en criant « Tous des Juifs ! » « À bas les antisoviétiques ! » Ils déchirèrent les banderoles, frappèrent les manifestants et les conduisirent tous en prison — sauf une, qui était là avec son fils âgé de trois mois[26].

Reste que, si modestes fussent-elles, ces initiatives créèrent beaucoup de tracas aux dirigeants soviétiques, surtout compte tenu de leur obstination à propager la révolution mondiale et de leur souci obsessionnel de l'image internationale de l'URSS. Au temps de Staline, il était possible de cacher une répression massive à un vice-président américain en visite. Dans les années 1960 et 1970, la nouvelle d'une arrestation pouvait faire le tour du monde du jour au lendemain.

Cela tenait en partie aux progrès des communications de masse, à la Voix de l'Amérique, à Radio Liberté et à la télévision. Mais aussi au fait que les citoyens soviétiques trouvèrent de nouvelles façons de faire passer l'information. Car 1966 marque aussi une autre étape : la naissance du mot *samizdat*. Acronyme qui faisait délibérément écho à *Gosizdat*, « Édition d'État », *samizdat* signifie littéralement « auto-édition » et renvoie de manière figurée à la presse clandestine. L'idée n'était pas nouvelle. En Russie, le samizdat était presque aussi ancien que l'imprimé. Pouchkine lui-même, dans les années 1820, avait distribué à titre privé des manuscrits de sa poésie plus politiquement marquée. Même du temps de Staline, la circulation de récits et de poèmes entre amis n'était pas totalement inconnue.

Après 1966, cependant, le samizdat devint un passe-temps national. Le Dégel avait donné à maint citoyen soviétique le goût d'une littérature plus libre ; et, dans un premier temps, le samizdat fut un phénomène largement littéraire[27]. Très vite, cependant, il prit un tour plus politique. Un rapport du KGB, qui circula parmi les membres du Comité central en janvier 1971, analysa les changements au cours des cinq dernières années, observant qu'on avait découvert

> plus de 400 études et articles sur des questions économiques, politiques et philosophiques, qui critiquent sous des angles divers l'expérience historique de la construction socialiste en Union soviétique, révisent la politique intérieure et extérieure du Parti communiste et avancent divers programmes d'activité oppositionnelle[28].

Et le rapport de conclure que le KGB devrait travailler à « neutraliser et dénoncer les tendances antisoviétiques présentes dans le samizdat ». Mais il était trop tard pour faire rentrer le génie dans le flacon, et le samizdat continua de s'étendre, revêtant des formes multiples : poèmes dactylographiés, transmis entre amis, et reproduits à chaque occasion ; lettres et bulletins d'information manuscrits ; transcriptions d'émissions de la Voix de l'Amérique ; et, bien plus tard, livres et revues produits professionnellement par des presses clandestines, le plus souvent en Pologne communiste. La poésie et les chansons-poèmes composés par les bardes russes — Alexandre Galitch, Boulat Okoudjava, Vladimir Vyssotski — se répandirent aussi très vite grâce au recours à la technique nouvelle du magnétophone.

Tout au long des années 1960, 1970 et 1980, l'un des thèmes les plus importants du samizdat fut l'histoire du stalinisme, y compris l'histoire du Goulag. Les réseaux de samizdat continuèrent d'imprimer et de diffuser les œuvres de Soljenitsyne, désormais banni de l'URSS. Les poèmes et récits de Varlam Chalamov se mirent aussi à circuler clandestinement, tout comme les mémoires d'Evguénia Guinzbourg. Les deux écrivains commencèrent à attirer de larges groupes d'admirateurs. Guinzbourg devint le centre d'un cercle de survivants du Goulag et de gens de lettres à Moscou.

L'autre thème important du samizdat était la persécution des dissidents. C'est en fait grâce au samizdat — et notamment à sa distribution à l'étranger — que les partisans des droits de l'homme allaient acquérir au cours des années 1970 un large forum international. Les dissidents allaient notamment apprendre à se servir du samizdat non seulement pour mettre en évidence les incohérences entre le système juridique de l'URSS et les méthodes du KGB, mais aussi dénoncer, bruyamment et fréquemment, l'écart entre les traités sur les droits de l'homme que l'URSS avait signés et la pratique soviétique réelle. Leurs textes de prédilection étaient la Déclaration des droits de l'homme des Nations unies et l'Acte final de la Conférence d'Helsinki. Signé par l'URSS en 1948, le premier document contenait, entre autres choses, une clause connue sous le nom d'article 19 :

> Tout individu a droit à la liberté d'opinion et d'expression, ce qui implique le droit de ne pas être inquiété pour ses opinions et celui de chercher, de recevoir et de répandre, sans considérations de frontières, les informations et les idées par quelque moyen d'expression que ce soit[29].

Le second document était l'aboutissement d'une vaste négociation à l'échelle de l'Europe, qui avait réglé un certain nombre de questions demeurées en suspens à la fin de la Seconde Guerre mondiale. Alors même qu'ils n'avaient guère retenu l'attention au moment de la signature de l'Acte, en 1976, le traité d'Helsinki contenait aussi des accords sur les droits de l'homme — la « troisième corbeille » —, que signèrent toutes les nations participantes. Le traité reconnaissait entre autres choses la « liberté de pensée, de conscience, de religion et de conviction » :

> Les États participants reconnaissent l'importance universelle des droits de l'homme et des libertés fondamentales [...]. Ils respectent constamment ces droits et libertés dans leurs relations mutuelles et s'efforcent conjointement et séparément, y compris en coopération avec les Nations unies, d'en promouvoir le respect universel et effectif[30].

Tant en URSS qu'à l'extérieur, la plupart des informations sur les efforts des dissidents pour promouvoir le langage de ces traités venait du journal des réseaux du samizdat soviétique : la *Chronique des événements en cours*. Cette lettre d'information, destinée à relater d'un ton neutre des événements autrement passés sous silence — violations des droits de l'homme, arrestations, procès, manifestations, nouvelles publications du samizdat —, fut la création d'un petit groupe de Moscovites, dont Siniavski, Daniel, Guinzbourg et Vladimir Boukovski. L'évolution et l'essor de la *Chronique* justifieraient un livre de la longueur de celui-ci. Dans les années 1970, la police secrète mena quasiment la guerre contre la *Chronique*, organisant des perquisitions coordonnées chez tous ceux qu'elle soupçonnait d'être liés à cette publication : dans une occasion mémorable, une rédactrice plongea une liasse de documents dans une marmite de soupe bouillante tandis que le KGB fouillait son appartement. La *Chronique* survécut cependant à l'arrestation de ses divers rédacteurs et parvint aussi à atteindre l'Occident. Finalement, Amnesty International devait en publier des traductions régulières[31].

La *Chronique* joua aussi un rôle spécial dans l'histoire du système des camps. Très vite, elle devint la principale source d'information sur la vie dans les camps soviétiques post-staliniens. Elle publia une rubrique régulière, « Dans les prisons et les camps » — puis aussi « Dans les cachots » —, donnant des nouvelles des camps et publiant des entretiens avec les prisonniers. Ces récits étonnamment précis de ce qui se passait dans les camps — maladies des divers dissidents, changements de régime, protestations organisées — exaspéraient les autorités qui n'arrivaient pas à savoir comment l'information filtrait à l'extérieur. Des années plus tard, un des rédacteurs expliqua :

> Certaines [informations] sortent quand un camarade est libéré des camps. Il y avait un contact quelque part sur la ligne après son départ. Mais on pouvait aussi soudoyer les gardiens de prison afin de pouvoir transmettre des informations écrites et verbales quand on recevait la visite de parents. Ceux-ci pouvaient alors faire un saut à Moscou et transmettre ce que vous aviez dit. On pouvait également soudoyer les gardes, par exemple en Mordovie. C'étaient tous des camps nouveaux [les camps politiques de Mordovie], organisés en 1972, et tous les gardes étaient nouveaux. Il leur arrivait de transmettre des billets quand ils se prenaient de sympathie pour nous. En 1974, il y a eu dans les camps une grève de la faim massive ; et quand ils ont vu ça, les gardes se sont montrés bienveillants.
>
> On peut aussi corrompre les gardes. Ils ne gagnent pas beaucoup. Ils n'ont pas grand-chose. Ils viennent de province. On pouvait par exemple recevoir quelque chose de Moscou — une cigarette plus légère — et soudoyer un garde. Ou il vous donnait une adresse. Le pot-de-vin — la marchandise ou l'argent — lui était expédié là-bas en échange de la transmission de l'information[32].

Il existait aussi des méthodes de dissimulation. Une ancienne détenue en a décrit une :

> Je recopie mes derniers poèmes sur une étroite bande (4 centimètres) de papier à cigarettes, avec des pattes de mouche minuscules. [...] Nous roulons ensuite ces papiers de façon à obtenir un paquet moins gros que le petit doigt et nous transmettons à la première occasion cet objet infime, entièrement imperméable à l'humidité grâce à notre technologie élaborée[33].

Quel que fût le moyen choisi — dissimulation, corruption, flatterie —, l'information que la *Chronique* réussit à sortir des camps demeure aujourd'hui encore précieuse. À l'heure où j'écris ce livre, les dossiers du MVD post-stalinien et du KGB restent largement fermés aux chercheurs. Grâce à la *Chronique*, cependant, aux autres publications du samizdat et sur les droits de l'homme, ainsi qu'aux très nombreux mémoires qui décrivent les camps des années 1960, 1970 et 1980, il est néanmoins possible de reconstruire une image cohérente de ce à quoi ressemblait la vie dans les camps soviétiques après Staline.

« [...] Les camps de concentration où l'on encage les détenus politiques en URSS aujourd'hui sont aussi terrifiants que les camps de Staline. Meilleurs à certains égards, pires à certains autres[34]. »

Ainsi commencent les mémoires d'Anatoli Martchenko sur ses années de prison — un document qui, lorsqu'il commença à circuler à Moscou à la fin des années 1960, choqua profondément l'intelligentsia de la ville, convaincue que les camps de travail soviétiques avaient été fermés pour de bon. Issu de la classe ouvrière, fils de parents illettrés, Martchenko fut d'abord condamné en prison pour hooliganisme, puis une seconde fois pour trahison : il avait tenté de fuir l'Union soviétique en franchissant la frontière iranienne. Il fut condamné à purger sa peine de politique au Doubravlag, en Mordovie — un des deux tristement célèbres camps politiques à régime sévère.

Maints éléments de son expérience carcérale auraient été familiers aux gens habitués à entendre des histoires sur les camps staliniens. Tout comme ses prédécesseurs, Martchenko fut expédié en Mordovie dans un wagon Stolypine. Comme eux, il reçut « pour le voyage une miche de pain noir, cinquante grammes de sucre et un hareng ». Comme eux, il s'aperçut que l'accès à l'eau dépendait du soldat responsable : « Au mieux il apportera de l'eau une fois ou deux, puis il se lassera vite de courir avec son broc et il faudra savoir patienter en mourant de soif[35]. »

À son arrivée au camp, Martchenko découvrit la même faim généralisée, sinon la famine, qui avait régné dans le passé. Sa norme alimentaire quotidienne était de 2 400 calories : 700 grammes de pain, une livre de légumes habituellement pourris, 80 grammes de morue généralement avariée et 50 grammes de viande. À titre de comparaison, les chiens de garde avaient droit à une livre de viande. Et comme par le passé, la ration ne finissait pas intégralement dans son écuelle, et il y avait peu d'extra : « En six ans de prison et de camp, j'ai mangé deux fois du pain et du beurre, les deux fois où j'ai reçu une visite. J'ai mangé en tout deux concombres : un en 1964, un autre en 1966. Je n'ai pas une seule fois mangé une tomate ou une pomme. Tout cela est interdit[36]. »

Le travail importait encore jusqu'à un certain point, même si c'était un autre type de travail. Martchenko fut tour à tour chargeur et charpentier. Leonid Sitko, lui aussi interné au Doubravlag à cette époque, faisait des meubles[37]. Dans les camps pour femmes de Mordovie, les détenues travaillaient en usine, souvent sur des machines à coudre[38]. Les détenus de l'autre ensemble de camps politiques, près de Perm, dans les contreforts de l'Oural, travaillaient aussi le bois. Quant à ceux qui étaient condamnés à l'isolement — ce qui était le cas de beaucoup dans les années 1980 —, ils devaient coudre des gants ou des uniformes[39].

Au fil du temps, Martchenko constata également une lente dégradation de la situation. Au milieu des années 1960 existaient au moins trois catégories de prisonniers : privilégiés, ordinaires et soumis au régime sévère. Très vite, ces derniers — dont faisaient partie les dissidents politiques les plus « sérieux » — furent de nouveau astreints à porter des uniformes noirs de coton, plutôt que leurs vêtements personnels. Alors même qu'ils pouvaient recevoir des lettres et des imprimés sans limitation — s'ils étaient d'origine soviétique —, ils ne pouvaient envoyer que deux lettres par mois. S'ils étaient soumis au régime sévère, ils ne pouvaient recevoir ni vivres ni cigarettes.

Martchenko fut tour à tour criminel ordinaire et prisonnier politique, et sa description du monde criminel a des accents familiers. La culture criminelle s'était, si possible, avilie et dégradée encore après la mort de Staline. À la suite de la guerre des truands, à la fin des années 1940, le monde de la pègre s'était scindé en diverses factions. Jenia Fedorov, ancien détenu arrêté pour vol en 1967, décrit divers groupes : les « chiennes » et les « voleurs », mais aussi les *svoyaki*, c'est-à-dire les voleurs en herbe, et les « casquettes rouges », les truands qui suivaient leur propre loi, probablement les descendants des « bonnets rouges » apparus dans les camps après la guerre. D'autres prisonniers se regroupaient aussi en « familles » afin de se protéger ou pour d'autres tâches : « Quand il fallait tuer quelqu'un, les "familles" décidaient qui devait le faire », raconte Fedorov[40].

La culture violente du viol homosexuel et de la domination — déjà flagrante dans diverses descriptions des prisons pour jeunes — jouait aussi désormais un rôle bien plus grand dans la vie criminelle. Des règles non écrites séparaient désormais les détenus en deux groupes : ceux qui jouaient le rôle de la « femme » et ceux qui jouaient le rôle de l'« homme ». « Tout le monde méprisait les premiers, les seconds jouaient aux héros et se vantaient de leur virilité et de leurs "conquêtes", non seulement entre eux mais même devant l'administration », raconte Martchenko[41]. Si l'on en croit Fedorov, les autorités entraient dans le jeu, plaçant les détenus « impurs » dans des cellules individuelles. N'importe qui pouvait s'y retrouver : « Vous perdiez aux cartes, et vous pouviez être contraints de "le faire" comme une femme[42]. » Dans les camps de femmes, le lesbianisme était également répandu, et parfois non moins violent. Une politique parle d'une détenue qui avait refusé la visite de son mari et de son enfant en bas âge tant elle redoutait les représailles de son amante lesbienne en prison[43].

Les années 1960 marquèrent le début d'une épidémie de tuberculose dans les prisons russes. Et le fléau n'a toujours pas été éradiqué. Fedorov décrit la situation en ces termes : « S'il y avait quatre-vingts gars dans une baraque, quinze étaient tubards. Personne n'essayait de les guérir. Il y avait juste une sorte de comprimé, pour les migraines, ou je ne sais quoi. Les médecins étaient du genre SS : pas un mot, pas un regard. Vous n'étiez rien[44]. »

Beaucoup de truands étaient désormais accros au *tchifir*, une forme de thé extrêmement fort qui avait l'effet d'un narcotique. D'autres se donnaient un mal de chien pour se procurer de l'alcool. Ceux qui travaillaient hors du camp — ce qui était le cas de certains — mirent au point une méthode pour en ramener en fraude, à la barbe des gardes :

> On fixe hermétiquement un préservatif à l'extrémité d'un long tube en plastique. Puis le *zek* l'avale, ne laissant qu'une extrémité du tube dans sa bouche. Pour éviter tout accident, il le coince entre deux dents : il y a peu de chances de trouver des *zeks* avec leurs trente-deux dents. Puis, avec l'aide d'une seringue, il pompe jusqu'à trois litres d'alcool dans le condom *via* le tube en plastique — et le *zek* regagne la zone. Si l'attache a été mal faite, ou si le préservatif éclate dans le ventre du *zek*, c'est la mort assurée, et dans la douleur. Ce qui ne les empêche pas de courir le risque : trois litres d'alcool, ça fait sept litres de vodka. Quand le « héros » regagne la zone [...], on le suspend la tête en bas à une poutre du baraquement ; et à l'extrémité du tube en plastique, on place une coupe jusqu'à ce qu'on ait récupéré la dernière goutte. Après quoi il ne reste qu'à récupérer le préservatif...

La pratique de l'automutilation était également répandue, sauf qu'elle prenait désormais des formes plus extrêmes. Une fois, en cellule, Martchenko vit deux déportés casser les manches de leurs cuillers et les avaler, puis écraser les puisettes avec leurs talons pour les avaler également. Après quoi, ils brisèrent les carreaux de la fenêtre et se mirent à en engloutir quelques morceaux avant que les gardes ne réussissent à les emmener[45]. Condamné pour avoir pris part à une sombre tentative de détournement d'avion sur l'aéroport Smolny de Leningrad, Édouard Kouznetsov a décrit des dizaines de méthodes d'automutilation :

> Vingt fois, j'ai été témoin des plus extravagants sévices sur soi-même : avaler des clous, du barbelé, un thermomètre, une écuelle en aluminium (préalablement réduite en fragments "comestibles"), un jeu d'échecs ou de dominos, des aiguilles, du verre pilé, une cuiller, un couteau, n'importe quoi ; s'introduire une « ancre[46] » dans l'urètre ; se coudre les lèvres et les paupières avec du fil (et même métallique) ou une rangée de boutons sur le corps ; se clouer les parties génitales aux planches de la couchette ; [...] s'inciser la peau des bras et des jambes, et s'en dépouiller comme d'un bas ; prélever sur soi des tranches de chair (au ventre ou dans le jarret), les faire rôtir et les manger ; s'ouvrir une veine, recueillir le sang dans une écuelle, y émietter du pain et consommer cette soupe ; s'emmailloter de papier et y mettre le feu ; se trancher les doigts, le nez, les oreilles, la verge...

Les condamnés, ajoute Kouznetsov, ne se livraient pas à de tels actes en signe de protestation ; ils agissaient sans raison particulière ou juste pour « se faire mettre à l'hôpital où les petites infirmières roulent les hanches si joliment et où l'on touche la ration de pain des malades, le bon truc pour ne pas aller au travail, obtenir de la drogue, de la nourriture qui remonte, des colis, la visite d'une marraine, etc.[47] ».

Incontestablement, les relations entre criminels et politiques avaient considérablement changé depuis le temps de Staline. Les criminels harcelaient ou frappaient parfois les politiques : le dissident ukrainien Valentin Moroz fut incarcéré dans une cellule avec des criminels qui l'empêchèrent de dormir la nuit, et qui finirent par le tabasser et lui ouvrir le ventre avec une cuiller affûtée[48]. Mais il y avait aussi des criminels pour respecter les politiques, ne fût-ce qu'en raison de leur résistance aux autorités : « Ils me demandaient de leur dire pour quelle raison nous étions internés, ce que nous cherchions à obtenir [...] et la seule chose qu'ils n'arrivaient pas à croire, c'est que nous agissions gratuitement, pas pour de l'argent[49]. »

Il en était même qui aspiraient à rejoindre leurs rangs. Croyant que les prisons politiques étaient « plus faciles », certains truands essayaient d'avoir des condamnations politiques. Ils dénonçaient Khrouchtchev ou le Parti, truffant leurs propos d'obscénités, ou fabriquaient avec des chiffons des « drapeaux américains » qu'ils accrochaient aux fenêtres. À la fin des années 1970, il était très courant de voir des criminels qui s'étaient fait tatouer sur le front des slogans du style : « Les communistes sucent le sang du peuple », « Esclave du PCUS » ou « Les bolcheviks, du pain[50] ! »

Entre la nouvelle génération de politiques et les autorités, le changement fut plus profond encore. Dans l'ère post-stalinienne, les politiques savaient pourquoi ils étaient en prison. Ils s'attendaient à y finir et avaient déjà décidé de leur conduite en prison : une attitude de défiance concertée. Dès février 1968, un groupe de détenus de Potma — dont Iouli Daniel — entamèrent une grève de la faim, exigeant l'assouplissement du régime carcéral, la fin du travail obligatoire, la suppression de toutes les restrictions relatives à la correspondance ; et, en un écho au début des années 1920, la reconnaissance de leur statut particulier de prisonniers politiques[51].

Les autorités firent des concessions, puis revinrent lentement sur elles. La demande des politiques d'être tenus à l'écart des criminels devait être néanmoins satisfaite, ne serait-ce que parce que les administrateurs de camps voulaient garder cette nouvelle génération de politiques, avec leurs revendications incessantes et leur penchant pour les grèves de la faim, aussi éloignés que possible des criminels ordinaires.

Ces grèves étaient fréquentes et répandues, à tel point que la *Chronique*, à compter de 1969, suit au jour le jour un mouvement de protestation presque continu. Cette année-là, par exemple, des détenus se mirent en grève pour exiger la restauration des concessions faites une année plus tôt ; pour protester contre l'interdiction des visites de parents ; pour protester après qu'un des leurs avait été jeté au cachot ou après qu'un autre avait été privé de colis de ses parents ; contre le transfert d'autres détenus d'un camp vers une prison ; et même pour marquer la journée internationale des droits de l'homme, le 10 décembre[52]. Et 1969 n'a rien d'une année exceptionnelle. Au cours de la décennie suivante, grèves de la faim, grèves du travail et autres manifestations devinrent un trait régulier de la vie en Mordovie et à Perm.

Les grèves de la faim, qui prenaient la forme de brèves protestations d'un jour, aussi bien que de longues et pénibles parties de bras de fer avec les autorités, finirent même par devenir une habitude fastidieuse, écrit Martchenko :

> Les premiers jours, personne ne prête attention à une grève de la faim ; au bout de quelques jours, on transfère le gréviste dans une autre cellule, avec d'autres que l'on commence à alimenter artificiellement au moyen d'une sonde. Inutile de résister, de toute manière on vous ligote, on vous met les menottes. Au camp, on emploie ce procédé avec encore plus de cruauté qu'en détention préventive : on vous « alimente » deux ou trois fois et vous pouvez y perdre toutes vos dents[53].

Au milieu des années 1970, quelques-uns des « pires » politiques avaient été retirés de Mordovie et de Perm et internés dans des prisons de haute sécurité — notamment celle de Vladimir, prison d'origine tsariste, en Russie centrale — où ils se consacraient presque exclusivement à la lutte contre les autorités. C'était un jeu dangereux, dont les règles allaient devenir éminemment complexes. L'objectif des prisonniers était de voir leurs conditions allégées et de marquer des points, tout en faisant connaître leurs résultats en Occident *via* les réseaux du samizdat. Quant à l'objectif des autorités, il était de briser les prisonniers : de les amener à moucharder, à collaborer et, par-dessus tout, à signer des rétractations publiques, qui pouvaient paraître dans la presse soviétique avant d'être reprises à l'étranger. Si leurs méthodes n'étaient pas sans rappeler les tortures pratiquées dans les cachots staliniens d'antan, elles impliquaient généralement des pressions psychologiques plutôt que la douleur physique. Nathan Chtcharanski, un des prisonniers protestataires les plus actifs de la fin des années 1970 et du début des années 1980 — aujourd'hui homme politique en Israël — a raconté comment on s'y prenait :

> Ils vous inviteront alors à un entretien. Vous croyez que rien ne dépend de vous ? Au contraire, ils vous expliqueront que *tout* dépend de vous. « Vous désirez du thé, du café, de la viande ? Vous aimeriez aller au restaurant avec nous ? Pourquoi pas ? Nous allons vous donner des vêtements civils et nous y rendre ensemble. Si nous voyons que vous êtes sur la voie du salut, que vous êtes disposé à nous aider... Comment ? Vous ne voulez pas nous communiquer des renseignements sur vos amis ? Mais que signifie donner des renseignements ? Et d'ailleurs, qui sont vos amis ? Ce Russe (ce Juif, cet Ukrainien, selon les cas) qui purge sa peine avec vous, vous ne savez donc pas que c'est un nationaliste forcené ? Vous ignorez à quel point il vous déteste, vous, les Ukrainiens (les Russes, les Juifs, etc.)[54] ?

Comme par le passé, les autorités pouvaient octroyer des privilèges ou les retirer, sanctionner, généralement par le mitard. Elles pouvaient réguler les conditions d'internement en procédant à des changements infimes mais déterminants dans la vie quotidienne du détenu, en le ballottant entre régime ordinaire et régime sévère — toujours en se conformant strictement au règlement, bien entendu. « La différence entre ces régimes, observe Anatoli Martchenko, peut paraître insignifiante à un homme qui ne les a pas subis dans sa chair ; pour le détenu, elle est énorme. Au régime général il y a la radio, pas au régime sévère ; au régime sévère la fenêtre est muselée, pas au régime général ; au régime général la promenade quotidienne dure une heure, au régime sévère une demi-heure, et le dimanche il n'y a pas de promenade du tout[55] [...]. »

À la fin des années 1970, le nombre de normes alimentaires était passé d'une poignée à dix-huit, de 1-A à 9-B, chacune se caractérisant par un nombre de calories précis (de 2 200 à 900) et son assortiment de produits. Un petit changement de conduite, et le détenu passait d'une catégorie à l'autre. La norme la plus basse, 9-B, était réservée à ceux qui étaient au cachot et consistait en un petit bout de pain, une cuillerée de kacha et une soupe qui contenait théoriquement 200 grammes de pommes de terre et 200 grammes de chou (souvent, ce n'était même pas le cas)[56].

Les détenus pouvaient être également mis au cachot — « au frais » : du point de vue des autorités, c'était une forme de châtiment idéale. Elle était parfaitement légale et, sur un plan technique, on ne pouvait l'assimiler à une forme de torture. Ses effets sur les détenus étaient lents et cumulatifs, mais comme personne ne faisait la course pour achever une route à travers la toundra, les autorités carcérales n'en avaient cure. Ces cachots étaient comparables à ceux du NKVD de Staline. Un document de 1976, publié par le groupe moscovite de surveillance des accords d'Helsinki, décrit avec une grande précision les cachots de la prison de Vladimir : une cinquantaine au total. Les murs des cellules étaient couverts de coulées de ciment, de bosses et de pointes. Le sol était sale et humide. Dans une cellule, la vitre, brisée, avait été remplacée par des journaux ; ailleurs, des briques bouchaient les fenêtres. La seule chose où s'asseoir était un cylindre de vingt-cinq centimètres de diamètre, cerclé de fer. La nuit, on apportait une couchette de bois, mais sans draps ni oreiller. Le détenu devait se coucher à même les planches et le fer. Le froid était tel qu'il était difficile de trouver le sommeil, voire de s'allonger. Dans certaines cellules, la « ventilation » amenait l'air des égouts[57].

Le pire, pour des gens habitués à une vie active, c'était l'ennui, ainsi évoqué par Iouli Daniel :

Semaine après semaine fond
Dans la fumée des cigarettes
Dans cet étrange établissement
Tout me semble songe et délire. [...]

Ici, la nuit, la lumière brille,
Ici, le jour, la lumière manque,
Ici, le silence, comme le chef,
À établi ses droits sur moi.

Suffoque donc de ne rien faire,
Ou frappe ton front contre le mur,
Semaine après semaine fond
Dans le bleuté de la fumée[58]...

Le séjour au cachot pouvait être prolongé indéfiniment. Techniquement, on ne pouvait y envoyer les détenus que par périodes de quinze jours, mais les autorités contournaient cette disposition en les faisant sortir un jour avant de les y replacer. Martchenko fit ainsi quarante-huit jours de cachot. Chaque fois qu'il atteignait la limite des quinze jours, ses gardes le laissaient sortir quelques minutes : le temps qu'on lui lise l'ordre le renvoyant à nouveau au frais[59]. Au camp de Perm-35, un détenu y croupit près de deux mois avant d'être hospitalisé, tandis qu'un autre y fut maintenu quarante-cinq jours pour avoir refusé tout autre travail que dans sa spécialité — la carrosserie[60].

Beaucoup étaient expédiés au cachot pour des crimes encore plus insignifiants : quand les autorités voulaient réellement casser quelqu'un, elles lui infligeaient délibérément des châtiments rudes à la moindre petite infraction. En 1973-1974, aux camps de Perm, deux détenus furent privés du droit de recevoir la visite de parents pour « s'être assis sur leur lit dans la journée ». Un autre fut puni parce que dans un colis qu'il avait reçu on avait trouvé de la confiture parfumée à l'alcool. D'autres furent punis ou réprimandés pour avoir marché trop lentement ou parce qu'ils ne portaient pas de chaussettes[61].

Parfois, la pression prolongée aboutissait. Alexeï Dobrovolski, un des coaccusés du procès Alexandre Guinzbourg, « craqua » très vite au point de demander par écrit qu'on l'autorise à témoigner à la radio pour raconter toute l'histoire de son activité dissidente « criminelle » afin de mieux dissuader les jeunes de s'engager sur la même voie dangereuse que lui[62]. Piotr Iakir craqua aussi au cours de l'enquête et « confessa » avoir inventé ce qu'il avait écrit[63].

D'autres trouvèrent la mort. Iouri Galanskov, autre

coaccusé de Guinzbourg, mourut en 1972 après avoir développé en prison des ulcères qui ne furent pas traités et dont il finit par mourir[64]. Martchenko mourut à son tour en 1986, probablement des drogues qu'on lui administra alors qu'il faisait la grève de la faim[65]. En 1974, plusieurs autres détenus moururent — l'un d'eux se suicida — après une grève de la faim de plus d'un mois à Perm-35[66]. Plus tard, le poète ukrainien et militant des droits de l'homme Vasil Stus mourut à Perm en 1985[67].

Mais les prisonniers réagirent. En 1977, les politiques de Perm-35 décrivirent leur forme de défi :

> Nous nous mettons souvent en grève de la faim. Dans les cachots, dans les wagons de transport. Les jours ordinaires, sans signification particulière, le jour de la mort de nos camarades. Les jours d'activité inhabituelle dans la *zone*, le 8 mars et le 10 décembre, le 1er août et le 8 mai, le 5 septembre. Nous faisons la grève de la faim très souvent. Diplomates, fonctionnaires paraphent de nouveaux accords sur les droits de l'homme, sur la liberté de l'information, sur la proscription de la torture — et nous faisons la grève de la faim, puisqu'en URSS ces choses-là, on ne les respecte pas[68].

Grâce à leurs efforts, la connaissance du mouvement dissident ne cessa de croître en Occident, et les protestations se firent plus bruyantes. Aussi le traitement de certains prisonniers prit-il des formes nouvelles.

Si rares sont les documents d'archives des années 1970 et 1980 qui ont été rendus publics, il existe, en vérité, quelques exceptions. En 1991, Vladimir Boukovski fut invité à rentrer en Russie ; il s'était établi en Grande-Bretagne depuis qu'il avait été expulsé de son pays (et échangé contre un communiste chilien emprisonné) quinze ans plus tôt. Il avait été nommé par la cour « expert » lors du procès intenté au parti communiste après que celui-ci eut tenu tête aux efforts du président Boris Eltsine pour l'interdire. Il arriva à Moscou, au siège de la Cour constitutionnelle, avec un ordinateur portable et un scanner manuel. Certain que personne en Russie n'avait encore jamais vu un tel outillage, il s'installa et se mit calmement à recopier tous les documents réunis comme preuves. Il approchait de la fin de son travail quand on se rendit compte, soudain, de ce qu'il faisait. « Il va les publier, *là-bas* ! » s'exclama quelqu'un ! Le silence se fit. Sur ce — « comme dans un film », devait-il raconter plus tard —, il referma son ordinateur, se dirigea vers la sortie, fila tout droit à l'aéroport et quitta la Russie[69].

Grâce aux efforts de Boukovski, nous savons, entre autres choses, ce qui se produisit en 1967, au Politburo, au lendemain de son arrestation. Lui-même fut frappé de voir combien avaient le sentiment que l'accuser de crimes ne manquerait pas de susciter « une certaine réaction à l'intérieur du pays et à l'étranger ». Ce serait une erreur, concluaient les auteurs du rapport, ce serait une erreur de se contenter d'arrêter Boukovski : mieux valait l'interner en hôpital psychiatrique[70]. L'ère de « l'hôpital psychiatrique spécial » *(psikhouchka)* avait commencé.

Le recours aux hôpitaux psychiatriques pour emprisonner les dissidents avait une préhistoire. De retour d'Europe occidentale à Saint-Pétersbourg en 1836, le philosophe russe Piotr Tchaadaïev écrivit une critique du régime du tsar Nicolas Ier : « Au mépris de toutes les lois de la communauté des hommes, écrivait-il au faîte du régime impérial russe, la Russie n'avance que dans le sens de son propre asservissement et de l'asservissement de tous les peuples voisins. » Nicolas le plaça en résidence surveillée. Le tsar était certain, déclara-t-il, que le jour où les Russes sauraient que leur compatriote souffrait « de dérangement et de folie », ils lui pardonneraient[71]

Après le Dégel, les autorités essayèrent à nouveau d'utiliser les hôpitaux psychiatriques afin d'incarcérer les dissidents : une politique qui présentait de nombreux avantages pour le KGB. Par-dessus tout, elle aidait à discréditer les dissidents, tant en Occident qu'en URSS et à détourner l'attention de leurs personnes. S'ils n'étaient pas de vrais opposants politiques, mais uniquement des malades mentaux, qui trouverait à redire à leur hospitalisation ?

L'establishment psychiatrique soviétique se prêta avec beaucoup d'enthousiasme à la farce. Pour expliquer le phénomène de la dissidence, il inventa la « schizophrénie larvée » : une forme de maladie qui, à l'en croire, ne marquait pas l'intellect ni la conduite extérieure, mais pouvait englober toute forme ou presque de comportement jugé asocial ou anormal. « Dans la majorité des cas, les idées de "lutte pour la vérité et la justice" se trouvent formulées par des personnalités de complexion paranoïde », observèrent deux professeurs soviétiques de l'institut Serbski :

> Le trait caractéristique des idées surévaluées, c'est la conviction d'être dans son bon droit, l'obsession de défendre les droits « bafoués », l'importance que revêtent les états d'âme pour la personnalité du malade. Ils utilisent les audiences judiciaires comme une tribune pour leurs discours et leurs appels[72].

Suivant cette définition, à peu près tous les dissidents étaient des fous. Le diagnostic de « schizophrénie larvée » fut porté sur l'écrivain et homme de science Jaurès Medvedev, qui souffrait d'« illusions paranoïdes de réformer la société » et présentait, entre autres symptômes, celui d'une « scission de la personnalité » : autrement dit, il était à la fois scientifique et publiciste. Natalia Gorbanevskaïa, la première rédactrice de la *Chronique*, souffrait elle aussi du même mal, « sans symptômes clairs », mais qui se traduisait par des « altérations anormales des émotions, de la volition et des schémas de pensée ». Quant à l'état psychique du général dissident Piotr Grigorenko, il se « caractérisait par la présence d'idées réformistes, en particulier concernant la réorganisation de l'appareil d'État ; et cela allait de pair avec une surestimation de sa propre personnalité qui atteignait des proportions messianiques[73] ». Dans un rapport adressé au Comité central, un commandant local du KGB se plaignit également d'avoir sur les bras un groupe de citoyens qui souffraient d'une forme de maladie mentale très particulière : ils « essaient de fonder des "nouveaux" partis, des organisations et des conseils, élaborant et distribuant des projets de loi et des programmes[74] ».

Suivant les circonstances de leur arrestation — ou non-arrestation —, les détenus considérés comme des malades mentaux pouvaient être expédiés dans diverses institutions. Certains étaient « évalués » par des médecins de prison, d'autres en clinique. L'institut Serbski relevait d'une catégorie à part, avec sa section spéciale de diagnostic, dirigée dans les années 1960 et 1970 par le docteur Danil Lounts, chargée d'évaluer les criminels politiques. C'est lui en personne qui examina Siniavski, Boukovski, Gorbanevskaïa, Grigorenko et Viktor Nekipelov, parmi tant d'autres ; visiblement, il jouissait d'un statut élevé[75]. Il portait un uniforme bleu avec deux étoiles, « insignes d'un général du MVD », se souvient Nekipelov[76]. Certains psychiatres soviétiques émigrés devaient soutenir que Lounts et les autres membres de l'institut croyaient sincèrement à la maladie mentale de leurs patients. La plupart des politiques qui le croisèrent, toutefois, ont vu en lui un opportuniste, travaillant pour le compte de ses patrons du MVD, « ne valant pas mieux que les médecins criminels qui menaient des expériences inhumaines sur les détenus des camps de concentration nazis[77] ».

Si l'on diagnostiquait une maladie mentale, les patients étaient condamnés à l'internement en hôpital, parfois pour quelques semaines, parfois pour de longues années. Les plus chanceux étaient ceux qui se retrouvaient dans un hôpital psychiatrique ordinaire — il y en avait des centaines en URSS. Les règles d'hygiène n'étaient pas respectées dans ces établissements surpeuplés dont le personnel se composait souvent d'ivrognes et de sadiques. Reste que les ivrognes et les sadiques en question étaient des civils, et que ces hôpitaux ordinaires étaient généralement moins tenus au secret que les prisons et les camps. Les patients pouvaient écrire des lettres avec plus de liberté et recevoir d'autres visiteurs que leurs parents.

Les cas jugés « particulièrement dangereux », en revanche, étaient envoyés dans des « hôpitaux psychiatriques spéciaux », qui n'existaient qu'en tout petit nombre et relevaient directement du MVD. Comme Lounts, les médecins avaient un grade dans le MVD. Ces hôpitaux avaient tout l'air de prisons et étaient entourés de miradors et de barbelés avec des gardes et des chiens. Une photographie de l'hôpital psychiatrique spécial d'Oryol, prise dans les années 1970, montre des patients en promenade dans une cour intérieure qui ressemble à s'y méprendre à une cour de prison[78].

Dans les hôpitaux ordinaires et spéciaux, les médecins avaient le même objectif: obtenir, là encore, une rétractation[79]. Les patients qui acceptaient de renoncer à leurs convictions, qui admettaient que la maladie mentale les avait conduits à critiquer le système soviétique, pouvaient être déclarés sains et libérés. Ceux qui s'obstinaient étaient des malades à qui l'on pouvait administrer un «traitement». Les psychiatres soviétiques ne croyant pas à la psychanalyse, ce traitement consistait largement en drogues, en électrochocs et en diverses formes de contrainte. On injectait par routine des substances abandonnées en Occident depuis les années 1930 pour faire monter la température du corps au-dessus des 40°, causant douleurs et gêne. Les médecins de prison prescrivaient aussi des tranquillisants qui provoquaient toute une gamme d'effets secondaires: raideur, ralentissement, tics et mouvements involontaires, pour ne rien dire de l'apathie et de l'indifférence[80]

Mais les traitements ne s'arrêtaient pas là: on recourait aussi aux coups ou l'on injectait de l'insuline, provoquant ainsi un choc hypoglycémique chez les non-diabétiques; il existait un autre châtiment dit de «l'enroulement», que Boukovski a décrit dans une interview de 1970: «On prend une toile mouillée — de longs coupons — dans laquelle le patient est enroulé de la tête aux pieds, si serré qu'il a peine à respirer; quand la toile se met à sécher, elle se resserre au point que le patient se sent encore plus mal[81].» Un autre traitement, dont Nekipelov a été témoin à l'institut Serbski, est la «ponction lombaire», qui consiste à enfoncer une aiguille dans la colonne vertébrale du patient. Après le traitement, les patients étaient allongés sur le côté, où ils restaient, le dos barbouillé de teinture d'iode, des jours durant[82].

Les victimes furent nombreuses. En 1977, l'année

où Peter Reddaway et Sidney Bloch publièrent leur étude fouillée des abus de la psychiatrie soviétique, au moins 365 personnes avaient notoirement subi un traitement pour folie au sens politique du terme ; et sans nul doute y en avait-il des centaines d'autres[83].

Au bout du compte, néanmoins, l'internement des dissidents en hôpital n'eut pas tous les résultats escomptés par le régime. Avant tout, il ne réussit pas à détourner l'attention de l'Occident. Et l'horreur des abus psychiatriques enflamma probablement l'imagination des Occidentaux bien plus que les histoires familières de camps et de prisons. Quiconque avait vu le film *Vol au-dessus d'un nid de coucou* n'imaginait que trop bien un hôpital psychiatrique soviétique. Et surtout, la question des abus psychiatriques intéressait directement un groupe bien défini et structuré, qui avait toute raison de s'en préoccuper : les psychiatres occidentaux. À compter de 1971, l'année où Boukovski fit sortir 150 pages sur les abus en URSS[84], la question ne cessa d'être débattue dans des instances telles que l'Association mondiale de psychiatrie, le Royal College of Psychiatrists en Grande-Bretagne et d'autres associations psychiatriques nationales et internationales. Les groupes les plus courageux firent des déclarations. D'autres n'en firent rien, mais furent alors condamnés pour leur lâcheté, faisant ainsi plus de mauvaise publicité que jamais à l'URSS[85].

Le problème finit par mobiliser des hommes de science en URSS. Quand Jaurès Medvedev fut condamné à l'hôpital psychiatrique, beaucoup écrivirent des lettres de protestation à l'Académie soviétique des sciences. Andreï Sakharov, le physicien nucléaire qui à la fin des années 1960 s'imposait comme le chef de file moral du mouvement dissident, prit publiquement la défense de Medvedev lors d'un colloque international à l'Institut de génétique. Soljenitsyne, désormais en Occident, écrivit une lettre ouverte aux autorités soviétiques pour protester contre l'incarcération de Medvedev : « Après tout, écrivit-il, il est temps de penser clairement : incarcérer des gens sains qui pensent librement est un MEURTRE SPIRITUEL[86]. »

L'attention internationale contribua probablement à persuader les autorités de relâcher un certain nombre de prisonniers, dont Medvedev, qui fut alors expulsé du pays. Mais, dans les hautes sphères de l'élite soviétique, d'aucuns eurent le sentiment que c'était la mauvaise réponse. En 1976, Iouri Andropov, alors chef du KGB, écrivit une note secrète décrivant assez exactement (si l'on fait abstraction du ton insidieux et de l'antisémitisme) les origines internationales de la « campagne antisoviétique » :

> Des éléments récents prouvent que la campagne revêt le caractère d'une action antisoviétique soigneusement orchestrée [...]. À présent, les initiateurs de la campagne essaient d'amener des organisations psychiatriques internationales et nationales aussi bien que des spécialistes d'excellente réputation à créer un « comité » destiné à surveiller l'activité des psychiatres dans divers pays, pardessus tout en URSS. [...] Le Royal College of Psychiatrists, en Grande-Bretagne, qui est sous l'influence d'éléments sionistes, joue un rôle actif dans l'entretien de cette atmosphère antisoviétique[87].

Andropov y décrit aussi méticuleusement les efforts pour amener l'Association mondiale de psychiatrie à dénoncer l'URSS, témoignant ainsi de sa connaissance très étendue des séminaires internationaux qui avaient condamné la psychiatrie soviétique. En réponse à cette note, le ministre soviétique de la

Santé proposa de lancer une campagne de propagande massive en prévision du prochain congrès de l'Association mondiale de psychiatrie. Il fut également proposé de préparer des documents scientifiques récusant les accusations et de repérer en Occident des psychiatres « progressistes » disposés à les soutenir. Ceux-ci seraient, le moment venu, récompensés par des invitations en URSS, où on leur ferait faire la tournée d'hôpitaux psychiatriques spécialement conçus. Quelques noms de psychiatres susceptibles de venir furent même avancés[88].

Autrement dit, plutôt que de cesser d'abuser de la psychiatrie à des fins politiques, Andropov proposa cyniquement d'aller de l'avant. Il n'était pas dans sa nature de concéder que la politique soviétique pût se fourvoyer en quoi que ce soit.

CHAPITRE 27

Les années 1980 : statues brisées

La plinthe fêlée de la statue est brisée
L'acier des mèches fait entendre un hurlement.
Rien de plus dur que ce mélange de ciment
Calculé pour durer des milliers d'années

Ici-bas, tout ce que la main de l'homme fait
La main de l'homme peut l'émietter.
Mais l'important est ailleurs :
La pierre, en son essence,
N'est jamais ni bonne ni mauvaise.

ALEXANDRE TVARDOVSKI,
La plinthe fêlée[1].

En 1982, lorsque Iouri Andropov devint secrétaire général du parti communiste, la « répression » des éléments asociaux en Union soviétique était en fait bien engagée. À la différence de quelques-uns de ses prédécesseurs, il avait toujours cru que les dissidents, malgré leurs petits effectifs, devaient être considérés comme une menace sérieuse pour la puissance soviétique. Ambassadeur à Budapest en 1956, il avait vu à quelle vitesse un mouvement intellectuel pouvait se transformer en révolution populaire. Il croyait aussi que les nombreux problèmes — politiques, économiques et sociaux — de l'Union soviétique pouvaient être résolus par l'application d'une plus grande discipline : camps et prisons plus sévères, surveillance renforcée et harcèlement[2].

Telles étaient les méthodes qu'il avait prônées à la tête du KGB, depuis 1979, et telles étaient les méthodes qu'il continua d'appliquer lors de son court règne à la tête du pays. Grâce à lui, la première moitié des années 1980 apparaît comme la période la plus répressive de l'histoire soviétique post-stalinienne. Comme s'il fallait que la pression au sein du système atteignît son point d'ébullition, juste avant que le système ne se disloquât.

À compter de la fin des années 1970, le KGB d'Andropov avait assurément multiplié les arrestations et ré-arrestations : sous sa houlette, des militants récalcitrants écopèrent souvent d'une nouvelle condamnation dès l'expiration de l'ancienne, comme cela se faisait du temps de Staline. L'appartenance à un groupe de surveillance des accords d'Helsinki — à ces organisations de dissidents qui essayaient d'obliger leur pays à respecter le traité — devint un moyen sûr de se retrouver en prison. Vingt-trois membres du groupe de Moscou furent arrêtés entre 1977 et 1979 ; et sept furent expulsés à l'étranger. Iouri Orlov, le chef de file de ce groupe, resta en prison toute la première moitié des années 1980[3].

L'arrestation n'était pas non plus la seule arme d'Andropov. Son objectif étant d'effrayer les gens pour les dissuader de rejoindre les mouvements dissidents, le champ de la répression s'élargit considérablement. Qui était soupçonné de sympathies pour les mouvements des droits de l'homme, des mouvements religieux ou nationalistes s'exposait à tout perdre. Les suspects et leurs conjoints pouvaient être privés de leur travail, mais aussi de leur statut et de leurs qualifications professionnels. Leurs enfants pouvaient se voir refuser l'accès à l'université. Leurs lignes téléphoniques pouvaient être coupées, leurs permis de résidence révoqués, leurs déplacements restreints[4].

À la fin des années 1970, les multiples couches de « mesures disciplinaires » d'Andropov avaient réussi à fractionner le mouvement dissident et ses anciens partisans en petits groupes d'intérêts endurcis et qui, parfois, se méfiaient les uns des autres. Il y avait les militants des droits de l'homme, dont des groupes comme Amnesty International suivaient de près le sort. Il y avait les baptistes, dont l'Église baptiste internationale soutenait la cause. Il y avait des dissidents nationalistes — ukrainiens, lituaniens, lettons, géorgiens — épaulés par leurs compatriotes exilés. Il y avait les Meskhètes et les Tatars de Crimée, déportés sous Staline, qui réclamaient le droit de rentrer au pays.

En Occident, le groupe de dissidents le plus en vue était probablement celui des refuzniks, des Juifs soviétiques auxquels on refusait le droit d'émigrer en Israël. Portés au premier plan par l'amendement Jackson-Vanik adopté par le Congrès en 1975 et liant le commerce américano-soviétique au problème de l'émigration, les refuzniks restèrent un sujet de préoccupation central pour Washington jusqu'à la fin de l'Union soviétique. Dans le courant de l'automne 1986, lors du sommet de Reykjavik, le président Reagan soumit personnellement à Gorbatchev une liste de 1200 Juifs soviétiques désireux d'émigrer[5].

Désormais strictement séparés des criminels, tous ces groupes étaient bien représentés dans les camps et prisons soviétiques, où ils s'organisaient, comme les politiques des temps passés, suivant leurs causes communes[6]. À cette époque, pourrait-on même dire, les camps étaient une sorte de réseau, presque d'école de dissidence, où les politiques pouvaient en rencontrer d'autres avec des idées semblables. Il leur arrivait de célébrer mutuellement leurs fêtes nationales, lituanienne et lettone, géorgienne et arménienne, et de débattre d'un ton léger du pays qui serait le premier à se libérer du joug soviétique[7]. Il y avait aussi des contacts entre générations : Baltes et Ukrainiens eurent l'occasion de croiser une précédente génération de nationalistes, les partisans antisoviétiques, qui avaient écopé de peines de vingt-cinq ans et n'avaient jamais été libérés. Parce que « leur vie s'était arrêtée quand ils avaient vingt ans », écrit Vladimir Boukovski à leur propos, les camps les avaient d'une certaine façon conservés. « Les dimanches d'été ils se glissaient au soleil avec des accordéons, ils jouaient des mélodies, des chansons dont personne ne se souvient plus chez eux, au pays. C'était un spectacle étrange et poignant. Vrai, on se serait cru plongé au royaume d'outre-tombe[8]. »

L'ancienne génération avait du mal à comprendre ses jeunes compatriotes. Les hommes et les femmes qui avaient combattu les armes à la main dans la forêt avaient peine à comprendre que les dissidents se battissent avec des bouts de papier[9]. Mais les anciens étaient encore capables d'inspirer les jeunes par leur exemple. De telles rencontres contribuèrent à former ceux qui, dans la suite de la décennie, allaient organiser le mouvement nationaliste qui finit par détruire l'Union soviétique elle-même. Se retournant sur cette expérience, le militant géorgien David Berdzenichvili m'a dit combien il était ravi d'avoir passé deux ans dans un camp de travail des années 1980 plutôt que deux ans dans l'armée soviétique de cette époque.

Si les réseaux personnels s'étaient renforcés, il en allait de même des liens avec le monde extérieur.

Une édition de la *Chronique* parue en 1979 en donne une parfaite illustration avec, entre autres choses, un récit au jour le jour de la vie dans les cachots de Perm-36 :

> 13 septembre : Joukauskas a trouvé un asticot dans sa soupe.
>
> 26 septembre : Il a trouvé un insecte noir de 1,5 cm de long dans son bol. La découverte a été aussitôt signalée au capitaine Nelipovitch.
>
> 27 septembre : Au cachot n° 6, la température relevée officiellement était de 12°.
>
> 28 septembre : Le matin, température de 12° dans les cellules. Remise de secondes couvertures et de pantalons matelassés. Des radiateurs ont été placés dans les salles de garde. Le soir, la température dans les cellules est tombée à 11°.
>
> 1er octobre : 11,5°.
>
> 2 octobre : Un radiateur de 500 watts a été placé dans la cellule n° 6 (Joukauskas, Glouzman, Marmous). La température, matin et soir, était de 12°. On a demandé à Joukauskas de signer un document affirmant que sa production était dix fois plus faible qu'elle ne l'était. Il a refusé [...].
>
> 10 octobre : Balkhanov a refusé d'assister volontairement à une réunion de la commission d'éducation du camp. Il y a été conduit de force sur ordre de Nikomarov.

Et ainsi de suite.

Les autorités semblaient incapables d'empêcher ce genre d'informations de filtrer — ou d'être aussitôt diffusées sur les antennes des radios occidentales visant le public soviétique. En 1983, la BBC annonça l'arrestation de Berdzenichvili deux heures après les faits[10]. Depuis leur camp pour femmes de Mordovie, Ratouchinskaïa et ses camarades envoyèrent à Reagan un message de félicitations après qu'il eut remporté les élections américaines. Deux jours après, il l'avait reçu : le KGB était furieux, observe-t-elle d'un ton enjoué[11].

Pour les observateurs les plus raisonnables qui scrutaient l'étrange univers soviétique, tout cela était un peu « à côté de la plaque ». En tout état de cause, Andropov semblait avoir gagné la partie. Une décennie de harcèlement, d'emprisonnement et d'exil forcé avait fait de la dissidence un mouvement modeste et faible[12]. Les dissidents les plus célèbres avaient été pour la plupart réduits au silence : au milieu des années 1980, Soljenitsyne était en exil à l'étranger et Sakharov en exil intérieur à Gorki. Des policiers du KGB étaient postés à la porte de Roy Medvedev, surveillant tous ses déplacements. En URSS, personne ne paraissait s'apercevoir de leur combat. Peter Reddaway, probablement le meilleur spécialiste universitaire de la dissidence soviétique à l'époque, écrivit en 1983 que les groupes dissidents « avaient fait peu de progrès, sinon aucun, dans la masse de la population ordinaire en Russie[13] ».

Gardes-chiourme et matons, médecins malhonnêtes et police secrète, tous paraissaient bien installés dans les professions qu'ils s'étaient choisies. Mais le sol se dérobait sous leurs pieds. De fait, le refus absolu de tolérer la moindre dissidence n'allait pas durer. Lorsque Andropov mourut en 1984, cette politique mourut avec lui.

En mars 1985, quand Mikhaïl Gorbatchev fut nommé secrétaire général du parti communiste, le personnage commença par paraître mystérieux tant aux étrangers qu'à ses compatriotes. Il semblait aussi roublard et lisse que les autres bureaucrates soviétiques, même si l'on entrevoyait des différences. Dans l'été qui suivit sa nomination, je rencontrai à Leningrad un groupe de refuzniks qui se gaussaient de la naïveté des Occidentaux : comment pouvait-on croire que sa prétendue préférence pour le whisky plutôt que la vodka et l'admiration de sa femme pour la mode occidentale faisaient de lui un homme plus libéral que ses prédécesseurs ?

Ils avaient tort : il était bel et bien différent. Peu savaient, à l'époque, que Gorbatchev était issu d'une famille d'« ennemis ». Un de ses grands-pères, un paysan, avait été arrêté et expédié dans un camp de travail en 1933. Son autre grand-père avait été arrêté en 1938 et torturé en prison par un instructeur qui lui avait cassé les deux bras. Ainsi qu'il l'écrivit plus tard dans ses mémoires, l'effet sur le jeune Mikhaïl avait été considérable : « Après l'arrestation, les voisins faisaient un détour pour éviter notre maison : nous semblions des pestiférés. Seul, l'un de nos proches passait nuitamment de temps à autre. Même les garçons du voisinage m'évitaient [...]. En tout cas, ces événements sont restés gravés dans ma mémoire et le resteront à jamais[14]. »

Toutefois, la méfiance des refuzniks n'était pas non plus totalement infondée, car les premiers mois de l'ère Gorbatchev furent décevants. Il lança une campagne antialcoolique qui exaspéra la population, et fit arracher les anciens vignobles de Géorgie et de Moldavie. Sans doute même provoqua-t-il le crash économique qui survint quelques années plus tard : d'aucuns pensent que l'effondrement des ventes de vodka détruisit pour de bon le délicat équilibre financier du pays. C'est seulement en avril 1986, après l'explosion du complexe nucléaire de Tchernobyl en Ukraine, que Gorbatchev se montra disposé à de véritables changements. Convaincu que l'Union soviétique avait besoin de parler franchement de ses tracas, il sortit une autre proposition de réforme : la *glasnost*, ou « ouverture ».

Au départ, la glasnost, comme la campagne anti-alcoolique, fut essentiellement une politique économique. Visiblement, Gorbatchev espérait qu'un débat franc sur les crises sociales, économiques et écologiques bien réelles du pays déboucherait sur des solutions rapides, sur la restructuration — la *perestroïka* — dont il avait commencé à parler dans ses discours. Dans un laps de temps étonnamment court, cependant, la glasnost allait affecter aussi l'histoire soviétique.

Quand on décrit le cours du débat public en Union soviétique à la fin des années 1980, on est toujours tenté de recourir à des métaphores fluviales : comme si un barrage ou une digue avait cédé, ou une conduite d'eau explosé. En janvier 1987, Gorbatchev expliqua à un groupe de journalistes intrigués qu'il allait falloir remplir les « blancs » de l'histoire soviétique. En novembre, les changements intervenus étaient tels qu'il fut le deuxième chef du Parti à parler ouvertement de ces « blancs » :

> C'est précisément l'absence de véritable démocratisation de la société soviétique qui a rendu possibles le culte de la personnalité et les violations de la loi, l'arbitraire et les répressions des années 1930, pour dire les choses carrément, les crimes fondés sur l'abus de pouvoir. Des milliers et des milliers de membres du Parti ou de non-membres ont été victimes de répressions massives. Telle est, camarades, l'amère vérité[15].

S'il fut moins éloquent que ne l'avait été Khrouchtchev, sans doute Gorbatchev eut-il beaucoup plus d'écho auprès du grand public soviétique. Après tout, Khrouchtchev avait parlé à huis clos quand Gorbatchev s'était exprimé à la télévision nationale.

Il mit aussi beaucoup plus d'ardeur à donner suite à son discours. Chaque semaine, la presse soviétique y allait de nouvelles « révélations ». Le public soviétique eut enfin l'occasion de lire Ossip Mandelstam et Joseph Brodski, mais aussi le *Requiem* d'Anna Akhmatova, *Le Docteur Jivago* de Boris Pasternak, voire le *Lolita* de Vladimir Nabokov. Après un combat, *Novyi Mir*, désormais dirigée par de nouveaux rédacteurs, entama la publication en feuilleton de *L'Archipel du Goulag*[16]. *Une journée d'Ivan Denissovitch* allait bientôt se vendre par millions, tandis que des auteurs dont les œuvres n'avaient jusque-là circulé, dans le meilleur des cas, qu'en samizdat vendirent par centaines de milliers leurs souvenirs du Goulag. Certains devaient devenir ce faisant très connus : Evguénia Guinzbourg, Lev Razgon, Anatoli Jigouline, Varlam Chalamov, Dimitri Likhatchev et Anna Larina.

Le processus de réhabilitation reprit également. Entre 1964 et 1987, vingt-quatre personnes seulement avaient été réhabilitées. Désormais, en partie en réponse aux révélations spontanées de la presse, le processus redémarra. Et cette fois, il inclut les laissés-pour-compte du passé : Boukharine, ainsi que dix-neuf autres dirigeants bolcheviques condamnés lors des grands procès de 1938, compta parmi les premiers. « Les faits avaient été falsifiés », annonça solennellement un porte-parole du gouvernement[17]. Dorénavant, on allait dire la vérité.

La nouvelle littérature s'accompagna de nouvelles révélations tirées des archives soviétiques, grâce à des historiens soviétiques qui, assuraient-ils, avaient fini par y voir clair mais aussi à la Société du Mémorial. Ce Mémorial fut l'œuvre d'un groupe de jeunes historiens, dont certains qui recueillaient depuis des années le témoignage oral de survivants du camp. Parmi eux se trouvait Arseni Roguinski, fondateur de la revue *Pamyat (Mémoire)*, qui parut d'abord en samizdat, puis à l'étranger, dès les années 1970. Le groupe rassemblé autour de lui avait déjà commencé à compiler une base de données sur les réprimés. Plus tard, le Mémorial allait aussi mener la bataille afin d'identifier les cadavres enfouis dans des fosses collectives hors de Moscou et de Leningrad, mais également de construire des monuments et des mémoriaux de l'ère stalinienne. Après une brève tentative avortée pour se transformer en mouvement politique, le Mémorial devait finalement s'affirmer, dans les années 1990, comme le plus important centre d'étude de l'histoire soviétique, mais aussi de défense des droits de l'homme dans la Fédération russe. Roginski en est resté le dirigeant et l'un des historiens phares. Les publications historiques du Mémorial furent bientôt connues des soviétologues à travers le monde pour leur précision, leur exactitude et la sélection méticuleuse et judicieuse de leurs archives[18].

Si le changement de qualité du débat public avait été étonnamment rapide, la situation n'était pas encore aussi claire qu'il le semblait à l'extérieur. Alors même qu'il initiait les changements qui devaient bientôt conduire à l'effondrement de l'Union soviétique, et qu'une vague de « Gorbimania » balayait l'Allemagne et les États-Unis, Gorbatchev lui-même, comme Khrouchtchev, croyait profondément au régime soviétique. Jamais il ne fut dans ses intentions de remettre en cause les principes élémentaires du marxisme soviétique ni l'œuvre de Lénine. Son but a toujours été de réformer et de moderniser l'URSS, non pas de la détruire. Peut-être en raison de son expérience familiale, il en était arrivé à juger important de dire la vérité sur le passé. Mais, au départ, il ne parut pas voir le lien entre le passé et le présent.

Pour cette raison, l'avalanche des articles consacrés aux camps staliniens, aux prisons et aux grands massacres du passé ne s'accompagna pas tout de suite d'une libération massive des dissidents encore emprisonnés. À la fin de 1986, alors même que Gorbatchev s'apprêtait à parler des « blancs », que le Mémorial avait lancé une campagne pour la construction d'un monument aux victimes de la répression, et que le reste du monde était tout excité par les nouveaux dirigeants soviétiques, Amnesty International dénombrait 600 prisonniers de conscience encore internés dans les camps soviétiques et soupçonnait qu'ils étaient beaucoup plus nombreux[19].

Parmi eux, Anatoli Martchenko, mort au cours d'une grève de la faim, en décembre de cette année-là, à la prison de Khristopol[20]. Lorsqu'elle arriva sur place, sa femme, Larissa Bogoraz, trouva trois soldats qui montaient la garde autour de sa dépouille, qui avait été mise de côté pour autopsie. Elle ne fut autorisée à voir personne en prison — ni médecins, ni autres détenus, ni administrateurs —, hormis un officier politique, un dénommé Tchourbanov, qui se montra brutal. Refusant de lui dire comment Martchenko était mort, il ne voulut pas lui donner un certificat de décès ou d'inhumation, et pas davantage son dossier médical ni même ses lettres et ses carnets. Entourée d'un groupe d'amis, et des trois hommes d'« escorte » de la prison, elle le fit inhumer au cimetière de la ville :

> Les lieux étaient déserts et venteux. Il n'y avait personne dans les parages en dehors de nous et de l'escorte de Tolya. ils avaient tout le nécessaire sous la main, mais ils avaient décidé de ne pas nous laisser approcher de la fosse, et ils se sont placés au bord « jusqu'à la fin de l'opération », suivant la formule de l'un d'eux. Les amis de Tolya ont prononcé quelques mots d'adieu au-dessus de

> la tombe. Puis nous nous sommes mis à remplir la fosse de terre, d'abord à la main, puis avec des pelles [...].
>
> Nous avons dressé une croix de pin — j'espère qu'elle était l'œuvre des autres prisonniers. Sur la croix, j'ai écrit au stylo-bille : « Anatoli Martchenko 23-1-1938 – 8-12-1986 »[21].

Si les autorités laissèrent planer le mystère autour de la mort de Martchenko, elles ne purent dissimuler, raconta plus tard Larissa Bogoraz, qu'« Anatoli Martchenko est mort en luttant. Sa lutte a duré vingt-cinq ans et il n'a jamais hissé le drapeau blanc de la reddition[22] ».

Reste que la disparition tragique de Martchenko ne fut pas entièrement vaine. Peut-être aiguillonné par la vague de mauvaise publicité entourant sa mort — les propos de Bogoraz firent le tour du monde —, Gorbatchev résolut enfin d'accorder sa grâce à tous les prisonniers politiques soviétiques à la fin de 1986.

Il y eut bien des choses étranges autour de l'amnistie qui mit définitivement fin aux prisons politiques en Union soviétique. Mais rien ne fut plus étrange que le peu d'attention qu'elle suscita. Somme toute, il s'agissait de la fin du Goulag, de la fin du système concentrationnaire qui avait jadis enfermé des millions de gens. C'était le triomphe du mouvement des droits de l'homme, qui avait beaucoup retenu l'attention des milieux diplomatiques au cours des deux dernières décennies. C'était une véritable transformation historique, mais presque personne n'y prit garde.

Il y eut quelques journalistes en poste à Moscou pour rédiger à la hâte un petit article, mais rares sont les auteurs de livres sur l'ère Gorbatchev et Eltsine à avoir fait état des derniers jours des camps de concentration. Parmi les nombreux écrivains et journalistes de talent qui vivaient à Moscou à la fin des années 1980, les meilleurs eux-mêmes étaient trop préoccupés par les autres événements de l'époque : les tentatives ratées de réforme économique, les premières élections libres, la transformation de la politique étrangère, la fin de l'Empire soviétique en Europe de l'Est, la fin de l'Union soviétique elle-même[23].

Distrait par ces mêmes problèmes, nul, en Russie, n'y prêta grande attention. À leur retour, les dissidents, dont les noms avaient été célèbres dans la clandestinité, n'étaient plus du tout célèbres. La plupart étaient âgés et désormais peu en phase avec l'époque. Pour citer un journaliste occidental qui se trouvait alors en Russie, ils avaient fait « leur carrière dans le privé, tapant des pétitions sur de vieilles machines à écrire dans leurs datchas, défiant les autorités en sirotant du thé absurdement sucré, emmitouflés dans leurs peignoirs. Ils n'étaient pas faits pour les batailles au Parlement ou à la télévision, et ils semblaient totalement déroutés par les changements spectaculaires du pays en leur absence[24] ».

La plupart des anciens dissidents demeurant connus du public ne se focalisaient plus exclusivement sur les derniers camps de concentration. Libéré de l'exil intérieur en décembre 1986, élu en 1989 au Congrès des députés du Peuple, Andreï Sakharov engagea rapidement une campagne pour la réforme des droits de propriété[25]. Deux années après sa libération, l'Arménien Levon Ter-Petrossian fut porté à la présidence de son pays. À peine sortis des camps de Perm et de Mordovie, quantité d'Ukrainiens et de Baltes se lancèrent dans la foire d'empoigne politique de leurs pays en réclamant bruyamment l'indépendance[26].

Si le KGB s'aperçut, naturellement, de la fermeture de ses prisons politiques, il semblait à peine capable d'en comprendre la portée. À lire les rares documents officiels disponibles de la seconde moitié des années 1980, on est frappé de voir à quel point le langage de la police secrète avait peu changé, alors même que le processus était déjà relativement avancé. En février 1986, Viktor Tchebrikov, alors patron du KGB, déclara fièrement lors d'un congrès du Parti que son organisation avait mené à bien une grande opération de contre-espionnage. Celle-ci s'imposait, expliqua-t-il, parce que « l'Occident répand des mensonges sur les violations des droits de l'homme afin de propager des aspirations antisoviétiques parmi ces renégats[27] ».

Un peu plus tard, cette même année, dans un rapport adressé au Comité central, il décrivit la bataille continue de son organisation contre les « activités des agences impérialistes d'espionnage et les éléments ennemis soviétiques qui leur sont liés ». Le KGB, se targua-t-il également, avait de fait « paralysé » les activités de divers groupes, dont les comités de surveillance des accords d'Helsinki, et il avait même, entre 1982 et 1986, forcé « plus de cent personnes à renoncer à leurs activités illégales pour retrouver la voie de la justice ». D'aucuns — il en nomma neuf — avaient même « fait des déclarations publiques à la télévision et dans la presse, démasquant les espions occidentaux et ceux qui pensent comme eux ».

Quelques phrases plus loin, il reconnaissait néanmoins que les choses avaient bien pu changer. Il faut le lire de près pour comprendre à quel point le changement fut effectivement spectaculaire : « Les conditions courantes de la démocratisation de tous les aspects de la société, et le renforcement de l'unité du Parti et de la société, rendent possible un réexamen de la question de l'amnistie[28]. »

Ce qu'il voulait dire, en fait, c'est que les dissidents étaient si faibles qu'ils ne pouvaient plus faire aucun tort, et qu'en tout état de cause, ainsi qu'il l'avait dit lors d'une précédente réunion du Politburo, on veillerait à ce qu'ils ne « persistent pas dans leur activité hostile[29] ». Dans une déclaration séparée, il ajouta, comme s'il y avait pensé après coup, que suivant les calculs du KGB, quatre-vingt-seize personnes étaient maintenues sans nécessité dans des hôpitaux psychiatriques. Et il suggéra de libérer également ceux d'entre eux qui « ne présentaient pas de danger pour la société[30] ». Le Comité central accepta et, en février 1987, gracia 200 prisonniers condamnés en vertu de l'article 70 ou du 190-1. D'autres furent libérés quelques mois plus tard pour marquer un millénaire de christianisme en Russie. Plus de 2 000 (on était loin des quatre-vingt-seize) devaient être libérés des hôpitaux psychiatriques au cours des deux années suivantes[31].

Peut-être par habitude, peut-être parce qu'il voyait son propre pouvoir décliner en même temps que la population carcérale, le KGB paraissait cependant étrangement réticent à laisser sortir les politiques. Parce qu'ils étaient officiellement graciés, non pas amnistiés, les politiques libérés en 1986-1987 durent d'abord signer un document où ils se dissociaient de toute activité antisoviétique. La plupart furent autorisés à imaginer leur propre formule, évitant ainsi de faire amende honorable : « Compte tenu de la dégradation de mon état de santé, je ne me livrerai plus à aucune activité antisoviétique » ou « Je n'ai jamais été antisoviétique, j'étais anticommuniste et aucune loi n'interdit l'anticommunisme». Un dissident, Lev Timofeïev, écrivit: «Je demande à être libéré. Je n'ai aucunement l'intention de nuire à l'État soviétique, si tant est que j'aie jamais eu une pareille intention[32].»

D'autres, cependant, furent invités une fois encore à renoncer à leurs croyances ou contraints d'émigrer[33]. Un Ukrainien fut libéré pour être aussitôt exilé et astreint à un couvre-feu et à l'obligation de se présenter toutes les semaines à un poste militaire[34]. Un dissident géorgien croupit six mois de plus dans son camp de travail pour avoir refusé de signer toute formule imaginée par le KGB[35]. Un autre ne voulut pas solliciter officiellement sa grâce «sous prétexte qu'il n'avait commis aucun crime[36]».

Le sort de Bohdan Klymtchak, technicien ukrainien arrêté pour avoir essayé de quitter l'URSS, est symptomatique de l'époque. En 1978, craignant d'être arrêté pour nationalisme ukrainien, il avait franchi la frontière et demandé l'asile politique en Iran. Les Iraniens le renvoyèrent. En avril 1990, il était encore interné dans la prison politique de Perm. Un groupe de membres du Congrès américain réussit à lui rendre visite et s'aperçut que les conditions n'avaient pour ainsi dire pas changé. Les détenus se plaignaient encore du froid extrême et pouvaient toujours être expédiés au cachot pour des crimes tels que le refus de boutonner le haut de leur uniforme[37].

Avec force grincements et tours de manivelle, geignements et plaintes, le régime répressif, comme le système tout entier, n'en finit pas moins par caler. À vrai dire, en février 1992, quand les camps politiques de Perm eurent enfin fermé pour de bon, l'Union soviétique elle-même avait cessé d'exister. Les anciennes républiques soviétiques étaient toutes devenues des pays indépendants. Certaines — l'Arménie, l'Ukraine et la Lituanie — avaient à leur tête d'ex-prisonniers. D'autres étaient dirigées par d'anciens communistes, dont les croyances s'étaient effondrées dans les années 1980, en découvrant pour la première fois des preuves de la terreur passée[38]. Le KGB et le MVD avaient été, sinon totalement démantelés, remplacés par d'autres organisations différentes. Les agents de la police secrète se mirent en quête de nouveaux emplois dans le privé. Les matons comprirent la situation et rallièrent discrètement l'administration locale. En novembre 1991, le nouveau parlement russe vota une « Déclaration des droits et libertés de l'individu », garantissant, entre autres choses, la liberté de circulation, la liberté de religion et la liberté de ne pas être d'accord avec le gouvernement[39]. Malheureusement, la nouvelle Russie n'était pas destinée à devenir un paradigme de tolérance ethnique, religieuse et politique, mais c'est là une autre histoire.

Les changements se produisirent à une vitesse stupéfiante, et nul n'en parut plus décontenancé que l'homme même qui avait lancé la désintégration de l'Union soviétique. Tel fut, au fond, le principal aveuglement de Gorbatchev : Khrouchtchev le savait, Brejnev le savait, mais Gorbatchev, petit-fils d'« ennemis » et auteur de la glasnost, n'avait pas compris que discuter franchement et sans fard du passé soviétique finirait par miner la légitimité du pouvoir soviétique. « Nous apercevons désormais notre objectif plus clairement, expliqua-t-il à la veille du Nouvel An 1989. C'est un socialisme humain et démocratique, une société de liberté et de justice sociale[40]. » Il était incapable, même alors, de voir que le « socialisme », sous sa forme soviétique, était sur le point de disparaître entièrement.

Pas plus qu'il n'était capable, des années plus tard, de faire le lien entre les révélations de la presse à l'ère de la glasnost et l'effondrement du communisme soviétique. Il n'a pas compris, tout simplement, qu'une fois dite la vérité sur le passé stalinien, le mythe de la grandeur soviétique n'était plus tenable. Il y avait eu trop de cruauté, trop de bains de sang, trop de mensonges sur l'un comme sur l'autre.

Mais, si Gorbatchev n'a pas compris son propre pays, beaucoup d'autres l'ont compris. Vingt ans plus tôt, Alexandre Tvardovski, l'éditeur de Soljenitsyne, avait senti le pouvoir du passé caché, avait deviné ce que le réveil des souvenirs pouvait faire au système soviétique. Il a exprimé ses sentiments dans un poème :

> Ils ont tort de penser que la mémoire
> Ne prend une valeur croissante
> Que les herbes du temps recouvrent
> Tout le passé et ses souffrances.
>
> Que la planète continue de tourner,
> Égrenant les jours et les années...
> Non. Le devoir commande, maintenant,
> que tout ce qui n'a été dit le soit pleinement[41]..

ÉPILOGUE

Mémoire

Et les tueurs ? Les tueurs continuent à vivre...

LEV RAZGON,
Nepridoumannoe, 1989[1].

Au début de l'automne 1998, j'embarquai à Arkhangelsk pour traverser la mer Blanche en direction des îles Solovetski. C'était la dernière croisière de l'été : après la mi-septembre, quand les nuits arctiques commencent à s'allonger, les bateaux cessent d'emprunter cette route. La mer devient trop houleuse, l'eau trop glaciale pour une expédition touristique de nuit.

Peut-être le fait de savoir que la saison touchait à sa fin donnait-il une touche de gaieté supplémentaire au voyage. Ou peut-être les passagers étaient-ils tout simplement excités d'être en pleine mer. Quelle que fût la raison, la salle à manger bruissait de l'allégresse générale. Il y eut de nombreux toasts, de multiples plaisanteries et force applaudissements pour le bateau du capitaine. Mes commensaux assignés, deux couples d'âge mûr d'une base navale de la côte, semblaient bien décidés à se donner du bon temps.

Au départ, ma présence ne fit qu'ajouter à la bonne humeur. Ce n'est pas tous les jours qu'on rencontre une vraie Américaine sur une vieille guimbarde de ferry-boat au beau milieu de la mer Blanche, et cette curiosité les amusait. Ils voulurent savoir pourquoi je parlais russe, ce que je pensais de la Russie, en quoi elle diffère des États-Unis. Quand je leur dis ce que je faisais en Russie, cependant, l'allégresse retomba. Une Américaine en croisière d'agrément, visitant les Solovki pour leur paysage et la beauté de leur ancien monastère, c'était une chose. Une Américaine visitant les Solovki pour voir les restes du camp de concentration, c'était une autre histoire.

L'un d'eux se fit hostile. « Pourquoi les étrangers ne s'intéressent-ils qu'aux sales côtés de notre histoire ? voulut-il savoir. Pourquoi écrire sur le Goulag ? Pourquoi ne pas écrire sur nos réalisations ? Nous sommes le premier pays à avoir envoyé un homme dans l'espace ! » Par « nous », il voulait dire « nous les Soviétiques ». L'Union soviétique avait cessé d'exister sept ans plus tôt, mais il continuait de se considérer comme un citoyen soviétique, non pas comme un Russe.

Sa femme s'en prit également à moi. « Le Goulag n'est plus à l'ordre du jour, me dit-elle. Nous avons d'autres soucis ici. Nous avons le chômage, nous avons la criminalité. Pourquoi ne pas écrire sur nos vrais problèmes, plutôt que sur des choses qui sont arrivées il y a des lustres ? »

Tandis que cette désagréable conversation se poursuivait, l'autre couple garda le silence ; l'homme ne dit pas un mot sur le passé soviétique. À un moment, cependant, son épouse vint à ma rescousse : « Je comprends que vous vouliez en savoir plus sur les camps, dit-elle d'une voix douce. C'est intéressant de savoir ce qui est arrivé. J'aimerais en savoir plus. »

Dans mes voyages ultérieurs autour de la Russie, j'ai rencontré mainte et mainte fois ces quatre attitudes envers mon projet. « Ce ne sont pas vos oignons ! » ou « C'est hors sujet » furent les deux réactions les plus fréquentes. Le silence — ou une absence d'opinion, marquée par un haussement d'épaules — est probablement la réaction la plus fréquente. Mais j'ai croisé aussi des gens qui comprenaient pourquoi il importait de connaître le passé et qui souhaitaient qu'il fût plus facile d'en savoir plus.

En vérité, au prix d'un certain effort, on peut en savoir beaucoup sur le passé dans la Russie contemporaine. Toutes les archives ne sont pas fermées et tous les historiens russes ne sont pas préoccupés par d'autres choses : ce livre lui-même atteste l'abondance des informations disponibles. L'histoire du Goulag occupe aussi une large place dans le débat public au sein de certaines ex-républiques ou ex-satellites soviétiques. Dans quelques nations — en règle générale, celles qui se tiennent pour des victimes de la terreur, plutôt que ses auteurs —, les mémoriaux et les débats sont très en vue. À Vilnius, les Lituaniens ont transformé le siège du KGB en musée des victimes du génocide. Les Lettons ont transformé un ancien musée soviétique, consacré aux « Tireurs d'élite rouge », en musée de l'occupation de la Lettonie.

En février 2002, j'ai assisté à l'inauguration d'un nouveau musée hongrois situé dans un bâtiment qui fut tour à tour le siège du mouvement fasciste entre 1940 et 1945, et le QG de la police secrète communiste entre 1945 et 1956. Dans la première salle d'exposition, un mur était occupé par une série d'écrans de télévision diffusant de la propagande fasciste, tandis que, sur le mur d'en face, une autre série d'écrans diffusait de la propagande communiste. L'effet était immédiat, saisissant. Tel était le but de la manœuvre. Tout le reste du musée était de la même veine. En recourant à la photo, au son et à la vidéo, mais avec très peu de mots, les organisateurs du musée s'adressent sans détours à des gens trop jeunes pour se souvenir de l'un ou l'autre régime.

Au Bélarus, au contraire, l'absence de monument est devenue une question politique majeure ; dans le courant de l'été 2002, le président-dictateur Alexandre Loukachenka proclamait encore haut et fort son intention de faire passer une autoroute sur le site du massacre perpétré à la périphérie de Minsk, la capitale, en 1937. Sa rhétorique galvanisa l'opposition et suscita un vif débat autour du passé.

En Russie même, on trouve aussi, ici ou là, une poignée de monuments informels, semi-officiels ou privés érigés par toutes sortes de gens et d'organisations. Le siège du Mémorial, à Moscou, engrange des archives orales ou écrites et abrite un petit musée, où l'on peut voir, entre autres choses, une remarquable collection d'art carcéral. Le musée Andreï Sakharov, également à Moscou, traite aussi de l'époque stalinienne. Dans les faubourgs de Moscou, de Saint-Pétersbourg, de Tomsk, de Kiev et de Petrozavodsk, des sections locales du Mémorial ou d'autres organisations ont dressé des monuments pour marquer l'emplacement des charniers, théâtres des grands massacres des années 1937 et 1938.

Il est aussi des efforts plus ambitieux. Le cercle des anciennes mines de charbon autour de Vorkouta — qui sont autant d'anciens *lagpounkts* — est parsemé de croix, de statues et d'autres mémoriaux érigés par des victimes lituaniennes, polonaises et allemandes de ces camps. Le musée historique local de la ville de Magadan a plusieurs salles consacrées à l'histoire du Goulag, dont une avec un mirador ; sur une colline dominant la ville, un sculpteur russe de renom a édifié un monument aux morts de la Kolyma sur lequel on reconnaît des symboles de la diversité de leurs confessions. Dans les murs mêmes du monastère de Solovetski, transformé en musée, une salle expose des lettres de détenus, des photos et des fragments d'archives ; à l'extérieur a été plantée une allée d'arbres commémorant les morts de Solovetski. Au centre de Syktyvkar, la capitale de la République des Komis, des dirigeants locaux et la section locale du Mémorial ont construit une petite chapelle. À l'intérieur, on peut y lire les noms d'une poignée de prisonniers, choisis à dessein pour illustrer les multiples nationalités du Goulag : Lituaniens, Coréens, Juifs, Chinois, Géorgiens et Espagnols.

On trouve parfois dans des lieux isolés d'étranges et surprenants monuments individuels. Une croix de fer a été plantée sur une colline aride à la périphérie de la ville d'Oukhta, l'ancien siège de l'Oukhtpetchlag, pour commémorer le théâtre d'un massacre collectif. Pour la voir, j'ai dû suivre une route boueuse presque impraticable, crapahuter derrière un chantier et traverser non sans mal une voie ferrée. Malgré cela, j'étais bien trop loin pour lire l'inscription. Les militants du coin qui ont dressé la croix n'en rayonnaient pas moins de fierté.

À quelques heures au nord de Petrozavodsk a été aménagé un autre mémorial à la sortie du village de Sandormokh. Ou peut-être, en l'occurrence, « mémorial » n'est-il pas le mot juste. Il y a certes une plaque commémorative ainsi que diverses croix de pierre dressées par des Polonais, des Allemands et d'autres, mais Sandormokh — où des prisonniers des îles Solovki, dont le père Pavel Florenski, ont été exécutés en 1937 — marque surtout par ses croix faites à la main et ses monuments personnels étrangement émouvants. Parce qu'on n'a aucune trace du lieu d'inhumation des uns et des autres, chaque famille a choisi au hasard de commémorer tel ou tel monceau d'ossements. Les descendants des victimes ont collé des photographies de parents de longue date disparus sur des piquets de bois ; et d'aucuns ont gravé des épitaphes sur le côté. Rubans, fleurs en plastique, tout un bric-à-brac funéraire jonche la forêt de pins qui a poussé sur le charnier. J'ai visité les lieux par une journée d'août ensoleillée : c'était l'anniversaire du massacre et une délégation était venue de Saint-Pétersbourg. Une vieille femme s'est levée pour parler de ses parents, tous deux ensevelis sur place, tous deux exécutés quand elle n'avait que sept ans. Toute une vie avait passé avant qu'elle pût visiter leur « tombe ».

Un autre grand projet a pris forme à la périphérie de Perm. Sur le site de Perm-36, ancien *lagpounkt* de l'ère stalinienne, puis un des camps politiques les plus rudes des années 1970 et 1980, un groupe d'historiens locaux a construit un véritable musée, le seul qui soit effectivement situé dans les baraques d'un ancien camp. Avec leurs propres ressources, les historiens ont reconstruit le camp, les baraquements, les clôtures de barbelés et tout le reste. Ils sont allés jusqu'à mettre en place une petite affaire d'exploitation du bois, avec les machines rouillées et mises au rebut du camp, afin de financer leur projet. Alors qu'ils n'ont guère eu de soutien du gouvernement local, ils ont bénéficié de financements ouest-européens et américains. Non sans ambition, ils espèrent aujourd'hui retaper vingt-cinq bâtiments, dont quatre appelés à héberger un plus vaste musée de la Répression.

Et pourtant... Dans un pays habitué à de grandioses mémoriaux de guerre et à d'imposantes funérailles officielles, ces efforts locaux et initiatives privées demeurent maigres, épars et incomplets. La majorité des Russes n'en ont probablement même pas connaissance. Et cela n'a rien d'étonnant : dix années après la chute de l'Union soviétique, la Russie, le pays qui a hérité de la diplomatie et de la politique étrangère de l'URSS, de ses ambassades, de ses dettes et de son siège aux Nations unies, continue d'agir comme si elle n'avait pas hérité de l'histoire soviétique. La Russie n'a pas de musée national consacré à l'histoire de la répression. Elle n'a pas non plus de lieu national de deuil, de monument qui reconnaisse officiellement la souffrance des victimes et de leurs familles. Tout au long des années 1980, des concours ont été organisés à cette fin, mais ils n'ont débouché sur rien. Le Mémorial n'a réussi qu'à arracher une pierre aux îles Solovki, où le Goulag a commencé, pour la placer au centre de la place Dzerjinski, en face de la Loubianka[2].

Plus frappante encore que l'absence de monuments est cependant l'absence de conscience publique. Il semble parfois que les émotions et passions considérables suscitées par les vastes discussions de l'ère Gorbatchev se soient tout simplement évanouies en même temps que l'Union soviétique elle-même. L'âpre débat autour de la justice pour les victimes s'est éteint tout aussi brutalement. Alors qu'il en fut beaucoup question à la fin des années 1980, le gouvernement russe n'a jamais recherché ni jugé les bourreaux ou les auteurs de massacres, même ceux qui étaient identifiables. Au début des années 1990, l'un des auteurs du massacre des officiers polonais à Katyn était encore en vie. Avant sa disparition, le KGB eut un entretien avec lui, le priant d'expliquer, d'un point de vue technique, comment le meurtre s'était déroulé. En geste de bonne volonté, un double de l'enregistrement fut remis à l'attaché culturel polonais à Moscou. Nul ne suggéra, à aucun moment, qu'on pût le juger à Moscou, Varsovie ou ailleurs.

Il est vrai, bien entendu, que les procès ne sont sans doute pas toujours la meilleure façon d'aborder le passé. Dans les années qui suivirent la Seconde Guerre mondiale, l'Allemagne occidentale traduisit en justice 85 000 nazis, mais obtint moins de 7 000 condamnations. Les tribunaux étaient notoirement corrompus et se laissaient facilement emporter par les jalousies et conflits personnels. Le procès de Nuremberg lui-même est un exemple de «justice des vainqueurs» entaché d'une légalité douteuse et d'incongruités, à commencer par la présence de juges soviétiques qui savaient parfaitement la part de responsabilité de leur camp dans les massacres.

Mais il existe d'autres méthodes que les procès pour rendre publiquement justice aux crimes du passé. Il est des «commissions de la vérité»; par exemple, comme celles mises en place en Afrique du Sud, qui permettent aux victimes de raconter leur histoire sur la place publique, dans un espace officiel, et de faire en sorte que les crimes du passé aient leur place dans le débat public. Il y a des enquêtes officielles, comme celle du Parlement britannique sur le massacre du «dimanche sanglant», en Irlande du Nord. Et il y a les enquêtes gouvernementales, les commissions officielles et les excuses publiques. Or, le gouvernement russe n'a jamais envisagé aucune de ces options. En dehors du bref «procès», peu concluant, du parti communiste, jamais la Russie ne s'est donné la possibilité de dire publiquement la vérité, jamais il n'y a eu d'audition au parlement ni d'enquêtes officielles, sous quelque forme que ce soit, sur les meurtres et massacres des camps en URSS.

Résultat : un demi-siècle après la fin de la guerre, les Allemands débattent encore régulièrement de l'indemnisation des victimes, de mémoriaux ou de nouvelles interprétations de l'histoire nazie. Ils s'interrogent même pour savoir si les jeunes Allemands doivent continuer de supporter le poids de la culpabilité quant aux crimes des nazis. Un demi-siècle après la mort de Staline, il n'y a pas eu de discussions équivalentes en Russie, parce que la mémoire du passé n'a pas été un élément vivant du discours public.

La réhabilitation s'est poursuivie, tout doucement, au fil des années 1990. À la fin de 2001, quelque 4,5 millions de prisonniers politiques avaient été réhabilités en Russie, et la commission nationale de réhabilitation a estimé qu'il lui restait un demi-million de cas à examiner. Les victimes — des centaines de milliers, voire des millions — qui n'ont jamais été condamnées seront bien sûr exclues du processus[3]. Mais tandis que la commission elle-même est sérieuse et bien intentionnée, et qu'elle se compose de survivants du camp et de bureaucrates, aucune des personnes qui lui sont associées n'a vraiment le sentiment que les politiciens qui l'ont créée étaient animés d'un réel souci de « vérité et réconciliation », pour reprendre la formule de l'historienne britannique Catherine Merridale. L'objectif a plutôt été de mettre un terme à la discussion sur le passé, d'amadouer les victimes en leur lançant quelques roubles de plus et des tickets de bus gratuits, et d'éviter tout examen plus approfondi des causes du stalinisme ou de son héritage.

Il est, à ce silence public, quelques bonnes explications, à tout le moins excusables. La plupart des Russes passent réellement tout leur temps à faire face à la transformation complète de leur économie et de leur société. L'ère stalinienne est révolue de longue date. Il s'est passé bien des choses depuis. La Russie post-communiste n'est pas l'Allemagne d'après-guerre, où les souvenirs des pires atrocités étaient encore présents à tous les esprits. À l'aube du XXIe siècle, les événements du milieu du siècle dernier paraissent relever de l'histoire ancienne aux yeux d'une bonne partie de la population.

De manière peut-être plus pertinente, beaucoup de Russes ont aussi le sentiment que la discussion du passé a déjà eu lieu et qu'elle n'a pas donné grand-chose. Quand on demande aux plus âgés, tout au moins, pourquoi il est si rarement question du Goulag aujourd'hui, ils évacuent la question d'un geste de la main : « En 1990, c'était tout ce dont on pouvait parler, maintenant ce n'est plus nécessaire. » Pour compliquer encore les choses, la discussion autour du Goulag et de la répression stalinienne a fini par se confondre, dans l'esprit de beaucoup, avec les « réformateurs démocratiques » qui ont initialement encouragé le débat sur le passé soviétique. Parce que l'échec de cette génération de responsables politiques est désormais flagrant — on se souvient de leur passage comme d'une époque de corruption et de chaos —, toute discussion sur le Goulag s'en trouve ternie par simple association.

Comme je l'ai dit dans l'introduction, la présence de tant d'autres victimes de tant d'autres tragédies soviétiques ne fait qu'embrouiller cette question de la mémoire et de la commémoration de la répression politique. « Pour rendre les choses encore plus compliquées, écrit Catherine Merridale, bon nombre de gens sont allés de souffrance en souffrance ; ils peuvent se décrire comme d'anciens combattants, des victimes de la répression, les enfants des réprimés et même des survivants de la famine avec une égale facilité[4]. » On ne compte pas les monuments aux morts au champ d'honneur, paraissent se dire certains Russes : cela ne suffira-t-il pas ?

Il est en revanche d'autres raisons, moins excusables, au silence profond. Beaucoup de Russes ont vécu l'effondrement de l'Union soviétique comme un coup dévastateur à leur orgueil personnel. L'ancien système était mauvais ? Peut-être. Mais au moins étions-nous puissants, estiment-ils aujourd'hui. Et maintenant que nous ne le sommes plus, nous ne voulons pas entendre dire qu'il était mauvais. C'est trop douloureux, comme d'entendre dire du mal des morts.

Certains — encore — redoutent aussi ce qu'ils pourraient découvrir dans le passé, s'ils allaient y voir d'un peu plus près. En 1998, la journaliste russo-américaine Masha Gessen a raconté ce qu'on éprouvait en découvrant qu'une de ses grand-mères, une charmante vieille dame juive, avait été censeur, autrement dit qu'elle avait modifié les rapports des correspondants étrangers en poste à Moscou. Elle a aussi découvert que son autre grand-mère, une charmante vieille dame juive elle aussi, avait jadis postulé à un emploi dans la police secrète. Toutes deux l'avaient fait par désespoir, plutôt que par conviction. Maintenant, écrit-elle, elle sait pourquoi sa génération s'est abstenue de condamner trop sévèrement celle de ses grands-parents : « Nous ne les avons pas démasqués, nous ne les avons pas mis à l'épreuve, nous ne les avons pas jugés [...]. Du seul fait de poser de telles questions, chacun de nous risque de trahir quelqu'un que nous aimons[5]. »

Alexandre Iakovlev, président de la commission russe de réhabilitation, pose le problème de manière un peu plus crue : « La société est indifférente aux crimes du passé, m'a-t-il expliqué, tant les gens sont nombreux à y avoir trempé[6]. » Le système soviétique a entraîné des millions et des millions de citoyens dans de multiples formes de collaboration et de compromis. Si beaucoup le firent volontiers, d'autres gens dignes furent contraints d'accomplir des choses terribles. Eux-mêmes, leurs enfants et leurs petits-enfants n'ont pas toujours envie de s'en souvenir.

Toutefois, la principale explication à cette absence de débat public ne tient ni aux peurs des jeunes ni aux complexes d'infériorité ou aux restes de culpabilité de leurs parents. Le problème essentiel est plutôt le pouvoir et le prestige de ceux qui dirigent non seulement la Russie, mais aussi la plupart des anciens États ou satellites soviétiques. En décembre 2001, au dixième anniversaire de la dissolution de l'Union soviétique, treize des quinze anciennes Républiques soviétiques étaient dirigées par d'anciens communistes ; de même en allait-il de nombreux anciens États satellites, à commencer par la Pologne, le pays qui fournit des centaines de milliers de détenus aux camps et villages d'exil soviétiques. Même dans les pays qui ne sont pas effectivement gouvernés par les descendants idéologiques directs du Parti, les anciens communistes et leurs enfants ou compagnons de route continuent de peser lourd au sein des élites intellectuelles, médiatiques et économiques. Le président russe, Vladimir Poutine, est un ancien du KGB, tout fier de se présenter comme un « tchékiste ». Auparavant, du temps qu'il était Premier ministre, il s'était fait un devoir de se rendre à la Loubianka, siège du KGB, pour l'anniversaire de la fondation de la Tchéka, où il inaugura une plaque à la mémoire de Iouri Andropov[7].

La domination des anciens communistes et la discussion insuffisante du passé dans le monde non communiste n'ont rien d'un hasard. Pour dire les choses carrément, les anciens communistes ont clairement intérêt à dissimuler le passé : il ternit leur image, les mine et compromet leur prétention à accomplir des « réformes » alors même que, personnellement, ils ne sont pour rien dans les crimes passés. En Hongrie, l'ex-parti communiste, rebaptisé parti socialiste, s'est battu âprement contre l'ouverture du musée aux victimes de la Terreur. Quand l'ex-parti communiste, rebaptisé social-démocratie, est arrivé au pouvoir en Pologne aux élections de 2001, il a aussitôt coupé les fonds à l'Institut polonais de la Mémoire nationale, créé par ses prédécesseurs du centre droit. On a multiplié à l'infini les excuses pour expliquer que la Russie n'ait pas élevé un monument national à ses millions de victimes, mais Alexandre Iakovlev, encore une fois, m'a donné l'explication la plus succincte : « Le monument sera édifié lorsque nous — les anciens — seront tous morts. »

Cela a son importance : le refus de reconnaître, de se repentir ou de débattre de l'histoire du passé communiste pèse comme une pierre sur maintes nations de l'Europe communiste. Les rumeurs qui courent sur la teneur de vieux « dossiers » secrets continuent de troubler la vie politique, déstabilisant au moins un Premier ministre polonais et un Premier ministre hongrois. Les accords conclus dans le passé entre partis frères continuent d'avoir des ramifications aujourd'hui. Dans bien des pays, l'appareil de la police secrète — les cadres, le matériel, les bureaux — demeure quasiment inchangé. La découverte occasionnelle de nouveaux ossuaires peut soudain déchaîner la controverse et la colère[8].

C'est sur la Russie que ce passé pèse le plus. Elle a en effet hérité de tout l'attirail de la puissance soviétique, en même temps que du complexe de grande puissance de l'URSS, de son establishment militaire et de ses objectifs impériaux. De ce fait, les conséquences politiques de cette absence de mémoire y ont été beaucoup plus dommageables que dans les autres anciens pays communistes. Au nom de la mère patrie soviétique, Staline déporta la nation tchétchène dans les friches du Kazakhstan, où la moitié mourut tandis que les autres étaient voués à disparaître avec leur langue et leur culture. Cinquante ans plus tard, l'histoire s'est répétée, et la Fédération russe a effacé la capitale tchétchène, Grozny, en massacrant des dizaines de milliers de Tchétchènes au cours de deux guerres. Si le peuple et l'élite russes se souvenaient — se souvenaient viscéralement et émotionnellement — de ce que Staline fit aux Tchétchènes, ils n'auraient pu envahir la Tchétchénie dans les années 1990, non pas une, mais deux fois. Le faire était l'équivalent moral d'une invasion de la Pologne occidentale par l'Allemagne après la guerre. Fort peu de Russes ont vu les choses ainsi, ce qui montre bien à quel point ils connaissent mal leur histoire.

Cela n'a pas été sans conséquences sur la formation de la société civile russe et le développement de l'État de droit. Pour dire les choses sans détour, si les canailles de l'ancien régime ne sont pas punies, on n'aura en aucune façon vu le triomphe du bien sur le mal. Cela peut paraître apocalyptique, mais ce n'est pas sans pertinence politique. Il n'est pas nécessaire que la police mette tout le temps la main au collet de tous les criminels pour que la plupart des gens se soumettent à l'ordre public, mais il importe qu'elle en attrape une proportion significative. Rien n'encourage davantage l'illégalité que le spectacle de crapules qui s'en tirent bien, vivent de leurs dépouilles et se gaussent de l'opinion publique. Les agents de la police secrète ont gardé leurs appartements, leurs datchas et leurs pensions confortables. Leurs victimes sont demeurées pauvres et marginales. Pour la plupart des Russes, l'impression s'impose que plus on a collaboré dans le passé plus on était sage. Par analogie, on est aujourd'hui d'autant plus sage qu'on triche et qu'on ment.

En un sens très profond, l'idéologie du Goulag survit aussi en partie dans les attitudes et la vision du monde de la nouvelle élite russe. Un jour que j'étais chez des amis moscovites, il m'est arrivé d'entendre une de ces conversations de cuisine nocturnes typiques de la Russie. À une heure très avancée, deux des participants — des entrepreneurs à succès — engagèrent la discussion : que les Russes sont sots et crédules ! Et combien sommes-nous plus intelligents ! La vieille division stalinienne entre les catégories d'humanité, entre la toute-puissante élite et les « ennemis » qui ne valent rien, perdure dans l'arrogant mépris des nouvelles élites russes pour leurs concitoyens. À moins que cette élite ne comprenne sans tarder la valeur et l'importance de tous les citoyens russes, et n'en respecte les droits civils et humains, la Russie est finalement vouée à devenir le Zaïre du Nord, un pays peuplé de paysans appauvris et de politiciens milliardaires qui gardent leurs actifs dans les caves d'une banque suisse et leur jet privé sur des pistes d'envol, toujours prêt à décoller.

Tragiquement, le désintérêt de la Russie pour son passé a privé les Russes de héros aussi bien que de victimes. Les noms de ceux qui ont secrètement combattu Staline, fût-ce sans effet — les étudiants comme Susanna Petchora, Viktor Boulgakov et Anatoli Jigouline ; les chefs de file des rébellions et des soulèvements du Goulag ; les dissidents de Sakharov à Boukovski et à Orlov —, devraient être aussi connus en Russie que le sont en Allemagne les noms des participants au complot pour abattre Hitler. L'incroyable richesse de la littérature russe des survivants — autant d'histoires de gens dont l'humanité a triomphé des conditions effroyables régnant dans les camps de concentration soviétiques — devrait être mieux lue, mieux connue et plus souvent citée. Si les écoliers connaissaient mieux ces héros et leurs histoires, ils trouveraient des raisons d'être fiers jusque dans le passé soviétique de la Russie — en dehors de ses triomphes impériaux et militaires.

Mais cette amnésie a aussi des conséquences pratiques plus prosaïques. On peut soutenir, par exemple, que l'incapacité de la Russie à sonder convenablement son passé explique son insensibilité à certains types de censure ainsi qu'à la présence pesante et continue de la police secrète, désormais rebaptisée Federalnaïa Sloujba Bezopasnosti, ou FSB. La plupart des Russes ne s'inquiètent guère de voir le FSB ouvrir le courrier, écouter les conversations téléphoniques ou pénétrer dans les domiciles privés sans mandat de perquisition. Pas plus qu'ils ne se préoccupent de l'acharnement du FSB contre Alexandre Nikitine, l'écologiste qui a écrit sur les dégâts opérés par la flotte du Nord de la Russie dans la mer Baltique[9].

L'insensibilité au passé aide aussi à expliquer l'absence de réforme judiciaire et carcérale. En 1998, je suis allée visiter la prison centrale de la ville d'Arkhangelsk. Autrefois une des capitales du Goulag, elle se trouve directement sur la route de Solovetski, de Kotlas, du Kargopollag et d'autres complexes concentrationnaires du Nord. La prison de la ville, antérieure même à l'époque de Staline, ne semblait guère avoir changé depuis. J'y suis entrée en compagnie de Gahna Doudina, une femme qui est une vraie rareté dans la Russie post-soviétique : une avocate des droits de l'homme. Parcourant les salles de ce bâtiment de pierre, accompagnées d'un gardien silencieux, on avait l'impression de s'enfoncer dans le passé.

Les couloirs étaient étroits et sombres, avec des murs suintants d'humidité. Quand le maton a ouvert la porte d'une cellule d'hommes, j'ai entrevu des corps nus allongés sur des châlits, couverts de tatouages. Voyant les hommes dévêtus, il s'est empressé de refermer la porte pour leur laisser le temps de se rendre présentables. Quand il l'a rouverte, je suis entrée : une vingtaine d'hommes étaient alignés, renfrognés parce qu'on les avait dérangés. Ils ont grommelé quelques monosyllabes pour toute réponse aux questions de Galina tandis que la plupart n'ont pas quitté des yeux le sol de ciment de leur cellule. Apparemment, ils jouaient aux cartes ; le gardien nous a vite fait sortir.

Nous avons passé davantage de temps dans la cellule des femmes. Il y avait des toilettes dans un coin. Ce détail mis à part, on se serait cru dans une scène tirée des pages de mémoires des années 1930. Des sous-vêtements féminins étaient suspendus à une ficelle accrochée au plafond ; l'atmosphère était épaisse et suffocante, chargée d'odeurs de transpiration, de mauvaise bouffe, d'humidité et de déjections. Les femmes, elles aussi débraillées, étaient assises sur les châlits ; elles ont accablé le gardien d'insultes tout en glapissant revendications et griefs. On se serait cru dans la cellule d'Olga Adamova-Sliozberg, en 1938. Je cite à nouveau sa description :

> Immense, aux murs incurvés suintant d'humidité, avec, de part et d'autre d'un étroit passage, une suite ininterrompue de châlits encombrés de corps. Sur des cordes, quelques chiffons en train de sécher. Le tout noyé dans la fumée de *makhorka* [tabac fort et bon marché]. Il y avait beaucoup de bruit, quelqu'une se querellait et criait, une autre pleurait à chaudes larmes[10].

La porte à côté, dans la cellule des jeunes, il y avait beaucoup moins de détenues, mais les visages étaient plus tristes. Galina a tendu un mouchoir à une jeune fille de quinze ans qui sanglotait. On l'accusait d'avoir volé l'équivalent en roubles d'une dizaine d'euros. « Pour l'instant, a-t-elle ajouté, tu travailles ton algèbre et tu seras bientôt dehors. » Tel était du moins son espoir. Galina a rencontré tant de gens incarcérés depuis des mois sans procès. Et cette jeune fille n'était en prison que depuis une semaine.

Après quoi nous avons parlé avec le chef de la prison, qui s'est contenté d'un haussement d'épaules quand nous l'avons interrogé sur cette gamine, sur le prisonnier croupissant dans le quartier des condamnés à mort depuis des années alors qu'il proteste de son innocence, sur l'air méphitique qui règne dans la prison et l'absence de sanitaires. Tout est une histoire d'argent, a-t-il expliqué. C'est simplement que l'argent manque. Les gardiens de prison sont mal payés. Les factures d'électricité montaient en flèche, ce qui expliquait l'obscurité des couloirs. Il n'y avait pas d'argent pour les réparations, pas d'argent pour les procureurs, les juges et les procès. Les détenus n'avaient qu'à attendre leur tour, attendre que l'argent entre.

Je n'étais pas convaincue. L'argent est effectivement un problème, mais ce n'est pas toute l'histoire. Si les prisons russes ressemblent à une scène des mémoires d'Adamova-Sliozberg, si les tribunaux et les enquêtes criminelles de la Russie sont une mascarade, c'est en partie parce que l'héritage soviétique ne pèse pas comme une mauvaise conscience sur les épaules de ceux qui dirigent le système criminel de la Russie. Le passé ne hante pas la police secrète de la Russie, pas plus qu'il ne hante ses juges, ses politiques et ses élites économiques.

Dans la Russie contemporaine, très rares sont au contraire ceux qui vivent le passé comme un fardeau ou une obligation. Le passé est un mauvais rêve qui demande à être oublié, une rumeur qui se chuchote mais qu'on feint de ne pas entendre. Telle une immense boîte de Pandore encore fermée, il attend la génération suivante.

L'incapacité de l'Occident à comprendre l'ampleur de ce qui est arrivé en Union soviétique et en Europe centrale n'a pas, bien entendu, les mêmes implications profondes pour notre mode de vie que pour le leur. La tolérance, au sein de nos universités, d'un rare « négationniste du Goulag » ne détruira pas le tissu moral de notre société. Après tout, la guerre froide est terminée, et les partis communistes occidentaux n'ont plus de véritable force intellectuelle ou politique.

Si nous ne consentons pas à faire davantage d'effort de mémoire, cependant, il y aura aussi des conséquences pour nous. D'un côté, notre compréhension de ce qui se passe maintenant dans l'actuelle Union soviétique continuera d'être déformée par notre incompréhension de l'histoire. Encore une fois, si nous savions réellement ce que Staline a fait aux Tchétchènes, et si nous mesurions le crime terrible que ce fut contre cette nation, ce n'est pas seulement Poutine qui ne pourrait pas faire ce qu'il leur fait aujourd'hui, mais nous qui ne pourrions pas rester assis, les bras croisés, sans broncher. L'effondrement de l'Union soviétique n'a pas non plus inspiré la même mobilisation de forces occidentales que la fin de la Seconde Guerre mondiale. Quand l'Allemagne nazie a fini par s'effondrer, le reste de l'Occident a créé à la fois l'OTAN et la Communauté européenne, en partie pour empêcher l'Allemagne de rompre à nouveau avec la « normalité » civilisée. En revanche, il a fallu attendre le 11 septembre 2001 pour que les pays occidentaux se mettent sérieusement à repenser leur politique de sécurité de l'après guerre froide. Et d'autres mobiles ont pesé plus lourd que la nécessité de réintégrer la Russie dans le sein de la civilisation occidentale.

Finalement, les conséquences en matière de politique étrangère ne sont pas les plus importantes. Car si nous oublions le Goulag, tôt ou tard, il nous sera aussi difficile de comprendre notre propre histoire. Après tout, pourquoi avons-nous mené la guerre froide ? Parce que des politiciens de droite fêlés, de mèche avec le complexe militaro-industriel et la CIA, ont inventé toute cette affaire et forcé deux générations d'Américains et d'Européens de l'Ouest à les suivre ? Ou n'y avait-il pas un enjeu plus important ? Déjà, la confusion règne. En 2002, un article du magazine conservateur britannique *The Spectator* affirmait que la guerre froide avait été « un des conflits les plus inutiles de tous les temps[11] ». L'écrivain américain Gore Vidal a lui aussi décrit les batailles de la guerre froide comme « quarante années de guerres absurdes qui ont créé une dette de 5 billions de dollars[12] ».

Déjà, nous oublions ce qui nous a mobilisés, ce qui nous a inspirés, ce qui a si longtemps soudé la civilisation de « l'Occident » : nous oublions ce contre quoi nous nous battions. Si nous ne faisons pas plus d'effort pour nous rappeler l'histoire de l'autre moitié du continent européen, l'histoire de l'autre régime totalitaire du XXe siècle, c'est nous, en Occident, qui finirons par ne pas comprendre notre passé, nous qui ne saurons pas comment notre monde est devenu ce qu'il est.

Et pas seulement notre passé particulier. Car si nous persistons à oublier la moitié de l'histoire de l'Europe, c'est une partie de ce que nous savons de l'humanité elle-même qui sera déformé. Chaque grande tragédie du XXe siècle est unique : le Goulag, l'Holocauste, le massacre des Arméniens, le massacre de Nankin, la Révolution culturelle, la révolution cambodgienne, les guerres bosniaques, parmi tant d'autres. Chacun de ces événements a eu des origines historiques, philosophiques et culturelles différentes, chacun s'est produit dans des circonstances locales particulières qui ne se reproduiront jamais. Seule notre capacité d'avilir, de détruire et de déshumaniser nos semblables s'est répétée — et se répétera — maintes et maintes fois : la transformation de nos voisins en « ennemis », la réduction de nos adversaires en poux, vermines ou herbes toxiques, la réinvention de nos victimes sous la forme d'êtres mauvais plus vils et plus insignifiants, juste dignes d'être incarcérés, expulsés ou tués.

Plus nous serons capables de comprendre comment les différentes sociétés ont transformé leurs voisins et concitoyens d'hommes en objets, plus nous en saurons sur les circonstances spécifiques qui ont conduit à chaque épisode de torture et de massacre en masse, mieux nous comprendrons la face cachée de notre nature humaine. Ce livre n'a pas été écrit «pour qu'on ne voie plus jamais ça», suivant la formule consacrée. Il a été écrit parce que, très certainement, cela se reproduira. Les philosophies totalitaires ont eu, et continueront d'exercer, un attrait profond sur des millions et des millions de gens. La destruction de l'«ennemi objectif», comme dit un jour Hannah Arendt, reste l'objectif fondamental de nombreuses dictatures. Il nous faut savoir pourquoi — et chaque histoire, chaque mémoire, chaque document de l'histoire du Goulag est une pièce du puzzle, un élément de l'explication. Sans cela, nous nous réveillerons un jour pour nous apercevoir que nous ne savons pas qui nous sommes.

APPENDICES

REMERCIEMENTS

Aucun livre n'est jamais réellement l'œuvre d'une seule personne, mais celui-ci n'aurait véritablement pu être écrit sans le concours pratique, intellectuel et philosophique de maintes personnes — certaines qui comptent parmi mes plus proches amis, et d'aucunes que je n'ai jamais rencontrées. Il est inhabituel, dans les remerciements, que les auteurs saluent des écrivains disparus de longue date, mais j'aimerais adresser une reconnaissance spéciale à un groupe restreint mais unique de survivants des camps, dont j'ai lu et relu les mémoires en écrivant ce livre. Bien que nombre d'entre eux aient évoqué leurs expériences par écrit avec profondeur et éloquence, ce n'est pas par hasard si ces pages se distinguent par une prépondérance de citations de Varlam Chalamov, Isaak Filchtinski, Gustaw Herling, Evguénia Guinzbourg, Lev Razgon, Janusz Bardach, Olga Adamova-Sliozberg, Anatoli Jigouline [Gygouline], Alexander Dolgun et, bien entendu, Alexandre Soljenitsyne. Certains d'entre eux comptent au nombre des survivants les plus célèbres du Goulag. D'autres pas, mais tous ont un point commun. Parmi les centaines de mémoires que j'ai lus, les leurs se distinguent non seulement par la force de leur prose, mais aussi par leur capacité à sonder sous la surface de l'horreur quotidienne et à découvrir les vérités profondes de la condition humaine.

Je suis aussi plus que reconnaissante de leur aide à un certain nombre de Moscovites qui m'ont guidée à travers les archives, m'ont introduite auprès des survivants et m'ont fait part en même temps de leurs interprétations personnelles de leur passé. Au premier rang figurent l'archiviste Alexandre Korkourine — dont on se souviendra un jour, je l'espère, comme d'un pionnier de la nouvelle histoire russe — ainsi que Galia Vinogradova et Alla Boryna, qui se sont toutes deux dévouées à ce projet avec une ferveur peu commune. À différents moments, j'ai eu des conversations éclairantes avec Anna Grichina, Boris Belikine, Nikita Petrov, Susanna Petchora, Alexandre Gourjanow, Arseni Roginski et Natacha Malykhina du Mémorial de Moscou; Siméon Vilenski de Vozvrachtchenie; ainsi que Oleg Khlevniouk, Zoïa Erotchok, le professeur Natalia Lebedeva, Liouba Vinogradova et Stanislaw Gregorowicz, ancien membre de l'ambassade de Pologne à Moscou. Je suis aussi infiniment reconnaissante aux nombreuses personnes qui m'ont accordé de longs entretiens en bonne et due forme et dont les noms sont répertoriés séparément dans la bibliographie.

En dehors de Moscou, je dois beaucoup à quantité de gens qui se sont montrés prêts à tout laisser tomber et à consacrer soudain de longues plages de temps à une étrangère débarquant, parfois de manière totalement impromptue, pour poser des questions naïves sur des sujets qu'ils étudiaient depuis des années. Parmi eux, je voudrais citer Nikolaï Morozov et Mikhaïl Rogatchev à Syktyvkar; Jenia Khaidarova et Liouba Petrovna à Vorkouta; Irina Chaboulina et Tatiana Fokina à Solovki; Galina Doudina à Arkhangelsk; Vassili Makourov, Anatoli Tsigankov et Iouri Dmitriev à Petrozavodsk; Viktor Chmirov à Perm; Leonid Trous à Novossibirsk; Svetlana Doinisena, directrice du musée d'Histoire locale à Iskitim; Veniamin Ioffe et Irina Reznikova du Mémorial de Saint-Pétersbourg. Je suis particulièrement reconnaissante aux bibliothécaires de la Kraevedcheskaïa Biblioteka d'Arkhangelsk, dont plusieurs m'ont consacré une journée entière dans mes efforts pour comprendre l'histoire de leur région, pour la simple raison qu'ils estimaient important de le faire.

À Varsovie, j'ai largement profité de la bibliothèque et des archives dirigées par l'Institut Karta, aussi bien que de mes conversations avec Anna Dzienkiewicz et Dorota Pazio. À Washington (D.C.), David Nordlander et Harry Leich m'ont aidée à la Bibliothèque du Congrès. Je suis particulièrement reconnaissante à Elena Danielson, Thomas Henrikson, Lora Soroka et surtout Robert Conquest de la Hoover Institution. L'historienne italienne Marta Craveri m'a beaucoup aidée à comprendre les rébellions dans les camps. Des conversations avec Vladimir Boukovski et Alexandre Iakovlev m'ont aussi aidée à comprendre l'ère post-stalinienne.

J'ai contracté une dette particulière envers la Lynde and Harry Bradley Foundation, la John M. Olin Foundation, la Hoover Institution, la Märit and Hans Rausing Foundation, ainsi que John Blundell de l'Institute of Economic Affairs, qui m'ont soutenue financièrement et moralement.

J'aimerais aussi remercier mes collègues et amis qui m'ont prodigué leurs conseils historiques et pratiques au cours de la rédaction de ce volume. Parmi eux, il me faut nommer Antony Beevor, Colin Thubron, Stefan et Danuta Waydenfeld, Yuri Morakov, Paul Hofheinz, Amity Shlaes, David Nordlander, Simon Heffer, Chris Joyce, Alessandro Missir, Terry Martin, Alexander Gribanov, Piotr Paszkowski et Orlando Figes, ainsi que Radek Sikorski, dont la serviette ministérielle s'est révélée en vérité très utile. Je dois des remerciements particuliers à Georges Borchardt, Kristine Puopolo, Gerry Howard et Stuart Proffitt, qui ont suivi ce livre jusqu'à son achèvement.

Enfin, pour leur amitié, leurs sages suggestions, leur hospitalité et leur table, je voudrais remercier Christian et Natacha Caryl, Edward Lucas, Iouri Senokossov et Lena Nemirovskaïa, mes merveilleux hôtes moscovites.

COMBIEN ?

L'Union soviétique a compté des camps de concentration par milliers ; des millions de gens y sont passés, mais pendant de longues décennies le bilan précis des victimes est demeuré inconnu de tous, sauf d'une poignée de bureaucrates. Tant que l'URSS existait, toute estimation relevait donc de la conjecture pure ; aujourd'hui encore, l'exercice relève de la conjecture informée.

À l'époque de la conjecture pure, le débat occidental sur les statistiques de la répression — tout comme le débat occidental plus général sur l'histoire soviétique — se ressentit, à compter des années 1950, des impératifs politiques de la guerre froide. Privés d'archives, les historiens s'en remettaient, tour à tour, aux mémoires des prisonniers, aux déclarations des transfuges, aux chiffres des recensements officiels, aux statistiques économiques ou même aux détails mineurs qui filtraient jusqu'en Occident, comme le nombre de journaux distribués aux prisonniers en 1931 [1]. Les plus portés à détester l'Union soviétique avaient tendance à choisir les chiffres de victimes les plus élevés. Les plus enclins à détester le rôle américain ou occidental dans la guerre froide choisissaient les chiffres les plus bas. Les chiffres eux-mêmes étaient extraordinairement variables. Dans *La Grande Terreur*, son travail pionnier de 1968 sur les purges, l'historien Robert Conquest estimait que le NKVD avait arrêté sept millions de gens en 1937 et 1938 [2]. Dans son étude « révisionniste » de 1985, *Origins of the Purges*, l'historien J. Arch Getty parle simplement de « milliers » d'arrestations dans ces deux mêmes années [3].

En fait, l'ouverture des archives soviétiques n'a donné totale satisfaction à aucune des deux écoles. Les premières séries de chiffres avancées pour les prisonniers du Goulag se situaient exactement à mi-chemin entre les estimations les plus fortes et les plus faibles. D'après les documents largement publiés du NKVD, voici, au 1er janvier de chaque année, quels ont été les chiffres des prisonniers des camps et colonies du Goulag de 1930 à 1953 :

1930	179 000	1942	1 777 043
1931	212 000	1943	1 484 182
1932	268 700	1944	1 179 819
1933	334 300	1945	1 460 677
1934	510 307	1946	1 703 095
1935	965 742	1947	1 721 543
1936	1 296 494	1948	2 199 535
1937	1 196 369	1949	2 356 685
1938	1 881 570	1950	2 561 351
1939	1 672 438	1951	2 525 146
1940	1 659 992	1952	2 504 514
1941	1 929 729	1953	2 468 524[4]

Ces chiffres reflètent des choses que nous savons avec certitude, grâce à quantité d'autres sources. La population concentrationnaire commence à croître à la fin des années 1930, avec l'intensification de la répression. Elle baisse légèrement au cours de la guerre, du fait des nombreuses amnisties. Elle remonte en 1948 quand Staline serra à nouveau la vis. Pour couronner le tout, la plupart des chercheurs qui ont travaillé dans les archives admettent aujourd'hui que ces chiffres reposent sur d'authentiques compilations des données fournies par les camps au NKVD. Ils s'accordent avec les données venant d'autres parties de la bureaucratie gouvernementale soviétique, par exemple avec celles du commissariat du Peuple aux Finances[5]. Pour autant, ils ne reflètent pas nécessairement toute la vérité.

Pour commencer, les chiffres annuels sont trompeurs, parce qu'ils masquent le renouvellement étonnamment élevé de la population dans le système concentrationnaire. En 1943, par exemple, 2 421 000 détenus sont passés par le Goulag, alors que le total en début et en fin d'année indique un déclin de 1,5 à 1,2 million. Si le chiffre inclut donc les transferts au sein du système, il indique néanmoins un très fort mouvement de prisonniers dont on perd trace dans les chiffres globaux[6]. De même, près d'un million de prisonniers quittèrent les camps au cours de la guerre pour rejoindre l'armée rouge : c'est à peine si l'on en trouve un écho dans les statistiques générales, puisque beaucoup de prisonniers furent également internés au cours de la guerre. Autre exemple : en 1947, 1 490 959 détenus entrèrent dans les camps ; 1 012 967 en sortirent — soit un renouvellement considérable dont le tableau ne dit rien non plus[7].

Des prisonniers en sortirent parce qu'ils moururent, parce qu'ils s'enfuirent, parce qu'ils purgeaient une peine de courte durée, parce qu'ils furent intégrés à l'armée rouge ou encore parce qu'ils avaient été promus à des postes administratifs. Comme je l'ai écrit, il y eut de fréquentes amnisties concernant les vieux, les malades et les femmes enceintes — invariablement suivies de nouvelles vagues d'arrestations. Du fait de ce mouvement constant et massif de détenus, les chiffres étaient en vérité bien plus élevés qu'il ne semble au premier abord : en 1940, huit millions de détenus avaient déjà transité par les camps[8]. Sur la base des statistiques d'entrées et de sorties disponibles, et en conciliant les diverses sources, le seul calcul complet que je connaisse estime que dix-huit millions de citoyens soviétiques sont passés par les camps et les colonies entre 1929 et 1953. Ce chiffre s'accorde également avec ceux qu'ont donnés dans les années 1990 de hauts responsables russes de la Sécurité. Selon une source, Khrouchtchev lui-même parla de dix-sept millions de gens qui seraient passés par les camps de travail entre 1937 et 1953[9].

En un sens plus profond, cependant, ce chiffre est lui aussi trompeur. Les lecteurs en sont avertis maintenant : les personnes condamnées à des travaux forcés en Union soviétique n'ont pas toutes purgé leur peine dans un camp de concentration dirigé par l'administration du Goulag. D'un côté, les chiffres donnés ci-dessus excluent les centaines de milliers de gens condamnés aux « travaux forcés sans incarcération » pour infraction sur leur lieu de travail. Qui plus est, il existait au moins trois autres catégories significatives de forçats incarcérés : les prisonniers de guerre, la population des camps de filtrage après la guerre et, surtout, les « exilés spéciaux », qui comprenaient les koulaks déportés au cours de la collectivisation, les Polonais, les Baltes et autres déportés après 1939, ainsi que les Caucasiens, les Tatars, les Allemands de la Volga et d'autres déportés au cours de la guerre.

Les deux premiers groupes sont assez faciles à compter : par plusieurs sources fiables, nous savons que le nombre de prisonniers de guerre a dépassé les quatre millions[10]. Nous savons également qu'entre le 27 décembre 1941 et le 1er octobre 1944 le NKVD se pencha sur le cas de 421 199 personnes retenues dans des camps de filtrage, et qu'au 10 mai 1945 plus de 160 000 d'entre elles y étaient encore internées, astreintes à des travaux forcés. En janvier 1946, le NKVD supprima les camps en question et rapatria 228 000 détenus en URSS pour complément d'enquête[11]. Au total, 700 000 est donc une estimation honnête.

Les exilés spéciaux sont un peu plus difficiles à dénombrer, ne serait-ce que parce qu'il y eut quantité de groupes d'exilés différents envoyés dans quantité de lieux différents à de si nombreuses périodes et pour tant de raisons différentes. Dans les années 1920, nombre des premiers adversaires des bolcheviks — mencheviks, socialistes révolutionnaires, etc. — furent exilés par décret administratif : autrement dit, si, techniquement, ils ne faisaient pas partie du Goulag, ils furent certainement châtiés. Au début des années 1930, 2,1 millions de koulaks furent exilés, même si un nombre inconnu, certainement des centaines de milliers, furent envoyés non pas au Kazakhstan ou en Sibérie, mais dans d'autres parties de leur province d'origine ou sur de mauvaises terres aux confins de leurs fermes collectives : beaucoup s'étant apparemment enfuis, il est difficile de savoir s'il faut les compter ou non. Autrement plus claire est la situation des groupes nationaux exilés durant et après la guerre vers des villages d'« exil spécial ». Tout aussi clairs, même si on a bien plus tendance à les oublier, sont des groupes singuliers comme les 17 000 « anciens » expulsés de Leningrad après le meurtre de Kirov. Il y a encore le cas des Allemands soviétiques qui ne furent pas physiquement déportés, mais dont les villages entiers, en Sibérie et en Asie centrale, furent transformés en « peuplements spéciaux » — le Goulag vint à eux, pour ainsi dire —, aussi bien que les bébés en exil, qui sont assurément des exilés eux aussi.

De ce fait, ceux qui ont essayé de collationner les multiples statistiques publiées sur chacun de ces groupes ont-ils obtenu des chiffres légèrement différents. Dans *Ne po svoie vole*, publié par le Mémorial en 2001, l'historien Pavel Polyan a ajouté les chiffres des exilés spéciaux pour arriver à 6 015 000[12]. Dans son tour d'horizon des archives, Otto Pohl, par ailleurs, arrive à un peu plus de sept millions d'exilés spéciaux de 1930 à 1948[13]. S'agissant de la population des « peuplements spéciaux » dans l'après-guerre, il donne les chiffres suivants :

octobre 1945	2 230 500
octobre 1946	2 463 940
octobre 1948	2 104 571
1er janvier 1949	2 300 223
1er janvier 1953	2 753 356[14]

Partant du principe que l'estimation la plus basse contentera les plus difficiles, j'ai préféré retenir le chiffre de Polyan : six millions d'exilés. Si l'on ajoute maintenant tous les chiffres, le nombre total de forçats en URSS s'élève à 28,7 millions.

J'ai bien conscience, naturellement, que ce chiffre ne satisfera pas tout le monde. D'aucuns objecteront que toutes les personnes arrêtées ou déportées ne sont pas des « victimes » puisque se trouvaient parmi eux des criminels, voire des criminels de guerre. Pourtant, s'il est exact que plusieurs millions de ces prisonniers avaient été condamnés au criminel, je ne pense pas que la majorité, loin de là, aient été réellement des « criminels » en quelque sens normal du mot. Une femme qui a ramassé quelques grains dans un champ déjà moissonné n'est pas une criminelle, pas plus qu'un homme arrivé par trois fois en retard à son travail, comme le père du général russe Alexandre Lebed, qui se retrouva dans un camp pour cette raison. Dans le même ordre d'idées, un prisonnier de guerre qui a été délibérément gardé dans un camp de travail forcé de longues années après la fin de la guerre n'est pas non plus un prisonnier légitime. Tout indique que le nombre d'authentiques truands dans les camps était infime : aussi me paraît-il préférable de laisser les chiffres en l'état.

D'autres, cependant, seront insatisfaits de ce chiffre pour différentes raisons. Alors que j'écrivais ce livre, on m'a posé mainte et mainte fois la question : sur ces 28,7 millions de détenus, combien sont morts ?

La réponse aussi est compliquée. À ce jour, il n'existe aucune statistique totalement satisfaisante des décès, pas plus pour le

Goulag que pour le système d'exil[15]. Dans les prochaines années, on verra peut-être surgir des chiffres plus fiables : au moins un ancien officier du MVD a personnellement pris sur lui d'éplucher méthodiquement les archives, camp par camp, année après année, pour essayer d'obtenir des chiffres vrais. Avec des mobiles peut-être un peu différents, la Société du Mémorial, qui a déjà produit le premier guide fiable du nombre de camps, a entrepris à son tour de compter les victimes de la répression.

En attendant ces compilations, cependant, il nous faut nous en remettre à ce que nous avons : un bilan année après année des taux de mortalité du Goulag, établi à partir des archives du Département d'enregistrement des prisonniers. Ces chiffres excluent apparemment les décès en prison et au cours des transports. Ils ont été calculés à partir des rapports généraux du NKVD, non pas sur les archives des divers camps. Ils ne tiennent aucun compte des exilés spéciaux. Je donne néanmoins ce bilan ici, à contrecœur :

1930	7 980 (4,2 %)	1942	352 560 (24,9 %)
1931	7 283 (2,9 %)	1943	267 826 (22,4 %)
1932	13 197 (4,81 %)	1944	114 481 (9,2 %)
1933	67 297 (15,3 %)	1945	81 917 (5,95 %)
1934	25 187 (4,28 %)	1946	30 715 (2,2 %)
1935	31 636 (2,75 %)	1947	66 830 (3,59 %)
1936	24 993 (2,11 %)	1948	50 659 (2,28 %)
1937	31 056 (2,42 %)	1949	29 350 (1,21 %)
1938	108 654 (5,35 %)	1950	24 511 (0,95 %)
1939	44 750 (3,1 %)	1951	22 466 (0,92 %)
1940	41 275 (2,72 %)	1952	20 643 (0,84 %)
1941	115 484 (6,1 %)	1953	9 628 (0,67 %)[16]

Comme les statistiques officielles de détenus, le tableau indique aussi certaines tendances lourdes qu'on peut accorder avec d'autres données. L'envolée soudaine de 1933, par exemple, trahit certainement l'impact de la famine qui tua également de six à sept millions de citoyens soviétiques « libres ». La moindre augmentation de 1938 doit refléter les exécutions en masse qui eurent lieu cette année-là dans certains cas. La forte augmentation de la mortalité durant la guerre — près du quart des détenus en 1942 — cadre aussi avec les mémoires et les souvenirs des gens qui ont connu les camps cette année-là et traduit les pénuries alimentaires plus générales dont souffrit le pays tout entier.

Quand bien même aurait-on de meilleurs chiffres, cependant, il restera difficile de répondre à la question « Combien de morts ? ». En vérité, aucun chiffre de décès compilé par les autorités du Goulag ne saurait être jugé totalement fiable. La culture de l'inspection des camps et des réprimandes faisait, entre autres choses, que les commandants de camp avaient tout intérêt à mentir sur la quantité de détenus morts : tant les archives que les mémoires indiquent qu'il était courant, dans bien des camps, de libérer les détenus à l'article de la mort, histoire d'abaisser ainsi les statistiques de mortalité [17]. Même si les exilés circulaient moins souvent et n'étaient pas libérés quand ils étaient à demi morts, la nature du système d'exil — les détenus vivant dans des villages isolés, loin des autorités régionales — signifie que l'on n'aura jamais non plus des statistiques totalement fiables sur les morts en exil.

Qui plus est, la question elle-même demande à être précisée. « Combien de morts ? » est en fait une question imprécise, dans le cas de l'Union soviétique, et ceux qui posent une telle question doivent d'abord se demander ce qu'ils veulent réellement savoir. Est-ce le nombre de morts dans les camps du Goulag et dans les villages d'exil au cours de l'ère stalinienne, de 1929 à 1953, par exemple, qu'ils veulent connaître ? En ce cas, on dispose d'un chiffre calculé à partir des documents d'archives, même si l'historien qui l'a établi souligne qu'il est incomplet et ne recouvre pas chaque année toutes les catégories de détenus. Je le donne en rechignant : 2 749 163 [18].

Même s'il était complet, cependant, ce chiffre ne vaudrait pas pour toutes les victimes du système judiciaire stalinien. Comme je l'indique dans l'introduction, le plus souvent la police secrète soviétique ne se servait pas des camps pour tuer. Quand elle voulait tuer, elle procédait à des exécutions en masse dans les forêts : ce sont assurément des victimes de la justice soviétique, elles aussi, et elles furent nombreuses. Sur la foi des archives, un groupe de chercheurs avance le chiffre de 786 998 exécutions politiques de 1934 à 1953 [19]. La plupart des historiens l'estiment plus ou moins vraisemblable, mais la hâte et le chaos qui accompagnèrent les exécutions de masse font que nous ne saurons sans doute jamais vraiment. Reste que ce chiffre qui, à mon sens, est trop précis pour être fiable, ne comprend pas tous ceux qui sont morts dans les trains qui les acheminaient vers les camps ; au cours des interrogatoires ; dont les exécutions n'étaient pas techniquement « politiques », mais qui n'en furent pas moins accomplies pour des raisons spécieuses ; les 20 000 officiers polonais et plus massacrés à Katyn ; et, surtout, ceux qui moururent quelques jours après leur libération. Si c'est le chiffre que l'on veut, il sera plus élevé, probablement beaucoup plus élevé, même si, là encore, les estimations seront très variables.

Mais même ces chiffres, j'en ai fait le constat, n'apportent pas toujours la réponse à ce que les gens veulent réellement savoir. Souvent, quand on me demande « Combien de morts ? », ce que mon interlocuteur veut savoir c'est combien sont morts, vainement, des suites de la Révolution bolchevique. Autrement dit, combien sont morts dans la Terreur rouge et la guerre civile, les famines consécutives à la politique brutale de collectivisation, dans le cadre des déportations massives, des exécutions en masse, dans les camps des années 1920, dans les camps des années 1960 aux années 1980, aussi bien que dans les camps et meurtres collectifs du règne de Staline. En l'occurrence, les chiffres sont non seulement bien plus importants, mais ils relèvent aussi de la conjecture pure. Les auteurs du *Livre noir du communisme* avancent le chiffre de vingt millions de morts. D'autres le situent plus près de dix ou douze millions[20].

Un seul et unique chiffre rond des victimes serait excessivement satisfaisant, d'autant qu'il nous permettrait de comparer directement Staline à Hitler et Mao. Quand bien même on en trouverait un, je ne suis pas sûre qu'il livrerait réellement toute l'histoire des souffrances. Aucun chiffre officiel, par exemple, ne saurait refléter la mortalité des femmes et des enfants, des parents vieillissants, laissés derrière soi, puisque les morts n'ont pas été comptabilisées séparément. Au cours de la guerre, des vieillards sont morts de faim, sans cartes de rationnement : leur fils n'aurait-il pas été expédié dans une mine de charbon à Vorkouta, peut-être auraient-ils survécu. Des enfants en bas âge ont aisément succombé aux épidémies de typhus et de rougeole dans des orphelinats glaciaux et mal équipés : leurs mères n'eussent-elles pas été contraintes à coudre des uniformes à Kenguir, sans doute auraient-ils vécu eux aussi.

Aucun chiffre ne saurait refléter l'effet cumulé des répressions de Staline sur la vie et la santé de familles entières. Un homme était jugé et exécuté comme « ennemi du peuple » ; sa femme était conduite dans un camp en tant que « membre d'une famille ennemie » ; ses enfants étaient placés dans des orphelinats et rejoignaient des bandes de criminels ; sa mère mourait de stress et de chagrin ; ses cousins, ses tantes et ses oncles coupaient tous les ponts entre eux, histoire d'éviter d'être contaminés à leur tour. Des familles se disloquèrent, des amitiés prirent fin. La peur pesait lourdement sur ceux qui restaient derrière, même si tous ne moururent pas.

En définitive, les statistiques ne sauraient décrire pleinement ce qui est arrivé. Pas plus que les documents d'archives sur lesquels repose une bonne partie de ce livre. Tous ceux qui ont évoqué avec le plus d'éloquence la question du Goulag le savent bien, et c'est pourquoi, sur le thème des « statistiques », des « archives » et des « dossiers », je voudrais laisser le dernier mot à l'un d'eux.

En 1990, l'écrivain Lev Razgon fut autorisé à consulter son propre dossier : une mince série de documents retraçant son arrestation et celles de sa première épouse, Oxana, comme de divers membres de sa famille. Il le lut jusqu'au bout, puis consacra un essai à son contenu. Il médite éloquemment sur la teneur du dossier, sur la maigreur des preuves, sur le ridicule des accusations, sur la tragédie qui s'abattit sur la mère de sa femme, sur les mobiles opaques de son beau-père, le tchékiste Gleb Boki, sur l'étrange absence de repentance de la part de ceux qui les détruisirent tous. Mais ce qui me frappe le plus, dans son expérience de travail sur les archives, c'est l'aveu qu'il fait de son ambivalence quand il eut terminé sa lecture :

> Voilà un moment que j'ai cessé de tourner les pages du dossier, posées à côté de moi, livrées à elles-mêmes dans le froid. Mon gardien [l'archiviste du KGB] commence déjà à tousser de manière suggestive et à regarder sa montre. Il est temps d'y aller. Je n'ai rien de plus à faire ici. Je rends les dossiers, qui sont négligemment replacés dans un sac à provisions. Je descends les escaliers, longe les couloirs déserts, passe devant les sentinelles qui ne demandent même pas à voir mes papiers et sors place de la Loubianka.
>
> Il n'est que dix-sept heures, mais il fait déjà presque nuit et une douce pluie tombe sans interruption. Le bâtiment reste à côté de moi. Je suis sur le trottoir et je me demande que faire maintenant. Quel dommage que je ne croie pas en Dieu et ne

puisse entrer dans quelque petite église paisible, me tenir dans la chaleur des cierges, regarder dans les yeux le Christ en Croix, et dire et faire ces choses qui rendent la vie plus facile au croyant...

J'enlève ma toque de fourrure. Les gouttes de pluie ou les larmes ruissellent sur mon visage. J'ai quatre-vingt-deux ans et je suis ici, à tout revivre une fois encore... J'entends les voix d'Oxana et de sa mère. Je me souviens de chacune, je me les rappelle. Et si je suis resté en vie, il est de mon devoir de le faire[21]...

BIBLIOGRAPHIE

MÉMOIRES ET ŒUVRES LITTÉRAIRES

Adamova-Sliozberg, Olga, *Pout*, Moscou, 1993 ; en français, « Le long chemin », *in* S. Vilenski, ed., *L'Aujourd'hui blessé*, p. 13-160.

Aitouganov, I. P., *Krougi ada*, Kazan, à compte d'auteur, 1998.

Akhmatova, Anna, *The Poems of Akhmatova*, éd. et trad. Stanley Kunitz et Max Hayward, Boston, 1967.

— en français, voir notamment *Poèmes sans héros & autres œuvres*, trad. J. et F. Rude, Paris, François Maspero, 1982.

— *Requiem*, trad. P. Valet, Paris, Minuit, 1966.

Alexandrovitch, Vadim, *Zapiski laguernogo vratcha*, Moscou, 1996.

Aline, D.E., *Malo slov, a gorya retchenka*, Tomsk, 1997.

Amalrik, Andreï, *Voyage involontaire en Sibérie*, trad. Hélène Châtelain, Paris, Gallimard, 1970.

Amster, Gerald, et Asbell, Bernard, *Transit Point Moscow*, New York, 1984.

Andre[ï]ev-Khomiakov, Gennady, *Bitter Waters : Life and Work in Stalin's Russia*, Boulder, CO, 1997.

Andreïeva, Alla, *Plavanye k Nebesnomou Kremliou*, Moscou, 1998.

Anonyme, *Ekho iz Nebytiya*, Novgorod, 1992.

Anonyme, *Vo vlasti Goubtcheka : Vospominania neizvestnogo protoiereya*, Moscou, 1996.

Antonov-Ovseenko, Anton, *Vragi naroda*, Moscou, 1996.

Antsiferov, Nikolaï, « Tri glavy iz vospominanii », *Pamyat*, vol. 4, p. 75-76.

Armonas, Barbara, *Leave Your Tears in Moscou*, Philadelphie et New York, 1961.
Astafyeva, Olga, *V goda slepye : stikhi*, Moscou, 1995.
Axionov, Vassili, *Une saga moscovite*, trad. Lily Denis, Paris, Gallimard, 1995 ; rééd., Folio, 2003 (2 vol.).
Bardach, Janusz (avec Kathleen Gleeson), *Man is Wolf to Man : Surviving Stalin's Gulag*, Londres, 1998.
Belousov, Viktor, *Zapiski dokhodiagi*, Achkhabad, Turkménistan, 1992.
Belyatchov, V.M., *Jizn pereselentsev na Ourale*, Severouralsk, 1991.
Berchadskaïa, Lioubov, *Rastoptannye jizni*, Paris, 1975.
Berger, Joseph, *Nothing But the Truth*, New York, 1971.
Bondarevski, Sergueï, *Tak bylo*, Moscou, 1995.
Borine, Alexandre, *Prestoupleniya bez nakazaniya : vospominaniya ouznika GOULAGa*, Moscou, 2000.
Brodski, voir Brodsky.
Brodsky, Joseph, *Less Than One*, New York, 1986 ; *Loin de Byzance*, trad. de l'anglais et du russe par L. Dyèvre et V. Schiltz, Paris, Fayard, 1988.
[— *Brodski ou le Procès d'un poète*, présentation et commentaire d'Efim Etkind ; préf. de Hélène Carrère d'Encausse ; éd. réalisée sous la dir. de Janine Lévy, Paris, Librairie générale française, 1988.]
Boukovski, Vladimir, *... Et le vent reprend ses tours. Ma vie de dissident*, trad. J. Lafond et R. Marichal, Paris, Robert Laffont, 1978.
Bourkhuis, L., *Tchoujoi spektakl : kniga vospominanii*, Riga, 1990.
Buber-Neumann, Margarete, *Déportée en Sibérie. Prisonnière de Staline et de Hitler 1*, trad. Anise Postel-Vinay, Paris, Seuil/La Baconnière, 1949 ; rééd. Points-Seuil, 2004.
Buca, Edward, *Vorkuta*, trad. Michael Lisiniski et Kennedy Wells, Londres, 1976.
Buxhoeveden, baronne Sophie, *Left Behind : Fourteen Months in Siberia During the Revolution, December 1917-February 1919*, Londres, New York et Toronto, 1929.
Bystroletov, Dimitri, *Poutechestvie na krai notchi*, Moscou, 1996.
Cederholm, Boris, *In the Clutches of the Cheka*, trad. E.H. Lyon, Londres, 1929 ; *Au pays de la Nep et de la Tchéka.*

Dans les prisons de l'URSS, trad. H. Iswolsky, Paris, Tallandier, 1928.
Chalamov, Varlam, *Récits de la Kolyma*, trad. S. Benech, C. Fournier et L. Jurgenson, Lagrasse, Verdier, 2003.
— *Neskolko moikh jiznei*, Moscou, 1996.
Chelest, Gueorgui, « Kolymskie zappisi », *Znamya*, nº 9, septembre 1964, p. 162-180.
Chentalinsky, Vitali, *La Parole ressuscitée. Dans les archives littéraires du KGB*, trad. G. Ackerman et P. Lorrain, Paris, Robert Laffont, 1993 ; rééd. « Pluriel », Paris, 1994.
Chikheeva-Gaister, Inna, *Semeinaïa khronika vremen kulta litchnosti*, Moscou, 1998.
Chipovskaïa, E.A., *Ispoved rytsarya sveta*, Moscou, 1998.
Chiriaev, Boris, *Neougasimaïa lampada*, Moscou, 1991 ; *La Veilleuse des Solovki*, trad. A. Kichilov, Paris. Éd. des Syrtes, 2005.
Chreider, Mikhail, *NKVD iznutri*, Moscou, 1995.
Chtcharanski, Nathan, *Tu ne craindras point le mal*, trad. J. Lahana et E. Spatz, Paris, Grasset, 1988.
Colonna-Czosnowski, Karl, *Beyond the Taiga : Memoirs of a Survivor*, Hove, Sussex, 1998.
Czapski, Joseph, *Terre inhumaine*, adapté du polonais par M.-A. Bohomolec et l'auteur, préface de Daniel Halévy, Lausanne, L'Âge d'Homme, 1978.
Czerkawski, Tadeusz, *Bylem Zolnierzem Generala Andersa*, Varsovie, 1991.
Daniel, Iouli, *Poèmes de prison*, trad. du russe par Édith Scherrer ; préface de D. Burg, Paris, Gallimard, 1973.
Darel, Sylva, *A Sparrow in the Snow*, trad. Barbara Norman, New York, 1973.
Diakov, Boris, « Povest o perejitom », *Oktyabr*, nº 7, juillet 1964, p. 49-142.
Djilas, Milovan, *Conversations avec Staline*, trad. Y. Massip, Paris, Gallimard, 1971.
Dmitriev, Helen, *Surviving the Storms : Memory of Stalin's Tyranny*, trad. Cathleen A. McClintic et George G. Mendez, Fresno, CA, 1992.
Dolgun, Alexander, *Alexander Dolgun's Story : An American in the Gulag*, New York, 1975 ; *Histoire de Alexander Dolgun. Un Américain dans le Goulag*, trad. G. Carnet, préface de I. Brodski, Paris, Albin Michel, 1976.

Domanska, Leslawa, Papinski, Marian, et la famille Malachowski, *Tryptyk Kazachstanski*, Varsovie, 1992.

Dombrovski, Iouri, *Menya oubit khoteli, éti souki*, Moscou, 1997.

Dorogi za kolioutchuyou provolokou, vol. 3, Odessa, 1996.

Dostoïevski, Fiodor, *Récits de la maison des morts*, trad. Pierre Pascal, éd. M. Cadot, Paris, Garnier-Flammarion, 1980.

Dourasova, S.G., « Éto bylo strashnim sobytiem », *Istoritcheskii Arkhiv*, nº 6,1949, p. 69-84.

Dvorjetski, Vatslav, *Pouti bolchikh étapov*, Moscou, 1994.

Éfron, Ariadna, *Miroedikha*, Moscou, 1996.

— *Pisma iz ssylki*, Paris, 1985 ; *Chronique d'un goulag ordinaire*, trad. S. Goblot, Paris, Phébus, 2005.

Éfroussi, Iakov, *Kto na "È ?"*, Moscou, 1996.

Éizenberger, Andrei, *Esli ne vyskajous-zadokhnous*, Moscou, 1994.

Ekart, Antoni, *Échappé de Russie*, trad. M. Vaudreix, Paris, Hachette, 1949.

Evstonitchev, A.P., *Nakazanie bez prestoupleniya*, Syktyvkar, 1990.

Evtouchenko, Evguéni, *Strogi Veka : Antologiya Russkoi Poezii*, Minsk et Moscou, 1995.

Federolf, Ada, *Ryadom s Alei*, Moscou, 1996.

Fehling, Helmut, *One Great Prison : The Story Behind Russia's Unreleased POWs*, Boston, 1951.

Fidelgolts, Iouri, *Kolyma*, Moscou, 1997.

Filchtinski, Isaak, *My shagaem pod konvoem : rasskazi iz laguernoi jizni*, Moscou, 1997.

Finkelberg, M.F., *Ostavlyayou vam*, Iaroslavl, 1997.

Fisher, Lipa, *Parikmakher v GOULAGe*, trad. Zelby Beiralas, Tel-Aviv, 1977.

Fittkau, Gerhard, *My Thirty-Third Year*, New York, 1958.

Florenski, Sv. Pavel, *Sotchineniya*, vol. IV, Moscou, 1998.

Frid, Valeri, *58-1-2 : Zapiski laguernogo pridourka*, Moscou, 1996.

Gaguen-Torn, Nina, *Memoria*, Moscou, 1994.

Garaseva, A.M., *Ya jila v samoi beschelovetchnoi strane*, Moscou, 1997.

Gessen, Masha, « My Grandmother, the Censor », *Granta*, 64, Londres, janvier 1998.

Gilboa, Yehoshua, *Confess ! Confess !*, trad. Dov Ben Aba, Boston et Toronto, 1968.

Ginzburg, Lidiya, *Blockade Diary*, trad. Alan Meyers, Londres, 1995.
Gliksman, Jerzy, *Tell the West*, New York, 1948.
Gnedine, Evguéni, *Vykhod iz labirinta*, Moscou, 1994.
Golitsyne, Kirill, *Zapiski Knyazya Kirilla Nikolaïevitcha Golitsyna*, Moscou, 1997.
Golitsyne, Sergueï, *Zapiski outselevchego*, Moscou, 1990.
Gorbatchev, Mikhaïl, *Memoirs*, New York, 1996 ; *Mémoires*, trad. G. Ackerman, M. Secinski et P. Lorrain, Paris, Éditions du Rocher, 1997.
Gorbatov, Aleksandr, *Years Off My Life*, trad. Cordon Clough et Anthony Cash, Londres, 1964.
Gordeeva, Valeriya, *Rasstrel tcherez povechenie*, Moscou, 1995.
Gorki, Maxime, *Sobranie sotchinenii*, Moscou, 1962.
Gortchakov, Genrikh, *L-1-105 : Vospominaniya*, Jérusalem, 1995.
— *Soudboi nalojenniye tseli*, Jérusalem, 1997.
Gouberman, Igor, *Shtrikhi i portrety*, Moscou, 1994.
Gratchev, Iou. S.V., *Irodovoi bezdne : vospominaniya o perejitom*, Moscou, 1993.
Gross, Jan Tomasz, et Grudzinska-Gross, Irena, ed., *War Through Children's Eyes*, avant-propos de B. Bettelheim, Stanford, CA, 1981.
Guinzbourg, *Le Vertige. Chronique des temps du culte de la personnalité*, trad. B. Abbots et J.-J. Marie, Paris, Seuil, 1967.
— *Le Ciel de la Kolyma. Le Vertige, 2*, trad. G. Johannet, Paris, Seuil, 1980.
Guizatouline, R. Kh., *Nas bylo mnogo na tchele*, Moscou, 1993.
Gygouline, Anatoli, *Theronye kamni*, Moscou, 1988 ; *Les Pierres noires*, trad. E. Amoursky, Arles, Actes Sud, 1989.
Herling[-Grudzinski], Gustaw, *Un monde à part*, trad. W. Desmond, préface de J. Semprun, Paris, Gallimard, 1995.
Iakir, voir Yakir.
Iakovenko, M.M., *Agnessa*, Moscou, 1947.
Iasnyi, V.K., *Gad rojdeniya-devyatsot semnadtsatyi*, Moscou, 1997.
Ichoutina, Elena, *Narym : dnevnik ssylnoi*, New York, 1965.
Ievleva, Valentina, *Nepritchesannaïa jizou*, Moscou, 1994.
Imetsilou pomnit, Moscou, 1991.
Intaliya, Moscou, 1995.
Ioffé, Mariya, *Odna notch*, New York, 1978.
Ioffé, Nadezhda [Nadejda], *Back in Time : My Life, My Fate,*

My Epoch [Vremya nazad], trad. Frederick S. Choate, Oak Park, MI, 1995.
Izgoev, Alexandre, « Pyat let v sovetskoi Rossii », *Arkhiv Russkoi Revolyoutsii*, vol. 10, Berlin, 1923.
Jenov, Gueorgui, *Sanotchki*, Moscou, 1997.
Jigouline, A., voir Gygouline.
Kalatchev, Konstantin, *V krouge tretem*, Moscou, 1999.
Kaminski, R.I., *Minouvchee prokhodit predo mnoyou*, Moscou, 1955.
Kaufman, A.I., *Laguernivrach*, Tel-Aviv, 1973.
Kekouchev, N.L., *Zveriada*, Moscou, 1991.
Kersnovskaïa, Evfrosiniya, *Naskalnaïa jivopis*, Moscou, 1991.
Khrouchtchev, Nikita, *Khrushchev Remembers*, trad. Strobe Talbott, Londres, 1970 ; *Souvenirs...*, trad. fr. de l'anglais sous la direction de J. Michel, Paris, Robert Laffont, 1971.
— [Branko Lazitch, *Le Rapport Khrouchtchev et son histoire*, Paris, Seuil, 1976.]
Kitchin, George, *Prisoner of the OGPU*, Londres, New York et Toronto, 1935.
Klein, Alexandre, *Ditya smerti*, Syktyvkar, 1993.
— *Odin sredi odinokikh*, Syktyvkar, 1995.
— *Oulybki nevoli*, Syktyvkar, 1997.
Klementev, V.F., *V Bolchevitskoi Moskve*, Moscou, 1998.
Klinger, A., « Solovetskaïa katorga : zappiski bejavchego », *Arkhiv Russkoi Revolyoutsii*, vol. XIX, Berlin, 1929.
Kmiecik, Jerzy, *A Boy in the Gulag*, Londres, 1983.
Kojina, Elena, *Through the Burning Steppe : A Memoir of Wartime Russia, 1942-43*, New York, 2000.
Kopelev, Lev, *À conserver pour l'éternité*, trad. L. Martinez et D. Sesemann, Paris, Stock, 2 vol., 1976-1977.
Korallov, Marlen, « Kartserok-ne khouje drougikh », *Moskovskii Komsomolets*, 11 septembre 1993.
Korol, M.M., *Odisseya razvedtchika*, Moscou, 1999.
Koudriavtsev, F.F., *Primetchaniya k ankete*, Moscou, 1990.
Kousourgatchev, G.D., *Prizraki Kolymskogo zolota*, Voronej, 1995.
Kouts, V., *Poedinok s soudboi*, Moscou, 1999.
Kouznetsov, Édouard, *Journal d'un condamné à mort*, trad. J. Cathala, Paris, Gallimard, 1974.
Kovaltchouk-Koval, I.K., *Svidanie s pamyatyou*, Moscou, 1996.
Krapivski, Semen, *Trijdy rojdennyi*, Tel-Aviv, 1976.

Krasnopevtsev, Iouri, *Rekviem razloutchennym i pavchim Stalinskoi repressii*, Iaroslavl, 1992.
Kravtchenko, Victor, *J'ai choisi la liberté*, trad. Jean de Kerdéland, Paris, Éditions Self, 1947.
Kress, Vernon, *Zekameron XX veka*, Moscou, 1992.
Krzyszton, Jerzy, *Wielbllad na Stepie*, Varsovie, 1982.
Kuusinen, Aino, *The Rings* of *Destiny*, trad. Paul Stevenson, New York, 1974; *Quand Dieu renverse son ange...*, trad. P. Kamnitzer, Paris, Julliard, 1974.
Larina Boukharina, Anna, *Boukharine. Ma passion*, trad. V. Garros et D. Paillard, Paris, Gallimard, 1990.
Leipman, Flora, *The* Long *Journey Home*, Londres, 1987.
Levi, Primo, *Si c'est un homme*, trad. M. Schruoffreneger, Paris, Julliard, 1987 (éd. Pocket).
Levinson, Galina, ed., *Vsya nacha jizn*, Moscou, 1996.
Levitine-Krasnov, A.E., *Rouk tvoikh jar*, Tel-Aviv, 1979.
Likhatchev, Dimitri, *Kniga bespokoistv*, Moscou, 1991.
— *Vospominanya*, Saint-Pétersbourg, 1995.
Lipper, Elinor, *Eleven Years in Soviet Prison Camps*, trad. Richard et Clara Winston, Londres, 1951.
Litovtski i Ledovitogo okeana, Iakoutsk, 1995.
Lockhart, R. Bruce, *Memoirs of a British Agent*, Londres et New York, 1932.
Maevskaïa, Irina, *Volnoe poselenie*, Moscou, 1998.
Malsagov, S.A., *Island Hell: A Soviet Prison in the Far North*, trad. F. H. Lyon, Londres, 1926,
Mamaeva, E.A., *Jizn projit*, Moscou, 1998.
Mandelstam, Nadejda, *Contre tout espoir. Souvenirs*, trad. M. Minoustchine, préface de M. Aucouturier, Paris, Gallimard, 3 vol., 1972, 1974 et 1975.
Mandelstam, Ossip, *Stekla vetchnosti* (poèmes), Moscou, 1999.
— En français, voir par exemple *Tristia et autres poèmes*, trad. Fr. Kérel, Poésies/Gallimard, 1982.
Martchenko, Anatoli, *Mon témoignage. Les camps en URSS après Staline*, trad. Fr. Olivier, Paris, Seuil, 1970.
— *To Live Like Everyone*, trad. Paul Goldberg, Londres, 1989.
Matlock, Jack, *Autopsy on an Empire*, New York, 1995.
Maximovitch, M., *Nevolnye Sravneniya*, Londres, 1982.
Mazous, Izrail, *Gde ty byl?*, Moscou, 1992.
Medvedev, Nikolaï, *Ouznik GOULAGa*, Saint-Pétersbourg, 1991.
Menchagi, V.G., *Vospominaniya*, Paris, 1988.
Milioutina, T. P., *Lyoudi moyei jizni*, Tartu, 1997.

Mindline, M.B., *Anfas i profit*, Moscou, 1999.
Mirek, Alfred., *Tyouremnyi rekviem*, Moscou, 1997.
— *Zapiski zaklyoutchennogo*, Moscou, 1989.
Morozov, Alexandre, *Devyat stoupenei v nebytie*, Saratov, 1991.
Moukhina-Petrinskaïa, V., *Na ladoni sudby*, Saratov, 1990.
My iz Goulaga (anthologie), Odessa, 1990.
Mysliwski, Wieslaw, ed., *Wschodnie Losy Polakow*, vol. 1-6, Lomza, 1991.
Narinski, A.S., *Vospominaniya glavnogo boukhgaltera GOULAGa*, Saint-Pétersbourg, 1997.
— *Vremya tyajkikh potryasenii*, Saint-Pétersbourg, 1993.
Nazvat poimenno (anthologie), Gorki, 1940.
Nekipelov, Viktor, *Institute of Fools*, trad. Marco Carynnyk et Maria Horban, Londres, 1980.
Nikolskaïa, Anna, *Peredai dalche*, Alma Ata, 1989.
Noble, John, *I was a Slave in Russia*, New York, 1960 ; *Un Américain au Goulag*, Paris, Éditions Paulines, Apostolat des Éditions, 1980.
Noumerov, Nikolaï, *Zolotaïa zvezda GOULAGa : mejdou jizniou i smertiou*, Moscou, 1995.
Okounevskaïa, Tatiana, *Tatyanin den*, Moscou, 1998.
Olitskaïa, Elinor [Ekaterina Lvovna], *Moi vospominaniya*, vol. 1 et 2, Francfort, 1971 ; *Le Sablier*, trad. fr. Andreieff et H. Chatelain, préface de L. Pliouchtch, Paris, Deux-Temps Tierce, 1991.
Orlov, Alexandre, *Tainye istorii stalinskikh prestouplenii*, New York, 1983.
Oulianovskaïa, Nadejda et Maya, *Istoriya odnoi semyi*, New York, 1982.
Ouroki Gneva i lyoubvi : sbornik vospominanii o godakh repressii, Saint-Pétersbourg, 1993.
Pachnine, Evgueni, « Ventchannye kolyoutchie provoloki », *Vybor*, Moscou, janvier-mars 1988, n° 3.
Pamyat Kolymy, Magadanskoe, 1990.
Panine, Dimitri, *Mémoires de Sologdine*, trad. J. Gregory, Paris, Flammarion, 1975.
Petrous, K., *Ouzniki kommounizma*, Moscou, 1996.
Petrov, Vladimir, *It Happens in Russia*, Londres, 1950.
Petyla-2 : vospominaniya, otcherki, dokumenty, Volgograd, 1994.
Pogodine, Nikolaï, « Aristokraty », *Pyesy sovetskikh pisatelei*, Moscou, 1954, p. 109-183.

Pol, I.L., *Oglyanous so skorbyou*, 1991.
Polak, L.S., *Bylo tak*, Otcherki, Moscou, 1996.
Polonski, V.V., « Doroga v pyat let v Kazakhstan i obratno », *Istotchnik*, 1/1996, p. 66-77.
Pomerants, Grigori, *Zoupiski gadkogo outenka*, Moscou, 1998.
Porchneva, G.I., *Ya vse je jiv*, Moscou, 1990.
Pryadilov, Alexeï, *Zapiski kontrrevolioutsionera*, Moscou, 1999.
Ptasnik, Zofia, « A Polish Woman's Daily Struggle to Survive », *The Sarmatian Review*, vol. 21, nº 1, janvier 2002, p. 846-854.
Rata, U., *Boje kak echtche khotelos jit*, Londres, 1989.
Ratouchinskaïa, Irina, *Grise est la couleur de l'espoir*, trad. M. et W. Berelowitch, Paris, Plon, 1989.
Rawicz, Slawomir, *The Long Walk*, New York, 1984 ; *À marche forcée. À pied du Cercle polaire à l'Himalaya, 1941-1942*, trad È. Chédaille, Paris, Phébus, 2002.
Razgon, Lev, *Nepridumannoe*, Moscou, 1989 ; *La Vie sans lendemains*, trad. A. Coldefy-Faucard et L. Jurgenson, Paris, Horay, 1991 (version française partielle et remaniée).
Rechetovskaïa, Nathalia, *Ma vie avec Soljenitsyne. 1940-1973* (Sania). Mémoires inédits, Paris, Pygmalion, 1977.
Robinson, Robert, *Black on Red : My 44 Years Inside the Soviet Union*, Washington, DC, 1988.
Roeder, Bernhard, *Katorga : An Aspect of Modern Slavery*, trad. Lionel Kochan, Londres, 1958.
Romanov, Grand Duc Gavril Konstantinovich, *V mramornom dvortse*, Düsseldorf, 1993.
Rosenberg, Suzanne, *A Soviet Odyssey*, Toronto, 1988.
Rossi, Jacques, *Qu'elle était belle cette utopie*, Paris, Le Cherche-Midi, 1997.
Rotfort, M.S., *Kolyma-krugi ada*, Ouralskii Rabotchii, 1991.
Rozina, Anna, *Ou pamyati v gostyakh*, Saint-Pétersbourg, 1992.
Rozsas, Janos, « Iz Knigi 'Sestra Dousya », *Volya*, 2-3, 1994.
Sadunaite, Nijole, *A Radiance in the Gulag*, trad. Revd. Casimir Pugevicius et Marian Skabeikis, Manassas, VA, 1987.
Samsonov, V.A., *Parous Podnimayou*, Petrozavodsk, 1993.
— *Jizn prodoljaetsya*, Petrozavodsk, 1990.
Serebriakova, Galina, *Huragan*, trad. Josef Labodowski, Paris, 1967.
Sgovio, Thomas, *Dear America*, Kenmore, NY, 1979.
Sieminski, Janusz, *Moja Kolyma*, Varsovie, 1995.
Sitko, Leonid, *Gde moi veter ?*, Moscou, vol. 8, 1996.

— *Tyajest sveta*, Moscou, 1996.
Smith, C.A., *Escape from Paradise*, Londres, 1954.
Snegov, Sergueï, *Iazyk, kotorinenavidit*, Moscou, 1991.
Soljenitsyne, *Le Pavillon des cancéreux*, read. M. Aucouturier, L. et G. Nivat, J.-P. Sémon, Paris, Julliard, 1969 ; rééd., Pocket.
— *Une journée d'Ivan Denissovitch*, trad. Léon et Andrée Robel, et Maurice Decaillot, Paris, Julliard, 1963.
— *Le Premier Cercle*, trad. H.-G. Kybarthi, Paris, Robert Laffont, 1968.
— *L'Archipel du Goulag*, trad. collective, Paris, Seuil, 3 vol., 1974-1976.
Soulimov, Ivan, *Ékho projitykh let*, Odessa, 1997.
Sred drougikh imen (anthologie poétique), Moscou, 1991.
Stajner, Karlo, *Seven Thousand Days in Siberia*, Édimbourg, 1988 ; *Sept mille jours en Sibérie*, version fr. adaptée de la traduction allemande par B. Panchaud-Mantey et M. Panchaud, préface de D. Kis, Paris, Gallimard, 1988.
Starostine, Nikolaï, *Foutbol skvoz gody*, Moscou, 1992.
Stypulkowski, Zbigniew, *Invitation to Moscow*, Londres, 1951.
Taylor-Terlecka, Nina, ed., *Goulag Polskich Poetów : od Komi do Kolymy* (anthologie poétique), Londres, 2001.
Tchernavin, Vladimir, *I Speak for the Silent*, Boston et New York, 1935.
Tchernavina, Tatiana, *Échappés du Guépéou. 1933*, trad. V. Samaret et S. Campaux, Paris, Payot, 1934.
Tchetverikov, Boris, *Vsego byvalo na vekou*, Leningrad, 1990.
Tchirkov, Iouri, *A bylo vse tak*, Moscou, 1991.
Tiif, O., « Iz vospominanii i zametok, 1939-1969 », *Minouvchee*, vol. 7, 1992, p. 125.
Tolstoï, Léon, *Anna Karénine*, trad. Henri Mongault, Paris, Gallimard, 1972, Folio, 2 vol.
Troubetskoï, Andrei, *Puti neispovedimy*, Moscou, 1997.
Troubetskoï, Sergueï, *Minouvchee*, Moscou, 1991.
Tvardovski, I.I., *Rodina i tchoujbina*, Smolensk, 1996.
Vardi, Alexandre, *Podkonvoiny mir*, Berlin, 1971.
Veselaïa, Zaïara, *7-35 Vospeminaniya*, Moscou, 1990.
Veselovski, B.V., *Skrytaïa biografiya*, Moscou, 1996.
Vilenski, Simeon, ed., *et al.*, *Deti Goulaga : 1918-1956*, Moscou, 2002.
Vilenski, Simeon, *Osventsim bez petchei*, Moscou, 1996.
— Ed., *Till My Tale is Told* [*Dodnes tiagotieiet*, Moscou, 1989], Bloomington et Indianapolis, IN, 1999 ; en français, une

partie est disponible sous le titre *L'Aujourd'hui blessé*, trad. Fr. Andreieff, Zoe Andreyev, N. Favre et N. Poghetti-Harrison, Lagrasse, Verdier, 1997.
Vins, Gueorgui, *Evangelie v ouzakh*, Kiev, 1994.
Vitzhum, Hilda, *Torn Out By the Roots*, trad. Paul Schach, Lincoln, NB, et Londres, 1993.
Vogeler, Robert, *I Was Stalin's Prisoner*, New York, 1951.
Vogelfanger, Isaac, *Red Tempest : The Life of a Surgeon in the Gulag*, Montréal, 1996.
Voitolovskaïa, Adda, *Po sledam soudby mœgo pokoleniya*, Syktyvkar, 1991.
Volkov, Oleg, *Vek nadejd 1 krouchenii*, Moscou, 1990.
Vremya s soudby (anthologie), Moscou, 1991.
Wat, Alexandre, *Mon siècle. Confession d'un intellectuel européen. Préface de Czeslaw Milosz*, trad. G. Conio et J. Lajarrige, Paris-Lausanne, De Fallois/L'Âge d'Homme, 1989.
Waydenfeld, Stefan, *The Ice Road*, Edinburgh et Londres, 1994.
Weissberg, Alex, *Conspiracy of Silence*, Londres, 1952.
Wigmans, Johan, *Ten Yean in Russia and Siberia*, trad. Arnout de Waal, Londres, 1964.
Wu, Harry, *Bitter Winds*, New York, 1994 ; *Vents amers*, trad. B. Laroche, intro. Jean Pasqualini, Paris, Bleu de Chine, 1996.
Yakir, Piotr, *Une enfance russe*, trad. M. Gorbov et N. Krivochéine, Paris, Grasset, 1972.
Zabolotski, N.A., « Istoriya moego zaklyoutcheniya », *Minouvchee*, vol. 2, 1986.
Zajdlerowa, Zoe, *The Dark Side of the Moon*, éd. John Coutouvidis et Thomas Lane, Londres, 1989.
Zarod, Kazimierz, *Inside Stalin's Gulag*, Lewes, Sussex, 1990.
Zernova, Ruf, *Éto bylo pri nas*, Jérusalem, 1988.
Znamenskaïa, A.N., *Vospominaniya*, Saint-Pétersbourg, 1997.

Mémoires inédits

Baitalski, Mikhaïl, Archives du Mémorial, 2/1/8.
Bien, George, Hoover Institution.
Chreider, M.P., Archives du Mémorial, 2/2/100-2.
Feldgoun, Gueorgui, collection du Mémorial de Novossibirsk.
Gogua, I.K., Archives du Mémorial, 1/3/18.
Gourski, K.P., Archives du Mémorial, 2/1/14-17.

Kogan, Mark, Archives du Mémorial, 2/2/46-47.
Kuperman, Iakov, M., Archives du Mémorial, 2/1/77.
Lahti, Suoma Laine, collection Reuben Rajala.
Lvov, E.M., Archives du Mémorial, 2/1/84.
Martchenko, Zoïa, collection de l'auteur.
Martioukhine, Lev Nikolaïevitch, collection Simeon Vilenski (Vozvrachtchenie).
Neapolitanskaïa, V.S., Archives du Mémorial, 3/3/39.
Ousova, Zinaida, Archives du Mémorial, 2/1/118.
Sandratskaïa, Mariya, Archives du Mémorial, 2/105/1.
Tcherkhanov, P. D., Archives du Mémorial, 2/1/127.
Torbine, S.S., Archives du Mémorial, 2/2/91.
Warwick, Walter, collection Reuben Rajala.
Zgornicki, George Victor, bande envoyée à l'auteur, avril 1998.

Ouvrages de référence

Abramkine, V.F., et Tchesnokova, V.F., *Ougolovnaïa Rossiya, tyourmi i lagueria*, vol. 1, Moscou, 1993.
Adams, Bruce, *The Politics of Punishment: Prisoner Reform in Russia*, 1863-1917, DeKalb, Il., 1996.
Adler, Nanci, *The Gulag Survivor*, New Brunswick, NJ, 2002.
Agnew, Jeremy, et McDermott, Kevin, *The Comintern*, New York, 1997.
Alexeïeva, Lioudmila, *Istoriya inakomysliya v SSR*, Moscou. (En ligne *www.memo.ru/history/diss/books*)
Amis, Martin, *Koba the Dread: Laughter and the Twenty Million*, Londres, 2002.
Anders, Wladyslaw, *Bez ostatniego rozdzialu: wspomnienia z lat 1939-1946*, Newtown, Montgomeryshire, 1949.
Andrew, Christopher, et Gordievsky, Oleg, *KGB: The Inside Story*, New York, 1990; *Le KGB dans le monde*, Paris, Fayard, 1990.
Anisimov, Evgenii, *The Reforms of Peter the Great: Progress through Coercion in Russia*, Armonk, NY, et Londres, 1993.
Antonov-Ovseenko, Anton, *Lavrenti Beria*, Krasnodar, 1993.
— *The Time of Stalin*, New York, 1990.
Applebaum, Anne, « A History of Horror », *The New York Review of Books*, 18 octobre 2001.
— « Inside the Gulag », *The New York Review of Books*, 15 juin 2000.
Arendt, Hannah, *The Origins of Totalitarianism*, New York,

1951 ; *Les Origines du totalitarisme,* éd. P. Bouretz, Paris, Quarto-Gallimard, 2002.

Artizov, A, *et al.*, *Reabilitatsiya, kak éto bylo : dokoumenty,* Moscou, 2000.

Averbakh, I.L., *Ot prestoupleniya k troudou,* Moscou, 1936.

Bacon, Edwin, *The Gulag at War,* Londres, 1994.

Baranov, Vadim, *Gorki bezgrima,* Moscou, 1996.

Baron, Nick, « Conflict and Complicity : The Expansion of the Karelian Gulag, 1923-1933 », *Cahiers du Monde Russe,* 42/2-4, avril-décembre 2001, p. 615-648.

Bateson, Edward et Pim, sir Alan, *Report on Russian Timber Camps,* Londres, 1931.

Bazarov, Alexandre, *Dourelom, ili, Gospoda kolkhozniki,* Kurgan, 1988.

Bazounov, V.V., et Detkov, M.G., *Tyourmy NKVD-MVD SSR v karatelnoi sisteme sovetskogo gosoudarstva,* Moscou, 2000.

Beck, F., et Godin, W., *Russian Purge and the Extraction of Confession,* trad. de l'allemand par Eric Mosbacher et David Porter, Londres, 1951.

Beevor Anthony, *Stalingrad,* Londres, 1998 ; *Stalingrad,* trad. J. Bourdier, Paris, De Fallois, 1999 ; rééd., Livre de Poche, 2001.

Beichman, Arnold, et Bernstam, Mikhail, *Andropov : New Challenge to the West,* New York, 1983.

Berdinskikh, Viktor, *Viatlag,* Kirov, 1998.

Berfiner, Joseph, *Factory and Manager in the Soviet Union,* Cambridge, 1957.

Besançon, Alain, *Les Origines intellectuelles du léninisme,* Paris, Calmann-Lévy, 1977 ; rééd., 1986.

— *Le Tsarévitch immolé. La symbolique de la loi dans la culture russe,* Paris, Payot, 1991 (rééd.).

Bethell, Nicholas, *The Last Secret,* New York, 1974 ; *Le Dernier Secret. 1945 : comment les alliés livrèrent deux millions de Russes à Staline,* trad. G. Renard, Paris, Seuil, 1975.

Bettelheim, Bruno, *The Informed Heart,* Londres, 1991 ; *Le Cœur conscient,* trad. L. Casseau et G. Liébert, Paris, Laffont, 1972 ; rééd. Pluriel, 1987.

Binner, Rolf, Junge, Marc, et Martin, Terry, « The Great Terror in the Provinces of the USSR : A Cooperative Bibliography », *Cahiers du Monde Russe,* 42/2-4 avril-décembre 2001.

Blandy, Charles, « The Meshketians : Turks or Georgians ? A People without a Homeland », Camberley, 1998.

Bobrick, Benson, *East of the Sun: The Conquest and Settlement of Siberia*, Londres, 1992.

«Borba za GPOU», *Sotsialistitcheskii Vestnik*, nº 14-1, août 1933.

Boukovsky, Vladimir, *Moskovskii protsess*, Paris, 1996; *Jugement à Moscou. Un dissident dans les archives du Kremlin*, trad. L. Martinez, Paris, Robert Laffont, 1995.

Boutyrski, Fedor, et Karytchev, Valeri, *Moskva Tyouremnaïa*, Moscou, 1998.

Brackman, Roman, *The Secret File of Joseph Stalin*, Londres et Portland, OR, 2001; *Staline: agent du tsar*, trad. G. Messadié, Paris, L'Archipel, 2003.

Brodski, voir Brodsky.

Brodsky, Juri, *Solovki: Le Isole del Martirio*, Rome, 1998.

Brodksy, Iouri [Juri], et Owsiany, Helena, *Skazani Jako Szpiedzy Watykanu*, Varsovie, 1998.

Brown, Archie, *The Gorbachev Factor*, Oxford, 1996.

Browne, Michael, ed., *Ferment in the Ukraine*, Woodhaven, NY, 1971.

Bullock, Alan, *Hitler and Stalin: Parallel Lives*, Londres, 1993; *Hitler et Staline. Vies parallèles*, trad. S. Quadruppani, 2 vol., Paris, Albin Michel/Robert Laffont, 1994.

Bunyan James, *The Origin of Forced Labour in the Soviet State*, Baltimore, 1967.

Burds, Jeffrey, «AGENTURA: Soviet Informants' Networks and the Ukrainian Rebel Underground in Galicia, 1944-1948», *East European Politics and Societies*, 11/1, hiver 1997, p. 89-130.

Cahiers du samizdat, vol. 1-15, à partir de 1972, Bruxelles (LOC).

Celmina, Helene, *Women in Soviet Prisons*, New York, 1985.

Cherbakova, I.L., ed., *Nakazanninarod: repressii protiv rosiiskikh nemtsev*, Moscou, 1999.

Chmirov, Viktor, «Laguer kak model Realnosti», discours prononcé à la conférence «Soudba Rossii v kontekste mirovoi istorii dvadtsatogo veka», Moscou, 17 octobre 1999.

Chornovil, Vyacheslav, *The Chornovil Papers*, New York, 1968.

Chronicle of Current Events, nº 28-64 (1972-1982), Amnesty International Publications, LOC.

Ciesielski, Stanislaw, *Polacy w Kazachstanse w Latach 1940-1946*, Wroclaw, 1996.

Cohen, Stephen, ed., *An End to Silence: Uncensored Opinion in the Soviet Union*, New York et Londres, 1982.

Commission sur la Sécurité et la Coopération en Europe, 100e Congrès, 1re session, 15 mai 1987 (témoignage d'Alexandre Tchatravka et du Dr. Anatoli Koryaguine).

Committee on the Judiciary, Hearings before the Subcommittee to investigate the Administration of the Internal Security Act and other Internal Security Laws of the Committee on the Judiciary, Sénat, 93e Congrès, Première Session, 1er février 1973 (témoignage d'Avraham Chifter).

Committee on Un-American Activities, Chambre des Représentants, 86e Congrès, Seconde Session, 4 avril 1960 (témoignage d'Adam Galinski).

Conquest, Robert, *The Great Terror: A Reassessment*, Londres, 1992; *La Grande Terreur. Les purges staliniennes des années 1930*, trad. M.-A. Revellat et Cl. Seban, Paris, Laffont, « Bouquins », 1995.

— *Harvest of Sorrow*, Londres, 1988; *Sanglantes moissons. La collectivisation des terres en URSS*, trad. Cl. Seban, Paris, Laffont, « Bouquins », 1995.

— *Kolyma: The Arctic Death Camps*, New York, 1978.

— *The Soviet Deportation of Nationalities*, Londres, 1960.

— *Stalin: Breaker of Nations*, Londres, 1993.

Courtois, Stephane, *et al.*, ed., *Le Livre noir du communisme. Crimes, terreur, répression*, Paris, Robert Laffont, 1997.

Craveri, Marta, « Krizis Goulaga: Kenguirskoe vosstanie 1954 goda v dokoumentakh MVD », *Cahiers du Monde Russe, XXXVI* (3), juillet-septembre 1995, p. 319-344.

Craveri, Marta, et Khlevniouk, Oleg, « Krizis ékonomiki MVD (Konets 1940-x-1950-e gody) », *Cahiers du Monde Russe*, XXXVI, 1-2, janvier-juin 1955, p. 179-190.

Dagor, K., « Magadan », *Sovietland*, nº 4, avril 1939.

Dallin, Alexander, et Firsov, F.L., ed., *Dmitrov and Stalin: 1934-1943, Letters from the Soviet Archives*, New Haven et Londres, 2000.

Dallin, David, et Nicolaevsky, Boris, *Forced Labour in Soviet Russia*, Londres, 1948.

Dawidowicz, Lucy, *The War against the Jews, 1933-1945*, Londres, 1990; *La Guerre contre les Juifs*, trad. G. Garnet, Paris, Hachette, 1977.

Dekrety sovetskoi vlasti, Moscou, 1957.

Deutscher, Isaac, *Stalin : A Political Biography*, Londres, 1949 ; *Staline*, trad. J.-P. Herbert, Paris, Gallimard, 1973.

Dobrovolski, Alexandre, « Mertvaïa doroga », *Otetchestvo*, vol. 5, 1994, p. 193-210.

Dobrovolskü, I.V., ed., *Goulag : ego stroiteli, obitateli, i geroi*, Moscou, 1998.

Doloi, Iouri, *Krasny terror na severe*, Arkhangelsk, 1993.

Dorofeev, Oleg, « Kouzina Gitlera », *Novaïa Izvestia*, 3 avril 1998, p. 7.

Douguine, Alexandre, « Goulag Glazami Istorika », *Soyouz*, 9 février 1990, p. 16.

— « Stalinizm, Legendy and Fakty », *Slovo*, n° 7, 1990, p. 40.

Dryakhlitsine, Dimitri, « Perioditcheskaïa petchat Arkhipelaga », *Sever*, vol. 9, 1990.

Duguet, Raymond, *Un bagne en Russie rouge*, Paris, Tallandier, 1927 ; rééd. préfacée par N. Werth, Paris, Balland, 2004.

Ebon, Martin, *The Andropov File*, New York, 1983.

Ékonomika Goulaga i ego rol v razvitii strany, 1930-e gody : sbornik dokoumentov, Rossiiskaïa Akademia Nauk, Moscou, 1998.

Elantseva, O.P., « Kto i kak stroll BAM v 30-e gody », *Otechestvennye Arkhivy*, n° 5, 1992, p. 71-81.

Elletson, Howard, *The General Against the Kremlin : Alexander Lebed, Power and Illusion*, Londres, 1992.

Fainsod, Merle, *How Russia is Ruled*, Cambridge, 1962 ; *Smolensk à l'heure de Staline*, trad. G. Bernier, Paris, Fayard, 1967.

Figes, Orlando, *A People's Tragedy : The Russian Revolution, 1891-1924*, Londres, 1996.

Filene, Peter, ed., *American Views of Soviet Russia*, Homewood, IL, 1968.

Fireside, Harvey, *Soviet Psychoprisons*, New York et Londres, 1979.

Fitzpatrick, Sheila, *Everyday Stalinism*, New York, 1999 ; *Le Stalinisme au quotidien. La Russie soviétique dans les années 1930*, trad. J.-P. Ricard et Fr.-X. Nérard, Paris, Flammarion, 2002.

— *Stalin's Peasants : Resistance and Survival in the Russian Village after Collectivization*, New York, 1994.

Foucault, Michel, *Surveiller et punir. Naissance de la prison*, Paris, Gallimard, 1975,

Gelb, Michael, « Karelian Fever : The Finnish Immigrant Community During Stalin's Purges», *Europe-Asia Studies*, 45, nº 6,1943, p. 1091-1116.

Geller, Mikhaïl, *Kontsentratsionny mir i sovetskaïa literatoura*, Londres, 1974.

Genrikh Iagoda : *Narkom Vnoutrennikh Del SSR, generalnikomissar gosoudarstvennoi bezopasnosti : sbornik dokoumentov*, Kazan, 1997.

Getty, J. Arch, *Origins of the Great Purges*, Cambridge, 1985.

Getty, J. Arch, et Manning, Roberta, ed., *Stalinist Terror : New Perspectives*, Cambridge, 1993.

Getty, J. Arch, et Naumov, Oleg, ed., *The Road to Terror : Stalin and the Self-Destruction of the Bolshevik. 1932-1939*, New Haven et Londres, 1999.

Getty, J. Arch, Ritterspoon, Gabor Z, et Zemskov, Viktor, « Victims of the Soviet Penal System in the Pre-war Years », *American Historical Review*, octobre 1993.

Gilbert, Martin, *The Holocaust : The Jewish Tragedy*, Londres, 1978.

Gizejewska, Malgorzata, *Polacy na Kolymie : 1940-1943*, Varsovie, 1997.

Glowacki, Albin, *Sowieci Wobec Polaków : Na Ziemach Wschodnich II Rzeczpospolitej, 1939-1941*, Lódz, 1998.

Goldhagen, Daniel Jonah, *Hitler's Willing Executioners : Ordinary Germans and the Holocaust*, Londres, 1996 ; *Les Bourreaux volontaires de Hitler : les Allemands ordinaires et l'Holocauste*, trad. P. Martin, Paris, Seuil, 1997.

Golovanov, Iaroslav, « Katastrofa », *Znamya*, janvier 1990, p. 107-150 ; et février 1990, p. 104-149.

Gorki, Maxime, ed., *Belomor [Kanal imeni Stalina]*, New York, 1935.

Gourjanow, Alexandre, ed., *Repressii protiv polyakov i polskikh grajdan*, Moscou, 1997.

Gourjanow, Alexandre, Kokourine, Alexandre, et Popinski, Krzyztof, ed., *Drogi Smierci*, Varsovie, 1995.

Gross, Jan Tomasz, *Revolution from Abroad : The Soviet Conquest of Poland's Western Ukraine and Western Belorussia*, Princeton, 1988.

Harris, James R., « Growth of the Gulag : Forced Labour in the Urals Region, 1929-1931 », *The Russian Review*, nº 56, avril 1997, p. 265-280.

Hill, Christopher, ed. (pour Amnesty International), *Rights and Wrongs : Some Essays on Human Rights*, Londres, 1969.

Hochschild, Adam, *The Unquiet Ghost: Russians Remember Stalin*, New York, 1994.
Hopkins, Mark, *Russia's Undeground Press*, New York, 1983.
Hosking, Geoffrey, ed., *The Road to Post-Communism: Independent Political Movements in the Soviet Union, 1985-1991* Londres, 1992.
Hosking, Geoffrey, *Russia: People and Empire, 1552-1917* Londres, 1997.
Inside Soviet Slave Labor Camps, 1939-1942: An Analysis of Written Statements by 9,200 Former Prisoners, Washington, DC, 1952.
Ioffe, Veniamin, « FSB : delo i slovo », *Novye étyoudy ob optimizme*, Saint-Pétersbourg, Mémorial, 1995, p. 120-161.
Iourasova, D., « Reabilitatsionnoe opredelenie po delou rabotnikov Goulaga », *Zvenya*, vol. 1, Moscou, p. 389-399.
Istoriya otetchestva v dokoumentakh, vol. 2 : 1921-1939, Moscou, 1994.
Ivanova, G.M., *Labor Camp Socialism*, trad. Carol Flath, Armonk, NY, et Londres, 2000.
— « Poslevcennye repressii i GOULAG », *Stalin i kholodnaya voina*, Moscou, 1998, p. 245-273.
Ivnitskii, N.A., *Kollektivizatsiya i raskoulatchivanie, natchalo 30-kh gg*, Moscou, 1996.
Iwanow, Mikolaj, *Pierwszy Naród Oukarany*, Varsovie et Wroclaw, 1991.
Jakobson, Michael, *Origins of the Gulag: The Soviet Prison Camp System, 1917-1934*, Lexington, KY, 1993.
Jansen, Marc, et Petrov, Nikita, « Stalin's Loyal Executioner : People's Commissar Nikolai Yezov », Stanford, CA, 2000.
Johnson, Paul, *The Intellectuals*, Londres, 1988 ; *Le Grand Mensonge des intellectuels : vices privés et vertus publiques*, trad. A. Sinet, Paris, R. Laffont, 1993.
Kaczynska, Elzbieta, *Syberia : Najwieksze Wiezienie Swiata (1815-1914)*, Varsovie, 1997.
Kaiser, Robert, *Why Gorbachev Happened*, New York, 1991.
Kalbarczyk, Slawomir, *Wykaz Lagrów Sowieckich*, Varsovie, 1997.
Kaneva, A.N., « Oukhtpetchlag, 1929-1938 », *Zvenya*, vol. 1, Moscou, 1991, p. 331-354.
Kapuscinski, Ryszard, *Imperium*, trad. V. Patte, Paris, Plon 1994.

Karlov, S.V., et Tougoujekova, V.N., Repressii v *Khakasii*, Abakan, 1998.

Karta (revue historique), vol. 1-31, Varsovie, 1991-2001.

Kennan, George, *Siberia and the Exile System*, Londres, 1891.

Kerber, L.L., *Stalin's Aviation Gulag*, Washington et Londres, 1996.

Khetso, Geir, *Maksim Gorkii : soudba pisatelya*, Moscou, 1997.

Khlevniouk, Oleg, « L. P. Berya : predely istoritcheskoi "reabilitatsii" », in G.A. Bordyougov, ed., *Istoritcheskie issledovaniya v Rossii Tendentsii poslenikh let*, Moscou, 1996, p. 39-54.

— *1937 : Stalin, NKVD I Sovetskoye Obchestvo*, Moscou, 1992 ; *Le Cercle du Kremlin. Staline et le bureau politique dans les années 1930 : les jeux de pouvoir*, trad. P. Forgues et N. Werth, Paris, Seuil, 1996.

— « Prinouditelniy Troud v Ekonomike SSR : 1929-1941 gody », *Svobodnaïa Mysl*, n° 13, 1992, p. 73-84.

Klehr, Harvey, Haynes, John Earl, et Anderson, Kyrill, ed., *The Soviet World of American Communism*, New Haven et Londres, 1998.

Klehr, Harvey, Haynes, John Earl, et Firsov, Fridrickh, *The Secret World of American Communism*, New Haven et Londres, 1995.

Klimovitch, Rygor, *Knets Gorlaga*, Minsk, 1999.

Knight, Amy, *Beria : Stalin's First Lieutenant*, Princeton, 1993 ; *Beria*, trad. J.-P. Ricard, préface de H. Carrère d'Encausse, Paris, Aubier, 1994.

— « The Truth about Wallenberg », *New York Review of Books*, vol. XLVIII, n° 14, 20 septembre 2001, p. 47-50.

— *Who Killed Kirov ?*, New York, 1999.

Koestler, Arthur, *Le Zéro et l'infini*, trad. J. Jenatton, Paris, Calmann-Lévy, 1945.

Kokourine, Alexandre, « Goulag : struktura i kadry », série d'articles parus dans *Svobodnaïa Mysl*, de 1997 à 2002. À partir de 1997 (article 1), Kokourine a eu pour coauteur Nikita Petrov ; à partir de 2000 (article 10), il a eu pour coauteur Iouri Moroukov.

— « Ossoboe tekhnitcheskoe byouro NKVD SSR », *Istoritcheskii Arkhiv*, n° 1, 1999, p. 85-99.

— « Vosstanie v Steplage », *Otetchestvennye Arkhivy*, n° 4, 1994, p 33-82.

Kokourine, Alexandre, et Moroukov, Iouri, « Tunnel pod Tatarskim prolivom : neosouchtchestvlenniproekt », *Istoritcheskii Arkhiv*, n° 6, juin 2001, p. 41-78.

Kokourine, Alexandre, et Petrov, Nikita, *Goulag, 1917-1960 : dokumenty*, Moscou, 2000.

— *Loubianka : spravotchnik*, Moscou, 1997.

Korni travy : sbornik statei molodykh istorikov, Moscou, 1996.

Kosyk, Volodymyr, *Concentration Camps in the USSR*, Londres 1962.

Kotek, Joël, et Rigoulot, Pierre, *Le Siècle des camps*, Paris, JC Lattès, 2000.

Kotkin, Stephen, *Magnetic Mountain*, Berkeley, CA, 1995.

Koulikov, K.I., *Delo SOFIN*, Ijevsk, 1997.

Koutchine, S.P., *Istoriya goroda Krasnoïarsk-26 : « Granitni iz 505 »*, Krasnoïarsk-26, Munitsipalnaïa Organizatsiya Kultury g. Krasnoïarsk-26 : Muzeino-Vystavotchni Tsentr, 1994.

— *Polyanskii ITL*, Jeleznogorsk (Krasnoïarsk-26), Muzeino-Vystavotchni Tsentr g. Jeleznogorska, 1999.

Kouzmina, Marina, *Ya pomnyou tot vaninskii port*, Komsomolsk-na-Amour, 2001.

Kozlov, A.G., *Ogni Laguernoi rampy*, Magadan, 1992.

— « Sevvostlag NKVD SSR : 1937-1941 », *Istoritcheskie issledovaniya na severe dalnevo vostoka*, Magadan, 2000.

Krasikov, N., « Solovki », *Izvestia*, n° 236 (2271), 15 octobre 1924.

Krasilnikov, S.A., « Rojdenie Goulaga : diskousii v verkhnikh échelonakh vlasti », *Istoritcheskii Arkhiv*, n° 4, juillet-août 1997, p. 142-156.

Krasilnikov, S.A., et al., ed., *Spetspereselentsy v Zapadnoi Sibiri, 1930 g. — vesna 1931 g.*, Novossibirsk, 1992.

— *Spetspereselentsy v Zapadnoi Sibiri, 1931 g. — nachalo 1933*, Novossibirsk, 1993.

— *Spetspereselentsy v Zapadnoi Sibiri, 1933-1938*, Novossibirsk, 1996.

Krouglov, A.K., *Kak sozdavalas atomnaïa promychlennost v SSR*, Moscou, 1995.

Kuznetsov, S.L., « The Situation of Japanese Prisoners of War in Soviet Camps (1945-1956) », *Journal of Slavic Military Studies*, vol. 8, n° 3, p. 613-618.

Lebedeva, Natalia, *Katyn : Prestouplenie protiv tchelovetchestva*, Moscou, 1994.

Ledeneva, Alena, *Russia's Economy of Favors : Blat, Networking and Informal Exchange*, Cambridge, 1998.

Leggett, George, *The Cheka: Lenin's Political Police*, Oxford, 1981.
Letters from Russian Prisons, International Committee for Political Prisoners, New York, 1925.
Levye ésery i VTChK: sbornik dokumentov, Kazan, 1996.
Lieven, Anatol, *The Baltic Revolution*, New Haven et Londres, 1993.
— *Chechnya: Tombstone of Russian Power*, New Haven et Londres, 1998.
Lih, Lars, Naumov, Oleg, et Khlevnyuk, Oleg, ed., *Stalin's Letters to Molotov*, New Haven et Londres, 1995.
Lin, George, « Fighting in Vain: NKVD RSFSR in the 1920s », Ph. D. dissertation, Stanford University, 1997.
Lipchits, Evguénia, *Dokumentalny ourode XX vek*, Tel-Aviv, 1997.
Litvinov, Pavel, *The Demonstration in Pushkin Square*, trad. Manya Harari, Londres, 1969.
— *The Trial of the Four: The Case of Galanskov, Ginzburg, Dobrovolsky and Lachkova*, trad. Janis Sapiets, Hilary Sternberg et Daniel Weissbort, ed. Peter Reddaway, New York, 1972.
MacQueen, Angus, « Survivors », *Granta*, 64, hiver 1998, p. 38-53.
Makcheïeva, V.N., ed., *Narymskaïa khronika*, 1930-1945, Moscou, 1997.
Makourov, V.G., *Goulag v Karelii: sbornik dokumentov i materialov, 1930-1941*, Petrozavodsk, 1992.
Malia, Martin, « Judging Nazism and Communism », *The National Interest*, n° 64, automne 2002, p. 63-78 ; en français, *cf.* « Nazisme et communisme : réflexions sur une comparaison », *Commentaire*, n° 99, automne 2002.
Martin, Terry, *The Affirmative Action Empire: Nations and Nationalism in the USSR*, Ithaca, NY, 2001.
— « Stalinist Forced Relocation Policies : Patterns, Causes and Consequences », *in* Myron Weiner et Sharon Russell ed., *Demography und National Security*, New York, 2001.
— « Un'interpretazione contestuale alla lute delle nuove richerche » (« The Great Terror : A Contextual Interpretation in Light of New Research »), *Storica*, 18/2000, p. 22-37.
Medvedev, Roy, *Let History Judge*, trad. Colleen Taylor, New York, 1972 ; *Le Stalinisme. Origines, histoire, conséquences*, préface de G. Haupt, Paris, Seuil, 1972.

Melgounov, Sergueï, *La Terreur rouge en Russie, 1918-1924*, trad. W. Lerat et A. Roubichou-Stretz, préface de G. Sokoloff, Paris, Éditions des Syrtes, 2004 (1re éd., Paris, Payot, 1927).

Melnik, A., et Sochina, A., « Zayavleniya politzaklyoutchennykh Petrominska i Solovkov », *Zvenya*, vol. 1, Moscou, 1991, p. 245-251.

Melnik, A., Sochina, A., Reznikova, I., et Reznikov, A., « Materialy k istorikogeografitcheskomou atlasou Solovkov », *Zvenya*, vol. 1, Moscou, 1991, p. 303-330.

Memorialne kladbichtche Sandormokh : 1937, 27 Oktyabrya-4 Noyabrya (Solovetskiiétap), Saint-Pétersbourg, 1997.

Merridale, Catherine, *Night of Stone : Death und Memory in Russia*, Londres, 2000.

Minouvchee, série d'anthologies historiques publiées d'abord à Paris, puis à Moscou, de la fin des années 1980 jusque dans les années 1990.

Misiunas, Romuald, et Taagepera, Rein, *The Baltic Staa : Years of Dependence : 1940-1990*, Berkeley et Los Angeles, 1993.

Mitine, V.A., « Vaigatchskaïa ékspeditsiya 1930-1936 gg. », *Goulag na severe i ego posledstviya*, Arkhangelskaïa Oblastnaïa Organizatsiya Sovest, 1992.

Mora, Sylwester (S. Starzewski) et Zwierniak, Piotr (Kazimierz Zamorski), *Sprawiedliwosc Sowiecka*, Rome, 1945.

Morozov, N.A., *GOULAG v Komi krae, 1929-1956*, Syktyvkar, 1997.

— *Ossobye laguerìa MVD SSR v Komi ASSR (1948-1954 g)*, Syktyvkar, 1998.

Morozov, N.A., et Rogatchev, M.B., « Goulag v Komi ASSR », *Otetchestvennye Arkhivy*, nº 2, 1995, p. 182-187.

Moskoff, William, *The Bread of Affliction : The Food Supply in the USSR during World War II*, Cambridge, 1990.

Moynahan, Brian, *The Russian Century*, New York, 1994.

Naimark, Norman, *Fires of Hatred : Ethnic Cleansing in Twentieth century Europe*, Cambridge et Londres, 2001.

— *The Russians in Germany*, Cambridge, 1995.

Naumov, V, et Rubinstein, Joshua, ed., *Stalin's Secret Pogrom*, New Haven et Londres, 2001.

Naumov, V., et Sigatchev, I., ed., *Lavrenti Beria, 1953 : dokumenty*, Moscou, 1999.

Nerler, P., « S Gourboi i gourom : khronika poslednego goda jizni O.É. Mandelstama », *Minouvchee*, vol. 8, 1992.

Nevskii, G.V., *et al.*, ed., *Pokayanie : martirolog*, vol. 1-3, Syktyvkar, 1998.
Nogtev, A., « Solovki », *Ekran*, n° 2 (39), 1926, p. 4-5.
— « OUSLON : ego istorii, tseli i zadatchi », *Solovetskie Ostrova*, n° 2-3, février/mars 1930.
Nordlander David, « Capital of the Gulag. Magadan in the Early Stalin Era, 1929-1941 », thèse, UNC Chapel Hill, 1997.
— « Magadan and the Evolution of the Dalstroi Bosses in the 1930s », *Cahiers du Monde Russe*, 42/2-4, avril-décembre 2001, p. 649-665.
— « Origins of a Gulag Capital : Magadan and Stalinist Control in the Early 1930s », *Slavic Review 57*, n° 4, hiver 1998, p. 791- 812.
« Not Part of My Sentence : Violations of the Human Rights of Women in Custody », *Amnesty International Report*, Amnesty International USA, XX, 1999.
Obozy Koncentracyjne OGPU w ZSRR, Varsovie, 1998.
Ogawa, Haruhisa, et Yoon, Benjamin H., *Voices from the North Korean Gulag*, Séoul, 1999.
Okhotine, N.G., et Roginski, A.B., ed., *Sistema ispravitelno-troudovykh laguerei v SSR, 1923-1960 : spravotchnik*, Moscou, 1998.
Olhovych, Orest, ed., *An Interview with Political Prisoners in a Soviet Perm Camp*, trad. Taras Drozd, Baltimore, 1975.
Organy Gosoudarstvennoi Bezopasnosti SSR v Velikoi 0tetchestvennoi Voine : sbornik dokumentov, tom I : Nakanoune, Moscou, 1995.
Ossipova, Irina, *Khotelos by vsekh poimenno nazvatz*, Moscou, 1993.
Ouimanov, V. N., ed., *Repressii : kak éto bylo*, Tomsk, 1995.
Overy, Richard, *Russia's War*, Londres, 1997.
Páczkowski, Andrzej, ed., *Powrót Zolnierzy AK z Sowieckich Lagrów*, Varsovie, 1995.
Pamyat, recueil d'anthologies historiques publiées à partir de la fin des années 1970 aux États-Unis et à Paris.
Papkov, S.A., « Laguernaïa sistema i prinouditelni troud v Sibirii i na Dalnem Vostoke v 1929-1941 g. », *Vozvachtchenie Pamyati*, vol. 3, p. 40-57.
Parrish, Michael, *The Lesser Terror : Soviet State Security, 1939-1953*, Westport, CT, et Londres, 1996.
Payne, Matthew, *Stalin's Railroad : Turksib and the building of socialism*, Pittsburgh, 2001.

Petrov, Nikita, « Cekisti e il secondino : due diversi destini », *Nazismo, Fascismo e Comunismo*, Milan, 1998, p. 145-164.

— « Polska Operacja NKWD », *Karta*, 11, 1993, p. 24-43.

Petrov, Nikita, et Skorkine, K.V., ed., *Kto roukovodil NKVD : 1934-1941*, Moscou, 1949.

Piesakowski, Tomasz, *The Fate of Poles in the USSR, 1939-1989*, Londres, 1990.

Pikhoya, R.G., *Sovetskii Soyouz : istoriya vlasti, 1945-1991*, Novossibirsk, 2000.

Pikhoya, R.G., *et al.*, ed., *Katyn : dokoumenty*, Moscou, 1999.

Pipes, Richard, *The Russian Revolution*, New York, 1990 ; *La Révolution russe*, trad. sous la direction de Jean-Mathieu Luccioni, Paris, Presses Universitaires de France, 1993.

Pohl, J. Otto, « The Deportation and Fate of the Crimean Tartars », étude présentée à la cinquième Convention mondiale annuelle de l'Association for the Study of Nationalities, publiée en ligne sur www.iccrimea.org/jopohl.html.

— *The Stalinist Penal System*, Jefferson, NC, et Londres, 1997.

Polechtchikov, V.M., *Za semiou petchatyami*, Syktyvkar, 1995.

Polyan, Pavel, *Ne po svoei vole : istoriya i geografiya prinouditelnykh migratsii v SSR*, Moscou, 2001.

Popov, V.P., « Neizvestnaïa initsiativa Khrouchtcheva (o podgotovke oukaza 1948 g. o vyselenii krestyan », *Otetchestvennye Arkhivy*, n° 2, 1993, p. 31-38.

Popova, T.U., *Soudba : rodnykh L. Martova v Rossii posle 1917 goda*, Moscou, 1996.

« Posetitei kabinetou I.V. Stalina », *Istoritcheskii Arkhiv*, 1998, n° 4, p. 180.

Prisoners of Conscience in the USSR : Their Treatment and Conditions, Amnesty International, 1975.

Raizman, D., *Maldyak v jizni koroleva*, Magadan, 1999.

Rapoport, Iakov, *The Doctors' Plot : Stalin's Last Crime*, Londres, 1991.

[— *Souvenirs du procès des Blouses blanches*, trad. A. Pingaud, Paris, Alinea, 1989.]

Reagan, Ronald, *An American Life*, New York, 1990 ; *Une vie américaine*, Paris, JC Lattès, 1990.

Reavey, George, ed. et trad., *The New Russian Poets, 1953-1968*, Londres et Boston, 1981.

Reddaway, Peter, « Dissent in the Soviet Union », *Problems of Communism*, 32/6, novembre-décembre 1983, p. 1-15.

— *The Forced Labour Camps in the USSR Today: An Unrecognized Example of Modern Inhumanity*, International Committee for the Defence of Human Rights in the USSR, 1973.
— *Uncensored Russia: Protest and Dissent in the Soviet Union*, New York, 1972.
Reddaway, Peter, et Bloch, Sidney, *Psychiatric Terror: How Soviet Psychiatry is Used to Suppress Dissent*, New York, 1977.
Remnick, David, *Lenin's Tomb*, New York, 1994.
Revel, Jean-François, *La Tentation totalitaire*, Paris, Robert Laffont, 1976.
Reznikova, Irina, *Pravoslavie na Solovkakh*, Saint-Pétersbourg, 1994.
Rigoulot, Pierre, *Des Français au Goulag, 1917-1984*, Paris, Fayard, 1984 (avec Geoffroi Crunelle).
— *Les Paupières lourdes. Les Français face au Goulag: aveuglements et indignations*, préface de Jean-François Revel, Paris, Éditions Universitaires, 1991.
Rogovine, Vadim, *1937*, Moscou, 1996.
Rossi, Jacques, *Le Manuel du Goulag. Dictionnaire historique*, préface de Nicolas Werth, Paris, Le Cherche Midi, 1997.
Rothberg, Abraham, *The Heirs of Stalin: Dissidence and the Soviet Regime, 1953-1970*, Ithaca, NY, et Londres, 1972.
Rousset, David, *Police-State Methods in the Soviet Union*, International Commission Against Forced-Labour Camps, Boston, 1953.
Rozanov, Mikhaïl, *Solovetskii Kontslaguer v monastire*, Moscou, 1979.
Rubinstein, Joshua, *Soviet Dissident*, Boston, 1980.
Ruud, Charles, et Stepanov, Sergei, *Fontanka 16: The Tsar's Secret Police*, Montréal, 1999.
Sabbo, Hilda, ed., *Voimatou Vaikida/Nevozmojno Moltchat*, Tallinn, 1996.
Saunders, Kate, *Eighteen Leyers of Hell*, New York, 1966.
Sbornik zakonodatenykh i normativnykh aktov o repressiyakh i reabilitatsii jerty polititcheskikh repressii, Verkhovnyr Sovet Rossiiskoi Federatsii, Moscou, 1993.
Scammell, Michael, *Solzhenitsyn: A Biography*, New York et Londres, 1984.
— Ed., *The Solzhenitsyn Files*, Chicago, 1995.
Sereny, Gitta, *Into that Darkness. An Examination of Conscience*, éd. Pan Books, Londres, 1977; *Au fond des ténèbres. De l'eu-*

thanasie à l'assassinat de masse : un examen de conscience, Paris, Denoël, 1981.
Serge, Victor, *Destin d'une révolution. URSS, 1917-1937*, Grasset, 1937, repris in V. Serge, *Mémoires d'un révolutionnaire et autres écrits politiques, 1908-1947*, Paris, Laffont/Bouquins, 2001, p. 315-493.
Sergeïev, I.N., *Tsaritsyno, Soukhanovo : lyoudi, sobytiya, fakty*, Moscou, 1998.
Service, Robert, *A History of Twentieth Century Russia*, Londres, 1997.
— *Lenin : A Biography*, Londres, 2000.
Seton-Watson, Hugh, *The Russian Empire*, 1801-1917, Oxford, 1990.
Silvester, Christopher, éd., *The Penguin Book of Interviews*, Londres, 1993.
Slave Labor in Russia, American Federation of Labour, extraits du rapport de l'International Labor Relations Committee, 66e convention de l'American Federation of Labour, San Francisco, CA, 6-16 octobre 1947.
Slovar tyouremno-laguerno-blatnogo jargona, Moscou, 1992.
Smith, Kathleen, *Remember Stalin's Victims*, Ithaca, NY, 1996.
Sobolev, S.A., *et al.*, *Loubianka*, 2, Moscou, 1999.
Sobranie dokoumentov samizdata, Radio Liberty Committee, Munich, Allemagne (LOC).
Sofsky, Wolfgang, *L'Organisation de la terreur. Les camps de concentration*, trad. O. Mannoni, Paris, Calmann-Lévy, 1995.
Soina, E.G., *Kistorii pobega Solovetskikh ouznikov v Finlyandiyou : novye materialy*, manuscrit inédit.
Solomon, Peter, *Soviet Criminal Justice Under Stalin*, Cambridge, 1996.
Stalin's Slave Camps, Bruxelles, International Confederation of Free Trade Unions, 1951.
Stephan, John, *The Russian Far East : A History*, Stanford, 1994.
— *Sakhalin : A History*, Oxford, 1971.
Strods, Dr. Heinrich, «The USSR MCB's Top Secret Operation "Pirboi"», Riga, musée de l'Occupation de la Lettonie. D'abord publié in *Genocidas it rezistencija*, nº 2, 1997, p. 66-76.
Sutherland, Christine, *The Princess of Siberia*, Londres, 1985.
Sword, Keith, *Deportation and Exile : Poles in the Soviet Union, 1939-48*, New York, 1994.

Teatr Goulaga, Moscou, 1995.

Tchekhov, Anton, *A Journey to Sakhalin*, trad. Brian Reeve, Cambridge, 1993 ; *L'Île de Sakhaline*, trad. Lily Denis, Paris, Cent Pages, 1995.

— *L'Amour est une région bien intéressante. Correspondance et notes de Sibérie*, Paris, Cent Pages, 2000.

Tchoukhine, Ivan, « Dva dokumenta komissii A.M. Chanina na Solovkakh », *Zvenya*, vol. 1, Moscou, 1991, p. 359-381.

— *Kanaloarmeetsi*, Petrozavodsk, 1990.

Thomas, D.M., *Alexander Solzhenitsyn : A Century in His Life*, Londres, 1998.

Thurston, Robert, *Life and Terror in Stalin's Russia, 1939-1941*, New Haven et Londres, 1996.

Todorov, Tzvetan, *Face à l'extrême*, Paris, Seuil, 1991 ; 2e éd. remaniée, Points-Seuil, 1994.

— Ed., *Au nom du peuple. Témoignages sur les camps communistes*, traduit du bulgare par M. Vrinat, Paris, Éditions de l'Aube, 1992.

Tokes, Rudolf, *Dissent in the USSR*, Baltimore, 1975.

Tolczyk, Dariusz, *See No Evil : Literary Cover-Ups and Discoveries of the Soviet Camp Experience*, New Haven et Londres, 1999.

Tolstoy, Nikolaï, *Stalins Secret War*, New York, 1981.

— *Victims of Yalta*, New York, 1977 ; *Les Victimes de Yalta*, trad. S. Manoliu et J. Joba, Paris, France-Empire, 1980.

Tougoujekova, V.N., et Karlov, S.V., ed., *Repressii v Khakasii*, Abakan, 1998.

Tsigankov, Anatoli, ed., *Ikh nazvali KR*, Petrozavodsk, 1992.

Tucker, Robert, *Stalin as a Revolutionary : 1879-1929*, New York, 1973 ; *Staline révolutionnaire : 1879-1929, essai historique et psychologique*, trad. Éric Diacon, Paris, Fayard, 1975.

— *Stalin in Power : The Revolution from Above*, New York, 1990.

USSR : Human Rights in a Time of Change, Amnesty International publications, octobre 1989.

« USSR Labor Camps », Hearings before the Subcommittee to investigate the Administration of the Internal Security Act and other Internal Security Laws of the Committee on the Judiciary, Sénat, 93e Congrès, 1re Session, 1er février 1973.

Varese, Frederico, *The Russian Mafia*, Oxford, 2001.

Vidal, Gore, *The Last Empire*, Londres, 2002.

Vilenski, Simeon, ed., *Soprotivlenia v Goulage*, Moscou, 1992.
Viola, Lynne, « The Role of the OGPU in Dekulakization, Mass Deportations, and Special Resettlement in 1930 », *Carl Beck Papers in Russian and East Eurapean Studies*, nº 1406, 2000.
Vlast i obchtchestvo v SSR : politika repressii (20-40-e gg.), Moscou, 1999.
Volkogonov, Dimitri, *Lenin : Life and Legacy*, trad. Harold Shukman, Londres, 1994 ; *Le vrai Lénine, d'après les archives secrètes soviétiques*, trad. S. Quadruppani et D. Sesemann, Paris, Laffont, 1995.
— *Stalin. Triumph and Tragedy* (1991), Rocklin, Ça., 1996 ; *Staline : triomphe et tragédie*, trad. du russe par Y. Mignot, Paris, Flammarion, 1991.
— *Trotsky : The Eternal Revolutionary*, trad. Harold Shukman, Londres, 1996.
Vostotchnaïa Europa v dokoumentakh rossiikikh artchivov, 1944-1953 : tom I, 1944-48 (recueil de documents publiés par l'Institut d'études slaves et balkaniques), Moscou et Novossibirsk, 1997.
Vozvravchtchenie k pravde (collection de documents des archives de Tver), Tver, Arkhivni Otdel Administratsii Tverskoi Oblasti, Tverskoi Tsentr Dokumentatsii Noveichii Istorii, 1995.
Vozvrachtchenie pamyati, vol. 1-3 (anthologie historique), Mémorial de Novossibirsk, Novossibirsk, 1991, 1994, 1997.
Walker, Martin, *The Waking Giant : The Soviet Union under Gorbachev*, Londres, 1986.
Wallace, Henry, *Soviet Asia Mission*, New York, 1946 ; *Ma mission en Asie soviétique*, introduction de Philippe Soupault, Paris, R. Julliard, 1947.
Webb, Sidney et Beatrice, *Soviet Communism : A New Civilization ?*, Londres, 1936.
Weiner, Amir, *Making Sense of War*, Princeton, NJ, et Oxford, 2001.
— « Nature, Nurture and Memory in a Socialist Utopia : Delineating the Soviet Socio — Ethnic Body in the Age of Socialism », *The American Historical Review*, vol. 104, nº 4, octobre 1999, p. 1121-1136.
Werth, Nicolas, *Les Procès de Moscou*, Bruxelles, Complexe, 1987.
— Ed., *Rapports Secrets soviétiques : la société russe dans les documents confidentiels 1921-1991*, Paris, Gallimard, 1994.

Zagoroulko, M.M., ed., *Vœnnoplennye v SSR : 1939-1956*, Moscou, 2000.
Zaron, Piotr, *Ludnosc Polska w Zwiazku Radzieckim w Czasie II Wojny Swiatowej*, Varsovie, 1990.
Zemskov, V.N., « Arkhipelag Goulag : glazami pisatelya i statistika », *Argumenty i Fakty*, n° 45,1989.
— « Goulag (istoriko-sotsiologicheskii aspekt) », *Sotsiologitcheskii Issledovaniya*, n° 6, 1991, p. 4-6.
— « Spetsposelentsy (po dokoumentam NKVD-MVD-SSR) », *Sotsiologitcheskie Issledovaniya*, n° 11, 1990, p. 3-17.
— « Soudba Koulatskoi ssylki (1934-1954 gg) », *Otetchestvennaïa Istoriya*, 1/1994, p. 118-147.
— « Zaklyoutchennie v 1930-e gody : sotsialno-demografitcheskie problemy », *Otetchestvennaïa Istoriya*, n° 4, juillet/août 1997.
Zubkova, Elena, *Russia after the War : Hopes, Illusions and Disappointments, 1945-1957*, trad. Hugh Ragsdale, Armonk, NY, 1998.
Zvenya, vol. 1 (anthologie historique), Moscou, 1991.

ARCHIVES

AKB : Bibliothèque des traditions populaires d'Arkhangelsk, Arkhangelsk.
APRF : Archives de la Présidence de la Fédération de Russie, Moscou.
GAOPDFRK : Archives nationales des Mouvements sociopolitiques et de la formation de la République de Carélie (anciennes archives du parti communiste), Petrozavodsk.
GARF : Archives nationales de la Fédération russe, Moscou.
Hoover : Hoover Institution on War, Revolution and Peace, Stanford, CA.
IKM : Collections des traditions populaires d'Iskitim.
Info-Russ : collection de documents Vladimir Boukovski.
[http ://psi.ece.jhu.edu/—kaplan/IRUSS/BUK/GBARC/buk.html]
Karta : Société Karta, Varsovie.
Kedrovy Chor : Archives du *lagpounkt* de Kedrovy Chor, Intlag, collection de l'auteur.
Komis, Mémorial : Archives de la Société du Mémorial, Syktyvkar.

LOC-Library of Congress (Bibliothèque du Congrès), Washington, DC.
Mémorial : Archives de la Société du Mémorial, Moscou.
ML-Marylebone Library, Amnesty International Documents Collection, Londres.
NARK : Archives nationales de la République de Carélie Petrozavodsk.
RGASPI : Archives nationales russes d'Histoire politique et sociale, Moscou.
RGVA : Archives militaires de l'État russe, Moscou.
Saint-Pétersbourg, Mémorial : Archives de la Société du Mémorial, Saint-Pétersbourg.
SKM : collections du musée des Traditions populaires de Solovetski, îles Solovki.
TsKhIDK : Centre de conservation des collections de documents historiques, Moscou.
VKM : Collections du musée des Traditions populaires de Vorkouta, Vorkouta.

ENTRETIENS

Anonyme, ex-directrice d'un orphelinat de camp (Moscou, 24 juillet 2001)
Anna Andreïeva (Moscou, 28 mai 1999)
Anton Antonov-Ovseenko (Moscou, 14 novembre 1998)
Irena Arginskaïa (Moscou, 24 mai 1998)
Olga Astafieva (Moscou, 14 novembre 1998)
David Berdzenichvili (Moscou, 2 mars 1999)
Viktor Boulgakov (Moscou, 25 mai 1998)
Alla Chister (Moscou, 14 novembre 1998)
Jenia Fedorov (Elektrostal, 29 mai 1999)
Isaak Filchtinski (Peredelkino, 30 mai 1998)
Lev Finkelstein (Londres, 28 juin 1997)
Valentina Iourganova (Iskitim, 1er mars 1999)
Lioudmila Khatchatrian (Moscou, 23 mai 1998)
Natacha Koraleva (Moscou, 25 juillet 2001)
Marlen Korallov (Moscou, 13 novembre 1998)
Paulina Myasnikova (Moscou, 29 mai 1998)
Galina Oussakova (Moscou, 23 mai 1998)
Pavel Negretov (Vorkouta, 15 juillet 2001)
Susanna Petchora (Moscou, 24 mai 1998)

Ada Pourijinskaïa (Moscou, 31 mai 1998)
Leonid Sitko (Moscou, 31 mai 1998)
Galina Smirnova (Moscou, 30 mai 1998)
Leonid Trous (Novossibirsk, 28 février 1999)
Olga Vassileïevna (Moscou, 17 novembre 1998)
Simeon Vilenski (Moscou, 6 mars 1999)
Danuta Waydenfeld (Londres, 22 janvier 1998)
Stefan Waydenfeld (Londres, 22 janvier 1998)
Maria Wyganowska (Londres, 22 janvier 1998)
Iouri Zorine (Arkhangelsk, 13 septembre 1998)

GLOSSAIRE

POLICE POLITIQUE

GPOU : *Gossoudarstvennoe polititcheskoe oupravlenie* (Direction politique d'État) : police secrète des années 1920, a succédé à la Tchéka.

MGB/KGB : *Ministerstvo/Komitet gosoudarstvennœ bezopasnosti* (Ministère/Comité de la Sécurité d'État) : police secrète responsable de la surveillance intérieure et extérieure dans l'après-guerre.

MVD : *Ministerstvo vnoutrennikh del* (Ministère de l'Intérieur) : police secrète en charge des prisons et des camps dans l'après-guerre.

NKVD : *Narodny komissariat vnoutrennikh del* (Commissariat du Peuple à l'Intérieur) : police secrète dans les années 1930 et au cours de la Seconde Guerre mondiale, successeur de l'OGPOU.

OGPOU : *Obedinennoe gosoudarstvennoe politcheskoe oupravlenie* (Direction politique d'État unifiée) : police secrète de la fin des années 1920 et du début des années 1930, a succédé au GPOU.

Okhrana : police secrète de l'époque tsariste.

Tchéka : *Tchrezvychainaïa komissiya* (Commission extraordinaire) : police secrète, à l'époque de la guerre civile.

MOTS ÉTRANGERS ET INSTITUTIONS SOVIÉTIQUES

balanda : soupe en prison.
banya : bains de vapeur en Russie.
Barbarossa : invasion de l'Union soviétique par Hitler — Opération Barbarossa — le 22 juin 1941.
beskonvoïnyi : détenu autorisé à se déplacer sans escorte entre les diverses divisions du camp.
besprizornye : gosses des rues en Union soviétique. Pour la plupart des orphelins, produits de la guerre civile et de la collectivisation.
blatnoï slovo : jargon des voleurs (voir *ourka*).
bolcheviks : faction radicale du Parti ouvrier social-démocrate russe qui, sous la direction de Lénine, devint le parti communiste russe en 1918.
bouchlat : caban, veste à manches longues et rembourrée de détenu ou d'ouvrier.
Carélie : République de Carélie, au nord-ouest de l'Union soviétique, limitrophe de la Finlande.
charachka : prison spéciale où des hommes de science et des techniciens incarcérés poursuivaient des missions secrètes. Invention de Beria en 1938.
CHIZO : de *chtrafnoï izoliator*, isolateur disciplinaire, appellation du cachot dans un camp.
collectivisation : politique consistant à forcer tous les paysans à abandonner l'agriculture privée pour mettre leur terre et toutes leurs ressources dans un collectif. Politique menée de 1929 à 1932. C'est la collectivisation qui créa les conditions de la famine rurale des années 1932-1934 et qui affaiblit irrémédiablement l'agriculture soviétique.
Comité central : principale instance de décision politique du parti communiste de l'Union soviétique. Entre les Congrès du Parti, il se réunissait deux ou trois fois par an. Quand il ne siégeait pas, les décisions étaient prises par le Politburo, techniquement élu par le Comité central.
commissaire du Peuple : ministre.
Conseil des commissaires du Peuple (*Sovnarkom*) : en théorie, il s'agit du gouvernement ; dans les faits, subordonné au Politburo.
Dégel : éphémère période de réforme qui suivit la mort de Sta-

line. Lancée par le discours de Nikita Khrouchtchev au XXe congrès du Parti en 1956, arrêtée de fait par son successeur, Leonid Brejnev, en 1964.

dejournaïa ou *dnevalny* : dans le langage courant, concierge. Dans le camp, homme et femme qui reste à la baraque dans la journée, fait le ménage et la garde contre le vol.

dokhodiaga : moribond, « crevard ».

dom svidanii : littéralement, « maison de rendez-vous », où les détenus pouvaient voir leurs parents.

étap : convoi de prisonniers.

feldcher : aide-soignant tantôt formé, tantôt pas.

glasnot : littéralement « ouverture ». Politique de débat franc et de liberté d'expression lancée par Mikhaïl Gorbatchev dans les années 1980.

GOULAG : *Glavnoe Oupravlenie Laguereï* (Direction générale des camps), division de la police secrète en charge des camps de concentration soviétiques.

Izvestia : journal officiel du pouvoir soviétique.

katorga : travaux forcés, à l'époque tsariste. Au cours de la Seconde Guerre mondiale, le régime soviétique adopta à son tour ce mot pour décrire les camps à régime sévère pour les criminels de guerre.

kolkhoze : ferme collective. La politique de collectivisation mise en œuvre en 1929-1931 força les paysans à y travailler.

kolkhoznik : membre d'un kolkhoze.

Kolyma : vallée de la Kolyma River, dans le coin nord-est le plus reculé de la Russie, sur la côte du Pacifique. Abrita l'un des plus grands réseaux de camps de l'URSS.

Komintern : Troisième (Internationale communiste), organisation des partis communistes du monde, formée en 1919 sous la direction du parti communiste soviétique. L'Union soviétique le supprima en 1943.

Komis : République des Komis, section nord-est de la Russie d'Europe, à l'ouest de l'Oural. Les Komis sont une population indigène parlant une langue finno-ougrienne.

Komsomol : organisation des Jeunesses communistes pour les jeunes de quatorze à vingt-huit ans. Les plus jeunes appartenaient aux Pionniers.

kontslaguer : camp de concentration, en russe.

koulak : traditionnellement, paysan prospère. À l'ère soviétique, *koulak* devait désigner tout paysan accusé de s'opposer à l'autorité soviétique ou à la collectivisation. Entre 1930 et 1933, plus de deux millions de *koulaks* furent arrêtés et déportés.

koum : administrateur du camp chargé de gérer le réseau de mouchards.

Kronstadt, révolte de : grand soulèvement monté contre les bolcheviks en 1921 par les marins de la base navale de Kronstadt.

KVTCH : *Koultourno-vospitatelnaïa tchast*, Département culturel et éducatif de chaque camp, responsable de l'éducation politique des prisonniers ainsi que des productions théâtrales et musicales.

lagpounkt : unité concentrationnaire de base.

laogai : camp de concentration chinois.

Leningrad/Saint-Pétersbourg : même ville. Fondée en 1712 par Pierre le Grand, Saint-Pétersbourg devint brièvement Petrograd (plus russifiée) en 1914, lorsque la Russie entra en guerre contre l'Allemagne, avant d'être baptisée Leningrad après la mort de Lénine en 1924.

makhorka : tabac bon marché fumé par les travailleurs et prisonniers soviétiques.

maloletki : jeunes prisonniers.

mamka : prisonnière, mère d'un enfant né en prison.

Mémorial : organisation fondée dans les années 1980 afin de recenser, de décrire et d'aider les victimes de Staline. Actuellement l'un des principaux groupes de défense des droits de l'homme en Russie et le premier Institut de recherche historique.

mencheviks : aile non léniniste du Parti ouvrier social-démocrate russe. Après la Révolution bolchevique, ils essayèrent de former une opposition légale, mais leurs dirigeants furent exilés en 1922. Beaucoup devaient être par la suite exécutés.

monachki : littéralement « nonnes » ; femmes pieuses de diverses confessions.

nadziratel : gardien de prison ou de camp.

nariadtchik : répartiteur, employé du camp chargé d'assigner leurs tâches aux prisonniers.

NEP : *Novaïa ékonomitcheskaïa politika* (Nouvelle Politique économique) — politique économique soviétique lancée en 1921. Rétablit brièvement le petit capitalisme (petits commerces et négociants). Lénine y voyait un « repli stratégique » ; Staline y mit fin complètement.

norme : quantité de travail exigée d'un détenu.
normirovchik : normeur, celui qui fixe les normes.
Novyi Mir : le « Nouveau Monde », revue littéraire soviétique, la première à publier Soljenitsyne.
NTS : *Narodno-troudovoi Soyouz*, « Parti ouvrier du peuple », groupe politique clandestin qui s'opposa à Staline, avec des sections en URSS et à l'étranger.
obchtchaïa raboty : littéralement, « travaux généraux », généralement des tâches physiques non qualifiées, telles que l'abattage du bois ou le creusement de fossés.
ossoboe sovechtchanie : « Commission spéciale », conseils chargés de condamner les prisonniers dans les périodes d'arrestations massives, à compter de la fin des années 1930.
ossobye lagueria : « camps spéciaux », mis en place en 1948 pour les prisonniers politiques particulièrement dangereux.
otkaztchik : réfractaire, qui refuse de travailler.
otlichnik : travailleur hors pair.
oudarnik : ouvrier ou paysan qui a dépassé la norme requise. À partir de 1935, on devait parler plus couramment de « stakhanoviste ».
ourka : professionnel du crime, truand, également connu sous le nom de *blatnoï* ou *vor*.
OUN : *Organizatsiya Ukruinskikh Natsionalistov*, Organisation des Nationalistes ukrainiens. Partisans d'Ukraine occidentale qui se battirent contre l'armée rouge pendant et après la Seconde Guerre mondiale.
paracha : tinette.
pellagre : maladie fiée à la faim.
perestroïka : programme (avorté) de redéploiement de l'économie soviétique lancé par Mikhaïl Gorbatchev dans les années 1980.
Politburo : Bureau politique du Comité central du parti communiste. Dans les faits, le Politburo était le principal organe de décision en URSS : le gouvernement — le Conseil des commissaires du Peuple — devait se plier à ses décisions.
Pravda : journal du parti communiste soviétique.
pridourok (pluriel, *pridourki*) : « planqué », détenu qui n'est pas affecté aux « travaux généraux », mais qui a un travail plus spécialisé ou plus facile.
psikhouchka : hôpital psychiatrique pour dissidents politiques.
refuznik : Juifs soviétiques dont la demande d'émigration en Israël avait été rejetée.

rejim : régime carcéral.

samizdat : publications clandestines, illégales. Jeu de mots ironique sur « Gosizdat », la maison d'édition officielle.

scorbut : maladie née de la malnutrition, plus précisément d'une carence en vitamine C. Elle se traduit, entre autres résultats, par la cécité et la perte des dents.

SLON : *Severnye lagueria ossobogo naznatchenia* (Camps du Nord à destination spéciale). Premiers camps mis en place par la police politique dans les années 1920.

Socialistes révolutionnaires : parti révolutionnaire russe créé en 1902, et qui se scinda par la suite en deux groupes, SR de droite et de gauche. Les SR de gauche participèrent brièvement à un gouvernement de coalition avec les bolcheviks, avant de se brouiller avec eux. Nombre de leurs dirigeants furent plus tard exécutés ou expédiés au Goulag.

souki : littéralement « chiennes ». Dans l'argot du camp, désigne les criminels qui collaboraient avec les autorités.

Sovnarkom (ou Conseil des commissaires du Peuple) : en théorie, il s'agit du gouvernement ; dans les faits, subordonné au Politburo.

spetslagueria : camps de concentration mis en place par l'Administration militaire soviétique dans l'Allemagne occupée après 1945.

splochnye nary : simples planches de bois sans séparation sur lesquelles les détenus dormaient à plusieurs.

stakhanoviste : ouvrier ou paysan qui a dépassé la norme requise. Du nom de Alexeï Stakhanov, mineur qui réussit à extraire 102 tonnes de charbon au lieu de 7 en août 1935.

staroste : littéralement « aîné », « ancien ». Dans les cellules des prisons, dans les baraquements des camps ou les wagons, le *staroste* était chargé de maintenir l'ordre.

Stolypine, voiture, ou *stolypinka* : appellation ironique d'un wagon employé pour le transport des détenus : en fait un wagon de passagers modifié. Injustement baptisé du nom de Piotr Stolypine, Premier ministre de la Russie tsariste.

taïga : paysage typique du nord de la Russie, se caractérisant par des forêts de pins, de grandes rivières et des champs à perte de vue.

tchifir : thé extrêmement fort qui produit parfois l'effet d'un narcotique.

toufta : dans un camp, méthode pour tricher sur les normes de travail afin d'obtenir une ration alimentaire plus élevée.

toundra : paysage arctique, où la terre est gelée en permanence. Seule la surface fond brièvement en été, créant un marais, avec des arbustes et des herbes, mais pas d'arbres.
tovarichtch : « camarade », terme de respect en URSS.
troïka : groupe de trois officiels soviétiques chargé de condamner les prisonniers, à la place des tribunaux, dans les périodes d'arrestations massives, à compter de 1937.
troudosposobnost : capacité de travail.
vagonki : wagonnet ou couchette à deux niveaux, pour quatre personnes.
vakhta : poste de contrôle des gardes armés du camp.
valenki : bottes doublées.
vlassoviens : partisans du général Vlassov, qui combattit aux côtés des nazis contre l'armée rouge au cours de la Seconde Guerre mondiale.
VOKhR : de *voïennizirovannaïa okhrana*, garde en armes. Gardes armés d'un camp.
vor : truand ; également connu sous le nom d'*ourka* ou de *blatnoï*.
Wehrmacht : armée hitlérienne.
zek : de z/k, abréviation de *zaklioutchennyi*, prisonnier.
zemlianka : gourbi, baraquement creusé dans la terre.
zone : camp de concentration. Littéralement, espace entouré de barbelés.

NOTES

On trouvera dans la section de la Bibliographie générale concernée les références complètes des mémoires, publiés ou inédits, des œuvres littéraires, des publications diverses, archives et interviews cités en abrégé dans les notes. Chaque fois que possible, les références renvoient aux traductions françaises.

INTRODUCTION

1. Cité *in* Cohen, p. 39.
2. Leggett, p. 102-120.
3. Okhotine et Roginski.
4. Voir l'Appendice, pour une analyse plus fouillée des statistiques.
5. Rigoulot, *Les Paupières lourdes*, p. 9.
6. *Cf.* Johnson, p. 243.
7. Cité *in* Revel, p. 93.
8. Amis ; John Lloyd, « Show Trial : The Left in the Dock », *New Statesman*, 2 septembre 2002, vol. 15, n° 722, p. 12-15 ; « Hit and Miss », *Guardian*, 3 septembre 2002.
9. Thurston, *Life and Terror in Stalin's Russia* ; Robert Conquest, « Small Terror, Few Dead », *The Times Literaty Supplement*, 31 mai 1996.
10. C'est ce qui est arrivé à l'auteur de ces pages en 1994.

La publication en question est la *London Review of Books* et l'expression « trop antisoviétique » est une citation directe de la lettre de refus. *The Times Literaty Supplement* finit par publier une version très abrégée de ma recension.

11. « Neither Here nor There » (compte rendu de *Between East and West*, New York, 1994), *The New York Times Book Review*, 18 décembre 1994.

12. Pour une analyse complète, voir Malia.

13. Webb, p. 31.

14. Cité *in* Conquest, *The Great Terror*, p. 465 ; trad. fr., p. 969.

15. Voir Klehr, Haynes et Firsov ; et Kiehr, Haynes et Anderson, pour l'histoire du parti communiste américain à partir des archives.

16. Cité *in* N. Tolstoy, *Stalin's Secret War*, p. 289.

17. Voir Thomas, p. 489-495 ; et Scammell, *Solzhenitsyn* : *A Biography* pour plus de détails. Dépeindre Soljenitsyne comme un alcoolique était singulièrement maladroit quand on sait à quel point il détestait l'alcool (*ibid.*, p. 664-665).

18. Pipes, p. 824-825 ; trad. fr., p. 763.

19. Overy, p. 112, 226-227 ; Moskoff.

20. L. Ginzburg, p. 36.

21. Kojina, p. 5.

22. Kaczynska, p. 15.

23. Kennan, p. 74-83.

24. Tchekhov, p. 371 ; trad. fr., *in* Tchekhov, *L'Amour est une région bien intéressante. Correspondance et notes de Sibérie*, lettre du 9 mars 1890 à son éditeur, p. 10.

25. Kaczynska, p. 16-27.

26. Popov, p. 31-38.

27. Kennan, p. 242.

28. Kaczynska, p. 65-85.

29. Anisimov, p. 177.

30. GARF, 9414/1/76.

31. Kaczynska, p. 44-64.

32. *Ibid.*, p. 161.

33. Tchekhov, p. 52 ; trad. fr., *in* Tchekhov, *L'Amour est une région bien intéressante*, p. 65.

34. Kaczynska, p. 161-174.

35. Sutherland, p. 271-302.

36. Adams, p. 4-11.

37. Volkogonov, *Stalin*, p. 9.

38. Cette photographie est reproduite, notamment, *in* Figes.
39. *Cf.* Volkogonov, *Trotsky*.
40. Bullock, p. 28-45 ; trad. fr., vol. 1, p. 17-50.
41. Volkogonov, *Stalin*, p. 9.
42. Kotek et Rigoulot, p. 97-107 ; Okhotine et Roginski, p. 11-12.
43. J'ai développé cette définition dans « A History of Horror ».
44. Geller, p. 43.
45. Cité *in* Kotek et Rigoulot, p. 92.
46. *Ibid.*, p. 1-94, pour ce tableau de la préhistoire des camps de concentration.
47. Kaczynska, p. 270-285.
48. Tolstoï, vol. 1, p. 445 *sq*.
49. Voir Martin, *The Affirmative Action Empire*, pour une analyse fouillée de l'attitude de Staline envers les groupes ethniques « ennemis ».
50. Arendt, p. 122-123 ; trad. fr., p. 766-767.
51. Bullock, p. 24 ; trad. fr., vol. 1, p. 22 [*Mein Kampf*, trad. J. Gaudefroy-Demombynes et A. Calmettes, Paris, Nouvelles Éditions Latines, sans date (1934), p. 64].
52. Weiner, « Nature, Nurture and Memory in a Socialist Utopia ».
53. Bullock, p. 488 ; trad. fr., vol. 1, p. 494.
54. Sereny, p. 101 ; trad. fr., p. 117.
55. Je sais gré à Terry Martin de m'avoir aidée à clarifier ce point.
56. Shreider, p. 5.
57. Lynne Viola en fait l'observation à propos des koulaks exilés.
58. Pour plus de détails, voir Applebaum, « A History of Horror ».

1. DÉBUTS BOLCHEVIQUES

1. De *Stekla vechnosti*, p. 172-173, cité *in* Conquest, *The Great Terror*, p. 305 ; trad. fr., p. 769.
2. Likhatchev, *Vospominaniya*, p. 118.
3. Pipes, p. 336-337 ; trad. fr., p. 313.

4. Voir, par exemple, Service, *Lenin*.
5. Pipes, p. 439-505 ; trad. fr., p. 409-464 ; Figes, p. 474-551.
6. Geller, p. 23-24.
7. Jakobson, p. 18-26.
8. *Dekrety*, vol. 2, p. 241-242, et vol. 3, p. 80. Voir également Geller, p. 10 ; Pipes, p. 793-800 et trad. fr., p. 731-737.
9. Jakobson, p. 18-26 ; décret « Des tribunaux révolutionnaires », 19 décembre 1917, in *Sbornik*, p. 9-10.
10. Hoover, collection Melgounov, boîte 1, classeur 63.
11. Okhotine et Roginski, p. 13.
12. RGASPI, 76/3/1 et 13.
13. Jakobson, p. 10-17 ; Okhotine et Roginski, p. 10-24.
14. *Dekrety*, vol. 1, p. 401.
15. Hoover, collection Melgounov, boîte 1, classeur 4.
16. Anonyme, *Vo vlasti goubtcheka*, p. 3-11.
17. Hoover, collection Melgounov, boîte 1, classeur 4.
18. Lockhart, p. 326-345.
19. S. G. Eliseev, « Tiouremni dnevnik », in *Ouroki*, p. 17-19.
20. Okhotine et Roginski, p. 11.
21. Geller, p. 43.
22. *Ibid.*, p. 44 ; Leggett, p. 103.
23. Dans un premier temps, la Tchéka fut chargée des camps en conjonction avec le Collège central pour les prisonniers de guerre et les réfugiés (*Tsentroplenbej*). Okhotine et Roginski, p. 11.
24. Leggett, p. 108.
25. Décret « Sur la Terreur rouge », 5 septembre 1918, in *Sbornik*, p. 11.
26. Ivanova, *Labor Camp Socialism*, p. 13.
27. *Istoricheski Arkhiv*, n° 1, 1958, p. 6-11 ; Geller, p. 52.
28. Selon l'historien Richard Pipes, « Lénine ne souhaitait pas associer son nom à ces camps, de sorte que les décrets relatifs [...] n'émanèrent pas » du *Sovnarkom*, qu'il présidait, mais du Comité exécutif central du Soviet (Pipes, p. 834 ; trad. fr., p. 772).
29. *Dekrety*, vol. 5, p. 69-70 et 174-181.
30. RGASPI, 76/3/65.
31. Hoover, collection Melgounov, boîte 11, classeur 63.
32. Anonyme, *Vo vlasti goubtcheka*, p. 47-53.
33. Izgoev, p. 36.
34. Bunyan, p. 54-65.
35. Geller, p. 55-64 ; Bunyan, p. 54-114.

36. Okhotine et Roginsk, p. 11-12; voir aussi Jakobson, pour un tableau complet des changements institutionnels dans les années 1920, et Lin.

37. RGASPI, 17/84/585.

38. Pour des exemples de ces discussions, voir Hoover fonds 89, 73/25, 26 et 27.

39. Volkogonov, *Lenin*, p. 179; trad. fr., p. 195.

40. Service, *Lenin*, p. 186.

41. Hoover, collection Nikolaïevski, boîte 9, classeur 1.

42. *Ibid.*, boîte 99; RGASPI, 76/3/87; *Genrikh Iagoda*, p. 265.

43. Razgon, p. 266 [passage absent de l'édition française].

44. Hoover, collection Nikolaïevski, boîte 99.

45. *Ibid.*

46. *Letters from Russian Prisons*, p. 1-15 [R. Rolland, « Letter », original anglais].

47. *Ibid.*, p. 20-28.

48. *Ibid.*, p. 162 165.

49. *Ibid* ; Melnik et Sochina.

50. *Letters from Russian Prisons*, p. 162-165.

51. Melnik et Sochina.

52. RGASPI, 17/84/395.

53. Doloi.

54. Gouberman, p. 72-74.

55. Berta Babina-Nevskaïa, « Première prison (février 1922) », *in* Vilenski, ed., *L'Aujourd'hui blessé*, p. 161-170, ici p. 166-167.

56. RGASPI, 76/3/149.

57. RGASPI, 76/3/227; Hoover, fonds 89, 73/25, 26 et 27.

2. « LE PREMIER CAMP DU GOULAG »

1. *Ékran*, n° 12, 27 mars 1926.

2. Pour une description de la géographie de Solovetski, des diverses îles et de leur histoire, voir Melnik, Sochina, Reznikova et Reznikov.

3. « Solovetskaïa monastyrskaïa tiourma », Solovotskoe Obschestvo Kraevedeniya, *Vypousk*, VII, 1927 (SKM).

4. Ivan Bogov, *Izvestia Arkhgoubrevkoma i arkhboubkoma RKP (b)*, 4 mai 1920 (SKM); également cité *in* Brodsky, p. 13.

5. GARF, 5446/1/2. Voir aussi la référence de Nasedkine à Dzerjinski, *ibid.*, 9414/1/77.

6. Voir, par exemple, Soljenitsyne, *L'Archipel du Goulag*, vol. 2, p. 21-55.

7. Voir Jakobson pour un tableau des systèmes carcéraux dans les années 1920.

8. GARF, 9414/1/77.

9. Brodsky, p. 30-31 ; Olitskaïa, vol. 1, p. 237-240 ; Malsagov, p. 117-131.

10. Olitskaïa, vol. 1, p. 237-240.

11. Hoover, collection Nikolaïevski, boîte 99 ; Hoover, fonds 89, 73/34.

12. *Letters from Russian Prisons*, p. 165-171.

13. Brodsky, p. 194.

14. Chiriaev, p. 30-37.

15. Volkov, p. 53.

16. Brodsky, p. 65.

17. Likhatchev, *Kniga bespokoistv*, p. 98-100.

18. Brodsky, p. 190.

19. *Ibid.*, p. 195-197.

20. Soljenitsyne, *L'Archipel du Goulag*, vol. 2, p. 44.

21. Tchoukhine, *Kanaloarmeetsi*, p. 40-44 ; également Tchoukhine, « Dva dokumenta ». L'auteur explique que ces documents, reproduits intégralement, faisaient partie de « l'enquête criminelle n° 885 ». Ils viennent clairement des archives de FSB Petrozavodsk, où Tchoukhine a travaillé.

22. Klinger, p. 210 ; également repris in *Sever*, vol. 9, p. 108-112. La torture des moustiques est également mentionnée dans des documents d'archives — voir *Zvenya*, vol. 1, p. 383 — et dans des mémoires. Voir *Letters from Russian Prisons*, p. 165-171 ; Volkov, p. 55.

23. Tchoukhine, « Dva dokumenta », p. 359 ; Likhatchev, *Kniga bespokoistv*, p. 196-198.

24. Brodsky, p. 129.

25. L'histoire est rapportée dans les guides de Solovetski. On la trouve également *in* Soljenitsyne, *L'Archipel du Goulag*, vol. 2, p. 29.

26. Tsigankov, p. 196-197.

27. Likhatchev, *Kniga bespokoistv*, p. 212.

28. Journal des GARF et archives de presse : *SLON*, vol. 3, mai 1924.

29. Chiriaev, p. 115-132; Likhatchev, *Kniga bespokoistv*, p. 201-205. Également livres et journaux in SKM.
30. *SLON*, vol. 3, mai 1924 (GARF).
31. *Solovetskie* Ostrova, vol. 12, décembre 1925 (SKM).
32. Conversation avec la directrice de SKM, Tatiana Fokina, 12 septembre 1998. Voir aussi, par exemple, *Solovetskie Ostrova*, 1925, nº 1-7; 1930, nº 1; ou les bulletins de la *Slovetskoe Obchtchestvo Kraevedenya*, dans la collection du musée et la collection de l'AKB. Voir aussi Dryakhlitsine.
33. *Solovetskie Ostrova*, vol. 9, septembre 1925, p. 7-8 (SKM).
34. Reznikova, p. 46-47.
35. *Solovetskoi Lagueram*, vol. 3, mai 1924 (SKM).
36. Reznikova, p. 7-36; Hoover, collection Melgounov, boîte 7, classeur 44.
37. Nikolaï Antsiferov, «Tri glavy iz vospominani», in *Pamyat*, vol. 4, p. 75-76.
38. Klinger, p. 170-177.
39. *Ibid.*, p. 200-201; Malsagov, p. 139-145; Rozanov, p. 55; Hoover, collection Melgounov, boîte 7.
40. Tsigankov, p. 196, p. 96-127; Hoover, collection Melgounov, boîte 7.
41. *Istoriya otechestvo v dokoumenthak, Volume 2: 1921-1939*, p. 51-52.
42. Jakobson, p. 70-102.
43. Krasilnikov, «Rojdenie Goulaga», p. 142-143. Il s'agit d'un recueil de documents sur la fondation du Goulag, tous tirés des archives du président de la Fédération russe, normalement fermées aux chercheurs.
44. NARK, 689/1/(44 / 465).
45. NARK, 690/6/(2/9).
46. RGASPI, 17/3/65.
47 Okhotine et Roginski, p. 18.
48. Ivanova, *Labor Camp Socialism*, p. 70-71.
49. GAOPDFRK, 1051/1/1.
50. Jakobson, p. 121, conversations en 1998 et 1999 avec Nikita Petrov, Oleg Khlevniouk et Iouri Brodsky. *Solovki*, l'édition italienne du livre de ce dernier, ne mentionne pas Frenkel.
51. Par exemple, Klementiev; S. G. Eliseev, «Touremny dnevnik», in *Ouroki*, p. 30-32.
52. Chiriaev, p. 138.

53. Tchoukhine, *Kanaloarmeetsi*, p. 30-31.
54. Gorki, *Belomor*, p. 226-228.
55. GAOPDFRK, 1033/1/35.
56. Duguet, p. 75 ; rééd., p. 77.
57. Soljenitsyne, *L'Archipel du Goulag*, vol. 2, p. 61.
58. Malsagov, p. 61-73.
59. Chiriaev, p. 137-138 Rozanov, p. 174-191 ; Narinski, *Vremya tyajkikh potryaseni*, p. 128-149.
60. Rozanov, p. 174-191 ; Chiriaev, p. 137-148.
61. Carte d'immatriculation de prisonnier de Frenkel, Hoover, Saint-Pétersbourg, collection du Mémorial.
62. Tchoukhine, *Kanaloarmeetsi*, p. 30-31 ; Soljenitsyne, *L'Archipel du Goulag*, vol. 2, p. 62.
63. Voir « Posetiteli kabinetou I. V. Stalina », *Istoricheski Arkhiv*, 1998, n° 4, p. 180.
64. Hoover, Saint-Pétersbourg, collection du Mémorial.
65. NARK, 690/6/(1/3).
66. Baron, p. 615-621.
67. NARK, 690/6/(17/148).
68. *Ibid.*
69. Koulikov, p. 99.
70. GAOPDFRK, 1033/1/15.
71. Nogtev, « USLON », p. 55-60 ; Nogtev, « Solovki », 1926, p. 4-5.
72. Iouri Brodsky, p. 75.
73. Le déficit de Solovetski est cité *in* Khlevniouk, « Prinouditelny troud » ; ainsi que GAOPDFRK, 1051/1/1.
74. Baron, p. 624.
75. GAOPDFRK, 1033/1/35.
76. Iouri Brodsky, p. 75.
77. *Ibid.*, p. 114.
78. *Ibid.*, p. 195.
79. NARK, 690/6/(1/3).
80. Tchoukhine, « Dva dokumenta ».
81. Iouri Brodsky, p. 115.
82. *Letters from Russian Prisons*, p. 183-188.
83. Hoover, fonds 89, 73/32.
84. *Ibid.*, 73/34.
85. *Letters from Russian Prisons*, p. 218-220.
86. Krasikov, p. 2.
87. *Letters from Russian Prisons*, p. 215.
88. Hoover, fonds 89, 73/34, 35 et 36.

89. Hoover, collection Nikolaïevski, boîte 782 ; collection Melgounov, boîte 8.
90. Hoover, collection Nikolaïevski, boîte 782, classeur 6.
91. *Ibid.*, classeur 1.
92. *Letters from Russian Prisons*, p. 160.

3. 1929 : LE GRAND TOURNANT

1. Staline interviewé par Emil Ludwig, 1934, *in* Silvester, p. 311-322.
2. Likhatchev, *Kniga bespokoistv*, p. 183-189.
3. Soljenitsyne, *L'Archipel du Goulag*, vol. 2, p. 51 ; Figes, p. 400-405 et 820-821.
4. Iouri Brodsky, p. 188-189.
5. Likhatchev, *Kniga bespokoistv*, p. 183-189.
6. Volkov, p. 168.
7. Soljenitsyne, *L'Archipel du Goulag*, vol. 2, p. 50 ; Khesto, p. 245.
8. Soljenitsyne, *L'Archipel du Goulag*, vol. 2, p. 49-51 ; Khesto, p. 243-254 ; Iouri Brodsky, p. 185-188.
9. Tchoukhine, *Kanaloarmeetsi*, p. 36.
10. Gorki, *Sobranie sochineni*, vol. 11, p. 291-316. Toutes les citations de Gorki sur Solovetski viennent de cette source.
11. Khesto, p. 244-245.
12. Tolczyk, p. 94-97. Mon interprétation de l'essai de Gorki repose sur les fines observations de l'auteur.
13. Tucker, *Stalin in Power*, p. 125-127.
14. Payne, p. 270-271.
15. Tucker, *Stalin in Power*, p. 96.
16. *Sbornik*, p. 22-26.
17. Voir les récits *in* Tucker, *Stalin in Power* ; et Conquest, *Stalin*, ainsi que Getty et Naumov.
18. Voir Conquest, *Sanglantes moissons*, qui reste le tableau le plus complet de la collectivisation et de la famine. Le travail d'Ivnitski fait un usage fiable des archives. De même que les exilés, les koulaks attendent encore leur vrai chroniqueur.
19. Ivnitski, p. 115 ; Zemskov, « Spetspolselentsy », p. 4.
20. Getty et Naumov, p. 110-112 ; Solomon, p. 111-120.
21. Jakobson, p. 120.

22. Krasilnikov, « Rojdenie Goulaga », p. 143-144.
23. *Ibid.*, p. 145-146.
24. *Ibid.*, p. 145.
25. Nordlander, « Capital of the Gulag ».
26. Krasilnikov, « Rojdenie Goulaga » ; Jakobson, p. 1-9.
27. *Ibid.*, p. 120.
28. Khlevniouk, « Prinouditelny troud », Krasilnikov, *Spetspereselentsy v zapadnoi Sibiri, vesna 1931 g. — nachalo 1933g.*, p. 6.
29. GARF, 5446/1/154 et 9401/1a/1 ; Jakobson, p. 120.
30. Harris.
31. Jakobson, p. 143.
32. Voir, par exemple, Stephen Kotkin, qui raconte comment les plans d'un autre projet stalinien — les aciéries de Magnitogorsk, qui n'avaient rien à voir avec le Goulag — allèrent aussi de travers.
33. En 1936, par exemple, Evguénia Guinzbourg put encore être condamnée à une peine de prison non assortie de l'obligation de travailler. Voir E.S. Guinzbourg, *Le Vertige*.
34. Tchoukhine, *Kanaloarmeetsi*, p. 25.
35. Tucker, *Stalin in Power*, p. 64.
36. Cité *in* Bullock, p. 374 ; trad. fr., vol. 1, p. 380.
37. Volkogonov, *Stalin*, p. 127 et 148.
38. Moynahan, par exemple photos des pages 156 et 157.
39. Tucker, *Stalin in Power*, p. 273.
40. Jakobson, p. 121.
41. Lih, Naumov et Khlevniouk, p. 211 ; ainsi que Krasilnikov, « Rojdenie Goulaga », p. 152-154 ; Khlevniouk, « Prinouditelny troud ».
42. *Ibid.*, p. 74.
43. Jakobson, p. 121.
44. Khlevniouk, « Prinouditelny troud », p. 74-76 ; Jakobson, p. 121 ; Hoover, Saint-Pétersbourg, collection du Mémorial.
45. Il en est de nombreux exemples dans les *osobaïa paka* (archives personnelles) de Staline, *in* GARF, 9401/2. Delo 64, par exemple, contient un long rapport sur Dalstroï.
46. Nordlander, « Origins of a Gulag Capital », p. 798-800.
47. *Genrikh Iagoda*, p. 434.
48. Minutes du Politburo, RGASPI, 17/3.
49. Volkogonov, *Stalin*, p. 252, 308-309 et 519.
50. GARF, 9401/2/199 (dossier personnel de Staline).
51. RGASPI, 17/3/746 ; Nordlander, « Capital of the Gulag ».

52. *Ibid.*
53. Kaneva, p. 331.
54. Okhotine et Roginski, p. 34.
55. *Genrikh Iagoda*, p. 375-376.
56. C'est Terry Martin qui me l'a suggéré dans un échange de mails, en juin 2002.

4. LE CANAL DE LA MER BLANCHE

1. Cité *in* Baron, p. 638.
2. Dallin et Nicolaevsky, p. 218-219.
3. Bateson et Pim.
4. Dallin et Nicolaevsky, p. 219.
5. *Ibid.*, p. 221.
6. *Ibid.*, p. 220.
7. *Ibid.* ; Jakobson, p. 126.
8. Dallin et Nicolaevsky, p. 220.
9. GARF, 5446/1/54 et 9401/1a/1.
10. GARF/91414/1/2920.
11. Jakobson, p. 127.
12. Kitchin, p. 267-270.
13. Jakobson, p. 127-128.
14. GAOPDFRK, 26/1/41.
15. Gorki, *Belomor* (traduction de *Kanal imeni Stalina)*, p. 17-19.
16. *Ibid.*, p. 40.
17. Lih, Naumov et Khlevniouk, p. 225 et 212.
18. Makourov, p. 76. Il s'agit d'un recueil de documents choisis dans les archives de Carélie.
19. Okhotine et Roginski, p. 163.
20. Baron, p. 640-641 ; et Tchoukhine, *Kanaloarmeetsi*.
21. Makourov, p. 86.
22. Gorki, *Belomor*, p. 173.
23. Makourov, p. 19-20, 96.
24. Baron, p. 643.
25. Makourov, p. 37 et 197.
26. *Ibid.*, p. 43-44.
27. *Ibid.*, p. 197.
28. Tchoukhine, *Kanaloarmeetsi*, p. 121.

29. Makourov, p. 19-20.
30. Tchoukhine, *Kanaloarmeetsi*, p. 12.
31. Makourov, p. 72-73.
32. Tchoukhine, *Kanaloarmeetsi*, p. 127-131.
33. Tolczyk, p. 152.
34. Baranov, p. 165-168.
35. Gorki, *Belomor*, p. 46-47.
36. *Ibid.*, p. 158 et 165.
37. Pogodine, p. 109-183 ; Geller, p. 151-157.
38. Gliksman, p. 165.
39. *Ibid.*, p. 173-178.
40. GARF, 9414/4/1 ; *Perekovka*, 18 janvier 1933.
41. *Ibid.*, 20 décembre 1932-30 juin 1934.
42. Soljenitsyne, *L'Archipel du Goulag*, vol. 2, p. 80.

5. L'EXPANSION DES CAMPS

1. *Kouznitsa*, mars-septembre 1936 (collection de journaux, GARF).
2. Khlevniouk, « Prinouditelny troud », p. 75-76.
3. Nicolas Werth, « Un État contre son peuple. Violences, répressions, terreurs en Union soviétique », *in* Courtois, p. 172-174. On trouve une relation de l'épisode par un détenu anonyme, qui rencontra quelques survivants à la prison de Tomsk, dans *Pamyat*, vol. 1, p. 342-343 ; voir également Krasilnikov, *Spetspereselentsy v zapadnoi Sibiri, 1933-1938*, p. 76-119.
4. Elantseva. Cet article s'appuie sur des documents des Archives nationales de la Fédération de Russie, Tomsk, Extrême-Orient.
5. *Ibid.* ; Okhotine et Roginski, p. 153.
6. N.A. Morozov, *Goulag v Komi krae*, p. 104.
7. Kaneva. Mon récit s'appuie sur celui de cet auteur, qui repose à son tour sur des documents des archives de la République des Komis et sur des mémoires de la collection de la Société du Mémorial.
8. *Ibid.*, p. 331 et 334-335.
9. GARF, 9414/1/8.
10. Mitine, p. 22-26.
11. Exposition, Vorkouta Kraevedeneski Muzei ; et « Vor-

koutinstroi NKVD» (document du MVD, janvier 1941), dans la collection du Mémorial de Syktyvkar, République des Komis; Okhotine et Roginski, p. 192.

12. Kaneva, p. 339.

13. Nadejda Ignatova, «Spetspereselentsy v respoublike Komi v. 1930-1940 gg.», in *Korni travy*, p. 23-25.

14. *Ibid.*, p. 25 et 29.

15. N.A. Morozov, *Goulag v Komi krae*, p. 13-14.

16. Kaneva, p. 337-338.

17. Nadejda Ignatova, «Spetspereselentsy v respoublike Komi v. 1930-1940 gg.», in *Korni travy*, p. 23-25.

18. Kaneva, p. 342.

19. *Ibid.*

20. Stephan, *The Russian Far East*, p. 225.

21. Nordlander, «Capital of the Gulag». Je suis redevable au travail de David Nordlander sur la Kolyma — jusque-là la seule étude occidentale complète et fondée sur des archives — pour l'histoire évoquée dans cette section et ailleurs.

22. *Ibid.*

23. Victor Chmirov, de la Société du Mémorial de Perm, conversation avec l'auteur, 31 mars 1998.

24. Chmirov, «Laguer kak model Realnosti».

25. Stephan, *The Russian Far East*, p. 225.

26. Nordlander, «Capital of the Gulag».

27. *Ibid.*

28. Stephan, *The Russian Far East*, p. 226.

29. Nordlander, «Capital of the Gulag».

30. Stephan, *The Russian Far East*, p. 227.

31. Kozlov, «Sevostlag NKVD SSR».

32. Stephan, *The Russian Far East*, p. 226.

33. Conquest, *Kolyma*, p. 42.

34. Sgovio, p. 153.

35. Chalamov, «Le procureur vert», in *Récits de la Kolyma*, p. 784.

36. Kozlov, «Sevostlag NKVD SSR», p. 81; Nordlander, «Capital of the Gulag».

37. Ioffé, p. 66-71.

38. Kozlov, «Sevostlag NKVD SSR», p. 82.

39. Guinzbourg, *Le Ciel de la Kolyma*, p. 280.

40. *Ibid.*

41. GARF, 9414/1/OURZ, dans la collection d'A. Kokourine.

42. Khlevniouk, «Prinouditelny troud», p. 78.

43. *Ibid.* ; Okhotine et Roginski, p. 376, 399 et 285.
44. *Ibid.*, p. 38.

6. LA GRANDE TERREUR ET SES SUITES

1. Akhmatova, *Requiem*, p. 18-19.
2. Bacon, p. 30 et 122. Bacon a calculé ces chiffres en se fondant sur des sources diverses, ajoutant les forçats, toutes catégories confondues. Pour une étude plus fouillée des statistiques, voir l'Appendice.
3. Soljenitsyne, *L'Archipel du Goulag*, vol. 1, p. 25.
4. Sauf indication contraire, ce tableau de la Grande Terreur s'inspire de Conquest, *La Grande Terreur*, Khlevniouk, *1937* ; Getty et Naumov ; et Martin, « The Great Terror ».
5. Getty et Naumov, p. 472.
6. *Troud*, n° 88, 4 juin 1992 ; repris in Getty et Naumov, p. 472-477 ; on trouve de nombreux documents semblables *in* Sabbo, p. 297-304.
7. *Ibid.*
8. Kokourine et Petrov, *Loubianka*, p. 15.
9. Veronica Znamenskaïa, « To This Day », *in* Vilenski, ed., *Till My Tale Is Told*, p. 141-149 [absent de l'édition française].
10. Iourasova.
11. GARF, dossiers personnels. Également Kokourine et Petrov, *Goulag*, p. 797-857.
12. GARF, 8131/37/99.
13. Ce récit de l'arrestation de Berzine repose sur Nordlander, « Capital of the Gulag » et « Magadan and the Evolution of the Dalstroi Bosses ».
14. Conquest, *The Great Terror*, p. 182-213 ; trad. fr., p. 603-647.
15. Helena Sidorkina, « Mes années sous escorte », *in* Vilenski, ed., *L'Aujourd'hui blessé*, p. 261-272, ici p. 262.
16. GARF, 9401/12/94.
17. Conquest, *The Great Terror*, p. 298 ; trad. fr., p. 759.
18. Geller, p. 151-157.
19. Ivanova, *Labor Camp Socialism*, p. 96.
20. Kokourine et Petrov, *Goulag*, p. 863-869.

21. Ivanova, *Labor Camp Socialism*, p. 95-96 ; Makourov p. 183-184.
22. Rossi, *Manuel du Goulag*, p. 106-107.
23. *Ibid.* ; Volkogonov, *Stalin*, p. 279.
24. Rossi, *Manuel du Goulag*, p. 174 et 252 ; *Sbornik*, p. 86-93.
25. Larina, p. 185.
26. Levinson, p. 39-42.
27. Gorki, *Belomor*, p. 341.
28. Weiner, « Nature, Nurture and Memory in a Socialist Utopia ».
29. Herling, p. 35.
30. Ivanova, *Labor Camp Socialism*, p. 95.
31. Rossi, *Manuel du Goulag*, p. 42.
32. Leipman, p. 38.
33. Nordlander, « Capital of the Gulag ».
34. Makourov, p. 160.
35. Tchoukhine, *Kanaloarmeetsi*, p. 120.
36. Chmirov.
37. Cité *ibid.*
38. *Troud*, n° 88, 4 juin 1992 ; repris *in* Getty et Naumov, p. 479-480 ; N.A. Morozov, conversation avec l'auteur, juillet 2001.
39. Papkov.
40. GARF, 9414/1/OURZ, dans la collection d'A. Kokourine.
41. Prikaz 00447, analysé par N. Petrov et A. Goginski, « Polskaïa operatsiya NKVD, 1937-1938 gg. », *in* Gourjanow, *Repressi protiv polyakov*, p. 22-43.
42. *Memorialne kladbichtche Sandormokh*, p. 3 et 160-167 (recueil de documents sur les exécutions de Sandormokh). Une autre source date du 16 août 1937 cet ordre du NKVD sur la répression des détenus (Binner, Junge et Martin).
43. Florenski, p. 777-780, cité par Tchirkov.
44. *Memorialne kladbichtche Sandormokh*, p. 167-169.
45. Hoover, collection Nikolaïevski, boîte 233, classeur 23 ; ainsi que N.A. Morozov, *Goulag v Komi krae*, p. 28.
46. Conquest, *The Great Terror*, p. 286-287 ; trad. fr., p. 743-744.
47. Archives FSB, Petrozavodsk, fonds 42, p. 55-140 : Akt Zasedaniya Troiki NKVD KSSR, n° 13, 20 septembre 1937, dans la collection de Iouri Dmitriev, Mémorial de Petrozavodsk.

48. Conquest, *The Great Terror*, p. 438 ; trad. fr., p. 941.
49. Getty et Naumov, p. 532-537.
50. *Ibid.*, p. 562.
51. Guinzbourg, *Le Vertige*, p. 245-246.
52. N.A. Morozov, *Goulag v Komi krae*, p. 28-29.
53. Nordlander, « Capital of the Gulag », p. 253-257
54. Makourov, p. 163.
55. Khlevniouk, « Prinouditelny troud », p. 79.
56. Ivanova, *Labor Camp Socialism*, p. 105-107.
57. Nordlander, « Capital of the Gulag ».
58. Khlevniouk, « Prinouditelny troud », p. 73.
59. Nordlander, « Capital of the Gulag ».
60. GARF, 9401/1/4240.
61. Soljenitsyne, *Le Premier Cercle*, p. 25-26.
62. Golovanov ; Raizman, p. 21-23.
63. Kokourine, « Osoboe tekhnicheskoe byouro NKVD SSR ».
64. Khlevniouk, « Prinouditelny troud », p. 79.
65. GARF, 7523/67/1.
66. GARF, 9414/1/24 et 25.
67. GARF, 7523/67/1.
68. GARF, 8131/37/356 ; 7523/67/2 et 9401/1a/71.
69. Knight, *Beria*, p. 105-106.
70. Khlevniouk, « Prinouditelny troud », p. 80.
71. Zemskov, « Zakliouchennie », p. 63 ; Bacon, p. 30.
72. Zemskov, « Arkhipelag Goulag », p. 6-7 ; Bacon, p. 30.
73. Okhotine et Roginski, p. 308.
74. *Ibid.*, p. 338-339.
75. *Ibid.*, p. 191-192, 200-201 et 303.
76. Vassilievna, entretien avec l'auteur.
77. L'expression de « complexe industriel concentrationnaire » apparaît sous la plume de M.B. Smirnov, S.P. Sigachev et D.V. Shkapov, coauteurs de l'introduction historique à Okhotine et Roginski.

7. ARRESTATION

1. N. Mandelstam, vol. 1, p. 8-9.
2. Robinson, p. 13.
3. Agnew et McDermott, p. 145 et 143-149.

4. Gelb.
5. Martin, *The Affirmative Action Empire*, p. 328-343.
6. Lipper, p. 35 ; Stephan, *The Russian Far East*, p. 229.
7. Conquest, *The Great Terror*, p. 271-272 ; trad. fr., p. 723.
8. Stajner, p. 33 ; trad. fr., p. 56-57.
9. Martin, « Stalinist Forced Relocation Policies ».
10. Diverses versions de ce poème existent en russe. Celle-ci correspond plus ou moins à celle donnée par Yevtouchenko, *Strofi Veka*. [Pour la version française, *cf.* O. Mandelstam, « Distiques sur Staline », in *Tristia et autres poèmes*, trad. Fr. Kérel, Poésies/Gallimard, 1982, p. 171-172.]
11. Okounevskaïa, p. 227.
12. Starostine ; GARF, 7523/60/4105.
13. Razgon, p. 93 [passage absent de l'édition française].
14. GARF, 9401/12/253.
15. Weissberg, p. 16-87.
16. Serebriakova, p. 34-50.
17. Lipper, p. 3.
18. Starostine, p. 62-69.
19. Wat, p. 316-319.
20. Dolgun, p. 8-9 ; trad. fr., p. 16-17.
21. Okounevskaïa, p. 227-228.
22. Soljenitsyne, *L'Archipel du Goulag*, vol. 1, p. 13.
23. Gaguen-Torn, p. 58.
24. Hoover, fonds 89, 18/12, reel 1 994.
25. V. Petrov, p. 17.
26. N. Mandelstam, vol. 1, p. 6-7.
27. Naimark, *The Russians in Germany*, p. 69-140.
28. RGVA, 40/71/323.
29. Glowacki, p. 329.
30. Guinzbourg, *Le Vertige*, p. 49-50.
31. Helena Sidorkina, « Mes années sous escorte », *in* Vilenski, ed., *L'Aujourd'hui blessé*, p. 262-263 ; et édition anglaise, plus complète, p. 194-195.
32. Razgon, p. 56 [passage absent de l'édition française].
33. Jenov, p. 44.
34. Tchikheeva-Gaister, p. 99-104.
35. GARF, 9410/12/3.
36. Ioffé, p. 90-91.
37. Soljenitsyne, *Le Premier Cercle*, p. 530.
38. Hoover, collection du ministère polonais de l'Information, boîte 114, classeur 2.

39. Milioutina, p. 150-151.
40. Soljenitsyne, *Le Premier Cercle*, p. 542.
41. Gnedine, p. 68-69.
42. Dolgun, p. 11 ; trad. fr., p. 19.
43. Vogelfanger, p. 4-5.
44. Berchadskaïa, p. 37-39.
45. Adamova-Sliozberg, p. 16 ; en français, « Le long chemin », *in* S. Vilenski, ed., *L'Aujourd'hui blessé*, p. 13-160, ici p. 35.
46. Walter Warwick, mémoires inédits. Merci à Reuben Rajala pour ce texte.
47. Kuusinen, p. 136.
48. *Miranda v. Arizona*, 384 US 436 (1966).
49. Werth, « Un État contre son peuple. Violences, répressions, terreurs en Union soviétique », *in* Courtois, p. 216.
50. Gorbatov, p. 118.
51. Hoover, collection Sgovio, boîte 3.
52. Sgovio, p. 69.
53. Hoover, collection Sgovio, boîte 3.
54. Finkelstein, entretien avec l'auteur.
55. Dourasova, p. 77.
56. N. Petrov et A. Roginski, « Polskaïa operatisya NKVD, 1937-1938 gg. », *in* Gourjanow, *Repressi protiv polyakov*, p. 37-38 ; N. Petrov, « Polska Operacja NKWD ».
57. Petrov et Roginski, *ibid.*, p. 24-25.
58. Iwanow, p. 370.
59. Petrov, « Polska Operacja NKWD », p. 27-29.
60. *Ibid.*, p. 24-43 et 32.
61. Hoover, fonds 89, 18/12, reel 1 994 ; Getty et Naumov, p. 530-537.
62. Conquest, *The Great Terror*, p. 130-131 ; trad. fr., p. 541-542 (trad. légèrement modifiée).
63. V. Tchernavin, p. 156-163.
64. Narinski, *Vospominaniya glavnogo boukhgaltera GOULAG*, p. 60.
65. Rapport secret de Khrouchtchev, repris *in* Khrouchtchev, p. 585 [version française citée ici *in* Branko Lazitch, *Le Rapport Khrouchtchev et son histoire*, Paris, Seuil, 1976, p. 98].
66. Jansen et Petrov.
67. Gnedine, p. 24-31.
68. Conquest, *The Great Terror*, p. 121 ; trad. fr., p. 529-530.
69. Chentalinsky, p. 41-42.

70. Khava Volovitch, « Mes années passées », *in* Vilenski, *L'Aujourd'hui blessé*, p. 367-399 ; version anglaise plus complète, p. 251.
71. Guinzbourg, *Le Vertige*, p. 95.
72. Hoover, collection du ministère polonais de l'Information, boîte 114, classeur 2.
73. V. Tchernavin, p. 162.
74. Dolgun, p. 37-38, 193, 202 ; trad. fr. (ici légèrement modifiée), p. 49-50, 235, 244.
75. Gorbatov, p. 109-110.
76. Razgon, p. 93 [passage absent de l'édition française].
77. Petchora, entretien avec l'auteur.

8. PRISON

1. GARF, 9401/1a/14.
2. GARF, 9401/1a/128.
3. Sobolev, p. 66.
4. Garaseva, p. 96-101 ; pour une histoire du bâtiment de la Loubianka, voir Sobolev, p. 11-79.
5. Panine, p. 32.
6. Sergeev, p. 232-238.
7. Gnedine, p. 24-31.
8. Boutyrski et Karychev, p. 20-21.
9. Garaseva, p. 96-101.
10. Tchetverikov, p. 35.
11. Dolgun, p. 62 ; trad. fr., p. 77. Le dirigeant nazi Albert Speer fit la même chose, de longues années durant, dans sa cellule de la prison alliée de Spandau.
12. Guinzbourg, *Le Vertige*, p. 185 et 258.
13. Finkelstein, entretien avec l'auteur.
14. GARF, 9413/1/17 ; 9412/1/25 et 9413/1/6.
15. GARF, 8131/37/360.
16. GARF, 8131/37/796, 1250 et 1251.
17. Zabolotski, p. 310-331.
18. Buber-Neumann, p. 68-69.
19. GARF, 9401/1a/14.
20. Buber-Neumann, p. 62, 64.
21. Troubetskoï, p. 261.

22. Nadejda Grankina, « Notes by Your Contemporary », *in* Vilenski, ed., *Till My Tale is Told*, p. 119 ; « Carnet-souvenirs d'une contemporaine », *in* Vilenski, *L'Aujourd'hui blessé*, p. 175 (trad. modifiée).
23. Yasnyi, p. 1-50.
24. Dolgun, p. 15 ; trad. fr., p. 24.
25. Voir, par exemple, Gorbatov, p. 111 ; ou Zarod, p. 45. Jacob Éfroussi a intitulé ses souvenirs de prison *Kto na « E » ?*, c'est-à-dire « Qui commence par "E" ? ».
26. Vesyolaïa, p. 30-33.
27. Berchadskaïa, p. 37-39.
28. Vesyolaïa, p. 30-33.
29. Buber-Neumann, p. 69, 74.
30. Adamova-Sliozberg, p. 8 et 17 ; en français, « Le long chemin », *in* S. Vilenski, ed., *L'Aujourd'hui blessé*, p. 22 et 36.
31. Chalamov, « Les comités des pauvres », in *Récits de la Kolyma*, p. 387-403, ici p. 402.
32. Tchikheeva-Gaister, p. 99-104.
33. Bystroletov, p. 115.
34. Petchora, entretien avec l'auteur.
35. GARF, 9489/2/31.
36. Weissberg, p. 278.
37. Lipper, p. 7-10.
38. Zarod, p. 39.
39. Finkelstein, entretien avec l'auteur.
40. Razgon, p. 223 ; trad. fr., p. 120-121.
41. Hoover, collection du ministère polonais de l'Information, boîte 116, classeur 2.
42. Chalamov, « Les comités des pauvres », in *Récits de la Kolyma*, p. 402.
43. Olitskaïa, p. 180-189.
44. Guinzbourg, *Le Vertige*, p. 73-75.
45. Dolgun, p. 95 ; trad. fr., p. 116.
46. Vesyolaïa, p. 312.
47. Gygouline, trad. fr. p. 83.
48. Chalamov, « Les comités des pauvres », in *Récits de la Kolyma*, p. 387-403.
49. *Ibid.*, p. 387, 394, 400, 402-403.

9. TRANSPORT, ARRIVÉE, SÉLECTION

1. Sutherland, p. 136.
2. Guinzbourg, *Le Vertige*, p. 196.
3. Sgovio, p. 129-135.
4. Khachatrian, entretien avec l'auteur.
5. Guinzbourg, *Le Vertige*, p. 101.
6. GARF, 8466/1/23.
7. Anonyme, conversation avec l'auteur, Vilnius, septembre 1991 ; Fidelgolts.
8. Glowacki, p. 320-405.
9. Bardach, p. 156.
10. Dostoïevski, p. 216.
11. Finkelstein, entretien avec l'auteur.
12. Buca, p. 26.
13. Finkelstein, entretien avec l'auteur.
14. Larina, p. 149.
15. Gliksman, p. 230-231.
16. Panine, p. 45.
17. Ptasnik, p. 846-854.
18. Noble, p. 71.
19. Tiif, p. 125.
20. Buca, p. 29.
21. Znamenskaïa, p. 20-22.
22. Karta, collection Kazimierz Zamorski, classeur 1, dossiers 1 253 et 6 294.
23. Zabolotski, p. 20.
24. Berchadskaïa, p. 47-49.
25. Guinzbourg, *Le Vertige*, p. 289.
26. Iakovlenko, p. 176-179.
27. Gaguen-Torn, p. 69-72.
28. Hoover, collection du ministère polonais de l'Information, boîte 114, classeur 2.
29. *Ibid.*, boîte 110, classeur 2.
30. Ptasnik, p. 853.
31. Armonas, p. 40-44.
32. Sandratskaïa, mémoires inédits.
33. Kaufman, p 228-233.
34. Karta, collection Kazimierz Zamorski, classeur 1, dossier 1 253.

35. Stephan, *The Russian Far East*, p. 225-232.
36. Tvardovski, p. 249-251.
37. Sgovio, p. 135-144.
38. Conquest, *Kolyma*, p. 20.
39. Karta, collection Kazimierz Zamorski, classeur 1, dossier 1 253.
40. Nerler, p. 360-379.
41. Karta, collection Kazimierz Zamorski, classeur 1, dossier 15 876.
42. Hoover, collection du ministère polonais de l'Information, boîte 113, classeur 9.
43. Sgovio, p. 140.
44. Conquest, *Kolyma*, p. 24 ; Guinzbourg, *Le Vertige*, p. 333-335.
45. Conquest, *Kolyma*, p. 25.
46. *Ibid.*, p. 25-27 ; Golovanov.
47. Nordlander, « Capital of the Gulag », p. 290-291 ; Conquest, *Kolyma*, p. 25.
48. Olitskaïa, p. 229-233.
49. Guinzbourg, *Le Vertige*, p. 334-335.
50. Karta, collection Kazimierz Zamorski, classeur 1, dossiers 6 294, 15 882 et 15 876.
51. Sgovio, p. 143.
52. Kuusinen, p. 152.
53. Lipper, p. 92-95.
54. Karta, collection Kazimierz Zamorski, classeur 1, dossier 1 722.
55. Elena Glink, « Kolyma Tram », *in* Vilenski, *Osventsim bez pechei*, p. 10-16.
56. Bardach, p. 191-193.
57. Karta, collection Kazimierz Zamorski, classeur 1, dossier 1 253.
58. GARF, 9401/1/614.
59. GARF, 9401/1a/61.
60. GARF, 9401/1a/64.
61. GARF, 9401/2/171 et 199.
62. GARF, 8131/37/2063.
63. GARF, 8131/37/2041.
64. Gaguen-Torn, p. 69-72.
65. Ekart, p. 39.
66. Iakovlenko, p. 176-179.
67. Soljenitsyne, *L'Archipel du Goulag*, vol. 1, p. 350-351.

68. Jenov, p. 74.
69. Armonas, p. 137.
70. Gourski, mémoires inédits.
71. Tchirkov, p. 22.
72. Colonna-Czosnowski, p. 53.
73. GARF, 9414/1/2743.
74. Olitskaïa, p. 234-244.
75. Adamova-Sliozberg, p. 47 ; en français, « Le long chemin », *in S.* Vilenski, ed., *L'Aujourd'hui blessé*, p. 74-75.
76. Smirnova, entretien avec l'auteur.
77. Andreïevna, entretien avec l'auteur.
78. Bardach, p. 227.
79. Hoover, collection du ministère polonais de l'Information, boîte 114, classeur 2.
80. Oulianovskaïa, p. 356-365.
81. Chalamov, « Aux bains », in *Récits de la Kolyma*, p. 744.
82. Chiriaev, p. 31-37.
83. Par exemple, GARF, 9489/2/25.
84. Weissberg, p. 92.
85. Gliksman, p. 240 ; Adamova-Sliozberg, p. 48 ; en français, « Le long chemin », *in* S. Vilenski, ed., *L'Aujourd'hui blessé*, p. 76.
86. Yakir, p. 155.
87. Guinzbourg, *Le Vertige*, p. 341, 345.
88. GARF, 5446/1/54.
89. GARF, 9401/12/316.
90. Bien, mémoires inédits.
91. Gliksman, p. 218-221.
92. Gaguen-Torn, p. 149.
93. Herling, p. 64-65. En polonais, son nom complet est Gustaw Herling-Grudzinski.
94. Gliksman, p. 246-248.

10. LA VIE DANS LES CAMPS

1. Vilenski, reproduit avec l'autorisation de l'auteur.
2. Okhotine et Roginski, p. 137-525.
3. Okounevskaïa, p. 391.
4. GARF, 5446/1/54 et 9401/12/316.

5. GARF, 9489/2/20.
6. GARF, 9401/12/316.
7. GARF, 9414/6/24.
8. Rossi, *Le Manuel du Goulag*, p. 297.
9. Buber-Neumann, p. 137 (trad. légèrement modifiée).
10. GARF, 9401/12/316.
11. Rossi, *Le Manuel du Goulag*, p. 298-299.
12. Sofsky, p. 75.
13. GARF, 9489, archives du Dmitlag (9489/2/31, par exemple).
14. GARF, 9401/12/316.
15. GARF, 9401, collection de l'auteur.
16. GARF, 8131/37/361.
17. GARF, 8131/37/542.
18. GARF, 9401/1a/136 et 9401/1/4240.
19. Guberman, p. 33.
20. Adamova-Sliozberg, p. 48 ; en français, « Le long chemin », *in* S. Vilenski, ed., *L'Aujourd'hui blessé*, p. 76.
21. Finkelstein, entretien avec l'auteur.
22. Zarod, p. 103.
23. Kouts, p. 165.
24. Lvov, mémoires inédits.
25. Herling, p. 69.
26. Sofsky a également traité du temps et de l'espace des détenus dans *L'Organisation de la terreur*. Je lui en ai emprunté l'idée.
27. Frid, p. 136.
28. GARF, 9401/12/316.
29. Zarod, p. 99-100.
30. Frid, p. 136.
31. Zarod, p. 102.
32. GARF, 9401/12/316 ; Zarod, p. 102.
33. Rossi, *Le Manuel du Goulag*, p. 234.
34. Nordlander, « Capital of the Gulag », p. 158 ; Mitine.
35. Olitskaïa, p. 234-244 ; Nordlander, « Capital of the Gulag », p. 159.
36. Olitskaïa, p. 234-244.
37. GARF, collection de l'auteur.
38. GARF, 9401/1a/127.
39. GARF, 9401/1a/128 ; Berdinskikh, p. 24-43.
40. N.A. Morozov, *GOULAG v Komi krae*, p. 72-75.
41. Bondarevski, p. 44.

42. Pavel Galitski, « Étogo zabyt nelzya », in *Ouroki*, p. 83-85.
43. MacQueen.
44. Hoover, collection du ministère polonais de l'Information, boîte 114, classeur 2.
45. GARF, 9414/1/2741.
46. Zarod, p. 104.
47. Mirek, *Zapiski zaklioutchennogo*, p. 116.
48. Herling, p. 216.
49. Lipper, p. 214 ; Zarod, p. 104-105.
50. GARF, 9489/2/11.
51. Cité in Gygouline, trad. fr. p. 111.
52. Soulimov, p. 45-55.
53. Sieminski, p. 45.
54. GARF, 8131/37/543.
55. GARF, 9414/1/2887.
56. GARF, 9414/1/496, ordre de juin 1951, créant un plan « suivant le projet du Goulag ».
57. GARF, 9414/6/24.
58. Evstonitchev, p. 88.
59. Soulimov, p. 53.
60. GARF, 8131/37/4547.
61. Buber-Neumann, p. 137.
62. GARF, 9401/1a/274.
63. Andreïevna, entretien avec l'auteur.
64. GARF, 9401/1a/141.
65. Lipper, p. 131.
66. Filchtinski, entretien avec l'auteur.
67. Arginskaïa, entretien avec l'auteur ; GARF, 9401/1a/274.
68. Hoover, collection du ministère polonais de l'Information, boîte 114, classeur 2.
69. Petrous, p. 58-65.
70. Petchora, entretien avec l'auteur.
71. *Idem* ; Boulgakov, entretien avec l'auteur.
72. Arginskaïa, entretien avec l'auteur.
73. Petchora, entretien avec l'auteur ; Petrous, p. 58-65.
74. Rozina, p. 67-75.
75. Smirnova, entretien avec l'auteur.
76. *Idem.*
77. Sgovio, p. 186.
78. Vardi, p. 93-150.
79. GARF, 9414/6/24 et 25.

80. Soljenitsyne, *L'Archipel du Goulag*, vol. 2, p. 203.
81. Rozina, p. 67-75.
82. Vogelfanger, p. 67.
83. Okounevskaïa, p. 391.
84. Golovanov, p. 110-115 et 122.
85. Petrous, p. 58-65.
86. Colonna-Czosnowski, p. 113.
87. GARF, 9414/4/1 (*Perekovka*, du 30 juin 1934).
88. Karta, Arkhiwum Wschodnia, V/AC/183.
89. GARF, 5446/1/54; Rossi, *Le Manuel du Goulag*, p. 94.
90. GARF, 9401/1/713.
91. Waydenfeld, p. 132.
92. Chalamov, « Aux bains », in *Récits de la Kolyma*, p. 745.
93. GARF, 8489/2/20.
94. GARF, 8131/37/357.
95. GARF, 8131/37.
96. GARF, 9401/1a/16.
97. GARF, 9489/2/20/64.
98. Arginskaïa, entretien avec l'auteur.
99. Sitko, entretien avec l'auteur.
100. Filchtinski, entretien avec l'auteur.
101. Gygouline, trad. fr. p. 164-165.
102. Petchora, entretien avec l'auteur.
103. GARF, 9414/3/9.
104. Chalamov, « Aux bains », in *Récits de la Kolyma*, p. 741, 742-743.
105. Sgovio, p. 175.
106. Chalamov, « Aux bains », in *Récits de la Kolyma*, p. 745.
107. Rozina, p. 67-75.
108. Chalamov, « Aux bains », in *Récits de la Kolyma*, p. 740.
109. Levinson, p. 39-40.
110. Armonas, p. 123.
111. Sitko, entretien avec l'auteur.
112. Soulimov, p. 43.
113. GARF, 9489/2/15.
114. GARF, 9401/1/713.
115. GARF, 9401/1a/128.
116. GARF, 9401/1a/140.
117. GARF, 9401/1a/189; GARF, 9401/1/713; GARF, 9401/1a/141 et 119.
118. GARF, 9489/2/20/109-113.
119. Kedrovy Chor, collection de l'auteur.

120. Narinski, *Vospominaniya*, p. 138.
121. *Ibid.*, p. 136-137.
122. Kedrovy Chor, collection de l'auteur; GARF, 9489/2/5.
123. GARF, 9489/2/19.
124. Gliksman, p. 301.
125. GARF, 9401/1a/189.
126. V. Gorkhova, « Raport vratcha », in *Ouroki*, p. 103-105.
127. Aline, p. 185-191.
128. Petrov, p. 216 et 178.
129. Iakovenko, p. 180-181.
130. Samsonov, *Jizn prodoljaetsya*, p. 70-71.
131. GARF, 9414/1/25.
132. GARF, 9489/2/10.
133. GARF, 8131/37/809, 797 et 1251.
134. Kedrovy Chor, collection de l'auteur.
135. GARF, 8131/37/361.
136. Guinzbourg, *Le Vertige*, p. 365, 367-368.
137. Guinzbourg, *Le Ciel de la Kolyma*, p. 95-96.
138. Kedrovy Chor, collection de l'auteur.
139. GARF, 8181/37/4544.
140. Veselovski, p. 131.
141. Aline, p. 185-191.
142. Zarod, p. 100.
143. *Ibid.*, p. 140.
144. Chalamov, « Cherry-Brandy », in *Récits de la Kolyma*, p. 101-108, ici p. 107.
145. Petrov, p. 99.
146. Sgovio, p. 161.
147. Zarod, p. 100.
148. Panine, p. 83-84, 172.
149. Petchora, entretien avec l'auteur.

11. LE TRAVAIL DANS LES CAMPS

1. Repris *in* Cohen, p. 96-97.
2. GARF, 9414/6 (albums de photos).
3. Okhotine et Roginski, p. 137-476.
4. GARF, 9414/6/8.
5. Guinzbourg, *Le Vertige* et *Le Ciel de la Kolyma*.

6. Sitko, entretien avec l'auteur.
7. Filchtinski, p. 37.
8. GARF, 9489/2/9.
9. Pryadilov, p. 113-114.
10. Weissberg, p. 96.
11. Soljenitsyne, *Une journée d'Ivan Denissovitch*, p. 117-118.
12. Kress, «Novyi pioner, ili, Kolymskaïa selektsiya», *in* Vilenski, *Osventsim Gez Petchei*, p. 62-70.
13. Zorine, entretien avec l'auteur.
14. Mindline, p. 52-57.
15. Sofsky, p. 211.
16. Petchora, entretien avec l'auteur.
17. Voir par exemple les photos des Archives du Mémorial.
18. Rossi, *Le Manuel du Goulag*, p. 186.
19. Guinzbourg, *Le Vertige*, p. 383-384.
20. Oulianovskaïa, p. 356-365.
21. Petrov, p. 208 et 178.
22. Zarod, p. 114.
23. Bardach, p. 233-234.
24. Soulimov, p. 57.
25. Filchtinski, p. 38.
26. Bystroletov, p. 162.
27. Bardach, p. 232-233.
28. GARF, 9401/1a/141.
29. GARF, 8131/37/4547.
30. Voir, par exemple, Jenov, p. 69.
31. Lipper, p. 135.
32. George Victor Zgornicki, cassette adressée à l'auteur, avril 1998.
33. Petrov, p. 178.
34. Filchtinski, p. 39.
35. GARF, 9401/1/713.
36. Petrov, p. 208.
37. Zarod, p. 114.
38. Bardach, p. 233.
39. Olitskaïa, p. 234-244.
40. Weissberg, p. 63.
41. Ekart, p. 79. [*N.d.T.* : les *peredoviks*, selon Ekart, sont «ceux qui avaient dépassé la tâche réglementaire de plus de 15 %» ; *ibid.*, p. 78.]
42. Oussakova, entretien avec l'auteur.
43. Dolgun, p. 185 ; trad. fr., p. 223.

44. GARF, document en possession de l'auteur, sans référence.
45. Razgon, p. 237. Des exemples de scies rudimentaires sont exposés au musée d'histoire locale de Medvejegorsk.
46. Hoover, collection du ministère polonais de l'Information, boîte 114, classeur 2.
47. *Ibid.*
48. Nordlander, «Capital of the Gulag», p. 170.
49. GARF, 9414/4/3.
50. Nordlander, «Capital of the Gulag», p. 182.
51. Dagor, p. 10.
52. Maximovitch, p. 91-100.
53. A. Dobrovolski; Okhotine et Roginski, p. 220-221 et 341-343.
54. GARF, 9414/6/23.
55. *SLON*, vol. 1, 1924 (collection des GARF).
56. Tchoukhine, *Kanaloarmeetsi*, p. 127-131.
57. Sgovio, p. 184.
58. GARF, 9401/1/567.
59. GARF, 9401/1a/68.
60. Feldgoun, mémoires inédits.
61. GARF, 9401/1/567.
62. Herling, p. 300.
63. Wigmans, p. 127; Korallov, entretien avec l'auteur.
64. GARF, 9401/1/2443.
65. GARF, 9401/1/567.
66. GARF, 9414/1/1442.
67. Filchtinski, p. 163-169.
68. GARF, 9414/1/1441.
69. Ekart, p. 78.
70. GARF, 9414/1/1440.
71. GARF, 9414/4/145.
72. Kotkin, p. 232.
73. Andreïevna, entretien avec l'auteur.
74. Trous, entretien avec l'auteur.
75. Ekart, p. 77-78 (trad. modifiée).
76. Hoover, collection du ministère polonais de l'Information, boîte 114, classeur 2.
77. Herling, p. 296.
78. GARF, 9414/1/1460.
79. GARF, 9414/1/1461; Okhotine et Roginski, p. 195.
80. GARF, 9414/1/1461.

81. Vladimir Boukovski, conversation avec l'auteur, mars 2002.

12. CHÂTIMENT ET RÉCOMPENSE

1. Cité *in* Rossi, *Le Manuel du Goulag*, p. 213.
2. Kaufman, p. 249.
3. Herling, p. 375.
4. GARF, 9401/12/316.
5. Kuusinen, p. 207-208.
6. Razgon, p. 139-140 ; trad. fr., p. 227.
7. GARF, 9401/1/713 et 9401/12/316.
8. Bardach, p. 213-215.
9. Herling, p. 375-376, 377.
10. Oulianovskaïa, p. 358.
11. Herling, p. 376.
12. GARF, 9489/2/5.
13. Nordlander, « Capital of the Gulag », p. 230-231.
14. Adamova-Sliozberg, p. 66 ; en français, « Le long chemin », *in* S. Vilenski, ed., *L'Aujourd'hui blessé*, p. 126.
15. Svetlana Doinisena, directrice du musée d'histoire locale d'Iskitim, conversation avec l'auteur, 1er mars 1999.
16. I. Samakhova, « Laguernaïa Pyl », in *Vozvrachtchenie pamyati*, vol. I, p. 38-42.
17. GARF, 5446/1/54.
18. GARF, 9401/12/316.
19. *Ibid.*
20. GARF, 9401/1/3463.
21. Voir, par exemple, Tchirkov, p. 54-55 ; Maximovitch p. 82-90.
22. GARF, 8131/37/542.
23. GARF, 9489/2/20.
24. Bystroletov, p. 377-378.
25. Rozina, p. 65.
26. Armonas, p. 123-126.
27. Gorbatov, p. 121.
28. Bystroletov, p. 385-386.
29. A. Morozov, p. 101-103.

30. Il s'en trouve un exemple dans la collection de documents de Kedrovy Chor en possession de l'auteur.
31. GARF, 9401/12/316.
32. A. Morozov, p. 171-175.
33. Bystroletov, p. 169.
34. Oulianovskaïa, p. 403.
35. Jenov, p. 104-106.
36. GARF, 9489/2/5.
37. Herling, p. 181.
38. Golovanov, p. 128.
39. Koroleva, entretien avec l'auteur.
40. Iasnyi, p. 52-53.
41. Bystroletov, p. 391.
42. Herling, p. 178-179.
43. Gogua, mémoires inédits.
44. Herling, p. 185-186 (trad. légèrement modifiée).
45. Soljenitsyne, *Le Premier Cercle*, p. 225-226 ; Thomas, p. 175-177.
46. Mazus, p. 34-37.
47. Herling, p. 185 (trad. légèrement modifiée).

13. LES GARDES

1. RGASPI, 119/7/96.
2. Viktor Chmirov, conversation avec l'auteur, 31 mars 1998. Chmirov dirige le musée du Goulag de Perm.
3. Voir GARF, 9414/4/29, pour une liste d'administrateurs du canal exclus du Parti, entre autres raisons, pour avoir eu des relations sexuelles avec des détenus.
4. NARK, 865/1(10/52).
5. Kuperman, mémoires inédits.
6. Ivanova, *Labor Camp Socialism*, p. 154.
7. Voir, par exemple, GARF, 9414/4/10.
8. GARF, 9401/1a/61 et 9401/4/10.
9. Kouzmina, p. 93-99.
10. GARF, 9401/2/319.
11. GARF, 9414/3/40.
12. Razgon, p. 201-210 ; trad. fr., p. 101-110, ici p. 107.

13. Petrov, « Cekisti e il secondino » (l'auteur a lu le manuscrit en russe).
14. *Ibid.* Il y avait des exceptions, ainsi qu'en témoigne la carrière de Viktor Abakoumov, qui commença au Goulag, avant de grimper les échelons jusqu'à devenir le patron du SMERCH (contre-espionnage soviétique). Voir Ivanova, *Labor Camp Socialism*, p. 141-142.
15. *Ibid.*, p. 145.
16. Je sais gré à Terry Martin d'avoir attiré mon attention sur ce point.
17. Melgounov, p. 300. Voir également Petrov, « Cekisti e il secondino ».
18. Ivanova, *Labor Camp Socialism*, p. 140.
19. *Ibid.*, p. 150.
20. GARF, 9401/1/743.
21. Petrov, « Cekisti e il secondino ».
22. Smirnova, entretien avec l'auteur.
23. Kokourine et Petrov, *Goulag*, p. 798-857.
24. RGASPI, 119/3/1, 6, 12 et 206 ; 119/4/66.
25. Petrov, « Cekisti e il secondino ».
26. GARF, 9414/4/3.
27. GARF, 9401/1/4240.
28. Ivanova, *Labor Camp Socialism*, p. 163.
29. Voir, par exemple, GARF, 9414/3/40 et 9401/1/743.
30. Ivanova, *Labor Camp Socialism*, p. 143 et 161.
31. GARF, 9489/2/16.
32. GARF, 9414/3/40.
33. GARF, 8131/37/357.
34. GARF, 8131/37/2063.
35. Vassilievna, entretien avec l'auteur.
36. GARF, 9401/1a/1.
37. GARF, 9401/1a/10, 9489/2/5 et 9401/1a/5.
38. GARF, 9401/1a/6.
39. Nordlander, « Capital of the Gulag », p. 183.
40. Petchora, entretien avec l'auteur.
41. Roeder, p. 128-130.
42. Koutchine, *Polyanski ITL*, p. 10-16.
43. Ivanova, *Labor Camp Socialism*, p. 159-160.
44. *Ibid.*, p. 160.
45. Stajner, p. 241-242 ; *cf.* la trad. fr. adaptée, p. 265-266.
46. Ivanova, *Labor Camp Socialism*, p. 160.
47. MacQueen.

48. GARF, 8131/37/2063 et 9401/12/316.
49. Kuusinen, p. 177.
50. Guinzbourg, *Le Vertige*, p. 356-357.
51. Sgovio, p. 247-248.
52. Nordlander, « Capital of the Gulag ».
53. Rotfort, p. 78-80.
54. Razgon, p. 214 ; trad. fr., p. 112-113.
55. Vogelfanger, p. 147 et 178.
56. Kopelev, vol. 2, p. 39 *sq*.
57. Nordlander, « Capital of the Gulag », p. 277.
58. Razgon, p. 228 ; trad. fr., p. 124-125.
59. Starostine, p. 83-88.
60. GARF, document en possession de l'auteur, sans référence.
61. *Ibid.*
62. Telle est la thèse de Goldhagen.
63. Smirnova, entretien avec l'auteur.
64. Andreïevna, entretien avec l'auteur.
65. Arginskaïa, entretien avec l'auteur.
66. GARF, 8131/37/1253.
67. R. Medvedev, p. 282 ; trad. fr., p. 331.
68. Razgon, p. 221 ; trad. fr., p. 119.
69. Gorchakov, *L-1-105*, p. 156-157.
70. Pryadilov, p. 81-95.
71. GARF, 8131/37/1253.
72. Levinson, p. 40.
73. Gygouline, trad. fr. p. 154-155 ; Sandratskaïa, mémoires inédits, p. 51.
74. Gnedine, p. 117.
75. Berdinskikh, p. 22.
76. GARF, 9489/2/20 et 9401/1a/61.
77. Boulgakov, entretien avec l'auteur.
78. GARF, 8131/37/809.
79. Gygouline, p. 148.
80. Berdinskikh, p. 22.
81. Diakov, p. 65.
82. Lipper, p. 241-243.
83. Ivanova, *Labor Camp Socialism*, p. 149.
84. Oulianovskaïa, p. 316.
85. Kozlov, « Sevvostlag NKVD SSR », p. 89.
86. Weiner, « Nature, Nurture and Memory in a Socialist Utopia ».

87. Gygouline, p. 147-148.
88. Stajner, p. 69.
89. Buber-Neumann, p. 216.
90. Chreider, p. 193.
91. MacQueen.
92. Anna Zakharova, « The Defense of a Prison Camp Official », *in* Cohen, p. 143.
93. Anonyme, entretien avec l'auteur.
94. Hochschild, p. 65.
95. MacQueen.
96. Razgon, p. 214 ; trad. fr., p. 112.
97. GARF, 8131/37/809.
98. Berdinskikh, p. 28.
99. Zarod, p. 94.
100. GARF, 8131/37.

14. LES PRISONNIERS

1. Dostoïevski, p. 49.
2. Guinzbourg, *Le Vertige*, p. 335.
3. Gorbatov, p. 125.
4. Ekart, p. 67-70, ici p. 69.
5. Ioffé, p. 8-9.
6. Razgon, p. 184 ; trad. fr., p. 169.
7. Colonna-Czosnowski, p. 109.
8. Varese, p. 162-164.
9. Abramkine et Tchesnokova, p. 7-22.
10. *Ibid.*
11. Dostoïevski, p. 76.
12. Abramkine et Tchesnokova, p. 10.
13. Razgon, p. 185 ; trad. fr., p. 169-170.
14. Dolgun, p. 139-160 ; trad. fr., p. 157-173.
15. Korallov, entretien avec l'auteur.
16. Abramkine et Tchesnokova, p. 9.
17. Korallov, entretien avec l'auteur.
18. Varese, p. 146-150.
19. N. Medvedev, p. 14-16.
20. *Ibid.*

21. Chalamov, « Croix-Rouge », in *Récits de la Kolyma*, p. 217-226, ici p. 223.
22. Soljenitsyne, *L'Archipel du Goulag*, vol. 2, p. 333.
23. Gygouline, p. 127.
24. Berdinskikh, p. 291-315.
25. Hoover, collection du ministère polonais de l'Information, boîte 114, classeur 2.
26. A. Akarevitch, « Blatnye slova », *Solovetskie Ostrova*, février 1925, n° 2 (SKM).
27. Gouberman, p. 72-73.
28. GARF, 9489/2/15.
29. Chalamov, « Sur parole », in *Récits de la Kolyma*, p. 24-31, ici p. 27.
30. Feldgoun, mémoires inédits.
31. Berdinskikh, p. 132.
32. Soljenitsyne, *L'Archipel du Goulag*, vol. 2, p. 329.
33. Sgovio, p. 165-169.
34. GARF, 8131/37/1261.
35. Likhatchev, « Kartejnye igri ougolovnikov », *Solovetskie Ostrova*, 1930, n° 1, p. 32-35 (SKM).
36. Finkelstein, entretien avec l'auteur.
37. Herling, p. 48-49.
38. Hoover, collection du ministère polonais de l'Information, boîte 113, classeur 2.
39. Gorbatov, p. 140-141.
40. Colonna-Czosnowski, p. 126-131.
41. Antonov-Ovseenko, *The Time of Stalin*, p. 316.
42. Varese, p. 159.
43. Finkelstein, entretien avec l'auteur.
44. Zemskov, « Zaklioutchennie v 1930-e gody », p. 68.
45. Dougine ; Zemskov, *op. cit.*, p. 65.
46. Adamova-Sliozberg, p. 2 ; en français, « Le long chemin », *in* S. Vilenski, ed., *L'Aujourd'hui blessé*, p. 14.
47. Elletson, p. 2.
48. Koutchine, *Polyanski ITL*, p. 37-38.
49. Ekart, p. 64.
50. Guinzbourg, *Le Vertige*, p. 317 ; Razgon, p. 93.
51. Razgon, p. 93.
52. Chalamov, « Le bouquiniste », in *Récits de la Kolyma*, p. 488-506, ici p. 489.
53. Warwick, mémoires inédits.
54. Frid, p. 235.

55. Federolf, p. 123.
56. Pourijinskaïa, entretien avec l'auteur.
57. Trous, entretien avec l'auteur.
58. Gaguen-Torn, p. 77.
59. Razgon, p. 138 ; trad. fr., p. 223.
60. Ekart, p. 238.
61. Leipman, p. 89.
62. Ekart, p. 62-63 (trad. modifiée et complétée).
63. Noble, p. 121.
64. Leipman, p. 89.
65. Ekart, p. 236-237.
66. Dostoïevski, p. 123.
67. Tchoukhine, *Kanaloarmeetsi*, p. 164-167.
68. GARF, 9489/2/5.
69. Herling, p. 61.
70. S.I. Kuznetsov.
71. Polonski.
72. MacQueen.
73. Panine, p. 197.
74. Stajner, p. 203.
75. Soljenitsyne, *L'Archipel du Goulag*, vol. 3, p. 324.
76. Hoover, collection Adam Galinski.
77. Wat, p. 353.
78. Khatchatrian, entretien avec l'auteur.
79. Buca, p. 122.
80. Negretov, entretien avec l'auteur.
81. Korallov, entretien avec l'auteur.
82. Sitko, entretien avec l'auteur.
83. Pourijinskaïa, entretien avec l'auteur.
84. GARF, 9414/1/206 (statistiques par nationalités pour 1954).
85. Petrov, p. 119-137.
86. Trous, entretien avec l'auteur.
87. Federolf, p. 234.
88. Gaguen-Torn, p. 205.
89. Andreïevna, entretien avec l'auteur.
90. Petchora, entretien avec l'auteur.
91. Larina, p. 160.
92. Soljenitsyne, *L'Archipel du Goulag*, vol. 2, p. 249.
93. Diakov, p. 60-67.
94. Soljenitsyne, *L'Archipel du Goulag*, vol. 2, p. 265.
95. Chentalinsky, p. 247-250.

96. Andreïevna, entretien avec l'auteur.
97. Gaguen-Torn, p. 208.
98. Kuusinen, p. 207.
99. Soljenitsyne, *L'Archipel du Goulag*, vol. 2, p. 52-53.
100. Oulianovskaïa, p. 300.
101. Arginskaïa, entretien avec l'auteur.
102. Gaguen-Torn, p. 208.

15. FEMMES ET ENFANTS

1. Adamova-Sliozberg, p. 53-54 ; en français, « Le long chemin », *in* S. Vilenski, ed., *L'Aujourd'hui blessé*, p. 85.
2. Par exemple Vilenski, entretien avec l'auteur.
3. Buber-Neumann, p. 72-73.
4. Herling, p. 259-261 (trad. légèrement modifiée).
5. *Ibid.*, p. 256-259 (trad. légèrement modifiée).
6. Levinson, p. 72-75.
7. GARF, 9401/1a/107.
8. Voir, par exemple, Aline, p. 157-160 et Evstonitchev, p. 19-20.
9. Statistiques compilées de diverses sources, GARF. Merci à Alexandre Kokourine.
10. « Not Part of My Sentence : Violations of the Human Rights of Women in Custody. »
11. Chalamov, « La femme dans l'univers des truands », in *Récits de la Kolyma*, p. 911-926, ici p. 915-916 *passim*.
12. Sgovio, p. 173-174.
13. Abramkine et Tchesnokova, p. 18 ; Marchenko (Martchenko), *To Live Like Everyone*, p. 16.
14. Yakir, p. 54.
15. Oulianovskaïa, p. 388-391 ; et Lvov, mémoires inédits.
16. Oulianovskaïa, *ibid.*
17. Hoover, collection du ministère polonais de l'Information, boîte 114, classeur 2.
18. Frid, p. 186-187.
19. Lvov, mémoires inédits.
20. Hoover, collection du ministère polonais de l'Information, boîte 114, classeur 2.
21. Petchora, entretien avec l'auteur.

22. Andreïevna, entretien avec l'auteur.
23. Soljenitsyne, *L'Archipel du Goulag*, vol. 2, p. 177.
24. Filchtinski, entretien avec l'auteur.
25. Khava Volovitch, « Mes années passées », *in* Vilenski, *L'Aujourd'hui blessé*, p. 384.
26. Lvov, mémoires inédits.
27. Buca, p. 134-135.
28. Razgon, p. 163 ; trad. fr., p. 150-151.
29. Soljenitsyne, *L'Archipel du Goulag*, vol. 2, p. 177.
30. Herling, p. 258.
31. Frid, p. 187.
32. *Ibid.*, p. 187-188.
33. Gygouline, p. 120-123.
34. Vogelfanger.
35. Sitko et Petchora, entretiens avec l'auteur.
36. Kaufman, p. 223.
37. Sitko, entretien avec l'auteur.
38. Soljenitsyne, *L'Archipel du Goulag*, vol. 2, p. 188.
39. *Ibid.*
40. NKVD, arrêté du 15 août 1937, repris in *Sbornik*, p. 86-93.
41. GARF, 9401/1a/66.
42. Kaufman, p. 188-189.
43. Natalia Zaporojets, *in* Vilenski, *Till My Tale Is Told*, p. 532-539.
44. Vilenski, *Deti Goulaga*, p. 428.
45. *Ibid.*, p. 41-42.
46. Hoover, collection du ministère polonais de l'Information, boîte 114, classeur 2.
47. Vilenski, *Deti Goulaga*, p. 117.
48. Par exemple, l'amnistie de 1945 concernant les femmes avec des enfants excluait spécifiquement les politiques, tout comme une amnistie semblable de 1948. GARF 8131/37/4554 ; 9401/1a/191 et 9401/1/743.
49. Khatchatrian, entretien avec l'auteur.
50. Lahti, mémoires inédits. Je sais gré de ce manuscrit à Reuben Rajala.
51. Ioffé, p. 124.
52. Frid, p. 184 ; GARF, 9414/1/2741.
53. Andreïevna, entretien avec l'auteur.
54. Iakovenko, p. 196.
55. Khava Volovitch, « Mes années passées », *in* Vilenski,

L'Aujourd'hui blessé, p. 384-391 (trad. légèrement modifiée par endroits).

56. GARF, 9414/6/44 et 45.
57. Guinzbourg, *Le Ciel de la Kolyma,* p. 9.
58. GARF, 9401/2/234.
59. GARF, 8113/37/4554 et 1261.
60. Vilenski, *Deti Goulaga,* p. 150.
61. Ioffé, p. 127-135.
62. GARF, 8313/37/4554.
63. Anonyme, entretien avec l'auteur.
64. GARF, 8113/37/4554.
65. Guinzbourg, *Le Ciel de la Kolyma,* p. 9-17.
66. Alors que l'administratrice de crèche anonyme avec qui j'ai parlé a nié que cela se produisît, maints mémorialistes parlent de mères séparées de leurs enfants. Dans les camps spéciaux, précise Susanna Petchora, c'était une pratique courante.
67. Vilenski, *Deti Goulaga,* p. 241-242.
68. Armonas, p. 156-161.
69. Vilenski, *Deti Goulaga,* p. 320.
70. Bazarov, p. 362.
71. *Ibid.,* p. 370-376.
72. Vilenski, *Deti Goulaga,* p. 144.
73. GARF, 9401/1a/20.
74. Vilenski, *Deti Goulaga,* p. 248.
75. *Ibid.,* p. 247.
76. GARF, 9401/1a/20.
77. Yakir, p. 35.
78. Anonyme, *Ekho iz Neboutïa,* p. 289-292.
79. Iourguanova, entretien avec l'auteur.
80. Hochschild, p. 87.
81. Petchora, entretien avec l'auteur.
82. Lahti, mémoires inédits.
83. GARF, 9414/1/27.
84. Serge, p. 335-336.
85. Bazarov, p. 383.
86. GARF, 9414/1/42 et 9401/1a/7 ; Soljenitsyne, *L'Archipel du Goulag,* vol. 2, p. 334-337.
87. Vilenski, *Deti Goulaga,* p. 283-293.
88. GARF, 9414/1/42 ; Bazarov, p. 385-393.
89. Razgon, p. 162 ; trad. fr., p. 149.
90. GARF, 9412/1/58.
91. GARF, 9401/1a/62 et 7.

92. GARF, 8131/37/4553.
93. GARF, 9401/1a/57.
94. Yakir, p. 39 et 72.
95. Kmiecik, p. 70-74.
96. Vilenski, *Deti Goulaga*, p. 283-293.
97. Conquest, *The Great Terror*, p. 274 ; trad. fr., p. 727
98. GARF, 8131/37/2063.
99. GARF, 9414/1/27.
100. Kmiecik, p. 93-94.
101. GARF, 9401/1a/81.
102. GARF, 8131/37/2063.
103. Kmiecik, p. 114-117.
104. GARF, archives, collection de l'auteur.
105. GARF, 9414/4/1 ; dans le journal *Perekovka*, 1er juin 1934.
106. GARF, 9412/1C/47.
107. GARF, 9401/1a/107.
108. GARF, 9401/1a/7/84.
109. GARF, 8131/37/4547.
110. Razgon, p. 162-163 ; trad. fr., p. 150.
111. *Ibid.*, p. 162 ; trad., p. 149 (trad. ici légèrement modifiée).
112. Soljenitsyne, *L'Archipel du Goulag*, vol. 2, p. 341-342.
113. Wigmans, p. 90.
114. Klein, *Oulybki nevoli*, p. 20-25.
115. Voir Vilenski, *Deti Goulaga*, pour des extraits de ces mémoires.

16. LES MOURANTS

1. Gaguen-Torn, p. 244.
2. Rossi, *Manuel du Goulag*, p. 80 et 267.
3. GARF, 9414/3/40.
4. Herling, p. 108 (trad. modifiée).
5. Sgovio, p. 177.
6. Tamara Petkevi[t]ch, « Just One Fate », *in* Vilenski, *Till My Tale Is Told*, p. 223-224.
7. Chalamov, publié en samizdat, traduction anglaise avec le concours de Galia Vinogradova. Si l'auteur a de bonnes raisons de croire qu'il s'agit d'une œuvre de Varlam Chalamov,

des pièces ont circulé en Union soviétique qui lui étaient injustement attribuées. [*N.d.T.* : la traduction citée ici est reprise de V. Chalamov, *Tout ou rien. Cahier 1 : l'écriture*, trad. Ch. Loré, Lagrasse, Verdier, 1993, p. 172-173.]

8. Sgovio, p. 162 et 160-161.
9. Bardach, p. 236.
10. Éfroussi, « Dokhodiagi », *in* Vilenski, *Osventsim Gez Petchei*, p. 59.
11. Herling, p. 261-262.
12. Gilboa, p. 53-54.
13. Bardach, p. 235.
14. GARF, 8131/37/197.
15. N. Mandelstam, vol. 1, p. 348-349.
16. Gnedine, p. 80-86.
17. Merridale, p. 261.
18. Todorov, *Face à l'extrême*, p. 43 [Todorov cite en fait l'étude de Terrence Des Pres, *The Survivor*, Oxford, Oxford University Press, 1976, p. 99].
19. Rotfort, p. 40-41.
20. Eizenberger, p. 38-39.
21. Mindline, p. 60.
22. Guinzbourg, *Le Ciel de la Kolyma*, p. 131.
23. Todorov, *Face à l'extrême*, p. 70.
24. GARF, 8131/37/809.
25. Buca, p. 159 ; Berdinskikh, p. 28.
26. Vogelfanger, p. 80.
27. GARF, 8131/37/809.
28. GARF, 8131/37/542.
29. Merridale, p. 265.
30. Buca, p. 152.
31. Chalamov, « Prêt-bail », in *Récits de la Kolyma*, p. 507-516, ici p. 514.
32. GARF, 9414/1/2809.
33. GARF, 9414/1/2771.
34. Herling, p. 284-286.

17. STRATÉGIES DE SURVIE

1. Chalamov, *Neskolko moikh Jiznei*, p. 391
2. Vogelfanger, p. 206.
3. Zorine, entretien avec l'auteur.
4. Cité *in* Todorov, *Face à l'extrême*, p. 38 [citant Chalamov, *Kolyma. Récits de la vie des camps*, introduction d'Andrei Siniavski, Paris, Maspero, 1980, p. 11 (préface de Siniavski citant Chalamov)].
5. Buca, p. 79.
6. Olitskaïa, p. 233-234.
7. Oussakova, entretien avec l'auteur.
8. Herling, p. 137-139.
9. Levi, p. 97.
10. Bettelheim, p. 227 *sq*.
11. Colonna-Czosnowski, p. 118.
12. Chalamov, « Croix-Rouge », in *Récits de la Kolyma*, p. 217-226, ici p. 224-225.
13. L'observation est de Todorov, *Face à l'extrême*, p. 41. [La citation de Chalamov est tirée de « Ration de campagne », in *Kolyma*, p. 33.]
14. On a beaucoup écrit sur la *toufta* en URSS. *Cf.* Fitzpatrick, *Le Stalinisme au quotidien* ; Berliner, Ledeneva ; et Andreïev-Khomiakov.
15. Frid, p. 134-136.
16. Diakov, p. 54.
17. Anonyme, entretien avec l'auteur.
18. Cohen, p. 140-147.
19. Iasnyi, p. 51.
20. Oulianovskaïa, p. 360-361.
21. Borine, p. 234-236.
22. Chister, entretien avec l'auteur.
23. Petrov, p. 179.
24. Herling, p. 82-83 (trad. légèrement modifiée).
25. Razgon, p. 237-238.
26. Soljenitsyne, *L'Archipel du Goulag*, vol. 2, p. 166.
27. Ousova, mémoires inédits.
28. Karta, collection Kazimierz Zamorski, classeur 1, dossier 6107 (Halina Storozuk).
29. Frid, p. 134-136.

30. Guinzbourg, *Le Vertige*, p. 387-388.
31. Sgovio, p. 167-175.
32. S. Fomtchenko, « Pervye desyat », in *Ouroki*, p. 225.
33. P. Galitski, « Etogo Zibyt Nelzya », in *Ouroki*, p. 83-88.
34. Samsonov, *Jijn prodoljaetsya*, p. 70-71.
35. Maximovitch, p. 91-100.
36. Zorine, entretien avec l'auteur,
37. Finkelstein, entretien avec l'auteur.
38. Adamova-Sliozberg, p. 50-51 ; en français, « Le long chemin », *in* S. Vilenski, ed., *L'Aujourd'hui blessé*, p. 80-81.
39. Rossi, *Manuel du Goulag*, p. 227-228, 266-267.
40. Maximovitch, p. 91-100.
41. Klein, *Oulybki nevoli*, p. 60-61 et 73.
42. GARF, 8131/37/1261, 797 et 1265.
43. GARF, 9414/1/28.
44. Filchtinski, p. 15-22.
45. Sofsky, p. 163.
46. Soljenitsyne, *L'Archipel du Goulag*, vol. 2, p. 190-192.
47. Bien, mémoires inédits.
48. Soljenitsyne, *L'Archipel du Goulag*, vol. 2, p. 191.
49. Petrov, p. 48-96.
50. GARF, 9489/2/19.
51. Razgon, p. 154 ; trad. fr., p. 237.
52. GARF, 9401/12/316.
53. GARF, 8131/37/356.
54. Razgon, p. 222-231 ; Soljenitsyne, *L'Archipel du Goulag*, vol. 2, p. 193.
55. Filchtinski, p. 120-121.
56. Iasnyi, p. 50-51.
57. Berdinskikh, p. 113.
58. *Ibid.*, p. 113-114.
59. Soljenitsyne, *L'Archipel du Goulag*, vol. 2, p. 272-277.
60. *Ibid.*, vol. 2, p. 196-198.
61. Moukhina-Petrinskaïa.
62. Panine, p. 186.
63. Razgon, p. 156 ; trad. fr., p. 238.
64. *Ibid.*
65. Chalamov, « Croix-Rouge », in *Récits de la Kolyma*, p. 217.
66. Kopelev, vol. 2, p. 38-39.
67. Guinzbourg, *Le Ciel de la Kolyma*, p. 155.
68. Sgovio, p. 206.

69. Eisenberger, p. 67-68.
70. Okounevskaïa, p. 280.
71. Alexandrovitch, p. 11.
72. Rozsas, p. 282. Je remercie Janos Rozsas de m'avoir envoyé ce livre.
73. Soljenitsyne, *L'Archipel du Goulag*, vol. 1, p. 205 [et vol. 3, p. 101]; Rechetovskaïa, p. 155-157.
74. GARF, 9414/1/2736.
75. GARF, 9489/2/25.
76. Gliksman, p. 300.
77. Herling, p. 196.
78. Bien, mémoires inédits.
79. GARF, 8131/37/356, 809 et 356.
80. Papkov, p. 57.
81. GARF, 9489/2/25.
82. Alexandrovitch, p. 11 et 22.
83. GARF, 8131/37/4547.
84. GARF, 9489/2/25.
85. Chalamov, «Croix-Rouge», in *Récits de la Kolyma*, p. 221-222.
86. Colonna-Czosnowski, p. 102-107.
87. Dolgun, p. 240; trad. fr., p. 289-290.
88. Finkelstein, entretien avec l'auteur.
89. Okounevskaïa, p. 336.
90. Alexandrovitch, p. 12.
91. GARF, 8131/37/4547 et 542.
92. Vogelfanger, p. 71-72.
93. Gliksman, p. 211-212.
94. Buca, p. 150.
95. GARF, 8131/37/356.
96. Lipper, p. 251.
97. GARF, 8131/37/809.
98. Trous, entretien avec l'auteur.
99. GARF, 9414/1/2739.
100. Par exemple, GARF, 9489/2/18.
101. Guinzbourg, *Le Ciel de la Kolyma*, p. 15.
102. Dolgun, p. 239; trad. fr., p. 287-288.
103. Bardach, p. 259.
104. Vogelfanger, p. 68 et 162.
105. GARF, 9414/1/2771.
106. GARF, 9489/2/5/474.
107. Jigouline, p. 143.

108. Koudryatsev, p. 288.
109. Lipper, p. 257-258 ; Herling, p. 197-198 ; Alexandrovitch, p. 24-25 ; Martchenko, *Mon Témoignage*, p. 120-123.
110. Frid, p. 137.
111. Herling, p. 197-198 ; Dolgun, p. 273 et trad. fr., p. 329.
112. Alexandrovitch, p. 24.
113. Herling, p. 160-162.
114. Jigouline, p. 140.
115. Bardach, p. 332-333.
116. Lipper, p. 258.
117. Bystroletov, p. 407.
118. Dolgun, p. 176-179 ; trad. fr., p. 212-215.
119. Todorov, *Face à l'extrême*, p. 53-127.
120. Federolf, p. 224.
121. Z. Martchenko, mémoires inédits. Je remercie Zoïa Martchenko de m'avoir confié son travail.
122. Kekouchev, p. 84-85.
123. Panine, p. 86.
124. Bardach, p. 207-208.
125. Adamova-Sliozberg, p. 8-9 ; en français, « Le long chemin », *in* S. Vilenski, ed., *L'Aujourd'hui blessé*, p. 23.
126. S.I. Kuznetsov, p. 613.
127. Tchetverikov, p. 35.
128. Bardach, p. 122-139.
129. Guinzbourg, *Le Ciel de la Kolyma*, p. 143-144.
130. Gaguen-Torn, p. 161.
131. Chalamov, publié en samizdat, traduction anglaise avec le concours de Galia Vinogradova. Si l'auteur a de bonnes raisons de croire qu'il s'agit d'une œuvre de Varlam Chalamov, des pièces ont circulé en Union soviétique qui lui étaient injustement attribuées. [*N.d.T.* : la traduction citée ici est reprise de V. Chalamov, *Cahiers de la Kolyma. Et autres poèmes traduits du russe*, trad. Ch. Mouze, Paris, Maurice Nadeau, 1991, p. 23-24. Pour les sources, *ibid.*, p. 17. Il s'agit d'un poème dédié à Boris Pasternak.]
132. Scammel, *Solzhenitsyn*, p. 284.
133. Pachnine, p. 103-117.
134. Tcherkhanov, mémoires inédits ; Oulianovskaïa, p. 300.
135. Zorine, entretien avec l'auteur.
136. Kopelev, vol. 2, p. 75.
137. Zarod, p. 118.
138. C. Golitsyne, p. 267-268.

139. Dolgun, p. 206-207 ; trad. fr., p. 249-250.
140. Andreïevna, entretien avec l'auteur.
141. Tvardovski, p. 272-275.
142. Klein, *Oulybki nevoli*, p. 70-71.
143. Feldgoun, mémoires inédits.
144. GARF, 9489/2/20.
145. Sgovio, p. 168-169.
146. Feldgoun, mémoires inédits.
147. E. Soudakova, « Otryvok iz vospominanii », in *Ouroki*, p. 132-137.
148. Panine, p. 88-89.
149. Tchirkov, p. 96-97.
150. Herling, p. 298.
151. Okounevskaïa, p. 352.
152. Starostine, p. 88-92.
153. Joffe, p. 139.
154. Glowacki, p. 317-318.
155. Finkelstein, entretien avec l'auteur.
156. Guinzbourg, *Le Vertige*, p. 281.
157. Wat, p. 347.
158. Dolgun, p. 141-147.
159. Bardach, p. 190.
160. Colonna-Czosnowski, p. 120-121.
161. Gaguen-Torn, « Roukopis », in *Pamyat Kolymy*, p. 22-35.
162. Smirnov, conversation avec l'auteur, février 2001.
163. Herling, p. 265-268.
164. Arginskaïa, entretien avec l'auteur.
165. Oulianovskaïa, p. 356-365.

18. RÉBELLION ET ÉVASION

1. Rawicz, p. 125.
2. Soljenitsyne, *L'Archipel du Goulag*, vol. 3, p. 67.
3. Gygouline, p. 177.
4. Chalamov, « Le procureur vert », in *Récits de la Kolyma*, p. 757-810, ici p. 759.
5. MacQueen.
6. Herling, p. 236-247, citation p. 246.
7. Petrov, p. 104-107.

8. Rossi, *Le Manuel du Goulag*, p. 55 ; Soljenitsyne, *L'Archipel du Goulag*, vol. 3, p. 137.
9. *Ibid.*, vol. 3, p. 165-168.
10. A. Morozov, p. 187.
11. Soljenitsyne, *L'Archipel du Goulag*, vol. 3, p. 165-168.
12. Kousourgachev, p. 34-36 ; Rossi, *Le Manuel du Goulag*, p. 55-56 et 206.
13. GARF, 9401/1a/552 et 64.
14. Stajner, p. 78.
15. Gygouline, p. 177.
16. Rossi, *Le Manuel du Goulag*, p. 111.
17. GARF, 9401/1a/185.
18. GARF, 9401/1a/7.
19. Malsagov.
20. V.V. Ioffé, « Bolchoï Pobeg. 1928-ogo goda », in *Solovetskie Ostrova*, vol. II, p. 215-216 (GARF).
21. GARF, 9414/1/8.
22. V. Tchernavin (Tchernavine), p. 357 ; T. Tchernavina.
23. *GOULAG*, documentaire de la BBC, produit par Angus MacQueen, 1998.
24. Tchoukhine, *Kanaloarmeetsi*, p. 188-192.
25. GARF, 9401/1a/5.
26. Makourov, p. 6.
27. GARF, 9401/1a/5 et 6.
28. Makourov, p. 38-39.
29. Rossi, *Le Manuel du Goulag*, p. 111- 112.
30. Kozlov, « Sevvostlag NKVD SSR », p. 81.
31. GARF, 9401/1a/20.
32. GARF, 9401/1a/128 ; Koutchine, *Polyanski ITL*, p. 148.
33. Polechtchikov, p. 39.
34. GARF, 9414/1/2632 ; Koutchine, *Polyanski ITL*, p. 148.
35. Chalamov, « Le procureur vert », in *Récits de la Kolyma*, p. 759 ; Rossi, *Le Manuel du Goulag*, p. 221.
36. *Ibid.*
37. Lvov, mémoires inédits.
38. Tchernavine, p. 319.
39. Buber-Neumann, p. 195.
40. Soljenitsyne, *L'Archipel du Goulag*, vol. 3, p. 122.
41. GARF, 9401/1/2244.
42. Buca, p. 33.
43. GARF, 9401/1a/64.
44. Bardach, p. 106-121.

45. Soljenitsyne, *L'Archipel du Goulag*, vol. 3, p. 171.

46. *Ibid.*; Iouri Morakov, ancien officier du MVD, entretien avec l'auteur, novembre 1999.

47. Morakov, *ibid.*

48. GARF, 9414/4/10.

49. GARF, 9401/12/319.

50. Chalamov, « Le procureur vert », in *Récits de la Kolyma*, p. 766-774, citation p. 772-773.

51. GARF, 9401/1a/552.

52. GARF, 9401/1a/64 et 9401/12/319, parmi d'autres.

53. Buca, p. 123-127.

54. Vilenski, entretien avec l'auteur.

55. Sgovio, p. 177.

56. Dvorjetski, p. 48.

57. Soljenitsyne, *L'Archipel du Goulag*, vol. 3, chap. 6.

58. Dolgun, p. 338; trad. fr., p. 408-409.

59. C.A. Smith.

60. Le directeur du Mémorial de Saint-Pétersbourg, Veniamin Ioffé, qui est aussi l'un des meilleurs spécialistes russes du Goulag, a essayé vainement de retrouver les dossiers de Rawicz. La correspondance qu'il a poursuivie avec l'auteur, aujourd'hui disparu et qu'il a trouvé peu convaincant, a conforté ses doutes.

61. Herling, p. 237-239 (trad. légèrement modifiée).

62. *Ibid.*, p. 366 (trad. légèrement modifiée).

63. Ivanova, *Labor Camp Socialism*, p. 45.

64. Petrous, p. 61.

65. Ratouchinskaïa, p. 24.

66. Petrous, p. 63.

67. Ossipova, p. 87-109; *cf.* Serge, p. 361 et 366-368.

68. V.M. Polechtchikov, monographie inédite, collection de l'auteur; Ioffé, p. 122-130; Rossi, *Le Manuel du Goulag*, p. 134.

69. Ossipova, p. 109-134; M. Baitalski, « Trotskisty na Kolyme », in *Minouvchee*, vol. 2, 1990, p. 346-357.

70. Vilenski, *Soprotivlenia v Goulage*, p. 159.

71. Kravchenko, p. 459-460.

72. Le récit suivant s'appuie largement sur Mikhaïl Rogatchev, « Bount nad Ousa », *Karta*, n° 17, 1995, p. 97-105, ainsi que sur des conversations que j'ai eues avec l'auteur en juillet 2001. Certains détails sont aussi tirés de Polechtchikov, p. 37-65; Ivanova, *Labor Camp Socialism*, p. 54-55; Ossipova, p. 167-182.

73. Ivanova, *ibid.*, p. 45.

19. LA GUERRE COMMENCE

1. Sitko, poème sans titre, de *Tyajest sveta*, p. 11.
2. Stajner, p. 101 ; trad. fr., p. 123.
3. *Ibid.*, p. 124.
4. Razgon, p. 210 ; trad. fr., p. 109.
5. Guinzbourg, *Dans le ciel de la Kolyma*, p. 43-44.
6. Warwick, mémoires inédits.
7. GARF, 9414/1/68 ; *Imet silou pomnit*, p. 166.
8. Guinzbourg, *Dans le ciel de la Kolyma*, p. 43.
9. Gogua, mémoires inédits.
10. Hoover, collection du ministère polonais de l'Information, boîte 114, classeur 2.
11. Adamova-Sliozberg, p. 63 ; en français, « Le long chemin », *in* S. Vilenski, ed., *L'Aujourd'hui blessé*, p. 111.
12. GARF, 9401/1a/107.
13. Herling, p. 372.
14. Kokourine et Moroukov, « Goulag : strouktoura i kadry », *Svobodnaïa Mysl*, nº 7 ; Kokourine et Petrov, *Goulag*, p. 441.
15. Bacon, p. 149.
16. *Ibid.*, p. 148.
17. Ivanova, *Labor Camp Socialism*, p. 94.
18. GARF, 7523/4/37, 39 et 38.
19. L. Ginzburg, p. 14 ; Overy, p. 104-108.
20. GARF, 9401/2/95, 94 et 168.
21. Overy, p. 77.
22. Brodsky, p. 285.
23. C'est ce que trois personnes au moins des îles m'ont dit, dont le directeur du musée de Solovetski.
24. Makourov, p. 195.
25. Gourjanow, Kokourine et Popiński, p. 8-10. *Drogi Smierci*, publié par l'institut Karta, est un recueil de documents tiré des archives soviétiques et de souvenirs, le plus souvent inédits, des Archiwum Wschodnie (« Archives orientales ») de l'institut concernant le sort des prisonniers en Pologne orientale dans les premiers jours de la guerre.
26. Bacon, p. 91 ; Gourjanow, Kokourine et Popiński, p. 10-26.
27. *Ibid.*
28. GARF, 9414/1/68.

29. Gourjanow, Kokourine et Popiński, p. 40.
30. *Ibid.*, p. 90-91.
31. Sabbo, p. 1128-1132.
32. Bacon, p. 88-89.
33. M. Chteinberg, « Etap vo vremya voiny », in *Pamyat Kolymy*, 1978, p. 167.
34. Gourjanow, Kokourine et Popiński, p. 90.
35. GARF, 9414/1/68.
36. M. Chteinberg, « Etap vo vremya voiny », in *Pamyat Kolymy*, 1978, p. 167-171.
37. GARF, 9414/1/68.
38. Bacon, p. 91.

20. « ÉTRANGERS »

1. In Taylor-Terlecka, p. 56-57 (trad. anglaise avec le concours de Piotr Paszkowski).
2. Razgon, p. 138 ; trad. fr., p. 223.
3. *Ibid.*
4. Gowacki, p. 273.
5. Sabbo, p. 754.
6. Sword, p. 13.
7. Gourjanow, p. 4-9.
8. Martin, « Stalinist Forced Relocation Policies », p. 305-309.
9. Lieven, *The Baltic Revolution*, p. 82.
10. Glowacki, p. 331.
11. Hoover, collection du ministère polonais de l'Information, boîte 123 ; Glowacki, p. 331.
12. GARF, 5446/67/65.
13. RGVA, 40/1/71/323.
14. Ptasnik.
15. Sabbo, p. 804-805.
16. Gross et Grudzinska-Gross, p. 77.
17. *Ibid.*, p. 68.
18. *Ibid.*, p. 146.
19. *Ibid.*, p. 80-81.
20. *Ibid.*, p. XVI.

21. Conquest, *The Soviet Deportation of Nationalities*, p. 49-50.
22. Martin, « Stalinist Forced Relocation Policies ».
23. Conquest, *The Soviet Deportation of Nationalities*, p. 3-5.
24. Lieven, *The Baltic Revolution*, p. 318-319.
25. Naimark, *Fires of Hatred*, p. 95.
26. Pohl, « The Deportations and Fate of the Crimean Tatars » ; Naimark, *ibid.*, p. 99-107.
27. Naimark, *ibid.*, p. 98-101.
28. Martin, « Stalinist Forced Relocation Policies ».
29. Pohl, « The Deportations and Fate of the Crimean Tatars », p. 11-17.
30. Lieven, *Chechnya*, p. 319 ; Naimark, *Fires of Hatred*, p. 97.
31. Lieven, *ibid.*, p. 320.
32. Pohl, « The Deportations and Fate of the Crimean Tatars », p. 17-19 ; Lieven, *ibid.*, p. 319-321.
33. Lieven, *ibid.*, p. 318-330 ; Naimark, *Fires of Hatred*, p. 83-107.
34. Zagoroulko (gros recueil de documents tirés de diverses archives, publié sous les auspices des Services des Archives fédérales, GARF, TsKhIDK, et de l'Université de Volgograd, avec le concours financier de la Fondation Soros).
35. Overy, p. 52.
36. Sword, p. 5.
37. Pikhoya, *Katyn*, p. 36, [*N.d.T.* : en français, voir désormais V. Zaslavsky, *Le Massacre de Katyn*, trad. Ch. Vodovar, Éditions du Rocher, 1998, notamment le recueil d'archives p. 87-164.]
38. Voir Czapski, p. 121 *sq.*, qui relate les efforts du gouvernement polonais pour retrouver les officiers.
39. Sword, p. 2-5.
40. Beevor, p. 409-410.
41. *Ibid.*, p. 411.
42. Zagoroulko, p. 31 et 333.
43. *Ibid.*, p. 25-33.
44. S.I. Kuznetsov, p. 618-619.
45. Ces chiffres sont tirés d'Overy, p. 297, et viennent d'un document soviétique de 1956. Un autre document soviétique de 1949, reproduit *in* Zagoroulko, p. 331-333, contient des chiffres analogues (2 079 000 Allemands, 1 220 000 non-Allemands, 590 000 Japonais et 570 000 morts).

46. Gustav Menczer, directeur de la Société des survivants du Goulag hongrois, conversation avec l'auteur, février 2002.
47. Bien, mémoires inédits.
48. Knight, « The Truth about Wallenberg ».
49. Andrzej Paczkowski, « Pologne, la "nation-ennemi" », *in* Courtois, p. 407-410.
50. « Kouzina Gitlera », *Novaïa Izvestia*, 3 avril 1998, p. 7.
51. Noble.
52. Zagoroulko, p. 131.
53. *Ibid.*, p. 333. Le Goulag comptait près de 20 000 prisonniers de guerre.
54. *Ibid.*, p. 1042 et 604-609.
55. *Ibid.*, p. 667-668.
56. *Ibid.*, p. 38.
57. Naimark, *The Russians in Germany*, p. 43.
58. Zagoroulko, p. 40 et 54-58.
59. *Vostotchanya Europa*, p. 270.
60. *Ibid.*, p. 370 et 419-422.
61. GARF, 9401/2/497.
62. Zagoroulko, p. 40 et 54-58. La plupart des prisonniers de guerre furent libérés au début des années 1950, même s'il en restait encore 20 000 en URSS à la mort de Staline.
63. Sitko, *Tyajest sveta*, p. 10.
64. Bethell, p. 17 ; trad. fr., p. 33.
65. *Ibid.*
66. *Ibid.*, p. 166-169 ; trad. fr., p. 223-226.
67. *Ibid.*, p. 103-165 ; trad. fr., p. 145-221.
68. Ivanova, *Labor Camp Socialism*, p. 43.
69. Pohl, *The Stalinist Penal System*, p. 51.
70. *Ibid.*, p. 50-52.
71. GARF, 7523/4/164.
72. GARF, 9401/1a/135.
73. GARF, 9414/1/76.
74. GARF, 9401/1a/135 ; 9401/1/76 ; et 9401/1a/136.
75. Ivanova, *Labor Camp Socialism*, p. 43.
76. Krouglov, p. 66, 256 et 265.
77. Vilenski, entretien avec l'auteur.
78. Ivanova, *Labor Camp Socialism*, p. 43.
79. GARF, 9414/1/76.
80. *Cf.* Joffe, p. 199-200.
81. Klein, *Oulybki nevoli*, p. 396-403.

82. Khava Volovitch, « Mes années passées », *in* Vilenski, *L'Aujourd'hui blessé*, p. 382.
83. Wallace, p. 137.
84. *Ibid.*, p. 117.
85. GARF, 9401/2/65 ; Sgovio, p. 251 ; Wallace, p. 33-41.
86. Wallace, p. 33-41 ; et Sgovio, p. 251.
87. Vera Oustieva, « Podarok dlya vitse-prezidenta », *in* Vilenski, *Osventsim Gez Petchei*, p. 98-106.
88. Wallace, p. 127-128.
89. Sgovio, p. 245.
90. Wallace, p. 33-41.
91. Sgovio, p. 252.
92. Wallace, p. 205.

21. L'AMNISTIE ET APRÈS

1. *In* Taylor-Terlecka, p. 144 (trad. anglaise avec le concours de Piotr Paszkowski).
2. GARF, 9414/1/68 ; Zemskov, « Soudba Koulatskoï ssylki », p. 129-142 ; Martin, « Stalinist Forced Relocation Policies ».
3. GARF, 9401/1/743.
4. Bacon, p. 112.
5. Le nombre de prisonniers dans les camps forestiers chuta de 338 850 en 1941 à 122 960 en 1944. Okhotine et Roginski, p. 112.
6. Sgovio, p. 242.
7. Gorbatov, p. 150-151.
8. Commission sur la Justice (témoignage d'Avraham Chifrin).
9. Gorbatov, p. 169, 174-175 et 194.
10. GARF, 7523/64/687 et 8-15.
11. Voir, par exemple, Overy, p. 79-80.
12. Guinzbourg, *Le Ciel de la Kolyma*, p. 46.
13. GARF, 9414/1/1146.
14. Mindline, p. 61.
15. GARF, 9414/4/145.
16. Bacon, p. 135-137, 140-141 et 144.
17. GARF, 9414/1/68.
18. Sword, p. 30-36.

19. *Ibid.*, p. 48.
20. Herling, p. 358.
21. Karta, collection de l'armée Anders, V/AC/127.
22. Karta, collection Kazimierz Zamorski, classeur 1, dossiers 15 885 et 15 882.
43. Herling, p. 424.
24. Waydenfeld, p. 195-334.
25. Zarod, p. 234.
26. Janusz Wedów, « Powitanie Wodza », *in* Taylor-Terlecka, p. 145.
27. Czapski, p. 129.
28. Sword, p. 60-87.
29. *Slave Labor in Russia*, p. 31.
30. Djilas, p. 153.
31. Kotek et Rigoulot, p. 523.
32. *Ibid.*, p. 549 et 542.
33. *Ibid.*, p. 539-543 et 548-556.
34. *Ibid.*, p. 543-544.
35. *Ibid.*, p. 544-548 ; et Andrzej Paczkowski, « Pologne, la "nation-ennemi" », *in* Courtois, p. 397-428.
36. Kotek et Rigoulot, p. 565-572.
37. Todorov, ed., *Au nom du peuple*, p. 167-168.
38. *Ibid.*, p. 166-176.
39. Kotek et Rigoulot, p. 559.
40. Naimark, *The Russians in Germany*, p. 376-397.
41. Todorov, ed., *Au nom du peuple*, p. 57-60.
42. Saunders, p. 1-11 ; Kotek et Rigoulot, p. 619-648.
43. Ogawa et Yoon, p. 15.
44. *Cf.* Kang Chol-Hwan (avec Pierre Rigoulot), *Les Aquariums de Pyongyang*, Paris, Robert Laffont, 2000. *(Nd.T.)*
45. Ogawa et Yoon, p. 3.
46. Alla Startseva et Valerya Korchagina, « Pyongyang Pays Russia with Free Labor », *Moscow Times*, 6 août 2001, p. 1.

22. LE COMPLEXE INDUSTRIEL CONCENTRATIONNAIRE À SON ZÉNITH

1. Frolovski, in *Sred drougikh imen*, p. 64.
2. Guinzbourg, *Le Ciel de la Kolyma*, p. 386.

3. Voir Elena Zubkova, *Russia After the War.*
4. Service, *A History of Twentieth Century Russia,* p. 299.
5. GARF, 9401/1/743 et 9401/2/104.
6. Kokourine et Petrov, *Goulag,* p. 540.
7. Ivanova, *Labor Camp Socialism,* p. 95-96.
8. Service, A *History of Twentieth Century Russia* p. 299; Ivanova, « Poslevoennye repressii ».
9. Andrew et Gordievski, p. 341.
10. Ivanova, « Poslevoennye repressii », p. 256.
11. Ivanova, *Labor Camp Socialism,* p. 48-53.
12. Opération WRINGER, HQ USAF Record Group, 341, Box 1044, Air Intelligence Report 59B-B-5865-B. Les dossiers de cette opération de débriefing sont conservés aux National Archives de Washington, DC. Je sais gré au commandant Tim Falkowski d'avoir attiré mon attention sur cet épisode. L'US Air Force juge cette histoire plausible, mais ne l'a pas encore définitivement confirmée.
13. Je tiens cette histoire de Nikolaï Morozov. Le Mémorial des Komis a interrogé les habitants de Sdevoj, en quête de témoignages oraux, mais n'a trouvé qu'un seul homme qui eût entendu parler de toute cette histoire, de seconde main. Liouba Vinogradova a trouvé la référence aux Écossais aux RGVA, mais le document lui-même manquait. Les RGVA ne voulaient pas donner d'autres informations.
14. Bacon, p. 24.
15. Nicolas Werth, « Apogée et crise du Goulag », *in* Courtois, p. 258-266.
16. Ivanova, *Labor Camp Socialism,* p. 55-56.
17. Guinzbourg, *Le Ciel de la Kolyma,* p. 392.
18. *Ibid.*, p. 403.
19. *Ibid.*, p. 404.
20. Adamova-Sliozberg, p. 71; en français, « Le long chemin », *in* S. Vilenski, ed., *L'Aujourd'hui blessé,* p. 134.
21. Razgon, p. 220; trad. fr., p. 118.
22. Ivanova, *Labor Camp Socialism,* p. 55-56.
23. *Ibid.*, p. 56.
24. Kokourine et Moroukov, « Goulag : strouktoura i kadry » (14e partie), *Svobodnaya Mysl,* n° 11, novembre 2000.
25. Kouts, p. 195.
26. Boulgakov, entretien avec l'auteur.
27. Kouts, p. 165.
28. Petchora, entretien avec l'auteur.

29. Ivanova, *Labor Camp Socialism*, p. 61.
30. Kokourine et Petrov, *Goulag*, p. 555-557 ; Kokourine, « Vosstanie v Steplage ».
31. Kokourine, *ibid.* ; Ivanova, *Labor Camp Socialism*, p. 55.
32. Abramkine et Tchesnokova, p. 10.
33. GARF, 9401/1a/270.
34. Guinzbourg, *Le Ciel de la Kolyma*, p. 146-148.
35. Abramkine et Tchesnokova, p. 10-11.
36. Gygouline, p. 135-137 (la version française, p. 125-127, est écourtée).
37. Buca, p. 59-61.
38. Gueorgui Feldgoun, mémoires inédits.
39. Sitko, entretien avec l'auteur.
40. Gygouline, p. 135-137 ; trad. fr., ici modifiée, p. 126-128.
41. GARF, 9401/1/4240.
42. Voir, par exemple, Ilia Golts, « Vorkouta », in *Minouvchee*, vol. 7, 1992, p. 317-355.
43. Craveri et Khlevniouk.
44. Ivanova, « Poslevoennye repressii ».
45. Kokourine et Moroukov.
46. Craveri et Khlevniouk, p. 186.
47. Ivanova, *Labor Camp Socialism*, p. 125.
48. Ivanova, « Poslevoennye repressii », p. 272.
49. Craveri et Khlevniouk, p. 183.
50. Craveri.
51. Nicolas Werth, « Apogée et crise du Goulag », *in* Courtois, p. 266.
52. Craveri et Khlevniouk, p. 183.
53. Ivanova, *Labor Camp Socialism*, p. 125.
54. Voir, par exemple, Klein, *Oulybki nevoli*, p. 61.
55. Berdinskikh, p. 56.
56. Craveri et Khlevniouk, p. 185.
57. *Ibid.*, p. 186.
58. Knight, *Beria*, p. 160-168.
59. Naumov et Rubinstein, p. 61-62.
60. *Ibid.*, p. 62.
61. Adamova-Sliozberg, p. 79 ; en français, « Le long chemin », *in S.* Vilenski, ed., *L'Aujourd'hui blessé*. p. 150.
62. Filchtinski, p. 114.

23. LA MORT DE STALINE

1. Cité *in* Conquest, *Stalin*, p. 312.
2. Alexandrovitch, p. 57.
3. Oulianovskaïa, p. 280.
4. Andreïevna, entretien avec l'auteur.
5. Guinzbourg, *Le Ciel de la Kolyma*, p. 494.
6. Negretov, entretien avec l'auteur.
7. Stajner, p. 358 ; trad. fr., p. 375.
8. Berdinskikh, p. 204.
9. Guinzbourg, *Le Ciel de la Kolyma*, p. 499.
10. Alexandrovitch, p. 57.
11. Adamova-Sliozberg, p. 80 ; en français, « Le long chemin », *in S.* Vilenski, ed., *L'Aujourd'hui blessé*, p. 153.
12. Roeder, p. 195.
13. Vassileïevna, entretien avec l'auteur.
14. Khrouchtchev, vol. 1, p. 322-323.
15. Guinzbourg, *Le Ciel de la Kolyma*, p. 495-496.
16. Knight, *Beria*, p. 195.
17. Ivanova, *Labor Camp Socialism*, p. 124.
18. Naumov et Sigatchev, p. 19-21 (APRF, 3/52/100).
19. Knight, *Beria*, p. 185.
20. *Ibid.*
21. Naumov et Sigatchev, p. 28-29 (GARF, 9401/1/1299).
22. Knight, *Beria*, p. 188-194.
23. Ivanova, *Labor Camp Socialism*, p. 124.
24. Pour une analyse des motifs de Beria, voir Khlevniouk, « L. P. Beria » ; Pikhoya, *Sovetskii Soyouz*, p. XXX ; Knight, *Beria*, p. 176-200.
25. *Ibid.*, p. 194-224.
26. Dolgun, p. 261 ; trad. fr., p. 315-316.
27. Alexandrovitch, p. 57.
28. Zorine, entretien avec l'auteur.
29. Filchtinski, entretien avec l'auteur.
30. Armonas, p. 153-160.
31. Petchora, entretien avec l'auteur.
32. Trous, entretien avec l'auteur.
33. Oussakova, entretien avec l'auteur.
34. Zorine, entretien avec l'auteur.
35. Khatchatrian, entretien avec l'auteur.

36. Document des GARF, ordre du 3 septembre 1955, collection de l'auteur.
37. Boulgakov, entretien avec l'auteur; Ilia Golts, « Vorkouta », in *Minouvchee,* vol. 7, 1992, p. 334.

24. LA RÉVOLUTION DES ZEKS

1. Anna Barkova, « Poèmes », *in* Vilenski, *L'Aujourd'hui blessé,* p. 277-285, ici p. 281.
2. Voir, par exemple, Evguénia Guinzbourg, *Le Ciel de la Kolyma,* p. 496-503; Dolgun, p. 261-262 et trad. fr., p. 315-316; Hoover, collection Adam Galinski.
3. Panine, p. 317.
4. Ilia Golts, « Vorkouta », *Minouvchee,* vol. 7, 1992, p. 334.
5. Voir Burds, pour une description des attitudes du mouvement ukrainien clandestin envers les mouchards.
6. Panine, p. 326 *sq.*
7. Sitko, *Gde moi veter?,* p. 181-190.
8. Craveri, p. 323.
9. Kosyk, p. 56.
10. GARF, 9413/1/159.
11. N.A. Morozov, *Ossobye lagueria MVD SSR,* p. 23-24.
12. *Ibid.,* p. 24-25; Noble, p. 143.
13. Noble, p. 143.
14. GARF, 9413/1/160.
15. *Ibid.*; N.A. Morozov, *Ossobye lagueria MVD SSR,* p. 27.
16. Noble, p. 144.
17. GARF, 9413/1/160.
18. Buca. Buca était à l'évidence présent: divers aspects de son récit cadrent avec les rapports officiels. Ce dont je doute, c'est de son rôle dirigeant.
19. Kosyk, p. 61 et 56-65.
20. Vilenski, entretien avec l'auteur.
21. Boulgakov, entretien avec l'auteur.
22. Kouts, p. 198.
23. GARF, 9413/1/160.
24. *Ibid.*
25. Hoover, collection Adam Galinski.
26. Buca, p. 271 et 272.

27. Noble, p. 162.
28. Berdinskikh, p. 239-240.
29. « Materialy sovechtchaniya roukovodyachtchikh rabotnikov ITL i kolonii MVD SSR, 27 Sent-1 Okt 1954 », collection du Mémorial.
30. Morozov et Rogatchev.
31. GARF, 9401/1/4240.
32. GARF, 9413/1/160 et 159.
33. Ce récit de la révolte de Kenguir est l'aboutissement d'une comparaison et d'une synthèse de diverses sources. Alexandre Kokourine a recueilli et annoté divers documents d'archives sur cet épisode (« Vosstanie v Steplage »). L'historienne italienne Marta Craveri est l'auteur du récit le plus fiable à ce jour, utilisant à la fois ces documents et d'autres, aussi bien que des entretiens avec les acteurs (Craveri, « Krizis Goulaga », p. 324). Il existe aussi un récit plus inégal de la révolte fondé sur des sources de l'opposition ukrainienne, *in* Volodymyr Kosyk, *Concentration Camps in USSR*. Je me suis également appuyée sur divers récits du soulèvement, notamment Lioubov Berchadskaïa, *Rastoptannye jijni*, p. 86-87, et N.L. Kekouchev, *Zveriada*, p. 140-143, sans oublier les documents et souvenirs publiés dans le périodique *Volya*, 2-3, 1994, p. 307-370. J'ai interviewé Irina Arginskaïa, qui était présente au Steplag au cours des événements. Le récit de Soljenitsyne, lui aussi fondé sur des entretiens avec des participants, se trouve dans *L'Archipel du Goulag*, vol. III, p. 234-269. Sauf indication contraire, toutes les descriptions proviennent de ces sources. J'ai suivi la chronologie de M. Craveri.
34. L'observation est de Marta Craveri.
35. Soljenitsyne, *L'Archipel du Goulag*, vol. 3, p. 238.
36. *Volya*, 2-3, 1994, p. 309.
37. Berchadskaïa, p. 87.
38. *Ibid.*, p. 95-97.

25. DÉGEL ET LIBÉRATION

1. Andreï Voznessenski, « Enfants du culte », repris *in* Cohen, p. 184.
2. Craveri et Khlevniouk, p. 187

3. Negretov, entretien avec l'auteur.

4. « Materialy sovechtchaniya roukovodyachtchikh rabotnikov ITL i kolonii MVD SSR, 27 Sent-1 Okt. 1954 », *in* collection de la Société du Mémorial. Ivanova, *Labor Camp Socialism*, p. 66 ; Okhotine et Roginski, p. 58-59 : Kovaltchouk-Koval, p. 299 ; Filchtinski, entretien avec l'auteur.

5. Smirnova, entretien avec l'auteur.

6. GARF, 9401/2/450.

7. Sur les « redoublants » ou « rempilés malgré soi », voir Rossi, *Le Manuel du Goulag*, p. 233 et 238-239. *(N.d.T.)*

8. GARF, 9401/2/450.

9. Rapport secret de Khrouchtchev, repris *in* Khrouchtchev, p. 559 [version française citée ici *in* Branko Lazitch, *Le Rapport Khrouchtchev et son histoire*, Paris, Seuil, 1976, p. 52-53].

10. Khrouchtchev, p. 559 ; *Le Rapport Khrouchtchev*, p. 52-153.

11. Khrouchtchev, p. 351.

12. K. Smith, p. 131-174.

13. GARF, 9401/2/479.

14. *Ibid.* ; Craveri, p. 337 ; Ivanova, *Labor Camp Socialism*, p. 67.

15. *Ibid.*, p. 67-68 ; Craveri et Khlevniouk, p. 189.

16. Ivanova, *ibid.* ; Craveri et Khlevniouk, p. 188-189.

17. Andreïev-Khomiakov, p. 3-4.

18. Kousourgachev, p. 70.

19. Alexeïevna Korneïeva, cité *in* Soljenitsyne, *L'Archipel du Goulag*, vol. 3, p. 368.

20. Zorine, entretien avec l'auteur.

21. Guinzbourg, *Le Ciel de la Kolyma*, p. 293.

22. Korol, p. 189.

23. GARF, 9489/2/20.

24. Efron, *Miroedikha*, p. 127-128.

25. Oussakova, entretien avec l'auteur.

26. S. S. Torbine, *Vospominaniya*, Archives du Mémorial, 2/2/91 ; Korol, p. 190.

27. GARF, 9414/3/40.

28. Ilia Golts, « Vorkouta », in *Minouvchee*, vol. 7, 1992, p. 352-355.

29. Sgovio, p. 283.

30. A. Morozov, p. 381-382.

31. Hoover, fonds 89, 18/38.

32. Boulgakov, entretien avec l'auteur.
33. Antonov-Ovseenko, *The Time of Stalin*, p. 336.
34. K. Smith, p. 133.
35. Cohen, p. 36.
36. K. Smith, p. 135 ; Hochschild, p. 222-223.
37. K. Smith, p. 138.
38. Adamova-Sliozberg, p. 84-86 ; en français, « Le long chemin », *in* S. Vilenski, ed., *L'Aujourd'hui blessé*, p. 158-160.
39. Rotfort, p. 92.
40. Herling, p. 439-442.
41. Andreïevna, entretien avec l'auteur.
42. Soljenitsyne, *Le Pavillon des cancéreux*, p. 269 [la dernière partie de la citation est absente de la version française].
43. Cohen, p. 115.
44. Antonov-Ovseenko, *The Time of Stalin*, p. 332-336.
45. Cohen, p. 26.
46. Antonov-Ovseenko, *The Time of Stalin*, p. 332-336.
47. Cohen, p. 135.
48. Razgon, p. 50.
49. Iouri Dombrovski, p. 77 (trad. anglaise avec le concours de Galia Vinogradova).
50. Soljenitsyne, *L'Archipel du Goulag*, vol. 3, p. 369.
51. Korolev, entretien avec l'auteur.
52. Petchora, entretien avec l'auteur.
53. Axionov, vol. 1, p. 677-678.
54. Cité *in* Adler, p. 141.
55. Vilenski, *Deti Goulaga*, p. 460.
56. Adler, p. 145.
57. Adamova-Sliozberg, p. 70 ; en français, « Le long chemin », *in* S. Vilenski, ed., *L'Aujourd 'hui blessé*, p. 132.
58. Adler, p. xx.
59. Merridale, p. 418.
60. Cohen, p. 38.
61. Rothberg, p. 12-40.
62. Le récit le plus complet de la vie de Soljenitsyne est la biographie de Michael Scammel, *Solzhenitsyn*. Sauf indication contraire, toutes les données biographiques le concernant viennent de là.
63. Scammel, *Solzhenitsyn*, p. 415.
64. *Ibid.*, p. 423-424.
65. *Ibid.*, p. 448-449.
66. *Ibid.*, p. 485.

67. Sitko, *Gde moi veter?*, p. 318.
68. Rothberg, p. 62.
69. Diakov, p. 60-67.

26. L'ÈRE DES DISSIDENTS

1. Repris *in* Cohen, p. 183.
2. Sobolev, p. 68.
3. Citée in N. Mandelstam, vol. I, p. 8-9. *(N.d.T.)*
4. *Prisoners of Conscience in the USSR*, p. 48-53.
5. Comité sur la Justice (témoignage d'Avraham Chifter).
6. GARF, 9410/2/497.
7.Comité sur la Justice (témoignage d'Avraham Chifter).
8. R. Medvedev, préface de G. Haupt, p. 19-20.
9. *Sobranie dokumentov samizdata*, AS 143. (Recueil de documents du samizdat réunis par RFE-RL à compter des années 1960. Ces documents n'étaient pas «publiés», mais plutôt photocopiés, reliés, numérotés et placés dans quelques grandes bibliothèques.)
10. *Prisoners of Conscience in the USSR*, p. 18-23.
11. *Sobranie dokumentov samizdata*, AS 127.
12. *Prisoners of Conscience in the USSR*, p. 18-23.
13. Reddaway, *Uncensored Russia*, p. 11.
14. Brodski, «L'art de la distanciation», in *Loin de Byzance*, p. 11-35, ici p. 31.
15. Rothberg, p. 127-133; en français, *Brodski ou le procès d'un poète*, p. 70-74.
16. Hoover, collection Joseph Brodski, transcription du procès Brodski [par Frida Vigdorova]; en français, *Brodski ou le procès d'un poète*, p. 51-53.
17. *Ibid.*; *Brodski ou le procès d'un poète*, p. 90.
18. Browne, p. 9.
19. Cohen, p. 42; Reddaway, *Uncensored Russia*, p. 19.
20. Hopkins, p. 1-14.
21. *Prisoners of Conscience in the USSR*, p. 21.
22. Browne, p. 9.
23. Litvinov, *The Trial* of *the Four*, p. 5-11 [en français, *cf.* J.-J. Marie et C. Head, ed., *L'Affaire Guinzbourg Galanskov, Les Nouveaux Procès de Moscou*, Paris, Seuil, 1969].

24. Browne, p. 13.
25. Trente ans plus tard, Tchornovil, un des chefs de file du mouvement indépendantiste ukrainien, devint le premier ambassadeur de l'Ukraine indépendante au Canada. Je l'ai interviewé à Lvov, en 1990, avant son départ.
26. Reddaway, *Uncensored Russia*, p. 95-111.
27. *Ibid.*, p. 19.
28. Info-Russ, #0044 (voir Archives, *in* Bibliographie). C'est là que Vladimir Boukovski a déposé les documents obtenus en menant ses recherches en vue du procès du parti communiste, décrit plus loin dans ce livre. Ces documents servirent plus tard de matière à son livre de 1996, *Moskovskii protsess (Jugement à Moscou)*, publié en français et en russe. Certains se trouvent aussi à Hoover, fonds 89.
29. Version française officielle.
30. Acte final de la Conférence d'Helsinki, version française officielle.
31. Reddaway, p. 1-47 ; et *Chronicle of Current Events*.
32. Hopkins, p. 122.
33. Ratouchinskaïa, p. 92-93.
34. Martchenko, *Mon Témoignage*, p. 16.
35. *Ibid.*, p. 27.
36. *Ibid.*, p. 181-182.
37. Sitko, entretien avec l'auteur.
38. Ratouchinskaïa, p. 83-86.
39. Viktor Chmirov, conversation avec l'auteur, 31 mars 1998.
40. Fedorov, entretien avec l'auteur.
41. Martchenko, *Mon Témoignage*, p. 276.
42. Fedorov, entretien avec l'auteur.
43. Ratouchinskaïa, p. 251.
44. Fedorov, entretien avec l'auteur.
45. Martchenko, *Mon Témoignage*, p. 69.
46. Fil de fer travaillé en forme d'ancre de manière à arracher les tissus si on essaie de le retirer. Note du traducteur d'Édouard Kouznetsov, p. 204. *(N.d.T.)*
47. É. Kouznetsov, p. 204-205.
48. *Chronicle of Current Events*, n° 32, 17 juillet 1974 [en français, *cf.* V. Moroz, *Chronique de la résistance*, trad. de l'ukrainien par O. S. Prosory, I. Hnatiuk et Nadiia Tkatchouk, Paris, PIUF, 1977 *(N.d.T.)*].
49. Boukovski, ... *Et le vent reprend ses tours*, p. 44.

50. Martchenko, *Mon Témoignage*, p. 85-87 ; É. Kouznetsov, p. 99-100.
51. *Chronicle of Current Events*, n° 6, février 1969, cité in Reddaway, *Uncensored Russia*, p. 207.
52. *Ibid.*, p. 20-216.
53. Martchenko, *Mon Témoignage*, p. 69-70.
54. Chtcharanski, p. 229-230.
55. Martchenko, *Mon Témoignage*, p. 103 ; Tokes, p. 84.
56. Chtcharanski, p. 229 ; Ratouchinskaïa, p. 239-253.
57. *Sobranie dokumentov samizdata*, AS 2598.
58. Daniel, trad. p. 33.
59. Martchenko, *Mon Témoignage*, p. 65-70.
60. *Sobranie dokumentov samizdata*, AS 2598.
61. *Chronicle of Current Events*, n° 32, juillet 1974.
62. Litvinov, *The Trial of the Four*, p. 17.
63. Reddaway et Bloch, p. 305 ; Iakir.
64. *Chronicle of Current Events*, n° 28, décembre 1972.
65. Commission sur la Sécurité et la Coopération en Europe, témoignage d'Alexandre Chatravka et du docteur Anatoli Koryaguine.
66. *Chronicle of Current Events*, n° 33, décembre 1974.
67. Viktor Chmirov, conversation avec l'auteur, 31 mars 1998.
68. *Sobranie dokumentov samizdata*, AS 3115.
69. Boukovski a raconté son expérience à Varsovie en 1998, à l'occasion d'une conférence de presse. Le texte se trouve sur le site Web Info-Russ (voir Archives, *in* Bibliographie).
70. Boukovski, *Jugement à Moscou*, p. 189-207.
71. Reddaway et Bloch, p. 48-49 ; Seton-Watson, p. 257-258.
72. Boukovski, ... *Et le vent reprend ses tours*, p. 333.
73. Reddaway et Bloch, p. 176, 140 et 107.
74. Info-Russ, #0202.
75. Reddaway et Bloch, p. 226.
76. Nekipelov, p. 132.
77. Reddaway et Bloch, p. 220-221 ; Nekipelov, p. 132.
78. *Prisoners of Conscience in the USSR*, p. 190 et 194 pour la photographie.
79. Reddaway et Bloch, p. 214.
80. *Prisoners of Conscience in the USSR*, p. 197-198.
81. « Three Voices of Dissent », *Survey*, n° 77 automne 1970, p. 128-145.

82. Nekipelov, p. 115.
83. Reddaway et Bloch, p. 348.
84. *Cf.* V. Boukovski, *Une nouvelle maladie mentale en URSS : l'opposition*, Paris, Seuil, 1971. *(N.d. T.)*
85. Reddaway et Bloch, p. 79-96.
86. *Ibid.*, p. 178-180.
87. Info-Russ, #0204.
88. *Ibid.*

27. LES ANNÉES 1980 : STATUES BRISÉES

1. Repris in Reavey, p. 8-9.
2. Beichman et Bernstam, p. 145-189.
3. *Prisoners of Conscience in the USSR*, p. 20 et 119; Alexeïeva.
4. Beichman et Bernstam, p. 182.
5. Reagan, p. 675-679.
6. Berdzenichvili, entretien avec l'auteur.
7. *Ibid.*
8. Boukovski, ... *Et le vent reprend ses tours*, p. 377.
9. *Ibid.*
10. Berdzenichvili, entretien avec l'auteur.
11. Ratouchinskaïa, p. 341-342.
12. Walker, p. 142.
13. Reddaway, « Dissent in the Soviet Union ».
14. Gorbatchev, p. 26 ; en fr., p. 44 (trad. complétée).
15. Remnick, p. 50.
16. *Ibid.*, p. 264-268.
17. K. Smith, p. 131-174 ; Remnick, p. 68.
18. Renmick, p. 101-109 ; K. Smith, p. 131-174.
19. USSR : *Human Rights in a Time of Change*.
20. « Lata Dissidentow », *Karta*, n° 16, 1995.
21. « On the Death of Prisoner of Conscience Anatoly Martchenko », communiqué de presse d'Amnesty International, mai 1987 (ML).
22. *Ibid.*
23. Ainsi n'est-il pas question de la fermeture des camps dans Walker, *The Waking Giant* ; Matlock, *Autopsy on an Empire* ; Brown, *The Gorbachev Factor* ; ou Kaiser, *Why Gor-*

bachev Happened. Remnick, *Lenin's Tomb*, est une exception importante avec tout un chapitre sur les derniers prisonniers de Perm-35.

24. Paul Hofheinz, ancien journaliste en poste à Moscou, entretien avec l'auteur, 13 février 2002.

25. Matlock, p. 275.

26. Remnick, p. 270.

27. Walker, p. 147.

28. Info-Russ, #0128.

29. *Ibid.*, #1404.

30. *Ibid.*, #0130.

31. *USSR : Human Rights in a Time of Change.*

32. *The Recent Release of Prisoners in the USSR*, Amnesty International, communiqué de presse, avril 1987 (ML).

33. *Ibid.*

34. Amnesty International Weekly Update service, 8 avril 1987 (ML).

35. Berdzenichvili, entretien avec l'auteur.

36. Amnesty International Newsletter, juin 1988, vol. XVIII, n° 6 (ML).

37. « Four Long-Term Prisoners Still Awaiting a Review », Amnesty International, communiqué de presse, avril 1990 ; voir aussi Amnesty international Newsletter, octobre 1990, vol. XX, n° 10 (ML) ; Klymtchak fut libéré à la fin de l'année.

38. Matlock, p. 287.

39. « Russian Federation : Overview of Recent Legal Changes », Amnesty International, communiqué de presse, septembre 1993 (ML).

40. Matlock, p. 295,

41. Cité *in* Cohen, p. 186.

ÉPILOGUE : MÉMOIRE

1. Razgon, p. 27.

2. K. Smith, p. 153-159.

3. Alexandre Iakovlev, président de la Commission présidentielle russe sur la réhabilitation des victimes de la répression politique, conversation avec l'auteur, 25 février 2002.

4. Merridale, p. 407-408.

5. Gessen.
6. Alexandre Iakovlev, conversation avec l'auteur, 25 février 2002.
7. J'ai raconté l'épisode dans « Secret Agent Man », *The Weekly Standard,* 10 avril 2000.
8. Quelque 130 squelettes ont été découverts dans les caves d'un monastère ouest-ukrainien en juillet 2002, par exemple : *Moscow Times,* 18 juillet 2002.
9. Applebaum, « Secret Agent Man », *The Weekly Standard,* 10 avril 2000.
10. Adamova-Sliozberg, p. 16 ; en français, « Le long chemin », *in* S. Vilenski, ed., *L'Aujourd'hui blessé,* p. 13-160, ici p. 35.
11. Andrew Alexander, « The Soviet Threat Was Bogus », *The Spectator,* 20 avril 2002.
12. Vidal.

APPENDICES : COMBIEN ?

1. Bacon, p. 8-9.
2. Conquest, *The Great Terror,* p. 485 ; trad. fr., p. 995.
3. Getty, p. 8.
4. Zemskov, « Arkhipelag Goulag », p. 6-7 ; Getty, Rittersporn et Zemskov, appendices A et B, p. 1048-1049.
5. *Ibid.,* p. 1047.
6. Bacon, p. 112.
7. Pohl, *The Stalinist Penal System,* p. 17.
8. Pohl, *ibid.,* p. 15 ; Zemskov, « Goulag », p. 17.
9. Le meilleur résumé à ce jour du débat sur les révélations statistiques d'après 1991 se trouve *in* Bacon, p. 6-41 et 101-122 : son chiffre de 18 millions se fonde sur les taux de renouvellement et les statistiques disponibles. Pour mémoire, Douguine affirme que 11,8 millions de gens furent arrêtés entre 1930 et 1953, mais je vois mal comment concilier ce chiffre avec les huit millions arrêtés en 1940, en particulier compte tenu de la masse des gens arrêtés et libérés au cours de la Seconde Guerre mondiale (Douguine, « Stalinizm, Legendy y Fakty »).
10. Overy, p. 297 ; Zagoroulko, p. 331-333.

11. Pohl, *The Stalinist Penal System*, p. 50-52 ; Zemskov, « Goulag », p. 4-6.
12. Polyan, p. 239.
13. Pohl, *The Stalinist Penal System*, p. 5.
14. *Ibid.*, p. 133.
15. Malgré certaines publications. Voir Getty, Ritterspoon, et Zemskov, p. 1048-1049.
16. GARF, 9414/1/OURZ. Chiffres compilés par Alexandre Kokourine.
17. Berdinskikh, p. 28.
18. Pohl, *The Stalinist Penal System*, p. 131.
19. Getty, Ritterspoon et Zemskov, p. 1024.
20. Courtois, p. 14.
21. Razgon, p. 290-291.

INDEX

TROISIÈME PARTIE

ESSOR ET CHUTE DU COMPLEXE INDUSTRIEL CONCENTRATIONNAIRE, 1940-1986

APPENDICES

DANS LA COLLECTION FOLIO/HISTOIRE

50 Jacques Ozouf: *Nous les maîtres d'école (Autobiographies d'instituteurs de la Belle Époque).*
51 Léon Blum: *Souvenirs sur l'Affaire.*
52 Georges Duby: *L'An Mil.*
53 Jean-Louis Flandrin: *Les amours paysannes (XVIe-XIXe siècle).*
54 Bernard Lewis: *Le retour de l'Islam.*
55 Marc Ferro: *Cinéma et Histoire.*
56 Colette Beaune: *Naissance de la nation France.*
57 Présenté par Michel Foucault: *Moi, Pierre Rivière, ayant égorgé ma mère, ma sœur et mon frère...*
58 Zeev Sternhell, Mario Sznajder, Maia Ashéri: *Naissance de l'idéologie fasciste.*
59 José Cabanis: *Le Sacre de Napoléon.*
60 Philippe Joutard: *Les Camisards.*
61 John Kenneth Galbraith: *L'argent.*
62 Marc Fumaroli: *Trois institutions littéraires.*
63 Sous la direction de Jean-François Sirinelli: *Les droites française (De la Révolution à nos jours).*
64 Jean Baechler: *Le capitalisme 1. Les origines.*
65 Jean Baechler: *Le capitalisme 2. L'économie capitaliste.*
66 Gérard Monnier: *L'art et ses institutions en France (De la Révolution à nos jours).*
67 Pascal Ory: *La France allemande (1933-1945).*
68 Geneviève Fraisse: *Muse de la Raison (Démocratie et exclusion des femmes en France).*
69 Georges et Andrée Duby: *Les procès de Jeanne d'Arc.*
70 Henri Mendras: *Les sociétés paysannes.*
71 Éric Conan et Henry Rousso: *Vichy, un passé qui ne passe pas.*
72 Jean-François Sirinelli: *Intellectuels et passions françaises.*
73 Jean-Pierre Vernant: *L'individu, la mort, l'amour.*

74 Lucien Febvre : *Amour sacré, amour profane.*
75 Michel Borwicz : *Écrits des condamnés à mort sous l'occupation nazie (1939-1945).*
76 Alphonse Dupront : *Qu'est-ce que les Lumières ?*
77 Patrick Verley : *La Révolution industrielle.*
78 Paul Bairoch : *Victoires et déboires, I (Histoire économique et sociale du monde du XVIe siècle à nos jours).*
79 Paul Bairoch : *Victoires et déboires, II (Histoire économique et sociale du monde du XVIe siècle à nos jours).*
80 Paul Bairoch : *Victoires et déboires, III (Histoire économique et sociale du monde du XVIe siècle à nos jours).*
81 Jean Bottéro : *Mésopotamie (L'écriture, la raison et les dieux).*
82 Jean Bottéro : *La plus vieille religion (En Mésopotamie).*
83 Ian Kershaw : *Qu'est-ce que le nazisme ? (Problèmes et perspectives d'interprétations).*
84 Georges Duby : *Dames du XIIe siècle — 1. Héloïse, Aliénor, Iseut et quelques autres.*
85 Zeev Sternhell : *La droite révolutionnaire 1885-1914 (Les origines françaises du fascisme).*
86 Bino Olivi : *L'Europe difficile (Histoire politique de la Communauté européenne).*
87 Élisabeth Laffont : *Les livres de sagesses des pharaons.*
88 Collectif : *Le monde de la Bible.*
89 Georges Duby : *Dames du XIIe siècle — 2. Le souvenir des aïeules.*
90 Geneviève Fraisse : *Les femmes et leur histoire.*
91 Collectif : *1789 La Commémoration.*
92 François Furet : *La Révolution en débat.*
94 Alexis de Tocqueville : *Souvenirs.*
95 Jean-Marie Donegani et Marc Sadoun : *La Ve République (Naissance et mort).*
96 Georges Duby : *Dames du XIIe siècle — 3. Ève et les prêtres.*
97 Krzysztof Pomian : *Sur l'histoire.*

117 Michel de Certeau, Dominique Julia et Jacques Revel : *Une politique de la langue (La Révolution française et les patois : l'enquête de Grégoire).*
118 Pierre Rosanvallon : *Le peuple introuvable (Histoire de la représentation démocratique en France).*
119 Pierre Bouretz : *La République et l'universel.*
120 Sous la direction de Charles Malamoud et Jean-Pierre Vernant : *Corps des dieux.*
121 Marie-Françoise Baslez : *Bible et Histoire (Judaïsme, hellénisme, christianisme).*
122 Pierre Bordeuil et Françoise Briquel-Chatonnet : *Le temps de la Bible.*
123 Pierre Birnbaum : *La France imaginée (Déclin des rêves unitaires ?).*
124 Collectif : *Les premiers temps de l'Église (De saint Paul à saint Augustin).*
125 Stéphane Audouin-Rouzeau et Annette Becker : *14-18, retrouver la guerre.*
126 Pierre Rosanvallon : *La démocratie inachevée (Histoire de la souveraineté du peuple en France).*
127 Israel Firkelstein et Neil Asher Silberman : *La Bible dévoilée (Les nouvelles révélations de l'archéologie).*
128 Emilio Gentile : *Qu'est-ce que le fascisme ? (Histoire et interprétation).*
129 Christian Delage et Vincent Guigneno : *L'historien et le film.*
130 Dominique Colas : *Citoyenneté et nationalité.*
131 Antoine-Louis de Saint-Just : *Œuvres complètes.*
132 Zeev Sternhell : *Aux origines d'Israël (Entre nationalisme et socialisme).*
133 Raul Hilberg : *Exécuteurs, victimes, témoins (La catastrophe juive 1933-1945).*
134 Patrick Weil : *Qu'est-ce qu'un français ? (Histoire de la nationalité française depuis la Révolution).*
135 Patrick Weil : *La France et ses étrangers (L'aventure d'une politique de l'immigration de 1938 à nos jours).*
136 Gérard Noiriel : *Sur la « crise » de l'histoire.*

137 Gérard Noiriel : *État, nation et immigration (Vers une histoire du pouvoir).*
138 Sous la direction de David El Kenz : *Le massacre, objet d'histoire.*
139 Michel de Certeau : *La possession de Loudun.*
140 Robert Gauthier : *« Dreyfusards ! » (Souvenirs de Mathieu Dreyfus et autres inédits).*
141 Alain Dewerpe : *Charonne 8 février 1962 (Anthropologie historique d'un massacre d'État).*
142 Raul Hilberg : *La destruction des Juifs d'Europe, tome I.*
143 Raul Hilberg : *La destruction des Juifs d'Europe, tome II.*
144 Raul Hilberg : *La destruction des Juifs d'Europe, tome III.*
145 Léon Poliakov : *Auschwitz.*
146 Javier Teixidor : *Le Judéo-christianisme.*
147 Lucien Bianco : *Les origines de la révolution chinoise 1915-1949.*
148 Olivier Pétré-Grenouilleau : *Les traites négrières (Essai d'histoire globale).*
149 Marcel Detienne : *Les jardins d'Adonis (La mythologie des parfums et des aromates en Grèce).*
150 Marcel Detienne : *Les dieux d'Orphée.*
151 Jules Michelet : *Histoire de la Révolution française I vol. 1.*
152 Jules Michelet : *Histoire de la Révolution française I vol. 2.*
153 Jules Michelet : *Histoire de la Révolution française II vol. 1.*
154 Jules Michelet : *Histoire de la Révolution française II vol. 2.*
155 Georges Corn : *Le Proche-Orient éclaté 1956-2007.*
156 Bino Olivi et Alessandro Giacone : *L'Europe difficile (Histoire politique de la construction européenne),* nouvelle édition refondue, mise à jour et augmentée.
157 François Hartog : *Évidence de l'histoire (Ce que voient les historiens).*

Composition Interligne.
Impression Société Nouvelle Firmin-Didot
à Mesnil-sur-l'Estrée, le 9 janvier 2008.
Dépôt légal : janvier 2008.
Numéro d'imprimeur : 88511.
ISBN 978-2-07-034872-5/Imprimé en France.

154160